자연신학으로 이름난 기포드 강연의 130년 넘는 역사에서 성서학자의 이름을 찾아보기는 쉽지 않다. 일반적으로 자연신학 논의는 예수와 성경을 계시의 한 부분으로 간주함으로써 고려 대상에서 제외하기 때문이다. 신약 전문가인 톰 라이트가 루돌프 불트만 이후 60여 년 만에 기포드 강연에 초대받았다는 사실은 그 자체만으로 톰 라이트의 학문적 위상을 상징적으로 보여 줄 뿐 아니라, 자연신학에 대해 성서학자가 과연 어떤 말을 건넬 수 있을지 상당한 궁금증을 유발한다. 한편 톰 라이트는 자신의 기포드 강연이 가지는 역사적 의미를 누구보다 잘 간파하고 그것을 책 제목에 담았다. 불트만의 기포드 강연 제목을 그대로 가져온 『역사와 종말론』이라는 제목에 "예수 그리고 자연신학의 가능성"이라는 부제를 추가함으로써, 저자는 예수의 종말론을 비신화화한 불트만의 접근 방식은 물론이고 예수와 성경을 자연신학 논의에서 원천적으로 배제해 온 기존 자연신학 논의 전반에 대한 전복을 기획한다. 예수의 역사를 자연신학 논의에 포함시켜야 한다는 톰 라이트의 주장이 앞으로 기포드 강연을 비롯한 자연신학 논의에 어떤 영향을 얼마나 미칠지 주목해 볼 일이다.

김정형 연세대학교 연합신학대학원 종교철학 부교수

바울에 대한 새 관점으로 유명한 톰 라이트가 이 책에서는 자연신학에 대한 새 관점을 제시한다. 자연신학이란 본래 성경이 아니라 이성과 자연에서 출발하는 신학을 가리킨다. 이와 같은 자연신학의 전망을 모색하기 위해 시작된 기포드 강연에서 라이트는 이성과 자연이 아니라 성경에서 출발하는 새로운 관점의 자연신학 전망을 제시한다. 그는 예수에 대한 역사적 접근을 통해, 그리고 무엇보다 창조 세계의 종말론적 갱신을 의미하는 예수의 부활에 근거해, 서로 양립 불가능해 보이는 '성경'과 '자연신학'을 통합함으로써 새로운 성경적 자연신학의 전망을 제시한다.

윤철호 장로회신학대학교 조직신학 명예교수

영국의 저명한 기포드 강연을 정리한 이 책 『역사와 종말론』에서 톰 라이트는 18세기 계몽주의 이래 많은 학자들이 자연신학과 초자연신학, 일반 계시와 특별 계시를 분리하고 성경과 예수를 자연신학에서 배제한 것을 비판한다. 이어 그는 비판적 현실주의에 토대한 사랑의 인식론적 관점에서 성경은 자연과 분리할 수 없으며, 예수 연구도 자연 속의 '역사적' 예수 연구가 되어야 한다고 주장한다. 톰 라이트는 여러 저서에서 그가 이미 제시했던 현재 세계와 새로운 세계를 연속성으로 보는 종말론에 대한 개념을 확장시켜 그리스도인들이 하나님의 선교 안에서 종말을 역사 속에서 살아 낼 것을 촉구한다. 다양한 신학적 주제와 관련해 신약학과 여러 학문을 넘나들며 설득력 있는 새로운 통찰로 가득 차 있는 이 책은 성경과 학문을 진지하게 연구하는 사람들에게 주어진 또 하나의 귀한 선물로, 이 땅에서 영원을 살아 내려는 신학자와 그리스도인의 가슴을 뜨겁게 할 것이다.
이상일 총신대학교 신학대학원 신약학 부교수

신학, 사상사, 성서학, 철학적 성찰이 학문적으로 깊이 있으면서도 흥미롭게 엮여 있는 이 책은 톰 라이트의 최고 업적으로 평가받을 만하다.
존 코팅엄 레딩 대학교 철학과 명예교수, 로햄프턴 대학교 종교철학 교수

주석가, 신학자, 성직자, 공공 지식인이 하나로 합쳐진 톰 라이트 최고의 작품이다. '자연신학'에 대한 창의적이고 인상적인 기여를 한 이 책은 예수 그리스도의 역사, 특히 새 창조 세계의 부활에 포함된 약속을 진지하게 받아들임으로써 하나님과 세상 사이의 관계에 대한 기독교적 관점의 타당성을 주장한다. 다시 말해, 창조 세계는 하나님과 인간의 집이 된다.
미로슬라브 볼프 예일 대학교 조직신학 교수, 예일 신앙과 문화 연구소 소장

근대성의 역사, 자연신학, 철학, 성경 연구, 신학에 대한 훌륭한 상호 작용을 제공하는 책이다. 당대 가장 영향력 있는 성서학자가 저술한 이 책의 건설적인 결론과 가능성은, 이 책을 예수가 자연신학에 끼칠 수 있는 영향에 관심이 있는 사람이라면 누구라도 읽어야 할 책으로 만들어 줄 것이다.
톰 그레그스　에든버러왕립학회회원(FRSE), 애버딘 대학교 신학 석좌교수·신학부 학장

판을 바꾸는 신약에 관한 저작을 바탕으로 새로운 역사 신학을 개괄한 톰 라이트는 성경 이야기에 대한 불트만의 기념비적인 비판에 맞서 성경 본문 안에서 펼쳐지는 역사 드라마를 위한 자리를 마련한다. 라이트가 재해석한 우주는 가능성, 중요성, 든든한 책임으로 가득 차 있다.
주디스 울프　세인트앤드루스 대학교 철학신학 교수

성경 연구자들은 구약 또는 신약 전공이든, 신학자든, 교회 역사가든, 목사든 간에 하나님과 역사의 관계를 알게 모르게 거래한다. 하나님이 실제 사건과 인격 속에서 하나님이 누구신지를 계시하고 인간을 구속하기 위해 창조 세계에서 행동하셨다는 것이 기독교의 주장이다. 특히 계몽주의 이후의 학문은 환원주의와 역사주의, 그리고 일련의 잘못된 이분법을 통해 역사와 하나님의 관계를 왜곡했다. 『역사와 종말론』에서 톰 라이트는 기포드 강연의 주제를 빌려 사랑의 인식론을 제안함으로써 이 역사의 게임에 대응한다.
스캇 맥나이트　노던 신학교 신약학 석좌교수

'자연신학'의 전통에 대한 이 비범한 재평가에서 톰 라이트는 그의 지적 에너지에 박력을 더해 근대주의가 신학에 제기한 근본적인 문제를 예상치 못한 각도에서 다룬다. 비평가들은 화를 낼 수 있지만 팬들은 기뻐할 것이다.
프랜시스 영　버밍엄 대학교 명예교수

한마디로, 역작이다. 이 역작은 역사와 예수 그 자신을 '자연신학'의 중심으로 되돌려 놓는다. 그곳은 이 세상의 망가진 이정표가 십자가에 달린 상한 하나님께로 이끄는 곳이자 창조 세계가 새롭게 되는 곳이다.

존 베어 애버딘 대학교 인문학 흠정 석좌교수

신약에 대한 톰 라이트의 광범위한 학문적 연구는 거의 전설에 가깝다. 독자들은 오랫동안 이 작품의 핵심적인 토대에 대한 그의 설명을 듣고 싶어 했는데, 마침내 그 일이 이루어졌다. 그를 유명하게 만들었던 신랄함, 당당함, 도발도 빠지지 않고 말이다. 라이트는 예수의 부활로 가능해진 '사랑의 인식론'이라고 부르는 것을 설명하면서 자연신학에 대한 논쟁을 단순한 창조 세계의 현상뿐만 아니라 십자형 형태를 한 하나님의 역사 안에 있는 인간 활동의 모든 범위―정치에서 예술에 이르기까지―를 포함하는 방식으로 재구성한다. 이것은 하나님의 세상의 기원과 고통받는 형태와 최후를 보고 그 안에서 살기 위해 하는 전면적이고 열정적이며 희망적인 간청이다.

에프라임 래드너 토론토 대학교 위클리프 칼리지 역사 신학 교수

애버딘의 기포드 강연을 엮은 이 책에서 톰 라이트는 역사와 자연의 통합된 신학을 발전시켜 그것들의 분리를 초래한 근대 전략을 극복한다. 이는 자신의 분야에 있는 거대한 질문들에 기꺼이 관여하고자 하는 선도적 신약학자의 인상적이고 시의적절한 출간물이다. 대담하고 활기차며 이해하기 쉬운 이 책은 광범위한 토론을 불러일으킬 것이다.

데이비드 퍼거슨 케임브리지 대학교 신학 흠정교수

학문적 엄격함을 잃지 않으면서도 이해하기 쉽게 쓰인 라이트의 책은 성경 해석과 철학 신학 사이의 새롭고 생산적인 대화의 창을 열어 준다. 라이트는 도움이 되지 않는 대립을 피함으로써 성경신학과 자연신학이 가진 활력과 그것들이 사실 그렇게 멀리 떨어져 있지 않을 수 있다는 것을 보여 준다. 애덤 기포드 경이 자랑스러워 할 것이다.

러셀 리 매닝 배스 스파 대학교 종교·철학·윤리 부교수

라이트는 놀라운 폭의 연구를 통해 기포드 강의를 자신이 지난 30년 동안 형성한 성경 연구의 패러다임 전환을 심화하는 기회로 삼는다. 라이트는 우리를 플라톤의 속박에서 해방시킬 수 있는 역사적 주석이라는 모델을 제공한다. 이 책에는 놀라울 정도로 창의적인 탁월함과 훌륭한 수사법이 결합되어 있다. 우리에게는 라이트의 자연신학의 핵심인 '사랑의 인식론'보다 더 바랄 수 있는 것이 없을 것이다. 이 책을 읽고 또 읽으라. 이 책은 기포드 강연이 고전이 되는 존경받는 전통에서 그것만의 자리를 차지하기 마땅하다.

브라이언 왈쉬 『제국과 천국』 저자

역사와 종말론

IVP(InterVarsity Press)는
캠퍼스와 세상 속의 하나님 나라 운동을 지향하는
IVF(InterVarsity Christian Fellowship)의 출판부로
생각하는 그리스도인을 위한 문서 운동을 실천합니다.

Copyright © Nicholas Thomas Wright 2019
This translation of *History And Eschatology*
first published in 2019 is published by arrangement with
The Society for Promoting Christian Knowledge, London, England, UK.
All rights reserved.

This Korean edition © 2022 by Korea InterVarsity Press
156-10 Donggyo-ro, Mapo-gu, Seoul 04031, Republic of Korea.
This Korean edition is published
by arrangement of The Society for Promoting Christian Knowledge
through rMaeng2, Seoul, Republic of Korea.

이 한국어판의 저작권은 알맹2를 통하여
The Society for Promoting Christian Knowledge와 독점 계약한 IVP에 있습니다.
신 저작권법에 의하여 한국 내에서 보호받는 저작물이므로
무단 전재와 무단 복제를 금합니다.

톰 라이트

역사와 종말론

예수 그리고
자연신학의 가능성

송일 옮김

History and Eschatology

Ivp

차례

서문 및 감사의 글   13

약어   33

1부 자연신학과 역사적 정황

1. 무너진 성소   37

1755년 리스본과 에피쿠로스주의의 승리

2. 문제 있는 책   107

비평학과 복음서

2부 역사, 종말론, 묵시

3. 종잡을 수 없는 개념   163

'역사'의 의미

4. 세상의 종말?   263

역사적 관점에서의 종말론과 묵시

3부 유대 세계에서의 예수와 부활절

5. 건축자들이 버린 돌   309
  예수, 성전, 하나님 나라

6. 새 창조 세계   363
  부활과 인식론

4부 자연신학의 위험과 가능성

7. 망가진 이정표?   413
 올바른 질문들에 대한 새로운 답변들

8. 대기 중인 성배   467
  자연신학과 하나님의 선교

참고 도서   513
저자 찾아보기   532
성경 찾아보기   537

로즈메리 라이트(Rosemary Wright)의 사랑을 기억하며

1923년 6월 2일 – 2018년 6월 1일

서문 및 감사의 글

94세이신 나의 어머니가 기포드 강연(Gifford Lectures)이 무엇에 관한 것인지 물으셨다. 그래서 나는 다음과 같이 설명해 드렸다. "어떤 사람들은 자연 세계에서 출발해 하나님께로 나아가는 길이 있을 수 있다고 생각했고, 또 어떤 사람들은 이런 생각이 좋지 않다고 생각했어요. 그런데 역사에 대한 새로운 생각은 예수에 대한 새로운 생각으로 이어질 수 있고, 이러한 경로를 통해 결국 창조주 하나님께 도달할 수도 있겠죠. 그렇게 하면서 우리는 지식의 본질 그 자체에 대한 무언가를 배울 수 있을 거예요." 어머니는 내 설명을 들으신 후 한동안 생각에 잠기시더니 "내가 이 강연을 들을 필요가 없어서 기쁘구나" 하고 단호하게 말씀하셨다.

내 어머니에 동의하는 사람은 이 책을 계속 읽어야 할 의무가 없다. 그러나 내 설명을 조금만 더 부연하고자 한다. '자연신학'은 무엇이고, 성서학자는 자연신학을 어떻게 다뤄야 하는가?

***

약칭으로 불리는 모든 신학 용어처럼 '자연신학'이라는 말은 전체 문장을 대폭 축약해 놓은 형태로 가장 잘 이해된다. (따라서 '속죄'라는 용어는 일반적인 기독교 담론에서 '메시아가 성경에 이른 바와 같이 우리의 죄로 인해 죽었다'는 내용 또는 다른 몇몇 설명 중 하나를 약칭한다. 더 긴 형태의 완전한 문장을 다룰 때만 우리는 의도가 어긋나지 않는다는 것을 확신하게 된다.[1]) 그런데 조밀한 약어인 '자연신학'을 온전한 문장으로 어떻게 표현할 수 있을까? 몇 가지 문장을 제안할 수 있는데, 기포드 강연은 이러한 문장들로 넘쳐 난다. 칼 바르트(Karl Barth)가 '자연신학' 용어를 논쟁적 방식으로 정의했던 일은 유명하다. 그에게 '자연신학'이란 성경에 증언된 예수 그리스도 안에서의 하나님의 자기 계시가 아닌 다른 출처에 호소함으로써 신학적 논점을 선언하려는 모든 시도를 의미했다.[2] 바르트의 이러한 정의가 1930년대에 가져온 정치적 보상은 잘 알려져 있다. 그는 '역사'에서 하나님의 뜻을 분별할 수 있다고 주장하는 사람들을 반대했는데, 여기서 '역사'란 당시 독일 국가사회주의의 출현을 의미했다. 조심스럽게 말하자면, 바르트의 이러한 혹평은 활발히 지속된 토론을 막지 못했다.[3]

---

1   나의 논문, 'Get the Story Right and the Models Will Fit: Victory through Substitution in "Atonement Theology"', in *Atonement: Sin, Salvation and Sacrifice in Jewish and Christian Antiquity* (papers from the St Andrews Symposium for Biblical Studies, 2018), ed. M. Botner, J. Duff and S. Dürr (Grand Rapids: Eerdmans, 2019)을 보라. 나의 또 다른 논문, 'Reading Paul, Thinking Scripture: "Atonement" as a Special Study', in *Pauline Perspectives* (London: SPCK, 2013), pp. 356-378와 *The Day the Revolution Began* (London: SPCK, 2017, 이하 *Revolution*)을 보라. 『혁명이 시작된 날』(비아토르).
2   Karl Barth, 'Nein!' in *Natural Theology: Comprising 'Nature and Grace' by Professor Dr. Emil Brunner and the Reply 'No!' by Dr. Karl Barth*, trans. Peter Fraenkel [Eugene, Ore.: Wipf & Stock, 2002 (1946)], p. 74. 『자연신학』(대한기독교서회).
3   Barth/Brunner 논쟁의 전개 및 결과에 대한 역사적 조사는, J. W. Hart, *Karl Barth vs. Emil Brunner: The Formation and Dissolution of a Theological Alliance, 1916-1936* (New York: Peter Lang, 2001)를 참고하라. 유용한 논의인, A. Moore, 'Theological Critiques of Natural Theology', in *The Oxford Handbook of Natural Theology*, ed. Russell Re

최근의 두 조사는 현재 가능한 자연신학의 범위를 보여 준다.[4] 크리스토퍼 브루어(Christopher Brewer)는 다섯 개의 선택지를 나열한다. (1) 자연 종교, (2) 하나님의 존재에 대한 증거 혹은 주장, (3) 창조 세계 내에 하나님이 존재한다는 징후, (4) '기독교 자연신학', 즉 기존의 기독교적 전제에서 출발하고 자연 세계의 주장을 사용해 예수 그리스도 안에 이미 주어진 하나님의 지식을 확장 또는 확인하려 하는 것, (5) 자연에 관한 신학.[5] (물론 이 다섯 선택지는 모두 단축 표현으로 추가 설명이 필요하다.) 알리스터 맥그래스(Alister McGrath)는 다음과 같이 여섯 개의 선택지를 제시한다. (1) '계시의 도움을 받지 않는 인간의 이성이 하나님에 대해 무엇을 말해 줄 수 있는지를 조사하는 철학의 분파', (2) '자연 세계의 규칙성 및 복잡성에 기초한 하나님의 존재에 대한 입증 또는 확인', (3) '인간의 정신이 하나님을 욕망하거나 하나님을 향하게 되는 자연스러운 경향으로 발생하는 지적 결과', (4) '자연에 대

Manning (Oxford: Oxford University Press, 2013, 이하 *OHNT*), pp. 227-244를 보라. 다른 각도에서, A. E. McGrath, *Emil Brunner: A Reappraisal* (Chichester: Wiley Blackwell, 2014)을 보라.

[4] 이러한 정의들은 다양한 정의 중 소수에 불과하다. 우리는 적어도 Lord Gifford의 다음과 같은 발언을 인용해야 한다. '[자연신학자들은] 그들의 주제를 자연 과학으로 엄격히 다루어야 하는데, 이 자연 과학은 가능한 모든 과학 중에서 가장 위대한 과학이고 실제로 어떤 의미에서 유일한 과학이며 특별히 예외적이거나 소위 경이로운 계시를 언급하거나 의존하지 않는 무한자에 대한 과학이다'(Rodney D. Holder, 'Natural Theology in the Twentieth Century', *OHNT*, p. 118에서 재인용). 옥스퍼드 영어 사전의 정의는 더 간단하다. '계시가 아닌 관찰 가능한 사실의 추론에 기초한 신학.' 다른 정의로는 예를 들어, W. L. Craig와 J. P. Moreland가 제공하는 정의를 들 수 있다. '권위적, 명제적 계시의 사용과 별개로 하나님의 존재에 대한 믿음을 보증하려는 신학'['Introduction', in *The Blackwell Companion to Natural Theology*, ed. William Lane Craig and J. P. Moreland (Malden, Mass.: Wiley Blackwell, 2012), p. ix]. 이 중 대부분은 부정적 정의들이다. Alister McGrath는 다음과 같은 긍정적 정의를 제안한다. '자연신학은 자연 세계의 종교적 함의를 숙고하는 일종의 과정으로 널리 이해될 수 있다'[*Re-imagining Nature: The Promise of a Christian Natural Theology* (Chichester: Wiley Blackwell, 2017), p. 7].

[5] Christopher R. Brewer, 'Beginning All Over Again: A Metaxological Natural Theology of the Arts', PhD thesis, University of St Andrews, 2015. Christopher R. Brewer, *Understanding Natural Theology* (Grand Rapids: Zondervan Academic, 출간 예정)도 보라.

한 인간의 체험과 기독교 복음에 대한 인간의 체험, 이 사이에 존재하는 유비 또는 지적 공명에 대한 탐구', (5) '세계에 대한 "자연주의적"(naturalist) 설명과 자연 과학의 업적이 본질적으로 불완전하다는 것과 자연 질서에 대한 포괄적이고 일관된 해석을 제공하기 위해 신학적 접근이 필요하다는 것을 입증하려는 시도', (6) '일종의 "자연에 관한 신학." 이 정의는 자연신학이 자연 세계에 대한 일종의 기독교적 이해임을 나타낸다. 이 정의에 의하면 자연 세계는 기독교 신앙의 핵심 가정을 반영하는데, 이는 자연에 관한 세속적 혹은 자연주의적 설명과 대조를 이룬다.'[6]

이러한 견해를 하나씩 언급하며 각 견해를 둘러싼 논쟁을 다루는 것만으로도 일련의 강의가 필요할 것이다. 나는 '자연신학'을 이해하는 이 모든 다양한 방법에 하나님과 세상에 대해 이야기하는 것과 이 둘의 관계와 관련해 거대한 신학적·철학적 도전이 존재하고 있음을 당연하게 여긴다. 나는 성서학자로서 '기포드' 주제들을 다루도록 초대받았는데, 이를 토대로 가정해 볼 때 나의 과제는 전통적인 질문 및 주제에 영향을 미칠 수 있는 성경적 통찰을 제공하는 것으로 볼 수 있다. 이를 좀더 긍정적으로 말하자면, 나의 과제는 오래된 질문들이 다른 관점으로 나타날 수 있는 몇 가지 새로운 변수를 성경신학이 제공할 수 있는지를 알아보는 것이다. 나는 이것이 가능하다는 결론을 내렸다. 그리고 이 책은 이로 인해 발생하는 사고의 실험이다.

성서학자들은 보통 '자연신학' 토론에 참여하지 않는다. [기포드 강연에 참여한 마지막 성경해석학자(exegete)는 제임스 바(James Barr)였는데 그가 강연한 해는 1991년이었다. 반면 기포드 강연에 참여한 마지막 신약 전문가는 루돌프 불트만(Rudolf

---

[6] McGrath, *Re-imagining Nature*, pp. 18-21.

Bultmann)으로 그는 1955년에 강연을 했다.[7] 성경해석학자들이 30년 주기로 기포드 강연에 참여하고 있다면, 다음 성경해석학자는 2050년쯤에 이 책의 내용에서부터 자신의 기포드 강연을 시작할 것이다.] 성서학자들은 자연신학에 대한 토론을 철학자들과 조직신학자들에게 맡겼고, 자연신학을 논하는 것이 '성경'에 '적합한지' 아니면 '반하는지'에 관한 질문이 있을 때만 끼어들었다. 이 책에서 나는 관련된 현대 논쟁의 기원과 형성을 이해하려 애쓰고, 앞으로 나아갈 수 있는 방법을 제안함으로써 이처럼 엄격히 제한된 과제를 넘어서려고 한다. 내가 성서학자로서 이 강연에 초대받았다는 사실은 적어도 어떤 사람들이 성서학자들인 우리가 우리의 학문적 고립에서 벗어나 융합적 담론에 참여할 수 있는지를 알고 싶어 한다는 것을 의미한다. 이 책에 나오는 성경 인용문의 출처는 구약의 경우 NRSV(이 책에서는 개역개정판으로 옮겼다—편집자주)이고, 신약의 경우 내가 번역한 『모든 사람을 위한 하나님 나라 신약성경』(The New Testament for Everyone, IVP) 또는 같은 책의 미국 버전인 The Kingdom New Testament다.[8]

성서학자들이 자연신학 논의에 관여하지 않는 빤한 이유 중 하나는 현대에 이르러 '자연신학'이 '특별' 혹은 '초자연적' 계시를 포함하지 않는 부정적인 개념으로 정의되어 온 반면 성경과 예수는 이러한 특별 혹은 초자연적 계시의 주된 출처로 여겨지고 있기 때문이다. '자연신학'에 어떠한 의미를 부여하든지 그리고 '자연신학'을 어떻게 평가하든지, '자연'으로부터 성경을 배제하는 데는 이상한 점이 있다. 어쨌든 성경은 '자연' 공동체와 환경에서 살았던 다수의 개인에 의해 시간과 공간으로 이루어진 세상에서 기록되고 편집된 것이기 때문이다. 이러한 통찰은 18세기와 19세기 저술가들 사

---

7   나는 이 책의 2, 3, 4장에서 Bultmann의 주장, 특히 그의 기포드 강연에 대해 논한다.
8   London: SPCK; San Francisco: HarperOne, 2011.

이에서 엇갈린 반응을 일으켰고 이상한 종류의 이중 사고를 가져왔다. 한편으로, 성경은 오랫동안 하나님의 '특별 계시'로 전제되었고 이 '특별 계시'는 자연신학의 고려 대상에서 제외되었다. 다른 한편으로, 비판적 역사 연구의 발전은 성경이 다른 고대 문헌들과 동등하다는 사실을 되찾아 주었다. 이 지점에서 누군가는 성경이 다시 자연신학에 관한 대화에 포함되어야 한다고 생각했을 것이다. 그러나 이러한 혼동은 지금까지 적절한 주목을 받지 못한 것 같다. 우리는 1장과 2장에서 이러한 혼동의 광범위한 맥락을 살펴볼 것이다.

결국 성경의 목적은 '영적' 또는 '신학적' 가르침을 제공하는 것뿐만 아니라 '자연' 세계 내에서 발생하는 사건들을 묘사하는 것이다. 이러한 묘사에는 적어도 세계사의 '자연스러운' 흐름 안에서 살다가 죽은 1세기 유대인 나사렛 예수의 공생애도 포함된다. 18세기 인물인 흄(Hume), 기번(Gibbon), 라이마루스(Reimarus)가 그랬듯이 우리가 역사에 호소한다면, 우리는 실제 역사에 접근해야 한다. 이는 나사렛 예수가 존재했던 실제 역사 세계를 조사하는 것을 의미하는데, 이 세계는 실제 지식을 사용할 수 있는 격동적이고 많은 이들에 의해 연구가 된 세계다. 이 세계를 신중히 연구해 보면, 이 세계에는 하나님의 세계와 인간 세계의 공통점('하늘'과 '땅') 및 다가올 시대와 지금 시대 사이의 정기적 상호 작용에 대한 핵심 신념이 포함되어 있음을 알게 된다. 이러한 것들은 19세기와 20세기에 걸쳐 진행된 '역사적 예수' 연구와는 달리, 상당히 생소한 방식으로 예수와 그의 나라 선포를 상황화(contextualise)한다.

그러나 어떤 의미에서의 '역사'든지, 특히 예수와 그의 첫 추종자들의 실제 역사를 현재 '자연신학'의 논의와 통합하는 일은 쉽지 않다. 우리는 지금 폭풍우가 몰아치는 바다로 진입하고 있으며, 바람과 파도가 문제를 형체도 알아볼 수 없게 만들어 놓고 있다.

실제로 몇몇 폭풍우가 합쳐져서 이제는 우리에게 익숙한 '초대형 폭풍' (perfect storm)이 되었다. 첫째, 철학과 신학에는 거대하고 추상적인 이슈들—하나님과 세상을 어떻게 연결시킬 것인가에 관한 이슈, 하나님과 세상의 관계가 던져 놓은 '악의 문제'와 같은 큰 문제들을 어떻게 해결할 것인가에 관한 이슈—이 존재해 왔다. 둘째, 이처럼 지속적인 질문들은 특정 논쟁 주제들과 결합되었는데, 이 특정 논쟁 주제들은 현대 세계에서 두드러지게 나타나고 있으며, '과학과 종교' 그리고 '교회와 국가'와 같은 칭호로 막연히 언급되고 있다. 셋째, 자칭 기독교 '변증학'이라는 여러 운동이 전개되어 왔다. 이 운동들은 훨씬 오래된 신학적 양식을 이용해 어떤 '하나님' 아니면 심지어 어떤 '완벽한 존재'의 실존에 찬성하는 주장을 만들고, 이 주장에서부터 각자의 운동을 전개해 나가고 있다. 이러한 운동에 참여하는 대부분의 현대 사람들에게 중요한 원칙 중 하나는 예수와 성경을 질문에서 배제하는 것인데, 이는 기독교적 '기만'을 피하기 위해서다. 왜냐하면 이 기독교적 기만이 '초자연적' 권위에 호소해 '자연 세계'의 '중립적' 탐구를 날조해 버리기 때문이다. 이와 동시에, 유럽과 미국 문화에서 만연해 온 예수와 성경에 대한 환원주의적 접근으로 인해 이 질문이 강제적으로 재공론화되었다. 만일 예수가 '자연 세계' 내에 존재했던 진짜 인간이라면, 그리고 만일 성경이 실제로 인간의 책이라면, 우리는 처음부터 예수와 성경을 탐구 대상에서 제외할 수 없다. 그래서 만약 우리가 예수와 성경을 자연신학의 논의 안으로 다시 받아들이면, 상황이 바뀔 수 있다. 왜냐하면 예수는 폭풍우를 잠재우신 분으로 알려져 있기 때문이다.

따라서 나는 현대 시대에 구상되고 논의된 '자연신학'으로의 새롭고 희망적인 '성경적' 접근법을 제안하는 것이 아니다. 나는 문제의 개념과 논의가 18세기와 19세기의 문화적·철학적 경향에 의해 특정한 방식으로 왜곡되어 많은 결함을 가져왔다는 것과 1세기 인물인 예수에 대한 역사 연구를 통해 우리가 (1세기의 세상을 바라보면서 그리고 하나님에 대해 생각하면서) 다른 방식으로 근본적인 질문에 접근할 수 있다는 것을 말하고 있다. 다시 말해, '자연신학'은 세상 및 하나님의 관계와 연관된 일련의 질문을 부정확하게 가리키는 문구가 되어 버렸다. 질문 중 일부는 우리가 뒤늦게 알아차릴 수 있는 왜곡된 틀 안에서 고립되고, 강조되고, 제기되었다. 나는 이러한 질문들을 역사적으로 이것들이 속해 있는 보다 큰 질문들 안에 재배치할 것과 예수에 대한 새로운 역사적 관점으로 그렇게 할 것을 제안한다(여기서 '역사'는 명확한 개념을 갖고 있고 그것의 유사 왜곡에서 벗어난 역사를 의미한다).

물론 누구나 '당신이 경기 규칙을 바꾸었소'라고 말할 수 있다. 누군가 내게 이렇게 말할 때, 나는 지금 진행되고 있는 경기가 인위적으로 축소되었다고 답할 것이다. 이는 마치 크리켓 경기를 야구장 내야에서 치르는 것과도 같다. 그로 인해 원래 크리켓 운동장 크기의 3분의 2가 제외되었으며, 양 팀은 모든 '결과'에 이의를 제기할 수 있게 되었다. 일단 경기를 원래 크기의 운동장으로 전환하고 적절한 장비를 제공하면 상황이 달라질 수 있다.

다시 말해 역사는 중요하다. 따라서 예수와 신약은 '자연신학'의 과제를 위해 사용 가능한 출처로서 당연히 포함되어야 한다. 내가 이렇게 말한다고 해서 '역사에 대한 호소'로 기독교 신앙을 '입증'하고자 하는 일종의 합리주의적 변증을 부활시키려는 것은 절대로 아니다. 내가 3장에서 보여 주겠지만, '역사'는 이보다 훨씬 복잡하다. 방법과 결과, 이 둘 모두에 있어서 나는 일반적인 변증 방법을 따르지 않을 것이다. 예수를 주제에 포함시켜야 하는 이유를 밝히기 위해, 나는 예수의 공생애 및 가르침에 관한 일반적인 오해 중 일부를 해체하고, 예수를 그 당시의 역사적 세계 안에 그리고 유대교의 상징적 세계 안에 새롭게 배치해야 한다고 주장할 것이다. 그다음 나는 예수가 죽은 자들 가운데서 다시 살아난 부활절과 함께 우리가 창조 세계의 갱신에 직면해 있음을 제안할 것이다. 창조 세계의 갱신은 구속으로 인한 변화를 통해 **원래 창조 세계를 재평가한다.** 부활절에 탄생한 이 새로운 세계는 현재 세계 안에서의 단순한 조정도 아니고 현재 세계를 완전히 다른 무언가로 완전히 새롭게 대체하지도 않는다. (이러한 오해는 예수와 그의 첫 번째 제자들이 현재 세계가 '하늘나라'에 길을 터주기 위해 끝날 것으로 믿고 있었다는 주장에 의해 널리 퍼져 있었다). 옛 세계와 새로운 세계 사이에는 **연속성과 불연속성**이 공존한다. 그리고 옛 세계와 새로운 세계의 이해에 필요한 지식의 방식 사이에도 연속성과 불연속성이 존재한다. 예수의 부활은 원래의 창조 세계에 하나님의 '예'(yes)를 전하면서 새로운 종류의 세상에 요구되는 새로운 종류의 지식을 통해 성경과 성경의 동족 전통의 세계로부터 도출된 추론을 새로운 방식으로 확증한다. [즉, 부활 사건은 예를 들어 에피쿠로스주의, 완전자 신학(Perfect Being theology), 또는 1930년대 독일 그리스도인들의 사색 등의 '자연신학'을 인정하지 **않는다**.] 앞선 주장을 토대로 6장에 설명되어 있고 7장에서 발전 및 적용되고 있는 이러한 내용은 이 책에서 내가 주장하는 핵심이다. 예수의 부활은 새로운 '자연신학'의 가능성과 어쩌면 이 가능성에 대한 보장도 수반한다.

***

내가 구상하고 전달한 기포드 강연과 이 책은 마치 교향곡처럼 각각 두 개의 장을 지닌 네 개의 '악장'으로 구성되어 있다. 주장의 전반적인 연속성 내에서 각 '악장'은 그 자체의 완결성과 적절한 표현 양식을 지니고 있다. 첫 번째 악장은 주제에 대한 역사적 맥락을 설정하고, 매우 상세한 역사적 주석을 필요로 한다. 그리고 그것을 진행한다. 두 번째 악장은 세 가지 핵심 개념, 즉 '역사', '종말', '묵시'를 분석해 주제에 적용하기 시작한다. 다섯 번째와 여섯 번째 강연 내용으로 이루어진 세 번째 악장은 우리를 1세기 유대인의 세계로 몰아넣고 하나님과 세상을 함께 보는 방식으로 탐구하고 예수의 부활에 관한 질문을 그 세계 안에서 찾게 만든다. 자세한 주석이 덜 요구되는 마지막 악장은 인간 경험에 관한 폭넓은 주제들을 숙고하고 이 주제들을 먼저 예수의 십자가 처형 이야기와 관련 짓고 그다음 종말과 선교라는 보다 큰 세상과 연관 짓는다. 이렇게 하는 이유는 '자연신학'을 둘러싸고 있는 질문에 대한 새로운 접근이 가능하다는 주장을 확실히 지지하기 위함이다. 마지막 악장이 겨냥하는 것은 긴 계단의 끝까지 올라가 지붕 문을 열었는데 그 순간 사방으로 펼쳐져 있는 경치를 갑자기 보게 될 때 느끼는 감정이다. 이때의 분위기는 우리가 보는 것을 묘사하는 것이지, 그것을 특정적으로 재구성하기 위해 신중한 단계적인 논쟁을 하려는 것이 아니다. 나의 기포드 강연 제목은 이러한 사고의 흐름을 반영하는 '여명을 분별하며'(Discerning the Dawn)였다. 비록 이 책의 제목은 다르지만, 나는 이 책에 '여명을 분별하며'라는 문구가 되풀이되도록 했다.

나의 이전 '학문' 서적들은 내가 여러 해 동안 연구하고 가르쳤던 주제들을 담고 있다. 그러나 이 책에서 나는 비교적 새로운 영역으로 들어가고 있다.[9] 새롭게 열린 가능성들은 흥미롭게도 내 주요 학문 분야의 역사를 포함해 다양한 방향으로 빛을 발하고 있다. 그러나 내 나이가 되면 이러한 순간이 두렵기도 하다. 매 걸음마다 나는 내가 이제 막 발견한 분야에서 이미 수십 년간 연구해 온 사람들의 뜰 위를 그리고 어쩌면 그들의 발자국 위를 걷고 있는 셈이다. 지나친 단순화 및 뜻밖의 생략과 같은 위험은 언제나 존재한다. 나는 다른 분야의 동료들이 적어도 내가 성서학 분야를 대화 주제로 만들려고 노력하고 있다는 사실을 고마워할 것이라고 믿는다. 비록 내가 몇 가지 실수를 하더라도 말이다.

앞에 언급한 네 악장을 통해 주장을 전달하는 사고의 순서에 대해 간단

---

[9] 이 점에 있어서 나는 세인트앤드루스 대학교 소재 '로고스' 연구소('Logos' Institute)로부터 큰 도움을 받았는데, 연구소 직원들과 연구원들은 도전과 자극과 방향을 제공했다.

히 설명해 보겠다. 나는 먼저 자연신학과 깊이 연관되어 있는 18세기와 19세기 문화적 맥락 안에 기포드 경의 유산과 '자연신학'의 초기 탐구를 위치시킴으로써 시작하려고 한다. 특히 1755년에 발생한 리스본 대지진(Lisbon Earthquake)으로 인해 자연 과학의 오래된 가능성들이 타격을 입은 후, 계몽주의 철학이 새로운 형태의 에피쿠로스주의를 중심으로 신속하게 담론을 재형성했다.[10] 이로 인해 오늘날까지의 후속 논의들이 왜곡되어 버렸고, 잘못된 대안들이 도입되었으며, 역사적 지식을 포함한 지식 자체에 대한 가정들이 축소되었다.

나는 두 번째 강의에서 이런 왜곡된 관점들이 어떻게 현대의 성서학을 통해 작용했는지를 보여 줄 것이다. 여기에는 불트만이 1955년 기포드 강연에서 제시한 '역사와 종말'에 대한 해석이 포함되어 있으며, 이 책의 제목 또한 불트만의 '역사와 종말'을 암시한다. 오늘날까지도 종종 표면적으로는 '객관적' 또는 '공정한' 입장을 가장하는 역사적 성경 연구는 다양한 에피쿠로스주의의 부흥에 의해 급진적으로 형성되었다. 이 역사적 성경 연구는 하나님에 대한 언급 없이 세상을 연구하도록 격려했고 세상에 대한 언급 없이 하나님을 연구하도록 격려했으며, 특히 역사에 대한 언급 없이 신학을 연구하도록 격려했다. 때로 '방법론적 자연주의'(methodological naturalism)라고 불리는 이것은 먼저 하나님 없는 세상을 예시하고, 그다음으로 '완전자' 신에 대한 신학, 곧 역사가 결여된 신학을 예시한다. 여론의 분위기가 이러하여, 독실한 그리스도인들과 신학자들이 먼저 다른 자료들을 토대로 '하나님'을 그린 후 '예수'를 이 그림에 끼워 맞추려고 할 가능성이 점점 커졌다. 18세기와 19세기의 많은 조직신학은 성자와 성령에 관한 사도신경 제2항이

---

[10] 1755년 리스본 대지진에 대한 다양한 반응에 대해서는 1장을 보라. 이 사건은 문화적·철학적·신학적 분위기의 복합적 변화를 효과적이고 간략하게 상징한다.

나 제3항이 아닌 성부/창조주 하나님에 관한 사도신경 제1항과 관련이 있다. 그러나 그러한 방식은 쉽게 가현적 예수 또는 '초자연적' 예수를 초래할 수 있는데, 이러한 예수는 역사 비평으로 손댈 수 없고 실제 역사의 그 어떤 형태를 통해서도 알 수 없다. 이러한 예수는 많은 수의 경솔한 현대 그리스도인들의 믿음과 일치하지만, 그에 못지않게 이에 반대하는 회의적인 반응도 야기한다.

누군가는 18세기에 가현설이 승리했다고 생각할지도 모른다. 아마도 이러한 생각이 문제의 한 부분일 것이다. 당시 쉽게 가정되었던 기독교 정통 신념의 '신성'한 예수와 이에 못지않게 쉽게 가정되었던 성경의 '신적 영감'이 의미했던 것은 이 둘 중 하나에 대한 호소가 독실한 그리스도인과 회의적 그리스도인 모두에게 문제에 대한 사전 해결로 간주되었다는 것이다. 실질적인 역사적 작업이 필요하지 않았고, 이러한 것을 제안하는 일은 복음에 대한 불충성, 곧 하나님에 대한 암묵적 부정의 표시로 간주되었을 것이다(그리고 이러한 현상은 지금도 가끔 발생한다). '자연' 세계와 '초자연' 세계는 서로 분리되었는데, 여기서 사용되고 있는 자연과 초자연 이 두 용어는 이러한 두 세계 사이의 완전한 분리를 지지하기 위해 그 의미에 변화를 겪는다. 이는 한편으로 '자연' 세계에서 벗어난 듯 보이는 예수, 그래서 일부 초기 기독교 교사들이 사수하기 위해 치열하게 투쟁했던(이러한 투쟁은 신약에서부터 시작한다) 온전한 인성을 아무 어려움 없이 포기하는 그런 예수를 가져왔다.[11] 다른 한편으론 잘못 연구된 가상의 유대 세계에 살았던 '예수'를 가져왔는데, 이 가상의 유대 세계에서는 '신성'에 대한 모든 칭송이 후대 교회의 타락으로 간주되었다.

이는 회의주의자들과 비평가들 그리고 가현설의 파괴적 효과를 예상했

---

11   예를 들어, 요일 4:2을 보라.

던 교회 내의 몇몇 사람들이 예수를 '순전한 인간'으로 생각하게 되면서 자연스러운 반응을 일으켰다. 이 모든 것은 당연히 해야 할 일을 하는 것과 이 책이 시도하려는 것, 즉 **예수와 신약이 지닌 '신학적' 관련성을 희생시키지 않으면서 이 둘을 실질적인 1세기 세계 안에 재위치시키는 것을** 훨씬 더 어렵게 만든다. 근대 에피쿠로스주의의 부활로 인해 신과 세상 사이에는 커다란 간격[이 커다란 간격은 레싱(Lessing)이 말한 영원한 이성의 진리와 예측할 수 없는 역사의 진리 사이에 존재하는 '넓고 추한 도랑'과 관련이 있다]이 생겼고, 예수는 두 영역 모두에 속한 것이 아니라 반드시 둘 중 한 영역에 속해야만 하는 것으로 보일 수밖에 없었다. 따라서 이 책의 첫 두 장은 더 큰 문화적 정황을 다루고 예수 연구가 정확하게 역사적 사실이 아닌 다른 요소들로 인해 얼마나 심각하게 훼손되었는지를 보여 줄 것이다.

이는 '역사'가 실제로 무엇이고, 역사가 무엇을 성취할 수 있고, 성취해야 하는지에 관한 질문을 제기한다. 이 질문이 바로 3장의 주제로, 거기에서 나는 '역사'의 개념이 동일한 문화적 압력에 의해 형체를 잃은 채 일그러졌다고 주장할 것이다. '역사'와 신학의 연관성 또한 '하나님'과 '자연 세계' 사이에 있는 것으로 추정되는 분열로 영향을 받고 있다. 회의주의자들은 '역사'가 환원주의적 그림을 선호한다고 주장하고, 반회의주의자들은 '역사'가 '발생하는 모든 것'을 가리키는 말이라고 주장한다. 그러나 이들 모두 나사렛 예수와 그의 나라 선포를 당시 상황 내에서 이해하려는 역사적 탐구에 대해서는 언급하지 않는다.

그러나 이 모든 것이 명확해지면, 우리는 널리 사용되고 있는 다른 두 용어, 즉 '종말론'과 '묵시'로 우리의 관심을 돌려야 한다(이러한 관심의 전환은 4장에서 발생한다). 왜냐하면 이 두 용어의 파악하기 어려운 의미가 예수에 관한 역사 연구를 불가능한 것은 아니더라도 종종 어려운 것으로 만들어 버리기 때문이다. 이것은 단순히 용어의 정확한 사용에 관한 문제가 아니다. 이 두 용어는 예수와 그의 첫 번째 제자들이 시공의 세계가 곧 종말을 맞이할 것으로 기대했다는 이론의 도움을 받으며 일종의 표어가 되었다. 그런데 이 이론은 1세기 유대 정황에서 예수를 찾아야 한다는 역사적 의무를 서투르게 흉내 내고 있을 뿐이다. 이는 '자연신학'의 문제와 직결된다. 새로운 세계의 시작을 위해 현재 세계가 반드시 끝나야 한다면, 어떻게 현재 세계와 이 현재 세계를 멸하려는 하나님을 동시에 논할 수 있겠는가? 여기에 역설이 존재한다. 즉, 예수는 한편으로 '신의 계시'로 간주되었기에 많은 그리스도인들에 의해 '자연신학'으로부터 동떨어져 있게 되었지만, 다른 한편으로 세상의 종말을 예견함에 있어서 그가 틀렸으므로 이스라엘의 하나님을 구현하는 존재가 아니었다는 것이다. 신학이나 주해 그 어느 쪽도 이런 혼란한 주장들과 결탁되어선 안 된다.

3장과 4장에서는 이 책의 긍정적인 주요 제안에 방해가 되는 것들을 제거하며, 주요 제안은 5장의 1세기 유대 세계와 상징에서부터 시작한다. 성전은 하늘과 땅의 겹침에 대해 말했는데, 이는 고대와 근대의 에피쿠로스주의가 주장하는 분열된 세계관을 정면으로 반박한다. 안식일은 현세에 **진정으로 임할 것으로 기대되는** 다가올 시대에 대해 말했는데, 이는 하늘나라의 도래를 위해 먼저 이 '땅'이 없어져야 한다는 모든 제안을 반박한다. 인간이 창조주 하나님의 형상대로 만들어졌다면, 인간과 인간의 소명적 의무에 대한 생각에서 하나님에 대한 것을 (어느 정도) 구별해 낼 수 있다는 생각은 그렇게 이상한 것이 아니다. 이는 6장의 다음과 같은 주장을 상황화해 준다. 즉, 예수의 부활(부활은 현재 세계에서는 분명 이상한 사건이지만 새 창조 세계에서는 근본적이며 전형적인 사건이다)과 함께 새로운 존재론 및 적절한 인식론이 드러나는데, 이 적절한 인식론은 새롭고 변혁적 차원의 '사랑의 인식론'(epistemology of love)을 의미한다. 그렇다고 해서 '일상의 현실'과 격리되어 있고 세상을 바라보며 세상의 창조자에 대해 추론해 볼 수 있는 가능성이 차단된 그러한 사적인 '영적' 세계가 만들어지는 것은 아니다. 이와 반대로, 부활을 통해 새로운 공적 세계가 열리는데, 이 공적 세계에서는 현 세계에 살고 있는 인간의 질문이 하나님을 가리키는 임시 이정표로 간주될 수 있다.

그러나 이 임시 이정표들은 '망가져 있다.' 왜냐하면 '정의'와 '사랑'과 같은 인간 소명의 최고와 최선의 측면들이 모순과 뚜렷한 분열을 가져오기 때문이다. 그 어느 것도 우리를 하나님은 고사하고 유토피아로 인도하지 않을 것이다. 7장은 이 어두운 역설의 순간에 십자가 이야기가 등장한다고 주장한다. 십자가 이야기는 언제나 가장 강력한 '변증' 이야기인데, 우리는 7장에서 그 이유를 이해하게 된다. 인간의 소명 본능이 '위'에 계신 하나님을 가리킬 수 있다고 생각할 수 있지만, 그렇게 하지 못하는 지점에서 예수의 이야기가 사랑이 배신당하고 정의가 거부된 곳으로 '내려온다.' 바로 이때 특정 종류의 '자연신학'이 우리의 시야에 들어오는데, 이 특정 종류의 자연신학은 지난 3세기에 있었던 대부분의 자연신학 종류와는 다른 것으로, 특별히 삼위일체의 형태를 취하고 있다. '망가진 이정표'와 그것들이 하나님을 가리키는 역설적인 방식에 대한 숙고는 예수를 고려 대상에서 제외하거나 다른 근거로 생성된 '하나님'의 그림에 예수를 늦게나마 끼워 넣으려는 오래되고 절대적인 이신론 모델들에 이의를 제기한다. 이러한 접근법은 8장이 설명하고 있는 선교학에 의해 보완된다. 현재 성령이 주도하고 있는 교회의 선교는 '망가진' 이정표들을 새롭게 구현함으로써 하나님이 '전부'가 되시는 약속된 시간을 고대해야 한다. 시간과 공간을 지닌 '자연' 세계가 영광스러운 신의 존재로 인해 타락과 부패로부터 구조되고 변모된다면, 이 종말론적 비전은 소명 가운데 있는 교회를 지탱할 뿐만 아니라 내가 7장에서 주장하는 '자연신학'으로의 회고적 접근도 가능케 할 것이다.

지식 그 자체는 책 전반에 걸쳐 하나의 중요한 하위 주제를 형성한다. 나는 다양한 모더니즘 인식론의 잃어버린 연결 고리로서의 '사랑'을 탐구할 것이다. 이 인식론들은 '객관성'을 일종의 권력 형태로 이해하거나 사실상 이기주의의 투영인 '주관성'으로 후퇴해 버렸다.[12] 모더니즘은 파우스트 신화 등 우리 문화에서 인정되는 과감한 움직임인 '사랑'의 차원을 차단했다. 하지만 이러한 의미의 사랑 없이는 기존 세상에 대한 기존 지식을 이해할 수 없다. 이는 '하나님' 없이 무언가를 하려는 환원주의적 비전과 이러한 비전에 답하려 하는 자칭 '변증적' 전략 **모두에** 이의를 제기해야 함을 의미한다. 마찬가지로 우리가 '새 창조 세계'의 가능성에 직면할 때 사랑은 새로운 양상으로 전환된다. 여기서 '새 창조 세계'는 어쩌면 놀랍게도 단순히 이전 세계의 변경이나 노골적인 대체를 의미하지 않는다. 오히려 새 창조 세계는 **구속적 변환**으로 간주되어야 한다. 따라서 사랑은 새로운 양상, 새로운 차원으로 이동해 새로운 종류의 앎을 가져온다. 이 새로운 '앎'은 새로운 세상에만 국한된 은밀한 지식이 아니다. 왜냐하면 '기존의 창조 세계'를 돌아보면서, 새 창조 세계는 처음으로 기존의 창조 세계를 알게 될 뿐만 아니라 기존의 창조 세계가 그것의 창조주에 관해 말하고 있는 진실도 제대로 듣게 되기 때문이다.

이것이 내 제안의 핵심이다. 나는 이것을 6장에서 설명하고 더 자세히 탐구할 것이다.

**

애버딘 대학교는 나를 기포드 강연의 연사로 초청했는데, 이 초청은 예기치 못한 기쁨의 초청이기에 나는 애버딘 대학교에 감사의 빚을 졌다. 내가 동일하게 감사하는 것은 4주의 강연 기간 동안 내가 즐겼던 따뜻한 환영과 환대, 그리고 스코틀랜드 동부 역사상 가장 큰 눈보라에도 아랑곳 않고

---

[12] 내가 모더니즘 인식론에 대한 주장을 마무리 짓고 난 후 다음과 같은 이 분야의 중요한 연구를 접하게 되었다. E. L. Meeks, *Loving to Know: Covenant Epistemology* (Eugene, Ore.: Cascade, 2011).

강연에 참석해 경청하고 나의 제안에 열정적으로 참여했던 청중들의 유쾌한 격려다. 필립 지글러(Philip Ziegler) 교수가 행사 전체를 주최하고 조직했다. 그가 나를 소개할 때 보여 준 관대하고 호의적인 태도로 인해 사람들은 우리 사이에 지속되고 있는 신학적 불일치가 어느 정도인지를 알지 못했을 것이다.[13] 톰 그레그스(Tom Greggs)와 그랜트 매커스킬(Grant Macaskill)을 포함한 애버딘 대학교의 많은 저명한 교수들이 나의 필요를 잘 돌보아 주었다. 앰버 셰이들(Amber Shadle)은 친근하면서도 효율적으로 크고 작은 수백 가지의 실질적인 준비를 해 주었다. 당시 나의 연구 조교였던 사이먼 뒤르(Simon Dürr)가 강의 세부 내용에 도움을 주었고 발표 자료를 파워포인트로 제작하고 내용에 맞게 실행해 주었다. 기포드 강연은 역동적인 학문적·개인적 상호 작용에 대한 특별한 경험이었다.

나는 또한 이전 상황에서 내 주장의 여러 측면을 시험해 볼 수 있는 기회를 준 사람들에게 감사한다. 나는 먼저 로버트 포사이스(Robert Forsyth) 목사에게 내 일련의 생각을 말해 주었는데, 그는 무엇을 시도하고 하지 말아야 할지와 관련해 평소처럼 빈틈없는 평가를 제공했다. 목사이자 박사인 앵거스 모리슨(Angus Morrison)의 친절한 초대로, 나는 2016년 9월 1일 글래스고의 스코틀랜드 교회가 주관한 '쐐기풀 잡기'(Grasping the Nettle) 행사에서 강연을 했다. '당신이 알고 싶어 하는 것'(Wouldn't You Love to Know)이라는 강연 제목으로 나는 실처럼 전체 사고의 흐름을 관통하고 있는 '사랑의 인식론'을 개괄적으로 설명했다. 나는 2017년 3월 텍사스주 휴스턴에 자리한 래니어 도서관(Lanier Library)에서 나의 기포드 강연에 관한 전반적인 주장을 요약해 발표했다. 나는 이 강연을 주최한 마크 래니어(Mark Lanier)

---

[13] P. G. Ziegler, *Militant Grace: The Apocalyptic Turn and the Future of Christian Theology* (Grand Rapids: Baker Academic, 2018)를 보라.

와 배후에서 애써 준 그의 동료 찰스 미키(Charles Mickey)에게 깊이 감사한다. 2017년 11월 매사추세츠주 보스턴에서 열린 미국 종교학회 연례회에서 나는 이 책 3장의 이른 원고격인 '분석 신학 강연'(Analytic Theology Lecture)을 발표했다. 이 기간 동안 나를 초대해 주고 환대해 준 마이클 레아(Michael Rea) 교수와 그의 동료들에게 매우 감사한다. [발표 원고는 적절하게 확장되어 「분석 신학 저널」(Journal of Analytic Theology)에 실렸다. 이 원고의 내용은 이 책 3장에서 다뤄지는 '역사' 분석의 다소 기술적인 버전이라고 볼 수 있다.[14]] 2016년과 2017년에 세인트앤드루스 대학교 부설기관인 로고스 연구소 연구원들에게 강연 초고가 몇 개 제공되었고, 나는 그들의 논평과 논의를 통해 큰 도움을 받았다. 내 오랜 친구인 올리버 오도노반(Oliver O'Donovan), 사이먼 킹스턴(Simon Kingston), 밥 스튜어트(Bob Stewart), 킴벌리 예이츠(Kimberly Yates)가 세심한 주의와 통찰력으로 이른 초안을 읽고 상당히 현명한 의견을 주었다. 물론 이 친구들 중 어느 누구에게도 아직 남아 있을지 모르는 어떠한 실수나 혼선에 대한 책임이 없다.

다음으로 나는 2018년 6월 25일 세인트앤드루스 대학교에서 개최된 특별 세미나에 참석했던 동료들과 학생들에게 감사한다. 이들은 청중 앞에서 나의 기포드 강연을 하나씩 토론했다. 로고스 연구소의 분석 및 해석 신학 분과가 이 세미나를 후원했고, 앨런 토런스(Alan Torrance) 교수가 세미나를 진행했다. 세미나의 패널로 참여했던 인물들은 다음과 같다. 톰 그레그스, 데이비드 퍼거슨(David Fergusson), 앤드루 토런스(Andrew Torrance), 캐리 뉴먼(Carey Newman), 주디스 울프(Judith Wolfe), 엘리자베스 샤이블리(Elizabeth Shively), 에이미 필러(Amy Peeler), 스콧 해이프먼(Scott Hafemann), 마다비 네

---

[14] 'The Meanings of History: Event and Interpretation in the Bible and Theology', *Journal of Analytic Theology* 6 (2018), pp. 1-28를 보라.

바더(Mahdavi Nevader), 크리스타 맥컬랜드(Christa McKirland), 조너선 러틀리지(Jonathan Rutledge), 필립 지글러, 앵거스, 제러미 베그비(Jeremy Begbie), 미치 맬러리(Mitch Mallary), 트레버 하트(Trevor Hart). 브렌던 울프(Brendan Wolfe)는 모든 강연에 대한 실질적이고 매우 유용한 강연 기록 노트를 제공해 주었다. 이날은 참으로 특별한 날이었다. 왜냐하면 이날 나는 내게 주어지는 관심에 기뻤고 동시에 아직도 배워야 하는 것이 많이 있음을 기억하며 겸손해졌기 때문이다. 이미 전부터 생각해 왔듯이, 이날의 세미나를 통해 내가 깨닫게 된 것은 일정 분량의 확장과 추가 설명으로 편집된 이 책이 지금도 활발히 진전되고 있는 지적 (그리고 바라기는 영적) 운동에 대한 한낱 임시 보고서 그 이상의 의미를 지닌다고 가장하는 것이 의미가 없다는 것이다. 이 놀라운 세미나 모임에서 훌륭하게 생성된 모든 요점과 이 요점들에 대한 나의 모든 생각을 통합할 수 없었기에 유감이 아닐 수 없다. 이것들을 생각해 볼 수 있는 여유가 앞으로 생긴다면 좋겠다. 다시 말해, 나는 찰스 테일러(Charles Taylor)가 그의 기포드 강연에서 주장했던 내용[이 내용들은 그의 엄청난 대작 『세속화 시대』(A Secular Age)의 토대가 되었다]을 다루려고 애쓰지 않았다. 이 책은 그 범위에 있어서 루돌프 불트만이 그의 기포드 강연에서 했던 것과 훨씬 더 유사하며, 원래의 형태와 주장을 바꾸지 않고 명확히 하면서 주석을 달았다. 나는 이 책이 현재의 일부 신학적·해석적 논쟁의 방향을 새롭고 유익한 길로 인도해 주길 바란다.

이러한 논쟁 중에서, 현재도 진행 중인 예수의 부활에 대한 질문은 많은 사람을 당혹스럽게 하고 있다. 나는 이 책, 특히 6장이 최근 몇몇 학자들에게 불투명해 보이는 나의 초기 연구 내용들을 설명하고 그 학자들이 제기한 문제들을 다루는 데 어느 정도 도움이 되기를 바란다. 나는 특별히 칸리(P. Carnley)의 『부활을 회고하다』[*Resurrection in Retrospect: A Critical Examination of the Theology of N. T. Wright* (Eugene, Ore.: Cascade Books, 2019)]

를 염두에 두고 있는데, 나는 칸리의 책을 이 책이 교정 단계에 있을 때 받았다.

출판을 위해 책의 내용을 명료화하고 편집하는 과정에서, 사이먼 뒤르와 미치 맬러리의 전문적이고 지속적인 도움은 말로 다 칭찬할 수 없다. 그들의 도움으로 나의 수많은 실수들이 구제되었다. 그들은 나의 주장에 명확성이 떨어지는 부분을 지적해 주었고 여러 종류의 도움을 제공했다. 나는 수년간 훌륭한 여러 연구 조교들의 도움을 받고 있는데, 사이먼과 미치, 이 두 젊은 동료들은 어느 조교와 비교해도 손색이 없다.

특히 베일러 대학교 출판부(Baylor University Press)의 캐리 뉴먼 박사와 그의 직원들이 이 책의 기획 및 출판에 보여 준 열정에 감사한다. 아울러 뉴먼의 격려와 현명한 지침에도 감사한다. 나의 런던 출판사인 SPCK와 특별히 필립 로(Phillip Law)에게 감사의 마음을 지속적으로 표한다. 그들과의 행복한 협력 기간은 이제 30년으로 접어들고 있다. 그리고 언제나 그렇듯이 내 아내와 가족에게 사랑과 지원이라는 깊은 빚을 지고 있다. 특히 어느 날 아침 나의 아들 줄리안(Julian)과 캐리 뉴먼이 동시에 같은 책상에 앉아 각각 이 책의 3장과 6장 초안을 읽으며 그들의 솔직한 생각을 내게 말해 주었던 그때를 잊을 수 없다. 그러한 순간들은 가족의 삶과 학문 공동체 모두를 풍성하게 한다.

앞에서 나는 비꼬듯이 나를 격려해 주신 나의 어머니에 대해 언급했었다. 그런데 그 어머니가 아흔다섯 번째 생신을 하루 앞둔 2018년 6월 1일 돌아가셨다. 사랑과 감사를 담아 이 책을 어머니를 기리기 위해 바친다.

2019년 부활 주간
세인트앤드루스 대학교 세인트메리스 칼리지에서
톰 라이트

약어

11QMelch	Melchizedek Scroll
1QS	Community Rule
2 Bar.	*2 Baruch*
2 En.	*2 Enoch*
AB	Anchor Bible
Ant.	Josephus, *Antiquities of the Jews*
Apoc. Mos.	*Apocalypse of Moses*
ARN	'Abot de Rabbi Nathan
Barn.	*Epistle of Barnabas*
bRos Has.	Babylonian Talmud tractate Rosh Hashanah
CD	Damascus Document
Civ.	Augustine, *City of God*
Dial.	Justin Martyr, *Dialogue with Trypho*
Ecl.	Virgil, *Eclogues*
H&E	Bultmann, *History and Eschatology*
Hist. eccl.	Theodoret, *Historia Ecclesia*
JBL	*Journal of Biblical Literature*
JSJ	*Journal for the Study of Judaism*
JTI	*Journal of Theological Interpretation*
Jub.	*Jubilees*
JVG	Wright, *Jesus and the Victory of God*
LAE	*Life of Adam and Eve*
Mek. Exod	Mekhilta on the book of Exodus
mTamid	Mishnah tractate Tamid
Nat. d.	Cicero, *De natura deum* (On the Nature of the Gods)
NTPG	Wright, *The New Testament and the People of God*

OHNT	Re Manning, ed., *Oxford Handbook of Natural Theology*
PFG	Wright, *Paul and the Faithfulness of God*
PRE	Pirqe Rabbi Eliezer
PRI	Wright, *Paul and His Recent Interpreters*
Rep.	Cicero, *Republic*
Rer. nat.	Lucretius, *De rerum natorum* (On the Nature of Things)
Revolution	Wright, *The Day the Revolution Began*
RSG	Wright, *The Resurrection of the Son of God*
ShirShabb	Songs of the Sabbath Sacrifice
Test. Dan	*Testament of Dan*
TynBul	*Tyndale Bulletin*

1부

자연신학과 역사적 정황

1장

무너진 성소

1755년 리스본과 에피쿠로스주의의 승리

도입: 우리가 물려받은 수수께끼

내가 더럼(Durham)의 주교였을 때, 오클랜드성에 있던 나의 서재에는 선임들이 남긴 훌륭한 책들이 보관되어 있었다. 거기에는 라이트풋(Lightfoot) 주교의 소유였던 테니슨(Tennyson)의 『메모리엄』(*In Memoriam*) 초판과 핸들리 모울(Handley Moule) 주교가 가지고 있었던 자신의 로마서 주석 사본도 있었다. 그 외에도 많은 책들이 있었다. 그러나 내가 가장 좋아하는 기념품 중 하나는 내가 무언가를 찾기 위해 어떤 책을 살피고 있을 때, 그 책에서 떨어져 나온 1717년 소인의 엽서였다. 그 엽서는 옥스퍼드 오리엘 칼리지(Oriel College)로 테니스를 치러 오라는 초대장이었다. 수취인은 최근에 장로교 교리를 버리고 성공회에서 안수를 받기로 결정한 어떤 청년이었다. 이 청년의 이름은 조지프 버틀러(Joseph Butler)였는데, 그는 후에 18세기 신학과 철학을 빛낸 위대한 인물 중 한 명이었다. 그는 1738년 46세의 나이에 브리스틀(Bristol) 주교가 되었고 1750년에 더럼으로 전임되었다. 더럼에서 60세의 나

이로 죽기 전까지 채 2년이 안 되는 시간이었지만 그는 큰 족적을 남겼다.

버틀러 주교는 곧 사라질 옛 질서를 대표한다. 옛 질서의 사라짐과 버틀러의 접근법을 대체한 방식은 오랜 시간 '자연신학'으로 불렸던 것에 대한 이후의 논의에 특별한 형태와 강조를 부여했다. 자연신학에 대한 질문의 새로운 형태는 밀접히 관련된 이유로 인해 예수에 관한 새로운 질문 및 도전과 일치했다. 이 두 질문 및 이 둘의 상호 관계가 이 책의 주제를 형성한다.

'자연신학'에 관한 질문과 '예수가 누구인가?'에 관한 질문은 대부분의 후속 신학에서 분리되어 왔다. '자연신학'을 정의하는 한 방법은 '예수를 제외시키면서 하나님을 구별'하는 것일 수 있다.[1] 그러나 예수가 완전한 인간이었고 따라서 교회가 항상 가르쳐 왔듯이 그리고 현대 비평가들이 날카롭게 주장해 오고 있듯이 진짜로 1세기 역사적 현실의 일부였다면, '자연' 세계에서 그를 배제하는 것은 말이 안 된다.

여기서 문제는 '역사'가 결코 안정적인 범주가 아니라는 점이다. 18세기 유럽을 휩쓴 더 큰 규모의 문화 및 사상운동은 '자연신학'과 예수에 대한 연구뿐만 아니라 '역사' 자체의 개념에도 심오한 영향을 미쳤다. 나는 여기서 이 질문들을 깊이 파고들고, 왜 이 질문들이 그렇게 이해되어 왔는지 알아보며, 이 질문들을 유익하게 종합할 수 있는 새로운 방식들을 제안하고자 한다. 그렇기에 그러한 일이 어떻게 발생했는지 이야기해 보는 것은 중요하다. 이 이야기는 복잡하게 서로 맞물려 있는 많은 질문을 포함하는데, 나는 그중 일부를 이 책에서 논할 것이다. 그러나 지나친 단순화는 하나님, 창조세계, 예수, 역사에 관한 질문을 마치 이들이 타인과 이러한 질문을 제기하는 자들이 살고 있던 넓은 세계로부터 단절된 채 존재했던 것처럼 다루려는 것보다 더 위험하다.

---

[1] 이러한 방법에 따른 자연신학의 일반적 정의에 대해서는 이 책 서문과 서문의 각주들을 보라.

버틀러 주교의 가장 유명한 연구는 18세기 초의 고전인 『종교 유비』(Analogy of Religion)다. 이 저서는 그가 오클랜드성에서 리버 웨어(River Wear) 위로 몇 킬로미터 떨어져 있는 스탠호프(Stanhope)의 교구 목사로 있을 때 기록한 것이다. 그는 여기서 자연 세계와 기독교 신앙의 진리 사이에 소위 일련의 '유비'가 존재한다고 주장한다. 그의 이 주장은 기독교 신앙의 진리를 강하게 지지했다. 그는 당시 지배적이었던 이신론자들을 향해 그들이 성경에서 인식하는 문제, 특히 여호수아기와 사사기에 나타난 '거룩한 역사'의 불가사의와 잔혹함의 문제는 우리가 알고 있는 것처럼 자연 세계에 내재된 불가사의와 잔혹함과 일치한다고 주장했다. 마치 창조 세계와 성경 세계가 밀접하게 연결된 것처럼 말이다.

이와 같은 요약은 치밀하고 식견 높은 버틀러의 연구를 제대로 다루고 있지 않다.[2] 그러나 버틀러가 중요한 이유는 그의 말뿐만 아니라 그가 대표했던 것 때문이다. 다시 말해, 그는 영국 사회에 여러 형태로 표현되어 있던 **기독교적** 낙관주의 분위기를 대표했던 인물이다. 당시 선교 운동은 대개 후천년설 영감을 따르고 있었다. 다시 말해, 그들은 하나님 나라가 성장 및 확장한다고 믿었고, 온 세계가 머잖아 예수를 주님으로 칭송하게 될 것이라고 믿었다.[3] 헨델(Handel)은 이 같은 내용을 1741년에 작곡된 불멸의 음악 "메시아"(Messiah)에 담았다. 잘 알려져 있지만 그렇다고 항상 신학적으로 이해되고 있는 것은 아닌 이 음악은 '죽음 이후 천상에서의 삶'이 아닌 교회의 선교에서 그 절정에 이르는데, 바로 이 교회의 선교를 통해 '이 세상의 나라는 하나님 나라가 된다.' 이것이 바로 부활이 주제인 3부 전에 2부를 마치는

---

2 Butler와 이신론자들에 대해서는 예를 들어, H. G. Reventlow, *The Authority of the Bible and the Rise of the Modern World* [London: SCM Press, 1984 (1980)], pp. 345-350를 보라.
3 예를 들어, Iain Murray, *The Puritan Hope: Revival and the Interpretation of Prophecy* (Edinburgh: Banner of Truth, 1971)를 보라.

'헬렐루야 합창'의 주제다.

같은 분위기의 낙관주의, 즉 창조 세계와 세계를 변화시키는 복음을 병행해서 이해하는 신학적 분위기는 조지프 애디슨(Joseph Addison)에게서 찾아볼 수 있는데, 그는 18세기 초 가장 유명한 평론가와 정치인 중 한 명이었다. 1712년 그는 찬송가 한 곡을 발표했다. 제목이 "높은 곳의 광대한 궁창"(The Spacious Firmament on High)인 이 찬송가는 버틀러의 견해와 유사한 견해를 다음과 같이 표현했다. 하늘, 태양, 달, 별 모두 창조주를 찬미하도다.[4] 어떤 차원에서 이 찬송가는 단순히 시편 19편의 영어 버전이다. 그러나 또 다른 차원에서 이 찬송가는 버틀러가 자신의 반이신론적(anti-Deist) 주장에 투입했던 것과 동일한 기독교 신앙의 흔적을 보이고 있다.

> 엄숙한 침묵 가운데 무엇이 어두운 지구를 돌고 있는가?
> 실제 음성이나 소리가 아니지만 무엇이 찬연한 천체들 가운데서 발견되는가?
> 이성의 귀에는 그것들이 모두 기뻐하는 소리가 들리네
> 그것들은 영광의 음성을 발하네
> 영원히 노래하며 그것들은 빛을 발하네
> 우리를 만드신 그 손은 하나님의 손이라네

아마도 이 찬송가는 자연 세계와의 기독교적 교감을 보여 주는 최선의 예일지도 모른다. 즉, 이 찬송가는 성경에 기초해 자연 세계가 그것의 창조주에 대해 말하고 심지어 노래하고 있음을 시인한다[이는 플라톤의 『티마이오스』(Timaeus)와 스키피오의 꿈에 대한 키케로의 논의와 매우 유사하다].[5] 그리고 더 중

---

4   Addison의 부친 Lancelot은 1683년부터 1703년까지 리치필드(Lichfield)의 주임 사제였다.
5   노래하는 천체에 대해서는, Cicero, *Rep.* 6.18를 보라. 『티마이오스』의 우주론에 대해서는, D. J. O'Meara, *Cosmology and Politics in Plato's Later Works* (Cambridge: Cambridge

요한 것은, 인간의 이성이 이 노래를 들을 수 있다는 것이다. 누군가 이러한 암묵적인 성경 언급을 선택적 추가 사항으로 간주해 자연 세계와의 교감과 성경을 서로 관계없는 이질적인 것으로 만들어 버린다면, 그 사람은 이를 '자연신학'이라고 부를 수도 있다.[6]

우리는 또 다른 차원에서, 그러나 여전히 18세기 초의 분위기를 나타내는 노섬브리아(Northumbria)의 위대한 예술가 토머스 뷰익(Thomas Bewick, 1753-1828)에 주목할 수 있다. 뷰익은 자신들의 가축을 과시하고 싶은 농부들로부터 멋진 황소, 양, 말 조각상 제작을 주문받았다. 그러나 농부들이 그에게 실제보다 더 크고 살찐 모습의 가축 조각상을 만들어 달라고 요구했을 때, 그는 그 요구를 거부했다. 독실한 뷰익에게 '자연이란 눈에 보이는 하나님이었기 때문이다.'[7]

고귀한 비전 다음에 충격이 왔다. 말 그대로 충격이 발생했다. 1755년 대축일(All Saints Day)에 리스본을 강타한 지진으로 도시 건물의 85퍼센트가 파괴되었고 도시 인구의 약 5분의 1, 대략 20만 명 중 3천 또는 4천 명이 사망했다. 사망자 중 다수는 축제를 위해 교회로 모인 독실한 신자들이었다. 다른 많은 사람들은 무너지는 건물을 피해 바다로 피했지만 지진 후에 발생한 쓰나미에 목숨을 잃었다. 쓰나미와 화재를 동반한 이 지진으로 스페인, 심지어 모로코에서 만 명 이상이 추가로 사망했다.[8]

University Press, 2017)를 보라.

[6] 몇몇 현대 찬송가들은 '예수님은 나를 사랑하시네. 나는 그것을 알고 있네/ 왜냐하면 성경이 내게 그렇다고 말해 주고 있기 때문이네'를 '예수님은 나를 사랑하시네. 나는 그것을 알고 있네/ 그리고 성경도 내게 그렇다고 말해 주고 있네'로 바꿔 놓았다.

[7] 더럼 교구 주민이었던 Bewick은 버틀러의 사망 직후에 태어났다. 아이러니한 것은 당시 농부들이 다양한 방식의 사육 및 사료를 통해 '자연'을 변화시키고자 최선을 다하고 있었다는 점이다. 일종의 온건한 이신론처럼 보이는 Bewick의 종교적 견해에 대해서는, J. Uglow, *Nature's Engraver: A Life of Thomas Bewick* (London: Faber, 2006), p. 79를 보라.

[8] 자세한 내용은 예를 들어, E. Paice, *Wrath of God: The Great Lisbon Earthquake of 1755* (London: Quercus, 2009)를 보라. 보다 일반적인 내용은, B. Hatton, *Queen of the Sea: A History of Lisbon* (London: C. Hurst, 2018)을 보라.

이처럼 엄청난 파괴력을 지닌 지구과학적 사건들과 이 사건들이 인간에게 미친 재앙으로 인해 철학적·이념적 황폐의 순간에 초점이 맞추어졌다.[9] 리스본의 무너진 성소는 다양한 낙관주의적 '자연신학'의 성소가 무너진 것을 상징했다. 왜냐하면 역사적 사건이 일어나는 과정에서 신성한 자비를 읽어 내려고 했던 것이 이 낙관주의적 '자연신학'이었기 때문이다. (우리가 앞으로 보겠지만, 이러한 낙관주의적 자연신학은 '자연신학'의 유일한 의미도 아니고 일반적인 의미도 아니다.) 이런 일들이 발생하는데 어느 누가 현명한 섭리의 자비로운 인도 아래 세상이 점점 좋아진다고 믿을 수 있겠는가? 물론 이런 반응에는 여러 다른 이유가 존재했다. 리스본 지진은 볼테르(Voltaire)의 회의주의를 무로부터 만들어 내지 않았다. 마치 제1차 세계대전이 칼 바르트의 『로마서 주석』(Romans)을 무로부터 만들어 내지 않았고 2001년 9월 11일 사건이 소위 '신 무신론자'(new atheists)라는 반종교적 수사학을 처음으로 만들어 내지 않았던 것처럼 말이다.[10] 내가 곧 설명할 문화적·철학적 분위기는 리스본 지진 발생 이전에 이미 진행 중이었다. 이 지진으로 인해 새로운 초점과 힘이 제공되었던 것이다.

일부 그리스도인들(존 웨슬리를 포함)은 이 지진을 하나님의 심판의 표시로 해석했다. ('자연' 세계의 현상으로부터 하나님의 행위를 추론해 내는 이 해석은 당

---

[9] 이와 관련해 특히, S. Naiman, *Evil in Modern Thought: An Alternative History of Philosophy* (Princeton: Princeton University Press, 2002; 이 책의 2015년 재판에는 새로운 서문과 후기가 실려 있다)를 보라. D. Fergusson, *The Providence of God: A Polyphonic Approach* (Cambridge: Cambridge University Press, 2018), pp. 124-132도 보라. Fergusson은 두 번에 걸쳐 리스본을 '핵심 사건'으로 묘사하고(pp. 124, 130) Voltaire에게 이 사건은 예를 들어, Alexander Pope의 주장에서 발견되는 자연 질서에 대한 낙관적 견해에 심각한 의혹을 불러일으켰다고 강조한다(p. 125).

[10] 이 용어의 기원과 다양한 학자 사이의 차이점에 대해서는, T. Zenk, 'New Atheism', in *The Oxford Handbook of Atheism*, ed. S. Bullivant and M. Ruse (Oxford: Oxford University Press, 2014), pp. 245-260를 보라. John Gray는 그의 최근 저서 *Seven Types of Atheism* (London: Allen Lane, 2018) ch. 1에서 '신 무신론자들'을 가장 중요하지 않은 유형으로 간주한다. 그는 이 운동을 '지루하게 재연된 빅토리아풍의 말싸움'으로 부르면서 '금세기의 체계적 이신론이 주로 미디어 현상이며 일종의 오락으로 가장 잘 인식된다'고 말한다(pp. 9, 23).

연히 '자연신학'의 한 형태로 간주될 수 있다.) 이러한 입장은 1879년 테이 철교 붕괴 사고(Tay Bridge disaster)를 일요일에 운행한 기차와 그 기차에 타고 있던 여러 악한 사람들에게 내려진 하나님의 심판으로 보았던 자유 교회(Free Church)의 저명한 목사 제임스 베그(James Begg)의 '해석'과 일치했다.[11] 재난에 대한 이와 유사한 해석들이 오늘까지 이어지고 있다. 그러나 나의 요지는 1730년대와 1740년대에 많은 사람들에게 설득력 있어 보였던 버틀러 주교의 주장과 같은 주장들이 리스본 지진이 발생한 이후 현격이 줄어들었다는 점이다.

지진, 기근과 같은 재난은 물론 새로운 현상이 아니다. 독실한 유대인들과 그리스도인들은 이러한 자연 재난에 대해 알고 있었다. 기독교 신학은 일반적으로 이러한 재난 현상을 **문제**로 보지 않았다. 바울의 독자들은 자연 재난이 아닌 다른 많은 일들로 고초를 겪었다. 초기 교부들과 위대한 중세 사상가들 그리고 16세기 종교개혁가들도 우리가 '자연 재난'이라 부르는 것들로 인해 믿음의 근본이 위협받을 수 있다고 생각하지 않았다. 아우구스티누스는 왜 의인과 악인이 현세의 재난에 똑같이 취약한지에 대한 질문을 다룬다. 그는 하나님의 백성도 언젠가는 반드시 죽게 되므로 이러한 현상이 그들의 영원한 구원에 아무런 영향을 미치지 못한다고 답한다.[12] 아마도 이러한 자연 사건들은 기독교가 취한 형태가 이신론이나 이신론에 대한 버틀러식의 반응이었을 때에만 믿음에 명백한 위협을 가했을 것이다. 이렇게 볼 때, 리스본 지진이 가져온 반응은 유럽 사상의 배경에서 조용히 성장해 온

---

[11] Fergusson, *Providence*, pp. 127, 162를 보라.
[12] *Civ.* 1.8-11. C. S. Lewis의 *The Screwtape Letters* (London: Bles, 1942), Letter 24에는 이와 유사한 반응이 등장하는데, 여기에서 스크루테이프는 웜우드(Wormwood)가 폭격으로 사망한 사람들의 수에 흥분하자 이를 책망한다. '나는 그들이 어떤 마음가짐으로 죽었는지 여기 내 사무실에 앉아서도 알 수 있단다. 나는 그들이 언젠가 죽을 거라는 걸 이미 알고 있었지. 네 일에 전념하렴.' 『스크루테이프의 편지』(홍성사). 그러나 루크레티우스는 이미 자연 세계의 분명한 '오류'를 신적 개입에 반대하는 주장으로 사용했다(*Rer. nat.* 2.180-181).

회의주의의 원인이라기보다는 증상이었을 것이다. 후천년왕국을 믿는 낙관주의자들은 이러한 사건을 경시하는 경향이 있었을 수 있다. 그들은 복음의 확산이 인간의 죄성은 물론 화산과 지진도 제거해 준다고 생각했던 걸까?

회의주의 자체는 결코 새로운 선택이 아니었다.[13] 왜냐하면 데카르트(Descartes)의 명제, 코기토(*Cogito*, '나는 생각한다. 그러므로 나는 존재한다')가 (이 위대한 프랑스 사람의 의도에도 불구하고) 비판적 사고의 파도를 일으킨 지 이미 한 세기가 넘었고, 일부 사람들은 이 파도를 타고 회의적인 방향으로 나아가고 있었기 때문이다.[14] 30년 전쟁(Thirty Years' War)의 기억과 그 밖의 종교 간 갈등은 마치 바람처럼 작용해 이 회의적 파도를 휘저어 이 파도를 리스본을 강타했던 실제 쓰나미와 맞먹는 지적 쓰나미로 바꾸어 놓았다. 다시 말해, 사람들은 기독교가 거짓이길 원하거나 적어도 기독교의 절대론적 주장을 의심하는 소위 사회정치적 이유를 갖고 있었다. 이제 그들은 그 문제를 진전시키기 위한 인식론적 도구들을 갖게 되었다.

이 이야기의 한 표지가 되는 인물은 프랑스인 피에르 벨(Pierre Bayle, 1647-1706)로, 그는 네덜란드에 살고 있었던 위그노 난민이었다. 그는 무신론이 이신론보다 합리적이고 사회적 화해를 가져올 가능성이 더 높다고 주장했다.[15] 리스본 지진은 (프랑스 교회의 타락을 비롯한 여러 이유로) 가톨릭이든 개신교든 유럽의 주류 기독교를 거부하고자 했던 사람들에 의해 포착되었다. 하나님과 리스본 지진에 대한 볼테르의 신랄한 언급은 당시 많은 사람들의 생각을 표현하고 있다. 그는 독실한 신자들에게 이 끔찍한 사건이 '하

13　고대 회의주의에 대한 간단한 개요는 예를 들어, Jula Annas and Jonathan Barnes, *Sextus Empiricus: Outlines of Scepticism* (Cambridge: Cambridge University Press, 2000), pp. xvi-xix를 보라.
14　Descartes에 관한 방대한 문헌 중에서 최근에 출간된, H. Cook, *The Young Descartes: Nobility, Rumor and War* (Chicago: University of Chicago Press, 2018)를 보라.
15　A. C. Kors, 'The Age of Enlightenment', in Bullivant and Ruse, eds., *Oxford Handbook of Atheism*, pp. 195-211.

나님의 뜻을 속박하는 철통같은 율법'에 대한 예시일 뿐이냐고 물었다.[16]

사태가 진정되자 버틀러가 반대했던 이신론이 그와 유사하지만 더 예리한 세계관, 곧 고대 에피쿠로스 철학의 부활에 의해 꾸준히 압도되는 결과가 주어졌다. 적어도 이제는 상황이 보다 분명해졌다. 이전에는 사람들이 (지금과 마찬가지로) 종종 이신론과 기독교를 혼동했지만, 이신론과 에피쿠로스주의(Epicureanism), 이 둘의 혼동은 거의 없었다. 이신론은 계속 존재했지만(일부 사람들은 스스로 그리스도인이라고 생각하는 많은 서구인들에게 이신론이 여전히 기본 모드로 남아 있다고 말한다), 대중의 분위기와 널리 인정받고 있던 가정이 바뀌었다.[17]

실제로 에피쿠로스주의는 1417년 에피쿠로스의 가장 위대한 해석가인 루크레티우스가 재발견된 이후로 공식 종교의 대안으로 유럽에서 점점 인기를 얻게 되었다.[18] 에피쿠로스주의를 열정적으로 홍보했던 인물은 피에르

---

16   Voltaire, 'Poem on the Lisbon Disaster: or An Examination of that Axiom, "All Is Well"' [1756. 그러나 이것이 작성된 해는 분명 1775년이다. J. McCabe가 편집과 서문을 담당한 *Toleration and Other Essays by Voltaire* (New York: Putnam's, 1912)를 보라.] 이 저술의 인터넷 출처는 다음과 같다. https://en.wikisource.org/wiki/Toleration_and_other_essays/Poem_on_the_Lisbon_Disaster. Voltaire는 로마의 위대한 에피쿠로스주의자였던 루크레티우스의 저술 6권 또는 번역본 6권을 갖고 있었다[Peter Gay, *The Enlightenment: The Rise of Modern Paganism*, 2 vols. (New York: Knopf, 1966), 1.99]. Voltaire는 그의 한 저술에서 자신을 '종교의 얼굴에서 가면을 찢어 버릴 새로운 루크레티우스'로 소개했다 (1.104). 이러한 소개는 사실이었다. 리스본 대지진 이후에 쓴 시에서 그는 플라톤과 에피쿠로스를 거부하고 Bayle을 선호한다고 주장했다. 이 시의 마지막 연에 나오는 것처럼 그가 거부한 에피쿠로스주의의 내용은 신의 부재 개념이 아니라 삶이 '쾌락의 다정한 지배'라는 명랑한 방식'으로 이루어질 수 있다는 개념이었다. 그의 더 음울했다.

17   C. Smith and M. L. Denton, *Soul Searching: The Religious and Spiritual Lives of American Teenagers* (New York: Oxford University Press, 2005)를 보라. Smith와 Denton은 지금은 유명한 용어인 '도덕적·치유적 이신론'(moralistic therapeutic Deism)을 소개했다.

18   고대 에피쿠로스주의에 대해서는 나의 저술, *Paul and the Faithfulness of God*, Christian Origins and the Question of God 4 (London: SPCK, 2013, 이하 *PFG*), pp. 211-212의 요약을 보라. 『바울과 하나님의 신실하심』(CH북스). 루크레티우스에 대해서는, M. R. Gale, *Oxford Readings in Classical Studies: Lucretius* (Oxford: Oxford University Press, 2007)를 보라. 17세기 및 18세기의 에피쿠로스주의에 대해서는 다음의 연구들을 보라. 오래된 저술들은, T. Mayo, *Epicurus in England (1650-1725)* (Dallas: Southwest Press, 1934)

가생디(Pierre Gassendi, 1592-1655)로, 그는 에피쿠로스주의가 아리스토텔레스에 의한 세상의 분석을 대체한다고 보았다. 그는 에피쿠로스주의와 기독교 사상을 통합하려 했지만 그의 후계자들은 이 통합이 점점 더 불가능하다고 보았다.[19] 비록 피할 수 없는 논란의 여지가 있었지만, 에피쿠로스주의는 새로운 과학적 노력의 등장을 포함해 17세기의 복잡하고 정치적 성향을 지닌 논쟁에 영향을 미쳤다. 에드먼드 핼리(Edmund Halley, 1656-1742)는 루크레티우스를 모델로 삼아 아이작 뉴턴 경(Sir Isaac Newton, 1642-1727)의 일관된 수학적 체계를 기념하는 송가(頌歌)를 썼다.[20] 옥스퍼드의 대성당 참사회 의원이었던 로버트 사우스(Robert South)는 왕립학회 회원들에 대해 자신이 할 수 있는 최악의 말을 하고 싶어 했으며, 1678년에 그들을 '쾌락과 반종교를 추구하는 에피쿠로스의 아들들'로 묘사했다.[21] 디드로(Diderot)는 그의 유명한 백과사전에서 프랑스가 온갖 종류의 에피쿠로스 추종자들로 꽉 차 있다고 말했다.[22] 라이프니츠(Leibniz)는 1715년 한 친구에게 보내는 편지

과 H. Jones, *The Epicurean Tradition* (London: Routledge, 1989)을 보라. 보다 최근 저술들은, W. R. Johnson, *Lucretius and the Modern World* (London: Duckworth, 2000); D. R. Gordon and D. B. Suits, *Epicurus: His Continuing Influence and Contemporary Relevance* (Rochester, N.Y.: RIT Cary Graphic Arts Press, 2003); 특히 C. Wilson, *Epicureanism at the Origins of Modernity* (Oxford: Clarendon, 2008); S. Greenblatt, *The Swerve: How the Renaissance Began* (London: Bodley Head, 2011; Greenblatt은 여기서 1417년 계몽주의의 재발견 및 그 여파에 대해 이야기한다)을 보라. Peter Gay는 *The Enlightenment: The Rise of Modern Paganism*에서 대규모로 계몽주의를 다루고 있는데 여기서 그는 에피쿠로스주의의 역할을 강조한다. Gay의 주장은 비판을 받고 있지만 나는 그의 기본 논제가 뒤집혔다고는 생각하지 않는다. 지나친 단순화를 거부하지만 여전히 나의 요점을 강조하면서 모든 현상을 면밀하게 비판하고 있는 일련의 연구는, N. Leddy and A. S. Lifschitz, eds., *Epicurus in the Enlightenment* (Oxford: Voltaire Foundation, 2009)에서 찾아볼 수 있다.

19 Gassendi에 대해서는, Gay, *Enlightenment*, 1.305-306를 보라. Locke, Newton, Voltaire와 많은 이들이 Gassendi를 존경했다.
20 W. R. Albury, 'Halley's Ode on the Principia of Newton and the Epicurean Revival in England', *Journal of the History of Ideas 39* (1978), pp. 24-43를 보라.
21 Wilson, *Epicureanism*, p. 237; R. H. Syfret, 'Some Early Reactions to the Royal Society', *Notes and Records of the Royal Society 7* (1950), p. 234를 보라.
22 Gay, *Enlightenment*, 1.307.

에서 '물질주의'와 '운명주의'가 영국에서 부상하고 있는 현상에 대해 논평했는데, 물질주의와 운명주의는 [캐서린 윌슨(Catherine Wilson)의 표현을 빌리자면] '잉글랜드 내전의 반권위주의적 격변과 종파적 분열'에서 갑자기 발생한 운동이었다.²³ 토머스 홉스(Thomas Hobbes)는 늘 무신론자와 에피쿠로스 추종자라는 비난을 받았다.²⁴ 과학적 탐구, 정치적 급진주의, 신학적 회의주의, 이 셋의 폭발적 조합이 주는 기운이 한동안 감돌았다. 몇 세기 전 오캄(Occam)의 윌리엄과 같은 사상가들의 유명론(唯名論)에서 이 모든 것 중 적어도 몇 개의 근본을 식별하기 위한 사례가 만들어질 수 있다.²⁵

그 후 에피쿠로스주의는 꽤 오랫동안 증가세를 보이다가 1755년 이후로 주류 사상으로서 (지금까지) 영속하게 되었다. 하나님을 찬양하는 저 별들과 행성들은 잊어버려라. 만일 신이 있다면, 그 신은 너무 멀리 떨어져 있어서 우리와 소용돌이치는 별들을 보지 못한다. 종교는 대중을 길들이기 위해 인간이 고안해 낸 발명품이다.²⁶ 세상은 자기 힘으로 돌아간다. 무작위로 움직이며 때로는 휘어져서 서로 부딪히게 되고 이로 인해 새로운 효과를 만들어 내는 원자들처럼 세상은 외부의 간섭 없이 무작위로 발전하고 변화한다. 세상은 이게 전부다. 우리가 죽으면 거기서 끝이다. 이러한 의미에서 **두려울**

---

23   특히, Wilson, *Epicureanism*, p. 200와 Leibniz가 Clarke에게 보낸 첫 번째 편지를 보라. *Die Philosophischen Schriften von Gottfried Wilhelm Leibniz*, ed. C. I. Gerhardt, 7 vols. (Berlin: 1875-1890; repr., Hildesheim: Olms, 1965), 7.352를 보라.
24   Gay, *Enlightenment*, 1,314를 보라.
25   Tom Greggs 교수의 도움을 받은 이 제안은 매력적이지만 여기서 다룰 수는 없다. 예를 들어, C. Taylor, *A Secular Age* (Cambridge, Mass.: Belknap Press of Harvard University Press, 2007), p. 284를 보라. Gillespie, *Theological Origins of Modernity*, p. 36도 보라. Gillespie는 여기에서 고대 원자론 및 에피쿠로스주의의 근대적 복구가 '이미 본질적으로 유명론적인 세계관' 내에서 발생했다고 강조한다.
26   Wilson, *Epicureanism*, p. 6. 이 주장에 대한 Richard Bentley의 공격은 p. 33를 참고하라. 1640년대에 일종의 물질주의 형태를 초기 버전의 여성 해방 지원으로 간주하고 지지했던 Margaret Cavendish에 대해서는 p. 28를 보라(세상이 신들의 폭압에서 이제 자유롭다면…). 물론 종교가 혁명을 억제한다는 사상은 이후에 Marx를 통해 등장하는데, 그의 박사 논문 주제는 에피쿠로스주의였다. 아래를 보라.

것이 없다. 이것이 요컨대 에피쿠로스주의다. 기원전 3세기의 위대한 인물에서 시작된 에피쿠로스주의는 기원전 1세기 루크레티우스의 시를 거쳐 마키아벨리(Machiavelli), 벤담(Bentham), 토머스 제퍼슨(Thomas Jefferson)을 비롯한 많은 사람들에게까지 이어졌다.[27]

세상을 변화시키길 원했고 실제로 변화시켰던 이 인물들은 고대와 근대의 철학 형태 사이의 주요 차이점들을 강조한다. 고대 에피쿠로스주의자들은 세상의 흐름에 대해 할 수 있는 일이 별로 없다고 생각했다. 원자들은 빙빙 돌면서 그들만의 일을 했다. 우리가 할 수 있는 거라곤 가능한 한 편하게 지내는 것이었다. 그러나 근대 에피쿠로스주의자들은 이러한 우주론에서 새로운 목적을 추구할 수 있는 기회를 보았다.[28] 고대 에피쿠로스주의자들은 소수 집단이자 자칭 소규모 엘리트였다. 반면 근대 에피쿠로스주의자들은 다수가 되어 그들의 자연 서식지인 서구 세계를 자칭 새로운 세계적 엘리트로 만들었다('선진국'이라는 표현에는 심각한 아이러니가 있다). 독일의 낭만주의 철학자 프리드리히 폰 슐레겔(Friedrich von Schlegel, 1722-1829)은 에피쿠로스주의가 18세기 말에 지배적인 철학이 되었다고 한탄했다.[29] 젊은 시절 카를 마르크스(Karl Marx)의 가장 가까운 친구 중 하나였던 카를 쾨펜(Karl Köppen)은 18세기 계몽주의(Aufklärer)와 에피쿠로스주의의 밀접한 관계를 지적하며 에피쿠로스가 고대의 위대한 '계몽가'였다고 주장했다. 마르크스도 이러한 견해를 자신의 박사 논문에 반영했다.[30] 캐서린 윌슨이 그녀의 설득력 있는 저서에서 주장하는 것처럼, 이 강력한 '물질주의'가 근대 서

---

27 Jefferson에 대해서는 아래를 보라.
28 예를 들어, Taylor, *Secular Age*, p. 367를 보라. p. 376도 보라. '에피쿠로스주의와 자연주의가 혼합된' 새로운 견해에 의하면 '우리는 모든 곳에서 하나님의 부재를 선포하는 것처럼 보이는 세상에서 사는 것이 실제로 가능하다.' 그런 세상에서 '모든 질서와 의미는 우리에게서 나온다.'
29 G. S. Jones, *Karl Marx: Greatness and Illusion* (London: Penguin, 2017), p. 613 n. 67.
30 Jones, *Karl Marx*, p. 616 n. 25.

구의 무역에서 너무나도 큰 비중을 차지하고 있기에 우리는 그것이 가진 고대의 뿌리조차 알지 못한다.[31] 윌슨은 우리가 루크레티우스의 요약문을 읽을 때, 이 요약문에 담긴 사상들이 '매우 친숙'한 것처럼 느껴진다고 말한다. 왜냐하면 '이 요약문의 핵심 주장 중 다수가 근대의 삶을 형성한 토대에 속해 있기 때문이다.'[32]

사실 루크레티우스는 근대 세계가 종교에 반대하는 표준 논쟁을 명확히 밝히도록 도움을 주었다.[33] 에피쿠로스주의가 (명시적이든 아니든) 근대성에 미치는 영향이 커지면서, 이제는 하나님이나 신들에 대한 언급 없이 이 세상에서의 삶을 연구하고 조직하는 것이, 그리고 세상적이면서 '역사적'인 삶이 지닌 불확실한 진리에 대한 언급 없이 하나님이나 신들을 연구하고 성찰하는 것이 이제는 적절하다고 여겨지는 지적·사회적 환경이 조성되었다. 바로 이 지점에서 철학적 풍토에 대한 우리의 간략한 개요는 '자연신학'의 전체 프로젝트가 이전에 이미 인지되었음에도 불구하고 왜 훨씬 더 어려워졌는지를 알려 주는 중요 정황을 제공한다. 대부분 아리스토텔레스적 세계관을 가지고 있던 위대한 중세인들은 현재 세계와 신성한 진리 사이의 다양한 종류의 교류를 기대했다. 에피쿠로스주의의 틀 안에서 신학자는 짚 없이 자연신학이라는 벽돌을 만들도록 도전받고 있는 것이 분명하다. 거대한 심연(深淵)이 열렸는데 이 심연의 한쪽에는 '역사'를 포함한 '현실 세계'가 존재하고 그 맞은편에는 모든 신적 존재들이 존재한다. 한 신에서 다른 신—특히

---

31 Wilson, *Epicureanism*, pp. v, vi. 그녀는 계속해서 다음과 같이 제안한다. 즉, 시민 소요의 기간과 회의론적 분위기로 인해 재작업된 에피쿠로스주의가 '인간의 이익에 부합하도록 물질세계를 바꿀 수 있고'(2), 결과적으로 '정치적·도덕적 이론의 가정을 우리가 현재 당연시 여기는 방식으로' 고치는(3) 조건이 생성되었다는 것이다. 우리는 이러한 경쟁 이론들을 초연히 뒤돌아본다. 왜냐하면 '어떤 의미에서 지금 우리는 모두 에피쿠로스주의자이기' 때문이다(3). 윌슨은 pp. 37-38에서 에피쿠로스주의에 대한 확장된 정의를 제공하면서 핵심 요소의 복구로 인해 서구의 지적 삶이 급진적으로 바뀌게 되었다고 설명한다.
32 Greenblatt, *Swerve*, p. 185를 보라.
33 Taylor, *Secular Age*, p. 626.

기독교의 하나님—을 논하는 것은 인간이 하늘을 날고자 애쓰는 것과 비슷해 보일 수 있다.

하지만 자연신학 논의가 보다 자연스럽게 지적할 수 있는 다른 신들이 존재할 수 있을까? 이러한 구별은 생각해 볼 가치가 있다. 데모크리토스(Democritus)에서 에피쿠로스와 루크레티우스를 거쳐 오늘에 이르기까지, 일종의 '자연신학'이 진행되고 있다. 그러나 기독교 내에서 '정상적인' 것들로 보일 수 있는 것과 달리 자연신학의 내용은 다음과 같다. 즉, 우리는 소용돌이치는 원자들이 그것들만의 일을 하고 있는 것을 보고, 신들이 이 세상에 관여한 적이 결코 없으며, 지금도 여전히 관여하지 않는다고 결론 내린다. 더 냉소적인 설명은 실제 논리가 반대 방향으로 흐르고 있음을 시사할 수 있다. 즉, 우리는 어떠한 신들도 우리의 삶에 관여하는 것을 원치 않으므로, 자연 세계를 연구할 때 이전에 신적 영향력이 탐지되었던 '간극들'(gaps)을 닫아 버린다. 회의주의를 스스로 반박하게 만드는 이 설명은 현대의 '새로운 무신론자'에게만큼이나 18세기 혁명가들에게도 타당하게 보였을 것이다. 논의의 방향에 대한 이 질문은 (우리의 논의는 관찰된 세계에서 부재하는 신들로 이동하는가 아니면 희망하는 신의 부재에서 관찰된 세계로 이동하는가?) 자칭 '기독교' 자연신학 안에서 동일한 질문과 기이한 평행선을 제시할 것이다. 그리스도인의 논의는 정말로 관찰된 세계에서 기독교의 창조주로 이동하는가 아니면 그들은 창조주를 가정하면서 세계를 그의 작품으로 보는가? 이 경우, 그들은 정확히 어떤 '창조주'를 가정하는가?

새로운 상황이 확립되자 철학자들은 새로운 방식으로 '죄의 문제'에 대해 말하기 시작했다.[34] 그들은 인간의 죄에 대한 질문과 제안된 신성한 해

---

[34] 이는 Naiman, *Evil in Modern Thought*의 주요 논지다. *Evil and the Justice of God* (London: SPCK, 2006)에서 나의 논의를 보라. 『악의 문제와 하나님의 정의』(IVP).

결책을 왜 그토록 '나쁜' 일이 '자연 세계'에 발생하는가에 대한 질문과 분리했다. (죄와 구원에 관한) 첫 번째 질문은 '속죄'(atonement)에 대해 저술하는 조직신학자들에게 전달되었다. 속죄는 (하나님의 정의에 문제에 관한) '신정론'(theodicy)과는 별개의 질문이지만, 조직신학자들은 그러한 것들을 다루는 가장 유명한 1세기 문헌이 그것들을 하나로 분명히 연결 짓고 있다는 것을 종종 알아차리지 못한다(바로 '하나님의 의'를 논하는 바울의 로마서다). 신정론의 질문이 직면해야 했던 것은 인간의 죄를 다루시는 하나님이라는 문제가 아니라 다양한 유형의 이신론 안에서 발견되는 문제였다. 다시 말해, 만약 현재 세계가 선하신 하나님의 작품이라면, 당시 유명한 어느 풍자가의 말처럼, 그 하나님은 능력이 약간 부족해 보인다는 것이다.

이 책 전반에 걸쳐 보겠지만, 이 모든 것의 결과는 자칭 기독교 '자연신학'이 짚 없이 벽돌을 만들어야 한다는 것만이 아니다. 자연신학은 또한 침강하기 쉬운 지반을 발판으로 삼아야 할 것이다. 바로 이러한 이유들로 인해 (우리가 나중에 볼 수 있듯이) 유대적 사고는 언제나 에피쿠로스의 가르침을 거짓되고 악한 세계관에서 나올 수 있는 말 중에 최악의 말로 간주했다. 기독교 신학이 자연 세계에 적절히 관여하려면 에피쿠로스주의에 대한 강력한 대안이 필요하다.

나는 지금까지 현대의 '자연신학' 토론을 형성한 사고의 분위기를 빠르고 개략적으로 설명했다. 이제 잠시 멈춘 다음 몇 가지 사항을 명확히 하는 것이 유익할 것이다.

사상사

먼저 사상사를 살펴보자. 나는 선도적으로 의견을 주창한 여러 사람들에 대해서 말하겠지만, 그들의 의견이 완전한 일관성을 보인다고 가정하지는 않는다. 우리는 모두 확실히 모순을 지닌 존재들인데, 이는 거칠고 뒤죽박죽인 일상에서보다는 멀리서 볼 때 더 분명하게 보인다. 나는 사회가 일반적으로 새로운 세계관을 채택할 때, 그 채택의 이유가 나중에 위대한 사상가로 인정받게 된 누군가의 특별한 주장 때문이라고 생각하지 않는다. 신학의 역사처럼 철학의 역사도 때로는 다음과 같은 인상을 준다. 예를 들어, 데카르트나 흄이 무언가를 말하면, 모든 이들이 그 말을 즉시 받아들여 믿게 되고, 그다음 철학자들이 그 말을 더 발전시켰다는 것이다. 그러나 우리의 현실은 이보다 훨씬 복잡하다.[35]

우리는 특별히 개척자들과 대중화하는 자들을 구별할 필요가 있다. 일부 혁신적 사상가들의 생각은 대중에게 스며들기 위해 시간을 필요로 한다. 전설에 따르면 후에 대주교가 된 젊은 윌리엄 템플(William Temple, 1881-1944)이 대주교 사제인 프레더릭(Frederick, 1821-1902)에게 왜 철학자들이 세상을 지배하지 않는지 그 이유를 물었다. 프레더릭은 이렇게 답했다. "물론 철학자들이 세상을 지배한다네. 단 그들이 죽은 지 100년 후에나!"[36] 반면 어떤 사상가들은 대중의 분위기를 파악하고 이를 눈에 띄게 표현하며 위대한 시가 그러하듯이 '종종 생각하지만 제대로 표현된 적 없는' 무언가를 명확히 한다.[37] 개척자들은 정글을 헤치며 나아간다. 반면 대중화하는 자들은 잘 다져진 길옆에 생생한 이정표를 세운다. 일부는 이 두 부류의 중간에 속한다. 일부 개척자들은 나중에 대중화하는 자들로 간주된다. 1750년대 볼테르와 흄 그리고 1850년대 마르크스가 이와 같은 인물인데, 이들은 그들 당시에는 광야의 외치는 소리였다. 때로는 반대의 현상이 발생하기도 한다.

---

35 각기 다른 사상가들 사이의 복잡한 관계성에 대해서는, R. Collins, *The Sociology of Philosophies: A Global Theory of Intellectual Change* (Cambridge, Mass.: Belknap Press of Harvard University Press, 1998)를 보라.
36 이 전설에 관한 문헌을 추적할 수 없었다.
37 A. Pope, *An Essay on Criticism* (1711), 2.298. Pope의 유명한 표현은 그 자체로 요지가 되는 한 예다.

니체는 1880년대에 시대의 한 흐름을 포착해 이를 예리하게 표현했다. 그리고 오늘날 사람들은 과거를 되돌아보며 그를 과격한 예언자로 간주한다.[38]

우리가 이 새로운 세계를 '근대성'이나 '계몽' 또는 다른 가능한 선택지 중 하나로 부르기로 결정한다면, 우리는 이런 명칭들을 경험적으로 사용하는 것이다. 핵심 인물들은 자신들을 그렇게 생각하지 않았다. 우리는 슈베르트(Schubert)가 고전 음악과 낭만주의 음악의 가교 위에 서 있다고 생각한다. 그러나 슈베르트 자신은 정작 사랑과 죽음 그리고 다음 곡조를 생각하고 있었다. 우리는 뒤늦게야 사람들을 보다 큰 범주에 집어넣는데, 이는 언제나 그 사람들에 대한 간단한 밑그림에 불과해 종종 캐리커처로 끝날 수밖에 없을 것이다. 어쨌든 나의 목표는 발전하는 사상들의 정확한 계보를 파악하려는 것이 아니다. 오히려 나는 사람들이 세상, 역사, 하나님에 대한 질문을 다루었던 이 지적 환경의 형성 주체인 다양한 사고의 흐름에 주의를 기울이고 싶고, 버틀러식의 '자연신학' 성전이 무너진 후, 자연신학이 대중의 마음에서 새롭고 지속적인 도전을 만들어 낸 상당히 다른 무언가로 대체되었다고 제안하고 싶다. 우리의 목적에 있어서 결과는 명확하다. 즉, '자연신학'에 대한 근대의 탐구나 예수에 대한 근대의 역사적 조사는 그 시대의 영향과 무관한 '중립적' 프로젝트가 아니다.

우리는 물론 여러 색을 띠고 있는 현상을 단색 안경으로 보아서는 안 된다. 스토아학파 철학자 세네카(Seneca)가 어떤 것이 사실이라면 누가 말해도 사실이라는 근거로 에피쿠로스의 사상을 유쾌하게 차용했던 고대 세계와

---

[38] Nietzsche의 초기 수용에 대해서는, E. Behler, 'Nietzsche in the Twentieth Century', in *The Cambridge Companion to Nietzsche*, ed. B. Magnus and K. M. Higgins (Cambridge: Cambridge University Press, 1996), p. 282를 보라. 여기에서 Behler는 Nietzsche의 영향을 제2차 세계대전 전과 후로 나눈다(제2차 세계대전 전에는 문학적으로 영향을 미쳤고 후에는 철학적으로 영향을 미쳤다).

마찬가지로,[39] 17-19세기 유럽의 위대한 사상가들도 모든 종류의 절충주의 (eclecticism)를 사용할 수 있었다.[40] 그 시대의 에피쿠로스주의는 '통일된 교리가 아닌…다양한 구성 요소로 만들어졌다. 이 다양한 구성 요소는 상이한 맥락에서 그리고 여러 가지 전략을 통해 서로 독자적으로 적용되었다.'[41] 일부 분석가들은 당시의 주요 철학적 갈등이 잠재되어 있는 아우구스티누스주의와 부활한 스토아주의, 이 둘 사이에 존재하는 것으로 보았는데 여기서 에피쿠로스주의는 덜 중요한 역할을 맡고 있었다. 내 생각에 이 증거는 에피쿠로스주의가 점차 지배적 철학으로 자리매김해 (윌슨의 지적처럼) 근대 서구의 자연스러운 분위기가 되었음을 암시한다.[42] 루크레티우스의 과학 이론은 한참 뒤처져 있지만 루크레티우스는 여러 다른 방식으로 마치 거상(巨像)처럼 우리의 세계를 지배하고 있다. '골똘히 생각하는 이 에피쿠로스 학파 사람[즉, 루크레티우스]은 젊은 볼테르와 성숙한 홀바크(Holbach)에게 영감을 주었고, 그에 대한 기억은 죽어 가는 데이비드 흄을 지탱해 주었다.'[43]

---

39   예를 들어, Seneca, *Letters* 8.8를 보라. 세네카는 2.5-6에서 이렇게 말한다. '나는 탈영병으로도 그리고 정찰병으로도 적진에 넘어가지 않을 것이다.'
40   Gay, *Enlightenment*, 1.42-43, 304-305, 그리고 (Fontenelle을 예로 인용하고 있는) 317-318를 보라.
41   N. Leddy and A. S. Lifschitz, 'Epicurus in the Enlightenment: An Introduction', in Leddy and Lifschitz, eds., *Epicurus in the Enlightenment*, pp. 1-11 (2). Leddy와 Lifschitz는 이 복잡한 분석을 Gay의 *Enlightenment*, 1.371 및 다른 곳에 제시되어 있는 확연히 더 단순한 이분법과 대조한다. 그러나 Gay의 논의는 Leddy와 Lifschitz가 시사하는 것보다 자주 더 미묘한 차이를 갖는다. D. Edelstein은 그의 *The Enlightenment: A Genealogy* (Chicago: University of Chicago Press, 2010), p. 45에서 Gay의 계몽주의 논지를 '새 이교주의'로 수정해야 한다고 제안한다. 그럼에도 그는 자신의 연구가 전반적으로 Gay의 연구에 영향을 받았다고 인정한다(pp. 4-5).
42   당시의 신스토아주의에 대해서는, Taylor, *Secular Age*, pp. 115-130와 다른 곳을 보라. Wilson의 요지에 대해서는 앞의 책 pp. 8-9와 pp. 282-283 n. 31를 보라.
43   Gay, *Enlightenment*, 1.105. 여기서 Gay는 중요한 논의를 요약한다(pp. 98-105).

이신론과 에피쿠로스주의

이제 나의 두 번째 질문을 살펴보자. 더 새로워진 에피쿠로스주의가 17-18세기에 이미 퍼져 있던 이신론과는 어떻게 달랐던 걸까?[44] 내가 제안했듯이, 이신론은 완전한 에피쿠로스주의로의 쉬운 전환점을 형성했다. 그렇다면 이 둘 사이의 차이는 무엇인가?

이신론자들과 에피쿠로스주의자들은 이제는 서구 문화에 널리 퍼져 있는 다음과 같은 견해를 공유한다. 즉, 하나님(또는 신들)과 우리가 살고 있는 세계 사이에 거대한 심연이 존재한다는 것이다. 우리는 여기서 조심해야 한다. 적어도 에피쿠로스주의자들에게 신들이란 다른 모든 것과 마찬가지로 원자로 만들어진 존재다. 그래서 신들은 우리와 같은 종류의 피조물이며 단지 우리와 완전히 분리되어 존재할 뿐이다.[45] 이러한 생각은 유대인들과 그리스도인들의 주류 견해와 대조를 이룬다. 한편 이신론자들에게 '하나님'이라는 단어가 가리키는 대상은 우리의 '하나님'과 **종류**와 **위치**에 있어서 다르다. 왜냐하면 그들은 하나님이 우리가 사는 공간과 다른 종류의 공간에 거한다고 믿고 있기 때문이다. 비록 하나님의 공간이 우리의 공간과 겹치고 맞물리는 부분이 있지만 말이다. (그리스도인들은 성삼위일체의 두 번째 위격인 성자의 성육신이 존재론과 장소의 심연을 간극을 메우고 있다고 보는데, 이로 인해 우리가 이후에 살펴볼 복잡성과 가능성이 발생한다.) 이신론자에게는 세상을 만든 한 하나님이 존재하는데, 이 하나님은 세상이라는 시계를 작동시키고 잘 유지시

---

[44] 이신론에 대해서는 예를 들어, J. R. Wigelsworth, *Deism in Enlightenment England: Theology, Politics and Newtonian Public Science* (Manchester: Manchester University Press, 2013)를 보라.

[45] 신의 물리적 구조에 대한 문제와 관련 증거 이해의 어려움에 대해서는 다음의 연구들을 보라. A. A. Long, *Hellenistic Philosophy: Stoics, Epicureans, Sceptics*, 2nd edn. (London: Duckworth, 1986), pp. 46-49; J. Mansfield, 'Theology', in *The Cambridge History of Hellenistic Philosophy*, ed. K. Algra, J. Barnes et al. (Cambridge: Cambridge University Press, 2008), pp. 472-475. 여기서 Mansfield는 Cicero, *Nat. d.* 1.49-50에 대한 다른 해석에 주목하는데, 이 다른 해석에 따르면 신에 대한 관념은 인간 정신의 투사에 불과하다.

키는 최고의 시계 제작자와도 같다. 뉴턴과 같은 일부 이신론자들은 이 시계의 태엽을 감거나 시간을 조정하기 위해 시계 제작자가 가끔씩 돌아와야 한다고 생각한다(그래서 일부 이신론자들은 미국의 건국 아버지들처럼 특정 결과를 위해 기꺼이 기도하고 다른 사람들도 기도하도록 격려했다).[46] 그러나 에피쿠로스주의자들은 신들이 세상의 창조와 무관하고 이 세상의 유지와도 무관하다고 생각한다.[47] 그들에게 세상은 기름칠이 잘 되어 있는 이성적인 기계가 아니다. 왜냐하면 계속되는 삶은 임의로 서로 부딪치는 원자처럼 불합리한 시행착오의 문제이기 때문이다. 따라서 세상은 '발전'이라는 희망을 주지 않는다. 나는 곧 이러한 생각의 기원을 다룰 것이다. 에피쿠로스주의에는 어떠한 '악의 문제'도 존재하지 않는다. 세상은 보이는 그대로다. 우리는 이러한 세상을 싫어할 수도 있지만, 임의의 우주에서 발생하는 현상의 '도덕성'을 평가하는 것은 무의미한 질문을 던지는 것에 지나지 않는다.[48] 적어도 일부 이신론자들에게 하나님은 우리의 행동 방식에 관심을 보이시고 우리에게 책임을 물으실 수 있는 존재다. 반면 에피쿠로스주의자들에게 신이란 존재는 우리에게 관심도 없고 우리를 심판하지도 않기에, 우리의 행동 방식은 우리의 소관이고 죽음은 우리를 무로 녹여 버린다. 이런 생각은 고대, 후기 중세

---

[46] 대다수의 사람들이 생각하는 것처럼 Newton이 실제로 이신론자였는지 아니면 Newton이 기독교의 기본 입장을 견지했다고 보는 Voltaire가 옳았는지에 대해서는, Gay, *Enlightenment*, 1.316-317를 보라. 다른 유형의 이신론에 대해서는 예를 들어, Taylor, *Secular Age*, ch. 6을 보라.

[47] *Cyclopedia* 또는 E. Chambers의 *Universal Dictionary of Arts and Sciences* (London: Knapton, Darby and Midwinter, 1728), 1.322에서, 에피쿠로스주의자들은 신이 '신성의 위엄 아래에서 인간사에 관심을 갖고 있다'고 생각하는 것으로 알려져 있다[J. A. Harris, 'The Epicurean in Hume', in Leddy and Lifschitz, eds., *Epicurus in the Enlightenment*, pp. 161-181(166)에서 인용]. 비록 여러 질문이 있지만 신들의 '거룩하고 영원한 침묵'을 사색하고 있는 Tennyson의 루크레티우스 묘사를 보라[The Complete Works of Alfred Lord Tennyson (London: Macmillan, 1898), p. 162].

[48] 루크레티우스는 *Rer. nat.* 2.165-183; 5.195-234에서 그 어떤 신도 책임질 수 없는 세상의 결점들에 주목한다.

및 현대까지 항상 매력으로 작용하고 있다.⁴⁹ 미온적 성향의 에피쿠로스주의자들은 이러한 생각을 음란으로의 초대로 받아들였고, 진지한 성향의 에피쿠로스주의자들은 이러한 생각을 절제의 조언으로 받아들였다.⁵⁰ 오늘날 많은 사람들은 '에피쿠로스주의'라는 단어를 들으면 도덕성 또는 부도덕성을 생각한다. 내가 이 책에서 에피쿠로스주의라는 용어를 사용할 때, 나의 초점은 신의 영역이 우리의 영역에서 완전히 제거되어 있고 우리의 영역과 절대로 양립할 수 없는 우주론에 맞추어져 있다. 그것이 아무리 보통 사람들로부터 자신을 분리하고자 하는 에피쿠로스주의 철학자의 모델로 작용하더라도 말이다.⁵¹ 모든 신성한 존재는 우리가 닿을 수 없는 곳에 있다. 원한다면 당신은 그들을 인정하면서 그들의 우월성을 멀리서 냉정하게 평가할 수 있지만, 기도나 헌신 혹은 거룩함이 그들에게 어떤 영향을 미칠 거라고 생각해서는 안 된다(헌신이 우리에게 아무리 많은 유익한 영향을 미칠 수 있다 하더라도 말이다). 요즘 설문 조사를 해 보면, 교회에 다닌다는 말보다 '하나님을 믿는다'라고 말하는 사람이 훨씬 많다고 한다. 다음 질문은 이러한 현상을 분명하게 설명해 준다. 이 땅에 존재하지 않는 에피쿠로스의 신은 말할 것도 없고, 멀리 떨어져 있는 이신론의 신을 위해 일요일 아침에 일어나 교회에 나가려는 이유가 무엇인가?⁵²

---

49 Epicurus, *Letter to Menoeceus* 125를 보라.
50 다시 Chambers에 의하면(*Cyclopedia*, 1.322), '엄격한 에피쿠로스주의자들'이 정신의 쾌락과 덕의 쾌락에 중점을 두는 반면 '태만한 에피쿠로스주의자들'은 육체의 쾌락을 추구한다(Harris, 'Epicurean in Hume', in Leddy and Lifschitz, eds., *Epicurus in the Enlightenment*, p. 165에서 인용).
51 A. A. Long and D. N. Sedley, *The Hellenistic Philosophers*, vol. 1, Translations of the Principal Sources with Philosophical Commentary (Cambridge: Cambridge University Press, 1987), 1.146를 보라.
52 아이러니하게도 일부 학자들은 17세기와 18세기의 회의주의가 아닌 위대한 종교개혁가들에서 하나님과 세상, 사이의 '간격'을 보았다. 예를 들어, Edelstein, *Enlightenment*, p. 34를 보라. '칼뱅주의는 이 세상과 다음 세상, 사이의 균열을 가져왔는데, 이로 인해 가톨릭 신자들(특히 얀센파 사람들)은 신의 실제가 인간 세상과 본질적으로 분리되어 있다고 간주하게 되었다.' 이 주장에는 논쟁의 여지가 있지만 숙고할 가치가 있다.

계몽주의

셋째, '계몽주의'의 의미에 대해서 살펴보자. 이 질문에 답하는 것은 나의 주요 설명으로 바로 연결된다.

계몽주의를 뜻하는 영어의 'Enlightenment'는 19세기에 만들어진 용어로 이마누엘 칸트(Immanuel Kant)가 1784년에 사용한 독일어의 '계몽'(Aufklärung)과 그 결이 같다. 칸트는 1751년에 '백과사전'(Encyclopedia)을 발간한 프랑스 사상가들을 되풀이했는데, 이 백과사전은 루미에(lumières), 즉 지금 비춰지고 있는 '빛'을 가리켰다. 이 프랑스 사상가들의 '빛'은 일반 명사로서, 무슨 일인가 일어나는 것처럼 보이는 것에 붙이는 꼬리표와도 같았다. 반면 칸트의 '계몽'은 적극적인 개념으로서, 따라야 할 안건을 명명하는 기능을 갖고 있었다. 칸트가 그의 유명한 저서 『계몽이란 무엇인가?』(Was ist Aufklärung?)에서 밝힌 계몽의 정의는 인간을 인간 스스로 부과한 미숙함에서 해방시킨다는 목적을 갖고서 인간 자신의 이성을 공개적으로 사용할 수 있는 자유와 관련이 있었다.[53] 여기 있는 거의 모든 단어가 가진 논쟁적인 측면은 '계몽'이라는 말이 이미 캠페인 슬로건처럼 간주되고 있었음을 알려 준다.

19세기 말에도 영어에서 계몽은 여전히 경멸적으로 사용되었으며 계몽에 대한 다음과 같은 옥스퍼드 영어 사전의 정의 중 하나를 정당화했다. '18세기 프랑스 철학자들의 정신과 목표, 또는 천박하고 가식적인 주지(主知)주의, 전통이나 권위 등에 대한 비합리적인 경멸이라는 묵시적 비난을 사용해 그들과 연관시키려는 사람들의 정신과 목표.'[54] 표준 영어가 이처

---

[53] Immanuel Kant, 'Beantwortung der Frage: Was ist Aufklärung?' *Berlinische Monatsschrift* 12 (1784), pp. 481-494. 『계몽이란 무엇인가?』(도서출판 길). J. Robertson, *The Enlightenment: A Very Short Introduction* (Oxford: Oxford University Press, 2015), p. 7를 보라.

[54] 옥스퍼드 영어 사전에는 J. H. Stirling, *The Secret of Hegel* (1865), pp. xxvii-xxviii이 인용

럼 유럽 대륙의 이상한 이론을 경멸할지라도 계몽주의의 기원이 17세기 잉글랜드였다는 사실을 가릴 수는 없다. 칸트는 감각에 기반한 존 로크(John Locke)의 인식론을 되돌아보았다. 다른 영국 사상가들, 예를 들어 프랜시스 베이컨(Francis Bacon), 토머스 홉스, 데이비드 흄 같은 이들은 동일한 운동을 전개한 지도자들이었다. 그들이 비록 우리 모두가 사용하고 있는 계몽주의라는 이름을 이 운동에 부여하지 않았지만 말이다.[55] 19세기 초 무렵, 윌리엄 블레이크(William Blake, 1757-1827)는 프랑스 계몽주의 지도자들뿐만 아니라 그들의 근본적인 에피쿠로스 철학에도 거세게 저항할 수 있었다.[56]

그러므로 '계몽주의' 프로젝트는 언제나 다면적이었다. 역사가들의 의견도 특별한 초점에 따라 어떤 사상가와 운동을 선택하는지에 따라 다르다. 그들은 계몽주의의 나라별 차이점, 즉 미국의 다양성은 말할 필요도 없이 독일, 프랑스, 잉글랜드, 스코틀랜드에서 각각 전개된 계몽주의 운동의 차이점에 주목한다. 그러나 그들은 모두 칸트의 정의를 되돌아보고 또 칸트의 정의가 불러일으키는 **공유된 프로젝트**의 의미와 칸트의 정의가 가정하는 새로운 세계관의 의미를 되돌아본다. 새로운 **지식**이 새로운 **자유**의 시대, 곧 성숙한 인간의 시대를 열었다. 전통 신학 또는 종교로부터의 자유는 새로운 형태의 정치적 자유와 더불어 새로운 과학적 발견 및 이론과 결부되어 있

되어 있다.

[55] Greenblatt, *Swerve*, pp. 261-262를 보라. 17세기에는 Vico, Hamann, Herder와 같은 초기 계몽주의의 위대한 비평가들이 등장했다. I. Berlin, *Three Critics of the Enlightenment: Vico, Hamann, Herder*, 2nd edn. [London: Pimlico, 2013 (2000)]를 보라. Gottlieb은 그의 *The Dream of Enlightenment*, p. 39에서 데모크리토스와 에피쿠로스에 관한 내용을 개선하며 '부활한 물질주의'를 'Hobbes의 두 가지 주요 철학적 혁신 중 하나'로 간주한다. Hobbes의 또 다른 주요 철학적 혁신은 정부에 대한 참신한 견해다. 우리가 보았듯이, Locke는 Gassendi의 추종자들로부터 영향을 받았는데, 그들은 에피쿠로스주의와 기독교의 형태를 결합하려 했다 (Gottlieb, *Dream of Enlightenment*, pp. 126, 138).
[56] Blake의 또 다른 시 'Mock on, mock on, Voltaire, Rousseau...'를 보라. 이 시는 1800년과 1804년 사이에 쓰였고 '데모크리토스의 원자'를 '뉴턴의 빛 입자'와 결합해 '데모크리토스의 원자'를 경멸적으로 언급하면서 마무리한다[William Blake, *Selected Poems* (Oxford: Oxford University Press, 1996), p. 148].

는 것으로 여겨졌고, 어떤 의미에서는 새로운 과학적 발견 및 이론에 기인하는 것으로 여겨졌다. 다시 말하지만, 이 함축된 주장의 이동 방향은 암묵적 '자연신학'이 실제로 작용하는 방식에 대한 의문을 제기한다. 과학적 에피쿠로스주의가 먼저 등장해 (정치적으로) 혁명을 가져오고, (신학 및 종교적으로) 부재중인 하나님과 '단순히 인간에 불과한' 예수라는 개념을 가져왔을까? 아니면 그 반대였을까? 아니면 이 모든 것을 포함한 더 많은 것이 더 복잡하게 뒤섞인 혼합물이었을까?

철학적·신학적·사회적·문화적·정치적 요소들이 포함된 이처럼 복잡한 운동은 일순간에 발생하지 않는다. 다시 말해, 알베르트 슈바이처(Albert Schweitzer)나 에이어(A. J. Ayer)와 같은 인물은 마치 제우스의 머리에서 튀어나온 아테네처럼 칸트의 머리에서 완전 무장한 상태로 갑자기 튀어 나온 것이 아니다. 물론 18세기와 19세기에 걸쳐 '계몽주의' 경향을 보이지 않았던 주요 사상가들과 기독교 운동들이 존재했었다. 존 웨슬리(John Wesley)와 찰스 웨슬리(Charles Wesley)는 독실한 사무엘 존슨(Samuel Johnson)과 마찬가지로 18세기의 위대한 인물들에 속한다. 사무엘 존슨만큼 독실했지만 그와는 다른 방식으로 독실했던 존 헨리 뉴먼(John Henry Newman)은 19세기 잉글랜드에서 가장 영향력 있는 저술가 중 하나였다. 그러나 다른 방향으로 흘러가는 조류가 있었는데, 이 조류의 흐름이 너무나 센 나머지 우리가 『하나님의 장례식』(God's Funeral)이라는 제목의 책을 펼쳐서 볼 때, 우리는 이 책이 1960년대의 '신 죽음의 운동'(Death-of-God movement)이나 도킨스(Dawkins)와 히친스(Hitchens)가 주장한 '새로운 무신론자'에 관한 것이 아닌 빅토리아 시대에 관한 것임을 발견한다.[57] 무신론은 에피쿠로스주의의 가장 극단적 형태다. 멀리 있어서 알 수도 없고 전혀 관계가 없는 신들과 존

---

57 A. N. Wilson, *God's Funeral* (London: John Murray, 1999).

재하지 않는 신 사이에는 큰 차이가 없다. 19세기 말 무렵 많은 사람들, 특히 무신론으로부터 이익을 얻을 수 있는 입지에 서 있던 사람들은 이 새로운 비전을 수용했다. 그들은 이 새로운 비전이 '과학'에 기초한다고 생각했다.

계몽주의라는 말은 사실 모든 것을 적어도 회고적으로 말한다. 앞서 존재했던 모든 것은 어둠이었고 미신이었다. 그런데 갑자기 빛이 도래했다. 알렉산더 포프(Alexander Pope)의 유명한 2행 연구(聯句)가 그 분위기를 보여 준다.

자연과 자연의 법칙은 밤에 숨겨져 있다.
하나님이 '뉴턴(Newton)이 있으라!' 하시니 사방이 빛이었다.[58]

이전의 어둠을 대체하는 새로운 빛이 가진 의미는 위대한 에피쿠로스주의 시인인 루크레티우스가 늘 호소했던 것이었다. 무지에서 벗어난 새로운 세상, 특히 신의 간섭이나 최후의 저주를 두려워하지 않는 새로운 세상이 바로 그렇다. '새로운 세상'은 사실 고대의 위대한 철학 중 하나로부터 복구한 것으로, 당시 많은 사람이 이 새로운 세상을 환영했다. 이는 '근대 세계'가 전체적으로 과학적 연구를 통해 '발견되었고', 이로 인해 고대 세계관과 작별했다는 오늘날 널리 퍼져 있는 가정을 약화시킨다.[59] 이러한 암묵적 가정 하에서, 과학자들은 이 세상이 어떻게 작용하고 그 결과 우리가 어떻게 우

58　Pope, 'Intended for Sir Isaac Newton', in *The Poetical Works of Alexander Pope* (London: Frederick Warne, n.d.), p. 371. Pope는 각주를 통해 Newton이 Galileo가 사망한 날에 태어났다고 언급한다. Pope의 2행 연구는 결국 J. C. Squire(1884-1958)의 다음과 같은 반응을 가져왔다. '자연은 영속하지 않았다. 마귀는 "주목! 아인슈타인이 있을지어다!"라고 울부짖으며 현재 상태를 복구했다'(인터넷 출처: https://en.wikiquote.org/wiki/J._C._Squire).

59　Edelstein, *Enlightenment*, pp. 22, 28를 보라. 첫 번째 '계몽주의' 이론들은 '과학 혁명'의 기념사로 시작했다. 그러나 동시에 이 첫 번째 계몽주의 이론들은 '고대인들'을 상기시켰다.

리의 방식대로 할 수 있고 또 하게 될 것인지를 발견해 왔다. 우리는 성숙하고 성장해 우리 자신의 운명을 이해할 수 있을 뿐만 아니라 진전시킬 수도 있다. 따라서 인간은 스스로 일어나 임의의 세계가 주는 어두운 숙명을 받아들여야 한다. 이 모든 것은 (근대의 특정 과학적 발견과 별도로) 사실 기원전 1세기에 이미 확립되어 있던 세계관이다. 우리가 전에 말했던 것처럼, 당시 이 세계관은 소수의 무리가 가지고 있던 견해였지만, 이제는 적어도 서구 세계에서는 다수의 암묵적인 이해가 되었다.⁶⁰ 이것이 이 장의 핵심 요지 중 하나다.

이 모든 것을 잘 보여 주는 19세기의 좋은 예로 우리는 시인 윌리엄 어니스트 헨리(William Ernest Henley, 1849-1903)를 고려해 볼 수 있는데, 그는 사무엘 존슨이 18세기에 큰 영향을 미쳤던 만큼 19세기에 큰 영향을 미쳤다. 그의 1875년 작품인 "불굴의 영혼"(Invictus)은 마지막 연으로 유명하다. '나는 내 운명의 주인이요 내 영혼의 선장이다.' 이 시는 새로운 철학을 수용하고 인간의 자신감을 선언한다. 그는 '나의 머리는 피투성이지만 나는 내 머리를 숙이지 않는다'라고 선포한다. 죽음은 '수년간 나를 위협하며' 다가오지만 '절대로 두려워하지 않는 나를 찾아내고 찾아내리라.'⁶¹ 이 저항의 외침은 그 정황 속에서 이해되어야 한다. 소년 시절 결핵을 앓았던 헨리는 20세에 왼쪽 다리 무릎 아래를 절단해야 했다. [그는 로버트 루이스 스티븐슨(Robert Louis Stevenson)의 극중 인물인 활기찬 외다리 해적 '롱 존 실버'(Long John Silver)의 모델이었다.] 이 시는 일종의 스토아적 해법을 표현하고 있지만, 이 시의 정황은 화자가 신의 일부(또는 신이 화자의 일부)가 되는 범신론이 아니라 확고한 에피쿠로스주의의 특징인 완전한 독립이다. 신들이 무슨 일을 하든 나

---

60 Taylor, *Secular Age*, p. 19를 보라.
61 *The Oxford Book of English Verse*, ed. H. Gardner (Oxford: Oxford University Press, 1972), p. 792.

는 독립된 삶을 살 것이며, 죽음을 '두려워하지 않을 것이다.' 20년 후, 세인트 앤드루스 대학교는 헨리에게 박사 학위를 수여했다.[62]

이제 우리가 보겠지만, 이 모든 것의 결과로 상황을 꾸준히 분리시키는 분위기가 형성되었다. '자연신학'은 '역사가 빠진 신학'(특히 1세기 정황 속 예수가 빠진 신학)으로 이어지고, '성경 연구'는 '하나님 없는 역사'로 이어졌다. 전자는 '고전 유신론'의 유형으로 이어지는데, 이 고전 유신론은 '완벽한 존재'로서의 하나님을 찾는 이론으로 이 완벽한 하나님과 1세기에 존재했던 예수를 연결 짓기는 어려울 것이다. 후자는 18세기 말 헤르만 자무엘 라이마루스(Hermann Samuel Reimarus)에서 19세기 말 로버트 펑크(Robert Funk)에 이르는 예수 연구 학자들의 회의론으로 이어진다. 이러한 사상의 움직임은 필연적이지 않고 우발적이다. 사상의 정황과 이 사상을 움직이는 힘을 이해하면, 결코 분리되어서는 안 되는 것들을 어떻게 다시 합쳐야 하는지를 알게 될 것이다.

강력한 조짐

우리의 탐구의 틀을 짜려면 신학과 성경 주해의 범위보다 더 넓게 보아야 한다. 우리의 학문은 신학과 성경 주해에 대해 이야기하면서 이것들이 마치 더 넓은 세상에서 분리되어 있는 것처럼 간주하는 경향이 있다. 나의 학문 영역에서, 신약 분야의 이야기는 종종 더 큰 문화적 배경에 대한 언급이 최소화된 채 전달된다.[63] 그러나 이러한 현상은 근시안적이다. [여기에 철학의

---

[62] 다음을 보라. *St Andrews Citizen*, April 8, 1893; *Dictionary of National Biography* (1912년 증보판), p. 245. Henley가 신학 박사 학위를 받았다는 인터넷상 기록은 잘못된 것으로 보인다.

[63] 예를 들어, W. G. Kümmel, *The New Testament: The History of the Investigation of Its Problems* (London: SCM Press, 1973)를 보라. W. Baird, *History of New Testament Research*, 3 vols. (Minneapolis: Fortress, 1992-2013). 여기에서 Baird는 약간의 사회문화적 정황을 제공하지만, 그의 주장 대부분은 집요하게 기록된 주석적 제안으로 구성되어 있다.

역사와 유사한 점이 있다. 조너선 이즈리얼(Jonathan Israel)이 아이제이아 벌린(Isaiah Berlin)의 『계몽주의의 세 비평가』(Three Critics of the Enlightenment)를 소개하면서 지적했듯이, 철학자들은 특정 생각이 마치 진공 상태와도 같은 상황에서 어떻게 발전했는지에 대한 이야기를 하는 경향이 있다. 반면 벌린은 그 이야기를 더 넓은 문화적 틀에 넣는 것에 관심이 있었다.[64] 이 작업은 반드시 일반화되고 광범위해야 한다. 그러나 이 단계에서 내가 제공하는 설명에는 더 넓은 분위기를 가리키는 강하고 분명한 징후가 존재한다.

나는 특별히 18세기 말의 문화가 지녔던 다섯 개의 특징에 주목한다. 이 다섯 개의 특징은 처음에는 자연신학 또는 (마지막 것을 제외한) 성경 주해와 완전히 분리되어 있고 아무런 관련이 없어 보일 수 있다. 그러나 그것들은 함께 하나의 패턴을 형성한다.

첫째, 미국(1775-1783)과 프랑스(1789-1799)에서 혁명이 발생했다. 이 두 혁명을 역순으로 살펴보자. 먼저 프랑스는 가톨릭 궁정의 고압적 종교에 대해 오래 발전된 공격(그 유래는 얀센파의 경건주의)을 목격했다. 18세기 말에 점차 정치화된 이 공격은 왕과 교회가 결탁된 부패에 대한 새로운 지적 분석 및 반응과 결합되었다.[65] 우리는 프랑스의 일반 시민들이 처음부터 교회를 파괴하려 했다고 생각해서는 안 된다. 그러나 혁명은 사회가 위에서 아래로 다시 정리되어야 한다는 생각에 정치적 힘을 실어 주었다. 이는 1793년 '탈기독교' 운동으로 이어졌는데, 이 운동으로 인해 잠재되어 있던 반신(anti-god) 철학의 특정 맥락이 분출되었고, 같은 해 11월 축제에서 노트르담 대성당 안에는 이성의 여신(goddess of Reason)이 세워졌다. 군주들을 제거하고

---

64 Israel의 서문은 Berlin의 *Three Critics of the Enlightenment*, p. vii에 실려 있다.
65 얀센주의와 18세기 프랑스 정치의 이러한 국면이 얼마나 중요했는지에 대해서는, D. K. Van Kley, *The Religious Origins of the French Revolution: From Calvin to the Civil Constitution, 1560-1791* (New Haven, Conn.: Yale University Press, 1996)를 보라.

하나님과 이 땅에서 하나님을 대리하는 자들을 제거하는 것은 가장 급진적인 프랑스 혁명가들에게 같은 말을 하는 두 가지 방식이었다.

로베스피에르(Robespierre)는 일종의 이신론으로 중재를 시도했다. 그는 대표자 회의에서의 마지막 연설에서 죽음이 영원한 잠이 아니라 불멸의 시작이라는 아리송한 주장을 했다. 1794년 6월, 그는 이미 제안되어 있던 '최고 존재 예찬'(Cult of the Supreme Being)에 지지를 보냈다. 그러나 그를 반대했던 강경 좌파 인사들은 냉혹했다. 7주 후인 1794년 7월 26일에 그들이 로베스피에르를 단두대에서 처형했을 때, 그들은 모두가 이해할 수 있는 말로 이신론이 아닌 에피쿠로스주의 같은 것이 새로운 정통이라고 주장했다.[66]

반면 미국은 영국의 군주제뿐만 아니라 이 군주제를 지지하는 것처럼 보이는 얽힌 신학적·교회적 구조를 제거하기 위해 열심이었다. 마침내 토머스 제퍼슨은 "나도 에피쿠로스주의자다"라고 선언했다. 비록 그가 이 외에도 다른 많은 주의를 표방하고 있었지만 말이다.[67] 미국을 세운 대부분의 건국 아버지들(Founding Fathers)은 사실 이신론자들이었다. 비록 이러한 신학적 일치가 그들의 가장 훌륭한 특징은 아니지만 말이다. 어떤 이들은 열심

---

66 P. McPhee, *Robespierre: A Revolutionary Life* (New Haven, Conn.: Yale University Press, 2012). 더 자세한 내용은 다음을 보라. Van Kley, *Religious Origins of the French Revolution*; F. Tallett, 'Dechristianizing France: The Year II and the Revolutionary Experience', in F. Tallett and N. Atkin, *Religion, Society and Politics in France Since 1789* (London: Bloomsbury Academic, 1991), pp. 1-28; M. Vovelle, *The Revolution against the Church: From Reason to the Supreme Being* [Columbus: Ohio State University Press, 1991 (1988)].

67 Jefferson이 1819년 10월 31일 William Short에게 보낸 편지. Jefferson은 이 편지에서 예수는 위대한 도덕 교사였지만 그의 견해는 플라톤주의(플라톤주의는 Jefferson의 심한 골칫거리였다)가 교회에 유입되면서 변질되었다고 설명한다. Greenblatt은 *Swerve*, p. 263에서 다음과 같은 아이러니를 언급한다. 루크레티우스는 행복이 사회 전체를 재조직하려는 노력이 아닌 세상에서 물러나는 것에 있다고 생각했다. Jefferson은 이러한 루크레티우스의 주장을 뒤집었다. 그는 루크레티우스의 목적인 '행복 추구'가 이제는 헌법에 명시되어 있다고 말한다. Gay(*Enlightenment*, 1,105 n. 8)는 루크레티우스의 저서를 '여덟 권이나' 갖고 있었던 Jefferson이 자신의 젊었을 때의 애착에도 불구하고 나중에 그의 자연 철학을 지지할 수 없는 것으로 여겼다고 말한다. 이는 Machiavelli에게서 배운 것이다(p. 55).

히 예배를 드리고 다른 이들에게 하나님의 도움과 인도를 위해 기도하라고 할 만큼 꽤 독실했다. 신중히 통합된 접근 방식과 더 강력해진 이신론 사이의 긴장은 오늘날까지 미국에서 지속되고 있는데, 이러한 긴장은 학교에서의 기도에 관한 논쟁, '하나님 아래 한 국가'라는 표어에 관한 논쟁, 그리고 다른 유사한 긴장을 유발하는 지점에서 발생한다. 적어도 '자연신학'에 대한 미국의 몇몇 시도는 기독교의 하나님이 아닌 여전히 미국 종교를 지배하고 있는 최고 존재의 발견을 목표로 했을 수 있다.[68] 그러나 이는 위험한 타협으로 여겨질 수 있다. 왜냐하면 이러한 타협으로 인해 로베스피에르가 처형되었기 때문이다. 새로운 미국 프로젝트의 지도자들은 단호했다. 그들은 주교들을 거부하고 싶지 않았다. 다만 조지 3세가 그들에게 보낸 공복(公僕)들을 원치 않았을 뿐이다. 그들은 정치적 후원을 받는 교회 지도부가 가진 위험성을 이미 보았으므로, 평행 세계에서 살면서 교회와 국가를 엄격하게 분리해 줄 그들만의 주교를 원했다. 이는 그들의 기저에 놓인 하나님과 세상의 이신론적 분리를 정확히 반영했다. 프랑스와 미국 모두 하나님을 공공 무대에서 몰아내기로 결심했다.

지금도 계속되는 미국과 프랑스 사이의 일부 차이는 에피쿠로스주의와 이신론 사이의 차이를 반영한다. 다문화주의에 대한 두 나라의 개별적인 접근법이 좋은 예가 될 수 있다. 비록 두 나라의 개별 혁명이 우리가 아직까지 풀어내지 못한 민주주의와 혁명의 수수께끼를 만들어 냈지만 말이다. 그러나 두 나라 모두에서 최종 결과는 하나님을 밀어내고 정치 과정이 (에피쿠로스가 말한 무작위로 움직이는 원자들처럼) 제 일을 하도록 내버려두는 것이었다.[69] 모든 것이 그렇게 되는 것이 더 좋았을 것이다. 그들에게 이것은 에피

---

68 Smith and Denton, *Soul Searching*을 보라.
69 Gillespie, *Theological Origins of Modernity*, p. 141를 보라.

쿠로스주의의 정치적 적용이었다. 아니면 적어도 '진보' 개념과 새롭게 연결된 에피쿠로스주의였다(우리는 이에 대한 내용을 살펴볼 것이다). 에피쿠로스와 루크레티우스의 주장을 보다 엄격히 적용했었다면 인간이 '선하다고' 하거나 즐길 수 있는 그 어떤 것도 무작위의 원자들로부터 생성된다고 장담할 수 없었을 것이다. 두 세기에 걸친 유사 에피쿠로스주의의 정치적 삶을 냉소적으로 관찰해 보면 이에 동의할 수 있을 것이다.

미국 프로젝트의 아이러니는 계몽주의 자체의 잠재된 아이러니를 되풀이한다. 이것이 정말 새로운 세상인가 아니면 고대 세계를 흔쾌히 복구한 것인가 아니면 둘 다인가? 이 수사적 질문은 의미 전환의 틀을 잡아 주면서 어느 쪽으로든 작용하는데, 이 의미 전환의 틀에서 '새로운'이라는 단어의 의미는 '위험한, 깊이가 없는, 파괴적인'에서 '신선한, 최근에 발견된, 생명을 주는'으로 바뀌었다. 어쨌든 미국 독립 선언문을 작성한 사람들은 국새(國璽)와 오늘날 1달러 지폐에 다음과 같이 베르길리우스(Virgil)의 표현을 각색해 인용했다. '시대의 새로운 질서'(*Novus Ordo Seclorum*).[70] 건국 아버지들은 2천년마다 '새로운 질서'가 출현하는 거대한 주기 가운데 역사가 진행된다고 생각했던 걸까? 아니면 베르길리우스가 찬양했던 아우구스투스 시대를 잘못된 서막으로 간주하고 자신들의 시대를 궁극의 장기적 성취로 보았던 걸까? 그들은 자신들이 과거의 제국주의적 색채가 가득 묻어 있는 표어를 다시 사용하고 있다는 것을 사람들이 알아차린다고 해도 괜찮았을까? 중세 그리스도인들은 락탄티우스(Lactantius)와 콘스탄티누스 황제의 뒤를 이어 베르길리우스의 시를 그리스도의 재림에 대한 예언으로 보았다(이러한 생각은 크리스마스 찬송가 "그 맑고 환한 밤중에"에서 지금도 볼 수 있는데, 이 찬

---

70 Virgil, *Ecl.* 4.5. 라틴어 원문('Magnus ab integro saeclorum nascitur ordo', '시대의 위대한 질서는 새롭게 탄생한다')은 Charles Thompson에 의해 각색되어 미국 국새 뒷면에 새겨졌다. *Ecl.* 4는 수년간 준기독교(quasi-Christian) 예언으로 읽혀졌다. 아래를 보라.

송가의 가사에는 '영원히 반복되는 세월'이 새로운 '황금시대'를 가져온다는 놀랄 만한 암시가 담겨 있다.[71] 베르길리우스를 미국 헌법에 재적용하는 것은 계몽주의에서 언제나 암묵적이었던 내용을 분명히 밝히는 것을 의미했다. 이제 예수는 기껏해야 새로운 독립 시대의 선구자일 뿐이다.[72]

둘째, 정치적 혁명과 더불어 다윈 이전의 진화론이 대두되었다.[73] 여기서 '론'(論, ism)에 주목하라. 진화론은 단순한 생물학 이론이 아니라, 진화가 신적 지도 없이 필요한 역할을 했다는 세계관이다. 어떤 이들은 진화론을 '자연주의'(naturalism)로 불렀다. 그러나 자연주의라는 표현은 부적절하고 오해를 낳을 소지가 있다. 돌이켜 보면 우리는 당시 일부 사람들이 보았던 것처럼 진화론이 명백한 에피쿠로스주의 프로그램이었음을 알 수 있다. 다윈 이전의 진화론을 발전시킨 사람 중에는 찰스 다윈(Charles Darwin)의 할아버지 이래즈머스(Erasmus, 1731-1802)가 있었는데, 그는 애디슨처럼 리치필드에 살았지만 세상을 보는 관점은 매우 달랐다. 이래즈머스 다윈과 그의 동료들은 신에 의해 위로부터 부과된 것이 아니라 안에서부터 내적으로 진행된 변화와 발달의 표시를 찾기 위해 창조 세계를 열심히 조사했다. 그러면서 동시에 인간 스스로 문제를 해결할 수 있도록 돕는 새로운 기술의 탐구

---

[71] *The New English Hymnal* (London: Oxford University Press, 1986)의 29장. 이 찬송가 작사가는 E. H. Sears(1810-1876)다. 이렇게 근본적으로 이교도적인 발상은 기독교 정황에서 분명한 문제를 지닌다. 만약 세월이 실제로 '돌고 돈다면', 이 '황금시대'가 다시 한번 청동시대로 쇠퇴하게 되는가? 초기 기독교적 해석에 대해서는, R. J. Tarrant, 'Aspects of Virgil's Reception in Antiquity', in *The Cambridge Companion to Virgil*, ed. C. Martindale (Cambridge: Cambridge University Press, 1997), pp. 56-72 (70)를 보라.

[72] 이에 대한 명시적 진술은, E. P. Sanders, 'Christianity, Judaism and Humanism', in *Comparing Judaism and Christianity: Common Judaism, Paul, and the Inner and the Outer in Ancient Religion* (Minneapolis: Fortress, 2016), pp. 429-445를 보라. Sanders의 영웅들은 예수, John Locke, Thomas Jefferson이다.

[73] Taylor, *Secular Age*, pp. 328, 332의 논의를 보라. 이에 관한 모든 내용은, T. M. Lessl, *Rhetorical Darwinism: Religion, Evolution and the Scientific Identity* (Waco, Tex.: Baylor University Press, 2012)를 보라.

에도 열심을 기울였다.⁷⁴ 대성당 클로즈(Cathedral Close) 서쪽 끝에 살았던 이래즈머스 다윈은 말 그대로 그의 좌우로 대성당 참사회 의원을 대동하고 다녔다. 그중 한명이 토머스 수어드(Thomas Seward) 의원으로 그는 다윈이 조개껍질을 새로운 기원 이론의 상징으로 선택한 것이 어떤 함의를 갖는지 명확히 꿰뚫어 보았다. 수어드는 1770년 한편의 시를 적어 다윈의 에피쿠로스주의를 맹렬히 비난했다.⁷⁵ 다윈은 그의 연구 결과를 종합한 『동물생리학』(Zoonomia, 1794-1796)을 출판했는데, 여기서 그는 진화 원리에 대한 유기 생명체의 법칙을 설명한다. 그와 그의 동료들이 하나님의 부재와 관련해 완전히 에피쿠로스주의적인 결론을 내리고 싶었든 아니든, 그들의 이론과 실천은 모두 그 방향으로 기울고 있었다. 에피쿠로스주의의 과학적 핵심인 데모크리토스의 원자들처럼, 그들이 연구하고 있던 유기체들(흥미롭게도 그들이 발명하고 있던 기계들도)은 외부의 간섭 없이 그것들만의 일을 할 것이다.⁷⁶ 그들은 하나님에 대한 질문을 무시하면 과학이 번창할 거라고 암시했다.

셋째, 1776년 『국부론』(The Wealth of Nations)을 발표한 애덤 스미스(Adam Smith)의 급진적 경제 이론이 있었다. 우리는 여기서 주의해야 한다. 왜냐하면 스미스에 대한 최근의 한 연구를 통해 이 위대한 스코틀랜드 사람이 이후 그와 연관되어 왔던 전면적 자유방임주의(laissez-faire) 경제학을 지지하

---

74 J. Uglow, *The Lunar Men: The Friends Who Made the Future, 1730-1810* (London: Faber, 2002)를 보라.
75 Uglow, *Lunar Men*, pp. 152-153. 여기서 Uglow는 D. King-Hele, *Erasmus Darwin: A Life of Unequalled Achievement* (London: Giles de la Mare, 1999), p. 89를 인용한다. Thomas Seward(1708-1790)는 Darwin과 마찬가지로 케임브리지 소재 세인트존스 칼리지를 졸업했고 클로즈의 북동쪽 모서리에 있는 주교 관저에서 살았으며 [당시 주교는 스태퍼드(Stafford) 근처에 있던 성에 살았다] 루나멘(Lunar Men) 모임을 잘 알고 있었다. 시인이었던 그의 딸 Anna Seward는 자신의 능력으로 이 모임의 일원이 되었다(Uglow, *Lunar Men*, pp. 40-41. 그리고 다른 곳). Darwin의 사생활에 대한 Uglow의 연구는 에피쿠로스주의에 대한 비난에 과학 이론을 초월하는 다른 측면이 있음을 보여 준다.
76 Erasmus Darwin에 대해서는, Greenblatt, *Swerve*, p. 262를 보라. 루크레티우스의 비전은 Erasmus Darwin에게 '직접적인 영향을 미쳤다.'

지 않았다는 주장이 강하게 제기되고 있기 때문이다.[77] 박학다식한 스미스는 경제학 이외에도 많은 주제를 저술했고, '보이지 않는 손'이라는 유명한 비유는 그의 모든 저술에서 단 3회만 언급되고 있으며, 『국부론』에서는 딱 한 번만 등장한다. 그럼에도 불구하고 그의 사상은 돈의 흐름을 자동적으로 유도해 사회적 개선―또는 적어도 많은 사람이 사회적 개선과 동일한 것으로 생각했던 부와 화합―을 가져오는 자기 주도적 자기 이익의 방향으로 이어졌다. (사람들이 때때로 생각하는 것처럼 토머스 홉스는 인간 공동체를 늑대로 가득 찬 세상으로 묘사하지 않았지만, 그의 확실한 비관론은 스미스의 낙관론과는 극명한 대조를 이룬다.) 스미스의 복잡한 제안을 분석하는 일은 우리의 현재 과제를 훨씬 넘어선다. 당시 여느 사람들과 마찬가지로, 그는 절충주의자였고 스토아 철학, 에피쿠로스 철학, 플라톤 사상의 요소를 한데 모았다.[78] 그러나 그는 시대의 분위기에 휩쓸려 버린 것처럼 보인다. 18세기 이후부터 그의 사상은 마치 돈으로 이해된 뉴턴의 기계론적 우주처럼 시계가 저절로 작동할 것이라는 제안으로 이해되었다. 이러한 이해는 후속 경제학에 큰 영향을 미쳤으며, 확산되는 제국주의 세계의 제한 없이 확장되는 산업을 정당화하는 데 사용되었고, 로널드 레이건(Ronald Reagan)과 마거릿 대처(Margaret Thatcher)의 탐욕이 곧 선이라는 철학으로 마무리되었다. 큰 부채의 경감은 고사하고 가난한 자들을 조직적으로 돌보는 것과 같은 급진적 사상을 위해 예비비가 마련될 필요가 없었다['희년' 원칙('Jubilee' principle)]. 적극적으로 가난한 자들의 편에 서 있던 스미스는 이러한 상황에 기겁을 했을 것이다. 그러나 그는 더 큰 문화적 흐름에 따라 이해되어 오고 있다.

---

[77] J. Norman, *Adam Smith: What He Thought and Why It Matters* (London: Allen Lane, 2018)를 보라.
[78] Gay, *Enlightenment*, 1.172; 2.354. Gay는 여기서 Smith를 '근대의 온건한 스토아 철학자'로 요약한다(2.361).

넷째, 에드워드 기번(Edward Gibbon)의 『로마제국 쇠망사』(*Decline and Fall of the Roman Empire*, 1776-1789, 민음사)의 제1권이 같은 해에 등장했다. 특히 기번은 기독교의 내세에 관한 가르침과 기독교 내부의 다툼 그리고 비로마적 평화주의 성향이 제국주의 쇠퇴의 씨앗을 뿌리는 데 기여했다고 주장했다. 기번은 (데이비드 흄과 함께) 오늘날 우리가 '역사 비평'이라 생각하는 것에 비추어 볼 때 가장 뒤처져 있는 인물 중 하나였다. 그는 포괄적인 문서 연구와 신랄한 문체를 사용해 기독교에 대한 안일한 견해를 무너뜨리려 했고, 이를 통해 세상에 선을 가져오는 직접적인 힘을 출범시키고자 했다. 이 힘은 1700년대 낙관적 팽창주의를 위한 발사대였다. 낙관주의가 존재하려면, 기독교의 일반적 근거 이외의 다른 근거를 찾아야 한다. 기번은 고대 고전 세계의 사상으로 돌아가길 원했고 자신의 임무를 '기독교 천년의 늪을 가로지르는 다리'의 건설로 생각했다.[79] 성전이 좌우로 무너지고 있었다.

다섯째, 그리고 이 모든 것의 한 가운데서 '역사적 예수 탐구'(The Quest for the Historical Jesus)로 불리는 것이 시작되었다. 헤르만 자무엘 라이마루스(1694-1768)는 여느 이신론자와는 다른 이신론자였다. 그는 신의 도움 없이 이성으로 발견 가능한 선하고 지혜로운 신의 존재(일종의 '자연신학')를 믿었다. 왜냐하면 그에게 구약과 신약은 신적 계시가 아니었을 뿐만 아니라 구약은 오해를 야기하는 터무니없는 말로 가득 차 있었고 신약은 초기 그리스도인들이 만들어 낸 이기적인 소설이었기 때문이다. 라이마루스는 예수가 망상에 사로잡힌 혁명적 메시아였고 실패로 죽었으며 그의 추종자들이 예수의 시신을 숨기고 새로운 운동을 창안했다고 말했다. 만약 당신이 하나님에 대한 이신론적 견해를 가지려고 한다면, 복음서의 예수 묘사를 제거하는 것이 도움이 될 것이다. 고트홀트 에프라임 레싱(Gotthold Ephraim

---

79   Gay, *Enlightenment*, 1.58. Gay는 여기서 중요한 논의를 요약하고 있다.

Lessing)은 라이마루스 사후에 그의 연구를 단편으로 출판함으로써(1774-1778) 대중의 관심을 끌었다. 이 이전에 라이마루스의 연구는 친구들 사이에서 익명으로 유포되었다.[80] 알베르트 슈바이처는 라이마루스의 연구를 '탐구'(Quest)의 시작으로 보았고 이 탐구를 직접 요약해 새로운 형태로 만들어 놓았다.

라이마루스의 제안과 같은 것은 전반적인 계몽주의 안건에 항상 필요했다. 새로운 사회문화적 분위기가 번성하려면, 복음서를 새롭게 읽어야 하고 복음서의 핵심 인물인 예수를 그 이론에 적합하게 만드는 것이 필요하다. 반대로, 복음서가 그들이 표면적으로 묘사하는 세계 내에서 역사적으로 이치에 맞는다면(모든 세부 사항이 사실이든 아니든 상관없이), 모더니즘적 수정주의의 전체 프로젝트가 의문시될 것이다.

레싱은 이성의 영원한 진리와 역사의 우연한 진리 사이에 놓여 있는 '넓고 추한 도랑'(broad ugly ditch)으로 유명하다. 레싱의 이 표현은 특히 신과 세상의 에피쿠로스주의적 분열에 초점이 맞추어져 있다. '이성의 영원한 진실'이 '신학'과 같지 않고, '역사'가 '세상'의 한 측면에 불과하다는 점을 감안한다면, 적어도 이어지는 세기부터는 신학과 역사학 분야가 서로 크게 분리되었다는 점은 분명해 보인다. 예수에 관한 '우연한 진리'를 설명하는 라이마루스는 이러한 주장을 입증했다. 첫째, 당신은 어떻게 그러한 이야기를 토대로 '영원한' 결론을 내릴 수 있는가? 그렇다면 신학은 오늘날까지 규칙적

---

[80] 상세 내용은, W. Baird, *History of New Testament Research*, vol. 1 (Minneapolis: Fortress, 1992), p. 77를 보라. 다음 연구에 나오는 최근 논의들도 보라. M. H. de Lang, 'Literary and Historical Criticism as Apologetics: Biblical Scholarship at the End of the Eighteenth Century', *Nederlands archief voor kerkgeschiedenis/ Dutch Review of Church History* 72.2 (1992), pp. 149-165; Jonathan Israel, 'The Philosophical Context of Hermann Samuel Reimarus' Radical Bible Criticism', in *Between Philology and Radical Enlightenment: Hermann Samuel Reimarus* (1694-1768), ed. M. Mulsow (Leiden: Brill, 2011), pp. 183-200. Reimarus의 *Fragments*는 C. H. Talbert 판본(Philadelphia: Fortress, 1970)으로 확인할 수 있다.

으로 그래 왔듯이 좋은 근거의 역사적 토대 없이 진행되어야 할 것이다. 둘째, 역사적 조사가 시도되더라도, 예수는 신약에 묘사된 예수의 모습이나 이후 교회가 상상했던 예수의 모습과 다른 존재로 드러날 것이다. 따라서 하늘과 땅은 서로 불투명하게 남게 될 것이다. 비록 레싱이 후에 자신이 스피노자(Spinoza)의 범신론으로 개종했음을 선언했지만, 이 지점에서 라이마루스의 이론에 기초한 그의 결론은 근대 학문의 흐름을 안내하는 에피쿠로스주의의 저류에 깔끔하게 들어맞는다.

하나님 없는 정치학, 하나님 없는 과학, 하나님 없는 경제학, 하나님 없는 역사.[81] 이 모든 것들은 함께 간다. 이 모두는 일종의 초월적 종교개혁(über-Reformation)을 당연하게 여긴다. 즉, 이것들은 중세 교회의 타락뿐만 아니라 일반적 '교회'의 타락에 대항하고, 전통 기독교 전체에도 대항한다. 이 모든 운동은 세상이 신적 간섭 없이 알아서 돌아간다는 가정하에 세상을 연구했고 세상에서 작용했다. 영향력 있는 그들의 직전 전임자이자 대부는 (대부라는 표현이 완전히 틀린 말이 아니라면) 데이비드 흄이었는데, 1748년에 발표된 그의 『인간 이해력에 관한 탐구』(*Enquiry concerning Human Understanding*, 지만지)는 아직도 '기적'을 믿는 것에 반대하는 고전적인 주장을 형성하고 있다.[82] 흄은 데카르트의 인식론적 신중함(우리는 어떻게 이것이 **그렇다고** 확신할 수 있는가?)을 존재론적 회의주의(우리는 그것이 **그렇지 않다고** 확신할 수 있다)로 바꾸어 놓았다.[83] 그는 그 시대의 분위기를 주도했다. 그 이후로 서구 세계에서 '기적'을 믿는 사람은 물의 흐름을 거슬러 수영을 하는 것과 다름없게

81　Gay, *Enlightenment*, 2.389. 여기서 Gay는 '하나님을 역사 무대에서 추방하는 것'에 대해 말한다.
82　Adam Smith는 Hume을 '현시대의 단연코 가장 걸출한 철학자이자 역사가'로 일컬었다 (*Wealth of Nations*, p. 742. Gay, *Enlightenment*, 2.359에 인용됨). Hume에 대해서는, J. A. Harris, *Hume: An Intellectual Biography* (Cambridge: Cambridge University Press, 2018)를 보라.
83　'감히 알려고 하지 마라'; Edelstein, *Enlightenment*, p. 34.

되었다.

내가 언급한 다섯 가지 특징은 (우리는 곧 여섯 번째 특징을 좀더 길게 다룰 것이다) 어떤 면에 있어서 서로 상당히 다르다. 그러나 그것들은 그것들의 철학적 목표에 의해 연합된다. 그것들은 단순한 징조에 불과한 것이 아니다. 그것들은 강하게 펄럭이며 새로운 세상과 새로운 날을 알리는 깃발이다. 따라서 '계몽주의'라는 단어는 이후에 다각도로 사용되면서 17세기와 18세기의 여러 운동을 아울렀다. 이러한 운동들은 다양한 철학을 다방면에 걸쳐 사용했고 다양한 표적(일반적으로 기독교와 당시의 억압적인 사회 구조를 포함하고 종종 이 둘을 연결한)을 겨냥했다. 그러나 1800년이 되자 일찍이 가정되었던 신학(즉, 조지프 버틀러의 신학과 그와 같은 많은 이들의 신학, 그리고 그들의 '자연신학')의 성소가 무너져 내렸다. 새롭고 대담하며 독립적인 세상이 탄생했다.

지금까지 나는 계몽주의의 진보적 사상이 부활한 에피쿠로스주의에 의해 (물론 다른 방식으로) 형성되었다고 제안했다. 확실히 고대와 근대의 유형 사이에는 많은 차이점이 존재한다. 우선, 고대 에피쿠로스주의자들은 신들이 우리와 동일한 물질로 만들어졌다고 믿었다. 그러나 문제의 핵심은 세상의 명백한 무작위성 및 외부에서 작용하는 신적 힘의 비(非)개입과 함께 우리와 신들을 분리시키는 거대한 심연이다.[84] 따라서 그 당시와 그 이후부터 새롭고 '근대적'이며 '과학적'이라는 주장의 상당 부분은 새로운 과학적 발견 및 기술적 업적에 대한 호소를 통해 훨씬 더 오래된 세계관을 정당화하려는 시도였다. 다시 말하지만, 우리는 그 사건 이후 이 모든 것을 엿보게 되고 상황이 실제로 어떻게 변했는지 그리고 '근대'에 대한 이러한 생각이 이후 어떻게 서구의 상상력을 사로잡았는지 보게 된다. 나는 사람들의 다음과 같은 말에 음모가 숨어 있다고 생각하지 않는다. '우리가 지금 하고 있는

---

[84] 다른 여러 유형에 대해서는, Leddy and Lifschitz, *Epicurus in the Enlightenment*를 보라.

일이 바로 그것이라고 말하지 않으면서 어떻게 에피쿠로스주의를 다시 시작할 수 있겠는가?' 나의 주장은 명시적 의도보다는 장기적 효과에 더 가깝다. 비록 여기서 말하는 명시적 의도가 사회·정치·윤리 측면에서 종종 암묵적이지만 말이다. 중요한 것은 특정 과학적 발견의 참신함이 세계관의 참신함에 대한 주장을 압박하기 위해 수사학적으로 사용되는 방식이다. 당시 계몽주의 운동의 많은 지도자들은 자신들이 고대의 불을 다시 지피고 있음을 완벽하게 알고 있었다. 오늘날 '근대 세계'에 호소하는 사람들은 이를 무시하거나 잊기로 선택한다.

그러므로 계몽주의에 대한 에피쿠로스주의적 틀을 강조하는 나의 요점은 첫째, 우주론이 '고대적' 개념이 아닌 '근대적' 개념이었다는 것이고,[85] 둘째, 오늘날 '자연'과 '초자연'의 일반적 구분이 이제 에피쿠로스 철학의 한 기능으로 자리 잡았고 이러한 구분의 계속된 사용으로 인해 레싱으로 가는 무료 입장권이 제공되고 있다는 것이며, 셋째, 계몽주의를 이런 방식으로 이해함으로써 우리는 왜 '자연신학'과 기독교 기원 연구, 그리고 '역사'의 의미와 실천이 전환을 맞았고 문제들에 직면했으며 결국 사멸하게 되었는지에 대한 새로운 통찰을 얻게 된다. 이러한 요점을 발전시키기 전에 우리는 '진보'라는 개념—에피쿠로스주의의 근대적 형태와 함께 탄생하기는 했지만, 그 자체가 본래 에피쿠로스주의는 아닌—의 놀라운 발전에 주목할 필요가 있다. 옛 성소는 무너졌지만, 이는 절망이 아닌 새로운 세속적 낙관론의 분명한 이유가 되었다. 기독교의 하나님이 계속 복음의 승리를 가져오신다는 옛 '청교도적' 희망은 더 나은 시대가 어떻게든 저절로 도래한다는 더 새로운 세속적 희망으로 대체되었다.

---

[85] Gillespie, *Theological Origins*, pp. 5-7를 보라.

에피쿠로스주의와 '진보'

근대적 삶이 지향해 온 중요 특징 중 많은 것들이 그 효과에 대한 일반적인 가정에도 불구하고 새로운 생각들이 아니다. 그것들은 기독교보다 오래 된 고대 시대로 거슬러 올라가는 에피쿠로스 철학의 저류를 지니고 있다. 그러나 계몽주의 사고의 한 지점에서 우리는 '진보'라는 참신한 개념을 발견한다. 지금까지 우리는 (내가 말했던 것처럼) 정치학, 과학, 경제학, 역사 그리고 심지어 하나님이 배제된 예수를 살펴보았다. 이제 우리는 하나님 아니면 적어도 기독교의 하나님이 배제된 종말론이라는 깜짝 놀랄 만한 주장을 발견한다. 18세기 초 복음 주도적 낙관론은, 낙관론은 유지했지만 복음은 제외했다. 이는 세상이 외부의 신적 힘이 아닌 자체의 내부적 힘에 의해 꾸준히 개선되고 있다는 의미로 이해되었다.[86]

어떻게 이런 이해가 가능했을까? 고대 철학자들은 그들이 새 시대를 예고한다고 생각하지 않았다. 그들은 새 시대를 예고하는 일을 아우구스투스 황제의 어용 저술가들인 베르길리우스, 리비우스(Livy)와 같은 자들에게 맡겼다. 이 철학자들은 자신들의 사상을 선택한 자들에게 지혜와 차분한 개인적 평온을 제공하려 애썼을 뿐이었다. 루크레티우스는 우리가 알고 있는 의미에서의 '진보'에 관해 단 한마디도 하지 않았다. 우리가 보았듯이, 무작위로 정처 없이 떠도는 원자들이 누구나 좋아할 만한 결과를 보장하지 않는다. 그러나 계몽주의 철학자들 및 사회운동가들은 이 철학을 주요한 사

---

86 다양한 세속적 종말론에 대해서는 특별히, J. Moltmann, *The Coming of God*, trans. Margaret Kohl [Minneapolis: Fortress, 1996 (1995)], Part III를 보라.『오시는 하나님』(대한기독교서회). Moltmann은 Hegel의 진보 신화를 '종말이 없는 천년왕국설'로 간주하는데, 이는 아무런 단절 없이 새 시대의 출현을 가능케 한다. 그리고 역으로 Moltmann은 Nietzsche의 허무주의를 '천년왕국이 없는 종말론', 곧 암울한 미래를 지닌 의미 없는 세상으로 간주한다. 어떤 이들은 이를 '종말론적 자연주의'로 부를지도 모른다. M. Allen은 그의 *Grounded in Heaven: Recentering Christian Hope and Life on God*에서 이상하게도 나의 연구와 다른 이들의 연구에 '종말론적 자연주의'라는 꼬리표를 붙이려 한다. 본서는, 특히 5, 6장은 Allen의 이러한 시도를 완강하게 반박한다.

회 원칙으로 삼았다. 그리고 세상을 위한 새로운 날이 밝았으며 그 빛이 더 밝아질 것이라고 선언했다. 프랑스 철학자 콩도르세(Condorcet, 1743-1794)는 많은 이들의 생각을 다음과 같이 대변했다. 마침내 족쇄에서 풀려난 인류는 '진리, 미덕, 행복의 길을 따라 단호하면서도 진실한 발걸음을 내딛고 있다.'[87] 애덤 스미스는 인간 경제 활동의 의도치 않은 결과가 최선의 결과를 가져온다고 믿었던 '보편적 낙관주의자'로 보여질 수 있다.[88] 존 스튜어트 밀(John Stuart Mill)이 집필한 위대한 저서 『자유론』(On Liberty)은 잘 알려진 바와 같이 자유에 관한 책이 아니라 진보에 관한 책이다.[89]

그 결과 유대교의 종말론과 기독교의 종말론에 대한 패러디, 즉 새로운 형태의 종말론이 시작되었다. 프랑스 혁명가들은 이를 가장 명확히 보여 줬는데, 그 이유는 그들이 [기원후 132년 바 코크바(bar-Kochba)처럼] 그들의 달력을 1년부터 다시 시작하도록 만들었기 때문이다. 이 실험은 성공하지 못했지만, 그 이후로 프랑스 정치 사상은 새로운 날이 아직 약속된 정오, 또는 '부르주아'(bourgeoisie)의 '깊은 밤'(grand soir)에 도달하지 못했다는 생각에 사로잡히게 되었다.[90] 그 논쟁에는 다른 많은 주장이 있었지만, 일부 좌파 사람들은 이후의 순간들[예를 들어, 1848년 혁명, 1871년 파리 코뮌(Paris Commune), 그리고 무엇보다 1917년 볼셰비키 혁명(Bolshevik Revolution)]에 다음과 같은 가능성을 부여할 준비가 되어 있었다. 즉, 그러한 이후의 순간들이

---

[87] 'Progress', in *The Oxford Companion to Philosophy*, ed. T. Honderich (Oxford: Oxford University Press, 1995), p. 722에 인용되었다. Condorcet의 *Esquisse d'un tableau historique des progrès de l'esprit humain*는 그의 사후인 1794년에 출판되었다. '[Thomas의 아버지] Daniel Malthus는 Condorcet, Jean-Jacques Rousseau, William Godwin 같은 현인들과 함께 사회가 완벽을 향해 전진한다고 믿었다'[A. N. Wilson, *The Victorians* (London: Hutchinson, 2002), p. 11].

[88] Gay, *Enlightenment*, 2.364.

[89] F. M. Turner, *European Intellectual History from Rousseau to Nietzsche* (New Haven, Conn.: Yale University Press, 2014), p. 49.

[90] 예를 들어, M. Tournier, '"Le Grand Soir": Un Mythe de Fin de Siècle', *Mots: Les Langages du Politique* 19 (1989), pp. 79-94를 보라.

오래 기다려 온 배처럼 마침내 종말론적 화물을 전달하는 '사건들'이 될 수 있다는 가능성을 말이다.[91] 그러나 새로운 날이 밝았고 이제 (우리가 에피쿠로스주의 안에서 예상할 수 있듯이, 이 새로운 날이 안에서부터 스스로) 시행될 것이라는 모더니즘적 믿음은 새로운 현상을 형성했다. 이 모더니즘적 믿음은 고전 에피쿠로스주의의 일부가 아니지만, 그럼에도 그것보다 훨씬 앞서 존재했던 에피쿠로스주의의 많은 특징을 그대로 가지고 있다. 유대교와 기독교에서 의미하는 하나님의 뜻을 마음대로 조합하면서 말이다. 이것이 현대 진보 교리의 기원이다. 우리는 이것을 헤겔과 자주 연관시킨다. 그러나 헤겔은 애덤 스미스와 에드워드 기번이 그들의 주장이 담긴 책을 저술할 당시 어린 소년에 불과했다. 베토벤(Beethoven), 워즈워스(Wordsworth)와 마찬가지로 헤겔은 1770년생이었다. 헤겔이 진보 개념을 발명한 것은 아니다. 그는 사람들이 이미 널리 믿고 있던 무언가에 결정적인 형태와 특별한 철학적 기초를 제공했을 뿐이다.

진보 개념은 부분적으로 18세기 초에 분명히 볼 수 있었던 기독교적 낙관론(이 기독교적 낙관론을 촉진시킨 것은 유대교 종말론이었다)을 세속화한 것이다. 이와 함께 진보 개념은 일종의 오래된 섭리 교리였다.[92] 그러나 진보 개념은 우리가 (예를 들어) 키츠(Keats)의 『하이페리온』(*Hyperion*)에서 볼 수 있듯이 고대 신화를 사용했다.[93] 유럽 사상에 뿌리를 둔 진보 개념의 중심 주

---

[91] '1789년 프랑스 혁명은 "새로운 시간"을 근대 사회와 정치의 결정적인 시간적 자질로 소개했다'…'혁명적 격변에 대한 근대적 비전은 19세기 프랑스의 정치적 사고를 형성했다.' Julian Wright는 그녀의 *Socialism and the Experience of Time* (Oxford: Oxford University Press, 2017), pp. 13, 14에서 여러 인용을 통해 이와 동일한 주장을 한다. 그러나 Wright는 프랑스 혁명이 그 기간에 사회를 돌보는 방법에 대한 불안을 결과적으로 야기했다고 계속해서 언급한다.

[92] 같은 주장을, R. Nisbet, *History of the Idea of Progress* (New York: Basic Books, 1980)에서 보라.

[93] 이 시의 비교적 최근 연구는, John Barnard, *John Keats* (Cambridge: Cambridge University Press, 1987) ch. 4을 보라.

장은 옛 질서가 휩쓸려 사라졌고, 새롭고 더 나은 날들이 일어나고 있을 뿐만 아니라 어떤 의미에서 **자동적으로** 발생하고 있다는 것이었다. 사람들은 (요점을 보지 못하는 사람은 제쳐 두고) 배에 오르기만 하면 되었다.[94] 헤겔은 이 가르침에 있어서 가장 중요한 부분을 차지한다. 그는 합리적 진보가 과학에서뿐만 아니라 철학, 예술, 심지어 역사와 종교에서도 입증이 가능하다고 믿었다.

내 생각에 헤겔의 연구는 '진보'라는 뻐꾸기가 어떻게 부활된 에피쿠로스주의라는 전혀 어울리지 않는 둥지에서 태어나게 되었는지에 대한 단서를 제공한다. 새롭고 냉철한 물질주의가 더 행복한 결과를 찾고 있었던 것만은 아니었다. 일단 옛 이신론적 신이 세상의 창조에 관여하지도 않았고 세상을 지속적으로 유지하는 일에도 관심이 없다는 것이 결정되자,[95] 그 과정 내에서 신과 같은 성질을 발견할 수 있다는 흥미로운 가능성이 생겨났다.[96] 신학은 자연과 마찬가지로 진공 상태를 혐오한다. 그래서 무신론은 때때로 새로운 형태의 범신론을 낳을 수 있다(아마도 레싱이 스피노자의 견해를 채

---

[94] '진보'를 최근 몇 세기의 발전적인 믿음으로 보는 견해에 대해서는, J. R. Middleton and B. J. Walsh, *Truth Is Stranger than It Used to Be: Biblical Faith in a Postmodern Age* (Downers Grove, Ill.: IVP, 1995), pp. 13-20를 보라. 관련된 주요 사상가들은 다음과 같다. Francis Bacon, *The New Atlantis*; Pico della Mirandola, *Oration on the Dignity of Man*; Kant, 'On Progress.' 예전 연구들은 다음과 같다. J. B. Bury, *The Idea of Progress: An Enquiry into Its Origin and Growth* (London: Macmillan, 1920); Nisbet, *History of the Idea of Progress*. 보다 최근 연구로는, C. Lasch, *The True and Only Heaven: Progress and Its Critics* (New York: Norton, 1991)가 있다.

[95] 엄밀히 말하면 이는 보기보다 더 복잡할 것이다. 왜냐하면 에피쿠로스주의의 신이 매우 미세한 원자들로 이루어져 있는 반면 이신론의 신은 순수 정신이기 때문이다. 그러나 대중에게 이는 상관없는 내용일 것이다.

[96] 루크레티우스조차도 역설적으로 이것을 암시할 수 있다. Wilson, *Epicureanism*, p. 140를 보라. '자연의 재생력 및 재건력에 대한 루크레티우스의 확신은 그의 한계 및 해체 이론을 보완했고, 이로 인해 그는 힘 심지어 신적 지위까지 자연에 귀속시켰는데, 자연은 그의 저술의 기저를 이루고 있는 반신학(anti-theology)과 상충되는 것처럼 보이는 개념이다.' *Rer. nat.* 1.577 이하를 보라. 이는 또한 *Rer. nat.* 1.1-43에서 베누스(Venus)를 향한 수수께끼 같은 기원(祈願)을 설명할 수 있다. 예를 들어, Greenblatt, *Swerve*, pp. 237-238, 그리고 *PFG*, p. 212 n. 45에 있는 나의 설명을 보라.

용했을 때 일어나고 있었던 일이었을 것이다). 따라서 헤겔을 따르게 되면, 당신은 하나님도 어느 정도는 얻을 수 있다. 에피쿠로스주의의 '과학적' 토대가 되는 데모크리토스의 임의로 움직이는 원자들은 헤겔의 내재하는 정신(Geist)을 전달하는 수단임이 밝혀졌다. 그것들은 새로운 목적, 곧 새로운 종류의 텔로스(telos)를 향해 가차 없이 (변증법적으로) 나아간다. 마르크스는 그의 박사 논문에서 에피쿠로스가 헤겔의 자의식 원리를 예견했다고 말했다.[97] 이는 마르크스가 스스로 발전시킨 제안의 핵심 요소가 되었을 것이다.

그러나 우익 성향의 헤겔주의자들에게 '진보'는 순조로운 진화를 의미했다. 바로 여기에서 '진보' 안에 하나님 나라의 꾸준한 발전이 숨겨져 있다는 사회문화적 함의가 등장했다. 이것은 제퍼슨에서부터 애덤 스미스, 에드워드 기번, 그리고 나머지 사람들을 거쳐 알브레히트 리츨(Albrecht Ritschl)에까지 이르기에 큰 도약처럼 보일 수 있다. 그러나 헤겔을 연결 다리로 삼고 지나친 단순화를 조금만 더하면 목적이 보일 것이다. 자신의 부족한 매력과 재치를 예언자적 통찰로 메꾸었던 키르케고르(Kierkegaard)는 정확히 이러한 것에 이의를 제기했다.[98] 18세기 말에 혁명을 부추겼던 똑같은 철학적 힘이 이제는 편안하고 안락한 '종교적' 부르주아의 삶을 위해 작동했다('햇빛이 비치는 고지에 올랐으니, 이 고지를 원활하게 개발하자'). 이 모든 것은 복음 선포와 이교도 개종을 통해 모든 민족이 예수에게 절하게 될 것이라는 18세기 초의 견해와 매우 다른 방식으로 진행 중인 종교 생활에 통합될 수 있었다. 19세기 말까지, 적어도 영국과 독일에서는 서구 문명의 놀라운 업적과 발전

---

97 Jones, *Karl Marx*, pp. 80-82.
98 이에 관한 최근의 논의는 예를 들어, Ø. Larsen, 'Kierkegaard's Critique of Hegel: Existentialist Ethics versus Hegel's Sittlichkeit in the Institutions of Civil Society of the State', *Nordicum Mediterraneum* 11.2 (2016)를 보라. 인터넷 출처: https://nome.unak.is/wordpress/08-3/c69-conference-paper/kierkegaard-s-critique-of-hegel-existentialist-ethics-versus-hegel-s-sittlichkeit-in-the-institutions-of-civil-society-of-the-state/.

이 '하나님 나라'가 가까이 왔다는 예수 말씀의 참된 의미 중 일부라고 널리 간주되었다. 이렇게 쉽게 '자연신학'이 생성되었다. 다시 말해, 우리의 훌륭한 문명을 보라 그리고 하나님의 솜씨를 보라는 것이다. 19세기에는 많은 결점이 있었지만, 낮은 자존감은 그러한 결점들에 포함되지 않았다.

계몽주의의 발전된 '진보' 교리가 진화론과 결부되어 있다는 느낌—단순히 느낌일 뿐이다—이 든다. 원자의 임의적 '탈선'에서 상당히 멀리 떨어져 있는 새로운 난제는 다윈의 '적자생존' 개념과 함께 등장했다. 갑자기 '탈선'이 목적론적 통제 아래에 놓이게 되었고, 이는 이론가들에게 진보 교리와 진화론에 대한 (그들의 관점에서 볼 때) 최고의 견해—한편으론 기능적 무신론, 다른 한편으론 내부에서 오는 섭리—를 제공했다. 마찬가지로, 모든 새로운 기계적 발명은 이전의 기계적 발명보다 '더 나은 것'이었는데, 여기서 '더 나은 것'의 의미는 더 효율적이고, 따라서 비용 면에서 더 효율적이며, 결과적으로 기업가에게 더 높은 수익이 돌아간다는 것을 뜻한다. 그러나 모든 새로운 기계적 발명이 환경이나 기계화로 인해 직업을 잃는 자들에게도 '더 나은 것'을 의미하지는 않는다. 이러한 생물학과 공학의 세계는 다른 담론으로 하여금 세상이 실제로 개선되고 있다고 느끼게 했다. 즉, 유럽의 개혁가들은 정치와 사회에서 민주주의적 개혁과 선거권 확대 등을 통해 상황이 꾸준히 '개선되고 있음'을 '발견'했다. 그러나 이는 실제 생물학적 진화와는 관계가 거의 없다. 비록 당시 인기 있던 '진화론'('역사'가 가차 없이 '진보적' 방향으로 나아가고 있다고 보는)은 우리가 보았듯이 과학적 관찰에 뿌리를 두고 있었지만 말이다. (종종 지적되는 것은, 다윈의 이론이 영국과 다른 곳에서 중산층의 새로운 상향 이동, 즉 사회적 진화에 대한 일종의 검증을 경험한 사람들에 의해 적극적으로 수용되었다는 점이다.)

그러나 당신이 적자생존 이론을 수용한다 해도(특히 당신이 실제로 적자생존 이론을 수용한다면!), 대부분의 진화적 발전이 '더 나은 것'으로의 변화와 관계

없다는 사실이 여전히 남는다. 우리가 '더 나은 것'의 의미를 관련 맥락에서 이해한다 하더라도 말이다(예를 들어, '생존-가치?' 그러나 이는 같은 말의 반복일 뿐이다. '당신은 생존했다. 왜냐하면 당신에게는 생존-가치가 있기 때문이다'). 자연에 대한 실험은 대부분 막다른 골목에서 끝난다. 임의로 움직이는 원자로부터 무엇을 기대할 수 있겠는가? 마찬가지로 과학 및 기술이 더 나은 세상을 만든다는 생각(특히 의학의 발달을 일으키는)도 약간 애매하다. 산업 오염, 원자 폭탄, 가스실(gas chambers)은 이와 다른 결과를 보여 주기 때문이다. 그러나 대중적 수준에서 진보 이념은 이러한 반증을 무시한다. 초기 소련을 방문하고 돌아온 후 '우리는 미래를 보았고, 그 미래는 효과적이었다'고 말했던 영국의 열렬한 사회주의자들처럼, '진보' 개념과 '진보적 사고' 운동은 모든 텔레비전 또는 라디오 프로그램을 장악하고 있다. 이러한 장악은 누군가가 '이 시대에' 또는 '21세기를 살아가고 있는 지금'이라고 말할 때마다 암시된다.[99] 적자생존에 기반한 사회적 다원주의는 사실 찰스 다윈이 생물학적 동등성을 알아내기 훨씬 전 영국 사회가 얼마나 가혹한 현실이었는지를 반영한다. 내가 곧 설명할 견해와는 다른 근거를 토대로 윌슨(A. N. Wilson)은 우리가 19세기 산업주의자들을 볼 때, '투쟁, 약자와 강자의 영원한 전쟁, 그리고 냉혹한 적자생존은 자연 법칙처럼…보인다. 그것은 사랑이 태양과 다른 별들을 주관했다는 옛 믿음을 잔인하게 대체해 버린다'고 주장한다.[100] 근대의 에피쿠로스주의는 기독교를 전복시키고 '자유'를 제공했다. 그러나 이 자유의 수혜자는 자유와 동료 인간을 이용할 수 있는 권력과 기회를 가진 자

---

[99] Lincoln Steffens는 1919년 소련을 방문한 이후에 '우리는 미래를 보았다…'고 말했다. 영국인 부부 Beatrice Webb과 Sidney Webb은 1932년에 소련을 방문했으며, 그 이듬해 *Soviet Communism: A New Civilisation?* (London: Longmans, Green, 후속판에는 물음표가 빠져 있다)를 출간했다. 이 부부는 그들의 마지막 저서인 *The Truth about the Soviet Union* (London: Longmans, Green, 1944)에서 유사한 견해를 표현했다.
[100] Wilson, *Victorians*, p. 15.

들이었다.

　19세기 말에는 다음과 같이 흥미로운 철학적·문화적 신념의 조합이 퍼져 있었다. 첫째, 지속 중인 에피쿠로스주의 틀이 존재했다. 하나님 또는 신들은 사실상 배제되었다. 비록 원한다면 거리를 둔 채 신들을 경배하는 것이 가능했지만 말이다. 그러나 세상은 스스로 생성되는 가운데 자기 힘으로 진화하고 발전하는 중이었다. 실제로 증기 기관은 그 시대를 흥분하게 만든 것 중 하나였다. 둘째, 유기체가 신의 간섭 없이 어떻게 진화하는지를 보여 줌으로써 에피쿠로스주의를 지지하고 있던 과학적 탐구는 전 세계가 꾸준히 그리고 저절로 '더 나아지고 있다'는 믿음에 신빙성을 부여했다. 비록 이러한 개선이 단계적 진보를 통해 발생할지 아니면 갑작스런 혁명을 통해 발생할지는 불확실하지만, 곧 알게 될 것이다. 셋째, 이는 사회 개혁 그리고/또는 사회 혁명의 실제 정치 운동과 일치했다. 이러한 일치는 유독한 조합으로 그것의 장기적 결과는 아직도 우리에게 영향을 미치고 있다.

　저항의 소리가 당연히 높았다. 루소(Rousseau)는 예술과 과학의 '발전'이 인류를 개선하기보다 오히려 해쳤다고 생각했다. 찰스 디킨스(Charles Dickens)는 산업 혁명의 어두운 면을 생생하게 묘사했다. 니체는 거대한 충돌을 예견했다. 칼 바르트의 『로마서 주석』은 거대한 신학적 반박이자 19세기 바벨탑을 책망하는 신성한 말씀이었다. 너희의 '진보'가 우리를 어디로 이끌어 놓았는지 보라! 1930년대 말의 발터 벤야민(Walter Benjamin)과 1940년대 말의 테오도르 아도르노(Theodor Adorno)도 마찬가지였다. 바르트와 달리 그들은 위로부터 내려오는 새로운 말씀 개념을 사용할 수 없었다(그래서 사건의 전환에도 그들은 여전히 우울했다). 그럼에도 '진보'에 대한 잘못된 기대를 지적하는 그들의 비판 내용과 바르트의 비판 내용은 결국 같았다. 20세기 말의 '포스트모더니즘'으로 칭송받았던 이 운동들은 무엇보다도 진보 이야기에 대한 직접적인 도전이었다. 지혜가 연대순으로 발전하지 않는다는 것이 많은 사람의 지속적인 주장이다. 그러나 20세기의 공포가 그 반증을 휘둘렀음에도 불구하고, 포스트모더니즘의 저항은 크게 진전하지 못했다. 진보 개념은 그 나름의 원칙을 구체화했고 방해가 되는 모든 것을 밀어내며 앞으로 나아갔다. 과학(특히 의학)과 기술이 가져온 흥미로운 낙관주의의 지지를 받으면서 진보 개념은 점점 더 당연한 것으로 여겨졌다.[101] 진보 개념은 이미 정치, 과학, 경제, 역사, 심지어 예수에게까지 적용되었던 원칙을 전반적으로 미래에 적용하고 있다. 다시 말해, 이 모든 것을 외부의 신적 존재와의 교섭을 배제한 채 다시 생각해 보라는 말이다. 우리는 모든 것을 스스로 할 수 있다. 그것이 바로 하나님 없는 섭리다.

모더니즘의 '진보' 교리는 그것의 신학적 선례와 마찬가지로 선택의 기로에 서 있다. '진보'가 저절로 이루어질 것인가, 아니면 인간의 사고와 행위가 중요한 역할을 할 것인가? 우리는 가만히 앉아서 지켜볼 것인가, 아니면 '역사'를 실제로 우리가 '옳다고' 생각하는 방향으로 움직이도록 해야 하는가? 새로운 발달은 점진적으로 일어날 것인가(헤겔), 아니면 격동이 일어날 것인가?(마르크스) 고통과 죽음은 어디에 어울릴까? 헤겔에서 쇼펜하우어(Schopenhauer), 포이어바흐(Feuerbach), 마르크스, 니체, 그리고 우리가 곧 살펴볼 흥미로운 매개념(媒概念)의 리하르트 바그너(Richard Wagner)까지 이어지는 18세기 사상가들의 흐름은 벌써 눈에 띈다. 바이로이트(Bayreuth)의 연극 무대와 솜(Somme) 전장에서 상연된 "신들의 황혼"(Götterdämmerung)에도 불구하고, 진보 신화는 서구 의식을 지배해 왔다. 그래서 상상할 수 있는 모든 종류의 '계몽' 또는 '해방'이 이제는 일상적으로 옹호되고 정당화되

---

[101] 예를 들어 S. Pinker, *The Better Angels of Our Nature* (London: Penguin, 2012, 『우리 본성의 선한 천사』, 사이언스북스) 그리고 *Enlightenment Now: The Case for Reason, Science, Humanism, and Progress* (London: Penguin, 2018, 『지금 다시 계몽』, 사이언스북스)를 보라.

는데, 이는 진보의 장점 때문이 아니라 우리 모두가 이것이 '역사'가 진행되는 방식임을 어떻게든 '알고 있기' 때문이다. 이로부터 수많은 어리석음이 흘러넘치는데, 그중에는 특히 파악하기 어려운 '역사'라는 용어 자체의 불안정함도 포함된다. 이에 대해서는 3장에서 다루겠다. 또한 학자들이 전임자들의 탄탄한 기반 위에 확고히 서면 연구 주제가 알아서 '발전한다'는 학문적 신화도 존재한다. 참으로 어리석은 발상이다. 요지는 '진보'란 일종의 하나님 없는 섭리로서 또는 심지어 (헤겔의 범신론을 통해) 그 자체가 준(準) 신적 힘으로서 새로운 구성물이라는 것이다. 진보는 유대교와 기독교의 종말론에 대한 기억을 18세기 에피쿠로스주의와 결합한다. 오늘날 '진보' 개념을 옹호하는 이들은 '적자생존'이라는 진화론적 원리(이 원리는 '부적당한 것'으로 판명된 무수한 무작위 '실험'을 무시한다)에 대한 일방적인 해석에 힘입어 십 년마다 스마트폰, 무인 자동차, 특히 첨단 무기류의 기술적 '발전'에 상응하는 도덕적·사회적·문화적 '발전'을 보게 될 것이라고 생각하는 것 같다.

 이는 자연신학과 기독교 기원이라는 우리의 주제를 상황화하는 매우 중요한 결과를 낳았다. 타고난 강한 우월감이다. 고전 에피쿠로스주의의 특징 중 일부—이 일부 특징 때문에 고전 에피쿠로스주의는 소수의 지지를 받는 데 그쳤다—는 그것의 신봉자들이 일상의 혼란에서 벗어나고 싶어 시간과 공간으로 이루어진 세계에 관여하지 않고 거리를 유지하는 것으로 행복을 느끼는 신들을 모방했다는 것이다. 고대 세계에서 이를 실행에 옮길 수 있는 사람은 거의 없었다. 에피쿠로스주의를 제대로 실현하려면 돈, 멋진 포도밭, 고분고분한 노예들이 필요했기 때문이다. 그러나 유럽에서 새로운 기술들이 개발되면서 사회 전체가 마침내 이 목적을 달성할 수 있는 것처럼 보였다. 따라서 진보 교리는 근대 에피쿠로스주의에 의해 형성된 사회—서유럽, 미국, 이들의 위성 국가들—가 그들의 철학적 선조들이 꿈꿨던 사회적 명성을 얻을 수 있게 해 주었으며, 일반 집단을 넘어 '계몽된 국가', 또는 '선진국'—다른 원칙에 따라 운영되며, 분명히 다른 기준에 따라 생활하는—으로 부상하게 해 주었다.[102] 오늘날 서구 세계에 살고 있는 우리는 에피쿠로스주의적 낙원에 살고 있다. 이러한 삶에는 대가가 따른다. 그리고 그 대가를 다른 이들이 부담하게 되는데, 그들 중 일부는 우리가 안전거리를 확보하고 문제를 숙고할 때 우리 곁으로 떠밀려 오고 있다.

현대 서구식 주택, 난방, 통신, 특히 의료, 그리고 그 외 많은 것들이 본래는 바람직한 것들이다. 이것이 에피쿠로스주의의 비눗방울 밖에 있는 많은 사람들이 그것을 공유하고 싶어 하는 이유다. 그러나 이러한 사실로부터 최근의 서구 문화나 도덕적 유행이 덜 '발달된' 사회의 신념과 관행보다 '우월하다'고 추론한다면 이는 우스울 만큼 잘못된 추론이다(그런데 이런 잘못된 추론은 대중 차원에서 항상 발생한다). 우리가 다문화주의와 포스트모던 정체성 정치의 결합에 쉽게 대처하지 못하는 것은 당연하다. 우리에게는 현명한 성찰을 만들어 내거나 유지할 만한 이야기(narrative)가 없다. 우리의 철학적 토대는 발생한 사건에 대한 명료한 분석을 주지도 않고 그 사건의 결과에 대처할 수 있는 도구도 주지 않는다.

탈식민지주의에 대한 저항은 종종 신랄하고 단순하며 지극히 실제적이었다. 그러나 이 모든 저항은 18세기 야망이 주도하고 있던 방향을 보여 준다. 에피쿠로스주의의 사회적·**정치적** 함의는 오늘날까지 서구 사회의 전제 및 정책에 강력한 영향을 미치고 있다. 우리의 '세속' 논쟁은 지정학적 '중재'의 질문을 던지며 종종 이전의 신학 논쟁을 반영하는데, 이 지정학적 '중재'의 질문은 신학자들의 신적 '중재'를 섬뜩한 방식으로 반영한다. 뉴턴을 추종하는 미국의 이신론자들은 세계의 문제를 '중재'하길 원한다. 반면 프랑스

---

102 동유럽은 마르크스주의 유산이 동유럽을 자동적으로 우월하게 만든다는 신화를 두 세대 동안 신봉했는데, 이러한 허구는 북한에서 여전히 신봉되고 있다. 그런 의미에서 냉전은 에피쿠로스주의의 우파와 좌파, 이 둘 사이의 싸움이었다.

의 에피쿠로스주의자들은 세계의 문제에 관여하길 원치 않는다. (영국인들은 여느 때처럼 이 질문을 이해하지 못하는 척하면서 단기적이고 실용적인 결정과 형식적인 조치에 안주한다.) 자연신학, 성경 해석, 기독교 기원에 관한 논쟁들은 이를 차례로 반영하고 있다. 그러나 이러한 반영은 애석하게도 이 책을 비롯한 그러한 논쟁들을 서구에 국한된 논의로 만드는 심각한 한계 속에서 이루어지고 있다.

계몽주의의 세속 세계는 에피쿠로스주의의 틀 안에서 진보적 범신론의 한 형태를 발견할 수 있었다. 기독교 신념을 고수하려 했던 자들은 종종 다른 모델을 만들어 냈다. 많은 사람들이 플라톤에게 돌아가 도움을 받으려 했다. 이런 일이 어떻게 발생했는지 보기 위해, 우리는 지금까지 간단히 살펴본 복잡한 정황의 신학적 세계로 돌아가야 한다.

다시 생각해 본 과제

에피쿠로스주의의 강력한 부상은 '자연신학'이라는 문구가 제기한 질문을 어디에 두는가? 주변 세상의 특징을 관찰하고 추론함으로써 하나님에 대한 진리에 도달할 수 있는지에 관한 우리의 주된 질문은 서로 불안한 긴장 관계에 놓여 있는 본질적으로 근대적인 두 가지 질문에 좌우지된다. 첫째, 하나님은 '기적'을 통해 이 세상을 '중재'하시는가? 기적에 대한 호소는 특히 에피쿠로스주의에 대한 앵글로색슨의 저항에서, 또는 좀더 적극적으로 말하자면 예수에 관한 역사적 사건으로 추정되는 사건으로부터 기독교 진리를 추론하는 경우에 있어서 핵심 강령으로 지금까지 유지되고 있다. 그러나 기적은 다음과 같은 두 번째 질문과 긴장 관계에 있다. 소위 '자연 악' (natural evil)은 어떤가? 하나님의 중재를 통해 예수가 죽은 자 가운데서 살아날 수 있었다면, 하나님은 왜 리스본 지진을, 홀로코스트를, 2001년 9월

11일의 참상을 막지 않으셨을까?

　나는 기포드 경이 그의 강연을 계획하면서 갖고 있었던 의도를 이렇게 생각한다. 그는 '악의 문제'가 결국 그렇게 큰 문제가 아니길 바라면서, 그리고 '기적'에 호소할 수 없다고 가정하면서 주된 질문(하나님에 대한 진리를 추론하는 것에 관한)을 다룰 수 있는지 확인하고 싶었던 것이다. 다시 말하지만 이것은 참으로 거대한 주제다. 다른 곳에서 내가 이미 주장했듯이, 에피쿠로스주의로의 전환이 가져온 이상한 결과 중 하나는 '속죄'(나의 죄는 어떻게 용서받을 수 있는가?)에 대한 질문이 고유 신학에 남겨진 반면, 소위 '악의 문제'(지진은 왜 발생하는가 등등)는 지금 '종교 철학'이라 불리는 것으로 넘겨졌다는 것인데, 종교 철학은 속죄 질문과 악의 문제에 관한 질문을 분리해서 다루고 있다.[103] 그러나 이 논의에서 사라진 요소는 **역사**, 보다 구체적으로 말하면 예수의 역사다. 역사는 '자연' 세계에서 실제로 발생하는 일들과 관련이 있다. 그렇다면 예수의 인간적 삶, 사고 및 의도는 왜 '자연신학'에서 배제되어야 하는가?

　답은 예수의 인간적 삶, 사고 및 의도가 배제되지 말아야 한다는 것이다. 실제로, 적어도 라이마루스 이후의 많은 회의론자들은 예수와 복음에 대한 환원적인 '역사적' 설명을 자신들의 논쟁을 위한 무기로 만들어 사용해 오고 있다.[104] 다시 말해, 역사가 논쟁의 주제로 허용되었다. 그러나 역사가 '종교', 여기서는 특히 기독교의 진리 주장을 반박할 것이라는 전제가 깔려 있다.

　의미 파악이 힘든 '종교'라는 단어를 잠깐 제쳐 두고, 여기서 우리는 '자

---

[103] 나의 저서, *Evil and the Justice of God*과 *Revolution*을 보라.
[104] 이는 무신론자 주석가들이 일반적으로 가정하는 것이다. 예를 들어, Simon Blackburn은 John Gray의 *Seven Types of Atheism and Edward Feser's Five Proofs of the Existence of God in the Times Literary Supplement* for September 7, 2018에 대한 서평 p. 4에서 '역사적 비신뢰성의 증거'를 서구 세계 전반이 '종교'를 포기한 세 가지 이유 중 하나로 이야기한다. 나머지 두 이유는 '철학적 회의주의'와 '권위적이고 명백히 독단적인 명령 및 금지에 대한 자유주의적 혐오'다.

연신학' 논의 안에 있는 역설과 마주친다. 우리가 가지고 있는 예수의 역사적 증거는 거의 전적으로 신약에 의존한다. 18세기와 19세기의 많은 사람들에게 신약은 '특별 계시'의 핵심 문헌이었으므로 '자연신학'은 신약에 호소할 수 없었다. 그러나 이러한 현상은 혼란해졌다. 그리스도인들의 방어적 자세에서 비롯된 혼란이 결국 회의론자들도 포섭한 것으로 보인다. 그리고 이 혼란은 신약을 인간의 개입 없이 하늘에서 내려온 초연하고 추상적인 가르침으로 가정하고 있는 것처럼 보인다. 훨씬 대중적인 기독교 전통은 특히 이전에 교회 전통과 공유되었던 권위의 무게를 지니기 위해 성경이 소환되었던 종교개혁 이후로 신약을 그처럼 여기는 경향이 있었다. 그러나 성경의 많은 내용, 특히 복음서는 '자연 세계'에서 실제로 일어났던 사건, 곧 역사를 다루고 있다고 주장하며 실제로 그러한 실질적 사건들을 가리키고 있다. 바로 이런 이유 때문에 '신학자들'의 복음서 사용이 언제나 쉬운 것은 아니다. 다른 곳에서 근거를 찾을 수 있는 추상적 개념의 예로서 복음서를 사용할 때를 제외하고는 말이다. 그 결과 회의론자들은 성경의 '자연 계시' 견해를 받아들였지만 성경에 대한 실제 연구를 최소한으로 하면서 그것을 무시했다. 그리고 그들은 성경을 거부하는 자신들의 입지를 지지하기 위해 잘 알려져 있는 비신화화(demythologising) 작업에 의존했다.[105]

피장파장이란 말이 있다. 흄, 라이마루스 그리고 다른 이들이 예수가 그가 살았던 시대의 한 사람에 불과했음을 주장하기 위해 '역사'에 호소할 수 있다면, 다른 사람들 역시 이러한 주장을 검사해 보기 위해 역사에 호소할 수 있다. 사실 흄과 라이마루스의 주장에 더 깊이 들어갈수록(기번은 초

---

[105] 나는 많은 경우에 있어서 Geza Vermes의 인용에 주목했는데, *Jesus the Jew* (London: Collins, 1973)로부터 시작하는 그의 많은 연구는 그가 자신의 자서전 *Providential Accidents* [London: SCM Press, 2011 (1998)]에서 생생하게 묘사하고 있는 자신의 탈-회심(de-conversion)을 지지했다.

대 교회를 논하면서도 예수에 대해 한마디도 하지 않는다), 우리는 예수가 규칙적인 역사의 흐름과 자연 질서의 한 부분임을 보게 될 것이다. 이는 이신론적 '자연신학'의 토대가 된다. 다시 말해, 우리가 예수에 대한 증거를 살펴보았더니 그가 결국 각별하게 특별한 존재는 아니었던 것처럼 보인다는 것이다! 복음서가 예수에 관한 주요 자료지만, 18세기 많은 사상가들은 휜스톤(Whinston)이 1737년에 영어로 번역한 요세푸스(Josephus)의 저술을 읽었고, 또한 16세기와 17세기에 영어로 번역된 타키투스(Tacitus)의 저술을 읽었다. 요세푸스와 타키투스의 저술은 모두 예수를 언급한다. 그러므로 예수가 '특별 계시'로 구성된 성경에서만 발견된다고 주장할 수 없다. 예수는 조사를 요구했다. 진정한 역사가라면 교회와 신학자들의 주장 때문에 특정 인물이나 사건이 다른 인물과 다르게 연구되어야 한다고 미리 가정해서는 안 된다.

우리는 이율배반적인 것을 동시에 할 수 없다. 나는 흄, 기번, 라이마루스가 뜻하지 않게 다음과 같은 질문으로 도전을 제기했다고 생각한다. 역사는 '자연 세계'의 일부다. 그렇다면 이 역사를 어떻게 할 것인가? 이 질문은 교회와 신학 모두 오랫동안 회피했었거나 답하는 데 실패했던 좋은 질문이다. 흄과 다른 이들은 초인간적 예수에 관한 대중적 기독론에 의문을 제기함으로써 무심결에 1세기 나사렛 출신 유대인 예수를 재발견할 수 있는 길을 열어 주었다. 벤 마이어(Ben Meyer)가 유쾌하게 말하고 있듯이, 라이마루스의 역사적 상상의 본능은 '병들어 있지만 살아 있다.'[106] 라이마루스는 진정한 예수의 모습이 실제 역사 속에서 발견될 것이라고 말함으로써 복음서에 대한 더 많은 연구를 촉구했고, 그 이후로 수 세기 동안 많은 연구가 이루어졌다. 그러나 여기서 문제는 **계몽주의 사상 전반을 형성했던 것과 동일한 문화적 전제가 역사의 실천과 역사적 예수에 대한 연구도 형성했다**는 것

---

[106] B. F. Meyer, *The Aims of Jesus* (London: SCM Press, 1979), p. 29.

이다. 그 결과 자칭 정통 신학이 자칭 '역사적' 예수의 묘사를 무시하거나 비웃기까지 했다. 그리고 이 자칭 정통 신학은 교부들, 중세 신학자들, 종교개혁가들의 주장이 거꾸로 1세기에 투영된 기독론을 이어 오고 있다. 이후의 신학과 레싱의 주장은 **사실상** 일치하는 것처럼 보였다. 우리가 원하는 것은 영원한 진리다. 그러므로 역사에 대해 너무 걱정하지 마라. 복음은 다양한 상황에 맞게 상황화되어야 하는데, 왜 원래의 상황을 신경 써야 하는가? 그러나 레싱의 도전은 역으로도 쉽게 작용할 수 있다.[107] 라이마루스의 주장이 옳은지 확인하기 위해 우리가 직접 역사를 연구해 본다면? 그렇다면 우리는 1세기 실존 인물인 예수에 대한 질문을 '자연신학'의 자료에서 논리적으로 배제할 수 없다. 그렇게 하려면 적어도 중요한 핵심 문제 하나를 반드시 제기해야 하기 때문이다. 그렇다면 문제는 역사와 신학이라는 두 문제가 주변 문화의 압력에 의해 불가피하게 왜곡되는 것을 어떻게 막을 것인가 하는 점이다.

여기서 우리는 내가 이후에 살펴볼 중요한 지점에 도달한다. 내가 계몽주의 전제에 의해 예수에 대한 연구가 형성되었다고 말할 때, 나의 의도는 사람들이 '자연주의' 관점에서 예수를 연구해 왔다면, 우리가 '초자연주의'로 반응해야 한다는 것이 **아니다**. 나는 곧 이 내용으로 돌아올 것이다. 나의 요지는 이 토론의 양'측'이 잘못된 양자택일, 곧 지나치게 명백한 대조를 지지하고 있다는 것으로, 이는 하늘과 신들을 우리가 살고 있는 세상과 근본적으로 분리시켜 놓는 에피쿠로스주의의 양자택일과 같은 것이다. 이는 다른 영역에서 레싱의 주장을 단순히 반복하는 것에 지나지 않는다. 2장에서 살펴보겠지만, 이러한 양자택일은 예수와 예수의 추종자들에 대한 유력

---

[107] 물론 Lessing은 복음서가 역사적으로 정확할지라도 여전히 '역사'는 신학적 결론의 기반이 될 수 없다고 믿었다. Reimarus는 복음서가 어쨌든 허구라고 주장했다.

한 오해를 낳았는데, 이 유력한 오해는 여러 신학 논의, 특히 다양한 모습의 '자연신학' 논의를 좌우해 왔다. 문제는 두 질문(역사 속 예수와 '자연신학')이 주변 문화에 의해 왜곡되는 것을 어떻게 막을 것인가 하는 점이다. 그리고 그리스도인들이 세속주의의 증가에 맞서는 데 도움을 주기 위해 사용된 문화의 특징 중 하나는 도움이 되기보다는 도리어 방해가 되었다. 나는 이 특징을 플라톤의 기독교적 복구(Christian retrieval of Plato)라 칭한다.

만약 당신이 에피쿠로스주의가 기승을 부리는 세상에서 사려 깊은 그리스도인으로 살고 싶다면, 하나님과 세상이 완전히 분리되어 있다고 가정할 수 있는 곳은 어디인가? 혹자는 다음과 같이 분명한 답변을 원했을지도 모른다. 성경을 읽고 고대 유대인들과 초기 그리스도인들이 어떻게 하나님과 세상에 대해, 그리고 이 둘의 상호 작용에 대해 생각했는지 찾아보라. 하나님과 세상, '자연'과 '초자연', 하나님이 약속하신 미래와 현재, 이러한 것들 사이에 존재하는 것으로 추정되는 분열은 범주에 관한 실수고, 이러한 분열이 결국 유대인과 초기 그리스도인들이 실제로 세상을 보았던 방식과 매우 이질적이었음을 발견하라. 나는 적절한 시기에 이 대답을 제안할 것이다. 그러나 그 누구도 아직 이 대답을 하지 않은 것 같다.

왜 이런 일이 일어났을까? 세 가지 이유가 있다.

첫째, 적어도 2세기 말과 3세기 초 알렉산드리아의 클레멘스(Clement)로 거슬러 올라가는 성경과 교리에 관한 오랜 기독교의 철학적 해석 전통이 있다. 이러한 해석은 철학적 분석을 통해 유대교와 기독교 사상이 히브리적 혹은 유대교적 우주론(우리는 이후의 장들에서 이 우주론을 살펴볼 것이다)을 배경으로 이미 성취했던 것을 다시 성취하려고 시도했다.[108] 그러나 이 해석은

---

[108] 이후의 분석에서 명백한 예외는 알렉산드리아의 필론(Philo of Alexandria)이다. 그는 클레멘스와 마찬가지로 자신의 유대교 전통 해석을 위해 정교한 그리스 철학을 이용했다.

원래 우주론보다 더 잘 알려지게 되었다. 실은 원래 우주론이 제거된 이 해석이 표준 해석으로 종종 간주되고 있다. 이로 인해 유대교 정황을 반영하고 있는 성경이 불편하고 일반화된 '역사적' 이정표가 되어 버렸다. 이 이정표는 명확하다고 추정되는 진리를 모호하게 가리키고 있는데, 이후의 해석가들은 마치 성경에 형이상학적 틀이 결여되어 있어서 다른 곳에서 틀을 공급받아야 하는 것처럼 이 진리를 분별했다.

둘째, 종교개혁가들, 특히 루터주의자들은 지나치게 '유대교적'인 모든 것을 경계했다. 이러한 현상은 부분적으로 초기 유럽의 반유대주의에 기인하지만, 이에 못지않게 16세기 논쟁에도 기인한다. 즉, 16세기 논쟁에서는 율법주의적이고 사제 중심의 부패한 중세 가톨릭교의 모습이 행위—의(바울이 반대했을)에 대한 유대교적 가르침에 다시 투영되었다. 이러한 상황의 여러 혼란은 최근 수십 년간 널리 노출되었지만, 이러한 혼란이 미치는 영향은 여전히 분명하다.[109]

세 번째 이유는 앞의 이유보다 훨씬 더 암울하다. 해결되지 않은 동일한 반유대주의가 19세기의 '인종' 이론을 통해 반유대정서로 변했는데, 이 인종 이론은 당시 인기 있던 사회 진화론이라는 악취 나는 바다에서 해양 폐기물처럼 떠다니고 있었다. 이와 같은 반유대주의는 우주론이나 종말론의 단서가 될 수 있는, 혹은 기독론, 영성, 심지어 (이후에 내가 제안할 것처럼) 자연신학의 단서가 될 수 있는 성전 또는 안식일과 같은 상징과 관련된 모든 것을 배제했다. 바로 이 시기에 그라프(Graf)와 벨하우젠(Wellhausen)은 히브리어 성경의 '제사장 관련' 내용이 이스라엘 종교 후기의 타락한 형태라

---

[109] 이렇게 주장하는 대표적 학자는, E. P. Sanders, *Paul and Palestinian Judaism* (London: SCM Press, 1977)다. 『바울과 팔레스타인 유대교』(알맹e). 그러나 Sanders 이전과 이후에도 이렇게 주장하는 학자들은 많았다. Sanders에 대한 강한 반응은 계속되고 있다. 나의 저서, *Paul and His Recent Interpreters* (London: SPCK, 2015, 이하 *PRI*), chs. 3-5을 보라. 『바울과 그의 최근 해석자들』(IVP 근간).

고 제안했다. 사실, 후기 유대교를 의미하는 슈패트유덴툼(Spätjudentum)에 대한 언급은 나로 하여금 몸서리를 치게 만든다.[110] 헤겔이 유대교를—아이러니하게도!—국수주의적 민족주의에 기반한 '잘못된 종교'의 전형으로 간주했던 데는 충분한 이유가 있었다.[111] 유대인 세계는 금지 구역이었다. 당시 사람들은 순수 기독교가 유대교가 아닌 다른 기원을 갖고 있었던 것이 틀림없다고 생각했고 (그래서 '기독교 이전의 영지주의'를 헛되이 탐구했다—유대적인 것만 아니면 뭐라도 좋았다!) 순수 기독교가 유대교와 관계없는 다른 방식으로 형성되어야 한다고 생각했다. 잘못 이해되고 일반화되어 버린 바울의 '행위-의'에 대한 논쟁은 인종 청소라는 이념적 강령 안으로 흡수되었다.

따라서 18세기의 회의론적 공격에 직면해 있던 독실한 그리스도인이 유대 세계와 유대 세계의 사고방식(내가 나중에 설명하겠지만 초기 기독교 사상은 그것이 의미하는 바를 의미했다)을 상기시키지 말아야 했다면, 다른 대안은 무엇이었을까? 자연스러운 가능성 중 하나는 플라톤을 소환하는 것이었다. 또는 플루타르코스(Plutarch)를 비롯한 여러 사람들에 의한 중(中)플라톤 사상과 특히 플로티노스(Plotinus)와 그의 계승자들에 의한 신(新)플라톤주의—비록 플라톤의 원래 주장은 여전히 중요했지만—를 소환하는 것이었다. 이러한 특징이 3, 4, 5세기의 가장 영향력 있던 많은 교사들이 처했던 정황이자 그들의 전제를 형성했던 요인이었으므로, 우리는 성경이 마치 억지로 산책에 끌려 나온 고집불통의 아이처럼 마지못해 다른 방향을 가리키

---

[110] 예를 들어 다음의 연구들을 보라. D. A. Knight, 'The Pentateuch', in *The Hebrew Bible and Its Modern Interpreters*, ed. D. A. Knight and G. M. Tucker (Chico, Calif.: Scholars Press, 1985), pp. 263-296; J. Conrad, *Karl Heinrich Grafs Arbeit am Alten Testament* (Berlin: de Gruyter, 2011); E. Nicholson, *The Pentateuch in the Twentieth Century: The Legacy of Julius Wellhausen* (Oxford: Oxford University Press, 2003). 관련 독일 학계에 관한 유대인의 인식에 대해서는 예를 들어, C. Potok, *The Promise* (London: Penguin, 1982)를 보라.

[111] 예를 들어, Hans Küng, *The Church* (London: Burns and Oates, 1968), p. 136를 보라. '독일 관념론, 특히 Hegel에게 유대주의는 악한 원칙의 발현으로 통했다.' 『교회』(한들).

고 있다는 것을 눈치채지 못한 채 이 길을 어느 정도 따라갈 수 있다. 교부들은 모든 형태의 마르키온주의에 저항하며 (이는 옳은 행위였다) 성경을 체계화하는 방법을 발견했다. 지금도 그들을 따르는 후계자들이 존재한다.

다시 한번 말하지만, 여기에는 수많은 함의가 존재한다. 그러나 나는 이 중에서 우리의 질문에 특히 중요한 두 가지 함의만 언급하겠다.

첫째, 서구 기독교가 얼마나 쉽게 새 창조 및 육체의 부활이라는 성경적 소망을 버렸는가는 놀랍다. 이 손쉬운 버림은 천국, 지옥, 연옥이 종말론적 시야를 지배했던 중세 후기 사고에 의해 마련되었다. 그러나 (내가 십 년 전에 지적했듯이)[112] 적어도 영국 내에서는 대중적 견해에 결정적 변화가 있었는데, 이러한 변화는 1700년과 1900년 사이에 세워진 묘비와 기념비에서 볼 수 있다. 그 이전의 소망은 여전히 부활에 대한 소망이었다. '나는 일어서리라'(*Resurgam*)는 현재의 안식과 미래의 재구현에 대해 말했다.[113] 그러나 고전적인 이 19세기 용어는 특히 독실한 복음주의자들 사이에서 '집으로의 복귀', '마침내 하나님과 함께하는 것' 등을 의미했다. 연옥 개념을 포기한 서구 개신교는 단일 단계의 사후 현실 측면에서 생각하게 되었다. 다시 말해, 새 하늘과 **새 땅**, 또는 '새 창조'는 전혀 생각하지 않으면서 단지 '천국에 가는 것'만을 생각했던 것이다. 총명하고 여러 다른 이유들로 인해 제대로 사랑받았던 찰스 웨슬리(Charles Wesley)는 이와 같은 실수를 구체화하고 강화했던 인물이다.[114] 이러한 경향이 지금까지도 너무 만연해 있기에 우리 시대

---

112 *Surprised by Hope* (London: SPCK, 2007, 『마침내 드러난 하나님 나라』, IVP)를 보고 그다음에 *The Resurrection of the Son of God*, Christian Origins and the Question of God 3 (London: SPCK, 2003, 이하 RSG, 『하나님의 아들들의 부활』, CH북스)을 보라.
113 *Resurgam*은 돌에 새겨져 있었는데, 이 돌은 1666년 런던 화재로 불타버린 옛 세인트 폴 대성당(St Paul's Cathedral)의 잔해에서 발견되었다. Christopher Wren은 세인트 폴 대성당을 재건하면서 이 단어를 모토로 삼았다. L. Jardine, *On a Grander Scale: The Outstanding Career of Sir Christopher Wren* (London: HarperCollins, 2002), p. 428를 보라.
114 예를 들어, '충실한 영혼의 지도자, 하늘로 여행하는 모든 것의 안내자'(Leader of Faithful Souls, and Guide of All That Travel to the Sky)를 보라. 이 시의 두 번째 연은 다음과 같

의 존경받는 기독교 신학자들조차 아무런 부끄럼 없이 우리의 '영혼'이 세상과 육신 속에서 현재 '유배' 되어 있다는 것과 우리의 본향, 곧 천국으로 돌아가고자 하는 열망에 대해 말한다. 그러나 이는 예수나 신약의 가르침이 아닌 플루타르코스의 가르침이다.[115] 여기서가 문제는 대중의 인지다. 천국에 간다는 오래된 가르침은 우리의 문화에 너무도 깊이 새겨져 있어서 새 창조, 또는 육체의 부활에 대한 어떠한 언급도 '천국에서의 삶'을 상징하는 애매한 비유로 '전환'되거나 충격과 몰이해에 직면하게 된다.

새 창조의 주제가 이 책 후반부를 차지할 것이다. 그런데 내가 여기서 새 창조를 강조하는 이유는 두 가지다. 첫째, 18세기와 19세기의 특징인 새 창조의 부재는 독실한 그리스도인들이 성속이 분리된 세계를 수용하면서(그들은 정치, 경제, 과학, 역사, 세상을 세속 권위에 맡기고 환원주의자들로부터 가현적 예수를 낚아채려 애썼다), 그리고 그럼에도 믿음을 표현할 수 있는 다른 방법을 발견하면서 어느 정도까지 계몽주의의 주장에 실질적으로 동의했는지를 보여 준다. 일부 사람들은 계몽주의의 성속이 분리된 세계를 환영하고 권장까지 했을 수 있는데, 이는 교회가 '세속적' 관심이 아닌 '영적' 문제에 집중하게 만들었다[물론 윌리엄 윌버포스(William Wilberforce)를 비롯한 많은 독실한 그리스도인들은 이러한 분리에 확고히 저항했다]. 둘째, 새 창조는 '자연신학'의 문제가

이 선언한다. '우리는 이 땅이 우리의 보금자리가 아님을 알고 있다.' 왜냐하면 우리가 '위에 있는 우리의 영원한 본향 천국으로 [빠르게] 이동하고 있기 [때문이다].' 마찬가지로 마지막 연 '거룩한 사랑, 모든 사랑 중에 가장 탁월한 사랑'은 마지막 장면('우리가 천국에 정착할 때까지')을 제공하는데, 이 마지막 장면은 새 하늘과 새 땅의 최종 버전이 아닌 계 4장과 5장의 현재 '하늘'에 기초한다('우리가 우리의 면류관을 당신 앞에 드릴 때까지').

[115] *On Exile 607* C-E에 대한 그의 논의를 보라. E. Radner, 'Exile and Figural History', in *Exile: A Conversation with N. T. Wright*, ed. J. M. Scott (Downers Grove, Ill.: IVP Academic, 2017), pp. 273-301와 같은 책 pp. 328-332에 나와 있는 나의 반응을 보라. 물론 많은 대중적 경건함이 계속해서 같은 양상을 보였다(*Surprised by Hope*, ch. 2. 여기에는 많은 예가 언급되어 있다). 기독교와 플라톤주의의 통합을 명시적으로 호소하는 현대 신학에 대해서는 예를 들어, H. Boersma, *Heavenly Participation: The Weaving of a Sacramental Tapestry* (Grand Rapids: Eerdmans, 2011)를 보라. 『천상에 참여하다』(IVP).

심화되었던 방식을 강조한다. 새 창조는 자연신학의 문제가 가져오는 다른 문제, 즉 소위 '자연 악'으로 불리는 문제와 '세상에서 발생하는 신적 행위'를 각각 강조한다. '이 세상은 나의 집이 아니고' 우리의 진짜 집이 근본적으로 그리고 존재론적으로 이 세상과 다르다는 명제가 참이라면, 현 세상을 바라보며 하나님에 대한 진리를 파악하려는 모든 시도는 예를 들어 시편 기자들, 이사야, 심지어 예수가 그들의 세상을 바라보며 하나님의 진리를 파악하려 했던 시도보다 훨씬 더 어려울 뿐만 아니라 한낱 의심에 불과해진다. 거룩하신 하나님을 알기 위해 타락한 세상을 왜 바라봐야 하는가? 따라서 앞서 우리가 지적했던 에피쿠로스주의적 '자연신학'('세상은 스스로 생성하고 돌아간다. 그러므로 신은 배제된다')의 희박한 가능성마저 플라톤적 이원론 안에서 제거된다.[116]

같은 이유로, '자연 악'을 설명해야 할 필요성이 줄어든다. 이 세상은 눈물의 골짜기일 뿐이다. 우리는 세상이 즐거운 곳이라고 기대하지 말았어야 했다. 빨리 이 세상에서 벗어날수록 좋다. (빅토리아 시대의 찬송은 이렇게 노래한다. '천국의 아침이 열리네. 땅의 헛된 그림자들이 도망가네'.)[117] 한편 여러 독실한 그리스도인들에게 하나님이 '기적'과 성육신 사건을 통해 이 세상에 '개입하신다'는 생각은 문제가 되지 않는다. 사실 많은 사람들은 이것이 기독교

---

[116] 예를 들어, Berkeley 주교를 보라. 그는 플라톤의 이원론을 노골적으로 사용하며 물질주의에 반대했는데, 플라톤의 이원론에 따르면 '물질은 비실제적이다 **그리고** 악하다'(Wilson, Epicureanism, p. 177, 원서 강조. Berkeley, Works, 5.164를 보라). 철학자는 사다리를 타고 감각에서 지식으로 넘어간다. 그러나 후자에서 전자를 추론하는 일은 불가능하다(Berkeley, Works, 5.137). 이는 본질적으로 Lessing의 추한 도랑과 같다. 다시 한번 플루타르코스에 의하면(On Exile 1086C-1107C), 에피쿠로스주의는 참 행복을 가져올 수 없다.

[117] 찬송가 '때 저물어 날 이미 어두니'['Abide with me', no. 331 in *The New English Hymnal* (London: Oxford University Press, 1986). 이 찬송가의 작사가는 H. F. Lyte(1793-1847)다]. Allen은 *Grounded in Heaven*, p. 4에서 이 찬양 가사가 플라톤주의와 상관이 없고 오히려 새 여명이 밝아 올 때 이 땅을 비출 천국의 빛을 강구하고 있다고 제안한다. 그러나 문맥상 이 가사는 이 땅을 떠나 천국에 들어가는 측면에서 죽음 자체에 대해 말한다(다시 말해, 플루타르코스와 마찬가지다).

신앙에 수반되어 있다고 생각한다. 이 완고한 신앙은 다니엘의 기도처럼 심지어 에피쿠로스주의를 신봉하던 바빌론 시대부터 지금까지 이어지고 있다. 신의 간헐적 '개입'(자존심 센 에피쿠로스주의의 신은 절대로 개입을 하지 않지만, 뉴턴이 주장하는 이신론적 신은 개입을 할 수도 있다)을 허용하는 에피쿠로스주의적 또는 이신론적 틀(세상의 모든 과정 '밖에' 존재하는 하나님)의 역설이 바로 오늘날까지 서구의 수많은 그리스도인들이 세상을 바라보고 있는 방식이다(우리는 곧 '기적' 개념을 논하면서 이에 대해 살펴볼 것이다). 그들은 하나님이 지금 일시적인 도움을 주시기 위해 세상에 '개입하신다'고 생각한다. (이러한 생각은 최근 몇 년간 몇 가지 걱정스러운 현상을 야기하고 있다. 2001년 9월 11일 미국 뉴욕의 쌍둥이 빌딩 사무실에 '기적적으로' 출근하지 못했던 사람들의 이야기를 그 예로 들 수 있는데…이러한 이야기들은 평소대로 출근했던 사람들의 운명을 무시하는 처사다.) 이러한 생각의 극단적 양상은 그리스도인들을 완전히 낚아채 갈 하나님의 최종 개입, 즉 '휴거'를 떠오르게 한다.[118]

에피쿠로스주의적 형이상학 내에서 신플라톤주의의 영성을 고수하고 있는 누군가를 상상하는 일은 어색하게 균형을 잡으려 하는 행위처럼 보일 수 있다. 에피쿠로스주의는 원래 처음 신플라톤주의자들이 배제했던 사상이었다. 왜냐하면 그들이 이 세상과 천국 사이에 존재한다고 보았던 교류가 에피쿠로스가 거부한 것이기 때문이다. 그러나 나는 이러한 양상이 서구 기독교에서 지속되고 있는 딜레마의 일부라고 생각한다. 다시 말해, 서구 기독교는 새로운 환경에서 자연스럽게 결합되지 못하는 개념들을 다른 정황을 통해 다시 표현하려 애쓰지만 이러한 노력은 결국 절충적이고 일관성이 결여된 결합으로 끝나 버린다. 따라서 내가 제안한 대로, 자연신학과 기독교

---

[118] '휴거'에 대해서는 *Surprised by Hope*에서의 내 논의를 보라. 여기서 내 논의는 Tim LaHaye와 Jerry B. Jenkins의 유명한 소설 시리즈 'Left Behind'와 대조를 이룬다.

의 역사적 기원을 그들의 관계 측면에서 다루는 일은 이러한 딜레마를 극명히 부각시킨다. 우리가 이 딜레마를 일관성 있게 다루려면, 이 딜레마가 그것의 더 큰 정황에 의해 어떻게 형성되어 왔는가를 이해해야 한다.

플라톤적 영성—특히 현재의 '신'에 대한 신비주의적 개방성과 현세와 내세의 영혼의 불멸성, 이 모든 것은 에피쿠로스주의의 암시적인 형이상학 내에서 존재한다—을 고수하려는 노력에 담긴 두 번째 함의는 그것이 다양한 형태의 영지주의(Gnosticism)를 공개적으로 초대한다는 것이다. 일부 비평가들은 이러한 양상을 특히 미국 종교의 기본 모드로 간주하고 있는데 이는 놀랄 일이 아니다.[119] 내면화되고 개별화된 에피쿠로스주의의 엘리트 의식은 은밀한 내부 실제—아마도 '영혼'—에 관한 플라톤적 관념과 결합해 고전적인 기독교 신학에서와 같이 구속 및 변화가 필요한 죄 많은 영혼 관념이 아닌, 바깥세상과 자신의 육신이 자아에 강제하는 왜곡으로부터 '구원'이 필요한 '참된 자아' 관념을 만들어 낸다. 방관자들은 이 은밀한 '정체성'을 생각조차 할 수 없다. 왜냐하면 이 은밀한 정체성은 그것을 소유한 자에게만 알려지기 때문이다. 영지주의는 '구속'이 아닌 '계시'를 믿는데, 여기서 계시란 자아의 사망 및 부활이 아닌 참 자아의 드러남을 의미한다. '진보'와 마찬가지로, 이러한 종류의 저급(low-grade) 영지주의는 최근에 '자신의 참된 자아 발견'이 궁극의 의무이고, 이 의무에 대한 어떠한 도전도 인권에 대한 궁극의 부정으로 간주되는 그러한 일부 지역에서 거의 유일한 정통 신념으로 작용하고 있다. 이러한 견해는 외적 모습과 마음의 상태에 대한 성

---

[119] 예를 들어, H. Bloom, *The American Religion: The Emergence of the Post-Christian Nation* (New York: Simon and Schuster, 1992)을 보라. Bloom의 책과 교회와의 관련에 대해서는, P. J. Lee, *Against the Protestant Gnostics*, 2nd edn. [New York: Oxford University Press, 1993 (1987)]를 보라. 나의 저서 *Judas and the Gospel of Jesus* (London: SPCK, 2006), ch. 6의 논의를 보라.

경적 구별을 적절히 사용해 분명한 기독교적 색채를 손쉽게 띤다.[120] 따라서 '계몽된' 서구인들로 하여금 지구의 나머지 부분을 보며 그곳에 축복(어쩌면 폭탄)을 내리도록 허락하는 사회정치적 엘리트 의식은 자신을 영적으로 고상한 존재이자 진정한 도덕적 영웅으로 자부하는 '계몽된' 사람들의 내적 엘리트 의식과 잘 어울린다.

따라서 고대의 소수파였던 영지주의가 적어도 서구 세계에서는 다수파가 되었다. 에피쿠로스는 고대 그리스와 로마에서 작은 관심을 얻는 데 그쳤지만 마침내 전성기를 맞보게 되었다. 에피쿠로스의 영향을 받은 찰스 테일러는 자신의 대작에서 '세속화 시대'(a Secular Age)라는 표현을 사용했다. 물론 상황은 여기서 개략적으로 설명할 수 있는 것보다 훨씬 더 복잡하다. 그러나 우리는 근대 서구 사회에서 에피쿠로스주의의 부활이 문화적으로나 철학적으로나 주요 상황화의 요인—이로 인해 위대한 질문이 제기되고 답변이 제시된—이었음을 충분히 지적했다. 그것이 새로운 것이다. 에피쿠로스주의에 범신론적 '진보'가 있다고 주장하거나 에피쿠로스에서 벗어날 플라톤적 탈출로를 찾고자 하면서 어떻게든 에피쿠로스주의를 수정하길 원하는 사람들마저도 이러한 세상에서 살고 있다. 세계 역사에서, 우리의 세계와 신들의 세계가 완전히 분리되어 있다는 전제하에 사람들이 문화 전반에 걸쳐 개인적 삶과 사회적 삶을 조직할 수 있거나 조직했던 전례는 없었다. 그렇다면 기포드 경의 지침을 따르고 '자연신학'에 관해 말하는 것이, 그리고 자연신학으로 향하는 필수 단계라고 생각되는 기독교 기원에 대해 말하고자 하는 시도가 (특히 나사렛 예수 안에서 계시된 하나님께 충성하고자 하는 그리스도인에게) 지금보다 더 어려웠던 적도 없었을 것이다. 누군가 '자연신학'이 그 자체로 우주론적 전제와 상관없이 기능해야 한다고 반응한다면, 이

---

120 다윗을 선택한 것에 관한 사무엘의 발언은 삼상 16:7을 보라. 고후 4:18과 비교해 보라.

에 대해 우리는 중립 지대가 존재하지 않는다고 답해야 할 것이다.

찰스 테일러의 주장은 네 개의 결정적인 요점에 대한 주의를 환기시키는데, 이후 논의의 정립을 위해 이번 장을 마무리하면서 이 네 개의 결정적인 요점을 논하겠다.

결론

첫째, '근대 세계.' 근대 과학이 이전의 세계관들을 무효화시키고 이로 인해 우주에 대한 새로운 견해를 발견하게 되었다는 생각은 부당하다.[121] 현재 서구의 세계관은 유명한 고대 세계관의 변형으로, 이 유명한 고대 세계관은 찰스 다윈 혹은 그의 할아버지가 가능한 과학적 증거를 샅샅이 찾기 훨씬 이전부터 사회적·문화적·정치적인 이유로 근대 초기에 주창되었다. 이 세계관이 사실인지 아닌지는 또 다른 문제다. 중요한 것은 이 세계관이 새로운 세계관이 아니라는 것이다. '진보'에 대한 호소는 그 자체로 모호하며 비역사화된 유대교와 기독교의 섭리 신학을 에피쿠로스의 무신론적 세계 또는 헤겔의 범신론적 세계 중 하나와 결합시키고 있다.

둘째, 이러한 정황에서 '종교'라는 단어는 거의 무용지물이다. 왜냐하면 고대 세계는 '종교'와 나머지 삶 사이의 근대적 분리를 알 수 없었고, 어쩌면 생각할 수도 없었기 때문이다.[122] '종교'의 현대적 어법은 초기 기독교 운

---

[121] 주목할 만한 반박 중 하나는 C. S. Lewis가 케임브리지 대학교의 취임 강연에서 했던 발언이다. 'De Descriptione Temporum', in *Selected Essays* (Cambridge: Cambridge University Press, 1969), ch. 1.

[122] 이에 대해서 그리고 그다음 내용에 대해서는, *PFG*, chs. 4, 13을 보라. 고대 생활의 모든 부분과 종교가 어떻게 엮여 있었는지에 대해서는 예를 들어, O'Meara, *Cosmology and Politics in Plato's Later Works*, pp. 122-129를 보라. (17세기 이전까지 주로 예배의 바른 순서를 지칭했던) '종교'의 근대적 의미에 대해서는 예를 들어, W. Pannenberg, *Christianity in a Secularised World* (London: SCM Press, 1989)와 특히 K. Barth, *Church Dogmatics*, vol. 1, *The Doctrine of the Word of God*, part 2, trans. G. T. Thomson and Harold Knight

동을 근대 계몽주의적 의미에서의 '종교'로 간주하는데, 근대 계몽주의에서 '종교'라는 용어는 종교의 사회적·정치적·철학적·문화적 정체성을 하찮은 것으로 만들기 위한 용도로 고안되었다. 이러한 혼란은 연관된 학문 분야들을 갈라놓는 결과를 가져왔다. '종교 철학'(일반적으로 성경 해석을 배제하는)은 '자연신학'을 포함한 핵심 분야를 담당하고 있으며, '종교 역사'는 최근까지 초기 기독교 연구를 지배하고 있는데, 여기에는 초기 기독교가 본래 근대적 의미에서의 '종교'였고 역사적으로 볼 때 (우리가 앞서 보았던 것처럼 보통 유대교의 세계를 배제하는) 다른 고대 근동 종교들과 나란히 놓여야 한다는 의도가 암시되어 있다.[123] 초기 기독교에 대한 실제적인 역사 연구는 매우 다른 결과, '종교'의 다른 의미, 다른 분석 도구, 그리고 매우 다른 결과의 전망을 산출해 냈다.

이로 인해 우리는 셋째로, '자연주의' 또는 자연과 '초자연' 사이의 가정된 분리라는 질문에 도달하게 된다. 자연주의라는 용어의 오래된 용법(수 세기를 걸쳐 생성된 다양한 변형이 분명히 존재한다)에는 '자연' 세계에서 항상 일하고 때로는 '초자연적' 현상을 일으키는 창조주가 있다. 그는 은혜에 의한 자연의 **폐**지나 자연에 대한 외부적 **침입**을 나타내는 창조주가 아니라 자연에 **넘치도록** 은혜를 베푸는 창조주다. (어쨌든 '자연'이라는 단어 자체는 창조주로부터의 일종의 독립을 암시하기도 한다.) 이제 계몽주의의 잘못된 반제(antithesis)의 절반과 관련해 '자연'과 '자연주의'가 규칙적으로 사용되는데, 이는 '방법론적 자연주의'가 '초자연주의'를 배제하고 그 반대의 경우도 마찬가지임을 의

---

[123] [Edinburgh: T&T Clark, 1956 (1938)], p. 284를 보라. 여기에서 Barth는 '종교'가 '계시'와 대조를 이루게 되는 방식과 관련해 Paul de Lagarde를 논한다.
종교사학파(religionsgechichtliche Schule)와 종교사학파가 20세기 신약학계에 미친 강력한 영향에 대해서는 *PRI*를 보라. 초기 기독교에 관한 Bultmann의 발전적 가설 중 상당 부분이 그러한 계보에 대한 (끔찍하게 실패한) 시도를 포함했다.

미한다.[124] '기적'이라는 단어는 이와 비슷하게 왜곡되어 '자연주의자들'(흄 이후의)은 부정하고 '초자연주의자들'은 인정하는 '외부로부터의 침입'을 가리킨다. 그러나 이러한 새로운 용법들은 레싱에게서 전적으로 유효하다.[125] 이 새 용법들은 레싱이 말하는 '추한 도랑'의 존재에 동의하고 우리가 (하나님의 도움으로) 이 추한 도랑을 건너뛸 수 있든지 그럴 수 없든지 둘 중 하나라고 주장한다. 그리고 그것들은 궁극적으로 하늘과 땅에 대한 거짓되고 비성경적인 반제를 강화한다.[126] 결국 신플라톤주의자들만 에피쿠로스주의를 거절했던 것은 아니다. 랍비들과 『솔로몬의 지혜』 같은 초기 유대 문헌 역시 에피쿠로스주의를 거절했다.[127]

이 질문들은 결국 인식론으로 되돌아온다. 즉, 우리는 어떻게 아는가? 이어지는 내용에서, 나는 주류 계몽주의 견해(이 견해들은 계몽주의에 잠재되어 있는 에피쿠로스주의의 영향을 크게 받고 있다)의 **존재론**이 계몽주의의 암시적 **인식론**, 곧 중요한 한 요소를 걸러내 버린 지식 이론과 공생 관계에 있었다고 주장할 것이다. 걸러 버려진 요소는 '사랑'으로, 이 단어는 과잉 사용으로 인해 그 의미를 거의 의미를 잃어버렸지만 여기서는 체험적으로 사용되고 있다. 내가 설명하겠지만 '사랑'은 '객관'과 '주관' 사이의, 그리고 관념론자와 경험주의자 사이의 잘못된 분열을 극복한다. 사랑은 그 틈을 뛰어넘는다. 사랑은 애초에 그런 종류의 틈이 없었다고 주장한다.

---

124 Lord Gifford는 분명히 이러한 반제와 같은 무언가를 전제했던 것처럼 보인다. 이 책의 서문 각주 4번을 보라.
125 Lessing은 '나는 기적이 더 이상 발생하지 않는 18세기에 살고 있다'고 말했다('On the Proof of the Spirit and of Power', p. 52). C. S. Lewis는 나니아 이야기에서 아이들이 옷장을 자세히 살피지만 그 옷장이 단순한 옷장이라는 것을 발견하는 장면을 통해 그러한 입장을 표현했다. Lessing이 Wesley나 Whitefield를 단 한 번도 만난 적이 없다는 것은 유감이다.
126 예를 들어, C. Rowland, 'Natural Theology and the Christian Bible', *OHNT*, p. 31. 여기서 Rowland는 마 25장과 관련해 '자연과 초자연의 분리가 우리의 생각만큼 크지 않다'고 말한다.
127 Wis. 2장을 보라(*PFG*, ch. 3, pp. 239-243와 비교해 보라). mSanh. 10:2도 보라.

고전 에피쿠로스주의는 언제나 사랑을 경계했다. 루크레티우스는 오스카 와일드(Oscar Wilde)처럼 사랑에 빠지는 것이 적절하게 평가된 성적 쾌락에 방해가 된다고 충고했다.[128] 이러한 사랑의 거부는 인식론적 원칙이 되었다. 감정이 제거된 이성적 탐구는 원자론적 물질주의와 인식론적인 연관성이 있다.

이는 파우스트 전설에 거의 예언적으로 암호화되어 있다. 메피스토펠레스(Mephistopheles)는 파우스트에게 그가 원하는 모든 것을 주겠다고 약속한다. 단 한 가지 조건이 있는데, 파우스트는 절대로 자신이 즐기는 것을 **사랑**하지 말아야 한다. 파우스트는 그렇지 않겠노라 약속한다. 그는 행복한 순간에 절대로 이렇게 말하지 않을 것이다. "머물러라! 너는 정말 아름답구나(Verweile doch! du bist so schön)."[129] 토마스 만(Thomas Mann)은 그의 책에서 사탄의 전령이 주인공에게 지침을 내리는 장면을 통해 이를 다음과 같이 명확히 표현한다. "**당신은 절대로 사랑하면 안 된다.**"[130] 이 표현은 우리 시대를 향한 비유다.[131] 현실에서 하나님의 차원을 제거해 버린 합리주의적 계몽주의는 동시에 그리고 **같은 이유로** 사랑도 제거해 버렸다. 대신 합리주의적 계몽주의는 물리 세계의 '객관적' 지식을 주장했고, 과학과 기술을 획득하고 이용했으며, '주관적' 요소들을 단순한 의견이나 자기 투영으로 폄하했다. 어쨌거나 그 결과로 프랑켄슈타인의 괴물이 탄생하게

---

128 Lucretius, *Rer. nat.* 4.1058-1191과 Wilson, *Epicureanism*, pp. 255-256를 보라. Wilde에 대해서는 예를 들어, 'The Picture of Dorian Gray', in *The Works of Oscar Wilde* (Leicester: Galley Press, 1987), p. 137를 보라. 여기서 Wilde는 '남자는 어떤 여자와도 행복할 수 있다. 그 여자를 사랑하지 않는 한'이라고 말한다.

129 J. W. Goethe, *Faust: Eine Tragödie. Erster Theil*, ed. E. Gaier (Stuttgart: Reclam, 2011), p. 71 (line 1700): '제발 머물러 주세요. 당신은 너무 아름다워요.'

130 Thomas Mann, *Doctor Faustus: The Life of the German Composer Adrian Leverkühn as Told by a Friend*, trans. H. T. Lowe-Porter [London: Vintage Books, 2015 (1947)], p. 361: '당신은 절대로 사랑하면 안 된다'; p. 242: '사랑이 당신을 뜨겁게 하는 한 사랑은 당신에게 금지되어 있다.'

131 Wagner는 오페라 〈니벨룽의 반지〉(Ring) 이야기를 전개하면서 같은 요지를 이어 간다. 난쟁이 알베리히(Alberich)는 라인 금반지(Rhine-gold)를 얻기 위해 사랑을 포기하고 동시에 이 야기를 이끌어 가는 어둠의 세력도 얻게 된다.

되었다.[132]

물론 우리의 문화도 날카롭게 반응했다. 낭만주의 운동과 경건주의 및 감리교 전통의 매우 열렬한 기독교 제자도는 마음을 따듯하게 만들어 주는 것과 우리가 가슴 깊은 곳에서부터 알고 있는 것에 초점을 맞추면서 반대 방향으로 전개되었다. 그러나 불행하게도 그리고 이상하게도 우리는 거짓으로 드러나는 것들로 인해 감동받을 수 있다. 낭만주의로는 충분하지 않다. 나는 알베르트 슈바이처의 위대한 두 영웅인 괴테와 바그너가 정확히 이 문제를 해결하려 노력했고 그들이 보았던 커져 가는 거짓 대립을 초월하려 애썼다고 생각한다.[133] 아주 단순하게 말하자면, 우리는 주관적 극단과 객관적 극단, 낭만주의적 극단과 합리주의적 극단이 다 필요하다. 우리에게 관념론적 극단과 경험주의적 극단 사이의 지속적인 대화가 필요한 것처럼 말이다(그런데 이 대화는 알이 먼저냐 닭이 먼저냐의 이야기처럼 출발점이 모호하다). 양극단이 모두 필요하다는 이러한 지식을 어떻게 설명할 수 있을까?

우리가 적절한 시기에 보다 자세히 다루겠지만, '사랑'은 사랑하는 대상의 **타자성을 인정하면서 동시에 칭송한다**(그 대상이 사람이건, 나무건, 별이건 상관없다). 그리고 사랑은 사랑하는 대상 자체를 원하지 자신의 희망이나 욕망이 투영된 피사체이기를 원하지 않는다. 사랑은 또한 이러한 앎에서 **적절한 기쁨을 누리며**, 냉정하기만 한 평가를 넘어 귀향과도 같은, 그리고 소속되

---

[132] 이것은 Iain McGilchrist가 저술한 *The Master and His Emissary: The Divided Brain and the Making of the Western World* (New Haven, Conn.: Yale University Press, 2009)의 논지와 정확히 일치한다. 즉, 좌뇌가 우뇌를 장악했다. 우리의 삶은 음악, 믿음, 비유, 사랑이 미미한 소수의 관심사에 불과한 정신분열적 문화가 되었다. 『주인과 심부름꾼』(뮤진트리).

[133] Schweitzer와 Goethe에 대해서는 예를 들어, T. X. Qu, '"In the Drawing Power of Goethe's Sun": A Preliminary Investigation into Albert Schweitzer's Reception of Goethe', in *Albert Schweitzer in Thought and Action*, ed. J. C. Paget and M. J. Thate (Syracuse, N.Y.: Syracuse University Press, 2016), pp. 216-233를 보라. Schweitzer는 1928년에 괴테 상(賞)을 받았다. 그는 아프리카 가봉의 랑바레네(Lambarene)에 살 때 괴테 전집을 갖고 있었고, 매년 부활절 기간마다 파우스트를 읽곤 했다. (Qu, "In the Drawing Power of Goethe's Sun'", p. 218).

어 있다는 감각으로 도약한다.[134] 이러한 의미에서 사랑은 그 안에 존재하는 다른 유형의 인지를 포함하고 기포드 강연과 관련된 논쟁을 비롯한 많은 논쟁을 재구성한다.[135]

물론 기독교 신학에서 사랑은 나사렛 예수 안에서 인간이 되었다. 그러나 이 주장은 그다음의 사고를 막아 버리는 방식으로 발전될 수 있으며, 혹은 역사적 근거가 없는 무차별적인 환상으로 조롱받을 수 있다. 그러나 나는 이 책에서 이러한 두 경향에 저항할 것이다. 앞 장에서 '자연신학'의 질문이 다루어져 온 사회적·문화적·정치적 정황에 대한 특별한 해석을 이미 제안했으므로, 우리는 다음 장에서 이 동일한 정황이 신약의 이해와 신약의 핵심 인물인 예수에 대한 역사적 구성을 어떻게 형성했고 종종 왜곡했는지를 다룰 것이다.

---

[134] 귀향과 같은 사랑에 대해서는, S. May, *Love: A New Understanding of an Ancient Emotion* (New York: Oxford University Press, 2019)을 보라.

[135] '확장된 인식론'(enlarged epistemology)에 대한 Bernard Lonergan의 제안에 대해서는 그의 저서, *Method in Theology* (London: Darton, Longman and Todd, 1972), pp. 28-56, 81-84, 155-265, 311-337를 보라. '사랑'을 지식의 핵심으로 논하는 것은 적어도 Aquinas까지 거슬러 올라간다. (나는 사도 바울까지 거슬러 올라간다고 본다.) von Balthasar는 이 논의를 그 누구보다 힘 있게 표현한다. 어떤 의미에서 이것은 적어도 Gadamer 이후 '해석학'의 전부를 뜻하며 'Descartes의 변함없는 개인 중심적 합리주의'에 반대하는 G. B. Vico로 회귀하는 것[이 표현은 Thiselton의 *Hermeneutics of Doctrine* (Grand Rapids: Eerdmans, 2007), p. xvii에 나온다]을 뜻한다. H.-G. Gadamer, *Truth and Method*, 2nd rev. edn. [London: Sheed and Ward, 1989 (1960)], p. 17, 그리고 I. Berlin, *Three Critics of the Enlightenment*, pp. 26-207를 보라. Berlin은 p. 206에서 다음과 같이 언명한다. 즉, 서로 다른 문화의 특수성에 대한 Vico의 주장으로 인해 '인간 본성에 대한 개념과 Descartes나 Spinoza, 또는 Voltaire나 Gibbon이 지지하는 실제 세계로 돌아가는 것이 불가능하지 않지만 어려운 일이 된다.' 그러나 대부분의 소위 '역사 비평'은 이 어려운 일을 해냈다.

2장

문제 있는 책

비평학과 복음서

도입: 혼란스러운 논쟁

1장에서는 지난 몇 세기 동안 소위 '자연신학'이라는 것에 관한 논쟁이 발생한 정황을 간단히 살펴보았다. (물론 '자연신학'에 대한 논의는 고대로 거슬러 올라가지만, 우리를 우려하게 만드는 것은 특정한 근대의 접근 방식이다.) 자연신학 논쟁은 중립적이지도 않고 공정하지도 않다. 어느 누구도 공정한 관점에서 하나님과 세상에 관해 묻지 않는다. 가장된 객관성은 순진할 뿐이다. 문화와 정치, 철학과 혁명의 더 큰 움직임은 우리가 제대로 (또는 '객관적으로') 설명할 수는 없지만 반드시 인정해야 하는 역사의 다차원적 현실 안에서 서로 연결되어 있다. 설명 불가능한 복잡성을 인정하는 것이 거짓으로 단순성을 가정하는 것보다 낫다. 우리는 이 소용돌이치는 요소들의 혼합 속에서 예수와 복음서에 대한 질문을 발견한다.

영국의 이신론자 매튜 틴달(Matthew Tindal, 1657-1733)과 아일랜드의 합리주의자 존 톨런드(John Toland, 1670-1722)는 이미 복음서에 관한 비판적 질문을 제기했었다.¹ 복음서에 대한 의문을 품은 것이 그들을 이신론으로 이끌었는지 아니면 그 반대인지, 또는 두 가지 모두 내가 1장에서 제안한 방식으로 더 넓은 17세기의 관심사를 통해 발생했는지에 관한 내용을 여기에서 조사하기는 어렵다.² 그러나 이것들로 인해 회의론자들에 대한 표준적이고 정통적인 대답이 훼손되었다. 회의론자는 세상에 개입하는 신에 의문을 제기했을 것이다. 정통론자는 하나님이 기적과 더불어 자신을 나사렛 예수 안에서 그리고 그를 통해 드러내셨으며 이것 외에 더 증명할 것이 없다고 반응했을 것이다. 따라서 누군가가 이신론을 그 종류와 상관없이 유지하려 한다면, 그는 복음서의 내용에 이의를 제기할 수밖에 없다. 이를 다른 말로 표현해 보면, 사람들이 복음서에 이의를 제기했을 때, 그들이 도망갈 수 있었던 유일한 곳은 이신론이었을 것이다. 어쨌든 흄과 다른 회의론자들은 우리가 보았듯이 기적을 비웃었다. 이러한 기조는 라이마루스와 사후 미완의 『유고』(*Fragments*)를 출간한 레싱에게 전수되었고, 이로 인해 예수와 복음서에 대한 수정주의적 주장이 보다 체계적으로 설명되었다.³

알베르트 슈바이처는 여러 문제에 있어서 옳았는데, 그중에서도 특히 라이마루스를 그의 저명한 예수 관련 독일어 저술 연대기의 머리글에 놓은 것은 옳은 일이었다.⁴ 예수에 관한 라이마루스와 레싱의 주장은 이신론의 전반적 의제—내가 앞에서 주장한 것처럼 이 단계에서 주변 문화의 에피쿠

---

1   자세한 내용을 더 큰 맥락에서 다루는, Reventlow, *Authority of the Bible and the Rise of the Modern World*, Part III를 보라.
2   Toland와 언어학 및 성경 비평의 관계에 대해서 그리고 Toland가 언어학 및 성경 비평에 미친 영향에 대해서는 다음의 연구를 참고하라. Luisa Simonutti, 'Deism, Biblical Hermeneutics, and Philology', in *Atheism and Deism Revalued: Heterodox Religious Identities in Britain, 1650-1800*, ed. Wayne Hudson, Lucci Diego and Jeffrey R. Wigelsworth (Farnham: Ashgate, 2014), pp. 45-62.
3   Reimarus와 Lessing에 대해서는 1장을 보라.
4   A. Schweitzer, *The Quest of the Historical Jesus: First Complete Edition*, ed. J. Bowden [London: SCM Press, 2000 (1906)], pp. 14-26.

로스주의의 영향을 크게 받았다―에서 중요한 요소로 의도되었기 때문에, 자연신학 관련 저술가들 중 이러한 문제를 다루는 사람들이 비교적 없다는 사실은 라이마루스와 레싱의 주장이 성공했음을 나타낸다.[5] 사실, '자연신학'은 일반적으로 예수에 관한 질문이 자동으로 제외되는 것처럼 설명되어 왔다. '자연신학'에 반대하는 사람들은 '기독론'을 자연신학 앞에 위치시킴으로서 이러한 인상을 강화시키고 있다.[6] 이러한 문제들은 지난 세기가 아닌 그보다 훨씬 이전으로 거슬러 올라가는 것으로 보인다. 일부 가톨릭 신학자들은 이미 16세기에 순전히 철학적 근거로 하나님의 존재에 대한 주장을 개진하고 있었고, 예수 또는 성령을 언급함으로써 이에 대해 단정 짓는 것처럼 보이지 않도록 주의했다.[7] 그러나 일단 이 모든 가정을 의문시하게 되면, 우리는 예수가 살과 피를 지닌 인간으로서 실제로 공간, 시간, 물질로 이루어진 '자연' 세계의 일부였고 따라서 예수와 자연을 떼어 놓는 것이 아무리 멋있어 보일지라도 '자연신학'을 둘러싼 질문으로부터 예수를 제외시킬 수 없음을 알게 될 것이다.

이러한 주장을 개진하는 일은 어려운데, 그 이유는 특히 이 문제가 양날

---

5   OHNT의 색인에는 '예수' 또는 '복음서'에 대한 항목이 없다. '기독론' 항목에는 바로 다음 각주에 있는 두 개의 해설을 포함한 간단한 언급만이 제시되어 있다.

6   우리는 Karl Barth가 Emil Brunner에게 보인 유명한 부정적 반응과 그의 1937년 기포드 강연[K. Barth, *Nein! Antwort an Emil Brunner* (Zurich: Theologischer Verlag, 1934)]을 통해 Barth가 후자의 범주에 있음을 발견한다. *The Knowledge of God and the Service of God according to the Teaching of the Reformation*, trans. J. L. M. Haire and Ian Henderson (London: Hodder and Stoughton, 1938). Russell Re Manning, 'Protestant Perspectives on Natural Theology', *OHNT*, pp. 197-212 (198-199)에 나오는 간단한 논의를 보라. T. F. Torrance는 이 점과 관련해 적어도 몇몇 저술에서 Barth의 주장을 따랐다. R. D. Holder, 'Natural Theology in the Twentieth Century', *OHNT*, pp. 118-134 (127-129)를 보라.

7   예를 들어, M. J. Buckley가 *At the Origins of Modern Atheism* (New Haven, Conn.: Yale University Press, 1987)에서 논하고 있는 L. Lessius와 M. Marsenne을 보라. 이 논의는 D. Edwards의 'Catholic Perspectives on Natural Theology', *OHNT*, pp. 182-196 (183-184)에 언급되어 있다.

의 검과 같기 때문이다. 한편으로, '하나님'을 은밀히 개입시키지 않기 위해 예수를 이 문제에서 제외시키려 하는 회의론자들이 존재한다. 그러나 다른 한편으로 예수에 대해 언급하는 것만으로도—특히 '그리스도'가 마치 '신적' 칭호인 양 예수를 언급할 때—그가 후광을 입은 듯한 인상을 줄 정도로 예수를 가현적 방식으로 생각하는 정통 교사 지망생들이 있다. 그렇게 되면 예수는 내포된 정의(definition)에 따라 거친 실생활에서 제외된다. 복음서가 아무리 예수를 실생활에 위치시키고 있다 한들 말이다. 이러한 현상은 예를 들어 1930년대 바르트처럼 '기독론'을 통해 '자연신학'을 피할 수 있다고 믿는 사람들에게 해당하는 듯한데, 이들에게 기독교 신앙의 '그리스도'는 공간, 시간, 물질에 속해 있던 예수와 직접적 연관이 없다. 그러나 이는 말씀이 '육신'이 되었다는 요한의 주장과 예수가 '모든 일에 우리와 똑같다'라고 주장하는 히브리서 저자의 주장에 정면으로 배치된다. 결국 예수는 회의론자들(관련 주장이 기독교적 결론으로 기울어질 것을 우려하는)과 정통주의자(관련 주장이 역사적 불확실성으로 변질되어질 것을 우려하는)들 모두에 의해 이 문제로부터 제외되어 왔다. 나는 이 책에서 다음과 같은 인기 없는 제안을 개진한다. 즉, 예수와 복음서에 대한 문제를 '자연신학' 논의 안으로 포함시킬 뿐 아니라 이러한 문제를 역사적으로 새롭게 조사함으로써 문제의 핵심에 이르는 새로운 방법을 찾기 위해—다시 말해, 도둑맞은 보물을 되찾으려면 용의 소굴로 들어가야 한다!—우리는 2세기 이상 이어져 온 예수와 복음서에 대한 연구를 모든 명백한 신학적 유용성에서 확실히 멀어지게 만든 요소들을 분명히 검토해야 할 필요가 있다.

 비평 학문이 자연신학을 포함한 여러 지속적인 신학 질문에 기여하는 가운데 복음서 및 예수와 어떤 관계에 있었는지에 대한 질문을 더 자세히 알아보기 전에, 한 가지 특별한 관찰을 반드시 해야 한다. 오늘날 영국 대중문화에서 대부분의 사람들이 알고 있는 유일하게 실제적인 신학 토론은 18

세기 중반 두 주요 진영 사이에 있었던 토론으로, 한 진영은 멀리 떨어져 존재하는 (아마도 이신론적) 하나님이 이따금 세상에 '개입한다'라고 주장했고, 다른 한 진영은 하나님이 개입하지 않는다고 주장했다. 이 토론은 이제 다음과 같은 표준 가정으로 수렴되었다. 즉, 그리스도인들은 (동정녀 탄생과 부활 같은) 이상한 일을 하는 하나님을 믿어야 하고, 반면에 하나님이 그런 이상한 일을 하지 않는다고 '알고 있는' 사람들은 비록 이 중 많은 이들이 여전히 개입하지 않는 신을 믿는다고 공언하지만 **사실상** 무신론자라는 것이다. 이러한 가정은 기자들이 예를 들어 새로 임명된 대주교들과 같은 교회 지도자들을 인터뷰하면서 그들이 정말로 동정녀 탄생과 육체의 부활을 믿는지에 관해 질문할 때 드러난다. 이 질문은 사람들이 예수에게 던졌던 유도 질문과 동일하게 작용한다. 이 질문을 받은 대주교는 순진한 근본주의자나 위험한 자유주의자 둘 중 하나로 비춰질 것이다.[8]

이제는 보편화된 문화적 가정(선택지는 개입하는 신과 개입하지 않는 신, 이 둘 중 하나)이 사회학자 그레이스 데이비(Grace Davie)의 유명한 인터뷰 내용에 반영되어 있다. '당신은 지상에서 일어나는 일들을 변화시킬 수 있는 신을 믿으시나요?'라는 질문에 데이비는 '아니요. 나는 그저 평범한 사람들이 그런 일을 한다고 믿어요'라고 답했다.[9] (그레이스 데이비의 시아버지이자) 시인인 도널드 데이비(Donald Davie)는 며느리의 이와 같은 반응을 다음과 같이 평했다.

---

[8] 이는 텔레비전 시리즈 〈네, 총리님〉(Yes, Prime Minister)에서 한때 묘사되었던 풍자로 축약된다. 극중 총리가 그의 아내에게 영국 국교회의 균형을 유지해야 한다고 설명한다. '무슨 균형이요?'라고 아내가 묻는다. '하나님을 믿는 사람들과 믿지 않는 사람들 사이의 균형이오'라고 총리가 답한다.

[9] Grace Davie, *Religion in Britain: A Persistent Paradox*, 2nd edn. [Malden, Mass.: Wiley Blackwell, 2015 (1994)]. Jeff Astley, *Ordinary Theology: Looking, Listening and Learning in Theology* (London: Routledge, 2002), pp. 45-46를 보라. 여기서 Astley는 Michael Langford와 Maurice Wiles가 다른 종류의 비간섭적 이신론을 대표한다고 논한다.

평범하지만

기만당하지 않는 신자는,

결과적으로는 선하지만

한편은 다른 곳에 정신이 팔려 있는 지주에게서

그 어떤 즉각적인 보상을 기대하지 않는다.

이 비유는 지주인 하나님이 비록 이 땅에 부재하는 것은 아닐지라도 '다른 곳에 정신이 팔려 있다'고 말한다. 이처럼 '도덕적이고 치유적인 이신론' 안에서[10] 하나님은 우리의 행동 방식에 관심을 보이신다. 이런 하나님을 믿는 것은 적어도 장기적으로 우리에게 유익할 수 있다. 그러나 이런 하나님은 개입하시는 하나님이 아니다. 이 하나님은 '다른 곳에 정신이 팔려 있다.' 당신이 길거리의 누군가에게 하나님을 믿는지 묻는다면, 그 사람은 당신이 바로 이러한 하나님에 대해 묻고 있다고 가정할 것이다. 당신은 이와 관련해 성경의 좋은 예, 즉 예수가 배에서 잠을 잤던 사건을 떠올릴지도 모른다. 그러나 이 사건의 요점은 예수가 잠에서 깨어나 폭풍을 잠잠케 했다는 것이다. '자연'과 '초자연'의 대립에서 둘 중 하나를 택해야 한다는 유명한 가정은 사실 그것이 내세우는 증거와 부합하지 않는다.

폭풍우를 잠재우는 것은 '평범한 신'이 하는 일이 아니다. 그래서 라이마루스와 다른 이들은 항의했다. 그들은 복음서가 부분적으로는 원래 정치적으로 혁명적이었던 메시지를 숨기기 위해 (라이마루스는 에피쿠로스주의 시대뿐만 아니라 혁명 시대를 살았던 인물이다) 그리고 '하나님'으로 불리는 한 존재가 '예수'로 불리는 사람으로 구현되어 초자연적인 속임수를 사용해 입증했다는 새로운 종교의 출범을 위해 기록되었다고 주장했다. 따라서 동정녀 탄생

10　Christian Smith의 이론에 대해서는 1장을 보라.

과 빈 무덤에 대한 의문이 제기되었다. 18세기의 이러한 움직임을 반영하는 근대 대화에는 '참 기독교,' 즉 특정 방식을 통해 실제로 '개입하는' 하나님을 믿는 것과 (1세기 유대 세계가 이해했던 '초자연'의 의미에 반하는) '초자연적' 의미에서 예수를 '아들'로 둔 하나님을 믿는 것이 무엇을 의미하는지를 우리가 잘 알고 있다는 가정이 전제되어 있다. 사람들이 한편으론 '자연신학'을 조사하고, 다른 한편으론 복음서를 조사할 때, 다음과 같은 질문이 바로 그들이 시험해 보려는 것이라고 흔히 가정된다. 그러한 '하나님'이 실제로 존재하는가?

나는 이처럼 저급한 영국의 신학적 교착 상태가 얼마나 많은 나라에서 답보되고 있는지 알지 못한다. (기포드 경이 자신의 이름을 붙인 강연을 시작한 것도 물론 영국의 이러한 정황하에서였다.) 그러나 영국의 신학적 교착 상태는 적어도 1800년부터 2000년까지 독일에서 일어났던 논쟁—이 논쟁들은 의문이 제기되는 방식을 형성하는 데 거대한 영향을 미치고 있다—과는 거의 관계가 없다. (영국의 신학적 교착 상태는 1세기 유대교 세계와도 거의 관계가 없다. 하지만 이 중요한 내용은 5장에 이를 때까지 잠시 제쳐 두어야 한다.) 하나님과 세상, 그리고 예수와 복음서에 관한 독일의 논쟁은 언제나 훨씬 크고 복잡한 논의의 일부였다. 이같은 논의는 칸트와 헤겔의 거대한 구상에 의해 그 틀이 잡혔고, 그 기간 내내 유럽을 휩쓴 격동의 정치 운동에 의해서 뿐만 아니라 셸링(Schelling), 쇼펜하우어(Schopenhauer), 포이어바흐(Feuerbach)를 비롯한 다른 사람들의 여러 제안에 의해서도 이리저리 끌려다녔다. 영국은 그것을 이해하지 못했다. 영국인들은 제국을 경영하고 해상을 지배하는 데 너무 바쁜 나머지 이러한 것들에 신경 쓸 여력이 없었다. 슈바이처는 자신의 저서 『라이마루스에서 브레데까지』(*Von Reimarus zu Wrede*)를 통해 예수에 관한 문헌을 폭넓은 정황에서 연구했다. 이 책의 영역본 제목은 『역사적 예수 탐구』(*The Quest of the Historical Jesus*)로, 이 제목에는 슈바이처가 이 책을 통해

'사실을 파악하려 애쓴다'는 가정이 반영되어 있다.[11] 그러나 현실은 이보다 훨씬 복잡했다. 슈바이처는 (영어 제목이 암시하는 것처럼) 어딘가에서 '잃어버린' 예수를 '찾으려고' 애쓰지 않았다. 그것은 미묘하게 다른 문제였다. 슈바이처가 조사한 저자들과 슈바이처 자신 그리고 불트만, 케제만(Käsemann) 같은 이후의 저자들은 '사실 확인을 위해' 예수를 '찾거나' 또는 '입증하려는' 유사 실증주의적 시도에 관여하지 않았다. 그들이 벌인 예수 조사는 더 큰 문화적 전체의 일부분으로, 독일 교회 그리고 독일 교회가 사회적·문화적·정치적 문제와 갖는 갈등 관계와 관련이 있었다. 나의 요점은 이것이다. 즉, 앵글로색슨 세계는 이 더 큰 문화적 전체를 일상적으로 무시했는데, 그들은 독일인들이 철저한 역사 비평가들이므로 분명 중립적 혹은 실증주의적 의미에서 '사실을 파악하려' 애쓰고 있을 것이라고 가정했다.[12] 따라서 북해(the North Sea)는 레싱의 '넓고 추한 도랑'으로 작용했다. 영국인들은 역사의 상대적 진리를, 독일인들은 이성의 영원한 진리를 찾고 있었다.

물론 이렇게 말하는 것은 지나친 단순화이지만 그럼에도 시사하는 바가 있다. 앵글로색슨계(界), 그중에서도 특히 이러한 결론에 동의하는 사람들은 독일의 문화 환경 내에서 개진된 제안에 '귀를 기울였다.' 이러한 '결과'를 결정하고 방어할 수 있는 것은 논쟁이 아니라 영국 신학자들 및 비평가들이 그들의 사회적 우월 의식에서 가져온 독특한 종류의 경멸이다. 위대한 독일인들의 '확실한 결과'에 의문을 제기하는 것은 고급 레스토랑에 청바지와 티셔츠를 입고 나타나는 것과 같을 것이다. 당신이 상석에 앉고자 한다면, 예의를 익히는 것이 좋다. (예수가 실패한 유대 혁명가였다는) 라이마루스의

---

[11] Schweitzer의 최근 전기 작가 N. O. Oermann은 이 점을 간과한 것으로 보이는데, 그는 그 책을 그것의 영어 제목으로 간단히 언급한다. Schweitzer의 *Quest* 2000년도판 pp. xiv, xxii 에 실린 D. E. Nineham의 '전집 서문'을 보라. 다른 곳에서와 마찬가지로 Nineham은 완전한 의미를 파악하지 못한 것 같다.

[12] von Ranke의 (그릇된) 실증주의에 대해서는 3장을 보라.

이의 제기와 (예수가 실패한 종말론적 예언자였다는) 슈바이처의 이의 제기는, 비록 흥미롭게도 양립할 수 없지만, 예수에 관한 복음서의 내용이 틀렸다는 부정적 성향의 '확실한 결과'를 만들어 내기에 충분했다. 결국 실제 예수와 복음서가 만들어 낸 예수가 달랐다는 것이다. 따라서 비성경적으로 '재구성해 본', 또는 적어도 다시 생각해 본 예수의 모습은 복음서의 예수와 다르다. [기번은 그보다 앞선 틴달(Tyndall)과 톨런드와 마찬가지로 종말론적 사항을 언급했지만, 이러한 언급이 전에는 실제로 유효하지 않았다.[13] 그들의 이신론을 추종했던 라이마루스조차 예수를 실패한 종말론적 예언자가 아닌 실패한 메시아적 혁명가로 보았다.] 그렇다면 다른 설명이 필요하다. 빌리암 브레데(William Wrede)도 이 필요성을 느끼고 지금도 인기를 끌고 있는 그의 독창적인 (어떤 이들에게는 기괴한) 그러나 오래된 '메시아 비밀' 이론을 제안했다. 이 이론에 의하면 예수는 자신을 메시아로 생각하지 않았으므로 마가는 예수가 메시아라는 주장과 그 주장을 비밀로 하라는 명령을 만들어 낼 수밖에 없었다. 불트만도 같은 필요성을 갖고서 양식 비평에 관한 것들을 제안했다. 불트만은 예수에 대한 브레데의 이해를 전제로 삼고, 이러한 이해에 적합한 초기 교회의 이야기 습관 이론을 발전시켰다.[14]

따라서 북해의 양쪽 진영 모두 '이 학자들이' 엄격한 역사 연구를 통해 18세기 이신론자들의 편에 서 있다고 가정했다. 과학은 진화를 입증했다. 과학적 경제는 자유방임 정책을 주장했다. 과학적 역사 편찬은 개입하지 않

---

13 예를 들어, E. Gibbon, *The Decline and Fall of the Roman Empire*, vol. 1 (London: Frederick Warne, n.d.), p. 347를 보라.
14 Wrede에 대해서는 *JVG*, pp. 28-29, 478를 보라. C. Tuckett, ed., *The Messianic Secret* (London: SPCK, 1983)의 논의도 보라. Schweitzer는 Wrede를 비판하지만(*Quest*, chs. 19-20), 유사한 발전 도식을 사용해 복음서 기자들의 후기 소설이 아닌 예수의 마음에 그것을 둔다(*Quest*, ch. 21). Bultmann과 그가 주장한 양식 비평의 근거에 대해서는, *The New Testament and the People of God*, Christian Origins and the Question of God 1 (London: SPCK, 1992, 이하 *NTPG*, 『신약성서와 하나님의 백성』, CH북스), ch. 14과 *JVG*, pp. 113-114를 보라. Wrede의 견해에 대한 상세 내용은 *JVG*, ch. 2 전반을 보라.

는 하나님을 입증했다. 과학적 복음서 연구는 복음서가 대체로 허구임을 보여 주었다. 한편 성육신, 기적, 부활 그리고 나머지 모든 것을 액면 그대로 받아들이는 '단순한 신자들'은 여전히 18세기 초 또는 '중세' 시대(오늘날 중세 시대라는 표현은 언제나 어리석은 논쟁과 결부되어 사용되고 있다)에 살고 있는 것처럼 보였다. 이처럼 그릇된 대조는 창조 및 진화를 비롯한 모든 종류의 다른 이슈들이 잘못되고 손상된 양극화를 통해 섞여 있는 '문화 전쟁'의 측면에서 오늘날까지 진행되고 있는데, 이러한 현상은 특히 미국에서 뚜렷하다.

우리가 다면적 '탐구'에 뛰어들면서 이 모든 것은 위태로워진다. 이 탐구는 예수에 대한 보도 및 복음서가 하나님과 세상에 대한 더 큰 질문을 반영하고 통제하는 방식을 경계한다.

소위 역사적 예수 탐구는 근대 성경 비평의 복잡한 세계의 일부였다. 이 탐구는 적어도 두 개의 매우 다른 요소를 결합시켰다.

(1) 첫째, 종교개혁가들과 그들의 추종자들은 성경의 '원래 의미'에 호소하며 이 원래 의미가 이후의 추측과 '전통'의 축적과 반대되는 '진정한' 초기 기독교 신앙의 핵심 증거라고 주장했다. 중세 시대나 많은 이들의 증언처럼 16, 17, 18세기의 고리타분하고 부패한 교회에서 발견되는 것보다 더 순수하고, 더 참된 형태의 신앙을 찾기 위한 노력이 루터에서부터 웨슬리, 그리고 그 너머에 이르기까지 계속되었다. 따라서 성경은, 적어도 이론상으로는, 교회 생활에 있어서 점점 더 많은 비중을 차지하게 되었다. 이처럼 성경의 '원래 의미'가 탐구된 이유는 기독교 신앙을 입증하고 기독교 신앙에 방향을 제시하기 위해서였다.

(2) 그러나 '원래 의미' 탐구와 불편하게 얽혀 있지만 매우 다른 운동이 존재했다. 이 운동은 '원래 의미'에 대한 합리주의적 혹은 회의론적 호소로, 원래 의미가 초기 기독교 신앙과 이 초기 기독교 신앙을 되찾

고자 하는 근대 유럽의 모든 시도를 **훼손하는** 핵심 증거라고 주장했다. 따라서 교회를 **회생시켜 줄** 성경의 원래 의미에 대한 개신교의 충동은 교회를 **훼손할 수** 있는 성경의 원래 의미에 대한 회의적 탐구를 지지하는 용도로 이용될 수 있었다. 역사는 독단적인 기독교의 거짓을 폭로할 것이다. (많은 사람들이 그렇게 추측했다). 그것은 교회의 부패와 억압에 맞서 싸우고 종교 전쟁을 '관용'으로 대체할 뿐 아니라, 기독교 자체를 포함한 '미신'을 과학적 합리성으로 대체할 것이다.

종교개혁가들과 합리주의자들은 중세 기독교와 그것의 지속된 유산에 반대했으므로, 이 두 부류의 서로 완전히 다른 임무는 우연히 그러나 효과적으로 결합되었다. 이로 인해 개신교의 열정과 스타일이 회의주의적 임무와 결합되어 대체로 비역사적인 플라톤적 이상주의로 기독교 신앙을 고수하고자 했던 개신교인들이 등장하게 되었다. 이 현상이 당신을 혼란스럽게 만드는가? 실제로 이 현상은 과거에도 사람들을 혼란스럽게 만들었고 지금도 혼란스럽게 만들고 있다. 그러나 유럽 대륙 학계에 만연했던 이러한 혼란은 영국(그리고 미국)이 다음과 같은 효과적인 실증주의적 질문들에 회귀함으로써 완화되었다. 그 사건이 정말 발생했던 걸까? 복음서의 내용은 '사실'일까?

그다음 이야기는 일부 성서학 역사에서 발견되는 것과 완전히 다른 것으로, 이 일부 성서학 역사는 '확실한 결과'에서 다른 확실한 결과로 이어지는 과학적 진전을 예상한다.[15] 이 이야기가 다른 수단을 통해 사회적·문화적 의제를 추구할 때 발생하는 소음은 훨씬 더 혼란스럽다. 이는 서

---

15   예를 들어, 1장에 인용되어 있는, Kümmel, *New Testament*, and Baird, *History of New Testament Research*를 보라.

구 문화에서 좌뇌가 우뇌의 기능을 강탈함에 따라 이언 맥길크리스트(Iain McGilchrist)가 묘사하는 관점의 축소도 가져온다.[16] 따라서 우리는 예수의 부활과 같은 믿음의 핵심 요소를 부정하는 합리주의자들과, 다른 수단을 통해 믿음의 핵심 요소를 대체하려는 몽상가들[에르네스트 르낭(Ernest Renan)이 다비트 프리드리히 슈트라우스(David Friedrich Strauss)에게 보인 반응을 생각해 보라]을 만나게 된다.[17] 우리는 헤겔 철학의 우익과 좌익 사이의 논쟁이 (a) 리츨 같은 자유주의자들과 보수 성향의 19세기 구속사 옹호자들의 '진보' 이론,[18] 그리고 (b) 슈바이처와 스위스의 유명한 마르크스주의자 칼 바르트의 혁명적 종말론 제안,[19] 이 둘 사이의 암묵적 냉랭함 가운데 소진되고 있음을 발견한다. 어리둥절한 앵글로색슨 학생들에게 근대 역사 비평 연구의 견실하고 확실한 결과로 가르쳐진 이 모든 것은 예수와 그의 첫 제자들에 대한 실제 연구가 '자연신학'(하나님에 대한 사실을 발견하려는 시도)의 신학적 재구성뿐만 아니라 상당히 아이러니하게도 기독론(예수 그리스도에 관한 진실을 말하려는 시도)의 신학적 재구성에서도 중대한 역할을 맡는 것을 점점 더 어렵게 만들고 있다. 그리스도—종종 역사와 무관한 형이상학적 실체의 속칭—를 예수에 대한 한마디 언급 없이 말한다는 것은 공상에 이르는 지름길이 될 수 있다.[20] 나는 여기서 예수 연구가 기독교 신학을 설명하는 더

---

16 McGilchrist, *Master and His Emissary*와 그의 신약학계 분석의 진실에 관해서는 나의 취임 강연 논문, 'Imagining the Kingdom: Mission and Theology in Early Christianity', *SJT* 65.4 (2012), pp. 379-401를 보라(이 논문은 곧 출간될 논문집에 실릴 것이다).
17 Strauss와 Renan에 대해서는, Schweitzer, *Quest*, chs. 7-9, 13을 보라.
18 19세기 구속사 이론에 대해서는, R. W. Yarbrough, *The Salvation Historical Fallacy? Reassessing the History of New Testament Theology* (Leiden: Deo Publishing, 2004)를 보라.
19 Barth의 초기 마르크스주의 동조는 그를 '자펜빌(Safenwil)의 빨갱이 목사'로 불리게 만들었다. 예를 들어, E. Busch, *Karl Barth: His Life from Letters and Autobiographical Texts* (Grand Rapids: Eerdmans, 1994)와 K. Barth and E. Thurneysen, *Revolutionary Theology in the Making: Barth-Thurneysen Correspondence, 1914-1925* (London: Epworth, 1964)를 보라.
20 물론 논란의 여지가 있겠지만 이와 관련된 적절한 예는 엑스트라 칼비니스티쿰(*extra*

큰 임무, 특히 창조 세계에서 창조주에 이르는 추론을 하는 '자연신학'에 더 초점을 맞춘 임무에 있어서 핵심 요소라고 주장하고 있다. 그러므로 우리는 대안을 찾기 전에 무엇이 일어나고 있는지, 왜 그런지 살펴보아야 한다.

내가 이 장에서 특히 주장하고 싶은 것은 문자 그대로 임박한 '세상의 종말'을 예수와 그의 초기 제자들을 비롯한 1세기 유대인들의 핵심 신앙으로 간주하는 생각이 일종의 근대 신화라는 것이다. '종말의 예수'는 예수를 신학적 설명에서 배제해야 한다는 주장의 핵심 부분이 되었다. 루돌프 불트만이 기포드 강연과 다른 곳에서 주창했고 그의 추종자들이 오늘날까지 강조하고 있는 입장의 핵심 부분인 것처럼 말이다.[21] 그러나 이것은 신화다.

물론 상당히 논쟁적인 '신화'라는 용어를 통해 가리키는 것은 '사실이 아닌 이야기'라는 대중적 의미뿐만 아니라 공동체의 공통된 삶과 목적에 대한 특정한 관점을 유지하기 위해 공동체가 전하는 이야기가 가진 보다 기술적인 의미도 있다.[22] 이러한 신화에는 종종 일종의 의식이 수반된다. 이 경우 '당연히 예수는 항상 세상의 종말을 예상하셨다'라는 반복된 중얼거림이 있다. 뒤이어 '그래서 우리는 전통 신학을 재고해야 한다' 또는 '그래서 우리는 바울의 윤리를 상대화할 수 있다'라는 회중의 선택적 반응이 따르며, 사람들이 계몽 운동 이전에 믿었던 이상한 것들을 머리를 흔들며 부정

Calvinisticum)으로 알려져 있는 유명한 기독론적 입장이다. 이 입장에 의하면 예수가 이 땅에 있는 동안 로고스는 하늘에 남아 있었다.

[21] 이와 관련된 최근의 분명한 예로 D. W. Congdon의 다음 두 저서를 들 수 있다. *The God Who Saves: A Dogmatic Sketch* (Eugene, Ore.: Cascade, 2016)와 보다 짧은 분량의 *Rudolf Bultmann: A Companion to His Theology* (Eugene, Ore.: Cascade, 2015). 또는 Jüngel의 성령론에 관한 그의 소논문, 'The Spirit of Freedom: Eberhard Jüngel's Theology of the Third Article', in *Indicative of Grace—Imperative of Freedom: Essays in Honour of Eberhard Jüngel in His 80th Year*, ed. D. R. Nelson (London: Bloomsbury/T&T Clark, 2014), pp. 13-27, section III도 보라.

[22] '신화'의 다양한 의미에 대해서는 특히, A. C. Thiselton, *The Two Horizons: New Testament Hermeneutics and Philosophical Description with Special Reference to Heidegger, Bultmann, Gadamer and Wittgenstein* (Grand Rapids: Eerdmans, 1984), pp. 252-258를 보라. 『두 지평』(IVP).

하는 엄숙하지만 잘난 척하는 행위도 뒤따른다. 이 모든 일련의 행위는 사실 제거되어야 할 금기다. 잔치를 원하는 탕자들은 당장 집으로 돌아와야 한다.[23]

19세기 말 요하네스 바이스(Johannes Weiss)와 알베르트 슈바이처라는 선구적인 두 명의 젊은 독일 학자들이 다음과 같은 숨겨진 진실, 즉 유대교의 '종말론' 문헌들이 세상의 종말을 예언하고 있었고, 예수는 이러한 견해를 공유하고 있었으며, 그의 실망스러운 죽음 이후에 그를 따르는 이들이 동일한 메시지를 지속해서 전했다는 것을 우연히 발견했다는 것이 20세기 서구 학계의 주류 견해다. 이번에는 예수의 **재림**(*parousia*)이 대상이 되었지만, 이것은 여전히 임박한 것으로 예상되었다.[24] 이 기대 역시 실망스러운 희망에 그치고 말았다.

바이스와 슈바이처의 '발견'에 관해 우리가 물어야 하는 질문은 이것이다. 왜 이 발견이 그토록 빨리 인기를 얻었을까? 왜 이 발견은 불과 십수 년 만에, 적게는 독일 학계에서 그리고 많게는 영미 학계에서 그 정통성을 인정받게 되었을까? '바이스와 슈바이처가 세상의 종말을 실제로 예언한 문헌들을 발견했기 때문에'가 이 질문들에 대한 답은 아니다. 이 두 학자 중 어느 한 사람도 사회적·문화적·언어적 맥락에서 관련 유대 문헌을 광범위하고 신중하게 역사적으로 연구했다는 증거가 없다. 만약 그들이 그렇게 연구

---

[23] 나는 나의 소논문, 'Hope Deferred? Against the Dogma of Delay', Early Christianity 9.1 (2018), pp. 37-82에서 내가 피력하고 있는 주장의 상당 부분을 여기와 4장에서 재사용한다. 내가 반대하는 사고방식의 분명한 예는 슈바이처의 현대판 *Quest*에 실린 Nineham의 서문이다(앞을 보라).

[24] 예를 들어, A. Schweitzer, *The Mysticism of the Apostle Paul*, trans. William Montgomery [London: A&C Black, 1931 (1911)], pp. 23-25를 보라. 여기서 Schweitzer는 바울의 '신비주의'가 헬레니즘의 여러 신비주의와 달리 '세상의 종말에 대한 기대'와 융합되어 있었고(p. 24), 바울이 '예수의 죽음과 부활로 인해 공중 권세의 지배가 끝나고 자연 세계의 종말이 야기된다'고 생각했다고 제안한다. Schweitzer의 이 제안은 예수의 재림이 오랜 시간 지체될 수 없음을 의미한다(p. 325). W. Wrede, *Paul*, trans. Edward Lumis [London: Philip Green, 1907 (1904)], 예를 들어 pp. 47, 105를 보라.

를 했다면, 그들은 자신들의 종말론적 이해가 문자에 얽매인 순진한 실수였음을 깨달았을 것이다. 이러한 실수는 이사야가 어두워진 태양과 달 그리고 하늘에서 떨어지는 별들을 언급하며 바빌론의 멸망을 묘사할 때, 그가 정말로 하늘에서 볼 수 있는 천체 사건을 이야기하고 있다고 생각하는 것과 같은 실수다. 클라우스 코흐(Klaus Koch)가 여전히 매우 중요한 그의 논문에서 지적하고 있듯이, 서구(특히 독일)의 신학 및 해석은 당시 유대교의 종말론 문헌에 대해 매우 무지했었다.[25] 그런데 왜 갑자기 근대 신화에 뛰어들게 된 걸까?

　이 질문에 답하고 '지연된 희망' 신화를 풀어내기 위해 우리는 특정 핵심 저자들에게서 발견되는 혼란의 뿌리를 신속히 살펴봐야 한다. 우리의 기본 요점은 다음과 같다. 우리가 1장에서 살펴본 지적·문화적 논쟁들은 예수를 인지하는 방식에 중대하면서도 해로운 영향을 끼치고 있다. '지연된 재림' 신화(delayed parousia myth)가 바로 그 대표적 예다. 이 신화가 지속되는 한, 예수를 '자연신학' 또는 일반 조직신학의 질문 안으로 끌어들이려는 희망은 사라지게 될 것이다. 그러나 이 신화가 어떻게 발생했는지 이해하려면, 지속적인 학문 논의의 중요 순간들을 재빨리 살펴봐야 한다.

슈트라우스에서 케제만까지: 역사, 종말론, 신화

D. F. 슈트라우스

우리는 이미 헤르만 자무엘 라이마루스를 18세기 상황화의 일부로 소개했다. 이제 매우 다른 인물로 시작하려 한다. 위키피디아(Wikipedia)는 다비트

---

[25] K. Koch, *The Rediscovery of Apocalyptic: A Polemical Work on a Neglected Area of Biblical Studies and Its Damaging Effects on Theology and Philosophy* (London: SCM Press, 1972), ch. 1. 나의 *PRI*, ch. 6, 특히 pp. 136-137를 보라.

프리드리히 슈트라우스(1808-1874)가 신성이 없는 '역사적 예수'를 주장했다고 이상하게 소개한다. 이것이 바로 내가 방금 제시한 요점, 곧 독일어의 맥락 및 의미를 오해하는 영어의 실수를 보여 주는 전형적인 예다. 실제로 슈트라우스는 한 정교한 사례에 대해 논증했는데, 이 사례는 이상주의 철학에 기초하면서 독일이 고대 신화에 가진 광범위한 흥미에 뿌리를 두고 있다. 그의 요점은 복음서를 더 큰 진리의 '신화화'로 간주해야 한다는 것이다. 바로 북유럽 신화 또는 게르만 신화가 고대 신들과 그들의 방식에 대해 이야기할 때 세상과 인간의 조건에 대해 거대하면서 제멋대로 뻗어나가는 진실을 말하는 방식처럼 말이다. 슈트라우스는 특히 헤겔 변증법을 복음서에 적용하면서 초기 기독교 운동에 상반된 힘이 작용했고, 이 초기 기독교 운동으로부터 헤겔 변증법의 합(Hegelian synthesis)에 해당하는 보다 고차원의 종교적 진리가 등장했을 것이라고 주장했다. 그는 또 복음서가 희망과 믿음을 전설로 구현한 기록물로서 복음서 공동체가 그 발달 단계에 이러한 희망과 믿음을 갖게 되었다고 주장했다. 슈트라우스는 사건이 아닌 사상이 일반 종교와 특정 종교인 기독교를 구성한다고 보았으므로, 이러한 주장은 (그의 생각에) 문제가 되지 않아야 했다. 중요한 사상은 여전히 존재했고 온전했다. 이 사상은 실제 사건에 근거할 필요 없이 그 자체로 존립이 가능했다. 슈트라우스는 자신의 1840년 연구를 통해 이 사상을 독단적 방식으로 설명했다.[26]

내가 위키피디아의 요약을 언급한 이유는 이 요약이 내가 이미 언급한 독일식 사고와 영어식 사고 사이에 발생하는 이해의 차이를 예시하기 때문이다. 슈트라우스가 예수의 신성을 부정한다는 위키피디아의 언급은 존 힉

---

26   D. F. Strauss, *Die christliche Glaubenslehre in ihrer geschichtlichen Entwicklung und im Kampfe mit der modernen Wissenschaft*, 2 vols. (Tübingen: C. F. Osiander, 1840).

(John Hick)과 그의 동료들이 1977년에 출간한 『성육신 하나님의 신화』(*The Myth of God Incarnate*)가 영국 독자들을 범하게 만든 동일한 실수를 범하고 있다. 보통 사람들에게 책 제목에 나오는 '신화'라는 단어는 '사람들은 예수를 성육신한 하나님으로 믿었지만 이제는 그것이 사실이 아님을 안다'를 의미한다. 이 지나친 단순화는 지금은 소멸된 예수 세미나(Jesus Seminar)의 모체인 미국 웨스타 연구소(American Westar Institute)에 의해 지속되었는데, 이 연구소는 '다비트 프리드리히 슈트라우스 연구 기금'(Order of David Friedrich Strauss)을 제정해 슈트라우스가 개척한 복음서 및 신조 연구에 역사 비평 방법을 '엄격하게' 적용한 학자들을 치하했다. 사실 슈트라우스가 살던 시대에는 (오늘날에도 그런 것이 하나도 없는 것처럼) '역사 비평 방법'이라 부를 수 있는 것이 없었다. 슈트라우스는 다음 장에서 볼 수 있듯이 역사 비평 방법에 포함되는 그 어떤 주류 활동(실질적인 역사적 조사, 역사적 서술 집필)도 하지 않았다.

물론 '복음서의 사건들이 실제로 발생했는가?'라는 질문을 갖고 슈트라우스에게 접근한다면, 그는 예수 세미나와 동일하게 답할 것이다. 그러나 그것은 그의 주요 목적이 아니었다. 나는 슈트라우스가 자신의 제안을 훨씬 더 긍정적으로 보았다고 생각한다. 그는 '초자연주의자들'에 대한 반대 못지않게 합리주의자들을 반대했다('예수 세미나'는 영감과 방법에 있어서 정확히 합리주의적이었다). 그는 믿음을 사소한 것으로 만드는 것, 특히 복음서를 단순히 일어난 사건을 기록한 사본으로 가정하는 순진한 신심에서 벗어나려 애썼다. 그의 목적은 (합리주의자들과 함께) '그 어떤 중요한 것도 여기서 발견되지 않는다'라고 말하는 것이 아니다. 그는 자신의 독자들에게 신화적 외관에 반영된 초역사적 진리의 광대한 영역에 대한 숙고를 요청하고 있었다. '신화'는 19세기 중반 독일에서 매우 유행했는데, 사람들은 신화를 통해 그리스 비극 작가들처럼 사건과 인간 동기의 **내면**을 두루 관련된 방식으로 탐구할 수 있었다.[27] 슈트라우스는 다음과 같이 주장하며 일종의 탈 레싱 운동(post-Lessing move)을 펼쳤다. 역사적 가능성은 잊고 영원한 진리로 직행하라.

물론 100년 후에 루돌프 불트만이 '신화'를 여러 다른 의미로 혼란스럽게 만들어 놓은 것은 사실이다.[28] 나는 슈트라우스가 불트만과 동일한 방식으로 신화의 의미를 어지럽혔다고 생각하지 않는다. 그는 1세기 팔레스타인에서의 실제 사건과 다소 무관한 이상주의적 기독교 신앙에 호소했다. (분명히 밝히지만, 여기서 '이상주의'라는 말은 '공상적 또는 비실제적'이라는 뜻이 아니라 **철학적**으로 '이상주의'라는 뜻이다. 다시 말해, 역사적 사건을 단순히 시간을 초월한 또는 절대적 원칙으로 간주하는 것, 또는 '자유'나 '정의'와 같은 관념 자체를 역사적 사건의 전개 과정의 주요 원인 또는 원동력으로 간주하는 것을 말한다. 이것이 꼭 완전한 플라톤주의적 방식을 의미하는 것은 아니지만, 1세기 사건에 기초한 신앙을 포기하고 다른 곳에서 그 '근거'를 찾는 일은 영원하고 무한한 '사상'과 가변적이고 덧없는 물질세계를 플라톤주의적 방식으로 분리하는 것과 매우 유사하다.) 바로 이 지점에서 슈트라우스는 신칸트주의적 이상주의자(neo-Kantian Idealist) 그 자체인 불트만을 고대한다. 슈트라우스와 불트만은 둘 다 웨스타 연구소와 '초자연적' 변증가들이 생각했던 그러한 합리주의자 또는 '자연주의자'가 아니었다. 그들은 철학적 이상주의자들이었다.[29] 그들은 더 큰 에피쿠로스주의의 틀 내에서 발생한 플라톤주의적 전환의 한 측면을 나타낸다. 그들에게 하나님과 세상은 여전히 완벽하게 구별되었다. 그러나 플라톤 또는 플라톤과 같은 그 무엇으로 인해 하나님과 세상의 간극이 메워질 수 있었다. 만약 이것이 '역사 비평'에

27   B. Magee, *Wagner and Philosophy* (London: Penguin, 2001)를 보라. 그리고 이 책 3장을 보라. 『트리스탄 코드』(심산).
28   다시 한번, A. C. Thiselton, *Two Horizons*, pp. 252-263를 보라.
29   이 내용을 예를 들어, D. W. Congdon, *The Mission of Demythologizing: Rudolf Bultmann's Dialectical Theology* (Minneapolis: Fortress, 2015), pp. 407-431와 대조해 보라.

의해 의심받는 세속적 사건을 제쳐 두거나 '신화'로 바꿔야 한다는 것을 의미한다면, 그들은 그렇게 해야 했다.

알베르트 슈바이처

우리는 이제 1830년대 슈트라우스에서 1890년대와 1900년대 초의 알베르트 슈바이처로 이동한다. 그리고 바그너와 니체가 '신화'에 대해 강조한 내용에 잠시 주목할 것이다.[30] 바그너와 니체로부터 깊은 영향을 받은 슈바이처는 바흐(Bach)에 관한 비범한 저술에서 평생에 걸친 아프리카 의료 선교에 이르기까지 매우 다양한 이유로 유명하다. 그러나 우리에게 중요한 것은 예수와 그의 첫 제자들이 세상의 임박한 종말을 기대했다고 그가 믿었다는 점이다.[31]

여기서 슈트라우스와 라이마루스의 경우와 마찬가지로 흥미로운 점 중 하나는 원래의 종말론 제안과 관련된 문화적·철학적 정황과, 종말론 개념에 대한 앵글로색슨 세계의 편협한 실증주의적 수용 사이에는 현저한 차이가 존재한다는 것이다.[32] 그러나 핵심 요점은 이 종말에 대한 제안이 우리가 이미 간단히 살펴본 복잡한 문화적·철학적 세상에서 태동했고 또 그러한 세상의 일부로 열심히 전파되었다는 것이다. 그것은 1세기 문헌에 대한 역사적 연구의 '확실한 결과'가 아니었다.

이 점을 지적하기 위해 특히 두 가지 요소를 반드시 고려해야 한다. 첫

---

30 최근에 발표된 C. Grottanelli, 'Nietzsche and Myth', History of Religions 37.1 (1997), pp. 3-20를 보라. 이 소논문은 '신화'에 대한 Nietzsche의 변화된 태도를 다루고 있고, 신화에 대한 Nietzsche의 변화된 태도가 Wagner에 대한 Nietzsche의 변화된 태도와 어떻게 연결되어 있는지를 다루고 있다.
31 다른 종교 전통들이 지니고 있는 더 넓은 맥락에서의 종말론적 기대에 대해서는 예를 들어, J. L. Walls, ed., *The Oxford Handbook of Eschatology* (Oxford: Oxford University Press, 2008)를 보라.
32 F. C. Burkitt은 그의 'Prefatory Note' to Schweitzer's *Mysticism* (pp. v-vi)에서 문화적 분리에 대한 보다 온건한 이해를 제공한다.

째, 우리가 앞서 보았듯이 19세기에 지속되었던 여러 종류의 '자연신학' 관련 시도들은 역사 과제, 특히 예수의 역사를 다루지 않고 회피했다. 이 시도들은 레싱의 추한 도랑(우리가 보았듯이 추한 도랑 개념은 에피쿠로스주의의 하늘과 땅 이분법과 매우 유사하다)과 복음서에 대한 라이마루스의 비판적 질문과 비슷한 것을 가정했으므로, 성자 예수('열정'이라는 망령을 야기했을지도 모르는 영은 말할 것도 없고)보다는 사도신경에 제1조(성부 하나님)에 초점을 맞췄다. 이 시도들은 존재, 우주, 목적, 도덕에 관한 표준 논쟁을 따랐고, 현재 '고전 유신론'(classical theism)으로 대략 알려져 있는 어떤 변종을 연구했다.[33] 복음서의 예수를 이러한 시도들의 결과에 맞추는 것은 어려웠다. 특히 겟세마네의 고뇌와 십자가에서의 '유기의 외침'을 생각하면 그렇다.[34] 그래서 복음서를 가현설적으로 이해하는 경향이 생겨났고, 예수를 일반 '자연' 법칙에서 벗어난 존재로 제시하게 되었다. 이러한 현상은 예수가 명쾌하게 자신을 '하나님이라고 주장했다'고 믿는 독실한 신자들과, 복음서가 분명 예수 사후에 기록되어 원래 '단순히 인간'이었던 예수를 왜곡했다고 주장하는 무신론자들에게도 똑같이 적용되었다. '자연신학'은 예수나 성경을 거의 언급하지 않으면서 '완벽한 존재'를 구축하기 시작했다. 이로 인해 예수에 대한 매우 다른 이해가 가능해졌고, 이러한 이해의 신학적 결과는 쉽게 예측할 수 없게 되었다.

둘째, 이와 동시에 19세기 유럽의 세속적 낙관주의는 많은 이들이 사회적 '진보'를 이 땅에 임한 하늘나라로 믿어 버리는 지점까지 발전해 버렸다.

---

[33] M. D. Eddy, 'Nineteenth Century Natural Theology', *OHNT*, pp. 100-117를 보라. '자연신학' 개념은 19세기 영국 문화에 분명히 존재했고 다양한 해석이 가능했다. 예를 들어, *The Poems of Robert Browning* (Oxford: Oxford University Press, 1905), pp. 650-655에 실려 있는 R. Browning의 시 'Caliban upon Setebos' 또는 'Natural Theology in the Island'를 보라.

[34] 마 26:36-46/막 14:32-42; 마 27:46/막 15:34을 보라.

이 낙관주의는 헤겔의 발달 범신론에 의해 철학적으로 고무되었고 알브레히트 리츨의 낙관적 신학에서 절정에 달했다. 하나님이 이 과정을 어떻게든 주관하셨다고 여전히 생각할 수 있지만, 사실상 에피쿠로스주의의 분리된 세계관은 18세기에도 계속 유효했다. 이 사회적 '진보'는 외부의 도움 없이 자력으로 도래했다. 하지만 이로 인해 많은 저항이 야기되었다. 19세기 초의 키르케고르가 그 명백한 예며, 그 이후에는 니체가 명백한 예가 된다. 이 두 인물 사이에 마르크스가 위치하는데, 그의 박사 논문 주제는 에피쿠로스였다.[35] 18세기 에피쿠로스주의 징후와 마찬가지로(하나님과 무관한 과학, 하나님과 무관한 역사 등등) 헤겔의 '진보'는 기본적으로 하나님과 무관한 섭리였다(단, 그 과정에 내재되어 있는 범신론적인 신적 힘은 예외다). 마르크스의 혁명적 이데올로기는 기본적으로 하나님과 무관한 종말론이었다. 새로운 세계 질서가 필요했고, 이를 위해 옛 세계는 완전히 제거되어야만 했다.

슈바이처는 자신이 제안한 '예수'가 근대 세계에서 이상할 수밖에 없음을 강조했다. 예수의 '도덕적 의지'와 '인격'을 새로운 날에 요구되는 새로운 도전으로 해석하는 것은 그의 프로젝트에 필요한 작업이었다(그는 의식적인 영웅주의를 가지고 이 새로운 도전에 자신의 삶을 바쳤다).[36] 그는 예수가 '우리의 시대를 지나 자신의 시대로 돌아간다'고 말했다.[37] 이 말의 의미는 다음과 같다. '참 역사적 예수가 근대적 예수를 끌어내리고, 근대 정신에 대적해 일어나 이 땅에 평화가 아닌 검을 보내시는 것은 좋은 일이다.'[38] 여기와 다른 곳에서 우리는 니체의 흔적을 감지하고, 어쩌면 마르크스의 흔적도 감지한다. 슈바이처에게 예수와 그의 첫 제자들의 선언은 니체의 저항 및 마르

35　Jones, *Karl Marx*, pp. 79-92를 보라.
36　예를 들어, Schweitzer, *Quest* (2000 edn.), pp. 478-487를 보라.
37　Schweitzer, *Quest*, p. 478.
38　Schweitzer, *Quest* (1954 edn.), p. 401. 이 문장은 2000년판에서 사라진 것처럼 보이지만 동일한 요지가 다른 방식으로 표현되어 있다.

크스의 예언의 '초자연적' 모형이었다. 하늘과 땅의 극단적 대립을 가정했던 에피쿠로스주의로부터 예상할 수 있듯이, 하늘나라가 임하려면 땅이 사라져야 한다. '종말론적' 예수에 대한 슈바이처의 이해는 예수가 새롭고 강화된 도덕성뿐만 아니라 새로운 세계 질서도 선포했다는 진정한 역사적 통찰에 많은 영향을 받았다. 그러나 예수의 새로운 비전에 대한 슈바이처의 해석은 그의 문화에 내재되어 있던 에피쿠로스주의 우주론, 즉 '하늘'과 '땅'이 극단적으로 대립하는 우주론과 그의 위대한 두 영웅인 도덕주의자 니체와 음악가 바그너에게 훨씬 더 많은 빚을 지고 있다.

따라서 슈바이처의 제안에 대한 다른 분석이 필요하다. 슈바이처와 그의 동시대 인물인 요하네스 바이스는 신약 연구 조사에 있어서 다음과 같은 공로를 이따금씩 인정받고 있다. 그들은 용맹한 빅토리아 시대 탐험가들처럼 야생 정글과도 같은 고대 유대의 종말론적 사고로 들어가 당시 일부 유대인들이 임박한 종말을 믿었다는 것과, 예수 역시 이러한 믿음을 공유했고 물론 실망했다는 놀라운 소식을 가지고 돌아왔다. 그러나 이 지점에서 근본적으로 다른 문화들(예수의 종말론적 문화 대 현대의 점진적 진보 문화)에 대한 수사(修辭)는 연막으로 작용했다. 슈바이처는 음악적 하위문화를 즐기며 살았는데, 이 하위문화의 지배적인 신화는 다가오는 세상의 종말에서 그 절정에 달했다. 그는 바그너의 열렬한 애호가였다.

슈바이처에 대한 대부분의 연구에서 이 사실은 놀랍게도 빠져 있다. 그의 세상의 종말에 관한 이론에 관심이 있던 신학자들은 슈바이처의 음악적 기호를 조사하지 않았고, 바흐의 '순수 음악'과 바그너의 의미심장한 감성주의를 이으려고 했던 슈바이처의 시도에 관심이 있던 음악가들은 그의 초기 기독교 이론을 조사하지 않았다. 전기 작가들은 슈바이처의 음악에 대한 사랑과 그가 16세 때 바그너의 오페라 '탄호이저'(Tannhäuser)를 감상하고 황홀경에 빠졌던 사건, 그리고 그가 바그너의 아내인 코지마(Cosima) 바그너와 바그너의 아들 지크프리트(Siegfried)와 지속적으로 우정을 맺어 온 사실에 주목한다. 슈바이처의 방대한 바흐 연구는 바그너와의 비교를 거듭 되풀이했다. 그는 바그너의 음악이 있었기에 독일이 바흐를 새롭게 평가할 수 있게 되었다고 주장했다.[39] 그러나 전기 작가들은 바그너가 표현했던 문화적·철학적 견해에는 거의 관심을 기울이지 않았다. 이로 인해 그들은 젊은 슈바이처가 예수와 초기 기독교에 대한 기본 이론을 발전시킬 때 중요한 요소로 작용한 바그너 음악의 '세상의 종말' 주제를 과소평가하거나 아예 고려하지 못했다.[40] 슈바이처와 음악에 대한 최근의 한 연구는 바흐에 충분히 집중하고 있다.[41] 보다 최근의 한 소논문은 핵심 영역을 철저히 조사하고 있지만 탐구할 것이 아직 많이 남아 있다.[42]

다음을 먼저 고려해 보라. 바그너의 〈니벨룽의 반지〉 전체에서 가장 중요한 관념 중 하나는 세상이 종말을 맞는다는 것이다. 이 4부작에 대한 성찰을 담은 책이 근래 출간되었는데, 그 제목이 『종말의 발견』(Finding an Ending)이다.[43] 음악학자 데릭 쿡(Deryck Cooke)이 1976년 젊은 나이에 사망할 당시 그의 〈니벨룽의 반지〉에 대한 방대한 연구는 "신들의 황혼" 부분까

---

[39] A. Schweitzer, *J. S. Bach*, trans. Ernest Newman, 2 vols. [London: A&C Black, 1923 (1908)], 예를 들어 1.257-259; 2.21-23, 48-51. N. O. Oermann은 내게 보낸 편지를 통해 (2018년 1월 22일), 이 점에 있어서 Schweitzer의 '주요 임무'가 '한편으론 예수와 Nietzsche 사이의 심한 격차를 극복하고 다른 한편으론 Bach와 Wagner 사이의 심한 격차를 극복하는 것'이었다고 말했다.

[40] 예를 들어, C. R. Joy, ed., *Music in the Life of Albert Schweitzer* (New York: Harper, 1951)와 E. R. Jacobi, *Albert Schweitzer und Richard Wagner: Eine Dokumentation* (Tribschen: Schweizerische Richard-Wagner-Gesellschaft, 1977)를 보라.

[41] Harald Schützeichel, *Die Konzerttätigkeit Albert Schweitzers* (Bern: Haupt, 1991).

[42] P. Berne, 'Albert Schweitzer und Richard Wagner', in *Die Geistigen Leitsterne Albert Schweitzers*, Jahrbuch 2016 für die Freunde von Albert Schweitzer (= AlbertSchweitzer-Rundbrief 108), ed. E. Weber (2016), pp. 55-76 (온라인 버전: https://albert-schweitzer-heute.de/wp-content/uploads/2017/12/DHV-Rundbrief-2016.pdf).

[43] P. Kitcher and R. Schacht, *Finding an Ending: Reflections on Wagner's Ring* (Oxford: Oxford University Press, 2004).

지 미치지 못했다. 그러나 이 연구의 초반 부분이 출판되었을 때 그 제목은 『내가 세상의 종말을 보았을 때』(*I Saw the World End*)였다.⁴⁴ 이 주제는 분명히 청년 슈바이처에게 영향을 미쳤고, 청년 슈바이처는 바그너에게 전반적으로 압도되었는데, 특히 〈니벨룽의 반지〉에 큰 감명을 받았다. 그는 1886년 바이로이트에서 재공연한 〈니벨룽의 반지〉를 보고 나서 그의 피아노 선생이었던 외젠 뮌슈(Eugène Munch)에게 〈니벨룽의 반지〉 마지막 악장인 "신들의 황혼"에서 받은 흥분을 이렇게 이야기했다. "앞선 세 악장의 모든 주제가 한 곳으로 뭉쳐진 후 삼켜졌고, 온 세계가 폐허가 되었어요!"⁴⁵

뮌슈는 슈바이처의 이러한 감상평을 들은 지 얼마 지나지 않아 사망했지만, 슈바이처는 같은 해 바이로이트를 세 번이나 방문해 그곳에서 예수에 관한 3부작 저술(첫 두 권의 주제는 마지막 만찬과 예수 수난의 비밀에 관한 것이었고, 마지막 권의 제목은 『라이마루스에서 브레데까지』였다)과 바울 연구사를 집필했다. (그는 이 기간 동안 유럽 전역을 돌며 오르간 독주회를 열었고, 오르간 제작에 관한 소논문들도 썼다.) 아래에 나열된 (거의 믿기 힘든) 그의 일정 표를 보라.

1892 바이스의 『예수의 하나님 나라 선포』(*Jesus' Proclamation of the Kingdom of God*)

1894-1895 슈바이처의 군 복무(여가 시간에 그리스어로 복음서를 읽음)

1896 슈바이처의 바이로이트 첫 방문

1898-1899 파리에서 위도르(Widor)와 함께 오르간 수학. 베를린에서 폰 하르나크(von Harnack)와 신학 수학

---

44 D. Cooke, *I Saw the World End: A Study of Wagner's Ring* (Oxford: Oxford University Press, 1979).

45 Joy, *Music in the Life of Albert Schweitzer*, p. 15. Schweitzer의 최근 전기 작가가 이러한 연결을 이끌어 내지 않는다는 것은 놀라운 일이다[N. O. Oermann, *Albert Schweitzer: A Biography* (Oxford: Oxford University Press, 2017), 예를 들어, pp. 57-59].

1899 칸트에 관한 주제로 철학 박사 학위 취득

1900 신학 연구 학위 취득 [『마지막 만찬의 문제』(The Problem of the Last Supper)]

1901 두 번째 바이로이트 방문

1901 교수 자격증 취득 [『메시아와 수난에 관한 비밀』(The Secret of the Messiah and the Passion) 이 책은 브레데의 메시아 비밀에 관한 책과 같은 날 출간됨]

1903-1906 스트라스부르(Strasbourg) 소재 생 토마 대학(St Thomas's College) 교장

1904-1905 바흐에 대한 두 권의 책 집필

1905 의학 공부 시작. 세 번째 바이로이트 방문

1906 『라이마루스에서 브레데까지』 출간

1909 네 번째 바이로이트 방문

1911 『바울 연구사』(Geschichte der paulinischen Forschung) 출간(1912년 영역본 출간). 의사 자격증 취득

1912 의학 박사 학위 취득 [『정신의학적 예수 연구』(The Psychiatric Study of Jesus)].

바그너의 서사와 슈바이처가 재구성한 예수 사이의 매우 높은 유사성은 우연의 일치로 볼 수 없다. 슈바이처의 예수 묘사가 바그너의 지크프리트에 영향을 받았다고 하면 지나친 일일 것이다. 그러나 지크프리트와 브륀힐데(Brünnhilde)의 결합을 조사해 본다면[보탄(Wotan)의 자녀들은 보탄의 뜻을 따르면서도 따르지 않는다], 슈바이처는 아닐지라도 적어도 바그너에 대한 매력적인 통찰을 발견하게 될 것이다. 나의 요지는 발할라(Valhalla) 신화, 곧 오래된 신들이 권력을 위해 사랑을 포기해 버린 어두운 난쟁이의 세력 앞에서 사랑과 권력을 놓고 투쟁하는 이 신화가 발할라의 궁극적이고 불가피한 파멸이라는 위대한 절정을 향해 나아가고 있다는 것이다. 물론 발할라 자체가 온 세상을 의미하지는 않는다. 발할라는 신들이 거하는 장소일 뿐이다. 엄

격히 말해서, 마지막 악장인 "신들의 황혼"에서 저주를 받는 것은 온 세상이 아니라 신들이다. 그러나 우리가 보았듯이, 슈바이처의 흥분을 이미 활활 타오르게 만든 것은 폐허가 되어 버리는 세상의 관점에서 바그너가 제공하고 있는 (어쩌면 과도한) 해석이었다. 결국, 오페라의 첫 악장인 "라인의 황금"에서부터 에르다(Erda)는 보탄에게 '모든 것이 끝난다는 진리'를 알려 준다.[46] 〈니벨룽의 반지〉 끝부분에서 브륀힐데는 극한의 타락에 빠져 있는 신들과 인간들의 세상을 직면하고 '어떤 의미에서 모든 것이 원래대로 되었다'는 깨달음과 함께 '이 모든 타락을 불태워 없애 버리는 행위'를 한다. "신들의 황혼"에서 '그녀의 의지는 보탄의 의지와 다시 한번 일치한다. 그리고 그녀는 웅장한 몸짓으로 보탄이 수동적으로 겪고 있는 고통을 모든 신들도 똑같이 겪게 되기를 원한다.'[47] 어떤 사람들은 바그너의 처음 구상과 다른 결말이 주어진 이유가 바그너의 철학적 충성이 포이어바흐에서 쇼펜하우어(Schopenhauer)로 옮겨졌기 때문이라고 주장한다. 최근에는 바그너의 이러한 철학적 이동이 다른 방향으로 진행되었을지 모른다는 주장이 설득력 있게 제기되고 있다. 다시 말해, 바그너는 신화, 그리고 똑같이 중요하게는 음악이 어떻게 작동해야 하는지에 대한 자신의 예술적 직감에 의해 "신들의 황혼" 자체에 대한 '체념적 수용'(resigned acceptance)이라는 결론을 내리게 되었다. 바로 이것이 쇼펜하우어에 대한 그의 감탄―그 반대로가 아니라―을 불러일으켰다.[48]

나의 요지는 간단하다. 바그너가 암시하는 종말론[신들의 멸망(twilight of the gods)으로 인해 순전히 세속적인 세상은 스스로를 방어하게 된다]과 슈바이처가

---

46 R. Scruton, *The Ring of Truth: The Wisdom of Wagner's Ring of the Nibelung* (London: Penguin, 2017), p. 199.
47 Scruton, *Ring of Truth*, p. 145.
48 Scruton, *Ring of Truth*, pp. 46-47.

바라보는 예수의 선포(하나님 나라는 세상을 대체하기 위해 세상을 제거한다) 사이에는 분명한 차이가 존재한다. 그러나 지금 무엇을 할 수 있는지에 대한 슈바이처의 해석학적 제안에서 이 둘은 통합되었는데, 이 통합을 통해 초기 기독교의 세상의 종말 예측은 무위에 그치고 말았다. 이제 초자연적 세계는 고려 대상이 아니다. 인간은 새로운 진전을 위해 영웅답게 행동해야 한다.

이 모든 현상에는 광범위한 에피쿠로스주의 우주론, 곧 하늘과 땅의 세계 사이의 불일치(시대를 특징 짓는)의 명백한 흔적이 있다. 바그너의 위대한 서사시는 당연하게 니체의 철학과 결합되어 슈바이처에게 필요한 단서를 제공했다. 곧 문화와 문화의 지평이 재앙을 향하고 있다는 생각이다. 이러한 생각을 통해 그가 묘사했던 예수는 임박한 비극을 선포하고 이 비극으로 곧장 향해 이 비극의 충격을 있는 그대로 받아들이는 새로운 종류의 도덕적 영웅이었다. 특정하지만 강력한 일반적인 차원에서 세상의 종말(어떤 의미에서!)이 비극적이면서 동시에 영웅적인 모든 것의 필연적인 결과라는 개념, 새로운 종류의 힘의 결과, 자기희생적 사랑의 힘, 이 모든 것은 슈바이처가 바이로이트를 방문했던 기간 동안 집필한 저술에 등장하기 전에 이미 바그너의 오페라에 있었던 것들이다. 다시 말해, 임박한 세상의 종말은 슈바이처(그리고 바이스)가 그들의 시대와 이질적이라고 설명했던 1세기 유대교적 관념이 아니었다. 그것은 19세기 말 독일 신화의 영광스러운 작품이었다.

물론 임박한 종말은 헤겔의 낙관주의로 가득 차 있던 세상에서—키르케고르가 그랬듯이—기괴하고 이상하게 보였다. 종말론적 예수를 옹호하는 슈바이처의 동료로 종종 간주되는 요하네스 바이스는 자신의 신학을 통해 하나님 나라가 점진적으로 출현한다는 헤겔과 리츨의 견해로 돌아섰다.[49]

---

[49] J. Moltmann, *Theology of Hope: On the Ground and Implications of a Christian*

어떤 이들은 예수에 대한 슈바이처의 제안이 참이라면, 예수가 분명 심리적 망상에 시달렸을 것이라고 암시했다. 슈바이처는 이러한 도전을 심각하게 받아들였고 이를 반박하는 내용으로 자신의 의학 박사 논문을 작성했다.[50]

슈바이처는 다른 사람들이 이미 내렸을지도 모르는 결론, 즉 예수가 틀렸고 우리가 더 이상 예수와 관련이 없다는 결론을 내리지 않았다. 또는 바이스처럼 하나님 나라가 서서히 도래한다는 견해로 자신의 가르침을 되돌리지 않았다. 지나친 단순화의 위험이 있지만 우리는 세상의 종말의 예수를 직면한 바이스가 우파 계열 헤겔주의로 돌아섰고, 슈바이처는 좌파 계열로 돌아섰다고 말할 수 있다. 슈바이처는 우리가 서서히 도래하는 하나님 나라를 기다릴 수 없다고 말한다. 우리는 영웅적으로 행동해야 한다. 그리고 그는 그렇게 했다. 따라서 슈바이처의 체계는 그의 영웅인 니체에 훨씬 더 가까웠다(그는 니체의 유명한 콧수염까지 따라했다). 물론 슈바이처가 이렇게 니체를 추종할 당시 니체는 이미 바그너에게 환멸을 느꼈고, 이를 본인의 입으로 표명했다. 그러나 니체와 바그너의 차이점은 다음과 같은 결론, 즉 알베르트 슈바이처가 세상의 종말의 예수를 제안했을 때—그가 솔직하게 말했듯이—사실은 당시 '퍼져 있던' 관념을 반영하고 있었다는 결론에 영향을 미치지 않는다. 이러한 대중적 분위기는 최근 독일 역사학자 루치안 휠셔(Lucian Hölscher)에 의해 광범위하게 입증되었다.[51]

Eschatology, trans. James W. Leitch [London: SCM Press, 1967 (1965)], ch. 1, 특히 pp. 37-42를 보라. 『희망의 신학』(대한기독교서회).

50 Oermann, *Albert Schweitzer*, pp. 74-76를 보라.
51 A. Schweitzer, *The Mystery of the Kingdom of God: The Secret of Jesus' Messiahship and Passion*, trans. Walter Lowrie [New York: Dodd, Mead, 1914 (1901)], p. 3, 참고. p. 25. Lucien Hölscher, *Weltgericht oder Revolution: Protestantische und sozialistische Zukunftsvorstellungen im deutschen Kaiserreich* (Stuttgart: Klett-Cotta, 1989)를 보라. Hölscher의 'Mysteries of Historical Order: Ruptures, Simultaneity and the Relationship of the Past, the Present and the Future', in *Breaking Up Time: Negotiating the Borders between Present, Past and Future*, ed. C. Lorenz and B. Bevernage (Göttingen: Vandenhoeck & Ruprecht, 2013), pp. 134-151도 보라.

종말론적 관념은 다른 정황에도 퍼져 있었다. 바그너의 음악에서 당시의 소설 및 단편 이야기로 넘어가는 것은 상당한 비약이다. 그러나 이것들은 동일한 조짐으로 작용할 수 있다. 웰스(H. G. Wells)의 『타임머신』(*The Time Machine*, 1895)은 끝없는 진보 관념에 이의를 제기하며 세상이 결국 종말을 맞이하게 된다고 가정한다. 또 다른 기록물인 오스카 와일드의 『도리언 그레이의 초상』(*The Picture of Dorian Gray*, 1890)은 번뜩이는 대화를 제공한다. 한 등장인물이 1890년대의 타락한 생활방식에 대해 언급하며 "세기말이야"(Fin de siècle)라고 중얼거린다. 그의 친구가 슬퍼하며 "세상의 종말이지"(Fin du globe)라고 대답한다. 세기의 종말뿐만 아니라 세상의 종말을 말하고 있다.

이 대화가 비유적인가? 그럴지도 모른다. 바그너, 웰스, 와일드, 이 세 사람은 분명 서로 다른 말을 하고 있었을 것이다. 그러나 요점은 정확히 이들의 말에 반영되어 있는 일반적인 분위기다. 슈바이처의 관념이 영국에서 잘 수용되었던 이유 중 하나는 바벨탑과 같은 빅토리아 시대의 낙관주의가 휘청거리고 있었고 더 이상 똑바로 서 있기 힘들다는 에드워드 시대의 분위기 때문이었다.[52] 사람들은 예수에 대한 슈바이처의 묘사를 특정 삶의 방식에 대한 인식의 종말에 적용함으로써 그의 이러한 예수 묘사를 쉽게 비신화화했다. 이는 에드워드 시대가 가진 특유의 정서였다. 그 시기 더럼의 지구장(dean)이었고 후에 주교가 된 헨슬리 헨슨(Hensley Henson)은 종종 다음의 시편 본문으로 설교했다. '내가 보니 모든 완전한 것이 다 끝이 있어도

---

[52] M. D. Chapman, *The Coming Crisis: The Impact of Eschatology on Theology in Edwardian England* (Sheffield: Sheffield Academic Press, 2001), pp. 81-86를 보라. 예를 들어, F. C. Burkitt, 'The Eschatological Idea in the Gospel', in *Essays on Some Biblical Questions of the Day by Members of the University of Cambridge*, ed. H. B. Swete (London: Macmillan, 1909), pp. 193-214도 보라. 여기서 Burkitt은 예수의 메시지가 '점진적, 진보적 성향의 혁명적 변화에 대한 기대'가 아닌 '갑작스럽고 완전한 재앙에 대한 기대'에 맞추어져 있었기 때문에 예수의 메시지가 적절했다고 주장한다(p. 208).

주의 계명들은 심히 넓으니이다'(시 119:96).

우리는 복음서 연구에서부터 에드워드 시대의 문화적 불안에 이르는 이 모든 것에서 '자연신학'에 대한 거대한 함의를 발견한다. 이것이 나의 기본 요지다. 이 세상이 끝나고 철저히 다른 '하나님 나라'로 대체된다면, 이 세상으로부터 '하나님 나라'에 대한 무언가를 추론할 수 있는 가능성은 사실상 전혀 없다. 물론 우리는 여전히 옛 세상을 보고 창조주에 대한 추론을 할 수 있다. 그러나 '자연과 은혜'의 질문은 지금과 마찬가지로 '현 시대와 다가올 시대'의 질문과 밀접한 관련이 있었다. 따라서 '다가올 시대'가 완전히 미지의 것이자 현재 세계를 대체할 '다른 세계'의 도래라면, 땅과 하늘 사이에도 이와 유사한 인식론적 장벽이 존재한다는 의미가 함축되어 있다. 따라서 슈바이처가 정확히 구현해 놓은 소위 시대의 '묵시적' 분위기는 모든 종류의 '자연신학'에 대해 함축적으로 말한다. 다시 말해, 슈바이처의 세계 종말론 관념—그리고 이 종말론 관념의 문화적 정황!—에서부터 바르트의 전후(戰後) 로마서 주석 및 브루너에 대한 그의 화난 거절에 이르기까지, 하나의 선이 그것들을 관통하고 있다. 바르트는 슈바이처처럼 그리고 훨씬 더 최근의 정치적 이유로 인해 그의 스승 아돌프 폰 하르나크가 구현해 놓은 진보적 자유주의에 반대했다.

수수께끼는 여전히 남아 있다. 바이스와 슈바이처는 그들이 발견한 유대교의 묵시 문헌을 근거로 자신들이 '하나님 나라'가 예수에게 무엇을 의미했는지를 세상에 알리고 있다고 주장했다. 에녹1서, 에스라4서, 바룩2서가 규칙적으로 인용되는데, 이들이 이보다 더 많은 문헌을 살펴보았는지는 알지 못한다.[53] 그러나 다음 질문은 반드시 제기되어야 한다. 이 문헌들의 어

53　Schweitzer는 *Mysticism* (p. ix) 서문의 흥미로운 각주를 통해 G. Kittel과 K. H. Rengstorf로부터 **후기 유대교** 및 랍비 세계에 대한 도움을 받았다고 인정한다. 이는 (무엇보다) 그가 초기에는 관련 문헌에 익숙하지 않았음을 명백히 암시한다. Schweitzer는 심지어 *Mysticism*

떤 내용을 보고 바이스와 슈바이처는 관련 문헌의 저자들이 세상의 실제 종말에 대해 이야기하고 있다고 생각했던 걸까? 요세푸스의 저술을 깊이 살펴보지 않아도, 그리고 헤롯 대왕 시대와 그 후 60년대 및 130년대에 있었던 혁명 운동을 대충만 알아도 당시 사람들이 세상의 종말을 예상하지 않았다는 것을 알 수 있다. 요세푸스는 다양한 유대교 종파 및 운동—사두개파, 바리새파, 에세네파, 혁명적 열심당(revolutionary 'fourth philosophy')—에 대해 논하지만, 세상의 종말을 논하는 자들에 대해서는 단 한마디도 하지 않는다. 요세푸스의 저술 어디에서도 근대의 허구인 '묵시론자'와 유사한 범주를 찾아볼 수 없다. 에스겔서와 다니엘서를 비롯해 에스라4서 및 바룩2서를 다루고 있는 최근의 모든 연구는 이 모든 문헌이 사실 **현 상황이 끝날 무렵** 발생하게 될 현재 세계의 **변화**를 이야기하고 있음을 나타낸다. 여기서 말하는 현 상황에서 유대인들은 자신들이 계속되는 노예 상태에, 그리고 어떤 의미에서는 '유배' 상태에 있다는 것을 인식하고, 하나님의 약속의 신기하고 강력한 성취를 통해 현 상태가 영원히 지속되지 않을 것임을 보증하는 다니엘서 및 다른 문헌들을 돌아보았다. 우리는 훨씬 이후의 랍비들을 포함하는 대부분의 유대교 사상 학파들에게서 공통적으로 '현재 시대' 및 '장차 올 시대'라는 개념을 발견한다. 이 개념은 종종 제안되듯이 '묵시' 문학 또는 신학만의 특유한 것이 아니다.[54] 이 개념은 창조와 언약의 하나님이 갖고 계신 궁극적 목적을 성경적으로 바라보는 방식이다.[55] 이렇게

에서 『바룩2서』, 『에스라4서』, 『에녹1서』를 인용하면서 『희년서』(*Jubilees*) 및 『솔로몬의 시편』을 간단히 언급하고, 『모세 승천기』, 『아담과 하와의 생애』(*Life of Adam and Eve*), 『열두 족장의 유언』(*Testaments of the Twelve Patriarchs*)을 한 번씩 언급한다. Schweitzer의 주장은 그가 자신의 동시대 사람들과 마찬가지로 이 문헌들을 비역사적으로 (그리고 분명히 비정치적으로) 이해하고 있었음을 나타낸다(*PRI*, ch. 6을 다시 보라). 안타깝게도 *Quest*의 다양한 판에는 고대 문헌에 대한 색인이 없다.

54 이 내용은 예를 들어 P. Vielhauer의 주장에 반한다. J. L. Martyn은 그의 *Galatians* 주석 [AB (New York: Doubleday, 1997)]에서 Vielhauer의 주장을 따른다. *PRI*, part 2를 보라.
55 호 3:5; 미 4:1; 사 2:2; 렘 23:20; 30:24에 나오는 '마지막 날'을 참고하라. 이 구절들은 예를 들

두 시대로 이루어진 역사 체계는 랍비들에 의해 자주 제기되는데, 이 랍비들은 참담한 혁명을 초래했던 '묵시적' 꿈을 거의 명징하게 거절했다. 그들이 기대했던 것은 위대한 변화였지 시간, 공간, 물질로 이루어진 세계의 종말이 아니었다.

그렇다면 왜 이와 다른 생각을 하는 사람이 있었던 걸까? 여기서 우리는 바그너, 니체, 그리고 19세기 말의 다른 반헤겔주의 사상가들뿐만 아니라 에피쿠로스주의 틀이 어떻게 많은 주제에 대한 사고를 형성했는지를 다시 한번 살펴본다. 우리가 앞에서 언급했던 내용을 확장시켜 보면 다음과 같다. 만약 우리가 '하늘에서와 같이 이 땅에' 임하는 '하늘나라' 또는 '하나님 나라'에 대해 말하는 것이라면, 그리고 우리가 하늘과 땅이 근본적으로 다르고 특히 신들의 거처인 '하늘'이 현재 세계와 현저하게 동떨어져 있으며 그 '하늘'이 현재 세계와 어떤 관계도 원치 않음을 자명한 이치로 받아들인다면, '하늘나라'가 현실이 될 수 있는 유일한 방법은 '땅', 즉 현재 세계가 없어지는 것이다. 물론 에피쿠로스주의에는 다음과 같은 종말론, 즉 인간이 죽음과 동시에 존재를 멈추고 언젠가 온 세계도 존재하지 않게 되며 이렇게 사라진 세계를 그 무엇도 대체하지 않는다는 종말론이 없다. 그러나 이와 같은 하늘과 땅의 분리가 기독교의 잠재적 종말론을 형성할 때, 이는 제로섬(zero-sum)의 성격을 띠게 된다. 왜냐하면 누구도 하늘과 땅을 동시에 가질 수 없기 때문이다. 레싱이 1세기 전에 사용했던 유명한 합리주의적 표현를 빌려서 표현해 보자. 만약 넓고 추한 도랑이 이성의 영원한 진리와 역사의 우발적 진리 사이에 존재한다면, 영원한 진리가 현실이 될 수 있는 유일한 방법은 역사 자체를 폐지하는 일일 것이다. 여기서 역사의 폐지란 공간, 시간, 물질로 이루어진 세계가 멈추는 것을 의미한다.

어, 창 49:1; 민 24:14; 신 4:30; 31:29을 되돌아본다.

그렇다면 암울한 말이지만 만약 '역사'(이 세상 사건들의 계속된 흐름)가 **폐지되어야 한다면**, 구태여 참 '역사'(과거 연구)를 신경 써야 할 이유는 무엇인가?[56] 더 많은 유대 문헌—예를 들어, 요세푸스의 저술이나 바 코크바 반란에 관한 보다 개략적인 문헌—을 재빨리 '역사적으로' 훑어본다면, '세상의 종말'에 대한 구상이 실제 1세기 유대인들이 믿었던 것과 아무런 관련이 없음을 알게 될 것이다.[57] 일부 유대인들은 하나님 나라가 하나님의 섭리를 나타내는 기적 행위를 통해 도래한다고 믿었지만, 새로운 '나라'는 이 땅의 폐지와 그것을 대체하는 완전히 새로운 것으로 구성되는 것이 아니라 **이 땅의 새로운 상태**로 구성될 것이다.[58] 유대인들은 이러한 프로젝트를 어떻게 진전시킬 수 있을지에 대해 논쟁을 벌였다. 사두개인들은 로마와 협력했고, 바리새인들은 이스라엘에게 더욱 철저히 율법을 따르라고 재촉했고, 에세네파 사람들은 기도하고 기다렸으며, 혁명가들은 칼을 갈았다. '묵시'는 사실 일종의 **정치** 장르인 셈이다. 묵시는 공간과 시간으로 이루어진 세계 **내에서의** 큰 격변에 관한 이야기다. 우리에게는 사람들이 세상 자체가 끝날 것이라고 생각한다는 증거가 없다.[59]

그러나 이러한 유대교적 견해는 19세기 말과 20세기 초에 이해되지도 않았고 요구되지도 않았다. 참된 역사적 이해는 이도저도 아니게 되었다. 한쪽에는 니체가 '대중적 플라톤주의'라고 조롱한 서구의 '구원'관, 즉 '천국 입

---

56 '역사'의 다양한 의미에 대해서는 3장을 보라.
57 바 코크바 반란에 대해서는 예를 들어, P. Schäfer, *The Bar Kokhba War Reconsidered: New Perspectives on the Second Jewish Revolt against Rome* (Tübingen: Mohr Siebeck, 2003)과 W. Horbury, *Jewish War under Trajan and Hadrian* (Cambridge: Cambridge University Press, 2014)를 보라.
58 Schweitzer, *Mysticism*, p. 54를 참고하라. '예수 그리스도는 자연 세계를 종식시켰고 메시아 왕국을 가져오고 있다.'
59 예를 들어, E. P. Sanders, *Judaism: Practice and Belief, 63 BCE-66 CE* (London: SCM Press, 1992), pp. 298, 303, 456-457를 보라. Sanders는 p. 368에서 마치 요점이 분명하다는 듯이 '에세네파 사람들은 다른 유대인들과 마찬가지로 세상이 끝날 거라고 생각하지 않았다'고 말한다.

성'이 자리 잡고 있었다. 다른 한쪽에는 자유주의적 개신교도들이 임의로 판단하고 저주했던 '유대교 신학', 곧 피, 땅, 사제직, 행위를 통한 의가 위치해 있었다. 실제 유대교적 기대, 그리고 이에 대한 실제 초기 기독교의 재작업은 고려되지 않았다. **과제**로서의 역사는 한쪽으로만 전가되었다.

그렇다면 '하늘나라'는 실제로 무엇을 의미했을까? 그 시기에 흔히 그랬던 것처럼 플라톤주의는 에피쿠로스주의의 결핍 요소(하늘에 대한 명확한 관점)를 채워 줄 수 있었다. 빅토리아 시대의 전형적인 '하늘' 이미지는 육체를 이탈한 영혼들이 구름 위에 앉아 하프를 연주하는 공간으로 현재 세계와는 완전히 분리되어 있었다. 일반적으로 상상했던 '하늘'은 빅토리아 여왕의 거실이나 스트라스부르 수도원에 있던 알베르트 슈바이처의 연구실과는 어울리지 않았다. 에피쿠로스주의와 플라톤주의 모두 하늘을 땅으로 끌어들일 수 없었고 땅을 하늘로 끌어들일 수 없었다. 따라서 하늘나라가 도래한다면, 땅은 사라져야 한다.

슈바이처는 자신이 예수를 1세기 정황에 적용했고 이를 통해 예수가 세상의 종말을 믿었다는 것을 발견했다고 주장했다. 그의 이러한 주장의 논리를 나도 똑같이 적용해 보려 한다. 슈바이처를 19세기 말의 정황에 위치시킴으로써 나는 다음과 같은 결론을 내린다. 즉, 그는 예수에 대한 자신의 연구 결과를 믿었는데, 그에게 가용했던 철학과 세계관의 복잡한 소용돌이를 감안해 볼 때 그는 자신의 연구 결과가 틀림없이 '하나님 나라'의 의미라고 믿을 수밖에 없었다. 그리고 세상이 '종말을 맞이한다'는 개념은 우리가 앞서 보았듯이 슈바이처에게 큰 충격을 주었던 그의 문화적 정황 일부에서 쉽게 접근할 수 있었던 개념이다. 빅토리아 여왕의 대책 없는 손자들의 어리석음으로 인해 유럽이 들끓고 있을 때(1914년 독일 황제, 러시아 황제, 영국 왕 그리고 나머지 권력자들은 모두 자신들의 기분 좋은 승리를 희망하며 전쟁을 일으켰다), 당시 사람들은 세상의 종말이 실현되었다고 느꼈다. 유럽의 발할라, 곧

신의 전당이 무너졌고 바르트, 불트만, 슈바이처의 스승이었던 폰 하르나크와 헤르만을 비롯한 당시 위대한 신학자들의 자유주의적 **문화 프로테스탄티즘**(Kulturprotestantismus)도 무너졌다. 제1차 세계대전 직후 바르트가 로마서 주석을 집필하면서 아래로부터 위로 쌓아올리는 것이 불가능하므로 '위로부터 수직으로 쌓아 내린다'는 새로운 표현이 필요하다고 주장했을 때, 그는 분명 칼 마르크스의 저술뿐만 아니라 성 바울의 서신도 읽고 있었을 것이다. 그는 알베르트 슈바이처가 묘사한 세상, 즉 새로운 무언가의 탄생을 위해 종말을 맞이해야 했던 그러한 세상을 내다보고 있었다.

후에 에밀 브루너(Emil Brunner)를 '반대한' 사람은 물론 바르트였다. 여기가 바로 슈바이처에 대한 나의 이야기와 '자연신학'에 대한 지속적인 질문이 가장 명확하게 결합하는 지점이다. 어떤 의미에서 슈바이처는 바르트가 브루너의 주장에 반대하도록 준비시켰다. 비록 바르트가 종말론으로 전향하는 데에 직접적인 영향을 미친 인물이 슈바이처가 아닌 블룸하르트(Blumhardts)와 프란츠 오버베크(Franz Overbeck)인 것 같지만 말이다. 세상의 불가피한 '종말'에 대한 슈바이처의 관점은 어떤 면에 있어서 인간 이성의 타고난 무능에 대한 바르트의 관점과 유사하다. 둘 중 무엇이 되었든, 세상이 종말로 향하고 있다면, 세상과 하나님의 관한 진리 사이에는 매우 넓고, 매우 추한 도랑이 존재하게 된다. 앵글로색슨 사상가들이 상당히 직접적인 실증주의적 의미에서 역사적 예수에 대한 '결과'로 간주한 것, 곧 예수가 '세상의 종말'을 기대했던 '묵시적 선지자'였다는 내용은 따라서 더 큰 신학적 이슈들과 밀접하게 관련되어 있다. 이러한 방정식의 양쪽 모두를 탐구할 경우에만 성경과 예수에 기초한 재구성을 시도해 볼 수 있다.

루돌프 불트만

이제 신속히 1920년대와 1930년대로 이동해 나의 기포드 강연 전임자인 신약학자 루돌프 불트만을 조심스럽게 만나 보자.[60] 복음서와 바울서신에 나오는 세상의 종말이라는 표현은 불트만이 볼 때 물론 문자적 의미에서 왜곡되었으므로 **비신화화** 작업을 통해 참 의미가 회복되어야 했다. 이 혼란스러운 슬로건은 '신화'의 세 가지 의미를 결합하고 있다. (1) '오늘날 믿을 수 없는 옛날 이야기'라는 평면적 의미의 '신화', (2) 고대 그리스 비극과 마찬가지로 '인간의 곤경을 설명하기 위해 문화가 스스로에게 들려주는 이야기'라는 보다 흥미로운 의미의 '신화', 그리고 특히 (3) 다른 종류의 진리를 암호화하고 있는 묵시 문헌에서 우리가 발견하는 우주적 신화로서의 신화. 불트만은 이 세 번째 의미의 신화를 사용해 그가 핵심이라고 생각하는 것에 초점을 맞추었다. 그의 기포드 강연 주제는 그에게 매우 중요했던 실존주의적 경험을 '종말론'이라 명명하고, 예수의 '묵시' 언어를 그러한 용어로 이해하며, 그 결과로 주어지는 해석을 사용해 그가 당시 주요 위협으로 간주했던 결정론적 역사주의에 반대하는 것이었다.[61]

따라서 불트만은 슈트라우스의 이상주의를 동시에 되찾고, 현대인들이 무엇을 믿을 수 있고 믿을 수 없는지에 관한 흄 이후의 모더니즘 수사학을 재개했으며, 슈바이처의 주장을 되살리면서 슈트라우스의 이상주의와 흄 이후의 모더니즘 수사학을 결합시켰다. [우리는 이와 같은 상황에 에른스트 트

---

60 Bultmann에 대한 무수히 많은 2차 자료들, 특히 기포드 강연 자료들이 존재한다. D. W. Congdon의 보다 자세한 저술(*Mission of Demythologizing*)은 그의 보다 짧은 저술 *Rudolf Bultmann*로 보완된다. 이 저술들은 어떤 점에 있어서 나의 심각한 비평을 받고 있지만 여전히 유용하다. D. Fergusson의 오래되었지만 중요한 연구인, *Rudolf Bultmann*, 2nd edn. [New York: Continuum, 2000 (1992)]를 보라. Thiselton의 고전적 연구인, *Two Horizons*, chs. 8, 9, 10도 보라.
61 Bultmann과 '신화'에 대해서는 그의 다양한 연관 저술들을 보라. *The New Testament and Mythology* (1941), *Kerygma and Myth* (1953), *Jesus Christ and Mythology* (1958). 그는 자신의 요한복음 주석(1941; ET 1971)에서 이 네 번째 복음서가 초기 전승의 비신화화를 나타낸다고 주장했다. 그리고 비신화화가 요한복음에 필요했다고 보았다. Thiselton, *Two Horizons*, pp. 252-263를 보라. 나는 Bultmann의 기포드 강연을 3장에서 더 자세히 논할 것이다.

릴치(Ernst Troeltsch)도 포함시켜야 한다. 나는 다음 장에서 트뢸치에 대해 다룰 것이다.] 나는 이 결합이 비신화화 계획에 중요한 진리가 있었다는 사실을 흐리게 만든다고 생각한다. 많은 사람들이 불트만이 모더니즘 의제에 완전히 굴복했다며 걱정했고, 고대 유대인의 신화 용어를 문자적으로 받아들이지 말라는 그의 말이 옳다는 사실에 집중하지 못했다. 문제는 물론 의도한 대상이 실제로 무엇이었는지에 있다. 에녹1서의 현명한 1세기 또는 21세기 독자는 에녹1서 저자가 다른 가축들을 이끌고 있는 실제 흰소를 예언했다고 생각하지 않는다. '비신화화'가 이러한 저자들이 사용한 그림 언어(picture-language)의 해석을 의미한다면, 비신화화는 단순히 글을 읽는 법을 배우는 것에 불과할 것이다. 그렇다면 그림 언어는 무엇인가? 우리가 곧 보겠지만, 모든 증거는 그림 언어가 (소위) **정치적**이었음을 암시한다. 그러나 불트만에게 그림 언어는 '내재적', '실존적' 또는 (그러한 의미에서) '영적'인 것으로 공간, 시간, 물질로 이루어진 세계와 전혀 관계가 없었다. 그 결과 여러 다른 질문과 의제가 서로 뒤죽박죽되었다. 고대 신화에 관한 요점을 그림 언어로 확언하면서도 그림 언어를 한편으론 공동체를 형성하는 이야기로 혼동하고 다른 한편으론 '오늘날 우리가 믿을 수 없는 것'으로 혼동할 때, 우리는 히브리어의 토후 와'보후(tohu wa'bohu), 즉 혼동과 공허의 상태로 되돌아간다.

내가 볼 때 여기서 문제의 일부―이 문제는 성경 주해 및 '자연신학'에 예속되어 있는 하나님과 세상에 대한 질문과 직접 관련이 있다―는 불트만이 진리에 매우 근접했음에도 최종 결단을 내리지 못했다는 것이다. 그의 정치신학적 입장은 (아래를 보라) 마치 인접한 두 길 사이의 두껍고 가시투성이인 울타리처럼 그가 다른 경로로 이동하지 못하게 막았을 것이다. 현재 에녹1서나 에스라4서 그리고 다니엘서를 연구하는 모든 이들이 주장하고 있듯이, 생생한 묵시 언어는 실제로 암호화된 문자지만, 이렇게 암호화된 이유는 (소위) **정치적 현실** 때문이다.[62] 1세기 그 누구도 다니엘이 꿈에서 본

네 종류의 금속으로 이루어진 신상과 이 신상을 산산조각 내고 이 신상이 있던 자리를 새로운 산으로 바꾸어 버린 산에서 깎여 나온 돌이 여러 금속으로 만들어진 실제 신상과 기적의 능력을 지닌 실제 돌을 예언하는 것이라고 생각하지 않았다. 다니엘 7장은 바다 괴물과 인간의 원시적 우주여행에 '관한 것'이 아니다. 다니엘 2장과 7장 그리고 이 두 본문을 되풀이하고 발전시킨 후기 문헌들은 이 땅의 실제 왕국들(그리고 이 왕국들을 배후에서 조종하며 역사했던 어두운 세력)과 그들을 도전하고 전복하고 대체하실 실제적인 하나님의—왕국을 세우시는—승리에 관한 것이었다.

이러한 사실로 인해 불트만에게 무언가가 발생했는데, 우리는 나중에 이 무언가가 이중 문제임을 파악했다. 이 이중 문제에 대해 그는 (훨씬 복잡한 양식 비평 이론과 더불어) 비신화화라는 복잡한 반응을 보였는데, 이는 불충분하고 부적당한 반응이었다. 첫째, 그는 이 세상의 정치적 메시지를 발견하고 싶지 않았다. 둘째, 그는 정치적 현실의 배후로 작용할지도 모르는 어둡고 비인간적인 세력의 가능성을 묵인하고 싶지 않았다. 우리는 1920년대와 1930년대에 발생한 이러한 이중 문제의 아이러니를 간과하지 말아야 한다. 이 두 개의 반응을 간략히 설명해 보겠다.

첫째, 불트만은 절대로 '정치적인' 이해를 용납하지 않으려 했는데, 그 이유는 다음과 같다. 1) 그가 루터의 '두 왕국' 신학을 따랐기 때문인데, 이 두 왕국 신학은 한때 그것에 부여되었던 뉘앙스를 배제한 채 이해될 시 명백한 분열을 가져왔다. 2) 궁극의 진리가 구체적 사항이 아닌 준플라톤적(quasi-Platonic) 추상 관념에서 발견되어야 한다는 신칸트적(neo-Kantian) 이상주의를 그가 따랐기 때문이다. 3) 그가 아직도 그의 연구에 명백히 존재하는 자

62　예를 들어, A. Portier-Young, *Apocalypse against Empire: Theologies of Resistance in Early Judaism* (Grand Rapids: Eerdmans, 2011)를 보라. *NTPG*, pp. 280-286도 보라.

유주의 모더니즘의 영향을 받았기 때문이다. 그는 예수의 부활이 실제로 일어나지 않았다고 (그리고 고전 15장에서 바울이 예수의 부활을 목격한 자들을 내세우고 있는데, 이는 바울이 범한 걱정스러운 실수였다고) 가정했다. 그래서 부활절에도 그리고 다른 어느 때에도 옛 세계 안에서 진정한 새 피조물이 탄생했다는 표시도 없었고 이 땅의 **현 상황**에 도전을 가할 그 어떤 것도 존재하지 않았다는 것이다. 4) 그의 실존주의 때문이었다. 실존주의에서 이상한 묵시 언어는 정치적 현실이 아닌 개인의 신앙적 결단에 관한 암호를 의미했기 때문에 수용 불가한 고대 우주론과의 연관성을 제거해야 했다.

나치당의 등장은 불트만의 1세기 이해에 영향을 미쳤다. 불트만이 1세기 기독교 묵시에 대한 자신의 이해로부터 유일하게 추론해 낼 수 있었던 그리고 실제로 추론해 냈던 정치적 진술은 정적(靜寂)주의였다. 1930년대 내내 그가 가장 좋아했던 설교 본문은 고린도전서 7장이었는데, 이 본문에서 바울은 현재의 고난 때문에 (여기서 바울이 염두에 둔 고난은 아마도 대규모의 기근일 것이다. 그러나 슈바이처 이후부터 세상의 종말이 다가오기 때문이라고 말하는 것이 유행이 되었다) 현재 세상을 살아갈 때 'OO가 아닌 것처럼' 살아야 한다고 말한다. 즉, 결혼한 사람은 결혼하지 '않은 것처럼' 살아야 하고, 장사하는 사람은 물건을 사고팔지 '않는 것처럼' 살아야 한다.[63] 불트만에게 고린도전서 7장은 그가 기포드 강연에서 말한 바를 전달해 주는 현실적인 방식으로 이해되어야 했다. 다시 말해, 역사주의적이고 정치적인 주장('역사는 이렇게 흘러간다')은 종말론적 순간을 파악해야 했다.

---

63 A. Standhartinger, 'Bultmann's Theology of the New Testament in Context', in *Beyond Bultmann: Reckoning a New Testament Theology*, ed. B. W. Longenecker and M. C. Parsons (Waco, Tex.: Baylor University Press, 2014), pp. 233-255를 보라. 기근에 대해서는, B. Winter, *After Paul Left Corinth: The Influence of Secular Ethics and Social Change* (Grand Rapids: Eerdmans, 2001), pp. 216-225와 예를 들어, A. C. Thiselton, *The First Epistle to the Corinthians: A Commentary on the Greek Text* (Grand Rapids: Eerdmans, 2000), pp. 578-586를 보라.

누구나 불트만의 이러한 모습에 쉽게 공감할 수 있다. 만약 당신이 당시에 마르부르크(Marburg)에서 설교를 했다면, 특히 당신이 하이데거(Heidegger)의 친구이자 그에게 철학을 배우는 제자였다면, 그리고 당신이 (표면상 대학교 내에서의 다른 견해들에 관대하지만, 동시에 점차 불편을 느꼈던) 나치 당원이었다면, 당신의 모습도 불트만의 모습과 다르지 않았을 것이다. 불트만은 그의 1955년 기포드 강연을 통해 매우 명확하게 이 요점으로 되돌아온다. 즉, 신학자이자 설교자인 불트만은 우리가 다른 차원에 살고 있으므로 '마치 그렇지 않은 것처럼' 세상과 닿아 있다는 것을 제외하곤 현재의 정치 상황에 대해서는 할 말이 전혀 없다는 것이다. 자연신학에 대한 바르트의 초기 입장과 불트만의 입장을 유비해 보면 흥미진진하다. 물론 바르트는 불트만을 훨씬 더 격렬하게 반대할 수 있었는데, 부분적으로는 그가 스위스에 돌아온 상태여서 현 상황에 관해 '위로부터 수직으로' 이야기할 수 있었고, 또 부분적으로는 그가 루터주의자가 아닌 칼뱅주의자였기 때문이다. [공정을 기하기 위해 덧붙이자면, 바르트는 본에서 가르치는 동안에도 공개적으로 히틀러에 반대했다. 그리고 본회퍼(Bonhoeffer)와 니묄러(Niemöller) 같은 많은 루터주의자들 역시 정권에 적극적인 저항을 한 것으로 지금까지 유명하다.]

고린도전서 7장 본문이 (소위) 정치 현실을 다루고 있고 실제적인 사회문화적 변화를 예언하고 있음에도 불트만이 이에 대한 인지를 꺼렸다는 것이 첫 번째 문제라면, 두 번째 문제는 더 간략하게 설명할 수 있다. 불트만은 어두운 초인적 힘의 실재를 인정하고 싶지 않았다. 내 생각에 그가 그렇게 했던 부분적인 이유는 그의 후기 흄 모더니즘과 실존주의 때문이었다. 바울이 죄를 단순히 인간의 행위가 아닌 인간에게 작용하는 일종의 **세력**이라고 말했을 때, 불트만은 바울의 이 말을 인간의 내적 투쟁을 신화화하는 관점에서 이해하기 위해 전념했다. 이러한 신화화에 대한 그의 대답은 우리가 잠재된 종말론적 가능성을 파악하거나 깨워야 한다는 것이었다.[64]

우리는 불트만을 개인적으로 그리고 정치적으로 공감할 수 있다. 그러나 불트만의 입장은 세계적으로 저명한 역사학자면서 당시 소위 '역사 비평 운동'의 최고 계승자였던 그의 위치를 감안할 때 주해적 차원에서 절대로 용서받을 수 없다. 예수와 초기 기독교를 역사적으로 이해하려면 1세기 유대 세계를 이해해야 한다. 그러나 루터, 칸트, 헤겔, 바우어(F. C. Baur)로부터 전수된 불트만의 신학적 유전자에 흐르고 있는 그의 기본 원칙 중 하나는 유대적인 모든 것을 거부하는 것이었다. 유대교는 행위의 의를 의미했는데, 이 행위의 의는 펠라기우스적 도덕주의 형태('하나님의 호의를 얻기 위해 선을 행함') 또는 실존주의적 형태('자신의 정체성 파악')를 띠었다. 만약 불트만이 '나의 해석은 역사적 의도가 배제된 신학적·실존적 제안이다'라고 말했다면 문제가 없었을 것이다. 그러나 그는 그렇게 말하지 않았다. 그는 초기 기독교 사상의 종교 역사적 계보를 비유대 세계에서 찾기 위해 끊임없이 시도했다. 이로 인해 신비 종교에 대한 그의 초기 관심은 이후에 영지주의에 대한 막대한 (그리고 완전히 비역사적인) 연구로 바뀌었다. 그의 신비 종교 연구와 영지주의 연구 모두 실제 역사와는 거리가 멀었다. 불트만은 실제 유대 세계에 관심을 거의 기울이지 않았고 쉬러(Schürer)와 빌러베크(Billerbeck)에 의한 간단한 유대 세계 설명으로 만족했다. 그는 이스라엘을 방문한 적도 없고 당연히 그 땅이 말 그대로 어떻게 생겼는지 직접 확인한 적도 없다. 그는 혁명의 역사적 움직임을 무시했고 (라이마루스는 오래전에 잊혀졌다) 다니엘서와 같은 핵심 문헌들이 국가적 열망의 일환으로 이해되었던 방식을 차단해 버렸다. 결국 사람들은 자신들의 믿음을 역사에 기초하려 들지 않았다. 이는 루터를 따르는 신칸트주의자들에게 '두 왕국'을 엉망진창으로 만들어 버

---

64 R. Bultmann, *History and Eschatology: The Presence of Eternity*, new edn. [Waco, Tex.: Baylor University Press, 2019 (1955), 이하 *H&E*]. 신판의 페이지 수는 초판을 따른다. pp. 154-155.

리는 위험뿐만 아니라 믿음을 '행위'로 바꾸어 버리는 위험을 의미했다.[65]

따라서 세상의 종말이라는 신화는 불트만의 철학, 신학, 정치 및 성경 해석에 적합했다. 오늘날까지 그를 따르는 자들은 이러한 토대에 의문을 제기하는 사람은 누구라도 특별한 변론을 제기해야 한다고 계속해서 제안한다. 그러나 나는 이제 상황이 역전되었다고 생각한다.[66] 불트만의 연구가 지속되는 복음서 연구의 많은 부분을 형성했기 때문에 하나님과 세상에 대한 질문—하나님이 이 세상**에서** 무엇을 **행하시는지** 또는 하나님을 이 세상**으로부터** 어떻게 **추론할** 수 있는지—과 관련해 새로운 관점을 찾고자 노력할 때 우리에게 도움이 될지도 모를 무언가를 찾으려고 불트만의 연구를 참고하는 일은 헛될 것이다.

'지연'의 재해석: 콘첼만, 케제만, 베르너

세상의 종말 신화를 해석학적 도구로 사용했던 세 번째 운동은 한스 콘첼만(Hans Conzelmann), 에른스트 케제만, 알베르트 슈바이처의 평생 친구였던 조직신학자 마르틴 베르너(Martin Werner) 같은 불트만의 제자들로 구성되어 있었다. 이 역시 상황화가 필요하다.[67] 1930년대 중반과 말에 독일의 많은 사람들은 위험하고 격동적인 여러 유럽 사건에서 새롭고 멋진 무언가가 등장할 것이라는 희망을 품고 있었다. 아마도 이 새롭고 멋진 무언가는 결국 일종의 헤겔적 '진보', 즉 빛을 향한 꾸준한 움직임을 의미했을지도 모른다. 아니면 이 새롭고 멋진 무언가가 마치 화산 폭발처럼 세상에 등장한 마르크스 스타일의 혁명을 의미했을 수도 있다. 무엇이 되었든, 예전

---

65 예를 들어 역사에 기초한 믿음에 반대하는, R. Bultmann, *Theology of the New Testament*, trans. Kendrick Grobel, 2 vols. (London: SCM Press, 1951-1955; repr., Waco, Tex.: Baylor University Press, 2007), 2.127를 보라.
66 예를 들어, Congdon, *Rudolf Bultmann*, pp. 10-11를 보라.
67 비슷한 요지에 대한 나의 이전 논평은, *PFG*, ch. 16을 보라.

의 잘못이 바로 잡히는 새로운 날이 밝아올 것이다. 이 새로운 날을 희망하는 사람 중에는 문화 비평가였던 발터 벤야민이 있었는데 그는 게르슴 숄렘(Gershom Scholem)과 가까운 친구 사이였다. 몰로토프(Molotov)와 리벤트로프(Ribbentrop)가 스탈린과 히틀러 사이의 조약에 서명했을 때, 벤야민의 희망은 땅으로 떨어졌다. 그는 자살하기 직전 남긴 마지막 저술에서 '역사'를 의미도 희망도 없는 것이라고 비난했다. 벤야민의 이러한 비난은 파울 클레(Paul Klee)의 저명한 그림 '역사의 천사'를 떠올리게 한다. 결국 역사란 쓰레기 더미에 불과했다. '진보', 특히 헤겔적 진보는 더욱 그러했다.[68]

재앙의 분위기와 희망이 땅에 추락한 분위가 전후에도 계속되었다. 바르트는 스위스에서 독일로 돌아와 본에서 강의를 했다. 그는 그의 강의를 듣는 학생 중에 웃는 법을 잃어버린 젊은 남학생들에 대해 이야기한 적이 있다.[69] 케제만은 후에 자신의 세대가 '화상 입은 아이들'과 같아서 '구속사'라는 불속에 다시 손을 넣는 것을 꺼린다고 말했다.[70] 콘첼만은 신약성경에서 **구속사**의 탁월한 목소리로 간주되는 누가가 급격히 용기를 잃어버린 70년 이후 교회의 모습을 대변한다고 주장했다. 누가는 하나님의 임박한 승리에 대한 '수직적' 믿음을 고수하는 대신, 이스라엘, 예수, 교회에 대한 '수평적'인 설명―하나님이 철저히 새로운 무언가를 하실 것을 기대하기보다는 자

---

68 W. Benjamin, *Illuminations*, ed. Hannah Arendt, trans. Harry Zohn [New York: Schocken Books, 1968 (1958)]과 *PFG*, pp. 1473-1484에 있는 내 논의를 보라. Klee의 작품 '역사의 천사'는 현재 예루살렘 소재 이스라엘 박물관에 전시되어 있다. 천사가 잔해 더미 보듯 역사를 돌아보고 있는 이 그림을 Benjamin은 '진보'로부터 어떤 선한 것도 나올 수 없다는 표시로 이해했다.

69 K. Barth, *Dogmatics in Outline*, trans. G. T. Thompson [London: SCM Press, 1966 (1949)], p. 7. K. Koch, *Rediscovery of Apocalyptic*, pp. 67-68도 보라('거의 모든 분별력 있는 그리스도인들은 제2차 세계대전 발발 이후 결국 하나님이 뜻하신 역사의 진보를 믿지 않게 되었다). p. 70.

70 E. Käsemann, *Perspectives on Paul*, trans. Margaret Kohl [London: SCM Press, 1971 (1969)], p. 64. *PRI*, pp. 50-53의 논의를 보라.

신을 그 안으로 몰입시키게 하는 명백히 내재적인 역사—을 제시했다.[71] 복음을 글로 적는다는 것은 이미 구성을 잃는 것이었고, '복음'이 **시간과 공간으로 이루어진 세계에서 순차적으로 일어난 사건들에 관한 이야기**라는 것을 넌지시 비추는 것이었다. 따라서 케제만과 콘첼만, 그리고 그들과 함께한 전 세대는 예수와 그의 처음 제자들이 슈바이처의 주장처럼 세계의 종말을 믿었다고 생각했다. 그리고 그들은 독일의 모든 세대가 희망이 무너지는 것을 **보고 느꼈던 근본적인 실망을 초기 그리스도인들에게 투사했다.** 이로 인해 표준 개신교 수사학의 새로운 형태가 나타났다. 1세대는 (하나님에 대한 '수직적' 신뢰 가운데) 세계의 종말을 제대로 이해했지만 2세대는 상황이 악화되어 '진보하는 역사'로 시선을 돌렸다. 불트만과 그의 추종자들이 영지주의로 시선을 돌린 것은 당연하다. 다수의 실망한 유대인들이 바 코크바 혁명 실패 이후 2세기 중반에 똑같이 그랬던 것처럼 말이다. 내가 다른 곳에서 주장했듯이, 기원후 135년의 실망과 1940년의 실망, 이 두 실망 사이의 유사점과 이 두 실망이 각각 가져온 여파의 유사점은 뚜렷하다.[72]

비평 학계 전체가 두 단계의 문제를 분명히 표명했다. 첫째, 예수는 임박한 종말을 기대했지만 종말은 오지 않았다. 그래서 그는 실망 가운데 죽음을 맞이했다. (사실 슈바이처가 볼 때 이 요약은 다음의 두 단계를 생략하고 있다. 첫째, 예수는 '인자'의 임박한 도래를 기대했지만, '인자'는 오지 않았다. 그래서 예수는 하나님을 강요하기 위해 죽음을 맞이하지만, 이 역시 실패로 끝났다.) 둘째, 예수의 첫 추종자들은 이 희망을 자신들의 세대에 전달했다. 즉, 그들이 살아 있는 동안 종말이 온다는 것이었다. 그러나 이 역시 발생하지 않았다. 두 번째 실망은 교회가 스스로 새 형태를 취하도록 만들었다. 다시 말해, 교회는 이 두

---

71 H. Conzelmann, *The Theology of St. Luke*, trans. Geoffrey Buswell [New York: Harper and Row, 1961 (1953)].
72 *PFG*, ch. 16을 다시 보라.

번째 실망으로 인해 '초기 가톨릭'으로 바뀌게 되었다. 표준 개신교 수사학에서 빌린 강력한 무기로 브루너의 '자연신학'을 거절했던 바르트처럼, 무언가를 '가톨릭'이라 부르는 것은 그것을 저주하는 것과 다름없었다.

물론 초기 교회가 불트만의 후계자들이 제시했던 방식으로 생각했다는 두 개의 초기 증거가 있다(이 두 증거 외에 다른 증거는 없다). 베드로후서에는 사도들의 세대가 소멸해 간다는 걱정을 반영하는 듯한 유명한 구절이 존재한다. 그리고 요한복음 21장도 있다.[73] 베드로후서의 구절은 때때로 우주적 화재를 예고하는 일종의 스토아주의적 종말론으로 이해되고 있다. 그러나 스토아주의에서 세상을 소멸시키는 불은 내면의 신성한 생명으로, 이 내면의 신성한 생명은 결국엔 기쁨으로 온 세계를 화염으로 끌어들이지만, 베드로후서에서 불은 심판의 불을 의미하는 것으로 보인다. 어떻든 간에, 베드로후서의 관련 구절은 초기 기독교 문헌 중에서 유일하며 예수와 그의 첫 추종자들이 믿었던 내용에 대한 지표로 사용될 수 없다. 또한 이 구절에는 신약 전체를 통틀어 가장 이상하고 난해한 본문이 포함되어 있는데, 이는 아마도 초기 사본 필사가들이 우리와 마찬가지로 이 구절을 당혹스럽게 여겼음을 보여 주는 표시일 것이다.

이 구절들은 다양한 초기 기독교 운동과 문헌이 기원후 70년의 충격과 관련해 어떤 위치에 서 있는지를 가늠하게 하는 기능을 하면서, 하나의 전체적인 주해 프로젝트를 지지하기 위해 종종 사용되고 있다. 사도 교부들의

---

[73] 벧후 3:10에 대해서는, *RSG*, pp. 462-463를 보라. 관련 논의는 예를 들어, R. J. Bauckham, *Jude, 2 Peter* (Waco, Tex.: Word, 1983), pp. 283-322와 B. W. Witherington, *Letters and Homilies for Hellenized Christians*, vol. 2, *A Socio-rhetorical Commentary on 1-2 Peter* (Downers Grove, Ill.: IVP Academic, 2007), pp. 363-391를 보라. '베드로'는 초기 교회 전체가 무엇을 믿고 있었는지 구체적으로 알려 주고 있지 않지만 어쨌든 '속이는 자들'이 하는 말에 대해 경고하고 있다. 요한복음의 결말은 많은 해석을 쉽게 허용한다. 요한복음의 결말이 주의 재림 시기에 관한 불확실함을 표현하고 있는 한, 이 결말은 주의 재림 이론에 요구되는 확실함이 아닌 불확실함을 표현한다.

문헌과 2세기 문헌 그 어디에도 그러한 주해적 문제와 관련된 흔적이 존재하지 않는다는 사실에도 불구하고 말이다. 케제만과 다른 학자들은 이 분석을 사용해 전후 독일의 부르주아적 경건이 정착한 방식과 다시금 평안을 누리게 된 방식에 맹렬한 비평을 가했다. 이는 프리스틀리(J. B. Priestly)의 희곡 〈밤의 방문객〉(An Inspector Calls)에 구현된 가혹한 세속적 비평과 준신학적으로 어느 정도 유사하다.[74] 특히 케제만은 세상이 여전히 얼마나 어둡고 위험한 곳인지 너무나도 명확하게 알 수 있었다. 그래서 그와 다른 학자들은 바우어의 **초기 가톨릭** 범주를 재배치해 제2 바울서신과 목회서신 그리고 특히 비참한 자칭 역사가인 누가가 가정한 세계를 묘사했다. 케제만이 의미하는 '묵시'는 참된 기독교 신학의 어머니였다. 그러나 2세대는 그것을 버리고 조금이라도 스트레스가 적은 존재를 택했다.

이 모든 주장은 20세기 말에 큰 동의를 얻었다. 그러나 그것은 1세기 사람들의 사고방식과 비슷한 점이 거의 없었다. 우리가 기원후 70-150년에 존재한 예수의 제자들에 대해서 아는 것이 거의 없음을 잠깐 생각해 보면 이 주장이 2세대 기독교에 대한 역사적 평가가 아닌 전후 독일에 대한 투영이었음을 알게 될 것이다.[75] 세상의 종말이라는 개념은 슈바이처와 그의 직속 추종자들에게 매우 유효했다. 비신화화된 종말 개념은 1930년대 불트만에게 매우 유효했다. **기대에 어긋난** 종말 개념은 1940년대와 1950년대의 불트만 이후 세대에게 매우 유효했다. 그리고 내가 우리의 현재 정황에서 강조하고 있는 것처럼, 이렇게 다각적이고 본질상 비역사적인 재구성으로 인해 하나님과 세상의 접점을 놓고 혼란스러워하는 신학자들이 예수와 그의 첫 추종자들의 문헌을 사용할 수 없는 신학적 분위기가 유지되었다. 더 심각한

---

74 J. B. Priestley, *An Inspector Calls: A Play in Three Acts* (London: Heinemann, 1947).
75 개략적이지만 별문제 없이 초기 기독교 역사를 다루고 있는, *NTPG*, Part 4를 보라.

것은 예수와 그의 첫 추종자들에 관해 이렇게 수용된 견해—그들은 세상이 끝날 것이라고 생각했지만 세상은 끝나지 않았다—는 하나님과 세상 사이에는 거리가 있다고 생각하는 경향을 **강화해** 한편으로는 '자연신학'을, 다른 한편으로는 세상에서 역사하시는 하나님의 행위를 점점 더 믿을 수 없게 만들었다.

한편 잉글랜드와 미국에서는 동일한 자료를 바탕으로 다소 다른 무언가가 발생했다. 적어도 잉글랜드에서는(기포드 강연의 본고장인 스코틀랜드는 사정이 다를 수 있다) 헤겔을 읽은 사람이 거의 없었다. 헤겔의 거침없는 변증법적 진보를 믿는 사람도 거의 없었다. 비록 대영제국만의 '더 넓고 더 넓게'라는 측면에서의 진보 개념은 있었지만 말이다! 많은 사람들이 마르크스를 우려했다. 슈바이처와 바르트에게는 존경과 함께 경고도 뒤따랐고 불트만의 경우에는 근심스러운 몰이해가 뒤따랐다. 영국인들은 이론을 의심하는 경향이 있고 혼란스러운 실용주의를 선호한다. (그래서 영국과 미국이 전쟁에서 승리했다. 우리에게는 다른 문제들이 있었지만 그렇다고 성서학자들을 비롯한 신학자들이 그 문제들을 해결하는 데 도움이 줄 것이라고 기대하진 않았다.)

여기서 우리는 다른 분야에서도 나타나는 문화적 비(非)이동성을 발견한다. 루트비히 비트겐슈타인(Ludwig Wittgenstein)을 예로 들어 보자. 그는 19세기 말 문화적으로 매우 발달해 있던 빈에서 태어나고 자랐다. 그는 다층으로 이루어진 모든 문화를 자신의 철학에 담았으며 그의 초기 삶에서 해결하지 못했던 질문들을 끝까지 다루었다. 그러나 그가 영국에서 버트런드 러셀(Bertrand Russell)과 협력하게 되자, 러셀을 비롯한 거의 모든 사람은 비트겐슈타인이 기본적으로 일종의 실증주의 내에서 기능할 수 있는 연구를 하는 언어 철학자라고 가정했다.[76] 영국인들은 야심찬 유럽 대륙의 사상은 물

---

76   A. S. Janick and S. E. Toulmin, *Wittgenstein's Vienna* (Minneapolis: Ivan R. Dee, 1996)

론 자연스럽게 획일적인 성향까지 가지고 있기에 다음과 같이 말한다. '이해할 수 없는 철학은 잘라 버리고 어쨌거나 남은 것을 이용해 우리가 관심을 갖고 있던 질문에 답해 보자.' 동일한 현상이 위대한 역사가 폰 랑케(von Ranke)에게도 발생했다. 그는 (내가 다음 장에서 논하게 될 의미에서) 역사주의자였다. 그러나 그의 유명한 성명, 즉 그가 '과거에 실제로 일어난 것'을 찾아내기 위해 노력한다는 진술은 종종 오해되고 있다. 폰 랑케가 신중을 기울이며 말하고자 한 바는 자신이 광범위한 역사적 '의미'를 제공하기 위해 애쓴다는 것이 **아니라** 그처럼 더 큰 이론으로 이동할 수 있는 원 자료를 확인하기 위해 노력한다는 것이었다. 그러나 여러 세대의 영국 독자들은 그의 이 신중한 진술을 다음과 같은 의미로 받아들이고 있다. 즉, 그가 역사는 있는 그대로의 사실을 낳는다고 믿는 실증주의자였다는 것이다.[77]

이와 유사한 현상이 불트만에게도 적용된다. 영어권 독자들은 비뚤어져 있고 논쟁적인 불트만의 철학적 탐구를 한쪽으로 치워 놓았다. 그들의 눈에는 복음서를 읽고 있는 엄청나게 유식한 한 독일인만 보였고, 그들이 알고 싶어 한 것은 다음과 같았다. 막강한 추진력을 자랑하는 불트만은 복음서에 나오는 예수의 말과 행동이 실제로 예수의 말과 행동이었다고 믿는가 아니면 믿지 않는가? 불트만은 간섭주의적 이신론을 지지하는가 아니면 비간섭주의적 이신론을 지지하는가? 불트만은 이러한 질문을 다루지 않았다. 많은 독일인들은 그때나 지금이나 불트만의 설교와 영성으로 인해 그를 존경하고 있는데, 그의 설교와 영성은 히틀러 치하에서 용인되거나 간과되었던 그의 조용한 입장을 반영하고 있다. 그러나 영어권에서 그는 단순히 '자유주의자'로 간주되고 있다. 이 자유주의자라는 용어는 다른 많은 용어들

를 보라.
77 3장을 보라.

과 마찬가지로 대서양은 말할 것도 없고 북해를 건너기만 해도 매우 다른 의미를 가진다. 앵글로색슨 세계에서 불트만을 지지하는 학자들, 예를 들어 미국의 노먼 페린(Norman Perrin), 영국의 존 로빈슨(John Robinson) 또는 데니스 나인햄(Dennis Nineham)과 같은 학자들은 불트만을 성경 주해의 대가로 열렬히 지지했고 그의 연구에서 그들이 장려하고 싶어 하는 신학 및 윤리의 유용한 토대를 발견했다. 다시 말해, 그들이 장려하고자 했던 신학은 근대 과학이 의문시하는 부분이 제거된 신학을 의미하고, 그들이 장려하고자 했던 윤리는 진보적 근대성에 더 적합한 윤리를 의미한다.[78] 그러나 대서양 양편에 존재하는 많은 학자들에게 불트만은 믿음을 거부하는 적으로 간주되었다.

여기서 나의 목적은 이와 관련된 논의를 시작하는 것이 아니라 영국 또는 미국 학자들이 슈바이처의 '세상의 종말의 예수'와 복음서를 비신화화하려는 불트만의 시도를 보았을 때, 그들이 전체적인 사건의 동기와 의미를 모두 잘못 이해했다는 점을 지적하는 것이다. 이러한 오해가 가져온 보상은 수정주의로의 공개적 초대에 지나지 않았다. 예수와 초기 교회는 세상의 종말을 예상했고 이 예상에 맞춰 그들의 신학 및 윤리를 체계화했다(고 생각되었다). 그들의 예상이 틀렸으므로 우리는 우리의 믿음과 행위를 그와 다르게 체계화할 수 있다. 그러나 이러한 사고는 명백한 책임 회피적 변명이자 편의주의의 상징이다. 이런 식으로는 절대로 신학을 형성할 수 없다. 그 신학이 자연신학이든 아니면 다른 종류의 신학이든 상관없이 말이다.

그러나 (독자는 이 지점에서 반대할 수 있다) 관련 성경 본문들의 의미는 분명하지 않은가? 마가복음의 예수는 당시 자신과 함께 서 있는 사람 중 몇몇

---

[78] Longenecker and Parsons, eds., *Beyond Bultmann*과 이미 인용된 D. W. Congdon의 여러 연구 저술들도 보라.

이 하나님 나라가 권능으로 임하는 것을 볼 때까지 죽음을 맛보지 않을 것이라고 선언하지 않았는가? 우리는 이와 같은 구절과 다른 많은 구절을 어떻게 다루어야 할까? 우리는 역사적·신학적 문제를 수반하는 이 질문으로 돌아올 것이다. 그러나 당장은 아니다.

결론: 역사의 필요

문제적 책에 대한 조사—복음서의 예수 묘사와 그것이 새로운 날에 무엇을 의미할 수 있는지에 대한 도전—로부터 우리가 내릴 수 있는 잠정 결론은 다음과 같다. 실제 역사적 과제, 곧 복잡한 1세기 중동 유대 문화 내에서의 예수 연구가 아직도 제대로 착수되지 않았다는 것이다. 비록 이 결론과 라이마루스 및 다른 이들이 적어도 공식적으로 의도한 바가 서로 상당히 비슷해 보이지만 말이다. 그러나 다음 장에서 보겠지만 진정한 모든 역사적 조사의 도전은 우리와 매우 다르게 생각하는 사람들의 마음을 읽는 것에 있다. 20세기의 종말론 연구들은, 그것들이 슈바이처와 함께 세상의 종말에 관한 이론으로 나아갔든지 아니면 불트만처럼 '종말론'을 비신화화하고 그것을 실존주의자의 내적 전환으로 간주했든지와 상관없이 제2성전기 유대인의 열망, 주요 문헌의 복구, 그리고 의제들을 입증할 수 있는 역사적 배경을 파악하는 데 크게 실패했다. 다음 장에서 보겠지만, '역사 비평'이라는 기치 아래 항해해 온 운동은 보통 지나치게 많은 비평을 받았고 충분한 역사가 없었다. 다른 방식으로 역사 비평을 한다면 어떻게 될까? 그러면 새로운 방식으로 '자연신학'을 둘러싼 질문들에 접근하는 데 도움이 될 것인가? 우리는 **역사를 포함한** 세상의 모든 것들을 새 창조 세계, 따라서 창조주를 재확인시켜 주는 (비록 파손되었지만) 참된 표지로 간주할 수 있을까?

나는 18세기 중반부터 시작된 유럽 사상의 다양하고 복잡한 모든 운동이 에피쿠로스주의적 분위기에 의해 점진적으로 형성되었다고 강조했다. 하늘과 땅은 근본적으로 분리되어 있는데, 이는 이성의 궁극적 진리와 역사의 단순한 우발적 진리 사이에 놓여 있는 레싱의 추한 도랑과 신학적 유비를 이룬다. 하나님의 영역은 땅의 영역에서 제거되었는데, 전자는 후자와 관계가 없고 후자는 우연한 힘의 무작위적 작용으로 이해된다. 그러나 내가 이 책 전체에 걸쳐 주장하고 있듯이, 우리가 파악해야 하는 요지는 1세기 유대인 중 하늘과 땅을 이렇게 보았던 사람은 거의 없었을 것이라는 점이다. 근대 서구 철학과 그 변형은 1세기 유대 문헌과 동떨어져 있고 예수와 그의 동시대 사람들의 사고 형태 및 세계관과도 동떨어져 있다. 물론 이 지점에서 익숙한 연대순의 우월주의가 고개를 든다. 즉, 그들은 옛 세계관을 수용했지만 우리는 새로운 세계관을 받아들였고, 옛 세계관은 현대 의학과 전기를 사용하고 있는 우리에게 무용지물이라는 것이다(불트만은 이것을 명확히 언급했다). 사실 이러한 우월주의는 당연히 허구—나의 기본 요점 중 하나—다. 추정되는 새로운 세계관은 단순히 옛 세계관인 에피쿠로스주의의 새로운 버전일 뿐이다. 이 버전에는 급진적인 새로운 전개('진보' 교리)와 새로운 근거 제공에 관한 주장(현대 과학)이 포함되어 있다. 그런데 이러한 내용은 일반적으로 무시되고 있다. 근대주의 수사학이 때로는 의도적으로 옛날의 고전적 (그러나 기독교나 유대교의 것은 아닌) 세계를 환기시키지만, 이 근대주의 수사학은 그것의 기본 제안이 단순히 옛 세계관의 새로운 버전에 불과하다는 것을 인정하고 싶어 하지 않는다.

오늘날 우리는 아퀴나스와 칼뱅이 몰랐던 물리적 세계에 관한 것들을 알고 있다. 그렇다면 플라톤이나 아리스토텔레스, 플루타르코스나 세네카, 예수나 바울은 얼마나 더 물리적 세계를 몰랐겠는가! 그러나 이것이 요지는 아니다. 그들은 고대인이었고 우리는 현대인이라는 것은 요지가 아니다. 에피쿠로스주의도 고대 사상이기 때문이다. 근대주의는 포괄적 세계관이라는 명목으로 과학적 진보를 사용했는데, 과학적 진보는 사실 이 포괄적 세계관을 입증하지 못한다. 암묵적 주장은 다음과 같이 다른 방향으로 전개되었다. 즉, 이미 강력한 17세기 에피쿠로스주의는 생물학적 진화의 징후(의료와 기술의 극적인 진보뿐만 아니라)가 지지한다고 판단될 수 있는 사회적·문화적·정치적으로 매력적인 세계관을 제공했다. 하늘과 땅의 분리 그리고 하나님과 세상의 분리는 논의를 계속 지배했는데 이 논의의 주체들로는 세상을 강조하면서 하나님을 의심하고 싶어 했던 학자들도 있었고(포이어바흐와 그의 추종자들), 하나님과 하나님의 계시를 강조하고 이를 세상에 적용시키고 싶어 했던 학자들도 있었다(바르트와 불트만은 각각 다른 방식으로 하나님과 하나님의 계시를 세상에 적용하려 했다).

예수의 역사가 신학적으로 관련성이 떨어진다는 점은 오랜 기간 지속되고 있는 논의에서 파생된 유일한 폐해가 아니다. 역사 그 자체, 즉 학문 분야로서의 역사, 과업으로서의 역사는 신학의 길에서 밀려났다. 특히 1세기 유대인들이 어떻게 자신들에 관한 긴 이야기를 포함해 그들의 세계를 이해했었는지에 대한 역사적 설명이 부족하다. 유대교의 사고방식은 정의상 초기 그리스도인들의 사고방식 그리고 특히 예수 자신의 사고방식과 대립적이었다고 가정되었다. 1세기 세계를 모든 측면에서 검토하고 예수를 그 세계 안에서 이해하기 위해 노력해야 했지만 그렇게 하지 않았던 역사적 임무 소홀은 이 가정으로 인해 신학적으로 정당화되었다. 이 역사적 임무 소홀은 '비평'이 확장되어 모든 의제를 채우고 '역사적'인 것이 완전히 사라져 버린 것을 뜻한다. 1세기 유대인들이 자신들의 긴 이야기를 포함해 그들의 세계를 어떻게 이해했는지에 대한 역사적 설명 없이 우리는 앞으로 나아갈 수 없다. 우리는 이 역사적 설명을 제공하기 위해 반드시 노력해야 한다.

그러나 첫 번째 단계로서, 우리는 '역사' 자체가 무엇을 의미하는지 자세히 살펴봐야 한다. '역사'의 의미는 내가 지금까지 묘사해 온 바로 그 혼란에 휩싸여 있으므로 정리가 필요하다. '역사' 학문 분야는 '자연' 세계에서의 사건 및 유인(誘因)을 연구하는 분야이므로, 우리가 간단히 설명한 문화적 기후가 역사 학문 분야에 어떻게 영향을 미치고 있는지에 대한 이해 없이 '자연' 세계를 연구하거나 우리가 묻고 싶은 신학적 질문을 제기하는 일은 불가능하다. 이것이 바로 다음 장의 주제다.

2부

역사, 종말론, 묵시

3장

종잡을 수 없는 개념

'역사'의 의미

도입

1973년 가을 내가 박사 논문 연구를 막 시작했을 무렵, 나는 당시 그리스도교회 주교였던 헨리 채드윅(Henry Chadwick) 교수를 옥스퍼드에 있는 셀도니안 극장 근처 십자로에서 우연히 만났다. 그의 강의를 들었던 나는 당연히 그에게 경외심을 갖고 있었다. '위엄 있는'(magisterial)이라는 형용사는 아마도 그를 위해 만들어졌을 것이다. 그즈음 나는 그가 BBC 라디오 방송에서 최근 출판된 게자 버미스(Geza Vermes)의 새 책—지금도 여전히 획기적인—『유대인 예수』(*Jesus the Jew*)에 대해 서평하는 것을 듣게 되었다.[1] 그는 그의 서평에 '다소 창백한 갈릴리 사람'이라는 제목을 붙였는데, 이 제목은 스윈번(Swinburne)의 시에 나오는 유명한 구절이다. 채드윅 교수는 이 구절

---

1   *JVG*, pp. 84-97의 논의를 보라.

을 아이러니한 시선으로 바라보고 있었다.[2] 우리는 그 책과 '역사가로서' 단순하게 글을 쓴다는 버미스의 주장에 대해 간단히 이야기를 나누었다. 채드윅은 다음과 같이 평했다. "'역사'를 언급하는 사람들이 '역사'가 실제로 무엇인지 이해하고 있다는 것을 우리에게 보여 주면, 우리는 그들을 진지하게 받아들여야 한다."

역사를 필요로 하지도 않고 원하지도 않는 일종의 '신학'—전통 안에서 강력한 혈통을 가지고 있다고 해도—이 있을 수 있다. 그러나 특별히 기독교 신학은 선택의 여지가 없다.[3] 기독교 신학은 역사를 필요로 한다. 비록 기독교 신학이 역사를 어떻게 해야 하는지 혹은 역사로 무엇을 해야 하는지 항상 아는 것은 아니지만 말이다. 기독교 신학에서는 단순히 성경 주해—원래 본문의 문맥상 의미가 무엇인지 찾아내려는 시도—가 고대 역사의 한 분야임을 의미하지 않는다. 기독교 신학은 기독교의 가장 중요한 주장들의 핵심을 파악한다. 본디오 빌라도가 사도신경에 등장하는 이유가 있다. 기독교 신학자는 성육신, '구속사' 등과 같은 질문에 직면한다. 그러나 그것은 시작에 불과하다. '역사'는 가현설이라는 열기구가 구름 속으로 수직 상승해 다시 볼 수 없게 되는 것을 방지하는 진흙 덩어리가 아니다. 하나님 나라의 도래와 하나님의 뜻이 '하늘에서와 같이 땅에서도' 이루어지길 기도하는 사람들은 **바로 그렇게** 기도하기 때문에 실제 삶과 실제 공간—시

---

[2] A. C. Swinburne(1837-1909). Swinburne의 '프로세르피네 찬가'(Hymn to Proserpine)는 흥을 깨는 기독교에 대한 혹독한 공격으로서 다음과 같은 내용을 담고 있다. '오 창백한 갈릴리 사람이여, 당신은 정복했습니다. 세상은 당신의 숨결로 인해 점점 회색으로 변하고 있습니다.' 다음의 내용도 배교자 율리아누스 황제(c. 331-363)의 유언을 암시한다. '갈릴리 사람이여, 당신은 승리했습니다', '갈릴리 사람이여 당신은 정복했습니다'(Theodoret, *Hist. eccl.* 3.20). Vermes를 Swinburne과 율리아누스와 함께 나란히 배치하고 있는 Chadwick의 통찰력은 그의 대표적 특징이다.

[3] 지금 이 논의는 *NTPG*, ch. 4의 논의에 의존한다. *NTPG*, ch. 4은 2017년 보스턴에서 열린 미국 종교학회에서 내가 '분석 신학 강연'이라는 제목으로 발표했던 원고에 기초한다(서문의 각주 14번을 보라).

간—물질로 이루어진 존재가 **추상적 진리의 예**가 아니라 최고의 '**추상적 진리**'에 의해 겸허히 증거되는 궁극적 **현실**이라는 점에 전심으로 초점을 맞춘다. 신약성경에 따르면, 십자가에서 죽은 갈릴리 출신의 인간 예수는 유일한 참 하나님의 참 정체성 및 계획을 완전히 그리고 명확히 계시하는 존재다. 그는 추상적 원칙 또는 참 교리에 대한 하나의 '예' 또는 궁극적 '예시'도 아니다. 원칙과 교리는 그를 언급하고 반드시 그를 따라야 한다. 이는 역사를 의미한다. 역사를 피하는 것은 불가능하다. 역사 작업 없이 신학(자연신학을 포함)을 하는 것은 활 없이 바이올린을 켜는 것과 같다. 일명 피치카토(Pizzicato: 손가락으로 바이올린 현을 뜯는 연주 기법—역주) 신학이 되어 버린다.

이 책에서 나의 주된 논거는 '자연신학'에 있어서 역사 작업이 필수 요소지만 보통은 빠져 있다는 것이다. 예수는 1세기 갈릴리라는 '자연 세계'에서 살았다. 라이마루스와 다른 이들은 갈릴리에서 예수를 찾아야 한다고 주장했다. 그들의 관점에서 그것은 '자살골'이었을 수 있다. 우리가 예수를 찾았다고 가정하면, 그가 실제로 거기에 있었던 걸까? 기독교 성경에 우리의 주된 역사적 자료인 복음서가 포함되어 있다는 사실이 특별한 도움('우리 그리스도인은 유리한 위치에 있다')으로 언급되어서도 안 되고 특별한 호소('그것은 특수 계시이므로 인정되지 않는다')로 묵살되어서도 안 된다. 본문은 여전히 거기에 있고 여전히 실제 사건, 곧 '자연' 세계의 사건을 이야기하고 있다고 주장한다.

이에 대해 좀더 자세히 살펴보자. 나는 제대로 이해된 역사의 부재로 인해 신학이 외부 관찰자에게 그것의 목적처럼 보이는 것을 성취함에 있어서 도움을 받지 못하고 있다고 제안하고 싶다. 비록 이 제안이 철저한 해설이 아닌 임시 조사에 그치겠지만 말이다. 오늘날의 자연신학의 일부 운동들은 논리적 추론만으로 대략 300년 전 버틀러 주교가 성취하기를 희망했지만 1755년 이후 거의 불가능해 보였던 것을 성취하려는 것처럼 보일 때가 있다. 그것은 바로 일종의 기독교 변증으로, 이 기독교 변증은 공간, 시간, 물질로 이루어진 세계에서 시작해 유일한 참 하나님에 대해 말함으로써 종결된다. 물론 우리가 만약 예수로부터 그리고 그에 대한 성경 본문에서부터 시작해야 한다면, 이는 대부분 사람이 의미하는 '자연신학'이 아닐 것이다. 왜냐하면 만약 우리가 거기에서 출발한다면 우리는 보통 '자연'의 일부가 아닌 '계시된 진리'의 일부로 간주되는 자료를 사용해야 하기 때문이다. 그러나 예수는 실제 세계의 인물이었다. 복음서는 실제 세계에서 생산된 실제 문헌이다. 기독교 전통이 복음서를 '계시'로 간주해 왔기 때문에 복음서를 '자연적' 증거로 다루길 거부하는 것은, 그리고 기독교 전통이 예수를 성육신한 하나님으로 고백해 왔기 때문에 예수를 묵살해 버리는 것은, 재판 전 판사에게 뇌물을 주는 회의주의자의 모습과도 같다. 후기 흄의 '역사'가 대중적인 기독교적 상상의 가현적 예수가 본문에서 발견되지 않는다는 것을 자신의 만족을 위해 증명하자, 예수가 신학적으로, 자연적으로, 또는 비자연적으로 전혀 중요하지 않다고 결론 내리는 것(잘못되었지만 이해할 만한)은 단지 작은 발걸음에 불과했다. 그러나 이것은 실수다. 복음서를 고려하지 않는 것은 엄밀한 역사적 조사로부터 보호받는 받침대 위에 복음서를 올려 놓는 것만큼 비과학적이다.

사실 이 모든 것은 '자연신학'이 종종 설정되는 방식과 관련된 오류를 암시한다. 인간과 인간의 저작은 '자연 세계'의 일부다. 아니면 일부 기독교 전통이 '하나님의 영감'으로 간주했던 '자연 세계'—최초의 그리스도인들의 저작들—의 요소를 처음부터 배제하려던 생각이었을까? 일부 비평가들은 하나님을 믿는 믿음에 관한 주장이 이러한 자료에 호소하지 않고 만들어져야 한다고 요구했다. 다른 비평가들은 자료 자체를 훼손하기 시작했고, 그것들을 이후에 발생한 이기적인 선전으로 보았으며, 예수를 단순히 유대인 교사 또는 혁명가로 간주했다. 이 입장은 아직도 널리 수용되고 있다. 기독교 신학은 이러한 도전에서 벗어날 수 없다. 예수가 '볼 수 없는 하나님의 형상'이라는 초기 그리스도인들의 주장이 틀렸다고 해도, 여전히 그에 따른 잔해로부터 기독교 신학 또는 영성의 일부 요소를 살려 내고 싶을 수 있다. 그러나 이렇게 일부 요소를 살려 내는 작업은 매우 다른 종류의 작업이 될 것이다. 완전한 기독교 신학을 위해 우리에겐 역사가 필요하다. 비록 역사가 불편하고 골치 아픈 '현실 세계'를 다루고 있지만 말이다. 아니, 정확하게 말하자면 역사가 불편하고 골치 아픈 '현실 세계'를 다루고 있다는 사실 때문에 우리는 완전한 기독교 신학을 위해 역사를 필요로 한다. 바로 이 골치 아픈 '현실 세계'에서 예수는 십자가에 못 박혔다. 예수의 첫 추종자들은 무엇보다 이 십자가 사건을 부활절에 비추어 삼위일체 하나님의 본성과 구원의 목적을 드러내는 사건으로 보았다.

이 주제를 더 진척시키기 위해 우리는 '역사'가 무엇이고 신약과 관련해 우리가 어떻게 '역사를 해야 하는지'를 신중히 숙고하며 맨 처음에서부터 시작해야 한다. 이 작업은 신학적 과제에 필요한 부가 작업 그 이상의 것으로 드러날 수 있다. 그리고 이 작업은 핵심 원동력이 될 수도 있다. 초기 기독교에 대한 역사 연구와의 만남이 혼란스럽고 부정적인 사람들에게 이러한 결론은 반갑지 않을 수 있다. 하지만 논쟁이 진행됨에 따라 그 자체가 요점의 일부일 수 있다.

'역사'는 중립적이지 않다. 역사는 종잡을 수 없는 개념이다. '역사'의 개념, 그리고 역사와 관련된 학문 분야는 지금까지 논의된 문화적·사회적·정치적 투쟁의 일부였다. 이전 시대는 과거와 현재가 쉽게 연결된다고 이해했다. 그러나 르네상스 이후로 일시적 단절이라는 관념이 보다 분명해졌다.[4]

---

4 예를 들어, R. Koselleck, *Futures Past: On the Semantics of Historical Time* (Boston:

이 일시적 단절은 시간의 이해에 있어서 우리의 세계와 신의 세계 사이에 있는 에피쿠로스주의적 단절과도 같다. 과거는 이제 아득하고 불투명하다. 혁명이 현재와 미래를 형성하고 있었다. 따라서 새로운 전문 역사 편찬이 요구되었고, 대학교의 학과장으로 임명된 전문 역사가들은 사람들이 이전에 익숙하다고 생각했던 것을 이해하도록 교육시켰다. 합리주의자들이 현재로부터 과거를 분리하는 동안, 낭만주의자들은 슬피 과거를 돌아보며 잃어버린 세계를 어렴풋하게라도 이해하려고 애썼다. 실러(Schiller)는 '아름다운 세상이여 너는 어디 있느냐?'(Schöne Welt, wo bist du?)라고 묻는다. 슈베르트(Schubert)는 실러의 연을 배열하면서[5] 단조와 장조 사이에서 신랄하게 움직인다. 이 시는 오직 마법의 노래 나라에서만 달콤한 자연의 봄이 존재한다고 말한다. '어떠한 신도 내 시선에 잡히지 않는다'(Keine Gottheit zeigt sich meinem Blick). 레싱의 도랑은 일시적인 것과 영원한 것을 분리할 뿐만 아니라 과거와 현재도 분리한다. 남는 것은 그림자뿐이다.[6]

그렇다면 '역사'는 합리적 조사, 낭만주의적 상상, 또는 둘 다, 아니면 둘 다 아닌 것, 혹은 둘의 혼합, 아니면 무엇을 의미하는가? 과거와 현재를 연결하는 새로운 방법에 관한 다른 주장들이 곧이어 제기되었다. 이러한 주장들에는 아마도 매우 중요한 주제, 패턴, 내적 운동, '과학적으로' 되찾을 수 있는 계속되는 여정에 대한 감각이 포함되어 있었을 것이다. 이 감각은 다음과 같은 일종의 목적, 즉 **텔로스**(*telos*)로, '역사'는 항상 **어딘가로 흘러가고 있었고** 아마도 거기에 거의 도착했을 것이라고 말한다. 어쩌면 우리는 옛날 그리스 세계의 신화를 재논의하고 이 신화들이 인간의 조건에 대

MIT Press, 1985)를 보라.
5   Schubert가 1819년 11월에 작곡한 *Die Götter Griechenlands*에 나온다[D677]. Schiller의 원시(原詩)는 1788년에 출판되었고 1800년에는 요약본으로 출판되었다.
6   'Ach von jenem leben warmen Bilde/blieb der Schatten nur zurück'(아 따듯한 그림은 그곳에만 존재한다/여기 남는 것은 그림자뿐이다).

해 다시 이야기하게 함으로써 역사를 이해할 수도 있을 것이다. 19세기 독일 사람들은 이 신화들을 매우 좋아했고 그것들 안에서 과거 및 더 심오한 의미와의 참된 재접속을 발견했다. 바로 이 지점에서 슈트라우스가 등장했다. 그가 예수 이야기를 '신화'로 간주했던 것은 예수 이야기가 과거와 어떻게 연결되어 있는지를 의미했다. 이에 반해 앵글로색슨 사람들은 슈트라우스의 문화적 요지에 귀를 기울이지 않았고, 그가 한 '그러므로 대부분의 예수 이야기는 실제로 발생하지 않았다'라는 말만 들었다. 이러한 제안은 새 가능성과 위험으로 가득 차 있던 유럽 세계의 당시 정치 운동과 긴밀히 연관되어 있었다. '역사'는 이제 그 실체를 드러내고 있는 낯설고 정처 없는 새로운 세계에서 우리의 정체성 및 목적지를 발견해 내는 새로운 방식이 될 수도 있다고 여겨졌다.

근대 역사학은 내가 이미 설명했던 동일한 문화적 위기로부터 탄생했다. 우리가 퇴각해 상처를 치료하고 추후의 전략을 짤 수 있는 든든하고 중립적인 영역으로서의 '역사'는 존재하지 않는다. '역사'는 그 자체가 분쟁 지역이고 전장의 일부다. 우발적 사건을 조사하는 역사학은 우발적으로 발전해 왔다. 그러므로 역사는 흐르는 모래처럼 종잡을 수 없었고, 지금도 여전히 종잡을 수 없다.

이 책을 통한 나의 목적의 일부는 흐르는 모래와 같은 역사의 속성이 원래 그래야 한다는 것을 신학적 관점에서 강조하는 일이다. 우리의 주요 주제를 살짝만 봐도 요점을 짚을 수 있다. 나는 역사가 성육신의 신성한 위험 및 신성한 겸손과 필적하고 이것들을 기념하는 위험한 공개 담화라고 제안한다. 이러한 위험을 피하는 것은 처음부터 예수의 추종자들 사이에서 고질적인 현상이었다. 대부분의 그리스도인들 그리고 특별히 신학자들은 가이사랴 빌립보에서 베드로가 보인 모습을 그대로 모방하려는 유혹을 받아 예수의 이의에도 불구하고 우리에게 예수의 메시아성(더불어 그의 '신성'!)이 무엇을 의미하고 어디로 이끄는지에 대한 지식이 있다고 가정한다. 그다음에 그들은 겟세마네에서의 베드로의 모습, 즉 한순간 예수를 보호하기 위해 애쓰지만 다음 순간 예수를 부인하는 모습을 그대로 따라하려는 유혹을 받는다. (복음서 기자들은 아마도 미수에 그친 베드로의 예수 보호가 그 자체로 부인의 한 형태였음을 암시하고 있는지도 모른다.)[7] 이것들은 전형적인 베드로의 유혹으로, 요한복음 21:15-17의 회개와 재위임이 요구된다('요한의 아들 시몬아 네가 나를 사랑하느냐?'). 우리의 역사적·신학적 자료에 등장하는 예수는 자신을 규정하거나 보호하려는 시도들에 반대하는데, 이는 이러한 규정 및 보호가 부인을 수반하거나 부인으로 끝날 수도 있다는 것을 예수가 알고 있기 때문이다. 예수는 우리가 그의 실제 행위, 실제 말, 실제 존재에 주목할 것을 요구한다. 그리고 이는 역사에 대한 진지한 사고를 의미한다.

그러므로 나는 역사에 겸손, 인내, 회개, 사랑이 요구된다고 제안한다. 명확한 생각을 원한다고 해서 우리가 기독교 미덕의 방법론적 요구에서 벗어날 수 있는 것은 아니다. 이러한 기독교의 미덕은 구체적으로 다음과 같다. 즉, 우리와 다르게 생각하는 사람들의 사고를 이해하기 위해서는 겸손이 요구된다. 계속해서 자료를 다루고 성급한 결론을 거부하기 위해서는 인내가 요구된다. 우리의 전통으로 인해 원래 의미가 왜곡되었고 우리가 원래 의미보다 왜곡된 의미를 선호하고 있다는 것을 인정하기 위해서는 회개가 요구된다. 진정한 역사에서 사랑은 모든 진정한 지식과 마찬가지로 우리 외부의 현실과 사건, 그리고 우리와 다른 생각을 기쁘게 긍정한다.

이번 장에서 나는 여섯 가지를 시도할 것이다. 첫째, '역사'라는 단어 자체에 배어 있는 매우 다양한 의미를 정리할 것이다. 역사의 의미에 관한 혼

---

7 예를 들어, 막 8:31-33; 14:47(더불어 베드로를 가해자로 규명하고 있는 요 18:10-11도 보라); 14:66-72을 보라.

란은 관련 논의가 실제로 시작되기도 전에 논의의 걸림돌로 작용한다. 따라서 명확성이 중요하다. 둘째, 이러한 설명의 처음 몇몇 결과를 정돈하고 특히 신약의 역사 연구와 역사가의 과제에 대한 특별한 이해를 주장할 것이다. 셋째, '역사주의'(historicism)라는 골치 아픈 용어에 어느 정도 명확성을 부여하고자 노력하고 이 용어의 무심한 사용이 유해함을 경고할 것이다. 넷째, 예수의 역사적 정황 안에서 예수에 대한 질문으로 잠시 되돌아갈 것이다. 다섯째, 역사가 기여할 수 있는 것과 기여해야 하는 것에 대한 새로운 이해가 필요함을 주장할 것이다. 마지막인 여섯째, 기독교 역사가의 과제를 보다 폭넓게 숙고할 것이다.

'역사'란 무엇인가?

그렇다면 '역사'의 의미는 무엇일까? 많은 전문 역사가들이 '역사의 의미'를 묻는 책들을 저술해 역사라는 주제를 대규모로 다루었다. 그러나 나는 이러한 시도 배후에 있는 훨씬 기본적인 자료들을 다루고 싶다.[8] 역사라는 단어 자체는 까다롭고 모호하다. 일부 논의, 특히 역사와 신학 사이의 상호 작용에 관한 논의들이 서로 다른 의미를 오가며 혼란을 야기한다.

이러한 불안정함은 대중적으로 너무 흔하기에 우리는 이를 거의 알아채지 못한다. 스포츠 해설자는 자동차 경주 운전자가 경기 중 충돌하는 것을 보며 '그는 역사가 되었다'라고 선언한다. 정치인은 '역사의 바른 편'에 있는

---

[8] 예를 들어, E. H. Carr, *What Is History?* (Cambridge: Cambridge University Press 1961, 『역사란 무엇인가』, 까치); G. R. Elton, *The Practice of History*, 2nd edn. [Oxford: Blackwell, 2002 (1967)]를 보라. 다른 많은 고전 문헌과 최근 문헌도 보라. 최근 문헌 중 한 예를 들자면, P. Burke, *What Is History Really About?* (Brighton: EER Publishers, 2018)이 있다. S. Mason, *Orientation to the History of Roman Judaea* (Eugene, Ore.: Cascade, 2016), Part I는 창조적이고 새로운 접근을 제공한다. 이와 관련된 나의 이전 설명은 *NTPG*, ch. 4에 나와 있다.

것이 중요하다고 말한다. 첫 번째 경우의 역사는 '영원히 사라져 버린 과거의 사건'을 의미한다. 두 번째 경우의 역사는 원하는 목적을 향해 나아가는 멈출 수 없는 사건의 이동을 뜻한다. 정기 간행물 「포린 어페어스」(*Foreign Affairs*)의 한 기사는 '역사는 놀라움으로 가득 차 있다'고 말한다. 그리고 같은 단락에서 '지정학, 제도, 사상이 역사를 이끈다'고 말한다. 여기서 첫 번째 역사는 '모든 과거 사건의 총합'을 의미하고 두 번째 역사는 '중요 사건이 발생하는 방식'을 의미한다.[9] 같은 호에서 한 비평가는 어느 책을 '완전한 역사'로 묘사하고, 한 기자는 영국 총리에게 '역사가 당신에게 우호적이기를 바랍니다'라고 말하는 누군가에 대해 보도한다. 여기서 첫 번째 '역사'는 관련된 과거에 대해 알려진 모든 것의 집합을 의미하고, 두 번째 '역사'는 일련의 특정 행위에 대한 차후의 평가를 의미한다.[10] 극작가 겸 일기 작가인 앨런 베넷(Alan Bennett)은 힐러리 맨틀(Hilary Mantel)의 『울프 홀』(*Wolf Hall*, 올)을 냉소적으로 논평한다. '역사는 운동장이다. 사실은 조립식 장난감 레고다. 이 레고로 당신이 원하는 것을 만들어라.'[11] 다시 말해, 역사는 사실을 모으는 것이 아니라 우리가 이해할 수 있는 패턴으로 사실을 배열하는 것이다. 베넷은 옥스퍼드 대학교 학부생일 때 그를 가르쳤던 교수들을 생각하며 '실제로 일어난 사건'에 초점을 맞추는 역사가들과 '역사를 자신들의 기술을 과시하고 자신들의 역설을 뒤집을 수 있는 일종의 스케이트장으로 간주했던' 역사가들을 분리한다.[12] 다양한 아이러니에 민감한 소설가 맬컴 브래드버리(Malcolm Bradbury)는 자신의 유사 역사 소설 『은둔처로』[*To the*

---

9   Stephen Kotkin, 'When Stalin Faced Hitler', *Foreign Affairs* 96.6 (2017), p. 54.
10 이 내용은 Anand Menon이 같은 호 pp. 122-126에서 브렉시트(Brexit)에 관한 책들을 서평하는 기사에 등장한다.
11 Alan Bennett, *Keeping On Keeping On* (London: Faber, 2016), p. 347.
12 Bennett, *Keeping On Keeping On*, p. 43. 그는 K. B. McFarlane을 첫 번째 범주에 놓고 H. Weldon과 저명한 A. J. P. Taylor는 두 번째 범주에 놓는다. 아래에 나오는 von Ranke를 보라.

Hermitage, 이 소설의 주인공은 18세기 프랑스 지식인 드니 디드로(Denis Diderot)]를 소개하면서 '역사란 과거를 이해하기 위한 현재의 거짓말'이며, 디드로 자신도 '역사가 현재에 대한 미래의 불평'이라는 것을 알고 있었다고 설명한다.[13] 확실한 건 역사를 이러한 일반적 수준에서 사용하면 혼동이 거의 없다. 우리는 역사의 이런저런 미묘한 의미 사이를 쉽게 이동한다. 그러나 신학에서 역사의 미묘한 의미 차이는 큰 문제를 일으킨다. 따라서 신학자들은 바로 이 이점에서 상습적으로 모호한 역사의 의미에 만족하지 말아야 한다.

영어의 기원을 라틴어와 그리스어로 추적해 볼 때, '역사'는 종종 과거 사건에 대한 **설명**, 선별된 과거 사건에 대한 연속된 문자적 **서술**, 이러한 것들을 다루는 **학문**, 또는 **과거의 사건**으로 정의된다. 이와 같은 역사 정의 순서는 옥스퍼드 영어사전에서와 마찬가지로 어원을 따르는데, 라틴어 *historia*는 주로 문자적 서술을 가리킨다. 이 라틴어 *historia*로부터 더 큰 의미들이 '대개 과거 사건들의 집합체'를 의미하는 일반적이고 설득력 떨어지는 의사 표시로 확장된다.

그러나 오늘날 많은 사람들은 이와 정반대로 역사의 의미를 정의할 것이다. 최근 어느 한 작가의 말처럼, '역사'는 과거, 과거에 대한 연구, 또는 과거에 대한 표현을 가리킬 수 있다.[14]

옥스퍼드 영어사전에 나오지 않는 두 개의 의미가 지난 2세기에 걸쳐 등장했다. 첫째, '일반적 사건'에 과거뿐만 아니라 미래가 포함된다('우리나라의 미래 역사'는 '우리나라에서 발생할 사건들'을 의미한다). 역사의 이러한 정의는 현재 우리에겐 미래처럼 보이는 사건을 뒤돌아볼 미래의 역사가들의 관점에서 정당화될 수 있다. 하지만 지금 누군가가 오래된 과거의 사건 또는 먼 미래

---

13 M. Bradbury, *To the Hermitage* [London: Picador, 2012 (2000)], p. xxi.
14 Joel Green, 'History, Historiography', in *New Interpreters Dictionary of the Bible*, vol. 2, *D-H*, ed. K. D. Sakenfeld (Nashville: Abingdon, 2007), p. 830.

의 사건을 의미하는 '역사의 어느 때'라는 표현을 말할 때, 그 관점은 사라지고 설득력 없는 일반화로 대체된다. 둘째, 이와 관련해 비교적 최근에 만들어진 또 다른 의미는 **사건이 이동하는 특정 방향**의 관점에서 '역사'를 다룬다(그 결과 '역사의 바른 편에 서다'라는 표현이 생겨났다).

이 모든 것을 이해하기 위해 그리고 우리의 성경적·신학적 숙고를 준비하기 위해 나는 여기서 '역사'라는 단어의 현재 사용에 대한 적당히 엄격한 설명을 제안한다. 나의 설명은 옥스퍼드 영어사전이 끝나는 지점('사건들')에서 출발해 역으로 이동할 것이다. 그러는 동안 역사의 의미에는 더 많은 개선이 이루어질 것이다. 네 개의 선택지가 있다. 곧 '역사'로 하여금 **사건**을, 사건에 대한 **기술**을, 역사가가 수행하는 **과제**를, 그리고 그들과 다른 사람들이 사건, 특히 사건의 순서에서 파악하는 **의미**를 참조하도록 하는 것이다. 그래야만 우리는 다양한 문화적·신학적 의제들이 어떻게 이러한 의미 중 특정 의미를 선호하는 경향이 있는지 자세히 살필 수 있고, 이와 더불어 그것이 요구하는 방법도 주의 깊게 검토할 수 있다.

이제 역사의 첫 번째 의미를 살펴보자. **'역사'는** 일반적으로 과거의 **사건을 가리키지만** 때때로 미래의 사건도 가리킨다. 그것은 거의 모든 미지의 사건들과 알 수 없는 사건들의 막대한 축적을 의미한다. 우리가 '역사의 어느 시점'이라고 말할 때, 우리는 이와 같은 역사의 의미를 염두에 두고 있다. 따라서 우리가 '역사란 신성한 행위가 주권적으로 발생하는 극장이다'라고 말한다면, 우리는 과거의 사건뿐만 아니라 미래의 사건에 관한 전방위적 흐름을 의미할 것이다. 이런 의미로 '역사'를 언급한다면 어떤 연구도 필요하지 않다. 그것에 대한 주장은 신학적 헌신에서 선험적으로 나타나기 때문에 반증이 불가능하다. 신학자들이 '역사'를 언급할 때, 이 전체성이 보통 그들이 의미하는 것이다.[15]

한 중요한 하위 범주는 **알 수 있는 과거**와 우리가 종종 우연히 증거를 댈 수 있는 매우 작은 사건들의 축적을 가리키기 위해 역사를 사용한다. 이러한 의미의 역사에는 문자로 기록되지 않은 사건도 포함될 것이다. 우리는 공룡이 어느 시점에 멸종했다는 것을 확실히 안다. 비록 그 시점에 공룡 또는 누군가가 공룡 멸종에 관한 어떠한 기록도 남기지 않았지만 말이다. 화석과 다른 고고학적 증거가 공룡 멸종을 분명히 증언한다. 우리는 일련의 단계, 즉 과거 전체, 가설로 알 수 있는 과거, 입증 가능한 과거를 가정할 수 있다.[16]

이때 무엇이 '알 수 있는 것'인지에 대한 질문이 제기되는데, 우리는 이 질문을 통해 차등적 인식론을 접하게 된다. 데카르트적 회의론자(또는 앞에서 언급한 베넷과 브래드버리의 인용문에 나오는 반어적 냉소론자)는 모든 것을 의심하겠지만, 실제 삶에서 우리는 개연성이 강해 보이는 것에 거의 언제나 만족한다. 사람들은 때로 모든 역사적 사건이 불확실한 것처럼 말한다. 그러나 이 논의의 도착지를 예상해 볼 때, 나사렛 예수가 십자가에 못 박혀 죽은 것과 예루살렘이 기원후 70년 로마에 의해 파괴되었다는 것을 의심하는 사람은 거의 없다. 우리가 앞으로 보겠지만 이런 변함없는 사실들은 종종 훨씬 더 많은 사실들을 위한 견고한 플랫폼을 제공한다.

이처럼 양분된 첫 번째 의미(알려져 있지 않거나 알려져 있는 **사건**으로서의 역사)는 당시 참여자 혹은 관찰자의 인식, 사고, 반응을 포함할 것이다. 앞으로 보겠지만, '발생한 것'을 뜻하는 '역사'는 관련 인물의 동기 및 의도에 대한

---

15 이런 이유로 Pannenberg는 이스라엘 사람들이 아닌 그리스인들이 '역사'를 발명했다는 Collingwood의 생각에 놀라게 된다. Collingwood는 **조사**를 생각하고 있었고 Pannenberg는 '신성한 목적 아래 발생하는 더 큰 사건의 과정'을 생각하고 있었다. Pannenberg의 *Basic Questions in Theology*, trans. G. H. Kelm, 3 vols. [London: SPCK, 1970-1973 (1967)], 1,67를 보라. 여기서 그는 '하나님의 보편성에 상응하는 역사를 전체적으로 보는 일이 반드시 필요하다'고 말한다.

16 C. S. Lewis는 *Christian Reflections* (London: Geoffrey Bles, 1967), p. 105에서 다음과 같이 구별한다. (a) 과거, 현재, 미래의 모든 사건, (b) 과거의 모든 사건, (c) 발견 가능한 과거의 사건, (d) 실제로 발견된 과거의 모든 사건, (e) 역사가가 기록해 놓은 과거의 모든 사건, (f) '평범한 교양인의 마음에 흐릿하게 떠다니는 과거에 대한 모호하고 복잡한 그림.' 『기독교적 숙고』(홍성사).

연구를 자주 요구한다. 요세푸스가 예루살렘 성벽을 돌아보며 십자가에 못 박힌 수천 명의 유대인들을 보고 그의 친구들을 구조하기 위해 애쓸 때 그가 무슨 생각을 하고 있었는지를 조사하는 것 자체가 기원후 70년에 관한 전반적 '역사'의 일부다. 나사렛 예수가 십자가 처형을 자신의 소명으로 믿었는지, 그랬다면 그가 십자가 처형에 무슨 의미를 부여했는지 묻는 것은 이러한 의미에서 '역사'의 일부다. 우리가 이미 말한 것처럼 역사는 우리와 다르게 생각하는 사람들의 마음을 들여다보려는 시도를 자주 포함한다.[17] 당시 사람들의 사고방식을 기술하는 일은 **왜** 특정 사건들이 발생했는지를 분석하는 일과 밀접한 관련이 있다. 이는 아래에서 더 많은 의미를 나타낸다.

우리는 '역사적'이라는 형용사를 이 의미('사건')와 연관시킨다. 명사와 마찬가지로, 이 역사적이라는 표현은 허구와 반대되는 무언가가 **실제로 발생했다**는 주장을 자주 전달한다. 따라서 '로체스터씨의 첫 번째 아내의 죽음'은 '역사적'이지 않지만, 익룡의 죽음은 '역사적'이다. 우리는 익룡이 언제 또는 어디서 죽었는지 모르지만 그럼에도 익룡의 죽음이 실제로 발생한 사건임을 안다. 여기서 정리해야 할 혼란이 있다. 영어는 '역사적으로 중요한'이라는 형용사를 사용해 어느 사건이나 장소 또는 건물이 **특별한 의미를 지녔음**을 나타낸다. 최초의 흑인 대통령 선출은 **역사적으로 중요한**(historic) 사건이었다. 그리고 이 사건이 '역사적'(historical) 사건 즉 실제로 발생한 사건임을 아무도 의심하지 않는다. 그러나 '역사적'(historical)이라는 말은 혼란스럽게도 오늘날 '중요한'(significant)을 의미하는 데 자주 사용된다. 하지만

---

[17] 위대한 역사가 Asa Briggs는 자신과 다른 역사가들이 제2차 세계대전 중 암호 해독 기관인 Bletchley Park에 차출된 이유를 설명했다. 그에 의하면, 역사가들은 '이해력이 높고, 수평적 사고에 능했으며, 그들과 완전히 다른 사람들의 생각을 읽어 내는 학습 능력이 뛰어났다'[A. Briggs, *Secret Days: Code-Breaking in Bletchley Park* (London: Frontline Books, 2011), p. 78].

'역사적으로 중요한'(historic)이라는 표현이 기술적으로 정확하다.[18] 따라서 어떤 것이 '역사적'이라고 말하는 것은 보통 그것이 과거에 **실제로 일어났고, 허구가 아니며, 원칙적으로 알 수 있는** 사건임을 의미한다.

역사의 다음 의미는 **과거 사건에 대한 문자적 기술**이다. 여기서는 '역사' 자체와 단순 '기록' 또는 '연대기' 사이의 구분이 중요하다. '역사'는 전체 이야기를 말해 주고 사건에 대한 지속적 이해를 가져오며 연결 및 결과를 찾아서 보여 준다. 이 역사는 연속성, 즉 원인과 결과, 그리고 일련의 발전, 중단, 반복, 결과의 의미를 함축한다. 역사는 어원학적으로뿐만 아니라 논리적으로도 '이야기'를 포함하는데, 이는 지금까지 발생한 모든 것을 독수리처럼 위에서 골고루 내려다보는 것 그 이상을 의미한다. 때때로 어떤 '역사'는 자신이 빈틈없이 철저하거나 확정적이라고 지나칠 정도로 자신 있게 주장할 수 있지만[남북전쟁사(*The* History of the Civil War)], 사실 모든 역사 집필은 선택과 배열을 통해 진행된다. 모든 것이라고 말할 수 있는 유일한 때는 말할 것이 거의 없을 때다. 물론 선택과 배열에는 역사가의 해석적 판단이 포함된다(아래를 보라). 그러나 지금까지 우리는 '역사'라는 용어가 사용되는 방식에 대해 이야기하면서 **사건**으로서의 '역사'(예. 기원전 5세기 말 아테네와 스파르타 사이에서 실제로 발생했던 전쟁)와 **사건에 대한 문자적 기술**로서의 '역사'[예. 투키디데스의 『펠로폰네소스 전쟁사』(*The Peloponnesian War*)]를 구분하고 있다.[19] 이것이 우리가 가끔 '선사 시대' 또는 '선사 시대적인' 사건을 말하는 이유다. 선사 시대 사건이란 우리가 글로 무언가를 쓸 수 있기 전에 일어났던 사건 그리고/또는 당시 누군가가 그 사건을 쓰기 전에 발생했던 사건을 의미

---

18 *RSG*, p. 12 n. 21를 보라.
19 '아테네 사람 투키디데스는 펠로폰네소스인들과 아테네인들 사이의 전쟁사를 기록했는데, 그는 전쟁의 발발 순간부터 이 전쟁사가 시작되었으며, 이 위대한 전쟁이 어떤 전쟁보다 더 언급할 가치가 있다고 믿었다'(Thucydides, *War* 1.1.1, trans. R. Crawley). 물론 책의 저술은 그 자체로 하나의 사건이지만, 책 자체가 이 사건을 가리키는 것은 (일반적으로는) 아니다.

한다. 고대 역사가들은 때때로 헤로도토스나 솔로몬 계승 이야기를 언급하며 선사 시대에서 '역사'로 이동하는 순간에 대해 말한다.

이 첫 번째 두 의미는 우리에게 중요한 언어학적 문제를 제시한다. 독일어로 '과거 사건을 의미하는 역사'는 Geschichte이고 '문자적 기술을 의미하는 역사'는 Historie이다. 그러나 루돌프 불트만은 이 두 용어를 다르게 사용했다. 불트만에게 Historie에는 과거 사건으로서의 역사와 문자적 기술로서의 역사의 결합이었다. 이에 반해 그는 신학적 의미를 전달하는 사건 및/또는 이야기를 나타내기 위해 Geschichte를 사용했다.[20] 앞으로 보겠지만, 이로 인해 '역사적 예수' 논의에 상당한 혼란이 발생했다. 아직도 많은 사람들은 '역사적 예수'라는 표현을 첫 번째 의미, 즉 '실제로 존재했던 예수'의 의미로 사용한다. 다른 사람들은 이 표현을 두 번째 의미, 즉 '역사가들이 재구성한 예수'의 의미로 사용하고 종종 비판한다. 우리는 이 주제도 다시 다룰 것이다.

다음 정의는 **과제로서의 '역사'**다. 여기서 과제란 허구나 환상을 만들어 내는 것이 아니라, **실제로 일어난 일들에 관해 조사하고 문자로 기록하는 것**을 뜻한다. 이것이 실제 역사가들이 그들이 하고 있다고 생각하는 것이다. 다시 말해, 그들은 '역사를 수행한다'고 생각한다. '고전 유신론'(classical theism)에 치우쳐 있는 신학자들은 '역사 비평'을 신학의 문제로 논할 때를 제외하고는 이러한 의미의 역사를 보통 언급하지 않는다.

우리는 이런 의미에서의 '역사 수행'과 역사 **생성**(즉, 어떤 의미 있는 효과를 가져오는 일을 하는 것)을 구별한다. 율리우스 카이사르(Julius Caesar)는 역사를 **만들었고 역사를 기록했다**. 윈스턴 처칠(Winston Churchill)도 그랬다. 그

---

20 J. Moltmann, *God in Creation: An Ecological Doctrine of Creation*, trans. M. Kohl (London: SCM Press, 1985), p. 130; Pannenberg, *Basic Questions in Theology*, 1.21, 24의 논의를 보라.

러나 이는 드문 경우다. 대부분의 로마인들은 카이사르가 갈리아에서 무엇을 했는지 카이사르 자신의 설명을 통해 알았을 것이다. 그래서 그는 '근거 있는 사실'을 성취했을 뿐만 아니라 자신의 저술을 통해 사건을 바라보는 그의 방식이 그 어떤 경쟁 상대의 방식보다 우월함을 보장했다. 처칠도 제2차 세계대전의 역사를 쓰면서 이와 비슷한 일을 했다. 물론 처칠의 경우, 그의 기록 내용의 진위를 확인할 수 있는 수백만 개의 출처가 그때나 지금이나 존재한다. 역사가들은 보통 세상을 바꾸기 위해 자료를 뒤지고 사본 편집자들과 씨름하는 데 상당히 많은 시간을 보내야 한다. 그들의 저술이 나비의 날갯짓처럼 어딘가에서 폭풍을 일으키는 경우가 아닌 한에서 말이다.

역사 과제의 두 부분, 즉 발생한 사건과 이 사건을 의미 있는 순서로 배열하는 것 사이의 구분은 미묘하지만 중요하다. 예를 들어, 비극의 현장에 도착한 친척은 정신이 나간 채 '무슨 일이 일어났는지 알고 싶어'라고 말할 수 있다. 비난이나 변명을 하기 위해 사건을 평가하는 시간이 있겠지만, 제일 먼저 해야 하는 일은 사실을 규명하는 것이다. 19세기 독일의 위대한 역사가 레오폴트 폰 랑케(Leopold von Ranke)가 자신의 목적이 독자에게 '실제로 발생한 것을 있는 그대로'(wie es eigentlich gewesen) 전달하는 것이라고 선언했을 때,[21] 그는 일부 사람들의 예상처럼 야심찬 실증주의를 선언했던 것이 아니다. 오히려 그는 그의 몇몇 동시대 사람들이 시도했던 것과 같은 원대하고 매우 중요한 해석 체계, 즉 과거에 대한 '판단'이 가능하고 미래에 대한 교훈 습득이 가능한 해석 체계의 제공을 겸손히 거부했던 것이다.[22]

---

[21] L. von Ranke, *Sämtliche Werke*, vol. 33/34, 2nd edn. [Leipzig, 1874 (1824)], p. vii. 사람들은 실수로 종종 이 표현에 'ist'를 삽입하는데, von Ranke는 이 실수를 범하지 않았다. 예를 들어, J. B. Bury, 'History as a Science', in *The Varieties of History from Voltaire to the Present*, ed. F. Stern, 2nd edn. [New York: Vintage, 1973 (1956)], pp. 209-223 (215); C. A. Beard, 'Historical Relativism', in Stern, ed., *Varieties of History*, pp. 314-328 (327)를 보라.

[22] von Ranke에 대해서는, Stern, *Varieties of History*, p. 16, 그리고 p. 55의 von Ranke 부

그는 사람들이 때때로 생각하는 것과 달리 모든 것을 알 수 있다거나 알 수 있는 것이 유사 수학적 방식으로 검증될 수 있다고 주장하지 않았다. 그는 단순하게 **사건을 설명**하려는 자신의 시도와 거창한 **평가 및 예측**이라는 일반적 야심을 그저 대조했을 뿐이다. 그는 실제로 일어난 **사건**에 관한 **이야기**를 연구하고 만드는 과제를 스스로 정했는데, 여기서 실제로 일어난 사건이란 비록 아무런 흔적이 남아 있지 않지만 입증 가능한 사건들로부터 확실히 추론할 수 있는 일들을 포함한다. 이러한 과제 수행 중에 그는 헤겔주의자들이 제시하고자 했던 거시적 평가를 내리지 않기로 작정했다. 물론 그도 사실의 선택 및 배치를 피할 수 없었다. 그는 유일한 대안이 분류되지 않은 '연대기'밖에 없기 때문에 필연적으로 개방되어 있는 이 문을 통해 보다 미묘한 종류의 개인적 평가가 스며들 수 있다는 것을 잘 알고 있었다.

여기서 역사 용어 사용법의 복잡성이 완전히 드러나기 시작한다. 철학적·신학적 사고의 다양한 흐름이 사람들이 '역사'라고 생각했던 것에 어떻게 영향을 미쳤는지 알 수 있기 때문이다. 철학적 관념론자들(헤겔과 그의 추종자들)은 과거 사건을 의미하는 '역사'를 매우 중요한 이론의 부수적인 원료로 다룰 것이다. 폰 랑케는 이와 뚜렷한 차이를 보이면서 '사건', 즉 '실제로 일어난 일'을 목표로 삼았다.

여기서 폰 랑케는 한참 이전으로 거슬러 올라가는 역사 기술의 목표를 되풀이하고 있다. 14세기 인물 존 바버(John Barbour)는 (a) (사실이건 아니건) 좋은 이야기가 주는 즐거움, (b) 오래전 인물들의 위대한 행위를 기억하는 것의 중요함, 그리고 (c) 실제로 일어난 일을 배우는 것의 즐거움('있는 그대로의 사건')[23] 사이의 차이를 알았고 이 차이를 보여 주었다. 그러나 단순 연

분을 보라. M. Bentley, *Modern Historiography: An Introduction* (London: Routledge, 1999), p. 39도 보라.

[23] C. S. Lewis, *The Discarded Image* (Cambridge: Cambridge University Press, 1964), p.

대기를 넘어서는 모든 역사에는 선택과 배치가 수반되고, 모든 '선택과 배치'에는 어떤 원칙이 수반되며, 이 원칙은 선택 및 배치를 실행하는 인간에 의해 유지되므로, 의미를 뜻하는 역사의 정의가 추가될 수밖에 없다. 하지만 선택과 배치가 늘 수반되기에 과거에 대한 참지식을 얻을 수 없고 주관주의, 즉 우리의 상상 속으로 함몰될 수밖에 없다고 가정하는 것은 미숙한 실수일 것이다.[24] 내가 당신에게 무언가를 말하고 싶은 이유가 있다고 해서, 그것이 내가 그 무언가를 지어낸다는 것을 의미하지는 않는다.

과제로서의 '역사'는 실제로 일어난 일들 안에서 일종의 연관성, 패턴 또는 원리―따라서 어떤 의미―를 식별하고 표시하는 일을 추가로 의미할 수 있다. 선택과 배치에는 일종의 원칙이 포함되고, 그다음에 제기되는 질문은 역사가가 증거를 통해 이 원칙을 제시하느냐 아니면 이 증거에 이질적인 원칙을 덧붙여야 한다고 고집을 부리느냐 하는 것이다.

그렇다면 '의미'는 이러한 맥락에서 무엇을 의미할 수 있을까? 철학자 루트비히 비트겐슈타인의 주장에 따라 단어의 의미를 그 단어의 문장 내 사용으로 간주하고, 문장의 의미를 그 문장의 단락 또는 더 큰 문단 내 사용으로 간주한다면, 사건 또는 일련의 사건의 '의미'는 **더 큰 이야기 또는 상징 집합 내에서 인지되는 역할**이 될 것이다. 그런데 여기서 이야기는 누구의 이야기이며 상징 집합은 어떤 상징 집합을 말하는가?

이에 대한 대답은 각기 다를 수 있다. 1914년 6월 28일 사라예보(Sarajevo)의 한 술집에 있었던 누군가는 페르디난트 대공(Archduke Ferdinand)의 암살 사건이 운전수들을 결코 믿을 수 없다는 것을 '의미했다'고 말했을 수

177를 보라. 『폐기된 이미지』(비아토르).

[24] 이러한 가정은 역사 이론상으로 볼 때 현상론적 함정과 동일한 것으로, 여기서 현상론적 함정이란 우리가 일상의 물질적 현실에 대해 이야기할 때 실은 우리의 감각 데이터에 대해 말하고 있는 것에 불과하다고 가정하는 것이다. 유아론(唯我論, solipsism)이 바로 이런 식이다. *NTPG*, p. 33의 논의를 보라.

있다. 대공의 운전수는 방향을 잘못 잡았고, 잘못 들어선 길에 암살자들이 있었기 때문이다. 암살자였던 가브릴로 프린치프(Gavrilo Princip)는 매우 다른 '의미', 즉 크고 놀라운 행운을 추론했을 수 있다. 왜냐하면 그의 첫 번째 암살 시도는 실패했지만, 두 번째 기회가 주어졌기 때문이다. 다음날 빈의 신문들은 이 사건이 세르비아인들이 이제 교훈을 배워야 한다는 것을 '의미한다'고 보았을 수 있다. 「시카고 데일리 트리뷴」(Chicago Daily Tribune)은 이 사건을 잘못 이해했다. 이 신문은 이제 페르디난트가 사망했으니 더 나은 평화의 기회가 찾아왔다고 말했다.[25] 유럽 전역의 장군들과 왕들은 이 사건을 그들이 준비해 온 무기 사용의 신호탄으로 받아들였는데, 이는 치명적이었다. **그들은 역사가 '이렇게 진행된다'는 것을 보았고 그 흐름을 타고 싶어 했다.** 한 세기가 지난 뒤, **우리는** 이 암살 사건에 다시금 다른 의미를 부여한다. 이 사건은 4년간의 끔찍한 학살과 50년간 자행된 비인간적 악행의 원인이었다. 우리는 이 사건을 비극으로 간주하고 한참 뒤에야 페르디난트가 이 모든 비극을 막았을지도 모르는 유일한 사람이었음을 인식한다.[26] 한 사건의 의미는 더 큰 이야기 내에서 그 사건이 어떻게 사용되고 있는지에 달려 있다.

이 예들은 다르게 작용한다. 암살 사건 당일 사라예보에 있던 사람과 이 사건을 보도했던 신문기자들은 오래된 이야기에 새로운 반전을 더할 뿐이다. 이 암살 사건의 결과가 계속 드러나면서 우리는 아주 뒤늦은 깨달음으로 인해 머리를 흔들며 19세기 낙관론에 대해 후회한다. 그러나 유럽의 왕족들, 특히 장군들에게는 이미 견고하고 더 큰 이야기가 자리를 잡고 있었다. 계획이 세워졌다. 군대가 준비되었다. 그들은 역사의 향방을 '알았다.' 그

---

25 Mason, *Orientation to the History of Roman Judaea*, p. 55.
26 M. MacMillan, *The War That Ended Peace* (London: Profile Books, 2014), pp. 402-403. 여기서 MacMillan은 Franz Ferdinand가 생전에 주전론을 억제했던 사실을 인용한다.

들은 한동안 그렇게 말하고 있었다. 사람들은 이제 그들에게 동조해야만 했다. 이처럼 의미는 이야기에 따라 달라진다.

폰 랑케에게 돌아가 보자. 그가 아무리 거창한 야망을 부인하더라도, 그는 어떤 조직적인 원칙이나 전반적인 이야기를 갖고 있어야만 했다. 그렇지 않았다면 그는 연구를 시작할 수조차 없었을 것이다. 그는 독일 내 모든 집과 모든 거리에서 매일같이 '실제로 일어난 일들'에 대해 말할 의도가 전혀 없었다. 그는 다른 모든 사람과 마찬가지로 선택하고 배치해야 했다. 그가 선택하고 배치해야 했던 이유와 이 선택 및 배치가 행해진 기준은 우리가 파악하고 있는 '의미'와 관련이 있다. 곧 살펴보겠지만, 이 점에 있어서 과학자의 과제와 매우 유사한 역사가의 과제는 증거와 가설적 의미(따라서 제안된 선택 및 배치)를 대화로 끌어들이는 것이다. 아무런 증거 없이 가설적 '의미'만 갖고 연구하는 것은 일종의 관념론에 굴복하는 것이다. 가정된 의미가 전혀 없고 원자료로부터 귀납적으로 연구하는 척하는 것은 순진한 일이다. 그것은 근대 논쟁의 시소가 벌어진 지점으로, 이 지점의 양쪽은 서로의 방법론이 부적절하다고 비난한다.[27] 그렇기 때문에 우리는 성숙한 형태의 비판적 현실주의, 사랑에 관한 인식론을 신중하게 적용해야 한다. 이것들 안에서 가설 및 검증 시도의 해석학적 나선은 그 자체의 속도로 진행될 수 있다.

'의미'에는 종종 결과에 대한 연구가 포함된다. 내가 처음 마르틴 루터의 업적을 소개받았을 때, 사실상 중세 교회가 성경과 복음을 은폐했지만 루터가 이것들을 다시 세상에 돌려주었고 이로 인한 기독교의 새로운 번영의 도래가 추정되었다고 들었다. 모든 사람이 나처럼 느끼지는 않는다. 어떤 사람들은 루터를 (좋든 나쁘든) 계몽주의의 선구자로 보며 루터의 업적을 확대

---

27 이에 대해서는 내가 저술한, *The Paul Debate* (Waco, Tex.: Baylor University Press, 2016), pp. 100-107를 보라. 『바울 논쟁』(에클레시아북스).

했다. 또 어떤 사람들은 그를 근대 유럽과 북미의 아버지라고 칭송했는데, 여기에는 근대 유럽과 북미의 모호한 '자유' 이념도 포함된다. 루터의 이야기에 대한 현재의 '역사적' 재언급의 목적은 근대 세계를 개시한 영웅을 칭송하든지 아니면 근대주의적 공포라는 판도라의 상자를 열어 놓은 악당을 거부하든지, 이 둘 중 하나를 공론화하는 것이다. 이 모든 재언급은 '의미'와 관련이 있다.

사건의 '의미'를 조사하는 과제에는 '왜' 그 사건이 발생했는지를 묻는 질문에 대한 일환으로 **인간 의도성**(human intentionality)에 대한 연구가 포함된다(그러나 사건의 의미를 조사하는 과제에는 이보다 훨씬 많은 내용이 포함된다). 상대적으로 거의 모든 사건들(지진과 같은 사건들을 제외하고)은 무작위의 무생물적 인과관계의 문제가 아니다. 심지어 지진도 사람들이 위험한 곳에 마을을 건설하기로 결정했다는 사실과 관련해 영향을 미칠 수 있다. 따라서 사건 내에서 의미를 조사하는 일의 상당 부분은 관련 인물의 의도성에 대한 연구가 수반되는데, 이는 우리가 보았듯이 어떤 경우에도 그 사건 자체의 연구에 이미 암시되어 있다. 이는 때때로 물리적 사실의 '외견'이 아닌 사건의 '내막'으로 불리는 것을 탐구하는 것을 의미한다. 우리가 앞으로 보겠지만 이것은 각 사건이 발생한 사회와 문화라는 더 큰 세계 및 세계관에 대한 연구를 수반하며, 이러한 세계관 내에서의 급진적 혁신이나 변화의 가능성을 당연히 언제나 경계한다. 우리는 '과제' 내에서의 이러한 변화가 실제로 무엇을 의미하는지 곧 논할 것이다.

'**역사**'라는 용어는 '**사건의 의미 있는 연속으로서의 역사**'를 의미하는 데도 **사용되는데**, 여기서 연속 또는 사건은 그 자체로 의미를 갖고 있거나 '목표'를 갖고 '어디를 향하고 있다'는 것을 뜻한다. 이는 사람들이 '역사의 올바른 쪽에 서 있다'고 말할 때 적용되는 '역사'의 의미다. 다시 말해, 이러한 의미의 역사는 헤겔, 마르크스 또는 다른 사람들이 말했던 역사의 대중화된 버전으로, 세계의 사건들이 결정된 방식에 따라, 폐쇄된 연속성 내에서, 아마도 이전의 황금시대로 웅장하게 되돌아가는 가운데, 미리 정해져 있는 목표를 향해 필연적으로 또는 자동적으로 나아가고 있음을 의미한다. 17세기 말 영국의 새 왕조들과 18세기 말 미국의 새 공화국을 대신해 '역사의 방향'을 안다는 주장이 명시적으로 제기되었다. 즉, 역사는 고비를 넘겼고, 우리는 예전의 위대한 고전 문명을 요약하는 미래라는 것이다![28] 사실 한 나라의 역사를 이런 방식으로 이해하는 것은 훨씬 이전으로 거슬러 올라간다. 사람들이 마그나 카르타(Magna Carta)의 관점에서 영국의 이야기를 하기 시작한 이래로, '자유 증진' 원칙은 1640년대 크롬웰(Cromwell) 지지자들과 1660년대 만인구원론 지지자들(Restorationists) 모두가 호소했던 지배적 주제가 되었다.

　이는 18세기에 있었던 이야기들 사이의 충돌로 우리를 되돌린다. 역사가들이 '무엇이 일어났는가?'를 묻는 경우는 거의 없다. 그들은 '그것이 무엇을 의미하는가?'를 묻는다. 유럽 문화는 여러 버전의 기독교 이야기를 포함한 다양한 이야기에 의존하며 생존했다. 이 여러 버전의 기독교 이야기에서 (a) 하나님은 궁극의 주도권을 갖고 있으며, (b) 예수가 이야기의 절정을 이루고, (c) 우리는 종종 고통과 괴로움 가운데 최선을 다해 (a)를 신뢰하고 (b)에 합당한 삶을 산다. 그러나 이신론이 극단적 에피쿠로스주의로 대체되면서 이 세 가지 요소는 모두 사라져야 했다. 아니 오히려 이것들은 '세속적'

---

[28] 첫 번째 경우: 17세기 영국 상황에 관한 훌륭한 예는 더비셔(Derbyshire)의 채츠워스 하우스(Chatsworth House)에 있는 '페인티드 홀'(painted hall)에 있다. 채츠워스 하우스 웹사이트의 설명처럼, 1689년부터 1694년까지 페인티드 홀을 건축한 데본셔(Devonshire)의 첫 번째 공작은 새 왕인 오라녀의 빌럼(William of Orange)에게 아첨하기로 결심하고 페인티드 홀을 율리우스 카이사르의 삶을 묘사하는 그림들로 꾸몄다. https:www.chatsworth.org/media/11113/chatsworth_room-cards_english_web-allcompressed.pdf를 보라. 두 번째 경우: 오늘날까지 미국 지폐에 얼굴이 실려 있는 Jefferson이 베르길리우스가 말했던 '시대의 새 질서'(Novus Ordo Seclorum)를 소환했던 사실이다. 앞 책의 p. 285 n. 70을 보라.

등가물로 대체되어야 했다. 따라서 (a) 이야기는 내부적으로 스스로를 통제하고, (b) 계몽주의에서 절정에 도달하며, (c) 우리는 '자유'의 대의를 발전시킴으로써 '역사의 올바른 쪽에 서야 한다.' 이처럼 복잡하지만 강력한 '의미'는 데이비드 흄, 윌리엄 로버트슨, 에드워드 기번과 관련된 소위 '역사 의식의 탄생'(rise of historical consciousness) 배후에 있었다.

이것은 과거에 대한 기쁨이 결코 아니었고, 이전의 어떤 역사도 시도되지 않은 척하지 않았는데, 바로 흄과 다른 이들이 헤로도토스와 투키디데스를 알고 있었기 때문이다. 그러나 그것은 세계관에 대해 더 분명해야 했다. 다른 영역과 마찬가지로, 만약 하나님이 배제된다면, 사건들은 되는 대로 전개될 수밖에 없다. 우리는 여기서 '수밖에 없다'는 표현에 주목한다. 다시 말해, 내적 인과 의식이 섭리를 대신했다.[29] 따라서 과거에 대한 이야기는 긍정적이든 부정적이든 (기번의 초기 교회에 대한 폭로를 생각해 보라) 더 큰 에피쿠로스주의적 프로젝트의 일부로 여겨졌고, 역사에서처럼 정치, 과학, 경제에서도 효과가 있었다. '역사적 운동'은 볼테르와 다른 이들의 경우처럼 현재와 미래를 통제하기 위해 과거에 대한 통제를 주장하는 방식이었다.[30] 헤겔에게 있어서 **사건들 자체**는 사람들을 '바른 편'에 합류하도록 손짓하는 '역사'였다.

나는 곧 의미 있는 **저술**을 살펴볼 것이다. 여기서 요점은 이 시기의 저자들이 **사건 자체에 '진보'의 의미가 있었다**고 주장했다는 것이다. 이후의 사상 및 정치 행위의 많은 개울과 강을 만들어 낸 이러한 주장의 절정은 헤겔이었다. 신학, 철학, 그리고 분명히 대중문화에서도 이 주제는 어디에서

---

[29] '섭리'에 대해서는 최근의, G. Lloyd, *Providence Lost* (Cambridge, Mass.: Harvard University Press, 2008); M. W. Elliott, *Providence Perceived: Divine Action from a Human Point of View* (Berlin: de Gruyter, 2015); Fergusson, *Providence of God*을 보라.
[30] Moltmann, *God in Creation*, pp. 124-125, 135를 보라.

나 명백하다. 따라서 사람들이 '역사가 이런저런 것들을 우리에게 가르친다'고 말하는 것은, 역사(사건을 드러내는 이야기로서)를 기록한 자들이 그 이야기(비록 사실이 아닐지라도) 속에 어떤 '도덕적 교훈'을 집어넣었다는 의미가 아닙니다. 그들이 의미하는 바는 사건 자체가 종종 내부적으로 주도되는 '진보'에 대한 메시지를 전달하고, 이 메시지를 통해 문화가 자유주의적 계몽주의의 꿈을 성취하기 위해 가차 없이 움직이고 있다는 것입니다. 다시 말해, '의미'는 내재된 목적과 명확한 최종 목표가 사건 안에 담겨 있다고 인식되는 사건 자체의 의의에서 발견된다. **역사가들의 저술과 달리 '역사'에 관한 상당수의 철학적·신학적 저술은 이와 같은 것을 염두에 두고 있다.** 전형적인 근대 에피쿠로스주의의 주장처럼 '신'이 사건과 관련이 없다면, 이 사건은 그 규모가 크든 작든 완전히 무작위적이고 무의미해야 하거나 또는 그 안에 어떤 의미를 가져야 한다. 신학은 진공 상태를 혐오하기에 이러한 '의미'는 보통 암시적으로 남겨지지만 다른 종류의 신(맘몬? 마르스? 아프로디테?)을 쉽게 불러올 수 있다.[31]

물론 작가들은 의미의 이런 뜻을 보여 주기 위해 '"역사"란 사건의 의미 있는 서술'이라는 추가적 용법에 의존한다. 우리는 헤겔과 마르크스, 그리고 그들의 실천적 이론을 보여 주기 위해 역사를 기록한 사람들에 대해서 다시 한번 생각한다. 그러나 우리는 고대 히브리어 저술에 대해서도 생각한다. 모세오경, 여호수아기, 사사기, 사무엘상하, 열왕기상하, 역대상하 편찬자들은 모두 이스라엘의 과거 사건들을 더 큰 신성한 목적—종종 당혹스럽지만—의 일부로 봐야 한다고 생각했다. 그들은 자신들이 이러한 목적을 이끌어 내거나 적어도 암시하는 방식으로 이 사건들을 나타내도록 부름을

---

31 나는 *Revolution* 마지막 장과 *Spiritual and Religious* (London: SPCK, 2017)에서 이것을 탐구했다.

받았다고 생각하며 각 책들을 기록했다. 때때로 이것은 열왕기가 좋고 나쁜 행적을 이 왕 혹은 저 왕에게 돌리고 그 결과로 일어난 일을 거의 기계적으로 가리키는 것처럼 강압적으로 이루어졌다. 하지만 이것은 가볍게 이루어질 수도 있었다. 사무엘하 저자가 다윗의 간통이 압살롬의 반란을 가져왔다고 말하지 않지만, 우리는 그랬을 거라고 추론하도록 요청받는다. 에스더기 히브리어 본문은 수산에 있는 유대인들이 구원을 기도하며 3일간의 단식을 했다고 설명한 후에 '그날 밤에 왕이 잠이 오지 않았다'고 간결하게 말한다(에 6:1).[32] 하나님의 행위는 종종 상호 본문적인 암시(intertextual allusion)를 통해 추론되어야 한다. 초기 그리스도인들이 예수의 이야기를 기록했을 때 그들의 분명한 함의는 '이 사건들이 이스라엘 오랜 역사의 목표였고 세상을 바꾸는 이 사건들의 의의를 통해 세상에 새로운 이야기가 시작되었음을 독자들에게 설명하자'였다. 이런 상황에서 그들의 본문에 담긴 암시는 '우리가 말하고 있는 이야기의 주인공은 이스라엘 하나님의 살아 있는 구현으로 간주되어야 한다'고 말한다.[33] 고대 세계에서 이와 같은 일을 했다고 우리가 알고 있는 유일한 다른 인물들은 베르길리우스, 리비우스, 그리고 그들의 선조들이다. 그들은 로마의 오랜 역사가 아우구스투스의 영광 및 그의 황금시대를 위한 준비였다고 설명한다. 이런 이야기는 목적론적 의미를 지닌 복잡한 이야기, 즉 '모든 것이 진행되는 장소'였다.[34]

의심의 여지 없이 '역사'라는 단어가 대중적 또는 학문적으로 전달해 온 다른 많은 하위 의미가 존재한다. 그러나 **사건**, **서술**, **과제**, **의미**로서의 '역사', 이 네 가지가 시작점이다. 물론 사람들이 실제로 '역사를 할' 때, 역사의

---

[32] 훌륭한 문학적 섬세함을 흉내낼 수 없었던 70인역 번역자는 '주께서 왕의 잠을 빼앗으셨다'라고 설명했다.

[33] R. B. Hays, *Echoes of Scripture in the Gospels* (Waco, Tex.: Baylor University Press, 2016)를 보라. 『복음서에 나타난 구약의 반향』(감은사).

[34] 나의 *PFG*, ch. 5을 보라.

이 네 가지 의미 대부분이 동시에 작용할 수 있다. 나는 역사의 이러한 의미들이 다른 또는 상호 배타적 **행위**를 나타낸다고 제안하는 것이 아니다. 내 요점은 **역사라는 단어가 사용되는 방식**이 이 의미들 사이를 왔다 갔다 한다는 것이다. 물론 다른 단어들도 마찬가지다. 이는 특히 신학에서 혼동이 발생하는 지점이다.

초기 결과

이 분석은 세 개의 초기 설명을 불러온다. 첫째, 우리는 역사적 인식론(루돌프 불트만의 제안을 포함한)이라는 문제를 고려해야 한다. 그다음으로, 역사적 존재론을 더 간략하게 고려해야 한다. 마지막으로 우리는 우주론과 종말론이 결합된 질문을 고려해야 한다.

역사적 인식론

'역사'의 첫 번째 용법, 즉 '**사건**으로서의 역사'는 근대 사상에 고전적 이분법을 확립한다. 다시 말해, 실증주의의 유혹은 그 반대의 급진적인 의심을 야기할 수 있다.[35] '무슨 일이 일어났는가'에 대한 질문은 근대사에서도 절대적인 정확성을 인정하지 않는다. 특히 앞에서 언급했듯이 역사적 조사에는 인간의 동기에 대한 연구가 포함된다는 점을 추가할 때 그렇다. 우리가 정말로 '알 수 있을까?' 변호사들은 늘 이 문제에 직면한다. 데카르트 또는 심지어 트뢸치에 심취해 있는 배심원일지라도 극단적 의심에 시달릴 수 있다. 역사가는 영원히 기다릴 수 있지만, 법원은 판결을 내려야 한다. 배심원들은 유죄를 발견하거나 추론하며 개연성의 비교형량에 따라 유죄를 판결한다.

---

35 전체적인 맥락에 있어서 Taylor의 *Secular Age*는 여전히 중요하다.

사실 우리 모두는 개연성의 비교형량을 사용한다. 과학자들은 때때로 새로운 자료가 나타나 다시 논의해야 할 가설이 요구될 때까지 절대적 지식을 가장한다.

성경과 초기 기독교를 역사적으로 조사하는 분야에는 또 다른 고려 요소가 존재한다. 앞의 두 장에서 말했던 이야기는 '역사'라는 단어, 그리고 '역사'와 관련된 활동 및 결과가 이해되고 수행되는 방식에 영향을 미쳤다. 18세기 말과 20세기 초 사이 독일에서는 신약에 대한 대부분의 초기 역사적 조사가 행해졌는데, 바로 이때 칸트를 족장으로 삼고, 헤겔을 모세로 삼으며, 괴테부터 포이어바흐 및 그 이후의 인물들에 이르는 자들을 일련의 예언자들로 삼고 있는 독일 계몽주의가 전통적 기독교에 이의를 제기해 기독교의 규모를 축소하는 데 열의를 기울였다. 그 목적은 일종의 '중립적' 방식으로 '실제 일어난 사건'을 찾는 것이 아니라 계몽주의의 이상과 위대한 새로운 유럽 문화 프로젝트가 전반적으로 유효했을 시 **일어났어야 할** 일을 '발견하는' 것이었다. 따라서 **인식론적 경고에 대한 압력은, 비록 완전한 회의론은 아니었지만, 급진적 개신교 형태에 대한 사회적·문화적·신학적 압력으로 인해 크게 강화되었다.**

여기 '역사 비평 방법'(historical-critical method)이라는 골치 아픈 표현에 담긴 모호함이 있다. 1960년대까지의 주석가들을 포함한 독일의 많은 사람들에게 '역사 비평 방법'은 '역사적' 도구—여기에는 자료 비평 같은 것과 때때로 에른스트 트뢸치와 관련된 선천적 회의론이 포함된다(다음을 보라)—를 사용해 군더더기 없는 기독교, 실제로는 군더더기 없는 개신교의 '결과'를 시대의 철학 및 문화에 맞게 가져오는 것을 의미했다. 그러나 앵글로색슨 세계의 많은 사람들은 헤겔, 포이어바흐 그리고 나머지 사상가들에 귀 기울이지 않고 훨씬 더 명백하게 '중립적인' 의미에서 '역사비판'이라는 표현을 계속해서 사용했다. 따라서 배럿(C. K. Barrett)은 위대한 라이트풋이 그의 주석에서 오직 한 가지 방법, 곧 '역사 비평 방법'만을 사용했다고 선언했는데, 이 선언은 논의 중인 단어들이 처음 말해지거나 글로 기록된 맥락에서 그 단어들의 정확한 의미를 결정하는 것이 주해의 기본적이고 피할 수 없는 과제임을 의미한다.[36] 역사 비평 방법에 관한 진술이 이렇게 제시되어 있는 상황에서 '역사 비평 방법'을 따르지 않는다고 하면, 이는 일종의 근본주의에 의해 좌우될 가능성이 꽤 높은 임의적이고 투박한 유사 주해를 시인하는 것이며 역사적 기만을 만들어 내는 것이다. 독일 사람들이 역사 비평 방법을 사용해 확실한 '결과'를 얻었다고 영국 사람들이 들었을 때, 그들은 이 내용을 관념론에 기대고 있는 독일 철학이 아닌 실증주의를 지향하는 앵글로색슨 철학의 틀 안에서 받아들였다. 이는 부정적 결과가 제시된 것을 본 일부 사람들의 반발을 불러일으켰는데, 그들은 회의적인 의제뿐 아니라 배럿/라이트풋의 방법도 거부했다. 지금은 더 일반적인 의미로 널리 사용되고 있지만, '역사 비평'이라는 문구는 의심과 혼란을 가져오는 매우 부정적인 의미를 지닌 것으로 자주 언급된다. 신중한 신학자들은 때때로 역사에 대한 우려에서 벗어나기 위해 부정적인 의미를 인용한다. 이는 마치 불쾌하게 만드는 시끄러운 음악을 들었을 때 마음에 드는 방송을 트는 대신 라디오를 던져 버리는 것과 같다. 일부 사람들은 이 맥락에서 '사건'뿐만 아니라 '일어나는 모든 일'이라는 넓은 의미에서의 '역사'를 일종의 우회적인 움직임이라고 부르는 것을 선호한다. 우리는 이런 의미에서 하나님이 '역사'의 주인임을 알고 있으므로 더 이상 할 말이 없다. 무언가를 말하려고 하고 실

---

36 C. K. Barrett, "J. B. Lightfoot as Biblical Commentator", appendix F, in J. B. Lightfoot, *The Epistles of 2 Corinthians and 1 Peter*, ed. B. W. Witherington and T. D. Still (Downers Grove, Ill.: IVP, 2016), p. 302 [원 소논문은 *Durham University Journal* 64 (1992), pp. 193-204에 실렸다]. Barrett(1917-2011)은 더럼 대학교의 신약학 교수였고, Lightfoot(1828-1889)은 1879년 더럼의 주교가 되기 전에 케임브리지 대학교 교수였다.

제 역사 연구를 하려고 하는 것조차 일종의 부정한 행위가 될 것이다.[37]

그렇다면 인식론적으로 역사는 어떻게 '작동'하는가? 확실한 것은 역사의 작동이 신학자요 철학자요 정치가였던 에른스트 트뢸치가 제안한 세 가지 원칙을 따르는 것과 무관하다는 것이다. 트뢸치(1865-1923)는 본, 하이델베르크, 마지막으로 베를린에서 잇달아 가르쳤다. 그는 다음의 세 가지 기준을 제시했다. (1) 회의론 또는 '비평'(완전한 증명이 불가능한 모든 것을 의심해야 한다는 데카르트식 가정), (2) 유비(우리의 경험과 유사한 사건만 인정할 수 있다), (3) 상관관계(사건이 인과관계의 폐쇄적 연속체 안에 속해 있음을 나타내야 한다).[38] 이것들은 각각의 결함에도 불구하고 좋은 성과를 이루었다. 무모하거나 순진한 실증주의를 배제하기 위해서는 회의론이 필요하지만, 회의론은 참신한 진리 추구의 서술로 이어져야 한다. 현실에서는 어느 누구도 회의론만으로 살지 않는다. 유비는 근대 세계에는 생소하지만 실제로 존재했던 고대 관습(예를 들어, 여아의 노출)과 급진적 혁신의 가능성(달로의 첫 비행)을 감안하지 못한다. 상호 관계, 그리고 그것이 전제하는 본질상 에피쿠로스주의적인 역사 이해는 당혹스런 현상을 설명하기 위해 갑작스런 신적 행동을 '외부로부터' 불러일으키는 일종의 '간섭주의 이신론'(interventionist Deism)을 피하기 위해 고안되었다. 그러나 애초에 간섭주의 이신론은 좋은 모델이 아니었다. 세상의 매우 많은 일들이 인간의 욕망, 의도, 결정 때문에 발생한다. 단호한 결정론자는 그 모든 것의 과학적 기록이 가능하고 원칙적으로 예측 가능한 그런 날을 바랄지도 모른다. 그러나 앞서 제안한 '폐쇄적 연속체'(closed continuum)는 유대교나 기독교의 약속만큼 선험적일 것이다. 유대인

---

37 이것은 예를 들어, Murray Rae, *History and Hermeneutics* (London: T&T Clark, 2005), pp. 2, 17, 55, 147, 154-155의 효과다. 아래에서 더 보라.
38 세 가지 원칙에 대해서는 예를 들어, M. Hengel, *Acts and the History of Earliest Christianity*, trans. John Bowden (London: SCM Press, 1979), pp. 129-130와 R. Deines, *Acts of God in History* (Tübingen: Mohr Siebeck, 2013), pp. 10-13를 보라.

들이나 그리스도인들은 여기에서 하나님의 형상대로 지음받은 사람들의 생각과 마음이 하나님의 활동―'외부로부터의 간섭'이 아닌―이 조용하지만 때로는 결정적인 역할을 할 것으로 예상되는 장소(아마도 여러 장소 중)가 될 수 있다고 제안하고 싶은 것일 수 있다. '그날 밤에 왕이 잠이 오지 않았다.'

루돌프 불트만: 역사와 종말론

신약 연구'사'에 영향을 미친 한 가지 중대한 요소는 루돌프 불트만이 기포드 강연에서 발표한 **'역사와 종말론'**이다. 우리는 앞 장에서 그의 연구에 대한 전반적인 주제를 살펴보았으므로 이제는 특히 역사에 대한 그의 제안을 고려해야 한다.

불트만은 특별한 '역사' 개념을 갖고 연구에 임했는데, 이 특별한 역사 개념은 그것의 경계 내에서 상대적으로 논쟁의 여지가 없었다. 폰 랑케와 마찬가지로 그는 역사 전체를 끊임없는 완벽한 전체, 즉 '폐쇄적 연속체'로 간주하는 그러한 유형의 '역사주의'를 거부했다. 비록 이러한 역사주의가 지금은 과학적 의의뿐만 아니라 사회적·정치적 의의도 지니고 있지만 말이다.[39] 1950년대를 뒤돌아볼 때, 불트만은 동시대의 많은 사람들과 마찬가지로 [예를 들어, 칼 포퍼(Karl Popper)와 그의 유명한 저술 『칼 포퍼 역사법칙주의의 빈곤』(The Poverty of Historicism, 철학과현실사)처럼] 문제가 한 명의 미친 지도자가 아닌 전체 이데올로기에 있다는 것을 알 수 있었다. (우리는 곧 '역사주의'의 유형에 대해 논할 것이다.) 불트만은 역사주의가 인간이 절대로 빠져나올 수 없는 감옥을 만들어 낼 뿐이라고 정확히 파악했다. 그는 하나님의 미래가 결코 역사적 발전이 가져오는 자연스러운 결과가 될 수 없다고 주장했다.[40] 불트만

---

[39] H&E, pp. 141-143를 보라. 우리는 적절한 때에 '역사주의'를 논할 것이다.
[40] Bultmann, H&E, pp. 40, 51, 73, 141-143를 보라.

은 자신의 주장을 관철하기 위해 이탈리아인 베네데토 크로체(Benedetto Croce), 독일인 슈트라우스, 영국인 콜링우드(R. G. Collingwood)를 따라 '외부'(물리적 사건)뿐만 아니라 '내면'(인간의 동기 및 의도)도 살폈고(폰 랑케는 이렇게 하지 않았다), 그것을 결정론적 결론을 피하는 방법으로 사용했다.[41] '역사'는 하나로 된 거대한 버스처럼 피할 수 없는 길을 덜커덩거리면서 가고 있는 것처럼 보일 수 있지만, 인간에게는 스스로 결정을 내리고 불트만이 '종말론적 순간'이라고 부르는 것을 깨울 기회와 책임이 있다. 그래서 인간은 불트만이 말한 **역사적**(geschichtlich) 의미를 유도해 내는 방식으로 과거에 대해 쓸 수 있는 기회와 책임도 더불어 갖는다. 그런데 여기서 불트만의 **역사적**(geschichtlich) 의미는 단순한 **역사적**(historische) 사건 및 인물과 대조를 이루는데, 독일어 geschichtlich와 historische의 차이는 영어 'historic'(역사적으로 중요한)과 'historical'(역사적, 역사와 관련된)의 차이로 조심스레 비교해 볼 수 있다.[42]

이 모든 것을 종합해 볼 때, 자아 정체성은 다른 사람에 대해 생각하는 단서가 된다. 따라서 참된 역사적 지식은 일종의 자아 인식이다.[43] '믿음'은 기본적으로 하나님의 미래를 받아들인다는 '결정'이고, 따라서 어떤 의미에서든 이 자유를 제한하는 '역사'와 정확히 반대되는 개념이다.[44] 그러므로 신자들은 현실이 결국 '역사'에 의해 결정되지 않는다는 것에 기뻐하며 자신들의 현실을 수용한다. 이러한 의도들은 영지주의와 불안하리만큼 유사

---

41 Bultmann, *H&E*, pp. 125-126. Croce에 대해서는 예를 들어, Stern, *Varieties of History*, pp. 323-325를 보라. Strauss에 대해서는 앞 내용을 보라. Collingwood에 대해서는 특히, *The Idea of History*, 2nd edn., ed. J. van der Dussen [New York: Oxford University Press, 1994 (1946)]. 나는 이것이 Bultmann이 그의 저술에서 영국인 저자를 지지하는 유일한 경우가 아닐까 생각한다.
42 앞 내용에서 이 용어들에 대한 Bultmann의 독특한 용법을 보라.
43 Bultmann, *H&E*, pp. 131, 144. 따라서 참된 역사적 지식은 자서전으로 귀결된다(pp. 146-147, 149).
44 *H&E*, pp. 150-151.

한 무언가의 길을 닦아 놓았다. 불트만은 이러한 의도들을 좋게 보았는데, 이는 그가 외적 제약에서 내적 제약으로의 전환을 주장했기 때문이다. 그런데 이 주장은 불트만의 하이데거의 실존주의 성향과 비유대교적 출처를 토대로 그가 추정하는 초기 기독교 신학의 '역사적' 기원과 결부되어 있었다. 아이러니하게도 초기 기독교 신학의 역사적 기원에 대한 불트만의 추정은 그의 모든 제안 중에서 역사적 타당성이 제일 낮다.

불트만이 거부한 '역사주의'는 의미로서의 역사에 대한 특정 해석에서 출발했고 이 특정 해석을 사건으로서의 역사에 거꾸로 적용했다. 이러한 역사주의는 과제로서의 역사(실제 조사가 필요 없음)에 필요한 그 어떤 단계도 거치지 않거나 인간의 동기가 핵심 역할을 하는 역사 이야기를 선택 및 배치를 통해 생성하려고 시도하지 않는다. 또 다른 아이러니가 있다. 바로 불트만이 이런 역사주의와 매유 유사한 일을 한 것처럼 보인다는 것이다. 자칭 역사가였던 그는 당황스럽게도 1세기 팔레스타인의 실제 상황에는 관심이 없었던 것 같다. 그는 단 한 번도 성지(聖地)를 방문하지 않았고 1세기 팔레스타인 지역에 두드러지게 나타났던 사회적·정치적 운동에 전혀 관심이 없었다. 그의 강력한 신칸트주의적 관념론은 이러한 것들을 필요로 하지 않았다. 그는 자신이 반대했던 역사주의자들처럼 '역사가 어디로 가고 있는지' 이미 알았으므로 포로들을 잡을 필요도, 개종시킬 필요도 없었다. 그의 루터교 성향은 오랫동안 유대인들과 그들의 율법을 문제의 일부로 보도록 길들여져 있었다. 그것들은 시대를 초월한 비역사적인 복음을 가리기 위한 덮개로서의 기능을 제외하고는 초기 기독교에 대한 그의 이해에 필요하지 않았다.

불트만은 참된 역사적 규율을 거부했고 당시 그가 '역사'라 불렀던 것을 그가 '종말론'이라 불렀던 것으로 대체하려 했는데, 이는 다른 이들이 최근에 '묵시'라고 부르는 것과 관련해 행한 시도와 밀접한 유사성을 보인다.[45]

'신학'을 제일 중요한 것으로 주장하는 최근의 한 설명은 이 단어를 환기시키면서 '예수의 역사, 즉 그의 정체성에 대한 고백을 통해 드러난 내용으로부터 우리가 얻은 지식이 인류 역사의 종말이자 새로운 종류의 역사의 시작'이라고 말한다.⁴⁶ 이는 '인간의 사건 및 그 궁극적 의미가 완전히 제거되었는가에 대한 논쟁'이다.⁴⁷ 따라서 조금 전에 우리가 말한 것을 더 자세히 설명해 보자면, 불트만이 정당하게 거부한 헤겔의 역사주의처럼, 이 견해는 역사적 과제나 역사적 이야기의 어떤 의미도 검토하지 않고―그것을 '자연주의적' 또는 '내재주의적'으로 거부하면서―'모든 사건으로서의 역사'와 '궁극적 의미로서의 역사' 사이를 건너뛴다. 이 견해는 무엇을 '찾아야 할지' 미리 알고 있다. 혹자는 아주 높은 곳에서 세계의 역사를 처음부터 끝까지 내려다보며, 하나님이 그리스도 안에서 진정한 '주님'이심을 믿고, 불쌍하고 무지몽매한 사람들, 즉 역사적 증거의 연구를 주장하고 그 역사적 증거에 대한 일관된 이야기를 생성하려 애쓰면서 이렇게 하는 것이 마치 이유가 있어서 중요하다고 생각하는 사람들로 인해 절망하며 머리를 흔들고, 이런 사람들을 '방법론적 자연주의자'(methodological naturalists)로 비난할 수 있다. 이 '초자연주의' 입장은 때때로 '묵시적'이라는 용어도 주장하는데, 그 이유는 아마도 그 단어가 인간의 사건 혹은 사건에 대한 인간의 **조사**와 관련이 없는 하나님의 주권적 자유를 가리키고 있기 때문이다. 이 접근법은 **우리가 무엇을 찾아야 하는지 미리 알고** 찾아내며, 놀랍게도 이 과정을 '역사기록학'(historiography)이라 부른다.⁴⁸ 이는 두 가지 의미에서 역사의 '종말'이다.

---

45   4장과 *PRI*, Part II를 보라.
46   S. V. Adams, *The Reality of God and Historical Method* (Downers Grove, Ill.: IVP Academic, 2015), p. 185.
47   Adams, *Reality of God and Historical Method*, p. 185.
48   나는 여기서 특히 Rae의 *History and Hermeneutics*, pp. 74, 154를 염두에 두고 있다. 그의 강령적 진술(p. 2)을 보라. 그는 '성경에서 도출된 역사의 의미'를 제공하고자 하는데, '성경에서 역사는 인류가 하나님의 참된 언약의 파트너가 되도록 인류에게 주어진 시간과 공간으로

(1) 이 접근법은 예수 안에서 구세계의 역사가 완전히 끝났다고 주장한다. 그리고 (2) 이 접근법은 선험적 입장을 이유로 내세우며 '과제'나 '이야기'라는 의미에서의 '역사'를 거부하는데, 그 근거는 이러한 역사가 '반드시' '자연주의적'이어야 하고, '초월성'을 거부하며 '내재성'을 포용해야 한다는 당위성이다. (그런데 이 범주들은 '초자연주의'와 '자연주의'만큼이나 오해의 소지가 다분하다.) 앞서 보았듯이, 이런 광의의 '역사'는 연구를 필요로 하지도, 원하지도 않는다. 이 광의의 역사는 조작될 수 없다. 여기서 끝나는 것은 '역사'만이 아니다. 학문적 담론 역시 큰 장벽에 부딪힌다.

그러나 역사는 다른 학문 분야와 마찬가지로 진공 상태를 견디지 못한다. 불트만은 예수의 부활이 빈 무덤이나 한때 죽은 적이 있었던 실제 살아 있는 사람과 관련된 사건이 아니며, 예수와 그의 추종자들은 모두 세상이 곧 종말을 맞이할 것을 기대했지만 결국 실망할 수밖에 없었다는 그의 확고한 신념을 증명하기 위해 여러 실제적 제안을 개진했다. 우리가 이미 언급한 불트만의 가장 유명한 제안은 일종의 초기 기독교적 '지식'(gnosis)이 반드시 존재했다는 것으로, 이 초기 기독교적 지식은 이후에 완성된 영지주의와는 달랐지만 그가 이해했던 초기 신앙의 기반을 형성했다. 둘째, 이와 관련해 그는 복음서를 교회의 자기 표현적 믿음을 증언해 주는 주요 자료로 보았고, 실제 사건을 보도하는 것이 복음서의 의도가 아니었다고 간주했다. (이것은 영국과 독일 간에 발생한 오해의 고전적인 예가 되었다. 불트만은 자신이 믿음

인지된다.' 그래서 '인간 역사에 대한 설명은 창조 및 하나님의 신성한 약속이라는 틀 안에서 주어진다.' 이 설명은 일종의 우회적 움직임으로 '역사'의 한 의미(하나님의 일반적 섭리하에 지금까지 발생했거나 앞으로 발생할 모든 것)를 사용해 이 장에서 탐구한 바와 같이 역사의 다른 일반적인 (내가 볼 때 필수적인) 의미들을 제거해 버린다. Rae는 평범한 종류의 역사 쓰기가 트뢸치적 회의주의(Troeltschian scepticism)에 치명적으로 감염되어 있다고 생각하는 것 같다. 트뢸치적 회의주의는 그가 '새로운 역사기록학' 또는 '색다른 역사기록학'이라 부르는 것을 요구하는데(pp. 74, 154), 여기에서는 평범한 역사가들의 목적, 도구, 방법들이 요구되지 않는다. Bultmann이 그랬던 것처럼, 우리도 딱 이번만 Bultmann의 미니멀리즘이 아닌 맥시멀리즘(지금까지 발생한 모든 것)을 받아들여도 좋다.

을 강조하고 있다고 생각했지만 실용적이었던 영어권의 실증주의자들은 불트만이 의심을 옹호하는 주장을 펼치고 있다고 생각했다.) 셋째, 따라서 그는 역사를 중요하게 생각하는 것처럼 보이는 그러한 연구들을 2세대의 슬픈 쇠퇴로 간주했다. 여기서 그는 바울이 고린도전서 15:3-8에서 열거하고 있는 부활한 예수의 목격자들까지 포함시키고 있지만, 그의 분명한 목표는 누가의 두 권짜리 저술과 에베소서 및 골로새서의 고 교회론(high ecclesiology)이었다. 누가의 저술과 고 교회론을 거부하는 것은 많은 신약 연구에 있어서 여전히 인기 있는 입장이다. 불트만의 다른 제안들은 무산되었는데, 그 이유는 이 제안들에 기본적인 증거가 부족했고 이 제안들이 점점 증가하는 유대교적 배경에 대한 강조와 조화를 이루지 못했기 때문이다.

불트만이 볼 때, 십자가에 못 박힌 예수에 대한 복음으로 인해 '역사'는 멈추었다. 제3제국(Third Reich: 나치로 대변되는 히틀러 치하의 독일—역주)의 공포를 목격한 불트만은 '현실을 부정하며' 살고 설교하기로 결심했다.[49] 신자는 세상에서 벗어나 있지만, 다른 의미에서는 여전히 이 세상에 살고 있다.[50] 불트만은 그의 책의 절정 부분에서 거의 한 페이지를 할애해 에리히 프랑크(Erich Frank)의 말을 열정적으로 인용했는데, 에리히 프랑크는 예수와 관련된 사건들이 '영원의 영역에서…한 사건을 형성했고 이는 이처럼 불경한 세계의 역사가 멈춘 종말론적 순간이었다'고 주장한다. 그러므로 신자는 '이미 시간과 역사를 초월해 있다.' 왜냐하면 '영원한 사건'이 모든 그리스도인의 영혼 가운데 발생했기 때문이다.[51] 바로 여기서 세상의 종말에 관한

---

[49] Bultmann, *H&E*, p. 153. 이 책 2장의 '루돌프 불트만' 단락도 보라. Bultmann의 이러한 이해는 그리스도가 '율법의 종말'이듯이 '역사의 종말'이라는 생각을 포함해 그가 초기 그리스도인들의 견해로 간주했던 것, 즉 시공간의 우주가 곧 사라질 것이라는 견해를 비신화화한다. 이 책 2장과 4장의 논의를 보라.
[50] 루터가 말하는 의로우면서 동시에 죄인이라는 말과 본질적으로 같다.
[51] *H&E*, p. 153.

표준 가설을 개선 및 비신화화하려는 불트만의 목표가 달성된다. 역사는 복음으로 인해 멈추었다. 불트만은 '묵시적인' 본능이나 이 본능을 되찾으려는 그 어떤 의향도 보이지 않았지만, 그의 결론은 복음이 '묵시적인' 사건이므로 일반적인 '역사'로는 이 복음을 건드릴 수 없다고 주장하길 원하는 사람들에 의해 열렬히 옹호되었다.[52] '역사'가 멈췄다면, 역사 대신에 아주 새롭고 매우 불연속적인 무언가가 시작되어야 한다. 그러나 불트만의 결론은 레싱이 제기한 주장의 새로운 버전에 불과하다. 즉, 일반적인 '역사'는 신학의 진리에 기여할 수 없다는 것이다.[53] 이 모든 논의를 통해 이번 장에서 내가 제시하고 있는 근본 요점이 부각된다. '역사'라는 단어는 그 자체로 너무 파악하기 힘든 것이 되어 버렸다. 불트만과 레이(Rae), 애덤스(Adams) 같은 최근의 학자들은 과제로서의 '역사'와 필요한 서술로서의 '역사'를 배제한다.

따라서 역사에 대한 불트만의 설명이 나의 설명과 상당 부분 겹치지만(그는 나와 마찬가지로 결정론적 역사주의를 거부하고 사건의 '내막'을 강조한다), 불트만과 나는 특히 이 지점에서 결별한다. 그는 철학적으로나 정치적으로나 '의미로서의 역사'에 대한 선험적 이해와 '사건으로서의 역사'(발생하는 모든 것)의 가장 넓은 의미를 결합한 '역사주의'에 맞서 열심히 싸웠다. 그에게 문제가 된 '의미'는 헤겔의 '진보' 개념으로, 이 개념은 새로운 논거가 그것에 이의를 제기할 수 있거나 제기할 가능성이 완전히 제거된 채로 세상에 부과되었다. 1930년대의 모든 실제 논거가 헤겔의 진보 개념에 이의를 제기하고 있었음에도 불구하고 말이다. 그는 이러한 딜레마에서 벗어날 방법을 찾았다. 첫째, 예수와 그의 첫 추종자들에게 분명히 주요 주제였던 '종말론'을 택했고, 이와 동시에 둘째, 이 주제를 오해하고(그것이 시공간으로 이루어진 우주

---

52 예를 들어, Adams, *Reality of God and Historical Method*, p. 232와 다른 곳.
53 Adams, *Reality of God and Historical Method*, p. 166. 이것은 예를 들어 예수의 몸 및 빈 무덤과 전혀 관계가 없는 것처럼 보이는 '부활'로 귀결된다.

의 끝이라고 가정했다) 비신화화했다(그것을 일종의 플라톤적 실존주의 또는 영지주의적 자기 발견으로 바꾸어 놓았다). 그는 실제적 역사 연구에 '타자'의 세계에 대한 동정어린 시선이 필요하다는 것을 제대로 보았다. 그러나 실제 역사에 대한 불트만 자신의 시도—예를 들어, 그가 보여 주는 고대 유대 세계에 대한 이해 또는 그리스 종교나 철학에 기초한 기독교 신앙 표현과 관련해 이를 지지하는 추정 자료에 대한 이해—는 동정어린 시선이 거울을 향하는 것처럼 보이게 만들었다.[54] 역사 지식이 일종의 자기 지식이라는 격언에는 진리가 있다. 그러나 그 자체로 보면 자기 지식이 전부인 것처럼 보인다. 그렇다면 우리는 우리와 다르게 생각하는 사람들의 마음을 들여다보기 위해 노력할 필요가 없다.

불트만과 역사에 대해 무엇을 말할 수 있을까? 그는 참된 역사적 방법에 기여한 것이 거의 없다. 불트만에게 '역사'는 잘못 이해된 유대인의 구원 역사 또는 그가 정치적 재앙으로 알고 있는 헤겔의 결정론적 역사주의—그에게는 크게 다르지 않다!—로 빠질 위험에 늘 처해 있다. 그는 역사에 '겉'뿐만 아니라 '속'이 존재해 개인의 결정, 동기 등을 가능케 하고 이로 인해 표면상으로는 확실히 완고한 결정론이 와해될 수 있고 와해된다고 믿는다. 그러나 그는 이 양면성이 실제 1세기 역사에 어떻게 적용될 수 있는지 탐구하지 않는다(예수, 바울, 그리고 나머지 인물들의 '속', 즉 인간의 동기는 살피지 않는다). 그의 목표는 언제나 신자의 현재 자기 이해에 관해 말하는 것이었다. 그가 역사 연구에 주관적/객관적 대화가 필요하다고 말할 때, 그는 매번 주관성으로 기울면서 자신의 이 말을 무너뜨린다.[55]

굴지의 '역사 비평가'임에도 불구하고 사실 불트만에게 역사는 언제나

---

[54] 2장의 더 자세한 논의를 보라.
[55] *H&E*, pp. 110, 111, 131.

위협적인 것처럼 보인다. 나는 이 현상이 단순히 1930년대에 그가 보여 준 정치적 역사주의에 대한 거부 때문이라고 생각하지 않는다. 이 현상은 훨씬 전에 생성된 그의 신학적·문화적 DNA와 깊숙이 연관되어 있다. 바이스와 폰 하르나크를 비롯한 그의 초기 스승들은 '믿음'이 '과거의 객관적 사건'과 관련이 있는 것이 아니라 정의상 '현재의 사건'이라는 전통을 고수했다. [다른 이야기지만, 이는 나를 위한(pro me) 복음을 핵심으로 강조하는 멜란히톤(Melanchthon)의 주장을 되돌아볼 것을 주장한다.] 그는 초기 그리스도인들을 '종교의 역사'에 포함시키고, 특히 그들의 원래 유대교 기준의 틀을 차단했는데, 이 역시 그를 이런 식으로 몰아붙였다. 그가 역사적으로 복원한 1세기는 특히 바울과 요한을 당시 유대교적 삶의 흐름 및 희망 밖에 두려는 그의 열망에 의해 전적으로 결정되었고, 이는 너무 유대교적으로 보이는 모든 것, 즉 율법, 묵시 등과 관련된 모든 것을 2세대(퇴보한 세대)로 격하시켰다.[56] 그는 '종말로 향하는 역사'의 측면에서 '임박한 재림(parousia)'을 비신화화했다. 그러나 이것이 그에게 진정으로 의미했던 것은 **우리가** 역사적 과정이라는 맹목적인 힘에 감금되었다고 해서 **역사에 의해 결정되어서는 안 된다**는 것이었다. 오히려 우리는 자유를 초래하는 실존적 결정을 내려야 한다. 그는 강의 말미에 실존적 순간이 진정한 가능성으로 언제나 존재하고 '그 가능성을 불러일으켜야 한다'고 말한다.[57] 이것은 발터 벤야민이 게르숌 숄렘에게서 되찾아온 주제와 유사하다. 즉, 매 순간 메시아가 도래할 수 있다는 가능성이 존재한다.[58] 불트만의 인식 여부와 관계없이 여기서 그는 진정한 유대교적 통찰에 가장 근접해 있었을 것이다.

---

56 그가 저술한 *Primitive Christianity in Its Contemporary Setting*, trans. R. H. Fuller (London: Collins, 1956)은 망원경을 눈먼 사람에게 갖다 대는 진귀한 예다.
57 *H&E*, p. 155의 마지막 행.
58 Benjamin, *Illuminations*, p. 264. *PFG*, pp. 1473-1475에 있는 나의 논의를 보라.

분명한 것은 내가 불트만의 방법론과 결론을 역사적으로 부당하며 신학적으로 도움이 되지 않는다고 간주한다는 것이다. 그가 실존주의적 의미로 '종말론'이라는 용어를 사용하고 있는 방식은 (4장을 보라) 그가 매우 중요한 무언가를 말하기 위해 애쓰고 있음을 나타낸다. 그리고 이러한 노력은 어려운 시기에 처해 있던 그와 그의 회중들에게 분명히 중요했다. 하지만 이 노력은 오해의 소지가 있는 표현을 사용하면서 온갖 종류의 부당한 함의를 전달한다. 그 결과 그의 실제 역사적 구성은 모든 점에 있어서 그가 다양한 이유로 이미 배제해 버린 신약 사상의 참된 측면, 곧 새 피조물 개념을 놓치고 말았다. 이것이 바로 우리가 이 책 후반부에서 탐구할 주제다.

비판적 현실주의와 역사적 과제

트뢸치의 회의주의와 불트만의 실존주의가 혹독한 비판을 받아야 한다면, 역사의 **과제**는 어떻게 수행되어야 하는가? 사람들이 진정한 과거의 **사건**을 정직하게 가리키는 글로 기록된 역사 **이야기**를 조사하고 저술하려고 애쓸 때, 역사에서 **의미**는 어디에 위치하는가? 우리는 의미가 역사 연구에 부과되는 것이 아니라 역사 연구로부터 도출되는 것인지 어떻게 확신할 수 있는가?

나는 다른 곳에서 벤 마이어와 버나드 로너건(Bernard Lonergan)의 주장에 동의하며 일종의 **비판적 현실주의**(critical realism)를 제안했다.[59] 이 구문은 논쟁을 불러왔고 논쟁의 여지가 있다. 나는 이 구문을 상식적이고 발견적인(heuristic) 방식으로 사용하고 있다. 노골적으로 말해서, 가짜 뉴스가 존

---

[59] Wright, *NTPG*, Part II. 여기서 나는 특별히 Meyer, *Aims of Jesus*에 의존한다. 예를 들어, Meyer, *Critical Realism and the New Testament* (Allison Park, Pa.: Pickwick, 1989)도 보라. 이 분야에서의 나의 연구에 대한 최근 비평은, S. E. Porter and A. W. Pitts, 'Critical Realism in Context: N. T. Wright's Historical Method and Analytic Epistemology', *Journal for the Study of the Historical Jesus* 13 (2015), pp. 276-306를 보라. J. Bernier는 다음 호에서 나를 비판했고[14 (2016), pp. 186-193], Porter와 Pitts도 같은 호에서 다시 나를 비판했다(pp. 241-247). 여기서는 이에 대한 토론을 진행하는 것은 적절하지 않다.

재하지만 그렇다고 아무것도 일어나지 않았다는 말은 아니다. 그러나 다음과 같은 문제가 곧바로 발생한다. 우리가 역사 수행을 위한 비판적이고 현실주의적 패러다임을 면밀히 살필 때, 역사가의 **공감적 상상력**(sympathetic imagination)이 중요한 역할을 할 수밖에 없다는 것이 곧 명백해진다. 이는 역사가가 단순히 모든 것을 꾸며 낼 수 있다는 평가를 가져오지 않겠는가?

사실 그렇지 않다. 비판적이고 현실주의적인 역사가는 엄격한 통제 가운데서 역사를 수행한다. 축적된 상세한 증거는 기본이며 언제나 그렇게 유지되어야 한다. 핵심 주제와 더 넓은 세상 및 세계관(들)에 관한 증거가 바로 그러한 증거로서, 이러한 증거 안에서 핵심 사건들이 발생하고 인지되고 기록되었다. 또한 마지막에 제공되는 이야기의 전반적인 의미에 대한 '통제'와 이 이야기와 더 큰 연구 영역 사이의 일관성을 유지하는 '통제'가 존재한다. 사실, 주관주의의 잠재적 책임은 역사 재구성에 대한 역사가의 개인적 관여로 인해 과학 실험에서 관찰자가 가진 문제와 크게 다르지 않다. 물리학자들이 오랫동안 인지해 왔듯이, '관찰자 효과'라는 것이 있다. 다시 말해, 측정 대상에 영향을 주지 않으면서 그것을 측정하는 것은 불가능하다.[60] 역사적 작업에 의문을 제기하는 것(그것의 미흡한 '객관성')과는 거리가 먼 이러한 개인적 관여는 비판적이고 현실주의적인 역사 기록학의 과제가 가진 핵심 요소 중 하나를 구성한다.

그렇다면 역사학자들은 어떻게 역사 연구를 시작할까? 이 과제는 일반적으로 세 단계를 거친다. 첫 번째 단계는 관련 자료를 조사하는 것이다(이는 헤로도토스가 사용했던 *historia*의 원래 의미다). 두 번째 단계에서는 증거가

---

60   이것은 Heisenberg의 '불확정성 원리'(uncertainty principle)와 동일하지는 않지만 관련이 있다. 불확정성 원리는 입자의 위치가 정확하게 측정될수록 입자의 운동량의 측정은 부정확해지고, 그 반대의 경우도 마찬가지라는 점에 주목했다. W. Heisenberg, 'Über den anschaulichen Inhalt der quantentheoretischen Kinematik und Mechanik', *Zeitschrift für Physik* 43.3-4 (1927), pp. 172-198를 보라.

어떻게 '이치에 맞는지'에 관한 가설을 세우고 이 가설을 제기되었을 법한 자료 및 경쟁 이론들과 비교 및 시험한다. 세 번째 단계에서는 독자들로 하여금 **사건**을 알고 이해할 수 있게 해 줄 **이야기** 형성에 노력을 기울인다.[61] 여기에는 일반적으로 '의미'에 대한 몇 가지 표시가 포함되지만 방법은 다양하다.

이를 조금 더 확장시켜 보자. 이 세 단계와 관련된 다양한 활동은 서로 맞물려 있고 서로에게 유익하다. 각 단계는 원칙적으로 구별이 가능하다. 비록 각 단계가 종종 동시에 작용하지만 말이다. (다시 말해) 이 세 단계의 관계는 다음 단계로 넘어가기 전에 해당 단계를 반드시 마쳐야 하는 그런 순차적 관계가 아니다.

첫째, 역사적 과제는 언제나 자료에 대한 세심한 관심에 뿌리박고 있다. 이는 분명해 보일지 모르지만, 어떤 사람들은 그것을 '지루한' 것으로 생각해 피하고 싶은 유혹을 받을 것이다. 트리벨리언(Trevelyan)은 세심한 자료 조사를 '날품으로 묘사하면서 역사학의 진지한 일원이 되고자 한다면 모든 역사가가 이 날품을 제대로 수행해야 한다'고 주장한다.[62] 기독교 기원을 연구할 때, 1세기 세계, 즉 유대 세계, 그리스 세계, 로마 세계, 초기 기독교 세계에 완전히 몰입해야 한다는 것이다. 그래서 모든 문헌, 모든 동전, 모든 비문이 중요하다.

둘째, 첫 번째 과제가 진행되는 동안 시작되는 이 두 번째 과제에서 역사는 과학과 마찬가지로 가설 및 검증에 의해 연구가 진행된다. 가설은 자료,

---

61 G. M. Trevelyan, 'Clio Rediscovered', in Stern, ed., *Varieties of History*, pp. 227-245 (239)를 보라. 여기서 Trevelyan은 이 세 단계를 각각 '과학적 단계, 상상 또는 추측의 단계, 지적 단계'로 부른다. Martin Hengel이 제시한 세 단계와 비교해 보라(*Acts and the History of Early Christianity*, p. 131: 아는 단계, 이해하는 단계, 취합하는 단계. Deines, *Acts of God in History*, pp. 25-26를 보라).

62 Trevelyan, 'Clio Rediscovered', in Stern, ed., *Varieties of History*, p. 239.

즉 원재료에 몰두해 온 사람의 다음과 같은 창의적인 생각을 통해 형성된다. 패턴, 공통된 주제, 이질적이거나 혼란스러운 자료를 이해할 수 있는 방법이 있는가? 연관성, 중요한 연결 고리, 숨겨진 원인과 결과가 존재하는가? 역사가는 과학자가 묻는 것과 정확히 같은 세 개의 질문을 사용해 가설이 자료에 부합하는지 엄격히 시험한다. 이 가설이 자료에 들어 있는가? 이 가설은 적당히 단순한 상태로 자료에 들어 있는가? 이 가설은 원래 연구 목적 이외의 다른 영역도 규명하는가? 물론 이 세 질문은 과학자의 많은 경우와 마찬가지로 역사가에게도 유연하게 작용한다. 무엇이 '자료에 들어 있는 것'으로 간주되는가? 어떤 종류의 단순성이 '적절하고' 우리는 이를 어떻게 알 수 있는가? 무엇이 다른 영역을 '규명하는 것'으로 간주될 것인가? 이 모든 질문은 더 깊은 숙고를 가져온다. 중요한 것은 **신중히 연구된 자료와 인간의 해석적 사고** 사이의 상호 작용이다. 점점 구체화되는 '큰 그림'과 자료 연구는 진행 중인 대화 안에 존재한다.

이른바 '자연 과학' 연구와 역사 연구 사이에는 두 가지 주요 차이가 있다. 첫째, 과학은 실험실 조건에서 반복될 수 있는 것, 즉 반복 가능한 것을 연구한다(천문학과 지질학은 예외). 반면에 역사는 이미 일어났고 언제나 고유한 것으로 유지되는 것, 즉 반복 불가능한 것을 연구한다(따라서 트뢸치의 유비 원칙에 의문이 제기된다).[63] 역사에서 '반복 가능한' 요소는 다른 곳에 있다. 즉, 과학적 역사 연구에서 반복되고 있는 '실험'은 역사가들이 모두 동일한 증거를 (원칙적으로) 연구한다는 것이다.

두 번째 차이는 역사적 과제의 핵심으로 우리를 데려간다. (예를 들어) 화학과 달리 역사의 중심에는 **인간 동기에 대한 연구**가 자리한다. 물론 우리는 '무엇이 발생했는지'를 알고 싶어 한다. 그러나 우리는 또한, 할 수만 있다

---

63 *RSG*, pp. 16-18를 보라.

면, **그것이 발생한 이유**를 단순히 물리적 인과관계 측면에서가 아닌 ('페르디난트 대공은 총에 맞아 사망했다') 특히 인간적 의도 측면에서 ('페르디난트 대공은 가브릴로 프린치프라는 매우 의욕적인 혁명가 때문에 사망했다') 알기 원한다. 율리우스 카이사르가 자신의 군사 작전 시 하고자 했던 것을 기록할 때처럼 인간의 의도는 때로 자료의 표면에 나타날 것이다(역사가는 언제나 기록 이면에 숨겨진 의도 또한 조사하고 싶어 한다). 일반적으로 그것은 여러 다른 단계에서 동시에 발생하고 있는 질문이며, 이러한 단계들은 증거에 대한 연구가 진행되면서 점차 가설 형성의 일부로 나타난다.

증거에 대한 연구가 진행됨에 따라, 우리가 앞서 말했듯이, 핵심 요소는 우리와 다르게 생각하는 사람들의 마음을 짐작해 보는 것이다. 가설을 세우는 데 필요한 '공감적 상상'은 다른 문화 및 세대의 사람들이 우리와 똑같을 것이라고 상상하는 것을 의미해서는 안 된다. 이는 이미 17세기 잠바티스타 비코(Giambattista Vico)의 반 데카르트주의적 저항의 핵심이었다. 아이제이아 벌린은 인간 동기 연구의 필요성에 대한 비코의 주장을 요약하면서 다음과 같이 말한다.

> 요컨대, 우리는 인간의 활동을 목적, 동기, 의지, 결정, 의심, 망설임, 생각, 희망, 두려움, 욕망 등의 측면에서 판단한다. 이것들은 우리가 인간을 자연의 나머지 부분과 구별하는 방법 중 하나다.[64]

이것은 내가 '사랑의 인식론'(epistemology of love)이라 부르는 것의 일부다. 우리는 벽에 달라붙어 있는 파리와 같은 '중립적 관찰자'가 아니며, 증거를 우리 자신의 사고방식으로 축소하지도 않는다. 따라서 독일 철학자 헤르더(J. G.

---

[64] Berlin, *Three Critics of the Enlightenment*, p. 52. 전체 장이 현재의 논의와 관련이 있다.

Herder, 1744-1803)에 대한 벌린의 요약에는 아래와 같은 내용이 등장한다.

> 다음과 같이 생각한 최초의 사람은 바로 헤르더였다. 이러한 문명들은 각각 고유의 관점과, 사고하고 느끼고 행동하는 방식을 가지고 있다. 그것은 문명이라는 미덕으로 자신만의 집단적 이상을 창조한다. 그렇기 때문에 문명은 어떤 다른 문화가 아닌(무엇보다도 보편적이고 비인격적이며 절대적인 척도를 가진 문화가 아닌) 해당 문명의 가치 척도, 사고 및 행동 규칙에 의해서만 진정으로 이해되고 판단될 수 있다.[65]

그래서 헤르더의 스승 하만(J. G. Hamann)은 다음과 같이 말한다.

> 각 문명은 저마다의 어휘를 가지고 있는데, 친구, 사이가 친밀한 사람, 연인[의 열정을 통해서만 이 각각의 어휘에 대한 이해가 가능하다].[66]

연인! 정말 그렇다. 사랑하는 사람의 삶 속으로 교감을 이루면서 들어가고 이와 동시에 자신과 사랑하는 사람 사이의 중요한 차이를 존중하고 축하하는 그런 연인 말이다. 이것이 사랑의 인식론의 역설이고, 우리는 다른 어느 곳에서와 마찬가지로 역사가의 연구에서도 이 역설을 분명하게 본다. 우리가 1장에서 보았듯이 데카르트까지 거슬러 올라가는 인식론 전통에 의해 차단되어 온 바로 그 사랑이 후기 계몽주의 사상―비코, 하만, 헤르더가 초기에 깊이 있게 비평했던―의 많은 부분을 지배했었다.

우리의 이해가 틀릴 수도 있지만, 이는 진행 중인 '과학적' 작업의 일부

---

[65] Berlin, *Three Critics of the Enlightenment*, p. 19.
[66] J. G. Hamann, *Sämtliche Werke*, ed. J. Nadler (Vienna: Herder, 1949-1957), 2.172.21, 171.15. 이 내용은 Berlin, *Three Critics of Enlightenment*, p. 19에 인용되어 있다.

다. 증거에는 답할 수 있는 기회와 대안적 뉘앙스를 제안할 수 있는 기회가 철저히 주어져야 한다. 그렇다면 무엇이 적절한 공감적 상상(그것이 어떻게 발생하는지, 그리고 그것이 증거에 자신의 이야기를 단순히 중첩시키는 이상주의로 붕괴되는 것을 어떻게 막을 수 있는지)으로 간주되는지에 대한 질문은 여전히 중요하다. 이 질문을 잘못 이해하는 사람들의 예가 넘쳐난다.[67] 그러나 가능하고 필요한 역사의 과제는 다른 사람들의 마음을 파악 및 설명하고 상상력을 동원해 다른 사람들의 마음 안으로 들어가 보는 것, 그리고 세상을 그렇게 보았던 사람들이 어떻게 계획하고, 결정을 내리고, 사건에 반응하는지를 보는 것이다. 이것이 역사가들이 하는 일의 근본이다.[68]

나를 비롯한 여러 사람들은 우리와 다른 사람들의 목표와 동기에 주목하기 위해 '사회적 상상' 등의 세계관 모델을 개발했다.[69] 사고를 위해 사용되는 다른 도구들과 마찬가지로, 나는 '세계관'을 체험적으로 사용하는데, 이는 어떤 큰 추상적 개념을 불러오기 위해서가 아니라 우리의 목적 및 동기가 아닌 다른 목적 및 동기의 재현을 명시적으로 나타내기 위해서다. 내가 개발한 세계관 모델은 이야기, 상징, 실천, 핵심 질문으로 구성되어 있으며, 우리가 일반화에 만족하지 않음을 확신하게 만들고, 특히 우리가 우리의 가정을 우리와 매우 다른 사람들에게 투영하지 않음을 확신하게 만든다. 또한 그것은 매 단계에서 우리가 조사하고 있는 다른 생각들에 대한 가

---

67 그중 한명이 E. P. Sanders인데, 그는 십자가로 나아가는 예수의 동기에 대해 물으면서 예수가 정말로 죽음을 기대하고 의도했다면 이는 그를 '이상한 사람'으로 만들 것이라고 제안한다. [*Jesus and Judaism* (London: SCM Press, 1985), p. 333: '예수가 자신이 죽음을 계획했다는 것은 어느 시대에서든 그를 이상한 사람으로 만든다.']
68 내가 가장 좋아하는 예 중에 하나는 MacMillan의 *The War That Ended Peace*, ch. 9에 나온다. 9장의 제목은 '그들은 무엇을 생각했을까? 희망, 두려움, 사상, 무언의 가정'이다. 그러한 희망, 두려움, 무언의 가정 중 많은 것들이 불과 한 세기 이후의 유럽인들에게 완전히 낯선 것처럼 보이게 되었다는 사실은 이 일의 중요성을 보여 준다.
69 이 모델에 대한 상세한 설명은 *NTPG*, Part 2에 제시되어 있고, *PFG*, pp. 23-36, 63-66는 이 모델을 다양한 각도에서 설명한다.

설을, 그리고 역사적 데이터를 토대로 스스로를 테스트할 수 있는 가설을 실제로 시도하고 있는지 확인하게 준다. 이것은 최근의 제안처럼 사건을 이미 형성된 패턴 안으로 쑤셔 넣는 방식 또는 우리로 하여금 하나님에 대해 말하지 못하도록 막는 '자연주의적' 가정을 불러오는 방식이 아니다.[70] 자연/초자연을 분리시키는 것은 어쨌든 나의 앞선 주장처럼 이러한 질문을 다루는 잘못된 방식이었다.[71] 나를 비롯한 다른 이들이 사용해 온 방식으로 '세계관'과 같은 도구를 사용하는 것은 역사가의 당연한 의무다. 그것은 관련된 실제 상황 및 사고방식의 여러 측면을 존중한다.

우리는 몇몇 명확한 예를 통해 세계관의 효과를 볼 수 있다. 사람들은 한때 예수가 명백한 안식일 위반과 자신의 성전 파괴 발언으로 인해 곤란에 처했었다고 생각했다. 그들이 이렇게 생각했던 이유는 유대인들이 율법주의자 또는 의식주의자였던 반면 예수는 값없이 주어지는 은혜를 믿었다고 생각했기 때문이다. 그러나 이러한 생각은 잘못된 것이다. 안식일과 성전은 강력한 (그러나 보통 암시적인) **이야기** 내에서 기능하는 알려진 의미를 가진 핵심 **상징**이었다. 안식일과 성전은 특정 **실천**을 일으키고 세계관의 핵심 **질문**(우리는 누구이고, 어디에 있고, 무엇이 문제이고, 해결책은 무엇이며, 지금은 어느 때인가?)에 대한 암묵적 답을 제공했다. 예수의 급진적인 하나님 나라 선포는 우리 세계에서는 이해하기 힘든 방식으로 퍼져 나갔다(많은 신학자들이 유

---

[70] 이는 Adams, *Reality of God and Historical Method*, pp. 211-212, 250-258의 내용과 대조된다. Vico에 대한 Berlin, *Three Critics*, pp. 111-112를 보라. 여기서 Berlin은 방대한 사회적 복잡성을 고려해야 할 필요성을 다음과 같이 강조한다. '특정 사회의 법, 정부, 종교, 예술, 신화, 언어, 관습은 사회적 변화의 각 단계와 상응한다. 이것들은 하나의 패턴을 형성하는데, 이 유형에 속하는 각각의 요소는 다른 요소들을 통제하고 반영한다. 그리고 이 패턴은 사회의 생명을 의미한다.'

[71] Adams, *Reality of God and Historical Method*, p. 251을 보라. 그는 '세계관' 즉, 목적과 동기에 대한 우리의 확실한 이해를 돕기 위해 사용되는 체험적 도구를 신학적 범주로 착각하고 (pp. 251, 256), 이 도구를 사용하는 것이 개인의 역사적 방법이 '내재성'에 '결합되어' 있음을 의미하는 것이라고 잘못 생각한다(p. 255). 이것은 내가 이 책 1장에서 강조한 실수들의 장기적인 결과다.

대교 사상을 무조건 위험한 것으로 간주하도록 길들여져 있지 않았더라면 알려진 유대교 문헌에 대한 신중한 연구가 오래전에 많은 것들을 밝혀 주었을지도 모른다).[72] 세계관 모델은 우리 자신의 생각(급진적 새로움에 대한 우리 자신의 생각도 포함)을 가상의 화면에 다시 투사하는 위험을 경고하면서 공감적 상상력을 훈련하는 하나의 방법이다.[73] 다시 말하지만, 우리와 다르게 생각하는 사람들의 마음을 추측해 보는 것은 사랑의 인식론의 한 측면으로, 이 사랑의 인식론 안에서 우리는 그 사람들을 우리의 세계 안으로 끌어들이려 애쓰기보다 그들이 그들의 세상에 살고 있다는 사실을 기뻐한다.

이 과제는 중요하지만 골치 아픈 일이다. 다른 생각을 연구해야 한다는 비코의 주장은 볼테르의 인간중심적 환원주의와는 다르다. 비록 판넨베르크(Pannenberg)는 이 두 사람이 같은 일을 하고 있었다고 주장할 수 있지만 말이다.[74] 초기 기독교 운동을 연구하는 모든 역사가들은 다음과 같은 내용을 필수적으로 고려해야 한다. 예수의 첫 추종자들은 그들이 무엇을 하고 있다고 생각했고 왜 그렇게 생각했을까? 물론 초기 기독교 운동을 연구하는 모든 역사가는 예수의 인간적 소명과 목적을 반드시 질문해야 한다. 인간 동기의 조사는 역사적 과제의 핵심이며, '자연주의' 또는 '환원주의'와 관련이 없다.

역사 연구의 두 번째 단계는 가설의 형성 및 시험과 관계가 있는데, 이 두 번째 단계에서는 인간의 동기 및 사고방식에 대한 세심한 연구가 중심이

---

72 유대 세계관 내에서의 안식일에 대해서는 5장을 보라.
73 Berlin, *Three Critics of Enlightenment*, pp. 111-112를 보라. 여기서 Berlin은 어떻게 Vico가 Hegel과 Marx보다 훨씬 이전에 다양한 사회적 차이점의 중요성을 알고 있었는지를 보여준다.
74 Pannenberg, *Basic Questions in Theology*, 1.39-40; 참고. p. 33. 여기서 Pannenberg는 '악화'(deterioration)에 대해 이야기하는데, 이 악화 속에서 '인간은 계몽주의, Vico, Voltaire 이후로 역사를 움직이는 주체로서 하나님의 지위까지 높여졌다.' 그러나 이는 Vico가 초기 계몽주의의 주요 비평가 중 하나였다는 사실을 회피하는 주장이다.

될 것이다. 이로 인해 가설이 어떻게 형성되고 시험되는지에 관한 질문이 제기된다. 다시 말해, '입증'은 어떻게 이루어지는가?

가설과 입증의 과정은 종종 잘못 이해된다. 이 과정을 나타내는 기술적 용어는 '가추'(abduction)로 철학자 퍼스(C. S. Peirce)는 이 가추를 자세히 설명한다.[75] 학자들은 때때로 역사를 모든 가설이 배제된 단순한 역사의 축적인 것처럼 말한다. 따라서 모든 것이 어떻게 들어맞는지 보여 주는 더 큰 이야기에 대한 모든 시도는 다음과 같이 묵살된다. '어느 비평가가 그러더군요. 당신이 그 이야기를 항상 머릿속에 가지고 있으면서 자료에 그 이야기를 부과하고 있다고. 그러니까 당신이 '귀납'이 아닌 '연역'을 하고 있다고 말이지요.' 어떤 사람들은 이야기를 사전에 자신들의 머리에 담고 그 이야기를 강요하기 때문에, 우리는 이를 구별할 필요가 있다.[76]

다른 대안을 생각해 보자. 아래로부터 시작하는 '귀납'은 결코 충분하지 않다. 어떤 과학자도 표본을 무작위로 수집할 수 없다. 표본은 걸러지고 정리되고 선택되고 정렬되어야 한다. 여기에는 틀을 형성하는 원칙 또는 질문이 요구된다. 이러한 원칙 또는 질문은 전문적이고 통제된 상상력이 가설로 도약할 때 발생하며, 그다음 가설은 증거를 토대로 철저한 검증 과정을 거친다.[77] 이것이 바로 가추다.

---

[75] 이 용어와 그 내력 역시 잘 알려지지 않은 경우가 많다. 비록 그 과정은 친숙하지만 말이다. 몰리에르(Molière)의 극중 인물인 주르뎅 씨(Monsieur Jourdain)가 평생 산문체로 말했다는 사실에 놀라는 것처럼 사람들은 부지불식간에 가추를 한다. Peirce의 방법은, A. J. P. Kenny, *A New History of Western Philosophy* (Oxford: Clarendon, 2010), pp. 837-838에 명쾌하게 요약되어 있다. 특히 다음도 보라. C. Ginzburg, *Clues, Myths and the Historical Method*, trans. John and Anne C. Tedeschi, new edn. [Baltimore: Johns Hopkins University Press, 2013 (1986)]와 U. Eco, 'Horns, Hooves, Insteps: Some Hypotheses on Three Types of Abduction', in *Dupin, Holmes, Peirce: The Sign of Three*, ed. U. Eco and T. A. Sebeok (Bloomington: Indiana University Press, 1983), pp. 198-220.

[76] *Paul Debate*, pp. 100-107를 다시 보라.

[77] Peirce는 '추측'에 관해 이야기한다. Trevelyan도 'Clio Rediscovered', in Stern, ed., *Varieties of History*, p. 239에서 추측에 관해 이야기한다. Trevelyan은 이러한 추측이 무작위적이라고 암시하지 않는다. 우리는 '나는 그것이 맞다고 추측한다'(I guess that's right)라

비슷하게, 위로부터 시작하는 '연역'도 결코 충분하지 않다. 거대한 이론은 증거에 비추어 검증과 수정 또는 완전한 포기가 필요하다. 이러한 과정이 없으면 이론은 맞을 수도 있지만 공상이 될 수도 있다. 우리는 가추 과정을 통해서만 참된 지식을 얻게 된다.

지금까지의 내용을 요약해 보자. 역사적 과제는 증거 수집을 통해 전개된다. 역사는 가설의 형성 및 엄격한 검증에 초점을 맞추는데, 이 가설은 특히 복잡한 문화 및 세계관 내에서 의미가 있는 인간의 목적 및 동기에 관한 것으로, 언제나 증거를 가장 잘 설명해 줄 더 큰 이야기를 향해 가추적으로 작동한다. 다음으로 마지막인 셋째, **역사는 결과를 보여 주는 이야기를 향해 작동한다**. 역사가의 이야기는 연대기 그 이상을 의미한다. 역사는 원인, 관계, 결과를 제안하고 보여 주려고 시도한다. 한 번 더 말하지만, 이것은 일종의 가설이 될 것이며, 찾고 있는 검증에는 모든 증거를 연구한 다른 이들의 확인이 포함될 것이다. 다시 한번 더 말하지만, 여기에는 **선택 및 배치**가 포함된다. 선택: 앞서 보았듯이 할 말이 거의 없을 때만 우리는 모든 것을 말할 수 있다. 배치: 우리는 '무슨 일이 일어났는가'만 나열할 수는 없다. 우리는 사건을 강조하고 동기를 진열하면서 이야기의 연결 고리들을 드러내야 한다.

이 세 가지 작업이 균형 있게 잘 작동할 때, **역사를 통한 참지식이 주어진다**. 이 참지식은 (초조한 플라톤주의자가 보듯이) 단순한 '의견'이나 '신념'으로 끝나지 않는다. 이 참지식은 우리가 아닌 다른 무언가에 대한 진정한 정신적·정서적 이해다. 자연 과학과 마찬가지로 이것은 언제나 잠정적이지만, 그렇다고 그것이 지식이 아니라는 뜻은 아니다. 칼 포퍼가 한때 주장했듯이,

---

는 미국 사람의 말이 '나는 그것이 맞다고 생각한다'(I think that's right)라는 영국인의 말과 의미가 같다는 것을 기억해야 한다. 영국에서 '추측하다'는 근거 없는 억측을 의미할 수 있고, 미국에서 '생각하다'는 불확실성을 의미할 수 있다.

'법칙'으로 간주되는 잘 검증된 과학 가설일지라도 사실은 아직까지 그 허위가 입증되지 않은 가설일 뿐이다. 오직 수학만이 잠정성에서 벗어난다. 적어도 수학 분야 밖에서 바라볼 때는 말이다. 역사가는 과학자와 마찬가지로 잘 연구되고 통제된 추측을 사용해 가설을 만든다. 그러나 가설은 추측으로 남아 있지 않는다. 가설은 입증되어야 한다. 따라서 '과학'과 '역사' 사이에는 거대한 심연이 아닌 연속성이 존재한다. 기원후 2001년에 발생한 쌍둥이 빌딩(Twin Towers) 사건에 대한 우리의 지식이 참이듯, 기원후 70년에 발생한 예루살렘 함락에 대한 우리의 지식도 참이다. 원칙적으로, 우리는 예루살렘을 포위한 로마인들의 마음에 들어가 볼 수 있다. 뉴욕을 공격한 테러리스트들의 마음에 들어가 볼 수 있듯이 말이다. 같은 이유로 우리는 '하나님 나라'라는 표현이 1세기에 무엇을 의미했는지와, 나사렛 예수가 자신과 자신의 임박한 죽음을 둘러싼 하나님 나라의 의미를 재정의했다는 사실에 대한 참지식을 가지고 있다.

다시 말하지만 과학에서처럼 역사에도 실제적 확실성에서 지속적 불확실성에 이르기까지 다양한 가능성들이 존재한다. 우리는 '물'이 '수소와 산소'의 결합이란 것을 알고 있듯이 로마인들이 기원후 70년에 예루살렘을 멸망시킨 것을 알고 있다. 우리는 바나바가 안디옥 교회를 도우러 바울을 찾아오기 전에 바울이 침묵의 10년 동안 무엇을 했는지 알지 못한다. 비록 우리가 확실히 알고 있는 바울의 향후 20년간의 모습으로부터 많은 것을 추론할 수 있지만 말이다.[78] 여기에 현재 연구를 통한 보상이 존재하는데, **만약 역사가 실제 세계에 대한 실제 지식이라면 역사는 실제 세계를 하나님에 대한 질문과 접목시키려 하는 모든 신학적 연구의 핵심이 되어야 한다.**

---

[78] 내가 저술한 *Paul: A Biography* (San Francisco and London: HarperOne and SPCK, 2017), ch. 3을 보라.

우리가 살펴본 모든 의미에 비추어 볼 때 하나님에 대해 무엇을 알 수 있는지 그리고 그 무엇을 어떻게 알 수 있는지에 대한 질문으로부터 역사를 배제하는 일은 본질적으로 틀린 것이다.

이 주장이 성급한 결론처럼 보인다면, 이 주장을 조금 더 보충해 보자. 물론 '실제 세계'는 두 가지 차원에서 사람을 포함한다. 인간의 **결정** 및 **행위**는 우리가 살피고 있는 주제의 핵심이다. 마찬가지로, 우리가 보았듯이, 우리가 살피고 있는 인간의 **목표** 및 **동기**는 이야기의 뼈와 힘줄을 형성한다. 어떤 사람들은 이것을 사건의 '밖'과 '안'이라고 부른다. 이 두 가지 모두 매우 중요하다. 어느 차원에서든 인간을 이 방정식에서 배제해 버리면 특정 결론(예를 들어, 역사는 물리적 원인들이 폐쇄적으로 연결되어 있는 것이다)을 위한 불완전한 인식론이 생성될 것이다. 여기에는 다음과 같은 신학적 하부 구조가 존재한다. 형상 소지자를 제거하면 일종의 신을 볼 수는 있겠지만, 이 신은 유대교나 기독교의 신은 아니다.

이 모든 것은 특히 레싱과 그의 수많은 추종자들을 상대로 우리를 중요한 지점으로 이끈다. 역사적 과제, 즉 자연 세계에서 발생하는 역사적 사건을 연구하는 일은 사실 사물과 생물을 연구하는 자연 과학의 가까운 사촌이다. 역사는 과학과 매우 유사한 규칙으로 작용하고 과학과 매우 유사한 결과를 얻는다. 다시 말하지만 바로 이 이유로 모든 의미의 역사는 전반적인 '자연신학' 프로젝트에 속한다. 레싱은 혼합된 철학적 영향 안에서 연구를 했던 것처럼 보이는데, 이러한 연구 가운데 그가 말했던 '역사'의 의미는 실제적 '확실성'을 결코 확보할 수 없었고 결과적으로 기독교 교리에 관한 결론의 근거로 사용될 수 없었다. 그러나 '가추' 지지자들의 주장처럼 이것은 '확실성'의 잘못된 적용이다. 왜냐하면 연속성이 존재하기 때문이다. 레싱은 역사가 신학적 결론 도출에 필요한 '확실성'을 만들어 낼 수 없다고 말했는데, 이는 요점을 벗어나는 발언이다. 이 발언은 '역사'를 다른 연구와 함께 넓고 울퉁불퉁한 평야에 위치시킬 뿐만 아니라 무엇이 증명되어야 하는지를 가정한다. 다시 말해, 신학적 진리는 이 지점에서부터 우리의 손을 벗어난다. 이로 인해 레싱은 이미 신약 저자들이 확증하고 있는 내용을 부인했다. 그는 실패할 수밖에 없는 방식으로 실험을 설정했다. 그가 라이마루스에 관한 저술을 출판하는 데 열심이었던 것은 당연하다. 레싱이 역사적 맥락에서 예수에 대해 더 면밀히 다뤘더라면, 그의 전체 프로젝트는 중지되었을 것이다.

이 질문의 핵심―루돌프 불트만이 명확하게 보았던 것처럼―은 핵심 단계, 즉 주제 단계 및 조사 단계에서 **인간**이 맡고 있는 역할이다. 인간, 인간의 목표, 야망, 동기, 희망, 두려움, 그리고 이 모든 것들에서 비롯된 행동은 역사 연구의 핵심 주제. 이러한 공감적 상상을 하는 사람들은 불가피하게 이 과정에 관여한다. 그들은 벽에 붙어 있는 파리처럼 중립적 관찰자가 아니다. 이는 **역사가 '자연신학'과 관련된 '자연'의 필수 요소일 뿐만 아니라, 인간을 중심으로 하고 인간의 조사를 받으며 '자연신학' 탐구의 필수 단서를 포함하고 있음**을 의미한다. 인간이 어떤 의미로든 하나님의 형상으로 지음 받았다면―그것이 무엇을 의미하든지 간에!―우리는 이것을 기대해야 한다. '역사'가 자세한 신학적 조사의 토대를 형성하기엔 너무 불확실해 보인다는 이유로 역사를 탐구에서 차단해 버린다면, 이는 무엇보다 가장 유망한 영역을 차단해 버리는 것과도 같다.

그다음에 역사는 **가추**(가설 및 입증)를 통해 전개된다. 가추에는 **세계관** 분석 등과 같은 것으로 설명되는 **인간의 목표 및 동기**에 대한 연구가 포함된다. 그리고 그것은 원인과 결과를 드러내는 **이야기**를 가져온다. 이 이야기에는 통제되었지만 공감적인 상상력이 작용한다. 마치 자연 과학의 가설이 형성될 때처럼 말이다. 그리고 이 이야기는 **참지식**을 만들어 낸다. 때때로 과학자들이 말하는 '과학적 역사학'은 데카르트의 회의주의나 흄의 환원주의로 시작하는 것 또는 미래에 대한 '과학적' 추정으로 끝나는 것을 의미한다. 어떤 사람들은 '과학적 역사학'을 이처럼 정렬시킴으로써 '과학적 역사학'이 기독교의 핵심 주장을 반박할 것이라고 주장한다. 반면에 다른 사람들은 '과학적 역사학'을 이처럼 정렬해 기독교의 주장을 준 합리주의적 방식으로 '증명'한다. 또 다른 이들은 우리가 기독교의 핵심 주장을 믿고 있으므로 이런 종류의 역사 연구가 부적합하다는 것을 주장하는 방식으로 그렇게 한다. 그러나 주제의 차이를 감안해 볼 때, 역사는 그 방법론에 있어서 완전히 '과학적'이다. 역사적 조사는 과학과 마찬가지로 모든 것에 의문을 제기한 후, 가설과 입증을 통해 참지식에 접근하는 새로운 이야기를 하는 순환을 반복해야 한다. 역사적 조사가 이 순환을 반복할 때 역사적 조사는 주제에 적합한 지식을 획득한다. 역사적 **이야기**를 생산하는 비판적이고 현실주의적인 역사 **과제**는 실제로 우리를 **사건**과 연결시킬 수 있다. 이 연결은 실증주의적 또는'확실주의적' 방식이 아니라('중립'의 관점에서 볼 때 가설적으로 공정한 '객관성') 적절한 관여(자료를 있는 그대로 받아들이게 하는 '사랑의 인식론')의 방식으로 이루어지고, 단순한 무작위적 추측이 아닌 실제 사람들이 실제로 그들의 실제 인생을 거는 일종의 지식으로 이어진다.

이러한 작업이 진행 중일 때 역사가는 **의미**의 문제에 관여해야 한다. 우리와 다르게 생각하는 사람들의 마음을 추측해야 하는 의무뿐만 아니라 선택과 배치의 문제도 이러한 관여를 요구한다. 인간의 모든 지식과 마찬가지로 역사는 역사가의 영향을 받는다. 그렇다면 질문은 다음과 같다. 역사가의 개입은 어떻게 발생하는가? 어떻게 해야 역사가 자신의 생각으로 과거를 만들어 버리는 위험(우리는 불트만을 통해 이 위험을 이미 보았다)을 피할 수 있을까?

이 위험은 유명한 두 개의 예를 통해 설명이 가능하다. 첫 번째 예는 기번의 『로마제국 쇠망사』다. 18세기 중반의 다른 의제들과 일치했던 기번의 확고한 목표는 초기 교회에 관한 편안하고 이기적인 이야기를 무너뜨리는 것이었다. 두 번째 예는 황제 아우구스투스에 관한 로널드 사임(Ronald Syme)의 유명한 저서인데, 이 저서는 20세기 전반에 기록된 것으로 1세기 독재자들과 이들의 근대 후계자들 사이의 암묵적 유사성을 명확하게 조명한다.[79] 이 두 가지 예 모두 다음과 같이 암묵적으로 독자들에게 호소한다. 자료를 이렇게 선택과 배치하는 것이 타당한가 아니면 타당하지 않은가? 누구든지 기번에게 (그리고 그의 후계자들에게!) 초기 교회에 관한 좋은 모든 것들을 상기시킬 수 있다.[80] 누구든지 아우구스투스에 대해 더 자세히 쓸 수 있고 사임이 의도적으로 아우구스투스를 히틀러 및 무솔리니와 비교했기에 아우구스투스의 묘사가 왜곡되었다고 제안할 수 있다. 특히 자료를 연구하는 사람이라면 누구라도 **당시 사람들이 무엇을 생각했고** 오늘날 우리가 그 직접적인 '의미'를 복구할 수 있는지를 물을 수 있다.

이 모든 것에 대한 답의 일부는 다시 한번 사랑의 인식론이다. 사랑의 요지는 사랑이 평가도 동화(同化)도 아니고, 무관심도 욕망도 아니며, 실증주의적 객관성도 주관적 추정도 아니라는 것이다. 내가 사랑할 때 나는 나 자신이 아닌 다른 것과 기쁨으로 관계를 맺는다. 이 기쁨의 일부는 정확히 그것—혹은 그 또는 그녀—이 '타자'가 되어 나와 다를 수 있도록 허락하는 것에 있다. 내가 1장에서 제안했듯이, 지난 200년 동안 서구의 인식론은 객관과 주관, 합리주의 대 낭만주의, 논리와 욕망 사이에서 오락가락했다. 과학주의의 꿈은 세상을 지배할 수 있는 객관적 확실성을 확보하는 것이다.

---

79   R. Syme, *The Roman Revolution* (Oxford: Oxford University Press, 1939). 『로마 혁명사』 (한길사).
80   Gibbon의 근대 계승자 중 한 명인, C. Nixey, *The Darkening Age: The Christian Destruction of the Classical World* (London: Macmillan, 2017)를 보라. 다른 측면에 대해서는 예를 들어, R. Stark, *The Rise of Christianity* (Princeton: Princeton University Press, 1996)를 보라. 『기독교의 발흥』(좋은씨앗).

참된 과학은 경탄과 겸손으로 탐구하고 관찰한다. 역사가는 인간의 모든 지식에 인간의 자아가 관련되어 있음을 인지하면서 관련된 자아를 훈련해 마음이 다양한 사고방식, 지금까지 예상치 못한 동기 및 이야기를 전달하는 세계관에 대한 통제에 열려 있도록 배운다. 역사가가 공감적 상상을 '사랑'으로 부르든 아니든, 공감적 상상이 발휘될 때 **의미**의 탐구가 시작되는데, 이 공감적 상상을 통해 우리는 역사의 **과제** 내에서 과거를 **설명**할 수 있게 된다. 이 설명은 알 수 있는 과거의 실제 **사건들**을 강조하고, 이 강조는 **과거 사건의 의미나 패턴을 관련된 사람들의 세계관 안에서** 파악하는 방식으로 이루어진다. 아마도 우리 시대 사람들의 세계관 안에서도 마찬가지—신학자의 과제?—일 것이다.

곧이어 지난 두 세대 동안 성서학계에 대두되었던 질문이 제기된다. 우리는 어떤 의미에서 1세기의 의미를 우리의 것으로 만들 수 있는가? 우리 자신을 1세기의 묵시적 유대인들로 가장해야 하는가(사람들이 조소하며 종종 묻는 것처럼)? 이 질문은 완전히 다른 문제이지만 그 답은 '예'와 '아니요'다. 우리가 1세기에 살고 있다고 가장할 필요는 없지만, 나사렛 예수에 관한 사건들을 통해 창조주 하나님이 이스라엘 역사와 세계 역사를 매우 위대한 절정으로 이끌었다고 믿는 것은 신실한 그리스도인이 되기 위한 요소 중 하나다. 물론 이것은 세계 역사가 18세기 말에 그 절정에 달했다고 추정하고 있는 세상에서 매우 반직관적인 것이다. 신학자들 편에서, 그리고 심지어 몇몇 '역사 비평가들' 편에서 실제 1세기 역사에 대한 일부 깊은 저항은 거대 담론의 충돌에서 비롯된다. 이 저항은 다음과 같은 암시적인 교회학적 비평에 의해 지속된다. 예수가 실제로 새 언약과 새 창조를 개시했다면, 세상은 말할 것도 없고 교회가 아직도 이렇게 엉망인 것은 어떻게 된 일일까? 이 지점에서 근대의 이야기(세상은 18세기에 그 절정에 달했다)는 역설적으로 탈근대의 이야기(모든 거대 담론은 쓰레기다)와 결합한다. 이 두 이야기는 실천하는 그리스도인을 포함한 모든 사람이 예수 안에서 그리고 예수를 통해 일어난 일이 역사의 절정—세상을 바꾼 일회적이고 반복할 수 없는 순간—이었다는 세계관을 이해하는 것을 매우 어렵게 만든다. 그러나 이것이 모든 초기 그리스도인들이 믿었던 것이다.

바로 이 지점에서 역사의 **과제**는 '접촉점', 즉 일종의 통제된 기독교 변증의 필수 핵심 모드로 작용한다. 나는 '통제된'(chastened)이라는 용어를 사용한다. 왜냐하면 (다시 말하지만) 나는 다른 이들의 제안에도 불구하고 역사가 더 오래된 비가공적 실증주의 방식으로 기독교 믿음의 진리를 '입증'할 수 있다고 제안하지 않기 때문이다. 그렇다고 내가 기초주의적 변증의 역사적 버전을 제안하는 것은 아니다. 나는 역사 연구가 걸림돌을 제거하고 왜곡을 해체하는 데 능숙하다고 곧 주장할 것이다. 역사 연구에 논의의 지시가 허용될 때 역사 연구가 이상한 각주로 전락하는 대신 새로운 일관성이 등장하게 되는데, 이 새로운 일관성은 실증적 증거가 아니라 **비판적 현실주의 내에서 적절한 종류의 증거** 및 완전히 통합적인 사랑의 해석학—이 경우에는 가설의 (잠정) 검증—을 제공한다. 하나의 학문 분야로서의 역사는 결국 일종의 **대중 담론**(public discourse)이다. 누구나 역사를 다룰 수 있고, 관련 자료들은 공중 영역에 존재하고, 사람들이 제공하는 서로 다른 의미 있는 이야기들은 역사적 구성물이나 실제로 과학적 가설이 경쟁하는 방식으로 경쟁한다. 이 단계에서, 그리스도인은 유리한 입장에 서지 못한다. 만일 그리스도인이 유리한 입장에 서 있다고 가장할 경우 즉시 발각될 것이다. 루이스(C. S. Lewis)가 '기독교 문헌'이 최소 문학이어야 한다고 설명하면서 말했던 것처럼, 기독교식으로 계란을 삶는 특별한 방법은 없다.[81] 지금 여기에서 그렇게 하는 기독교적인 동기가 있을 수 있다. 그것은 상황에 따라

---

81 Lewis, *Christian Reflections*, p. 1. 이 인용문이 속해 있는 전체 단락이 현재 논의와 관련이

자선 행위나 이기적인 행위일 수 있다. 동일한 방식으로, '역사'라 불리는 과제가 있는데, 이 역사라는 과제는 계란을 삶는 것처럼 모든 사람에게 동일하게 작용한다. 무언가 더 '특별히 기독교적인' 것을 해야 하므로 역사를 다루지 않는 것은 모든 참된 변증의 핵심에 이르는 길을 거부하는 것이다. 이러한 일들은 바울이 아그립바에게 말했던 것처럼 **은밀하게 이루어지지 않았다**.[82] 또는 레슬리 뉴비긴(Lesslie Newbigin)의 주장처럼, 기독교 복음은 **공개적 진리** 아니면 아무것도 아니다. 복음의 공개적 진리는 복음의 역사적 뿌리에서 발견되고 누구나 다 이 역사적 뿌리를 검토할 수 있다.

물론 그리스도인은 복음 이야기의 기본적 진리를 가정한다. 그렇다고 그리스도인이 역사를 다룰 때 모든 것을 추정하지는 않는다. 사랑의 인식론으로 돌아가 보자. 그리스도인들은 말 그대로 그들이 그리스도인들이기 때문에 역사적 자료가 그들이 기대하지 못했던 것들을 그들에게 말할 수 있도록 겸손히 허용해야 한다. 역사는 계속해서 왜곡을 바로잡을 것이다. 역사가 신약의 한 단어에 대한 어휘적 조사 단계에 있든, '인자의 도래'와 같은 1세기 표현들의 의미를 찾는 일련의 사고 단계에 있든 말이다. 그러나 우리가 역사를 다루지 않는다면 왜곡을 바로잡는 일은 절대로 발생하지 않을 것이다. 우리가 '역사'를 다음과 같은 가변적 생각, 즉 참된 '의미'가 니케아 신조와 칼케돈 정의에서 발견되었으며 우리가 이를 이미 알고 있다는 생각으로 축소해 버린다면, 왜곡을 바로잡는 일은 절대로 일어나지 않을 것이다. 이것은 새로운 성경적 통찰로부터 우리를 차단할 뿐만 아니라, 우리의 담론까지 개인적 놀이로 축소시킬 것이다. 바로 그 지점에서 복음은 조작될 것이다.

있다.
82 행 26:26.

역사적 존재론

이제 인식론에서 존재론으로 넘어가 보자. 신학적 정황이 고려된 과학과 역사의 많은 논의는 '자연주의'와 '초자연주의' 사이의 분리를 가정했지만(1장을 보라), 이것이 레싱―'추하고 넓은 도랑'이 역사의 우발적 진리를 이성의 필연적 진리에서 분리했다고 주장하는―에게 부임승차권을 제공하는 것과 마찬가지임을 눈치채지는 못한 것 같다.[83] 이 분리는 역사의 과제가 시작되기도 전에 역사의 과제에 기초한 모든 종류의 '자연신학'을 제외시키는 데에 영향―이것이 때로 요점이었을 수도 있다!―을 미쳤다. 그러나 '자연주의'를 '에피쿠로스주의'로 다시 이름 붙일 때(자연주의는 결국 에피쿠로스주의다) 우리는 무슨 일이 일어나고 있는지 알게 될 것이다. 이른바 '자연/초자연'의 분리는 과학과 종교의 논의에서 역사 담론으로 옮겨 갔다. 자연과 초자연의 분리는 과학과 종교의 논의에서는 잘못된 도구였고 역사 담론에서는 더 잘못된 도구다. '초자연적'이라는 단어는 중세에 자연에 부과된 은혜의 과잉을 의미했고(그러면서 하나님이 자연 가운데 활동한다는 것을 부정하지도 않았다), 에피쿠로스주의의 이원론적 패러다임으로 압축되어 이것 아니면 저것이라는 이분법을 가져왔다. 다시 말해, 우리는 어떤 의미에서 '자연주의자'이거나 '초자연주의자'다(초자연주의를 거부하는 것은 많은 독실한 그리스도인들을 불쾌하게 만들 것이다. 왜냐하면 하나님의 존재와 사랑에 대한 그들의 감각이 '초자연적인 것을 믿는다'로 해석되기 때문이다). 자연적인 것과 초자연적인 것은 서로 다른 공동체에서 강렬하고 암묵적인 평가를 받는다.

---

[83] '만약 어떠한 역사적 진리도 입증될 수 없다면, 그 어떤 것도 역사적 진리를 통해 입증될 수 없다. 다시 말해, 역사의 우발적 진리는 이성의 필연적 진리를 입증하는 증거가 결코 될 수 없다…그렇다면 그것은 내가 아무리 자주 그리고 아무리 진지하게 도약을 하려 해도 넘을 수 없는 추하고 넓은 도랑이다'[G. E. Lessing, 'On the Proof of the Spirit and of Power', in *Lessing's Theological Writings*, trans. and ed. H. Chadwick (Stanford: Stanford University Press, 1956), pp. 53, 55]. Lessing의 이 발언이 처음 실린 곳은 그가 저술한 *Gesammelte Werke*, ed. P. Rilla (Berlin: Aufbau-Verlag, 1956), 8.12, 14다.

그러나 에피쿠로스주의 세계관의 이분법이 큰 실수라고 가정해 보면 어떨까? 만약 우리가 하늘과 땅이 서로 겹치고 맞물려 있어야 하는 고대 히브리 세계관 또는 1세기 유대교 세계관을 받아들인다고 가정해 보면 어떨까? 예수가 실제로 하나님 나라를 하늘에서와 같이 이 땅에서도 시작했기 때문에 우리가 하늘의 생각을 미리 알고 있다고 추정하기보다 **하늘이 무엇인지 알아내기 위해 이 땅을 연구해야 한다**고 가정하면 그다음은 어떻게 될까? **역사의 과제와 이야기의 산물**이 '자연주의적'으로 보인다는 이유로 거부하면서 광범위한 '모든 사건'에서 '의미'로 도약하거나 이와 반대 방향으로 도약하는 것은 역사를 다루는 것과 전혀 무관하다. 게다가 이러한 도약은 반드시 나쁜 신학을 가져온다.

우주론과 종말론

인식론과 존재론에서 우주론으로, 이제는 우주론과 함께 종말론으로 넘어가 보자. 역사는 '진보'나 '갑작스런 출현'(irruption)을 통해 그것이 향하고 있는 곳에 도착할 것인가? 우리는 여기서 이전 논의들을 다시 요약해야 한다. 헤겔은 진보를 믿었고 하나님은 이 과정의 일부였다. 따라서 엄밀히 말해 헤겔은 '자연주의자'가 아니었다. 그러나 이 이론과 관련해 많은 '자연주의적' 또는 내가 주장한 에피쿠로스주의의 버전들이 존재한다. 헤겔의 이론은 기본적으로 이스라엘의 하나님을 배제한 유대교 섭리 신학이다. 마치 마르크스의 변증법적 유물론이 하나님을 배제한 유대교 묵시 신학이었던 것처럼 말이다. 헤겔에 대응하는 인물들로는 19세기 덴마크의 쇠렌 키르케고르(1813-1855)와 부분적으로 마르크스 사상을 전달했던 20세기 스위스의 칼 바르트(1886-1968)가 있다. 이 두 인물은 '진보'와 안일한 **문화프로테스탄트주의**(Kulturprotestantismus; 근대 유럽 문화에서 하나님 나라의 점진적 도래를 보았던)에 이의를 제기했다. 역사 개념은 이러한 전쟁의 집중 포화 가운데 있으며 이로 인해 내가 앞서 지적했듯이 어떤 사람들은 '역사'에 대한 모든 호소를 화자가 '자연주의', 즉 '내재적 과정'을 믿고 있다는 표시로 받아들인다.[84] 여기서 추정되는 잘못은 적어도 헤겔이 틀렸고 역사가 오직 재앙으로 이어진다는 것을 '증명하는' 20세기 사건들에서 비롯된다. 이러한 결론은 비록 실제 사건들을 통해 입증되었지만 반헤겔주의자들은 이미 이 결론을 추정하고 있었다. 이로 인해 우리는 바르트가 주장한 '위로부터 수직으로' 주어지는 계시와 내가 앞 장에서 언급한 벤야민의 '역사'에 대한 실망을 접하게 된다. 벤야민과 파울 클레의 '역사의 천사'는 최근 몇몇 사람들에 의해 소환되었는데, 그들은 상당히 다른 이유들로 잘못된 명칭인 '묵시'를 사용해 '역사의 의미'에 대한 구속사적 버전뿐만 아니라 연구의 역사적 **과제**, 새로운 이야기의 역사적 **목표**, 그리고 역사적 **사건**에 대한 실제적 지식이 신학에 유용할 수 있다는 가능성까지도 거부하는 의제를 끄집어낸다.[85] 이러한 혼란은 정리가 필요하다.

진보와 갑작스런 출현(역사의 작용 방식과 역사의 가능한 의미에 관한 이론으로서)에 대한 논쟁은 '묵시'와 '구속사' 사이의 비정상적인 논쟁 가운데 전개되고 있다. 나는 다른 곳에서 이에 관한 내용을 기록했고 다음 장에서는 '묵시'를 다룰 것이다.[86] 관련 유대교 및 기독교 자료에 대한 진정한 역사적 연구는 실제로 유효했고 인간의 동기를 통해 실제 사건을 일으켰던 믿음에 관

---

84 예를 들어, C. Stephen Evans, 'Methodological Naturalism in Historical Biblical Scholarship', in *Jesus and the Restoration of Israel: A Critical Assessment of N. T. Wright's Jesus and the Victory of God*, ed. C. Newman, 2nd edn. [Waco, Tex.: Baylor University Press, 2018 (1999)], pp. 180-205. 나는 Evans가 이후에 그의 견해를 수정했다고 생각한다.

85 예를 들어, 다음과 같은 연구를 인용할 수 있다. J. B. Davis and D. Harink, *Apocalyptic and the Future of Theology: With and beyond J. Louis Martyn* (Eugene, Ore.: Cascade, 2012) 그리고 Adams, Reality of God and Historical Method. 보다 희망적인, Ziegler, *Militant Grace*도 보라.

86 예를 들어, *PRI*, Part 2를 보라.

한 이야기를 만들어 내는데, 우리는 이 이야기에 비추어 예수와 그의 첫 번째 추종자들에 관한 깊이 있고 근거 있는 내용을 구성해야 한다. 이 그림에는 하나님이 순조롭고 점진적 진전이 아닌 고대 약속의 갑작스럽고 놀라운 성취로 보이는 언약적·창조적 판단과 개선을 통해 사건의 흐름을 주도했다는 제2성전기 유대교의 느낌이 포함된다.[87] 이러한 결론은 그 **형태**(거짓된 하향식 계획들에 이의를 제기하는 진정한 역사적 주해)와 **내용**(이후의 서구 이데올로기에 이의를 제기하는 제2성전기 유대교 관념의 기독교식 복구)에 있어서 우리가 이후에 언급할 내용의 일부를 가리킨다.

그렇다면 역사가가 발견하는 사건의 의의는 무엇인가? 내가 다른 곳에서 증명했듯이, '성경의 권위'에 대한 광범위한 호소는 이것이 예수 안에서, 그리고 성경을 **통한** 영의 행위에 의해서 행사되는 하나님의 권위의 줄임말로 간주될 때만 일관성을 확보한다.[88] 그러나 성경은 폐쇄적이고 비공개적인 세계를 제공하지 않는다. 이러한 세계가 일부 신학 집단 내에서 아무리 매력적으로 보일지라도 말이다. 복음서 이야기는 바울이 여행 중에 했던 일을 그대로 행한다. 다시 말해, 그것들은 예수의 이야기를 **공적인 진리**, 사건의 진리로 보여 준다. 이 사건의 진리를 일관된 역사적 **이야기**로 전달하는 사람들이 있었는데 그들은 자신들에게 관련 사건을 조사·편집·배치해 그 사건의 **의미**를 (자신들의 관점으로) 보여 주는 **소명**이 있다고 믿었다. 그들은 역사 전체에 대한 전반적 의미를 가리키지만, 이러한 의미가 다른 곳에서 발견되는 선험적 사건과 자신들의 기록이 만들어 낸 사적인 세계에서가 아니

---

[87] Wright, 'Apocalyptic and the Sudden Fulfilment of Divine Promise', in *Paul and the Apocalyptic Imagination*, ed. J. K. Goodrich, B. Blackwell and J. Mastin (Philadelphia: Fortress, 2016), pp. 111-134. J. P. Davies, *Paul among the Apocalypses? An Evaluation of the Apocalyptic Paul in the Context of Jewish and Christian Apocalyptic Literature* (London: T&T Clark, 2018)도 보라.

[88] *Scripture and the Authority of God* (London: SPCK, 2005)를 보라.

라 연구를 통해 드러난 실제 사건에서 발견되어야 한다고 주장한다. 사실, 그들은 하나님의 결단력 있고 구원을 가져오는 자기 계시가 **주로 그들의 저술이 아닌 그들이 증언하고 있는 사건들**에서 발생한다고 주장한다. 그래서 우리는 '역사'를 다양한 하위 분야를 지닌 과제로서, 그리고 **이야기**로서 유지해야 한다. 신학적 일반화의 측면에서 '의미'를 바라보는 설득력 없는 이해와 '역사'를 '지금까지 발생한 모든 사건'으로 보는 설득력 없는 이해에 선험적 호소를 거창하게 제기하더라도 과제로서의 역사와 이야기로서의 역사가 무색케 될 수는 없다.

이 오래된 논의가 진행되는 동안 하나의 전문 용어가 등장하게 되었다. 이 용어는 이러한 문제들을 고려할 때 매우 빈번히 등장하므로 우리는 현 상황을 파악하는 데 시간을 할애해야 한다. 이 용어는 바로 '역사주의' (Historicism)다.

역사주의의 의미가 무엇이든 역사는 역사주의가 아니다

'역사주의'의 의미[89]

'역사'가 무엇인지, 역사가 무엇을 할 수 있거나 해야 하는지, 어떻게 역사 연구가 수행되어야 하는지, 역사가 무엇에 유용하고 그 이유는 무엇인지에 관한 질문은 저명한 역사가들이 살아오고 연구해 온 다양한 사회적·문화적 상황과 언제나 연결되어 논의되어 왔다. 가장 분명한 예는 18세기 말부터 독일에서 역사에 대한 관심이 급증한 현상으로, 당시 다양한 정치 운동

---

[89] '역사주의'에 대해서는 예를 들어, Mason, *Orientation to the History of Roman Judaea*, pp. 41-43를 보라. 중요한 연구인, G. Scholtz, 'The Notion of Historicism and 19th Century Theology', in *Biblical Studies and the Shifting of Paradigms, 1850-1914*, ed. H. Graf Reventlow and W. R. Farmer (London: Bloomsbury, 1995), pp. 149-167를 보라.

에 관심을 갖고 참여했던 저술가들은 당대 문제에 대한 자성과 기여의 일환으로 독일, 유럽, 세계 역사를 제공했다.[90] 바로 여기서 우리가 앞서 본 초기 운동들의 몇몇 현상이 좋지 못한 결과를 드러냈다. 과거의 사건들은 어느 정도까지 무작위적이었고, 별개로 연구되었으며, 보통 보이지는 않지만 위대한 과정의 연속된 전개의 일부였는가? 이 질문들은 철학자들이 결정론과 자유의지에 대해 오랫동안 가지고 있던 난제의 대규모 통합 버전을 만들어 냈다. 다시 말해, 과거와 미래의 사건들이 어느 정도까지 '고정'되어 있기에 사람들은 '그것들의 향방을' 볼 수 있었을까? 그리고 운명의 쇠사슬에서 벗어나기 위해 인간은 어느 정도까지 새로운 일을 할 수 있었을까?

이 지점에서 '역사주의'라는 단어가 종종 발견된다. '역사'라는 단어에 대한 서로 다른 상식을 구분하기는 어렵지만 필요한 것이라면, 초기 기독교에 대한 논의와 관련 연구 방법에 대한 메타 논의에 계속 등장하는 '역사주의'라는 단어의 의미를 구분하는 것은 훨씬 어렵지만 똑같이 필요하다. '역사'가 전혀 다르게 사용되고 있지만, 이 단어가 종종 논쟁적인 색채를 띠기 때문에, 서로 다른 사람들이 사용하는 이 말이 무엇을 의미하는지는 명확하지가 않다.[91]

나는 오늘날 상당히 일반적으로 사용되고 있는 여러 의미의 '역사주의'를 알고 있고 이를 가능한 한 간단히 설명하려고 노력할 것이다. 여러 의미

---

[90] 이것을 대중의 수준에서 매력적으로 설명하고 있는, J. Hawes, *The Shortest History of Germany* (Yowlestone House, Devon: Old Street Publishing, 2017)를 보라. Hawes는 근대 독일이 로마에서 유래한 요소들을 의식적으로 그리고 무의식적으로 계속 되찾아 온 방식들을 설명한다.

[91] 내가 발견한 가장 간단명료한 요약인, P. L. Gardiner in *The Oxford Companion to Philosophy*, ed. T. Honderich (Oxford: Oxford University Press, 1995), p. 357를 보라. Gardiner는 이 단어가 혼란스럽다는 것을 인정하면서 다음과 같은 세 가지 의미를 가리킨다. (a) 인간 현상의 개별성을 그것의 특정 정황 내에서 인지해야 할 필요성, (b) 모든 현상을 역사적 발달 과정 내에서 볼 필요성, (c) 역사적 변화의 발견 가능한 법칙에 근거한 사회과학적 발전 예측.

의 역사주의를 이어 주는 공통 인자는 **사건, 사상, 문화가 서로 연결되어 있다는 믿음**이다. 사건은 진공 상태에서 발생하지 않는다. 사상은 따로 독립적으로 생각되거나 표현되지 않는다. 사상은 사회적·문화적·정치적·종교적 삶과, 실천, 믿음, 상상 등과 같은 더 넓은 네트워크와 관계가 있다. 우리는 물론 행동과 사건을 따로 언급할 수 있다. 예를 들어, 우리는 '교회가 기원후 451년에 칼케돈 정의에 동의했다' 또는 '1755년 11월 1일 거대한 지진이 리스본을 강타했다'고 말할 수 있다. 그러나 그러한 일에 주목하는 유일한 요점은 이러한 사건의 실제 또는 상상의 **의미**에 관해 말하기 위해서다. 이를 위해 우리에겐 정황이 필요하다.

하지만 우리는 그 정황을 어떻게 설명할 수 있으며, 정황은 우리의 이해에 어떤 역할을 하는가? 표준 대답은 사회과학을 살펴보는 것이다. 인간 사회와 그것의 다층적 기능에 대한 설명은 다양한 실증주의 이론에서 중요한 역할을 해 오고 있으며, 몇몇 사람들로 하여금 만약 우리가 모든 사회학적 요인들을 완전히 설명할 수 있을 경우 다음 일식을 예측하는 천문학자처럼 우리 역시 사건에 대한 완전한 설명과 더불어 그 사건의 진행을 예측할 수 있다고 가정하게 만든다. 우리는 여전히 이러한 종류의 하향식 사회학을 특히 몇몇 성경 연구 분야에서 접하고 있다.[92]

이 길은 '역사주의'의 첫 번째이자 아마도 가장 유명한 의미로 곧장 이어진다. 칼 포퍼는 그의 1957년 저작 『칼 포퍼 역사법칙주의의 빈곤』에서 바로 이 역사주의의 의미를 공격했다.[93] 그의 또 다른 유명 저술인 『열린사회와 그 적들』(*The Open Society and Its Enemies*)과 마찬가지로, 포퍼는 이상주의적인 역사적 사고를 20세기에 발생한 전체주의적 공포의 근본 원인으로

---

[92] 바울의 공동체를 사회학적으로 연구하는 *PRI*, Part 3와 그 연구의 두 가지 주요 분야를 보라.
[93] London: Routledge, 2002 (1957).

보면서 헤겔과 마르크스를 특정해 비난했다.[94] 범신론과 물질주의는 과거에 발생한 일의 숨겨진 법칙뿐만 아니라 앞으로 발생할 일의 숨겨진 법칙까지도 알고 있다고 주장했다. 이 이론에 의하면 **좋든 싫든 이것이 역사가 진행하는 방식이다.** 헤겔에 따르면 준 신적 존재인 **정신**(Geist)은 점진적으로 자신을 드러내고 우리는 그것의 방향을 미리 알고 있다.[95] 예외 사항은 중요하지 않다. 왜냐하면 변증법 내에서 예외 사항이 분류될 것이기 때문이다. 마르크스의 경우도 이와 대동소이하다. 그의 물질세계는 내면 의식을 갖고 있고 각 계층의 마음에 자리 잡는다. 따라서 만약 '신'이 모든 것 안에 존재하거나(범신론) '모든 것'이 숨겨진 법칙에 따라 움직인다면(물질주의), 우리는 이미 발생한 것을 연구할 수 있을 뿐만 아니라 앞으로 발생할 것과 반드시 발생해야 할 것도 예측할 수 있다. 여기서 '반드시'는 일반적인 경고 신호이자 인간의 지혜라는 취약한 집에 침입한 역사가라는 도둑의 조심스러운 발걸음이다.[96] 이 시점에서 포퍼가 비상벨을 누른 것은 '구속사'에 대한 케제만과 그의 동료들의 반응과 정확히 일치한다. 이로 인한 상처는 뚜렷했다.[97]

비평가들은 포퍼가 공격했던 대상을 '역사주의'라는 용어로 표현하는 것이 적절한지에 대해 의견이 분분하다. 그들은 또 포퍼의 비평, 특히 마르크스에 대한 비평이 정확한지 의문을 제기한다.[98] 그러나 우리에게 중요한 것

---

[94] K. Popper, *The Open Society and Its Enemies* (London: Routledge and Kegan Paul, 1952; 그리고 이후의 여러 재판들), 『열린사회와 그 적들』(민음사).

[95] 이것을 기독교적 색채로 번역하려 했던 유명한, P. Teilhard de Chardin, *The Phenomenon of Man*, trans. Bernard Wall (London: Collins Fontana, 1965; 그리고 빈번히 출간된 재판들)을 보라.

[96] 우리는 물론 '반드시'라는 부사를 적절한 역사적 조사에 사용할 수 있다. 비행기를 타는 내용이 담긴 Churchill의 날짜 없는 편지를 발견한다면, 이 편지의 작성 시기는 20세기로 **반드시** 거슬러 올라가야 한다. 그가 보어 전쟁(Boer War)에 참전했을 당시, 한두 명의 무모한 발명가 이외에는 아무도 하늘을 날지 못했다. 그러나 역사주의자들은 '선험'을 강화하기 위해 '반드시'라는 부사를 사용한다.

[97] 2장을 보라.

[98] Charles Taylor의 매우 흥미로운 초기 비평을 보라. https:www.scribd.com/document/357693818/Taylor-Poverty-of-the-Poverty-of-Historicism(이 비평을 할 당시 Taylor는 상

은 포퍼가 역사주의라는 용어에 부여했던 의미와 이 용어 안에 구축된 피할 수 없는 오명이다. 이런 점에서 '역사주의'는 과거와 현재를 살펴봄으로써 **'역사'가 어떤 방향으로 흘러가고 있는지** 알 수 있다는 것을 의미했다. 그리고 그것은 효과적으로 결정론적인 목적론과 피할 수 없는 정치적 의제를 만들어 냈다. 우리가 이 견해를 무엇이라고 부르든지, 이 견해는 19세기와 20세기에 분명히 존재했고 영향력이 있었다. 그리고 이 견해의 효과는 우리가 1장에서 살폈던 '진보'에 대한 대중의 믿음에 남아 있다. 포퍼에 의하면, 만약 '역사주의'로 인해 히틀러와 스탈린이 등장했다면, 역사주의는 분명히 나쁜 것이다. 오늘날, 헤겔이나 마르크스(또는 그 점에 있어서 포퍼)에 대해 단 한 번도 들어 본 적이 없지만 특별한 방향으로 '역사가 진행된다'고 믿거나 '역사가 우리에게' 이것저것을 '가르친다'고 믿는 많은 사람들은 이 첫 번째 의미에서 '역사주의자'다.

이 견해를 지목해 '역사주의'라 부르고 비판했던 사람은 포퍼뿐만 아니다. 헤겔과 마르크스 같은 근대인들만 이 위험한 생각을 지지했던 것 같지는 않다. 1950년에 C. S. 루이스는 한 논문을 출간했는데, 이 논문의 요지는 비슷한 견해를 비판하는 그의 문학 단행본들에서 반복된다.[99] 루이스는 이 세상의 사건들로부터 초역사적 또는 초월적 진리를 '읽어 내려는' 모든 시도를 '역사주의'로 간주했는데, 이러한 시도들은 불행을 누군가에게 내려진 '심판'으로 보는 하찮은 이해에서부터 헤겔과 마르크스의 대규모 이론에 이르기까지 다양하다. 그는 이러한 시도들과 신이 허락한 로마의 부상을 긴 이야기로 전했던 베르길리우스와 그의 전임자들, 그리고 하나님의 역사 속

당히 젊었다). Mason은 *Orientation to the History of Roman Judaea*, p. 42 n. 73에서 Popper가 이 단어를 사용한 것에 대해 비판하면서 그의 실제 공격의 대상이 '실증주의 체계'의 역사임을 암시한다.

99 Lewis, *Christian Reflections*, pp. 100-113; *Discarded Image*, pp. 174-177.

행위에 대해 자신들의 견해를 밝혔던 아우구스티누스와 초기 기독교 저술가들을 결합시켰다. 그는 칼라일(Carlyle)과 키츠(Keats)를 인용하며 이 결합을 근대 시기로 가져왔다.[100] 나는 루이스의 목표가 포퍼보다 광범위했다고 생각한다. 포퍼는 이미 일어난 사건의 배후에 무엇이 '일어나고 있는지'뿐만 아니라 이 사건들이 가차 없이 이끄는 곳, 따라서 이 모든 것을 실현하기 위해 인간이 무엇을 해야 하는지 알려 준다고 주장하는 목적론적 계획을 추구했다.

포퍼만 유일하게 마르크스를 역사주의자로 보았던 것은 아니다. 터너(F. M. Turner)의 설명에 의하면 마르크스는 그의 시대를 과거의 역사적 발전의 정점으로 보았고 그의 시대가 미래의 역사적 발전의 씨앗을 품고 있다고 보았다. 마르크스는 역사로부터 변화가 종종 폭력적으로 발생한다는 것을 배웠다. 그래서 그는 혁명의 필요성을 추론해 냈다.[101]

포퍼의 '역사주의'가 가장 유명한 역사주의 의미 중 하나라면, 트뢸치(1865-1923)의 역사주의는 또 다른 의미의 역사주의를 제공한다. 트뢸치는 19세기 말 독일의 '진보'에 대한 광범위한 낙관주의와 믿음을 공유했고 자유주의적 프로테스탄트주의를 '종교'의 궁극적 형태로 간주했다. 그러나 사람들이 '역사주의'를 트뢸치와 연계해 언급할 때, 그들은 보통 포퍼가 공격했던 결정론적 미래 예측과 전혀 다른 무언가를 의미한다. 트뢸치는 그

---

100 Lewis, *Christian Reflections*, p. 101. 우리는 Lewis가 구분하지 않는 곳에서 구분해야 한다. Carlyle이 역사를 '계시의 책'(a book of revelations)이라고 말했을 때, 그는 우리가 '위인들'의 삶에서 볼 수 있는 것을 언급하고 있었다. 이것은 헤겔적 계획(Hegelian scheme)이나 Keats가 소환하는 이교적 발전주의(pagan developmentalism)와는 다르다. T. Carlyle, 'History as Biography', in Stern, ed., *Varieties of History*, pp. 90-107를 보라. Carlyle은 pp. 95-96에서 다음과 같이 말한다. 만약 역사가 '경험으로 가르치는 철학'이라면, 역사가는 모든 것을 알고 모든 것에 현명해야 할 것이다. 게다가 Carlyle의 '계시의 책'은 정확히 '위인들'의 삶에 관한 것으로, 이는 어떤 의미에서 그를 랑크적(Rankian) 역사주의자로 만든다(아래를 보라). 그러나 그는 이 '위인들'이 때맞춰 도착하지 못하는 때가 있다고 주장하는데, 이는 그가 정확히 헤겔적 역사주의자가 아니라는 것을 보여 준다.
101 Turner, *European Intellectual History*, p. 126.

의 역사 연구 기준으로 유명한데, 이미 논의한 것처럼, 그의 역사 연구 기준은 이 세상의 사건들이 원인과 결과의 '폐쇄적 연속체'에 속한다는 믿음으로 요약된다. 나는 이것이 많은 신학자들이 '역사주의'를 폄하할 때―트뢸치가 처음부터 세상에서의 신적 행위의 가능성을 배제하고 있다는 것을 근거로―의미하는 바가 아닐까 생각한다.[102] 트뢸치가 포퍼가 반대하는 더 큰 계획에 특정 초점을 맞추고 있다는 느낌이 있는데, 이는 트뢸치의 생각에 인간 사회와 특히 종교의 '발달'이 이를테면 안으로부터 그 목표에 도달했기 때문이다. 그가 생각하는 완성된 유형의 종교에는 외부의 도움, 즉 신의 '개입'이 필요하지 않았다.

'역사주의'의 이 두 가지 의미(포퍼의 공격을 받은 역사주의의 의미 그리고 트뢸치가 제안한 역사주의의 의미)는 가장 유명한 의미일 수 있지만, 사건과 관념의 이해가 그것들의 더 넓은 사회적·문화적 배경에서 이루어져야 한다는 주장은 매우 다른 방향으로 나아갈 수 있다. 사물을 그 자체의 정황에서 더 많이 볼수록 그것들을 거대하고 보편적인 계획의 일부가 아닌 구별되는 것, 따라서 상대적인 것으로 더 정확하게 보게 된다. 이것이 '역사주의'가 종종 '상대주의'와 연관되는 이유다. 다시 말해, 'A, B, C라는 요인으로 인해 사람들은 그때 거기서 X를 믿었다. 그러나 다른 시대 다른 장소의 사람들은 당연히 X를 믿지 않을 것이다.' 이것은 스티브 메이슨(Steve Mason)이 고대 로마제국 치하의 유대와 관련된 역사를 다루는 그의 최근 저서에서 설명하고 있는 '역사주의'의 의미다.[103] 메이슨이 볼 때, '진보'의 광범위한 비전을 수용했던 자들이 바로 실증주의자들이었는데, 그들은 '과학자들이 자연의

---

102 예를 들어, E. Radner, *Time and the Word: Figural Reading of the Christian Scriptures* (Grand Rapids: Eerdmans, 2016), p. 81; 역사 비평으로 인한 성경적 의미의 강압적 축소에 아무리 크게 반대하고 싶을지라도, 역사주의는 대부분의 현대 독자들이 갖고 있는 실제로 작용하는 형이상학적 가정으로 남게 된다.' '역사 비평'에 대해서는 아래를 보라.
103 Mason, *Orientation to the History of Roman Judaea*, pp. 28-56.

혼돈에 정돈된 원칙을 가져왔듯이, 과거의 혼돈을 길들이고' 싶어 했다. 한편 그의 설명을 보면, 실증주의자들은 '이 혼란을 수용했고 광범위한 설명을 의심했으며', '구체적으로 누가 무엇을 누구에게 언제 왜 했는지를 파악하는 데' 전력했다.[104] 메이슨은 왜 포퍼가 주제에서 완전히 벗어나 있다고 생각하는 걸까? 그 이유는 분명하다. 메이슨에게 '역사주의자들'은 '독특하고 특별한 것으로의 전환'을 대변했고, '이론화에 앞서, 정확한 관찰의 과학적 장점과 세부적 설명'을 근거로 그들의 주장을 펼치는 사람들이었기 때문이다.[105] 이러니 우리 모두가 혼란스러워하는 것은 당연하다. 포퍼와 루이스, 그리고 대중 차원의 많은 사람들에게 '역사주의자들'은 거대한 이론을 과거뿐만 아니라 현재와 미래에도 부과하는 사람들이다. 메이슨과 그의 추종자들이 생각하는 '역사주의자들'은 이러한 부과를 거부하지만 말, 문헌, 사람 및 사건을 그들 자신이 속한 특정 문화와 시대 안에서 파악하는 데 집중하는 사람들이다.

그러나 메이슨의 '역사주의'에 암시되어 있는 상대주의는 헤겔적 이해를 통해서도 등장할 수 있다(아래를 보라). '만약 모든 사건이 **절대정신이 스스로에 대해 깨닫게 되는** 특정 시간과 장소, 특정 문화 또는 **특정 단계**의 산물이라면, 문헌으로서의 성경 역시 이와 유사하게 시간에 얽매일 수밖에 없다.'[106]

원대한 계획을 과거와 미래의 특별한 사건에 부과하는 '역사주의'와 이러한 부과를 거부하는 '역사주의' 사이의 교착 상태는 당시 독일의 가장 유명한 역사가(레오폴트 폰 랑케)와 그의 추종자들 그리고 헤겔주의자들 사이에 있었던 19세기의 교착 상태를 반영할 수 있다. 우리가 보았듯이, 사람들

---

[104] Mason, *Orientation to the History of Roman Judaea*, p. 51.
[105] Mason, *Orientation to the History of Roman Judaea*, pp. 42-43.
[106] Turner, *European Intellectual History*, pp. 234-235(저자 강조).

은 폰 랑케가 자신이 과거를 있는 그대로 묘사하기 위해 노력한다는 유명한 진술을 통해 순진한 현실주의를 표현했다고 생각한다. (앵글로색슨 정황에서 사람들은 때때로 순진한 현실주의적 견해를 '실증주의'로 묘사한다. 그러나 메이슨이 포퍼의 '역사주의'를 뜻하기 위해 실증주의 용어를 사용했듯이, 실증주의의 의미 역시 이보다 훨씬 복잡하다.) 중요한 것은—나는 여기가 혼란의 근원이라고 본다—폰 랑케가 일생 동안 헤겔과 과거를 토대로 미래를 예측하거나 심지어 통제하려 들었던 헤겔적 계획에 반대했지만, 그가 사건의 의미에 대한 자신만의 초역사적 견해를 가지고 있었다는 점이다. 이것은 사실 지속적인 정치적 문제가 가미된 독일 내부의 토론이었다. 토론 참여자들은 건강한 역사 연구에 필수적인 무언가를, 특히 사건 및 동기의 보다 넓은 정황을 신중히 연구해야 한다는 주장을 파악했을 수 있다. 그러나 이 토론은 다른 토론들과 마찬가지로 원래 예상했던 것보다 더 큰 범위로 확산되었다.

헤겔—그리고 이것은 포퍼의 목적이었다. 그가 절대정신을 적절하게 불렀든 아니든 상관없이 말이다—에게 절대정신은 사람이 이 절대정신이 어디로 흘러가는지를 보고 이 흐름에 올라 탈 수 있고 또 그래야만 하는 방식으로 역사적 사건 속에서 스스로를 발전하고 표현하는 것이다. 이 제안은 비록 매우 다른 방식이지만 니체, 슈펭글러(Spengler), 토인비(Toynbee)에 의해 발전되었는데, 이들은 '과거의 사건들을 하나의 웅장한 철학 체계로 형상화한 역사의 한 형태'를 제안했다.[107] 그들의 견해들 그리고 그것들과 같은 다른 견해들은 나치와 소비에트 정권의 원동력이 된 사회적 결정론의 기초가 되었다. 역사는 앞으로 전진 중이었고 모든 사람은 여기에 보조를 맞춰야 했다. 역사는 곧 미래였고, 이를 유효하게 하는 방법들이 있었다. [마르크스주의자들에게 이것은 다른 형태를 취했다. 벤틀리(Bentley)의 적절한 표현을 빌리

---

107 Bentley, *Modern Historiography*, p 23.

자면, 마르크스는 '체계를 장악해 새 방향으로 운용함으로서 그 체계를 벗어났다.']108

폰 랑케에게 이 모든 것은 저주였다. 그는 '헤겔을 혐오하는 자신을 자랑스러워했다.'109 동시대 같은 곳에 살았던 많은 다른 사람들과 마찬가지로 폰 랑케는 (역사주의자들이 다른 모든 사람들에게 단호히 행했던 것을 그에게 행하기 위해) 1813년의 사건들을 프로이센 왕국 건립과 함께 인간 자유사의 절정 또는 적어도 독일의 자유 개념의 절정으로 간주했다.110 폰 랑케는 새로운 전문 역사가의 전형으로, 원대한 발전 계획 아래에 모든 세부 사항을 숨기기보다는 이 모든 세부 사항을 파악하려 했다. 그것이 바로 그가 '사건들의 실제 발생 방식'에 관한 자신의 유명한 반헤겔적 구호를 통해 전한 의미다. 그는 당시 다소 새로운 개념인 '국가'를 집단적 개인으로 보았고 엄밀한 의미에서 신적 사고의 표현으로 보았다(이는 '자연신학'을 생각하는 사람에게 흥미로운 견해였다). 그는 모든 시대와 모든 국가가 하나님께 똑같이 접근할 수 있었다고 믿었는데, 이는 그가 헤겔의 목적론을 거부하는 근본적인 이유였다. 그는 하나님이 **하신** 일들을 알기 위해 **뒤돌아보았**을 것이고, 즉각적 또는 궁극적 미래에 무엇이 **일어날지** 예견하기 위해 앞을 내다보지 않을 것이다.111

폰 랑케의 제자 마이네케(Meinecke)는 다음의 요지를 충분히 강조했다. 역사는 '예측적'이거나 결정론적이지 않다.112 이와 반대로 마이네케에게 역사의 본질은 '관찰의 개별화 과정이 역사 속 인간의 힘에 대한 견해로 대체'되는 것이었다.113 그는 이것을 Historizismus가 아닌 Historismus, 즉 '역사

108　Bentley, *Modern Historiography*, p. 23.
109　Bentley, *Modern Historiography*, p. 23.
110　Bentley, *Modern Historiography*, p. 19.
111　J. Burrow, *A History of Histories* (London: Penguin, 2007), pp. 460-461. 예를 들어, C. A. Beard, 'Historical Relativism', in Stern, ed., *Varieties of History*, pp. 317-320의 논의를 보라.
112　Bentley, *Modern Historiography*, p. 22 n. 27.
113　Bentley, *Modern Historiography*, p. 22.

주의'로 설명했는데, 마이클 벤틀리는 이러한 구별을 유지하려 했으나 파악하지 못한 것으로 보인다.

사실 독일어를 영어로 번역하면서 요점이 상실되었다. 다른 문제들에서처럼, 앵글로색슨의 세계에서 독일어의 미묘한 의미가 상쇄되었다. 1930년대에 날카로운 논쟁이 있었는데 이 논쟁에서 미국의 대표 역사학자 찰스 비어드(Charles A. Beard, 1874-1948)는 일종의 상대주의(역사가가 연구 대상과 마찬가지로 연구와 결과에 영향을 줄 수 있는 압력 속에 역사적으로 놓여 있다고 주장하는)를 시어도어 클라크 스미스(Theodore Clark Smith)가 내세운 순진한 현실주의와 대조하며 옹호했다. 상대주의에 대한 비어드의 적극적인 주장은 오늘날 거의 보편적으로 받아들여지고 있다. 그는 이 상대주의를 제시하면서 세 가지 주목할 만한 가정을 했다. 첫째, 그는 역사, 즉 과거의 실제 상황에 관한 폰 랑케의 진술이 스미스와 다른 이들이 옹호하는 순진한 현실주의의 요목을 가리킨다고 가정했다. 둘째, 그는 폰 랑케가 '역사주의자'로 알려져 있으므로 '역사주의'와 순진한 현실주의가 거의 같은 것이라는 걸 의미한다고 당연하게 여겼다. 셋째, 따라서 그는 '역사주의'를 '폰 랑케 공식'의 확장으로 취급하면서 역사주의와 순진한 현실주의를 동시에 공격할 수 있었다.[114]

잉글랜드에서는 같은 논쟁이 다르게 진행되었다. 케임브리지 대학교의 역사가 버리(J. B. Bury)는 1902년 근대사 흠정강좌 담당교수 취임 강의에서 일종의 역사주의를 자세히 설명했다[그는 액튼 경(Lord Acton)의 후임이었다]. 나는 그때 그의 주장이 당시에 유행했던 일종의 사회적 다원주의라고 생각한다. 이제 역사는 '과학적' 토대 위에 놓이게 되었고, 우리는 '인간 발달 개념', 즉 '역사가 그 범위를 정의할 수 있게 하는 위대한 변화 개념'을 파악해

---

[114] Beard, 'Historical Relativism', in Stern, ed., *Varieties of History*, pp. 320, 323, 325, 327.

야 했다.[115] 버리의 주장에 의하면, 그리스 비극작가들이 새로운 지평을 열어 놓은 지 한참 후에야 비로소 '인간의 자의식'은 한 걸음 전진하게 되었다. 왜냐하면 인간은 이제 '시간의 거대한 순환을 통한 그들의 상향적 발달 개념'을 이해할 수 있기 때문이다. 그의 주장에 의하면, 이 개념은 '역사를 재창조했고' 역사를 그것의 이전 동료인 '도덕 철학 및 수사학'으로부터 끄집어냈다. 그리고 그것은 '우주의 사실을 객관적으로 다루는 과학'과 밀접한 관계를 맺게 되었다.[116] 따라서 사람들은 역사를 배워야만 다음과 같은 새로운 발전을 이해하고 그것에 기여할 수 있다. 즉, 역사는 '진화의 한 요소'가 될 것이다.[117] 역사는 사실 '과학 그 이상 그 이하도 아니다.'[118]

버리는 제1차 세계대전 이후 그의 견해를 상당히 수정한 것으로 보인다.[119] 그러나 그는 1903년 트리벨리언으로부터 신랄한 비판을 받았는데,[120] 트리벨리언은 헤겔 이론의 광대한 범위에 반대하는 일종의 영국식 실용주의를 대변했다. 역사적 자료로부터 '인간의 집단 내 행동에 관한 인과 법칙을 과학적으로 추론할 수 있는 방법은 없다.'[121] 돌이켜 생각해 볼 때에야 과거의 사건들이 불가피해 보인다. 운명이 한 번만 꼬였어도 역사는 다른 방향으로 전개되었을 것이다.[122] (사라예보에서 잘못된 길로 들어섰던 마부를 다시 생각해 보라; 제1차 세계대전의 도화선이 된 사건을 일컫는다-편집자주) 과학 정신은

---

115 Bury, 'History as a Science', in Stern, ed., *Varieties of History*, p. 214. Bury는 계속해서 Leibniz를 인용한다.
116 Bury, 'History as a Science', in Stern, ed., *Varieties of History*, p. 25.
117 Bury, 'History as a Science', in Stern, ed., *Varieties of History*, p. 223.
118 Bury, 'History as a Science', in Stern, ed., *Varieties of History*, pp. 210, 223.
119 Stern은 *Varieties of History*, p. 209에서 Bury를 다음과 같이 소개한다. 그는 '역사적 인과 관계를 확립할 수 있는 가능성에 대해 점점 회의적이었고 자신의 마지막 저술들에서 우발성 또는 우연성이 역사에서 맡고 있는 역할을 강조했다.' Bury의 후기 저술, *Idea of Progress*도 보라.
120 Trevelyan, 'Clio Rediscovered', in Stern, ed., *Varieties of History*, pp. 227-245.
121 Trevelyan, 'Clio Rediscovered', in Stern, ed., *Varieties of History*, p. 233.
122 Trevelyan, 'Clio Rediscovered', in Stern, ed., *Varieties of History*, p. 238.

역사가가 증거를 수집하고 그 수집된 증거를 고찰할 때 요구된다('마치 탐정이나 정치가에게 과학 정신이 필요한 것처럼 말이다').[123] 그러나 그다음에는 '상상', 가설의 형성, 그리고 마침내 이 모든 것을 기록하는 '문학적' 단계가 온다. 따라서, "누군가 '역사의 판단은 다음과 같다'라는 거만한 표현으로 시작한다면, 그 사람을 즉시 의심하라. 왜냐하면 이 표현은 그 사람의 의견을 허풍으로 꾸며 주는 것에 불과하기 때문이다." 어느 역사가도 진실의 작은 부분 그 이상을 볼 수 없으며, '만약 그가 모든 측면을 본다면, 아마도 어느 측면도 깊이 있게 보지 못할 것이다.'[124]

여기서 트리벨리언은 버리를 통해 헤겔의 계획과 같은 원대한 계획의 가능성을 거부한다. 그는 '역사주의'라는 용어를 언급하지 않지만, 포퍼, 루이스에 동의하면서 역사의 '과학적' 이해를 토대로 '역사의 목적지'를 예언하려 하는 시도의 어리석음을 보여 준다. 이를 통해 우리는 헤겔 또는 폰 랑케의 주장보다 앞서 제기된 주장에 주목하게 된다. 다시 말해, 우리는 아이제이아 벌린이 참 역사주의의 아버지로 간주했던 잠바티스타 비코의 연구에 주목하게 된다. 벌린의 충격적인 발언에 따르면, 역사주의는 '일종의 교리로서 선험적 형태에서는 역사적 상상을 자극 및 강화했고, 독단적이고 형이상학적 형태에서는 역사적 상상을 억제 또는 왜곡했다.'[125] 여기와 다른 곳에서 벌린은 '역사주의'의 이 두 가지 의미를 다음과 같은 측면에서 이해하는 것 같다. (1) 사건과 관념을 최대한 자세히 묘사(우리는 이러한 묘사를 '폭넓은' 묘사라 부를 수 있다)하고 그것들의 정황 속에 위치시켜야 하는 필요성과

---

123 Trevelyan, 'Clio Rediscovered', in Stern, ed., *Varieties of History*, p. 239.
124 Trevelyan, 'Clio Rediscovered', in Stern, ed., *Varieties of History*, p. 243. Lewis, *Christian Reflections*, p. 102를 보라. '역사의 판단'과 같은 문구는 '모든 저속한 오류 중에서도 가장 저속한 오류, 곧 보다 용감했던 시대의 사람들이 행운을 매춘부로 매도했던 것처럼 역사를 여신으로 우상화하는 오류로 우리를 유인할 수 있다.'
125 Berlin, *Three Critics of Enlightenment*, p. 70.

(2) 과거에 대한 사회과학적 관찰로부터 현재의 '의미'와 미래의 방향을 추론하려는 시도. 우리가 지금 보았듯이, 이 두 가지 의미가 지닌 아이러니는 이 두 의미가 곧 정반대의 존재가 된다는 것이다. 다시 말해, 첫 번째 의미(아마도 랑케가 제안한 의미와 가장 가까운)는 국부적·구체적·회고적 특징을 강조하는 반면, 두 번째 의미(헤겔이 제안한)는 광범위한 (그리고 거친) 일반화 및 예견을 강조한다. 첫 번째 의미는 일종의 상대주의로 쉽게 사용될 수 있다('물론 그들은 과거에 그렇게 생각했지만 현재 우리는 다르게 생각한다'). 그럴 필요는 없지만 말이다. 콜링우드가 분명히 보았듯이, 우리 모두가 우리의 관점에서 사건을 바라본다는 사실 때문에 역사가 자의적이거나 변덕스러운 것으로 축소되지는 않는다. 역사적 지식은 참지식으로 남아 있다.[126]

이 모든 것(나는 매우 복잡한 문제들을 매우 간단히 요약했다)이 뜻하는 바는 우리가 '역사주의'를 기술적 용어로 사용할 때 상당한 주의를 기울여야 한다는 것이다. 역사주의의 의미가 매우 다양하기 때문이다. 그러나 이러한 위험을 감수하면서 앞에 제시된 명칭을 사용할 때, 중요한 요점이 제기된다. 이와 관련해 우리는 다른 기회에 트뢸치로 돌아갈 것이다. 지금 나는 벌린의 구분을 따르는데, 벌린의 구분은 내가 앞서 말했듯이 헤겔 유형의 역사주의(그가 반대하는)보다는 랑케의 '역사주의'(그가 인정하는)를 선호하는 것처럼 보인다. 그러나 헤겔의 역사주의는 대중적 정치 담론뿐만 아니라 신학에서도 건재하다. 이번 장이 다소 긴 이유 중 하나는 헤겔의 역사주의를 언급하고 부끄러운 것으로 만들기 위해서다.

헤겔의 역사주의에는 '역사'를 이야기나 과제로 신경 써야 할 필요성이 존재하지 않는다. 또한 어떤 과거 사건을 실제로 알 수 있는지에 대한 질문

---

[126] Collingwood, *Idea of History*, p. xxii (이 부분은 편집자 서문으로 Collingwood의 편지를 인용하고 있다).

에도 관심을 두지 않는다. 헤겔의 역사주의는 '발생했고 발생할 모든 것'을 의미하는 '역사'에 관해 거창하게 말한다. 헤겔의 역사주의는 신적 정신의 불가피한 진보 측면에서 '의미'에 관한 진술로 성급히 건너간다. (다시 말하지만) 이런 성급한 이동은 어떠한 조사나 자료 연구도 요구하지 않는다. 지극히 당연하게도 이 모든 것으로 인해 '역사'는 자연주의 신학자들 사이에서 나쁜 평판을 얻게 되고 이와 더불어 실제 역사가들은 그들의 주제가 인식할 수 없을 만큼 왜곡되는 것을 보며 치를 떨게 된다. 헤겔의 역사주의에서는 모든 것이 너무 쉽게 진행된다.

헤겔적 역사주의자에 대한 분명한 대답은 우리가 과거를 거의 알지 못하고, 미래를 전혀 모른다는 것이다.[127] 반복해서 말하지만, 이것이 바로 실증주의자로 종종 오해를 받는 랑케가 그러한 원대한 계획을 피하고 '실제로 발생한 것'에 최선을 다해 집중하기로 결심한 이유다. 황당하게도 그는 이 결심으로 인해 종종 '역사주의자'(historicist)로 불린다.[128] 19세기 헤겔적 역사주의자들은 이를 무시하고 리츨과 함께 안전한 항구에 정박했다. 여기에 하나님 나라가 도래한다. 그때 일어난 일이 20세기라는 것을 제외하고 말이다.

실천적 역사주의: 정치

정치가들은 종종 미래를 예측하는 역사주의자들이다. 17세기 급진주의자들이 스스로를 '제5왕국파'로 불렀을 때, 그들은 (아무리 독실했을지라도) 헤겔적 역사주의자들이었다. 다니엘서는 하나님 나라를 세우는 매우 다른 통치자가 네 개의 무시무시한 정권을 계승하는 모습을 묘사한다. 이 묘사는 정치가들에게 역사가 그 방향으로 가고 있다는 것과 그들이 역사의 정점에

---

[127] 이에 대한 반대는, Lewis, *Christian Reflections*, pp. 106-112를 보라.
[128] Stern, *Varieties of History*, pp. 54-55를 보라. 이 부분은 Stern이 적어도 '특별 사건은 보편적 역사의 일부로 파악되어야 했다'는 의미로 이 용어를 사용했음을 나타낸다.

서 있다는 단서를 주었다. 힐러리 클린턴(Hillary Clinton)이 2011년에 아랍의 봄(Arab Spring)을 지지하면서 '역사의 바른 편에' 서는 것이 중요하다고 선언했을 때, 그녀는 헤겔적 비유를 사용하고 있었다. 그녀는 '역사'가 어디로 가고 있는지 알고 있다고 주장했다. 물론, 역사는 그녀가 예상했던 것과 다른 방향으로 흘러갔다. 그러나 사람들은 아직도 종종 우리가 계획을 잘 실행할 수만 있다면, 그리고 우리와 동떨어져 있어서 우리가 이해하지 못하는 사고 형태를 지닌 민족들을 우리와 같이 생각하도록 설득할 수만 있다면, 역사가 예견대로 흘러갈 것이라고 생각한다.[129]

역사의 최전선에 서 있다는 주장은 거의 새롭지 않다. 내가 아는 최초의 예는 아우구스투스의 궁정 시인들과 역사가들로서, 그들은 로마의 거침없는 발흥을 모든 역사의 의미로 보았다.[130] 물론 1세기 이후에는 아무도 그렇게 생각하지 않았다. 타키투스와 수에토니우스(Suetonius)의 냉소주의는 지나치게 익은 역사주의라는 치즈에 핀 곰팡이처럼 작용한다.

신학에서의 역사주의

앞에서는 헤겔적 역사주의의 정치적 적용에 대해 간단히 말해 보았다. 그렇다면 신학에서는 어떻게 되는가? 그리스도인들은 텔로스, 즉 목적에 있어서 유리한 입장에 서 있는가? 한 관점에서 대답해 보자면 그렇다. 로마서 8장에서 우리는 창조 세계가 '썩어짐의 종노릇'에서 마침내 구조되는 비전을

---

[129] 16세기와 21세기 사이에는 많은 유사한 운동들이 있었다. 초기 하노버 왕조는 '역사'의 최전선으로 칭송받았는데, 이 칭송은 특히 에딘버그 '뉴타운'의 건축과 도상(iconography)에 잘 나타나 있다. 우리가 보았듯이, 2달러 지폐에 등장하는 Thomas Jefferson도 이와 동일한 주장을 했고, von Ranke를 포함한 프로이센 사람들 역시 1813년 그들의 전쟁 승리를 기념하면서 똑같은 주장을 했다.

[130] Lewis, 'Virgil and the Subject of Secondary Epic', in *A Preface to Paradise Lost* (Oxford: Oxford University Press, 1942), p. 32 이하. 여기서 Lewis는 베르길리우스가 이전 모델들을 따르고 있다고 제안한다. 『실낙원 서문』(홍성사).

본다. 고린도전서 15장은 죽음이 패하게 될 때 하나님이 '만유 안에' 계실 것이라고 말한다. 요한계시록(그리고 베드로후서)은 우리에게 이사야가 약속한 것, 즉 새 하늘과 새 땅을 약속한다.[131] 예수는 그의 첫 추종자들에게 예루살렘의 임박한 멸망을 가리키는 경고 표시에 주의하라고 말했다. 그러나 초기 그리스도인들은 최종 미래를 한밤중 침입하는 도둑과 같이 갑작스레 닥치는 사건으로 자주 언급했다.[132] 그들이 희망했던 미래도, 가까운 과거 ─ 예수에 관한 사건 ─ 에 대한 그들의 놀라운 주장도 당면한 상황에서 하나님의 행동을 이해하는 데 도움을 주지 않았다. 사도행전은 자칭 예수의 추종자들이 다음에 일어날 일이 무엇인지 전혀 알지 못하는 장면들로 가득 차 있다. 그들은 그때까지 발생한 일들로부터 미래를 추론해 내려 애쓰지 않았다. 그들은 최종 목적을 알았지만, 이 세상의 지속된 과정으로부터 미래가 출현할 것으로 추정하지 않았다.

일부 초기 그리스도인들이 역사적 의미에 대한 더 큰 그림, 즉 그들이 알고 있는 진행 중인 사건에서 하나님이 하고 계신 일에 대한 더 큰 그림을 제안했을 때, 그들은 그만큼 그들의 성미에 맞지 않는 일을 하고 있었다. 아우구스티누스는 『신의 도성』(*The City of God*)을 집필하면서 고대 신들을 숭배하지 못하게 하는 기독교로 인해 로마의 기반이 약해진다고 기번보다 앞서 기독교를 비난한 이교도 저자들에게 답했다.[133] 이와 같은 저술은 유대교 신학에도, 신약의 신학에도 의존하지 않았다. 우리가 보겠지만 유대교의 구속사는 다르게 작용했다. 초기 그리스도인들은 예수를 통해 새 창조 세계가 나타났다고 믿었다. 그들에게 예수는 유일한 제5왕국파였으므로 그

---

131 롬 8:18-30; 고전 15:20-28; 계 21:1-2; 벧후 3:13. 참고. 사 65:17; 66:22.
132 예를 들어, 막 13:14-23과 병행 구절; 막 13:32-37과 병행 구절; 눅 12:39-40; 살전 5:6.
133 Lewis는 또한 *Discarded Image*, pp. 175-177에서 이와 관련해 오로시우스(Orosius)의 *History against the Pagans*와 단테의 *De Monarchia*를 언급한다.

들은 다른 존재를 찾지 않았다. 이것은 역사가 멈췄다는 불트만의 주장에 담겨 있는 일말의 진리다. 그러나 새 창조 세계는 '사건의 종료'라는 의미에서 '역사의 종료'를 의미하지 않았다. 새 창조 세계는 해석에 있어서 근본적으로 새로운 초점이다.[134] 초기 그리스도인들은 계속되는 역사 속에서 살았고 하나님이 그들의 세계 안에서 역사하시기를 기대했다. 예루살렘 멸망이라는 중요한 예외가 있지만, 그들은 하나님의 행동을 사건의 표면에서 읽어 낼 수 있다고 주장하지 않았다.

따라서 나는 역사의 실제 과제를 피하려는 근대의 시도를 내가 앞서 베드로의 유혹이라 불렀던 것, 즉 예수를 예수 자신의 소명으로부터 보호하려는 유혹에 대한 굴복으로 간주한다. 예수와 그의 첫 추종자들에 대한 조사를 포함하는 참역사는 바울이 말하는 **케노시스**(*kenosis*; 자기 비움—역주)라는 특징을 갖고 있다. 예수는 후광을 입지 않았다. 말과 행위, 행동과 열정을 통해 예수가 보여 준 권세의 재정의는 그의 친구들이 기대했던 것과 정반대였다. 그래서 '전능한' 신을 가정하며 신학적 조사를 시작하는 자들은 신약이 급진적으로 재정의하는 권세를 면밀히 살피는 것이 현명할 것이다. 실제 역사, 과제로서의 역사, 서사로서의 역사라는 학문은 권력의 이상한 재정의를 약점이라는 측면에서 조사 방법의 외견상 '약점'과 일치시킨다. 여기서 우리는 '의미'에 대한 대대적 결론을 보류하고 증거가 탐구심에 영향을 미치도록 허용한다. 우리는 이처럼 종잡을 수 없는 역사의 개념 위에 서 있도록 부름받았다.

그렇다면 이 모든 것 이후에 예수와 역사 비평은 어떻게 되는가? 그것은 '자연신학'의 가능성 또는 약속에 어떤 기여를 할 수 있는가?

---

134 요한계시록은 박해받고 있는 교회에 위로와 지침을 제공하면서 역사의 내재적 진보가 아닌 어린 양의 승리와 믿음 및 소망을 통한 새 예루살렘의 도래를 예견한다.

역사와 예수

최신의 회의적 제안들에 반응하는 신학자들은 아직도 가끔씩 예수와 역사에 대한 문제를 조소하며 묵살해 버린다.[135] 하지만 우리가 하나님과 세상의 접점에 대해 말하고 있는 거라면, 이 주제를 쉬쉬하며 이 주제가 중요하지 않은 척할 수 없다. 어디서부터 시작할 수 있을까?

역사적 예수 연구를 막는 오래된 암묵적 금지는 오래전에 사라졌다.[136] 여전히 모든 수준에서 격렬한 논쟁이 벌어지고 있지만, 선택지는 좁혀지고 있다. 물론 어느 누구도 예수를 중립적으로 대하지 않는다. 예를 들어, 게자 버미스나 샌더스(E. P Sanders)가 제기한 주장들은 그들 자신의 자전적 발언과 그들의 매우 다른 구성 개념에 의해 왜곡되었다.[137] 따라서 다음과 같은 질문이 뒤따른다. 모든 것은 결국 역사가가 자신의 '의미'를 부여하고 그것에 맞게 증거를 조정하는 것으로 축소되는가? 그것은 주관적 선험으로부터의 역투영인가? 물론 아니다. 역사의 **과제**는 공적 연구 주제며, 논의들은 이어진다. 모든 참지식과 마찬가지로, 이 과제에는 해석자의 완전한 개입이 포함되고, 관련 증거가 제시하는 사실과 원래의 가정이 부합하지 않을 수 있다는 점에 대한 완전한 허용도 포함된다.

그래서 '역사적 예수'라는 표현은 모호하다. 많은 사람들, 특히 암묵적으로 실증주의적인 서구 세계의 많은 사람들은 '역사적'이라는 형용사가 '있

---

[135] 예를 들어, Rae, *History and Hermeneutics*를 보라. 이 주제에 대해서는 Hengel, *Acts and the History of Earliest Christianity*, pp. 129-136를 보라. 중요한 논의이지만 최종 분석에서는(pp. 132-133) Lessing이 여전히 그 자리를 지배하고 있는 것으로 보인다.
[136] *JVG*, ch. 1을 보라.
[137] G. Vermes, *Providential Accidents*, and Sanders, *Comparing Judaism and Christianity*, ch. 1 n. 72. 또한 Vermes, *The Religion of Jesus the Jew*, p. 4와 Sanders, *Jesus and Judaism*, pp. 333-334를 보라. 더불어 Rae, *History and Hermeneutics*, p. 91를 보라.

는 그대로의 예수', '갈릴리 사람' 등과 같은 의미로 받아들여져야 한다고 가정한다. 그러나 앞서 지적했듯이, '절대적 증거'가 부족할 때 실증주의적 야망의 밝은 빛에는 어두운 면, 즉 회의론, 심지어 냉소주의가 드리운다. 이러한 현상은 특히 독일 관념론으로부터 앵글로색슨 자유주의까지 아우르는 전통에서 교육받은 사람들 사이에서 '역사적 예수' 문구를 **역사가에 의해 재구성된 예수**', '예수에 대한 우리의 묘사' 등과 같은 의미(독일어 문구인 der historische Jesus는 이러한 의미를 갖고 있다)로 받아들이는 운동에 불을 지폈다. 여기에는 종종 이 '재구성'이 단순한 추정, 이런저런 이념이나 신학에 대한 주관적 환상이라는 분명한 함의가 존재한다. 신학자들은 종종 이 모호함을 사용해 당신이 예수에 대해 이야기한다고 생각할지 모르지만, 실제로는 '당신이 구성한 예수'를 다루고 있을 뿐이라고 말한다. 이 모든 것은 100년 전 마르틴 켈러(Martin Kähler)에서 70년 전 C. S. 루이스에 이르기까지, 그리고 최근 미국 학계의 루크 티모시 존슨(Luke Timothy Johnson)에서 많은 탈자유주의자들에 이르기까지 장기간 계속되어 온 반응을 불러일으켰다. 그들은 이렇게 말한다. 우리에게 '역사적 예수'를 제공하지 말라. 당신이 제공하는 역사적 예수는 다섯 번째 복음서를 만들어 내고, 복음서의 예수에 의존하는 대신 '본문 뒤에서' 예수를 찾으려 하는 시도에 불과하기 때문이다.[138] 바로 여기서 '방법론적 자연주의'에 대한 비난이 쏟아져 나오고, 빛보다 뜨거운 열기가 발생된다.[139]

---

[138] Martin Kähler, *Der sogenannte historische Jesus und der geschichtliche, biblische Christus* (Leipzig: Deichert, 1892); Lewis, *Screwtape Letters*, Letter 23; L. T. Johnson, *The Real Jesus: The Misguided Quest for the Historical Jesus and the Truth of the Traditional Gospels* (New York: HarperCollins, 1997); R. B. Hays and B. Gaventa, eds., *Seeking the Identity of Jesus: A Pilgrimage* (Grand Rapids: Eerdmans, 2008)에 실린 여러 소논문을 보라. Lewis의 불평은 그가 자신의 'Modern Theology and Biblical Criticism', in *Christian Reflections*, pp. 152-166에서 거부하고 있는 Bultmann과 불편할 정도로 유사하다.
[139] C. Stephen Evans, 'Methodological Naturalism in Historical Biblical Scholarship'를 다시 보라.

물론 라이마루스 이래로 많은 역사가들은 '복음서를 믿지 말고 대신 나를 믿으라'고 말한다. 이러한 접근법은 에피쿠로스적 안건이라는 이름으로 교회 전통에 이의를 제기하는데, 이 에피쿠로스적 안건은 우리가 보았듯이 하나님에 대한 이야기를 도저히 닿을 수 없는 하늘 저 멀리로 추방해 놓고 (예수를 비롯한) 신이 없는 세상을 자신의 관점으로 이해하려고 시도한다. 하지만 '기적이 발생하지 않는다는 것을 알았으니 복음서를 믿지 말고 대신 내가 재구성한 내용을 믿으시오'라는 말과 '어쩌면 교회가 복음서의 내용과 관련된 정황 및 상황을 잊었거나 완전히 이해하지 못했을 가능성이 있으니, 복음서의 내용을 그것의 1세기 정황에 비추어 더 깊이 살펴보고 어떤 결과가 나올지 한 번 봅시다'라는 말 사이에는 큰 차이가 있다.

이 마지막 제안은 매우 합리적이다. 예수와 그의 첫 추종자들은 제2성전기 유대 세계에 살았는데, 당시 유대 세계는 기원후 66-70년과 132-135년, 그리고 특히 4, 5세기에 발생한 격동의 사건들로 인해 그리스도인들과 유대인들 모두가 점점 이해하기 어려운 세계가 되었다. 제2차 세계대전 이후 '유대교적' 이해로의 전환은 신약 연구에 있어서 오래 지연된 반가운 발전이었다. 초기에는 랍비들을 살피는 경향이 있었다. 하지만 탈무드와 관련 문헌들에 실려 있는 랍비들의 연구는 수백 년 이후의 작품인데다가, 결정적으로는 유대 사상가들이 하늘에서와 같이 이 땅에 임하는 하나님 나라에 대한 위험하고 정치적인 탐구에 단호하게 등을 돌려 버린 후에 진행된 연구였다.[140] 예수 당시의 바리새인들은 단순히 나중에 등장한 랍비들의 초기 버전이 아니었다.[141] 1세기 유대 세계에 대한 우리의 지식은 최근에 크게 발전했는데, 이로 인해 우리는 복음서가 (나름의 다른 방식을 통해) 실제로 뜻하는

---

140 랍비 Nehunya ben ha-Kanah의 격언인 mAbot 3:5를 인용하고 있는 *NTPG*, p. 199를 보라.
141 *PFG*, pp. 80-90와 ch. 2 전체를 보라.

바를 많이 알게 되었다. 이것은 흄의 회의론의 역투영(back-projection)을 요구하지 않듯이 차후의 기독교 사상에서 엄선된 신학적 구성의 역투영도 요구하지 않는다. 이것은 **역사**를 요구한다. 다시 말해 이것은 자료를 수집하고 가설을 형성하는 작업을 통해 필요한 수정을 가하는 과학적 지식처럼 사건과 동기에 점점 근접해 '의미'에 대한 새로운 제안을 위한 새로운 가능성을 열어 주는 이야기를 생성한다. 여기서 새로운 제안이란 선험적으로 수용되지 않고 실제적 실천, 연구 및 서술을 통해 제기된다. 초기 기독교 사본을 발견하고 대조하는 19세기의 엄청난 발전으로 인해 신약 본문이 대대적으로 수정된 것처럼(이러한 수정에 반대하는 내부적 저항이 있었는데, 그 이유는 만약 하나님이 우리에게 이 새로운 본문을 주시고자 했다면 훨씬 전에 주셨을 것이라는 것이다), 고대 유대 세계에 대한 우리의 지식에 영향을 미친 20세기의 주된 발전—쿰란 두루마리는 이러한 주요 발전의 한 예에 불과하다—은 조직신학이 좀처럼 알아채지 못했고 저항하거나 무시할 수 없는 새로운 가능성과 통찰을 제시했다.

이 과제 수행에 '본문의 배후를 캐는 일'이 포함된다는 의견 때문에 이 과제가 미뤄져서도 안 된다. '본문의 배후를 캔다'는 표현에는 종종 무언가를 교활하거나 부정직하게 하고 있다는 것을 암시하며, 저자들의 의도를 은밀히 추측한다는 의미가 함축되어 있다. 이는 터무니없는 생각이다. 그러나 이러한 비난은 '본문 밖'에 실제 세상이 존재할 수 있는지 그 여부를 묻는 후기 근대주의 문학적 분위기로부터 불필요한 추진력을 얻으므로 주의해야 한다.[142] 이러한 문화적 분위기는 불트만과 그의 승계자들이 주장한 신

---

[142] 내가 이번 장의 초안을 작성하고 있을 당시 학술지 *First Things*는 2017년 11월 2일에 Francesca Aran Murphy의 소논문을 발표했는데, 이 소논문의 제목은 '모든 것이 본문 밖에 존재한다'로 나의 주장과 정면으로 대치된다(https://www.firstthings.com/web-exclusives/2017/11/everything-is-outside-the-text). 그녀의 주장에 의하면, 유대교와 기독교에는 자신이 아닌 것, 즉 '무한하게 더 큰' 것, 다시 말해 자신의 백성과 함께 하시는 하나님

(新)칸트적 실존주의와 일치하는데, 이 신칸트적 실존주의는 복음서를 역사적 기억이 아닌 복음서 기자들이 만들어 낸 신화라고 생각한다. 그러나 본문이 실제 사건의 묘사라는 명백한 의도를 갖고 있을 때(먼저 누가복음의 도입부와 누가가 제시하는 세례 요한의 정확한 출생 시기를 비교해 보라),[143] 최선을 다해 이러한 사건이 관련 정황에서 무엇을 의미했는지 이해하는 것은 그 본문의 '뒤를 캐는 것'이 아니다. 이러한 노력은 관련 본문이 보여 주고자 하는 과거의 실제 세계를 탐구해 보라는 초대에 응하는 것이다.[144] 신문에서 지역 소속 팀의 승전보를 전할 때, 그 기사의 편파적인 그러나 유쾌한 분위기는 경기장에서 발생한 실제 사건을 감추는 것이 아니라 오히려 강조한다. 그 팀은 텍스트의 세계에서 득점한 것이 아니다. 역사의 과제는 **우리가 보유한 본문을 새로운 구성으로 대체하는 것이 아니라 이 본문이 실제로 말하고 있던 것이 무엇인지를 더 잘 이해하는 것이다.**

복음서의 역사적 이해에는 물론 장르에 대한 민감도도 요구된다.[145] 복음

의 임재를 끊임없이 증거하는 성경이 있다. 요점은 충분히 이해되지만, 유대인과 그리스도인 모두가 성경 읽기와 연구를 통해 하나님의 임재를 정기적으로 경험했다는 사실을 잊어버리는 위험이 있을 수 있다. 비록 내가 본문을 벗어난 실재가 **우선한다**고 분명히 주장할 것이지만, 그렇다고 이것이 이분법의 문제는 아니다. '본문을 벗어난'(extra-textual) 세계가 없다는 개념은 종종 Jacques Derrida에 기인한다. 그러나 그의 유명한 발언인 'Il n'y a pas de hors-texte'의 문자적 의미는 본문을 벗어난 실재가 없다는 것이 아니라 '본문 밖에 있는'(outside-text) 실재가 없다는 것이다. *London Review of Books* 38.3 (2016년 2월 4일), pp. 7-9에 실린 M. Wood의 설명처럼 '본문 밖에 있는' 실재가 없다는 말은 출판된 책에서 페이지 표시가 없는 페이지에 대한 예인데, 비록 페이지 표시가 없지만 이 페이지는 책의 나머지 페이지들과 관련이 있다. 다시 말해, 맥락이 언제나 중요하다. 그 맥락이 불안정할 때일지라도 말이다. 그러나 Derrida가 이 발언을 통해 무엇을 '의미했는가'를 논하는 것은 본질적으로 특이해 보인다.

143 눅 1:1-4; 3:1-2.
144 물론 후기 불트만 세계의 일부 사람들은 누가를 바로 이와 같은 이유로 거부하고 싶어 했다. 누가가 마가와 달리 이 이야기들이 실제 사건과 관련이 있어야 한다고 생각했기 때문이다.
145 복음서를 전기(biography)로 주장하는 Richard Burridge와 다른 이들의 연구, 그리고 목격자 전통에 관한 Richard Bauckham의 주목할 만한 제안은 새로운 정황을 만들었다. R. Burridge, *What Are the Gospels? A Companion with Graeco-Roman Biography*, SNTSMS 70 (Cambridge: Cambridge University Press 1992; 2nd edn., Grand Rapids: Eerdmans 2004; 25th anniv. edn., Waco, Tex.: Baylor University Press, 2018); R. J. Bauckham, *Jesus and the Eyewitnesses: The Gospels as Eyewitness Testimony*, 2nd edn.

서는 **이야기**로서의 역사를 의도하면서 역사를 **사건**으로 언급한다. 그리고 역사적 조사 및 선택의 결과를 과제로 언급하면서 특정 **의미**를 강하게 가리킨다. 물론 복음서에는 비유와 같은 하위 장르도 포함되는데, 비유는 이따금씩 나오는 주제적 인유를 제외하면 실제 사건을 가리키지 않는다. 탕자가 어디에 살았는지 혹은 누가 그의 재산 절반을 샀는지를 물어보는 것은 요점을 놓치는 일이 될 것이다. 그러나 1세기의 어떤 요인들이 예수의 비유가 대응하고 있는 적개심을 불러일으켰는지를 묻는 것은 요점을 파악하는 것이다. 복음서 전체와 복음서에 담긴 예수에 관한 이야기들은 역사적 진리와 무관한 '요점'을 지닌 비유로 제시되지 않는다.

예수에 대한 적대의 문제가 이 모든 것을 보여 준다. 기독교 전통은 예수가 제시한 사랑, 은혜, 용서 때문에 '율법주의'가 타격을 받았고 이로 인해 유대인들의 적대가 발생했다고 자주 추정한다. 이제 우리가 확실히 아는 것은 이 추정이 역사적으로 유효하지 않다는 것이다. 이 추정은 절망적인 희화화에 불과하다.[146] 예수는 다른 해석이 제시되는 세상에서 '하나님 나라'에 대한 새로운 해석을 제시했다. 그것은 단순히 일반적인 의미에서의 신학이나 구원론의 충돌이 아니라 사회적·정치적 도전을 의미했다. 우리가 5장에서 보겠지만, 특히 안식일에 예수가 보여 준 행동은 논란이 되었다. 그 이유는 당시 사람들이 '율법주의'를 믿었던 반면 예수는 '자유'를 믿었기 때문이 아니라, 안식일이 다가올 시대에 대한 기대로 여겨졌기 때문이다. 그리고 예수는 다가올 시대가 자신의 역사 가운데 임하는 것처럼 행동하고 있었다. 하지만 다가올 시대의 결과는 당시 사람들이 기대해 왔던 것과는 판이

(Grand Rapids: Eerdmans, 2017, 『예수와 그 목격자들』, 새물결플러스). 이 두 연구에 대해 할 말이 많지만, 둘 다 좋은 연구 기반을 제공한다. 물론 이 두 연구 모두 더 많은 논의를 야기한다. 예를 들어, J.-N. Aletti, *The Birth of the Gospels as Biographies* (Rome: G & BP, 2017)를 보라.

146 예를 들어, Sanders, *Jesus and Judaism*과 나의 *JVG*를 보라.

하게 달랐다. 다시 말해, 역사의 **과제**는 기존의 해석에 이의를 제기할 필요가 있는데, 이는 우리가 이미 가지고 있는 복음서를 새로운 **구성**으로 대체하기 위해서가 아니라 복음서가 애초에 무슨 말을 하고 있었던 건지 이해하기 **위해서다**. 기존 해석에 대한 이의 제기는 본문이 우리에게 촉구하는 의미를 캐는 것일 뿐 '그 본문의 뒤를 캐는 것'이 아니다.

역사의 유익

걸림돌 제거하기

그렇다면 역사는 우리에게 무엇을 해 줄 수 있는가? 세 가지가 있다. 우선, 역사는 소위 '걸림돌을 제거'하는 데 능숙하다. 매년 또는 격년으로 예수가 이집트의 프리메이슨이었고 쿰란의 몽상가였으며 막달라 마리아와 결혼했다는 등과 같은 내용을 담고 있는 베스트셀러 책이 출간되는데, 이러한 내용에는 언제나 다음과 같은 결론을 함축한다. '그러니까 전통 기독교는 실수에 기초한 종교이므로' 우리는 무신론이나 18세기 이신론으로 돌아가야 한다. 이러한 제안들과 '예수 세미나' 같은 단체들이 제기하는 똑같이 이상하지만 분명히 학문적인 제안들은 잠깐 있다가 사라지고, 아주 쉽게 외면당한다. 우리는 학문의 한 분야를 그것의 왜곡된 형태를 보고 판단해서는 안 된다. 회의론자들을 무력화시키는 것은 전통에 대한 독단적 재확인이나 역사학을 '방법론적 자연주의'에 대한 비방으로 일축하는 것이 아니라 역사 그 자체다.

또 다른 예를 살펴보자. 많은 사람들은 예수와 그의 첫 추종자들이 예수를 '신'으로 생각할 수 없었을 것이라고 말한다. 그 부분적인 이유는 그들이 유대교적 일신교도들이었고, 예수를 신으로 믿을 경우 이는 예수를 '미친' 사람으로 만들어 버리는 일이었기 때문이다. 그러나 일신교와 하나님의 처소로서의 성전과 하나님의 성전에서 하나님의 형상을 지닌 인간에 대한 현대 연구는 이것이 단순한 무지임을 보여 주었다.[147] 그러나 문제는 여전히 남아 있다. 원래의 '낮은' 유대교 기독론을 전제로 하는 기독교 주장―그리고 적절한 기독론을 위해 역사를 잊고 교부들이나 아퀴나스를 살펴봐야 한다는 제안에 투영되어 있는 기독교 주장―에 대한 오래된 무시는 후기 정통 교리에서 엄선된 선험적 추론이 아닌 실제 역사적 증거에 대한 역사 연구(부적절한 이야기에 이의를 제기하고 다양한 의미 있는 이야기들의 가능성을 제시하는)에 의해 선은 넘은 것으로 나타났다. 나는 이런 종류의 복잡한 '역사'가 하늘에서와 같이 땅에도 임하는 하나님 나라에 대한 일종의 순종이라고 감히 제안한다.

이 모든 것은 부활이라는 다른 성역으로 이동한다. 6장에서 이 주제로 돌아가겠지만 지금은 일단 이렇게 말하겠다. 역사적 자료 연구의 제안에 따르면, 예수의 부활에 대한 초기 교회의 증언은 역사와 종말론에 대한 유대교적 이해에 급진적 변화를 촉발했고 이 변화는 새로운 해석적 틀을 형성했다. 예수의 부활이 현 세계 내에서는 매우 이상한 사건으로 해석되었지만 동시에 하나님의 **새** 창조 세계 내에서는 근본적이자 전형적인 사건으로 해석되었다.[148] 이것은 내가 이 책 전반에 걸쳐 제기하고 있는 근본적 주장을 가리킨다. 새 창조 세계가 옛 창조 세계의 태로부터―어쩌면 옛 창조 세계의 **무덤**으로부터―작동한다고 생각하는 것은 일리가 있다. 비록 이 생각은 하나님의 시간, 공간, 물질 그리고 인간의 시간, 공간, 물질이 서로 겹치고 맞물리도록 설계되어 있던 유대 세계에서는 생소한 의미였지만 말이다.

---

[147] R. J. Bauckham, *Jesus and the God of Israel* (Grand Rapids: Eerdmans, 2009); L. W. Hurtado, *Lord Jesus Christ: Devotion to Jesus in Earliest Christianity* (Grand Rapids: Eerdmans, 2003)와 *How on Earth Did Jesus Become a God?* (Grand Rapids: Eerdmans, 2005). 내가 저술한 PFG의 chs. 2, 9을 보라. 여기에는 나의 이전 연구가 인용되어 있다.
[148] 이 모든 것에 대해서는 나의 *RSG*를 보라.

나는 다음 장에서 이 특별한 요점을 발전시킬 것이다. 일단 여기서는 다음과 같이 제한적이지만 중요한 요점에 초점을 맞출 것이다. 회의주의자가 흄의 선험적 추론에 호소할 수 없는 것처럼, 그리스도인도 마치 모든 역사적 문제를 피할 수 있는 것처럼 단순히 '나는 초자연적 현상을 믿는다'라고 말할 수 없다. 새 창조 세계에 관한 요점은 새 창조 세계가 **이** 세상의 갱신이지 다른 세계로의 대체가 아니라는 것이다. 훌륭한 역사는 이 요점을 설명하고 일반적인 반대의 허를 찌를 것이다.

왜곡 해체하기

그러나 이것은 '말도 안 되는 것을 제거했으니 우리가 늘 믿었던 것을 다시 믿자'를 뜻하지 않는다. 만약 역사가 걸림돌을 제거할 수 있다면, 역사는 기독교의 일반적 오해에 이의를 제기하면서 왜곡된 내용도 해체할 수 있을 것이다. 개선된 역사 작업을 통해 우리는 복음서가 우리에게 말하려 했던 내용의 잊혀진 측면을 엿볼 수 있게 된다.

이와 관련된 분명하고 강력한 예는 '하나님 나라'다. 예수는 하나님의 통치를 선언하는 선지자로 인지되었다. 우리는 예수에 대한 이러한 인지가 당시 사람들에게 무엇을 의미했고, 그들이 그것과 연관시켰을 성경 본문에 대해서도 충분히 알고 있다. 또 우리는 예수가 **자기 자신과 그의 이상한 소명을 중심**으로 '하나님 나라'의 의미를 **재정의했던** 것을 알고 있다. 예수는 단순히 하나님 나라를 **설명**한 것이 아니다. 그는 자신의 말과 행위, 그리고 곧 있을 자신의 중요한 죽음을 통해 그가 하나님 나라를 가져오고 있으며 하나님 나라를 미묘하게 재정의하고 있다고 주장했다. 동시에 그는 시편, 다니엘서, 이사야서에 나오는 고대의 하나님 나라의 약속에 대한 새로운 주해를 제시했는데, 이 새로운 주해는 당시의 다른 해석과 어느 정도 맞물려 있으면서 어느 정도 이의를 제기했다.

그러나 적어도 3세기 이후부터는 교회의 많은 전통이 예수의 하나님 나라 선포와 관련된 유대교적 정황이나 예수가 재정의한 하나님 나라의 내용을 심각하게 받아들이지 않고 있다. 대부분의 서구 그리스도인들은 '하나님 나라'를 '죽었을 때 가는 천국'으로 가정한다. 이 가정은 완전히 틀린 것이다. 하나님 나라가 세상의 끝이라는 슈바이처의 생각이 완전히 틀렸던 것처럼 말이다. 그러나 우리가 ('하늘에서와 같이 땅에서도' 이루어지는 하나님 나라에 대한 예수의 비전을 공유하면서) 하나님 나라를 제대로 이해한다면, 우리가 복음서를 이해하는 방법과 예수를 이해하는 방법, 그리고 오늘날 예수와 그의 이야기와 관련된 교회에 대한 생각에 대변혁이 일어날 것이다. 이러한 역사적 핵심은 단순히 예수가 무엇에 관해 이야기했는지를 밝히는 문제가 아니다. 이 역사적 핵심은 역사 자체에 반드시 필요한 소명을 천명하는 것이다. 무대 위의 역사가 걸림돌을 제거할 수 있게 된다면, 왜곡도 해체할 준비를 해야 한다.

교회와 신학 모두 이에 큰 저항을 보일 것이다. 신학은 자주 다음과 같이 말한다. '당신네 역사가들은 양의 탈을 쓴 늑대들이므로 우리는 당신들의 말을 듣지 않을 것이다.' 사람들은 '역사'에 호소하는 것이 18세기의 환원주의를 밀수하는 일이라고 가정한다. 그러나 이 가정은 단순한 유언비어다. 어쨌든 우리에겐 다른 선택이 없다. 말씀이 **육신**이 되었기 때문이다. 역사를 회피하는 것은 영지주의를 향한 첫걸음이다. 많은 곳에서 내가 주장했듯이, 역사는 기독교가 실수에 기초한 게 아니라는 것을 보여 줄 것이다. 역사는 중심 본문이 전부라고 생각했던 것을 인지하고 재표현하는 방식, 즉 역사적 배경 및 의미에 주목하지 않는 방식 때문에 실수가 **유발되었다**는 것을 보여 줄 것이다. 바로 이러한 이유 때문에 전통—독단적이든 경건하든 상관없이—에 호소한다고 문제가 해결되지는 않을 것이다. 독단적 주장과 경건 모두 성경 자체의 원래 의미를 따라야 한다. 이는 종교개혁가들의 주장과 일치하며 아퀴나스도 이에 동의할 것이다.

논의의 방향 지시하기

만약 역사가 걸림돌을 제거할 수 있고 왜곡도 해체할 수 있다면, 역사는 틀림없이 **논의도 지시**할 것이다. 우리는 감히 다른 곳에서 시작할 수 없다. 칼케돈 신조처럼 우리가 전적으로 믿고 있는 정통 진술에서도 시작하지 않아야 하며, 초기 문헌의 내용을 무시하면서 앞으로 나아가려고 하지도 않아야 한다. 칼케돈 신조는 5세기 관용구를 통해 그리고 특별한 목적을 위해 초기 문헌의 핵심 사항을 되찾으려는 시도였다. 그러나 이러한 시도의 방식과 방법과 내용에는 아쉬움이 많이 남아 있다. 신중한 정통신학자였던 헨리 채드윅조차 영향력 있는 소논문을 통해 이 아쉬움을 인정했다.[149] 칼케돈 신조는 원래의 역사적 정황 및 의미에 대한 여러 측면을 차단했는데, 이러한 측면들이 제대로 회복되었다면 기독론과 다른 주제들에 대한 보다 강력한 설명을 제공했을 것이다. 만약 신학이 진실한 것이 되려면, 신학은 다

---

[149] H. Chadwick, 'The Chalcedonian Definition', in *Selected Writings*, ed. William G. Rusch (Grand Rapids: Eerdmans, 2017), pp. 101-114. Chadwick의 이 소논문이 처음 실린 곳은, *Actes du Concile de Chalcedoine: Sessions III-VI*, trans. A.-J. Festugière, Cahiers d'Orientalism IV (Geneva: Patrick Cramer, 1983)이다. 특히 p. 113의 다음과 같은 내용을 보라. '기술적인 철학 용어들과 부정적 의미의 부사들은…성경적 기독론의 심오함을 표현하기엔 부적절한 추상성을 전달한다.…추상적 용어들은 복음서에 그려진 예수의 생생한 모습을 제대로 나타내지 못하고 그 추상성으로 인해 예수는 역사적 과정의 특수성에서 이탈하게 된다.' 내가 볼 때, 이것은 정의(definition)가 '신약에서 전승된 기독론의 두 가지 주요 양식'을 고수하는 데 도움이 된다는 Chadwick의 마지막 주장(p. 114)에 의문을 제기한다. 우리는 Karl Barth의 *Church Dogmatics*, vol. 4, *The Doctrine of Reconciliation*, part 2, trans. G. W. Bromiley [Edinburgh: T&T Clark, 1956 (1953)], p. 127에 나오는 다음의 내용을 비교해 볼 수 있다. '본질적 예수와 니케아 신조 및 칼케돈 신조의 예수는 과거에도 스스로 존재했고 지금도 스스로 존재한다. 그러나 우리가 그의 독특한 형성을 개념적으로 일관되고 유용하게 설명할 수 있을지라도 관련 개념들의 시대 초월적·역사적 유원함(remoteness)으로 인해 예수를 역사적으로 행동하는 존재로 선포하고 믿는 것은 불가능할 것이다.…그는 기독교 교회가 실제로 예수 그리스도라는 이름으로 언제 어디서나 선포하고 믿었던 그런 존재로 선포되고 믿어질 수 없을 것이다.'

른 근거에 기초한 주장을 꾸미기 위해 단순히 몇몇 성경 본문을 가져와서는 안 되고 동일한 연구를 했던 과거의 위대한 신학자들을 언급함으로써 절차를 간과해서도 안 된다. 신학은 **본문 자체의 역사적 주해로부터 자라나야 한다.** 본문이 사건으로서의 '역사'를 언급하려는 경우, 그 부분도 충분히 고려되어야 한다.

나는 역사적 주해에 대한 저항을 이해한다. 많은 신학자들이 학부에서 성경 연구를 그리스적 기원과 재구성된 자료의 무미건조한 반복으로 경험했다. 이러한 경험은 언제나 참된 역사를 회피하는 방식이었고, 마치 땅을 파는 것이 채소를 재배하는 것이라는 생각과도 같다. 제대로 수행될 시, 역사적 주해(과제 및 이야기)는 식물(사건에 대한 참지식)을 생산해야 하고 이 식물이 열매(의미)를 맺게 해야 한다. 그러나 이러한 결과는 역사적 주해가 역사적 주해로서 작용할 수 있을 때에만 주어질 것이다. 다시 말해, 역사적 주해의 어깨 너머로 보이는 불확실성에 대한 사람들의 경고 없이, 또는 활 없이 바이올린을 연주하는 것이 더 안전하다는 사람들의 조언 없이 역사적 과제를 추구할 수 있다면 말이다. 결국 우리는 베드로가 받았던 유혹으로 다시 돌아왔다.

그러므로 나는 이 지점에서 더 큰 신학 세계를 향해 역사를 두려워하거나 거부하지 말라고 탄원한다. 왜냐하면 우리는 플라톤주의 말고는 잃을 게 없기 때문이다. 물론 지난 250년 동안 사람들은 역사에 관한 것이 전혀 없을 때도, 그들이 하는 것이라곤 흄과 트뢸치의 주장을 사용해 기독교를 (비유대화함으로써) 넘어뜨리는 것이 전부일 때도, '역사 타령'을 해 왔다. 우리가 보았듯이, '역사-비평'(historical-cristical)이라는 난해한 표현은 훌륭한 주해에 먹칠을 한다. 라이마루스의 자칭 역사적 비평과 하르나크의 자유주의적 반독단주의 그리고 '예수 세미나'의 극단적 환원주의를 익숙하게 거부하는 신학자들은 레싱의 추한 도랑을 빌려 와 그들의 성채를 역사에 기초한 비평으로부터 보호하는 해자로 사용했다. 여기서 말하는 역사에 기초한 비평은 기독교가 실수에 기초해 있다고 주장하는 것이 아니라 기독교의 위대한 전통 중 일부가 계류장에서 미끄러져 추측의 창공에서 떠다니게 되었다고 주장한다. 그러나 기독교의 진리와 레싱의 '불가피한 이성의 진리' 사이에 중요한 차이점이 존재한다면 어떻게 될까?

만약 존재한다면, 서구 교회가 역사에 직면할 필요가 있다는 라이마루스의 말은 옳은 것이 된다. 그러나 서구 교회가 역사를 직면할 때 기독교가 틀렸다는 것이 입증될 거라는 그의 추정은 틀린 것이 된다. 오히려 역사에 직면함으로써 서구 교회는 예수의 삶, 죽음, 부활, 성령 파송을 통해 실현된 하나님 나라 메시지의 핵심을 상기할 것이다. 3, 4세기 교부들이 초기 가르침의 형태를 바꿔 놓았다는 아돌프 폰 하르나크의 주장은 옳지만, 이로 인해 초기의 '낮은' 기독론(또는 성령론)에서 이후의 '높은' 기독론의 변화가 발생했다는 그의 추정은 틀렸다. 예수에 대한 연구가 역사적 정황 내에서 이루어져야 한다는 예수 세미나의 주장은 옳지만, 이를 위해 예수 세미나가 택했던 방식은 완전히 틀렸다.[150] 복음서의 도전은 여전히 남아 있다. 바로 하나님 나라와 십자가를 십자가 고난을 통해 하나님 나라를 가져오는 예수와 규합하는 일이다. 높은 기독론은 수용하면서 하나님 나라를 잊는 것은 하나님 나라를 주장하면서 낮은 기독론을 취하는 것만큼 좋지 않다. 다시 말해, 예수의 신성은 복음서라는 음악에 설정되어 있는 조(key)이지만, 복음서라는 음악이 연주되는 선율은 아니다. 이것은 결과적으로 근대 서구 기독교의 다양한 유형을 지지하기 위해 '성경의 권위'를 불러일으키는 아이러니를 가져왔다. 이것은 또한 역사적 성경 주해가 훼파하는 플라톤 이론을 영속화한다.

---

150 *JVG*, ch. 2과 거기에 언급된 다른 연구들을 보라.

따라서 예수의 하나님 나라 선언으로 인해 그의 추종자들에게는 다음과 같은 역사의 과제가 있다. 예수의 행적과 그 행적에 담긴 예수의 의도, 그리고 그의 첫 추종자들이 당시 이해했던 내용과 얼마 지나지 않아 그들이 첫 역사를 기록할 때 이해하게 되었던 내용을 조사하고 신중히 재구성하는 것이다. 그렇다면 역사의 **과제**는 **과거에 대한 보다 더 일관된 이야기**를 생성해 내는 것으로, 이 일관된 이야기를 통해 독자는 **실제로 무엇이 발생했었는지** 그리고 그것이 **당시 핵심 인물들에게 무슨 의미가 있었는지**에 대한 더 나은 통찰을 얻게 될 것이다. 우리가 계속되는 역사의 과제를 통해 더 나은 통찰을 얻으려 씨름할 때 우리는 더 넓은 의미로 손을 뻗게 된다. 그 결과로 이 프로젝트가 주관주의로 몰락하거나 역사의 중간 과제가 상대화되는 것이 아니라 완전한 역사적 묘사가 제시되고 이 역사적 묘사로부터 신학의 출현이 가능해진다. 나사렛 예수와 관련된 사건들을 1세기 팔레스타인 정황에서 '자연' 세계의 일부로 조사할 때, 우리는 그 사건들에 신학적 의미가 내재해 있음을 발견한다. 이 지점에서 회의주의자들이 '예수가 당신이 사용하는 "특별 계시"의 한 부분이므로 당신은 예수의 말과 행위를 근거로 삼을 수 없다' 또는 '예수를 보아하니 그는 그냥 평범한 유대인 교사/혁명가/실패한 메시아에 불과하다'라고 말하면서 '어쨌든 내가 이긴다'는 식으로 우기는 것은 도움이 안 될 것이다. 예수는 '자연신학'에 중요한 존재다.

그리스도인 역사가의 과제

그렇다면 기독교 역사학은 무엇을 의미하고, '자연신학'이라 불릴 수 있는 프로젝트에 어떻게 기여할 수 있을까? 우리가 보았듯이, 그리스도인 역사가에게 역사의 과제가 일종의 케노시스, 즉 '자기 비움'을 의미한다는 것에 주목하는 일은 중요하다.[151] 그리스도인 역사가의 소명은 '방법론적 자연주의'를 두려워하는 이들이 때때로 생각하는 것처럼 신적 주권이나 섭리에 대한 믿음을 포기하는 것이 아니다. 신적 주권에 대한 믿음은 역사 연구에 앞서 **내가 하나님이 주권자라고 믿는 실제 세계에서 무슨 일이 일어났는지 알려 주지 않는다.** 누군가가 '하나님이 주권자이고 예수가 주님이기 때문에 이런 저런 일이 **발생할 수밖에 없었다**'—아니면 '**발생할 수 없다**'—라고 말하는 순간, 나는 그것이 '역사주의'라는 것을 안다. 우리는 '위로부터' 역사를 할 수 없다. 역사가는 실제 세계에 뛰어들어야 하고, 빌립보서 2장이 말하는 예수를 쫓아 사건의 지저분하고 위험한 영역 안으로 들어가 **하나님이 주권적으로 행한 일이 실제적으로 무엇인지** 발견해야 한다. 우리는 이것을 미리 알 수 없다. 요한은 누구도 하나님을 본 적이 없고 오직 독생자 하나님만이 하나님을 나타냈다고 선포한다(1:18). 이렇게 하지 않는 것은 요한복음의 하나님 또는 빌립보서 2장의 하나님을 거부하는 것이다. '그렇다. 우리는 역사를 믿는다'라고 말하는 것만으로는 부족하다. 왜냐하면 이 말은 단순히 예수가 실제로 존재했다는 것과 성육신한 하나님이 이 땅을 걸어 다녔다는 것을 인정하는 것에 지나지 않기 때문이다. **우리는 성육신한 하나님을 보기 전까지 성육신한 하나님이 누구인지 모른다.** 그것 없이는 의미의 재구성이 순환적이고 이기적이며 선교학적으로 무익해질 위험이 있다.

내가 강조하고 싶은 것은, 우리가 새로운 종류의 구속사를 만들어 낼 수 있으며 가장 훌륭한 역사라 할지라도 매우 모호한 부분에서 하나님의 의도와 행동을 읽어 낼 수 있다고 생각하는 것을 조심해야 한다는 것이다. 우리가 신적 섭리를 믿는다고 해서 영감을 받은 성경 저자들처럼 곧바로 하나님

---

151 '자기 비움'(kenotic) 기독론 개념은 빌 2:7에서 등장했는데, 여기에서 예수는 '자신을 비웠다'(*ekenōsen heauton*). 이 구절은 다양한 의미를 내포한다. *PFG*, pp. 680-689를 보라.

의 관점에서 사건을 볼 수 있는 것은 아니다. 헤겔은 역사를 멈출 수 없는 진보로 보았다. 그러나 우리의 생각은 다르다. 마르틴 루터는 중세 시대를 교회의 바빌론 포로기로 보았다. 어쩌면 그럴지도 모른다. 그러나 아마 아닐 것이다. 우리의 삶의 깊이와 모호함처럼 신적 질서는 한 번에 인식된 적이 거의 없는데, 오히려 그게 다행인 것 같다. 성 바울조차 오네시모의 회심을 묵상할 때 '아마'라는 단어를 사용해 그가 제안하는 해석을 소개한다(몬 15절). 겸손, 인내, 회개, 사랑으로 돌아가라는 것이다.

그리고 예수에게 돌아가라는 것이다. 예수는 신학의 핵심이며 이는 신학에 역사가 필요하다는 것을 네 가지 의미 모두에서 의미한다. 우리는 방법론적 가현설(예수가 역사적 인물로 보이지만 실상은 아니라는 주장)을 수용할 엄두조차 내지 않는다. 이 말의 의미는 우리가 모더니즘적 편견을 두려워한 나머지 모든 것을 '설명하기' 위해 소위 '초자연적인' 무언가를 들먹이지 말아야 한다는 것이다. 이는 레싱의 그릇된 이원론을 영속화시키는 것에 불과하다. 그것은 과거를 있는 그대로의 과거로 허용하는 사랑의 해석학에서 실패할 것이다. 왜냐하면 그것이 (일부) 일세기 사람들의 사고방식을 (일부) 후기 계몽주의 사람들의 사고방식으로 전락시키기 때문이다.

따라서 초기 유대교 및 기독교 세계에 대한 역사 연구는 역사적 과제에 대한 해석학적 변수를 설정한다. 다음 두 장에서 더 자세히 다루겠지만, 우리는 이 시기를 연구하면서 세상을 자연과 초자연으로 이분하지 않았던 사람들을 발견하는데, 그들의 신념은 근대 에피쿠로스의 세계관 내에서 쉽게 포착될 수 없다. 그들의 현실 이해는 성전의 영향을 받았다. 즉, 하늘과 땅은 서로 겹치고 맞물려 있다. 그들의 시간 이해는 안식일의 영향을 받았다. 즉, 하나님의 미래는 현재와 동떨어져 있지 않고 현재에 나타날 수 있으며 실제로 나타났었다. 때때로 그들을 놀라게 했던 일들이 분명히 발생했고 이로 인해 그들은 다음과 같이 말했다. '하나님께서 자기 백성을 찾아오셨다!'(눅

7:16)¹⁵² 그러나 사건들에 대해 그들이 보인 반응은 종종 실망과 당혹이었다. 특히 예수가 잔인한 죽음을 맞이했을 때, 그들은 실망했고 당혹했다.¹⁵³ (흔히 말하듯이) 역사만으로 '예수의 신성을 증명하는 것'이 불가하다는 사실이 요점의 일부다. 즉, 우리는 복음서 전체가 주장하는 예수의 정체성을 발견할 때까지 '신성'이 무엇인지조차 모른다. 초기 그리스도인들은 하나님에 대한 어떤 그림으로 시작한 다음 예수를 거기에 맞추려고 할 수 없다고 주장한다. 이러한 방식은 1세기에 효과가 없었고 지금도 효과가 없을 것이다. 복음서는 이와 정반대로 이 문제에 접근해야 한다고 주장한다. 또한 우리는 부활을 근거로 예수를 '신성한 존재'로 선언할 수 없다(부활 하나만으로 예수의 신성을 알 수 없다. 마카베오 혁명의 순교자들은 하나님이 그들을 죽음에서 부활시킨다고 확언하지만 그렇다고 이 부활이 그들을 '신성'한 존재로 만든다는 어떠한 암시도 하지 않았다). 그리고 우리는 '신성'의 의미를 안다고 가정하면서 복음서의 실제 내용을 무시한 채 예수의 부활로부터 우리의 논의를 진행할 수 없다. 나는 이러한 논의가 자칫 정통 기독교 내에서 종종 발생하고 있다고 생각한다. 이러한 논의로 인해 라이마루스에서 '예수 세미나' 그리고 그 너머까지 이르는 저항이 초래되었다.

오히려 역사적 도구를 갖고 예수에 관한 이야기를 살피고 예수에 관한 이야기를 **통해** 살필 때—전체 사건의 겉과 속을 볼 때—우리는 **필수적이며 불가피한 질문들**을 발견하게 된다. 이 질문들은 우리가 7장에서 연구할 중요한 질문, 즉 시간과 문화를 초월해 인간의 삶에 발생하는 질문들과 근원이 같다. 7장의 논의를 예상하자면, 요점은 우리가 이러한 질문들로부터 '하나님'을 추론해 낼 수 있는가가 아니다. 역사만으로는 구식 합리주의 변증

---

152   1:68과 19:44도 보라.
153   눅 24:21: '하지만 우리는 그분이 이스라엘을 구속하시기를 바랐습니다!'

의 토대를 형성할 수 없다. 참된 변증에는 더 큰 '역사', 곧 교회의 성령 충만한 삶, 그리고 새로운 창조 세계가 현재 세계에 치유를 가져오고 하나님의 궁극적인 하늘과 땅의 미래를 가리키는 스토리텔링과 상징 만들기가 포함되어 있다.

역사적 과제에 대한 헌신은 우리가 1세기 팔레스타인 유대인들의 실제 생활 측면에서 위대한 신학적 질문을 재구성하기 위해 단호한 노력을 기울일 것을 요구한다. 기독교 신학의 많은 분야는 아직도 후세기의 안경을 통해 예수와 복음서를 살피는 것에 만족하고 있다. 그들은 적절한 배경과 특히 '하나님 나라'(모든 면에서 예수의 중심 주제인)가 거기에서 무엇을 의미했는지에 전혀 관심을 기울이지 않으면서 몇 개 안 되는 예수의 행위와 말을 붙들고 이후의 신학 공식을 설명하려는 경향을 보인다. 그러나 이 과제를 시도할 때만, 즉 예수를 그의 정황 속에서 살필 때만, 우리는 복음서가 우리에게 무엇을 말하려고 애쓰는지를 발견할 것이다. 다시 말해, 분명한 인간이었던 예수, 그의 소명, 그의 운명 그리고 그의 운명이 가져온 놀라운 여파를 알게 됨으로써 우리는 인간의 삶이 일반적으로 제기하는 질문(7장을 보라)과 예수 자신의 삶, 공생애, 죽음이 제기한 질문에 매우 극적이고 일관된 방식으로 답변이 제공되고 있다는 것을 발견하게 된다. 따라서 우리는 이 질문들이 우리가 물어야 할 바른 질문이라고 강력히 주장할 수 있다.

따라서 나는 1세기 역사를 1세기에 살았던 예수 및 그의 첫 추종자들과 더불어 연구하는 것이 건강한 그리스도인의 삶, 신학, 증언에 필수 요소라고 제안한다. 이러한 역사 연구에 기초한 증언이 새롭게 된 '자연신학'의 핵심 부분을 형성할 수 있고 형성해야 한다. 역사는 '자연' 세계의 사건들을 연구하는데, 이 사건들에는 '외적 측면'뿐만 아니라 '내적 측면'도 존재한다. 예수는 이런 식으로 연구될 수 있고 연구되어야 한다.

결론

나는 이 장에서 '역사'라는 단어가 지닌 다른 의미들을 명확히 하면 서로 다른 틀과 안건으로 인해 혼란이 발생한 방식을 이해할 수 있다고 말했다. 이는 사람들이 이렇게 다른 틀과 안건 속에서 '역사를 수행'하려고 했을 뿐만 아니라 더 큰 사고 체계 내에서 작업 결과를 사용하려고 했기 때문인데, 그들은 '역사'라는 단어의 의미가 모호하지 않은 것처럼 역사에 호소하거나 역사를 무시했다.

따라서 역사의 과제는 훼손된 야웨의 단을 재건하는 엘리야의 과제와 다르지 않다(왕상 18:19-46). 바알 선지자들과 비견되는 자칭 서구 세속 문화의 지도자들은 춤을 추면서 그들의 이론으로 그들의 몸을 찢고 진보와 혁명의 꿈을 꾼다. 그러나 하나님 나라는 아직 오지 않았다. 충성된 야웨의 많은 서기관들이 동굴로 들어가 그들의 사적인 세계에서 안전히 지냈다. 엘리야의 이야기를 비유로 삼아 이제 역사가들(옛 과거를 말해 주는 돌들, 즉 기초 증거를 취하면서)은 이 과제를 다시 시작하고 이 돌들로 단(실제 사건을 제대로 가리키는 이야기)을 쌓은 후 여기서 드러난 '의미'라는 기도를 이 단 위에 올려놓아야 한다. 물론 이 단은 물로 가득 차 있는 넓고 추한 도랑으로 둘러싸여 있을 것이다. 제물에 불이 붙는 것은 불가능해 보일지도 모른다. 하지만 그것은 우리가 상관할 일이 아니다. 우리가 할 일은 제단, 곧 책임 있고 신중한 역사적 작업에서 발현되는 공적 진리를 쌓고, 1세기의 의미를 깊고 풍부하게 해 주는 의미들을 최선을 다해 드러내는 것이다. 그러고 나서야 불이 단 위로 떨어지기를 기도해야 한다.

이 말이 '묵시론적'으로 들린다면, 이는 아마도 적절한 반응일 것이다. 그리고 이 적절한 반응은 우리를 다음 장으로 향하게 한다.

4장

세상의 종말?

역사적 관점에서의 종말론과 묵시

도입

지금 내가 하려는 것처럼 기독교 신학이 역사적 상황, 예수에 대한 믿음, 예수의 첫 제자들에 고정되어 있어야 한다고 주장하는 사람이라면 일반적인 반응을 기대해야 한다. 사람들은 다음과 같이 말할 것이다. '그러니까 우리가 1세기 묵시론자 행세를 하며 세상이 곧 종말을 맞이할 것처럼 생각하면서 돌아다녀야 한다는 건가요?' 내가 주장했던 것처럼 그리고 여기서 주장하는 것처럼, 예수와 그의 첫 제자들이 사실은 시간과 공간으로 이루어진 우주의 임박한 종말을 기대하지 않았다고 주장하는 사람이라면 나의 옥스퍼드 대학교 동료 중 한 명인 작고한 에릭 프랭클린(Eric Franklin)이 내게 했던 당혹스런 비꼼을 듣는 것은 당연하다. 내가 1992년에 『신약성서와 하나님의 백성』을 출판했을 때, 프랭클린은 다음과 같은 말로 나를 비꼬기 시작했다. '그렇다면 톰, 자네가 종말론을 버렸기 때문에…'

나는 예수를 따르기 위해 세상이 내일 끝날 것처럼 가정해야 한다고 생각하지 않는다. 그리고 나는 '종말론을 버리지'도 않았다. 그러나 앞 장에서 다룬 '역사'와 '역사주의'와 마찬가지로, 우리는 이 단어들이 지난 세기 동안 신학적·역사적 논의에서 지녔던 여러 다른 의미들을 풀어내는 어려운 과제를 정면으로 다루어야 한다. 그리고 우리는 특별히 예수와 그의 첫 제자들이 실제로 믿었던 1세기 '종말론'을 역사적으로 설명해야 한다. 이러한 과제들의 결합이 이번 장의 의제다.

나는 지금까지 '세속 시대'의 신학으로 가정되었던 부활한 에피쿠로스학파의 더 큰 범위 내에서 근대를 살아가는 우리에게 '자연신학'이라는 문제가 닥치게 된다고 주장해 왔다. 그리고 나는 그로 인해 이 질문의 형태가 뒤틀려 버리게 되었다고 제안했다. 하나님과 세계의 관계에 대한 전반적인 질문과 '하나님' 및 '세계'의 의미에 대한 질문은 우리가 이 둘을 배치하는 틀에 달려 있다. 이 틀은 격변하는 근대 서구 문화다. 더욱이 우리가 바로 앞 장에서 보았듯이, 하늘과 땅 사이의 에피쿠로스주의적 분리는 과거와 현재 사이의 계몽주의적 분리와 일치했고, '역사'를 둘러싼 혼란을 추가적으로 야기했다. 예수와 그의 첫 제자들에 대한 지속적인 논의도 동일하게 소용돌이치는 문화적 맥락에 놓여 있어야 한다는 것은 분명하다. '중립성' 또는 '객관성'을 가장하는 것은 그냥 가식일 뿐이다. 그러나 앞서 논의한 바와 같이, 그것은 역사학에 대한 비판적이자 현실주의적인 접근을 배제하지 않고 오히려 더욱 절실하게 요구하며, 동시에 '비판적 현실주의'와 같은 관념이 동일한 근대 논쟁 내에 위치한다는 것도 인식한다. 이러한 접근법의 결과는 더 큰 신학적 질문들과 계속 대화를 이어나갈 것이다. 결국 신학은 여전히 예수 또는 적어도 다양한 의미를 지닌 '그리스도'를 소환한다. 비록 신학이 예수를 어떻게 해야 할지 모르고 그가 무엇을 할지는 더더욱 모를지라도 말이다. 그 결과 '자연신학'을 포함한 신학은 예수와 그의 하나님 나라 메시지에 대한 1세기의 모든 이해를 소홀히 여겼다.

이것은 특별히 '종말론'(eschatology)과 '묵시'(apocalyptic)라는 신성한 단어들에 영향을 미쳤다. 우리는 모두 이 단어들의 부정확성에 불평하지만 그럼에도 이 두 단어를 계속 사용하고 있다. 나는 여기서 2장에서 제기된 다음과 같은 질문을 다루기 위해 몇 가지 설명을 하겠다. 만약 슈바이처와 불트만이 세상의 종말의 예수에 대해 틀렸다면, 그 방향을 가리키는 듯한 예수의 말은 무엇을 의미하는 걸까? 이것은 우리의 주요 주제로 돌아가는 필수 경로다. 역사적으로 이해된 성경 본문은 우주론과 역사에 대한 계몽주의의 급진적 분리가 잘못된 이해를 가져올 수밖에 없다는 것을 보여 줄 것이다. 나는 불트만의 기포드 강연이 이 함정에 걸려들었다고 생각한다. 만약 우리가 에피쿠로스주의적 세계 발전의 '폐쇄적 연속체' 안에서 '역사'를 생각한다면, '하나님'과 관련된 모든 것은 정의상 완전히 분리되어야 한다. 그래서 '묵시'라는 단어는 하나의 문학 장르를 가리키는 가장 자연스러운 용법으로 사용되지 않고, 하나님이 밖에서 안으로 침투해 들어오는 (이 침투는 일방통행만을 가져온다. 다시 말해, 여기에는 '자연신학'의 추론이 작용할 수 있는 가능성이 전혀 없다) 일종의 세계관에 대한 표시로 사용되고 있다.[1] 이것이 불트만이 '종말론'을 사적인 영적 체험의 비유로 바꾼 이유 중 하나다.

종말론과 묵시

도입

나는 이 모든 토론의 근거가 빈약하다고 생각한다. 그러나 본문과 관련된 논쟁을 다루기에 앞서, 이 핵심 용어들이 사용되고 있는 다른 의미들을 정

---

[1] 근대의 '묵시'와 특히 현대 바울 연구에 관해서는, *PRI*, Part. 2를 보라.

리할 필요가 있다.²

종말론

'종말론'과 관련해 나는 조지 케어드(George Caird)가 여전히 그의 중요한 저서 『성경의 언어와 이미지』(*The Language and Imagery of the Bible*)에서 제시하고 있는 분석을 따르고 약간 발전시킨다.³

종말론의 전통적 의미인 '마지막 사건', 즉 사망, 심판, 천국과 지옥에서부터 시작해 보자. 이 단어는 1800년대 초 독일에서 처음 사용되었고 그 세기말에 그 의미를 가지고 영어권 세계로 유입되었다. 많은 사전들이 여전히 이 전통적 의미를 종말론의 유일한 의미로 제시한다.

둘째, 앞 장에서 설명했듯이 '역사' 자체가 '어디론가 향하고 있다'는 '실증주의적'인 믿음이 있다. 1900년까지 '종말론'이라는 단어는 이러한 종류의 예언적 역사주의를 가리키는 데 사용되었다. 예언적 역사주의는 사건들이 헤겔의 목적이든지, 테야르 드 샤르댕(Teilhard de Chardin)의 목적이든지, 아니면 소위 '구속사'라는 보다 성경적인 것의 회복이든지, 일종의 목적을 향해 진행한다고 간주했다.

셋째, 예언적 역사주의로서의 종말론은 알베르트 슈바이처의 '일관된 종말론'(Konsequente Eschatology)에 의해 그 중요성이 묻혔는데, 슈바이처는 종말론이라는 단어를 지금도 여전히 많은 사람들에게 유효한 의미로 사용했다. 다시 말해, 그에게 이 단어는 임박한 세상의 종말을 의미했다.⁴

---

2   이 전체 주제에 대한 나의 이전 논의 중에서는 특히, *NTPG*, pp. 280-338와 459-464를 보라.
3   G. B. Caird, *The Language and Imagery of the Bible* (London: Duckworth, 1980), ch. 14을 보라. 내가 *JVG*, p. 208에 요약해 놓은 다양한 현재의 의미들도 보라.
4   일부 사람들은 아직도 이것이 이 단어의 유일한 의미인 것처럼 사용하고 있다. 예를 들어, R. Morgan, 'Albert Schweitzer's Challenge and the Response from New Testament Theology', in *Albert Schweitzer in Thought and Action*, ed. J. C. Paget and M. J. Thate (Syracuse: Syracuse University Press, 2016), pp. 71-104 (72).

넷째, 슈바이처에 대한 반응인 도드(C. H. Dodd)의 '실현된 종말'(realised eschatology)이다. 예수가 하나님 나라가 **이미** 이 땅에 **도래**했다고, 즉 이미 '실현되었다'고 선언했다는 것이다.[5] 도드는 예수의 미래지향적 발언들을 없애거나 그것들을 현재적 의미로 뭉개 놓았다. 후에 도드는 '실현 과정 중에 있는 종말론'을 주장한 예레미아스(Jeremias)의 영향을 받아 자신의 입장에 변화를 주었다. 그것은 하나님 나라가 정확히 어떤 모습일지 여전히 알지 못한다.

그다음 불트만은 종말론의 '실존주의적' 의미를 소개했는데, 이는 그의 기포드 강연에 자세히 설명되어 있다. 이것은 슈바이처의 의식적인 '비신화화'였다. 그렇다. 그 단어는 (예수와 그의 제자들이 여전히 믿었던) 세상의 실제적 종말을 의미했을지도 모른다. 그러나 그들은 그 단어를 영어권 화자들이 소위 '영성'이라 부르는 것과 같은 의미로 해석했고 이 해석에서 '수평적' 또는 '일시적' 기대는 수직적으로 침투하는 소망으로 변하게 되었다. 도드와 마찬가지로, 이러한 이해는 미래로 보이는 것들을 현재로 추정되는 것들로 바꾸어 놓았다. 이것은 도드에게는 새로운 윤리로, 불트만에게는 새로운 '본래적 실존'(authentic existence)으로 귀착되었다.[6] 루터교 신자로서 늘 '행위'를 의심했던 불트만은 행위를 영지주의와 크게 다르지 않은 일종의 경험으로 대체했다.[7]

케어드는 우리가 역사적으로 자신 있게 식별할 수 있는 두 가지 의미를 설명하지만 분류하지는 않는다. 나는 우리의 연구가 이 두 개의 의미에 집

---

5   참고. C. H. Dodd, *Parables of the Kingdom*, 개정판 [London: Nisbet, 1961 (1935)] 등등.
6   Moltmann의 *Coming of God*, pp. 13-22에 나오는 비평을 보라. 여기서 Moltmann은 Barth와 Bultmann이 '영원한 순간'을 찾는 대신 종말의 '미래적 속성'을 놓치고 있다며 그들을 비판한다.
7   Caird는 이전 세대에 유명했던 구약의 예언과 관련된 두 가지 해석, 즉 Lindblom의 해석과 Clements의 해석을 열거한다. 이 두 해석은 하나님이 '새로운 일을 행하실 것'이라는 예언적 소망과 하나님의 목적이 꾸준히 점진적으로 실행되고 있다는 섭리적 믿음이다.

중해야 한다고 제안한다. 첫째, '두 시대', 즉 '현재 시대'와 '다가올 시대'에 대한 매우 보편적인 유대교적 견해가 있다. 이 두 시대 이론은 흔히 상상하는 것처럼 다른 형태의 유대교 신앙과 차별화된 소위 '묵시적' 세계관의 특징이 아니다. 두 시대 이론은 훨씬 이후의 랍비 시대까지 지속되었고, 바 코크바의 위험한 왕국 야망과 이 야망을 지지했던 다니엘서와 같은 책들이 버려진 지 오래 시간이 지난 뒤에도 널리 퍼져 있었다.[8] 두 시대 체계는 진정한 '유배지로부터의 귀환', '새로운 출애굽 사건' 등에 대한 역사적·정치적 희망을 개괄한다. '두 시대'는 사람들이 흔히 생각하는 것처럼 이원적이지 않다(비록 그것이 우울한 '현재'가 활기찬 미래로 대체될 것이라는 이원론의 형태와 결합될 수 있고, 일부 유대인들, 아마도 쿰란의 작은 종파에 있는 몇몇 유대인들은 그것을 이러한 이원론의 형태로 취했을지도 모르지만 말이다). 현재 세계는 유일신 하나님의 피조물로서 하나님의 섭리적 통제 아래에 있는데, 이와 관련해 하나님이 왜 모든 것이 바로 잡힐 '다가올 시대'를 계속 지연시키고 있는지에 대한 다양한 이론들이 개진되고 있다.[9]

두 시대는 다른 의미들과 어떤 관계에 놓여 있는가? 전통적 관계는 거의 아닌 듯하다. 대부분의 유대인들은 일종의 내세 이론을 믿었지만, 두 시대라는 용어는 믿지 않았다.[10] 유대교의 두 시대 체계는 순조로운 발전은 고사하고 예언적 역사주의도 가져오지 않는다(다가올 시대는 단순히 현재 시대의

---

8 이 책 3장과 '묵시'와 '하나님 나라'—예를 들어, 구약에 기초한 혁명 비전—를 포기한 2세기 랍비들이 나오는, *NTPG*, pp. 199-200를 보라.
9 '이원론'의 문제는 다음의 논의들을 보라. R. Bauckham, 'Dualism and Soteriology in Johannine Theology', in Longenecker and Parsons, eds., *Beyond Bultmann*, pp. 133-153. 여기서 Bauckham은 특히 J. G. Gammie, 'Spatial and Ethical Dualism in Jewish Wisdom and Apocalyptic Literature', *JBL* 93 (1974), pp. 356-385를 인용한다. 그리고 *NTPG*, pp. 280-299와 *PFG*, pp. 370-371를 보라. Bauckham의 오래된 소논문, 'The Delay of the Parousia', *TynBul* 31 (1980), pp. 3-36도 보라.
10 죽음 이후의 삶에 대한 이 시기의 유대교적 견해는, *RSG*, chs. 3, 4을 보라.

세련된 연장에 불과하다).¹¹ 두 시대 체계는 세상의 종말 관념을 지지하지도 않는다. 세상의 종말 관념은 내가 2장에서 제안했듯이 그리고 이번 장에서 강조하듯이 근대적 오해에 불과하다. 두 시대 체계는 유대교 문헌이나 복음서에서 완전히 '실현된 종말'을 허용하지 않는다. 예수가 '하지만 내가 하나님의 손가락으로 귀신을 쫓아내는 거라면, 하나님 나라가 너희에게 온 것이다'라고 선포하며 축귀할 때조차,¹² '다가 올 시대'를 가리키는 대부분의 표적(악의 전복, 보편적 정의 및 평화)은 보이지 않았다. 마찬가지로, 이러한 유대교의 두 시대 관점은 실존주의적 해석을 거부할 것이다. 신성한 임재의 실존주의적 의미는 아마도 다가올 시대의 도래를 인지하는 **필수** 조건으로 간주될 수 있겠지만, **충분** 조건은 절대로 될 수 없다. 유대인 비평가들이 항상 주장해 온 것처럼, 다가올 시대는 새로운 정치적·사회적 질서를 의미하는 확고한 현세적 개념이다. 다가올 시대는 사람들의 머릿속 관념이나 가슴속 따듯한 감정 그 이상일 것이다.

마지막으로, 일곱 번째 의미는 이러한 유대교적 희망의 초기 기독교 버전이다. 이것은 복음서와 바울서신에 명확히 드러나 있으며 '다가올 시대'가 예수의 죽음과 부활을 통해 **이미 시작되었다**고 주장한다. 예수는 어둠의 권세들을 이겼고 죄를 해결했으며 새 창조를 개시했다. 이러한 견해에 대한 기대는 이미 쿰란 문서와 몇몇 다른 기독교 이전 유대교 문헌에서 찾아볼 수 있다. 이 문서들은 마지막 날의 참된 징조로 이해되어야 하는 사건들이 이미 발생했다고 믿는다. 이 견해는 로마서 8장, 고린도전서 15장, 또는 요한계시록 21, 22장의 내용처럼 모든 것이 마침내 바로잡힐 것이라는 약속을

---

11   이러한 견해를 날카롭게 비평하는, J. Moltmann, 'The Liberation of the Future from the Power of History', in *God Will Be All in All: The Eschatology of Jürgen Moltmann*, ed. R. Bauckham (London: T&T Clark, 1999), pp. 265-289를 보라.
12   눅 11:20. 평행 본문인 마 12:28은 '손가락' 대신 '성령'을 언급하지만 요점은 동일하다.

포함한다. 이 견해에는 우리 현대인들이 '사회적' 또는 '정치적' 효과라고 생각하는 것이 포함되어 있다. 시편 72편의 약속은 단순히 영성에 대한 비유 또는 시간 및 공간과 무관한 '천국'을 가리키는 이정표에 대한 비유가 아니다. 그 약속들은 실제 정의와 자비를 가리키는 참된 신호다.

묵시

나는 다른 곳에서 '묵시'를 광범위하게 논했다. 스위스 학자 외르크 프라이(Jörg Frey)는 최근에 내가 묵시를 '무효화한다'(neutralizing)고 비난했는데, 나는 그의 이 비난에 반론을 제기한다.[13] 프라이와 유럽 대륙의 다른 이들에게 '묵시'라는 단어는 아직도 슈바이처와 불트만이 이야기했던 것을 의미하고, '세상의 종말'이라는 의미를 거부하는 어떤 시도도 배신으로 간주된다. 그러나 보다 중요한 것은, 미국과 영국의 한두 군데—이 한두 군데를 제외한 다른 지역은 해당사항이 없다—에서 '묵시'는 종종 루이스 마틴(J. Louis Martyn) 및 그의 추종자들과 연관된 전문적 의미로 사용되며 '위로부터 수직적으로 일어나는' 신성한 침입을 나타내고 일반적으로 세계 또는 특별히 이스라엘의 이전 이야기들에 여지를 허용하지 않는다. 이러한 의미의 '묵시'는 프라이가 올바로 보고 있듯이 1세기와는 전혀 어울리지 않는다. 묵시는 20세기의 논쟁적 발명품으로 초기 바르트의 몇몇 특징을 끄집어내고 있으며 마치 1세기 종교 역사에서 도출된 용어인 듯 위장하고 있다. 신학자들이 마치 그러한 체계에 성경적 유효성을 부여라도 하는 것처럼 마틴의 의미를 끄집어내려 할 때, 그들이 하는 일은 뒤죽박죽인 주해의 우물 바닥에 비친 바르트의 창백한 얼굴을 바라보는 것뿐이다.[14]

---

[13] 특별히 *God and the Faithfulness of Paul*, ed. C. Heilig, J. T. Hewitt and M. F. Bird (Grand Rapids: Eerdmans, 2017), pp. 743-754에 나와 있는 Jörg Frey에 대한 나의 반응을 보라.
[14] *PRI*, Part II를 보라.

다시 한번 의미를 명확히 하자. 나는 마틴과 그의 작지만 열렬한 지지자들의 다음과 같은 견해로 시작한다. 즉, '묵시'는 가시적 선례가 없는 신적 공개 및/또는 승리에 관한 것이다. 역사는 실패했고 우리에겐 새 말씀(Word)이 필요하다. 갈라디아서 1:4은 '현재의 악한 시대로부터…건[져지는 것]'에 대해 말한다. 이 견해의 지지자들은 가끔 아무런 역설 없이 발터 벤야민을 인용한다. 나는 다른 곳에서 이 견해가 식별 가능한 1세기 견해들을 설명하고 있는 것이 아니라고 주장했다. 원숙한 바르트는 이 견해를 거부했을 것이다.[15] 마틴(Martyn)의 갈라디아서 주해에는 치명적 결함이 있다.

둘째, 바이스 및 슈바이처와 연관 지을 수 있는 다음과 같은 견해가 있다. '묵시'가 실제적이고 임박한 세상의 종말을 가리킨다는 것이다. 성경 본문이 '별들이 하늘로부터 떨어질 것이다'라고 말할 때, 이는 말 그대로 별들이 하늘로부터 떨어진다는 것을 의미하고, 그때 하늘을 쳐다보는 모든 사람이 그것을 볼 수 있다는 것이다.

셋째, 예수의 재림, 즉 '파루시아'에 초점을 맞추는 견해가 있다. 이 견해는 임박한 종말 관념 내에서 추가적 세부 사항으로 기능한다. 이는 케제만이 '묵시'가 '기독교 신학의 어머니'라고 말했을 때 염두에 두었던 것이다. 그에게 초기 그리스도인들은 예수가 재림하리라는 임박한 소망에 따라 살았던 자들이다. 그러나 실망한 다음 세대는 모든 것을 다르게 재구성했다.

15　여기서 내가 말하는 원숙한 Barth는 『로마서 주석』 초판을 저술할 당시의 Barth와 대조되는 『교회교의학』 후반부와 *The Humanity of God*, trans. Thomas Wieser and John Newton Thomas [Philadelphia: Westminster John Knox, 1998 (1960). 이 책은 세 개의 단행 논문을 하나로 합친 것이다]를 저술할 당시의 Barth를 의미한다. Barth는 그의 기념비적 『로마서 주석』 재판을 되돌아보며 『교회교의학』 I/2에서 자신의 심경에 변화가 있었음을 독자에게 암시한다. 『로마서 주석』에서 '접선이 원에 접촉하지 않으면서 접촉하듯이' 계시가 시간과 접촉한다고 제안했던 그가(*The Epistle to the Romans*, 2nd edn., trans. Edwyn C. Hoskins [Oxford: Oxford University Press, 1933 (1922)], p. 29) 이제는 계시가 '시간이 지나면서 초월적 상태로 존재하지도 않고, 한 시점에서 만나지도 않으며, 다만 시간 속으로 들어간다고, 아니 시간을 삼켜버린다'(『교회교의학』 I/2, p. 50)고 믿는다.

네 번째 견해는 케제만이 반대했던 것으로, 이 견해는 불트만의 비신화적 해석을 의미한다. 즉, 이 견해는 실존주의적 경험의 관점에서 '묵시'를 이해한다. 이 견해에 따르면, 예수는 임박한 종말이라는 **표현**을 빌려 왔고, 그의 제자들은 이 표현을 문자적 의미로 계속 사용했지만, 예수는 매 순간 모든 사람이 맞닥뜨리고 있는 영원하고 (그리고 비정치적인) 실존주의적 도전을 언급하기 위해 묵시라는 표현을 사용했다.

케제만은 이러한 내적 투쟁 대신 우주적 전쟁을 보았다. 이는 '묵시'의 다섯 번째 의미를 만들어 낸다. 즉, 묵시라는 표현이 비인간적 권세들이 하나님 및 그분의 백성과 전쟁을 벌이는 투쟁을 가리킨다는 것이다. 여기서 마틴은 그의 스승과 완전히 갈라진다. 케제만에게 재림은 최후 승리를 의미했을 것이다. 그러나 (우주적 권세 관념을 자신이 이해하는 묵시 개념의 핵심으로 삼았던) 마틴에게 십자가의 예수는 이미 이 투쟁에서 승리했다.[16]

여섯 번째 입장은 케어드의 견해[크리스토퍼 롤런드(Christopher Rowland)를 비롯한 많은 이들의 지지를 받고 있는]로 나도 그의 견해를 따르고 있다. 나는 '묵시'라는 단어가 **장르** 또는 적어도 **문학적 형태와 사용**을 **나타내는** 데 가장 잘 사용된다고 제안하는데, 저자들은 이 문학적 형태와 사용을 통해 소위 현세의 실제를 가리키고 신학적 의미를 **함축**하려고 한다. 따라서 이 견해에 따르면 다니엘 7장 또는 요한계시록 13장의 '괴물' 또는 '짐승'은 이교도 제국 또는 황제를 **나타내고** (혼돈과 악의 장소인) '바다에서 나와' 하나님께 대항하는 어두운 세력을 **함축**한다.[17] 이는 다니엘서에서부터 에스라4서

---

16 *PRI*, Part II를 다시 보라. 이 주제는 우리의 현재 토론과 무관한 많은 다른 질문들을 제기한다.
17 많은 학문적 자료 중에서, C. C. Rowland, *The Open Heaven: A Study of Apocalyptic in Judaism and Early Christianity* (New York: Crossroad, 1982); J. J. Collins, *The Apocalyptic Imagination* (New York: Crossroad, 1987); B. E. Reynolds and L. T. Stuckenbruck, eds., *The Jewish Apocalyptic Tradition and the Shaping of New Testament Thought* (Minneapolis: Fortress, 2017)를 보라.

까지의 유대교 문헌과 요한계시록, 바울서신, 복음서를 비롯한 초기 기독교 문헌에서 발견된다.[18] 마가복음 13장의 소위 '묵시 담화'는 표면상으론 성전의 멸망에 관한 것으로, 이 멸망은 하늘과 땅의 결합을 상징하고 성취했다. 성전의 파괴는 예레미야가 이미 알고 있었듯이 우주적 붕괴의 측면이 아니고서는 설명이 거의 불가능하다.[19]

나와 외르크 프라이 사이에 있었던 특정 토론은 여기서 요약할 만큼 중요하다. 나는 내가 앞에서 요약한 입장을 고수하고 있는 반면에 프라이는 '최후 종말'과 '**재림**'의 의미를 고수하며 불트만의 실존주의적 이해가 공격받았던 것과 똑같이 나의 입장이 공격받을 수 있다고 생각하는 듯하다. 그러나 우리 둘 모두 역사적인 이유로 마틴 및 그의 추종자들의 견해를 거부하는데, 그들의 견해는 현재 미국의 몇몇 구역에서 인기가 있다. 내가 마틴과 그의 추종자들의 견해를 거부하는 것을 본 프라이는 내가 마치 종말 관념을 거부하거나 불트만처럼 종말 관념을 비신화화하고 있는 것처럼 반응했다. 그러나 **분석 및 해석은 내가 요약한 견해에서 볼 수 있듯이 비신화화가 아니다**. 분석 및 해석은 묵시라는 용어의 사회정치적 언급을 역사의 문제로 인지하고 제시된 사건들이 우주적 권세의 싸움터로 간주되어야 한다는 저자의 믿음을 매우 중요시한다. 따라서 프라이에게는 미안하지만 나는 '묵시'를 근대화하지도 길들이지도 무효화하지도 않는다. 나는 묵시를 그것의 역사적 맥락에서 이해한다. 불트만처럼 '묵시'를 그것의 정치적 차원과 **별개로** 이해하는 것이야말로 묵시의 진정한 '무효화'가 될 것이다.

---

18   예를 들어, J. P. Davies, *Paul among the Apocalypses?*를 보라.
19   M. Eliade, 'Sacred Space and Making the World Sacred', in *Cult and Cosmos: Tilting towards a Temple-Centered Theology*, ed. L. M. Morales (Leuven: Peeters, 2014), pp. 195-316를 보라. 여기서 Eliade는 하늘과 땅의 상징들이 어떻게 비교 문화적 차원에서 작용하는지를 다룬다.

역사적 희망

중요한 것은 앞 장에서 설명한 것처럼 역사적 주해다. 역사적 주해란 본문을 그것의 정황 속에서 이해하려는 지속적인 노력을 의미한다. 바이스와 슈바이처가 가리켰던 유대교 및 초기 기독교 문헌들은 확실히 이 땅의 현실과 관련이 있었는데, 이 문헌들은 성전이 효과적으로 상징했던 통합 우주론 내에서 이 땅의 현실과 과거, 현재, 미래를 해석했다. 이 문헌들의 저자들은 이원론자도, 에피쿠로스주의자도, 이신론자도, 플라톤주의자도 아니었다.[20] 유대인들과 초기 그리스도인들은 성전과 안식일에 반영되어 있는 다음과 같은 우주론을 믿었다. 즉, 하늘과 땅, 미래와 현재가 어우러지고 겹치고 서로 맞물리도록 설계되었다는 것이다. 우리는 다음 장에서 이것을 더 자세히 탐구할 것이다. 1세기에는 '묵시주의자'로 구성된 특정 분파나 학파가 전혀 없었다. 요세푸스는 이에 관한 어떠한 것도 언급하지 않는다. 묵시는 근대의 발명품이다. 아마도 꽤 다양한 집단들이 그들의 특정한 종류의 희망을 표현하기 위해 (예수가 막 13장뿐만 아니라 비유에서도 그랬던 것처럼) 때때로 **묵시적 형태를 사용**했을 것이다. 그러나 이들 중 그 누구도 '묵시주의자'로 적절히 규정될 수 없다.

나는 물론 예수를 '종말론적 예언자' 혹은 '묵시적 예언자'로 부르는 사람들의 의견에 동의한다.[21] 하지만 예수를 그렇게 부르는 것은 무엇을 의미할까? 논쟁은 왔다갔다하며 종종 역사적 진실을 은폐한다. 슈바이처와 브레데 중 한쪽을 고르라면 나는 언제나 슈바이처를 선택한다. 만약 불트만과

---

20 이와 관련된 '이원론'은, *NTPG*, pp. 252-256와 이 장의 각주 9번을 보라.
21 예를 들어, D. C. Allison, *The Historical Christ and the Theological Jesus* (Grand Rapids: Eerdmans, 2009), pp. 90-101를 보라. Allison은 여기서 자신이 *Constructing Jesus: Memory, Imagination, and History* (Grand Rapids: Baker, 2010), 특히 2장에서 더 상세히 주장했던 입장을 간단히 요약한다.

실증주의적 '진보' 안건을 가진 '독일 그리스도인들' 중 한쪽을 골라야 한다면, 우리는 불트만을 선택해야 한다. 만약 '묵시가 초기 기독교의 어머니'라는 케제만의 제안과 예수와 그의 제자들을 단순히 새로운 사회윤리를 가르치는 자들로 보는 어떤 비묵시적이고 안정된 견해(이를테면 급진적이지만 그래도 완화된 리츨주의) 중 한쪽을 골라야 한다면, 우리는 케제만을 선택해야 한다. 그러나 2백 년에 걸친 논의의 모든 지점에서 관심은 내재적 진보 운동이라는 실증주의적 의미에서의 역사가 아니라 1세기 문헌들이 실제로 무엇을 말하고 있었는지에 대한 의미에서의 **역사**에 있다. 우리는 이 지점에서 반대를 표명해야 한다. 슈바이처도, 불트만도, 케제만도 역사 자체를 제대로 파악하지 못했다.

예수의 선포는 실제로 **일어나고 있고 앞으로 일어날 일**에 대한 것이었고, 그 결과 세상은 다른 장소가 될 것이다. 이것이 '종말론'이 의미하는 바라면, 이 용어는 의심할 여지 없이 옳다. 이러한 소망은 종종 제2성전기에 성경적 용어로 표현되었는데, 다니엘서는 이를 충분히 되풀이한다. 이것이 '묵시'가 의미하는 바라면, 이 용어도 의심할 여지 없이 옳다. 예수는 단순히 위대한 도덕 교사 혹은 사회 교사가 아니었다. 그는 새로운 영성 또는 '천국에 이르는' 새로운 길을 제시하지 않았다. 그는 당시에 일어나고 있고 앞으로 일어날 무언가에 대해 말하고 있었다. 그리고 그 무엇은 최후에 '하늘에서와 같이 땅에서도' 일어날 것이다. 그는 그 '무언가'가 신학적 의미를 띠도록 하는 표현을 사용하고 있었다. 그 '무언가'는 무엇이었을까?

'묵시' 문학은 우주적 재앙 **용어**를 반복적으로 사용해 **실제 정치적 사건**을 언급한다. 이사야는 어둡게 된 태양과 달에 대해 말하면서 바빌론의 멸망을 가리켰고, 이 사건에 우주적 의의를 부여했다.[22] 예레미야는 예루살렘

---

22   사 13:10; 24:23. 참고. 겔 32:7-8; 욜 2:10, 30-31; 3:15; 암 8:9.

의 멸망을 가리키며 세상이 창조 이전의 혼돈 상태로 향하고 있다고 경고했다.[23] 혼란으로의 복귀를 예언한 이후로 그는 자신이 거짓 예언자일지도 모른다고 오랫동안 걱정했다. 이는 세상이 끝나지 않아서가 아니라 예루살렘이 멸망하지 않았기 때문이다. 1세기 유대인들은 묵시 용어가 이렇게 작용한다는 것을 알고 있었다. 요세푸스는 다니엘서가 정치적 측면에서 볼 때 체제 전복적이라고 간주한다. 에스라4서는 다니엘서가 독수리, 즉 로마제국을 공격하는 메시아의 사자라고 재해석한다. 오늘날 진지한 학자라면 그 누구도, 그리고 1세기의 그 누구도 다니엘서의 네 개의 바다 괴물이 데이비드 애튼버러(David Attenborough)가 그의 다큐멘터리 〈블루 플래닛〉(Blue Planet)에 보여 줄 수 있는 종류의 것이라고 생각하지 않았다. 그렇다면 왜 '구름을 타고 오는 인자'가 단순히 공중을 날아다니는 인간을 가리킨다고 가정하는가? 에스라4서 12장을 읽는 그 누구도 실제 독수리(깃털이 이례적으로 달린 경우)를 공격하는 실제 사자를 상상하지 않았다. 고대 유대교 사상에 실제로 관여한 적이 없었던 후기 계몽주의 세계는 이 세상에서의 신적 행동을 당시 만연하던 에피쿠로스주의의 세계관 안에서 이해할 수밖에 없었다. 따라서 그러한 묵시 용어를 '외부로부터의 개입'을 의미하는 것으로 받아들였으며, 그 결과 현 세계가 종말을 맞이하게 되었다. 계몽주의는 또한 시간을 단절된 것으로 이해했고 (그래서 과거는 이제 접근할 수 없게 되었으며, 지금까지 가정해 온 고대 세계와의 관계도 끊어졌다) 예수를 기껏해야 받아들일 만한 '종교'의 초기 교사로 본 그 나름의 종말론을 시작했기 때문에 1세기 유대교의 공간 및 시간 관념에 귀를 기울이지 않았다. 바이스와 다른 이들이 고대 우주론이 근대 세계에 적용 불가하다고 선언했을 때, 그들은 자신들이 고대의 문

23　참고. Caird, *Language and Imagery*, p. 259 (이 부분에 대한 논의는, *PFG*, pp. 168-170를 보라).

학 관습을 구태여 조사하지 않았다고 말했어야 했다. 어쨌든 계몽주의는 나름의 개시된 종말론을 제공했었고 지금도 계속 제공하고 있는데, 이 개시된 종말론에서 예수는 잘해야 초기 '종교 교사'일 수밖에 없다.

특히, 계몽주의는 유대교적 희망이라는 다음과 같은 주요 주제에 귀를 기울이지 않았다. '새 시대'가 도래하고, 야웨가 가시적 영광 가운데 돌아오시며, 이스라엘이 마침내 계속된 유배 상태에서 구조된다는 것이 그것이다. 이는 마침내 논쟁의 중심에 있는 실제 본문들로 우리를 이끈다.

재해석된 희망: 예수와 그의 첫 제자들[24]

예수와 그의 첫 제자들이 세상의 임박한 종말을 믿었다고 주장하는 사람들은 보통 마가복음 9:1과 그것의 평행 본문에 의존한다. '여기에 서 있는 사람들 가운데 죽음을 겪기 전에 하나님 나라가 권능으로 오는 것을 볼 사람도 있다.' 가야바에게 한 예수의 대답(막 14:62)도 이와 밀접한 관련이 있다. "'인자가 전능자의 오른편에 앉은 것과 하늘의 구름을 타고 오는 것'을 볼 것이오."

다른 많은 초기 기독교 구절들이 이 구절들과 연결되어 있다. 고린도전서 15:24('그런 다음 최종 목적…이 오는데') 또는 마태복음 28:20('이 시대의 끝날까지 내가 날마다 너희와 함께할 것이다')과 같이 '종말'에 관한 다양한 말씀이 존재한다. 이러한 맥락에서 바울서신에 나타나 있는 잠재적 발전에 대해 논하는 것은 흔히 있는 일이다. 초기 서신에서 그는 일반적 부활을 비롯해 '종말'이 자기가 살아 있는 동안에 발생할 거라고 분명히 기대했다(살전 4:15; 고

---

[24] 이어지는 내용에서 나는 나의 소논문, 'Hope Deferred? Against the Dogma of Delay', *Early Christianity* 9.1 (2018), pp. 37-82를 자유롭게 사용한다.

전 15:51-52). 그러나 에베소에서 끔찍한 시간을 보낸 후에(고후 1:8-10) 바울은 '그날'이 오기 전에 자기가 죽을 수도 있다는 것을 인지했고 그 여파에 대해 어떻게 생각해야 할지 고민했다(고후 5:1-5; 빌 1:20-26).[25] 그러나 여기서 발견되는 차이점은 종말에 대한 바울의 신념 상의 변화가 아니라 그의 개인적 관점과 관련이 있다. 종말은 **언제든** 올 수 있다. 원래 바울은 종말이 자신의 생애에 올 거라고 생각했지만, 나중에는 그렇지 않을 수도 있다는 것을 깨달았다. 그는 자신의 사역 초기에 종말이 반드시 '자신의 세대'에 임해야 한다고 제안하지 않았으며, 자신의 사역 후기에도 종말이 '지연'되었다는 불안을 전혀 표현하지 않는다.

복음서를 이해할 때 우리는 **예수의 공생애 관점에서** 미래로 언급되는 사건들과 **부활 이후 그리스도인의 삶의 관점에서** 미래로 간주되는 사건들 사이의 차이에 주목해야 한다. 물론, 예수의 공생애 관점에서 미래로 언급되는 사건들은 부활 이후에 '기록'되었다. 그러나 복음서의 예수 묘사가 지닌 다른 여러 측면처럼, 이 사건들은 예수 시대에 이치에 맞았을 세계 안에서 발생한 사건들로 간주된다.[26] 잘 알려진 바와 같이, 일부 주요 특징(하나님 나라, '인자의 도래' 등등)에는 일부 방관자들(막 9:1)의 생애 또는 이 세대(막 13:30과 평행 구절)라는 시간적 제약이 따라 붙는다. 그러나 다른 곳에서 이처럼 명확한 단기 지표를 찾으려는 시도는 고린도전서 7:29의 '현재 상황은 오래가지 않습니다'(*ho kairos synestalmenos estin*)에서처럼 종종 특별한 간청을 수반한다. NRSV은 이 본문을 '정해진 시간이 줄어들었다'고 번역하지만 나는 '현재의 어려운 시기'(어떤 이들은 이 어려운 시기가 당시의 기근을 가리킨다고 본다)를 언급하고 있는 고린도전서 7:26에 비추어 이 본문을 '현재의 상황이 오

---

[25] 바울이 언급하는 '주의 날'에도 주목하라(고전 1:8; 고후 1:14; 빌 1:6, 10; 살전 5:2). 이 표현은 구약의 '야웨의 날'에서 차용된 것으로 보인다. 이에 대해서는, *PFG*, pp. 1078-1095를 보라.
[26] *NTPG*, pp. 421-422.

래 지속되지 않을 것이다'라고 번역한다.²⁷ 신약을 통틀어 곤혹스러운 '지연'을 명시적으로 언급하고 있는 유일한 부분은 악명 높은 베드로후서 3:4-10과 보다 온건한 요한복음 21장이다.²⁸

이것은 우리에게 두 가지 주요 질문을 남긴다. 첫째, 실제 우주적 재앙에 대해 말하는 초기 본문이 존재하는가? 둘째, 처음 그리스도인들은 구체적으로 시간을 제한하고 있는 마가복음 9:1이나 마가복음 13:30 같은 예수 말씀을 어떻게 이해했을까?²⁹

어떤 이들은 로마서 8:18-25을 우주적 격변을 예언하는 본문으로 인용한다. 이 구절은 실제로 현재 창조 세계의 변혁을 예상한다. 바울은 출애굽 표현을 사용한다. 하나님은 이스라엘을 바로의 이집트에서 해방시키셨고 예수를 죽은 자 가운데서 살리셨다. 하나님은 이와 똑같은 일을 모든 창조 세계에 행하실 것이다. 즉, 모든 창조 세계를 '썩어짐의 종노릇'에서 해방시키실 것이다(8:21). 바울은 이것을 최후 부활과 밀접히 연결시키면서 우주가 변모할 실제 사건을 예상한다(여기서 실제 사건이란 실존적 경험으로 비신화화될 수 있는 무언가가 아니다). 이것이 아마도 불트만이 이 구절을 하찮게 여길 수 있었던

---

27   예를 들어, Winter, *After Paul Left Corinth*, pp. 216-225를 보라. 롬 13:11에 대해서도 비슷하게 말할 수 있다(이제 우리가 처음 믿었을 때보다 우리의 구원이 더 가까워졌습니다).
28   이 책 p. 146를 보라.
29   수용된 신조를 당연시 여기며 이 신조를 여러 방면으로 다루고 있는 최근의 연구서가 있다. 바로, C. M. Hays, ed., *When the Son of Man Didn't Come: A Constructive Proposal on the Delay of the Parousia* (Minneapolis: Fortress, 2016)이다. 몇몇 학자들은 여전히 표준 신조로 작용하고 있는 '지연 신조'(dogma of delay)에 강하게 반발했다. 예를 들면, C. F. D. Moule, *The Birth of the New Testament*, 3rd edn. [London: A&C Black, 1982 (1962)], pp. 139-140, 143-144; M. Hengel, *Between Jesus and Paul: Studies in the Earliest History of Christianity*, trans. John Bowden (London: SCM Press, 1983; repr., Waco, Tex.: Baylor University Press, 2013), p. 184 n. 55. 여기서 Hengel은 '파루시아의 지연'을 '지겨운 상투적 표현(cliché)'이라고 표현한다; Sanders, *Judaism*, 예를 들어, pp. 298, 303, 456-457, 그리고 특별히 p. 368의 단락을 보라; *NTPG*, pp. 333-334에 요약되어 있는 J. J. Collins; 그리고 *NTPG*, pp. 280-299, 459-464의 더 자세한 논의들을 보라; *JVG*, pp. 339-367; 그리고 *PFG*, pp. 163-175.

이유였을 것이다.[30] 우리는 이것을 고린도전서 15장, 데살로니가전서 4-5장, 빌립보서 3:20-21, 고린도후서 5:1-10과 곧 연관시킬 것이다. 다른 평행 구절에서와 마찬가지로, 바울은 성경 이미지를 사용해 미래 사건에 신학적 의미를 부여하면서 동일한 사건을 다른 방식으로 묘사할 수 있다.

그러나 로마서 8장은 우주적 **재난** 또는 '재앙'을 묘사하지 않는다. 이것은 일반적 의미에서의 '세상의 종말'이 아니다. 현재의 창조 세계는 파괴되지 않을 것이다. 오히려 그 역이 성립한다. 창조 세계는 파괴로부터 그리고 프토라(*phthora*), 곧 '썩어짐'이 부과하는 심각한 제한으로부터 자유로워질 것이다. 창조 세계는 하나님이 마침내 '만유 안에' 계실 때, 더욱 참된 모습을 지니게 될 것이다(고전 15:28). 로마서 8장에는 이 모든 것을 보장해 주는 두 가지가 등장한다. 바로 메시아의 죽음과 부활 그리고 성령의 권능이다. 과거에 무언가—예수의 죽음과 부활—가 **발생했고** 그 결과 무언가가 미래에 **발생할** 것이다. 현재 세계가 더 이상 존재하지 않고 새롭고 순전한 '천국'의 실재가 현재 세계를 대체하게 될 우주적 재난과, 모든 창조 세계가 썩음에서 벗어날 우주적 출애굽 사이에는 뚜렷한 차이가 존재한다. 같은 원리가 요한계시록 21장의 '새 하늘과 새 땅'의 도래에 기초가 된다. 어쨌든, 바울은 로마서 8장이나 다른 곳에서 이 세대에 반드시 발생해야 하는 예견된 우주적 **변화**에 대해 말하지 않는다. 우주적 변화는 밤도둑처럼 언제든지 올 수 있다.

데살로니가후서 2장은 이 점을 생생하게 묘사한다. 여기서 우리는 '주의 날'이 실제로 무엇을 의미하는지 정확히 알지 못하지만, 주의 날이 무엇을 의미하지 **않는지**는 분명히 안다.

---

[30] *PFG*, pp. 1402-1403의 논의를 보라.

> 영적 영향력을 통해서든 어떤 말을 통해서든 우리에게서 왔다는 편지를 통해서든, 주의 날이 벌써 왔다고 하는 말에 갑자기 생각의 갈피를 잃고 동요하지 마십시오. (살후 2:2)

'주의 날'이 '우주의 시간 및 공간의 무너짐'을 의미한다면, 데살로니가후서 2:2은 말도 안 되는 소리일 것이다. 어느 누구도 로마의 우편 서비스나 바울의 전령을 통해 세상이 막 종말을 맞이했다는 소식을 듣게 되리라고는 예상하지 않을 것이다. 이어지는 데살로니가후서 2장의 모든 내용[예수의 입 기운으로 죽게 되고(2:8, 사 11:4을 암시) '예수의 재림'으로 죽게 될 '불법의 사람'에 대한 예언]은 이 범주에 속한다. 이것들은 세상의 멸망 그리고 '순전히 초자연적인' 존재로의 대체가 아니라 시공간이 있는 세계 내에서 변혁적 사건이 될 것이다.

그렇다면 초기 그리스도인들은 임박한 하나님 나라에 대한 예수의 약속과 관련해 무엇을 믿었을까? 우리가 만약 바울에게 마가복음 9:1과 그 평행 구절을 보여 주거나 '이 세대'가 사라지지 않는 것에 관한 마가복음 13:30을 보여 준다면 그는 뭐라고 말할까? 그리고 우리가 만약 **복음서 저자들**에게 그 의미를 설명해 달라고 부탁한다면 그들은 뭐라고 말할까?

이 질문들에 대한 가장 잘 알려진 대답 중 하나는 초기 그리스도인들이 '지금 그러나 아직'(now-and-not-yet)이라는 접근법을 개발했다는 것이다. 기대하던 하나님 나라를 탄생시키기 위해 어떤 일이 **일어났고**, 이미 출범된 하나님 나라를 그것의 궁극적인 목적에 도달하게 하는 일은 **아직 일어나지 않았다**. 지난 반세기 동안 많은 이들이 이 두 단계의 종말론을 당연하게 받아들였다. 그러나 어떤 이들은 여전히 이 종말론을 근대의 변증법적 발명 또는 기껏해야 1세대 그리스도인들이 죽은 이후에 나타난 1세기 말의 기독교적 사고방식이라고 공격한다.[31] 이 입장은 다시 확증되어야 한다.

복음서 밖의 초기 전승

내가 방금 지적했듯이, 바울은 다가올 '종말'과 관련해 단 한 번도 그의 마음을 바꾼 적이 없다. 비록 그가 그 종말을 직접 보게 될 것인지에 대해서는 생각을 바꿨지만 말이다.[32] 그러나 바울은 다른 많은 이유로 인해 이 논의에서 중요하다. 특히 그는 대부분의 사람들이 초기 공식으로 보았던 것을 사용하는 것처럼 보이는데, 이 초기 공식은 대부분의 예수 추종자들이 50년대와 아마도 더 이른 시기에 믿었던 것을 요약한다. 우리는 특히 로마서의 대담한 도입부에 주목할 수 있는데, 로마서 도입부는 이 초기 공식과 연계해 자주 제기되지는 않는다. 거기서 바울은 위대한 서신인 로마서 전체 주제와 관련된 사실을 선언한다. 즉, 예수가 부활로 인해 이미 '권세 있는 하나님의 아들'로 지목되었다는 사실이다.

> 자기 아들에 대한 소식입니다. 그분은 육신으로는 다윗의 씨에서 이어져 내려온 후손이시고, 거룩함의 영으로는 죽은 자들 가운데서 부활하심으로 하나님의 아들로 강력하게 확정되신 분, 곧 왕이자 우리 주님이신 예수이십니다!
>
> 우리는 그분의 이름을 위해 모든 민족 가운데 믿음의 순종이 나타나게 하려고 그분을 통해 은혜와 사도직을 받았습니다. (롬 1:3-5)

'하나님의 아들로 강력하게 확정'되었다는 말은 그리스어 '투 하리스텐토스

---

[31] Congdon, *Rudolf Bultmann*, p. 10를 다시 보라. 현재와 미래의 종말을 '이미 그러나 아직'의 틀로 결합시키는 일은 20세기 중반에 고안된 '단순하게 문제를 묵살하는 방법'으로, '모든 문제를 즉시 사라지게 만드는' '명백한 이유로 상당히 매력적인' '간편한 탈출구'를 제공한다.
[32] *PFG*, pp. 1076-1085를 보라.

휘우 테우 엔 듀나메이'(*tou horisthentos hyiou theou en dynamei*)를 번역한 것으로 문자적 의미는 '능력으로 하나님의 아들로 표시되었으니'다. 이어지는 구절은 이 '능력'이 단순히 그의 부활을 야기한 능력이 아니라 시편 2:8('내게 구하라 내가 이방 나라를 네 유업으로 주리니 네 소유가 땅 끝까지 이르리로다')의 즉위 장면에서처럼 '아들'에게 부여된 능력을 가리키고 있음을 나타낸다. 문제의 '능력'은 모든 이방인을 새로운 충성, 곧 '믿음의 순종' 또는 '신실한 충성'으로 소환하도록 위임받은 바울에게서 드러난다. '그분의 이름을 위해'라는 첨언은 또 다른 초기 전통의 일부인 빌립보서 2:10을 가리키는데, 이 내용과 '그분의 이름을 위해'는 동일한 요지를 주장한다.

시편 2편과 사무엘하 7장을 되풀이하는 이 표현은 이미 전통적인 표현(늦어도 기원후 50년경으로 추정된다)일 것이다. 이 표현은 마가복음 9:1의 문제에 다음과 같은 결정적 답변을 제공한다. 그렇다. 하나님 나라는 예수가 죽은 자 가운데서 살아나고 그의 전령들을 모든 열방에 보냈을 때 **이미** 권능으로 임했다.[33] 그러나 이는 로마서 2, 8, 13장에서처럼 바울 신학에서 미래 시제를 배제시키지는 않는다. 바울은 한 순간도 최후 '종말'이 이미 도래했다고 생각하지 않는다. 미래 지향적인 이 본문들도 '이 세대'에 관해 단 한 마디도 언급하지 않는다(13:11은 종종 현재적 의미로 받아들여지지만, 실제로는 모호하다. 이는 어쩌면 의도적인 것일 수 있다). 그렇다면 과거와 미래는 현재의 의무, 즉 사도적 사역을 통해 '이미'를 **실행**함으로써 궁극적인 미래를 **고대**하는 의무를 생성한다.

이미 개시된 하나님 나라 개념은 로마서의 절정인 6, 7, 8장의 토대가 되는 5:12-21에 명쾌하게 나타난다. 메시아 통치와 메시아를 통한 하나님의 통

33　Bultmann은 이 지점에서 동의했을 것이다. 왜냐하면 Bultmann에게 이어지는 변화산 이야기(막 9:2-8)는 이 예언의 '성취'를 위해 고안된 '부활' 이야기로서 그 위치가 잘못되었기 때문이다.

치—그리고 메시아와 그의 백성들이 함께 하는 통치!—는 **미래**의 결과를 수반하는 **현재**의 현실이다. 이 주제는 로마서의 마지막 신학적 절정인 15:7-13에서 다시 이어지는데, 여기에서 예수는 부활을 통해 이미 열방의 통치자로 세워졌다. 바울은 이를 뒷받침하기 위해 이사야 11:1, 10을 인용한다.

> 메시아께서 하나님의 진실하심을 나타내시려고 할례받은 사람들의 종이 되셨는데, 이는 곧 족장들에게 주신 약속을 확증하시고, 민족들이 하나님의 긍휼하심 때문에 하나님을 찬양하게 하시려는 것입니다.
>
> 이새의 뿌리가 돋아날 것인데
> 그가 일어나 민족들을 다스리고
> 민족들은 그에게 희망을 둘 것이다. (롬 15:8-9, 사 11:10을 인용)

바울에게 예수는 시편과 이사야서의 하나님 나라 비전을 명백히 성취했으며 **이미** 세상의 참 주님으로 즉위해 있다. 그렇지 않고서는 적어도 바울이 생각하는 이방인 선교는 말이 안 된다. 이방인들에게 충성이 정당하게 요구될 수 있는 이유는 세상을 통치하는 권세가 예수에게 있기 때문이다. 이것이 예수의 부활이 지닌 중요한 의미 중 하나다(그는 '열방을 다스리기 위해 일어나신다'). 그리고 이것은 **여전히 미래**를 소망하게 만드는 근거다. 그렇다면 인간 예수, 곧 이스라엘의 메시아의 높여짐을 통해 지금 임하지만 아직 완전히 임하지 않은 하나님 나라에 대한 믿음은 1세기 말에 고안된 재치 있는 변증이 아니며 20세기 중반에 고안된 변증은 더더욱 아니다. 이러한 하나님 나라에 대한 믿음은 초기 사도적 복음의 일부였다.

고린도전서 15장에 동일한 내용이 있다. 시작 부분의 복음서 요약은 메시아의 죽음과 부활이 '성경에 따라' 그것이 의미하는 바를 의미한다고 선언한다. 여기서 바울이 인용하거나 암시하고 있는 성경은 예수의 부활에 **메시아적** 의미와 **하나님 나라**와 연관된 의미를 부여한다. 이것은 고린도전서 15:20-28에 분명히 드러나 있으며, 지금 그러나 아직인 나라의 가르침을 분명하게 설명한다. 메시아는 부활했고 **이미** 다스리고 있다. 그의 통치는 죽음을 포함한 모든 원수들이 정복될 때에만 완성될 것이다. 바울은 현재의 메시아적 통치를 하나님이 '만유 안에' 거하실 분명한 미래와 구별한다.

고린도전서 15장 내내 바울은 창세기 1, 2, 3장에 대해 설명한다. 아담에 대한 언급이 핵심을 이룬다. 메시아는 새롭고 창조적인 인간 모델이며, 그를 통해 다른 '새 인간들'이 현재 그들의 필멸의 상태에서 생명을 얻게 될 것이다(15:48-49). 특히 메시아의 현재 통치는 서로 맞물려 있는 두 개의 중요한 시편, 곧 110편과 8편의 성취로 간주되어야 한다. 공관 복음과 히브리서에서처럼, 이 두 시편은 장차 올 왕(시 110편)을 진정한 인간으로 언급한다(시 8편).[34] 이 두 시편 모두 왕이면서 동시에 인간인 존재가 '대적'을 진압해 주길 고대한다. 바울은 시편 8편의 이 진술을 해당 단락의 주요 주제로 의도한 것 같다. 시편 8:7 하반절은 하나님이 만물을 그의 발아래 두셨다고 진술한다. 70인역은 이를 다음과 같이 표현한다.

Panta hypetaxas hypokatō tōn podōn autou

바울은 분명히 이 구절을 염두에 두고 있다. 왜냐하면 그가 이 구절의 본동

---

[34] 시 8편의 '인자'를 '왕'으로 보는 해석은 나의 소논문, 'Son of Man—Lord of the Temple? Gospel Echoes of Ps 8 and the Ongoing Christological Challenge', in *The Earliest Perceptions of Jesus in Context: Essays in Honour of John Nolland on His 70th Birthday*, ed. A. W. White, D. Wenham and C. A. Evans (London: Bloomsbury/T&T Clark), pp. 77-96를 보라. 히 2:5-9에서 시 8편은 예수 안에서 부분적으로 성취된 것으로 보인다. 나의 시 8편 논의에는 70인역(LXX)의 구절 표시가 사용된다.

사를 만물이 메시아 아래 '가지런히 놓여 있다'는 그의 반복된 진술의 주제어로 삼고 있기 때문이다. 요점은 바울이 시편 8:7 하반부를 인용하면서 창세기 1, 2장뿐 아니라 다니엘 7장을 이끌어 낸다는 것이다. 창세기 1, 2장에서 하나님의 형상을 지닌 인간들은 식물과 동물을 다스리는 권위를 부여받는다. 시편 8편에서처럼 다니엘 7장에서도 우리는 '인자 같은 이'를 발견하는데, 시편 8:7 하반절에서는 천사보다 더 낮은 존재로 묘사되고 있는 인자 같은 이가 다니엘 7장에서는 '영화와 존귀로 관을' 쓰고 있다. 고린도전서 15:20-28은 바울이 여기서 계속 인용하며 설명하고 있는 시편에 초점이 맞추어져 있고, 전반적으로 **'인자'가 세상을 통치하는 자리로 높임 받은 현재의 상태**와 관련이 있다. 이와 더불어, 다니엘 7장에 대한 명확한 인용이 없더라도 우리는 공관 복음의 영역에 들어와 있다. 만약 우리가 바울에게 성경에 약속된 하나님 나라가 권능으로 임했는지를, 그리고 '인자'가 이미 전 세계를 다스리는 권위의 자리로 높임을 받았는지를 묻는다면, 대답은 '그렇다'이다.

고린도전서 15장이 다니엘 7장을 언급하지 않더라도 이것은 사실일 것이다. 그러나 고린도전서 15장은 다니엘 7장을 언급한다.[35] 바울은 15:24에서 메시아의 현 통치는 그가 '모든 통치권과 모든 권위와 권력을' 멸하실 때까지 지속되도록 계획되었다고 설명한다. 모든 통치권과 모든 권위와 권력이 멸하는 그때가 바로 '종말'(*to telos*)일 것이다. '인자 같은 이'에게 왕의 권위가 있음을 보여 주는 다니엘 7:27은 상당히 유사한 일련의 관념이 나타나는 유일한 다른 본문이다.[36] '지극히 높으신 이의 거룩한 백성'으로 해석된 '인자 같은 이'는 이제 모든 권위와 권력을 그의 지배하에 둔다. 다시 말해, 바

---

[35] J. T. Hewitt, *In Messiah: Messiah Discourse in Ancient Judaism and 'In Christ' Language in Paul* (Tübingen: Mohr Siebeck, 2019).
[36] 70인역과 데오도시온역(Theodotion) 사이에 경미한 차이가 존재하지만 그 의미는 동일하다.

울이 시편 8편을 메시아 통치에 대한 그의 신창세기 비전과 관련지어 설명할 때, 그는 고린도전서 다른 곳에 암시되어 있는 것처럼 다니엘 7장도 염두에 두고 있었다. 강력한 하나님 나라는 이미 작동 중이다. 바울도 고린도전서 4:19-21에서 동일하게 말한다. 즉, 하나님 나라가 이미 권능으로 임했고, 바울은 메시아로부터 위임받은 그 권능을 행사할 준비가 되어 있다는 것이다(비록 그가 고린도후서의 대부분을 이 '권능'의 실제 의미를 보다 신중하게 재정의하는 데 할애해야 했지만 말이다). 따라서, 바울이 마가복음 9:1의 예언을 마주한다면, 그는 '그렇다. 예언이 이루어졌다. 하나님 나라가 권능으로 임했다. 내가 일하는 이유도 바로 그 때문이다'라고 말할 것이다. 우리는 고린도전서 6:2-3에서 같은 요점을 추론할 수 있다. 즉, 메시아의 백성은 세상의 사건을 처리할 수 있는 자격을 **이미** 갖추고 있어야 하며, 종말론적 재판관으로서의 역할—천사도 판단하는!—에 적임이어야 한다. 다시 말해, 바울에게 **새로운 창조적 종말론은 역사 안에서 탄생했다.**[37]

비슷한 주제와 비슷한 성경적 반향이 빌립보서에 많이 있다. 여기서 우리는 많은 이들이 바울서신 이전에 존재했던 내용으로 간주하는 가장 유명한 예를 발견하는데, 바로 2:6-11의 그리스도 찬가다. 이곳과 로마서 5장과 고린도전서 15장과의 연관성은 잘 알려져 있다. 어떤 이들은 아담에 대한 언급이 의도된 것인지를 놓고 여전히 논쟁하고 있지만, 바울이 아담과의 연계성이 분명히 드러나 있는 다른 구절들과 동일한 주제들에 의존하고 있는 것은 분명해 보인다. 시편 8편과 용어상의 연관성은 거의 없지만, 사고의 순서

---

[37] 우리는 Pannenberg와 Moltmann의 논쟁을 '안에서'의 의미에 초점을 맞추어 생각해 볼 수 있다. 부활은 공간과 시간에서 실제로 벌어진 사건이라는 의미에서 두 학자 모두에게 '역사적'이다. 이 문제는 그 사건이 창조 질서 내의 잠재적 가능성으로부터 발생한다고 (그래서 다른 모든 사건과 마찬가지로 역사 연구의 대상이라고) 제안하는 사람들과 그 사건이 매우 이례적인 하나님의 행위에 의한 결과라고 (그래서 역사적 근거만으로는 원칙상 입증이 불가능하다고) 간주하는 사람들을 양극단으로 나눈다.

는 동일하다.³⁸ 인자는 하나님(또는 천사)보다 조금 못하게 만들어졌지만 영화와 존귀로 관을 쓰고 만물은 그의 발아래 놓인다. 이 시의 방점은 **이름**에 찍힌다.

> 그러므로 하나님께서 그분을 지극히 높이시고
> 그분을 위해 모든 이름 위에 뛰어난 이름을
> 그분에게 주셨습니다.
>
> 그리하여 이제 하늘과
> 땅 위와 땅 아래 있는 모두가
> 예수의 이름 앞에 무릎 꿇고 절할 것입니다.
>
> 그리고 모든 입이
> 예수 메시아를 주로 고백하여
> 아버지 하나님께 영광을 돌릴 것입니다. (빌 2:9-11)

이름에 대한 강조―이 이름은 퀴리오스(*kyrios*)이거나 11절의 복합어 퀴리오스 예수스 크리스토스(*Kyrios Iēsous Christos*)다―는 비하와 높임의 내러티브와 결합해 시편 8편과의 강력한 연계를 이루는데, 시편 8편의 첫 절과 마지막 절은 아래와 같다(70인역 2절과 10절; EVV 1절과 9절).

---

38 나는 바울이 적어도 시 8:6(8:5 EVV)을 정적인 역설(비하와 높임이 동시에 존재하는)이 아닌 하나의 순서(비하에서 높임으로 이어지는)로 간주하고 있다고 생각한다. 그렇다고 정적인 역설이 불가능한 것은 아니다. 요한의 해석에 따르면 정적인 역설은 가능하다. 내게 이 점을 가리켜 준 W. Moberly 교수에게 감사한다.

Kyrios ho kyrios hēmōn, hōs thaumaston to onoma sou en pasē tē gē.

(주권자이신 우리 주여 주의 이름이 온 땅에 어찌 그리 아름다운지요!)

따라서 퀴리오스 예수스(*Kyrios Iēsous*)라는 **이름**은 이미 타오마스톤(*thaumaston*), 즉 경탄을 자아내는 이름이라고 말할 수 있다. 어찌되었든 간에, 그리스도 찬가와 빌립보서에서 이 찬가를 새롭게 사용하고 있는 바울(그가 이 시를 다른 곳에서 가져왔다고 가정해 볼 수 있다. 그러나 나는 이 가정에 논란의 여지가 있다고 본다)은 예수를 시편 8편의 이미 높임 받은 퀴리오스(*kyrios*)로 간주한다. 11절(모든 입이 고백하여)의 의심할 여지 없는 미래적 요소는 예수가 이미 갖고 있는 주되심(Lordship) 그 자체가 아니라 그것의 보편적 인정을 가리킨다.[39]

따라서 이러한 전승을 알았던 초기 그리스도인들은 바울과 합세해 **하나님 나라가 이미 권능으로 임했고**[비록 권능이 약한 데서 온전해지는 역설적 성향을 갖고 있지만 말이다(고후 12:9)], 다니엘 7장과 시편 8편의 인자가 이미 높임을 받았다고 이 세 권의 책(로마서, 고린도전서, 빌립보서)과 이 세 권의 책이 잘 통합할 수 있는 초기 전승들을 통해 선언할 것이다. 따라서 이 믿음은 함축적으로 적어도 50년대에서 40년대로 거슬러 올라갈 수 있다. 물론 예수가 돌아와 모두에게 칭송받게 될 날은 아직 오지 않았다. 그러나 인자가 높임을 받는다는 예언은 성취되었다.

고린도전서 15:23-28에서 우리가 맞닥뜨렸던 동일한 상황이 여기서도 분명히 발생하고 있다. 실제로 거기서와 마찬가지로 여기서도 동일한 기독론의 수수께끼가 등장한다. 즉, 아들은 아버지에게 복종하고, 이제 모든 입이

---

[39] 이 동일한 미래가 단 12:3을 암시하며 2:15에서 다시 강조된다. 빌 3:20-21에 되풀이된 빌 2장의 그리스도 찬가와 시편 8편도 참고하라.

메시아 예수를 주로 고백할 때, 이 고백은 '아버지이신 하나님의 영광을 위한 것'이 될 것이다. 초기 교회는 몇몇 후속 이론가들과 달리 이 기독론의 수수께끼에 대해 걱정하지 않았던 것 같다. 그러나 여기서 우리의 목적은 기독론의 문제를 더 깊이 다루는 것이 아니라, 이 모든 구절에 고전적인 바울의 종말론이 있다는 것에 주목하는 것이다. 이 종말론은 **현재와 미래의 하나님 나라**와 이미 일어난 일로서 **인자를 높임**과 관련이 있으며, 모든 입이 그를 퀴리오스(*Kyrios*)로 고백하는 날을 대비해 행해지고 있는 사도적 임무를 통해 그 의미가 이해되고 있다.

이것이 바울이 미래를 내다보면서 데살로니가전서 3:13 또는 데살로니가후서 1:3-10과 같은 비슷한 성경 본문을 사용할 수 있는 이유다. 현재의 높임('이미')과 미래의 재림('아직')은 서로를 지지하고 설명해 준다. 데살로니가전서 3:13과 데살로니가후서 1:3-10, 특히 '그의 모든 거룩한 자들과 함께 오시는' 야웨를 언급하고 있는 스가랴 14:5과 같은 성경 구절들이 일으키는 반향은 예상이 가능하다. 이 구절들은 바울이나 다른 초기 그리스도인들에게 그러한 표현이 단지 미래 사건만을 가리킬 수 있었다는 것을 나타내지 않는다.[40] 우리는 다른 서신들, 특히 히브리서의 자세한 연구를 통해 이 점을 뒷받침할 수 있다. 그러나 지금까지 우리가 논의한 내용은 문제의 핵심이 놓여 있는 공관 복음으로 우리의 시선을 돌린다.

복음서, 하나님 나라, 인자

예수가 죽은 이후에 발생한 사건들을 통해 하나님 나라가 실제로 권능으로

---

[40] 이는, S. Motyer, *Come, Lord Jesus! A Biblical Theology of the Second Coming of Christ* (London: Apollos, 2016), pp. 100-105의 명쾌한 주장과 대립한다. Motyer의 논점은 자세히 논의할 필요가 있다.

임했는지를 우리가 묻는다면 복음서 저자들은 뭐라고 답할까? 놀라울 건 없다. 왜냐하면 나는 그들이 바울의 의견에 동의했을 것이라고 주장할 것이기 때문이다.[41]

복음서는 오랜 시간 기다려 온 이스라엘 하나님의 귀환이라는 관점에서 예수에 관한 이야기를 진술한다. 마태와 마가는 전령이 야웨의 귀환을 알리고 있는 이사야 40장을 참고해 세례 요한을 소개한다.[42] 마가는 여기에 출애굽기 23:20을 되풀이하면서 말라기 3:1을 추가한다.[43] 마태복음 11장은 세례 요한을 이스라엘의 하나님을 예비하는 '엘리야'로 강조하고 있으며, 여기에서 예수는 관련 성경 본문을 직접 인용한다. 누가는 누가복음 7장과 다른 곳에서 이와 동일한 내용을 다룬다. 누가에게 예수의 예루살렘 여행은 현실화된 하나님의 귀환이기 때문이다. 이로 인해 다가올 멸망에 대한 끔찍한 '묵시적' 경고가 발생하는데, 이는 '하나님께서 너를 찾아오신 때를 네가 몰랐기 때문이다'(눅 19:44).[44] 세례 요한도 같은 내용을 자신만의 방식으로 말하지만, 어쨌거나 같은 내용**이다**. 복음서에는 묵시가 '포함'되지 않는다. 그러나 내가 설명해 온 1세기 의미에서 볼 때, 복음서는 묵시적**이다**. 즉, 복음서는 이 세상의 사건들을 묘사하고 있는데, 이 묘사는 '계시', 드러남, 하나님의 가시적 도래가 이 사건들 속에서 이미 발생했다고 주장하는 방식으로 이루어진다. 물론 다른 종류의 '계시'나 '묵시'와 마찬가지로 많은 이들이

---

41 지금도 대부분의 사람들이 생각하는 것처럼 마태복음과 누가복음이 기원후 70년 이후에 기록되었다면, 우리는 마태와 누가가 관련 말씀을 통해 의도하고자 했던 의미를 숙고해 봄으로써 이 논의를 보다 복잡하게 만들 수 있다.
42 나는 이미 *PFG*, ch. 9에서 이 주제, 곧 야웨의 귀환이 초기 기독론의 중심이라고 주장했다. 이 믿음 배후에 놓여 있는 이사야 전통 및 유사 전통에 대해서는 최근 연구인, C. Ehring, *Die Rückkehr JHWHs: Traditions- und religionsgeschichtliche Untersuchungen zu Jesaja 40,1-11, Jesaja 52,7-10 und verwandten Texten* (Neukirchen: Neukirchener Verlag, 2007)를 보라.
43 Hays, *Echoes of Scripture in the Gospels*, pp. 22, 374-375 nn. 17, 22의 논의를 보라.
44 이에 관한 모든 사항은, *JVG*, pp. 348-360를 보라.

보고 또 보지만 결코 이해하지 못할 것이다. 그러므로 복음서는 예수의 공생애가 지닌 역설을 오늘날까지 공유한다. 복음서는 부활 이후의 관점에서 기록되었는데, 이는 우리가 6장에서 살펴볼 일종의 해석학적 입장이다. 그러나 중요한 점은 복음서가 비밀 집단을 위한 '사적 진리'로서 기록되지 않았다는 것이다. 복음서 앞에 펼쳐지고 있는 새로운 창조 세계는 새로운 공공 세계다.

따라서 복음서 저자들에 관한 한 야웨는 그의 백성들에게로 돌아왔다. 이스라엘로 돌아온 하나님에 대한 이야기는 **메시아의 사역과 나사렛 예수의 죽음**이라는 형태를 취했다. 우리가 알 수 있는 한, 예수의 동시대 사람들은 장차 올 '메시아'(그런 인물이 등장한다면)가 이스라엘의 하나님의 개인적 구현이 될 것이라고 생각하지 않았다. 그러나 복음서 저자들은 잠재적인 메시아로 주장되는 인물의 이야기를 전하듯이 예수의 이야기를 전했으며, 그들은 **이 인물의 행동과 최후의 운명을 회상하는 중에 이스라엘의 하나님의 임재를 감지했다.**[45]

기독교 전통과 성서학계 모두 이 점을 오랫동안 간과해 오고 있다. 바이스와 슈바이처의 진보적 개신교는 공관 복음 저자들의 성육신 기독론을 전혀 몰랐다. 바이스와 슈바이처의 연구를 전용한 영국 학자들은 성육신 형태의 기독론을 원했지만 이 기독론을 야웨의 귀환 측면에서 보지는 못했다. 그러나 야웨의 귀환은 모든 것에 변화를 가져온다.[46] '하나님의 귀환'은 인간 이야기의 형태를 취했는데, 이 이야기 속에는 이미 이루어진 것과 앞으로 이루어질 것에 대한 인식이 존재했다.

---

[45] N. T. Wright, 'Son of God and Christian Origins', in *Son of God: Divine Sonship in Jewish and Christian Antiquity*, ed. G. V. Allen et al. (University Park, Pa: Eisenbrauns, 2019), pp. 120-136를 보라.
[46] Bauckham, 'Delay of the Parousia'를 다시 보라. 이 주제는 하박국서를 거쳐 적어도 시편까지 거슬러 올라간다.

그러나 메시아 내러티브는 그 자체로 중요했다. 그 시기의 실제 메시아 운동에는 언제나 '지금 그러나 아직' 요소가 존재했었다. 우리가 19세기의 범주 내에서 생각하면서 '자연' 세계가 '소멸된' '초자연적' 사건이 발생했는지를 묻는다면, 답은 분명하다. 답은 초자연적 사건이 발생했거나 발생하지 않았거나 둘 중 하나인데, 세계가 지금도 돌아가고 있으므로 초자연적 사건은 발생하지 않았다. 가장 분명한 두 개의 운동을 예로 들어 보자. 하나는 유다 마카베오(Judas Maccabeus) 운동으로 예수 탄생 약 200년 전에 발생했고, 다른 하나는 시므온 벤 코시바(Simeon ben Kosiba) 운동으로 예수 탄생 후 약 100년 후에 발생했다. 용맹하고 결연한 작은 무리를 이끌었던 핵심 인물이 있다. 바로 유다로 그는 자신의 아버지로부터 위임을 받아 전투를 이끈다(마카베오1서 2:66). 벤 코시바는 당대 최고의 랍비 아키바(Akiba)에 의해 참된 왕 곧 '별의 아들'이라는 칭송을 받는다.[47] 바 코크바로 불리게 된 그는 '1'년, '2'년이 새겨진 동전을 차례로 주조한다. 다시 말해, 하나님 나라는 **이미 출범했다**. 그러나 누군가가 그렇기 때문에 '미래' 요소가 없다고 가정한다면, 바 코크바와 그의 추종자들은 아마도 쓴웃음을 지었을 것이다. 왜냐하면 그들에겐 급박하고 위험한 현안이 있었기 때문이다. 바로 로마인들을 물리치고 성전을 재건하는 일이었다. 성전 건축이 뒤따르는 고대의 승리 이야기는 반드시 성취되어야 했다. 마카베오 가문(Maccabees)이 이를 시도 했지만 실패로 끝났으며, 헤롯의 유사한 시도는 더 심한 실패로 끝났다. 그들은 진짜 이런 일이 일어날 것이라고 믿었었다.

그러나 그 일은 일어나지 않았다. 바 코크바 혁명은 3년차로 접어들었다. 동전에는 숫자 대신 '예루살렘의 자유'라는 문구가 새겨졌다. 그후 로마군이 포위해 들어왔고, 시작된 종말론이 재빠르게 슬픈 결말을 맞이했다.

---

[47] Schäfer, *Bar Kokhba War*, and Horbury, *Jewish War*의 전체 논의를 보라.

무언가가 발생하길 기대했지만 발생하지 않자 예수와 그의 첫 제자들이 실망했다고 제안하고 싶은 사람은 바 코크바와 그의 운동이 가져온 여파를 자세히 살펴봐야 하고 그것을 초기 기독교와 대조해 보아야 한다. 대부분의 종말론 학자들은 이러한 비교를 하지 않은 것 같다. 이는 그들이 그 시대의 실제적인 유대 역사 및 문화 측면에서 생각하고 있지 않다는 것을 보여 준다. 예수의 하나님 나라 선포는 당대의 '묵시적', **그러므로 정치적** 염원 내에서 역사적으로 이해되어야 한다는 라이마루스의 주장은 옳다. 비록 바이스와 슈바이처—라이마루스를 영웅으로 추앙했던—가 '정치적' 요소를 무시했지만 말이다. **예수에 대한 라이마루스의 주장은 바 코크바에 정확히 적용된다.** 바 코크바의 추종자들이 라이마루스가 말한 예수의 제자들의 행위 (계속되고 있지만 변화된 운동을 지원하기 위해 예수에 대한 이야기를 지어내는 행위)를 하지 않았던 것을 제외하고는 말이다. 예수를 그의 공생애 사역에서 다르게 만든 것은 하나님 나라가 실제로 무엇을 의미하는지에 대한 그의 급진적 재정의였다. 초기 교회와 바 코크바 혁명에서 살아난 사람을 구별 지은 것은 초기 교회 전체가 그다음에 일어났다고 말한 일과 관련이 있다. 엠마오 도상의 두 사람은 물론 몹시 실망했지만, 계속 실망한 채로 남아 있지 않았다. 그러나 당신이 불트만처럼 예수의 부활을 부인한다면, 당신에겐 무엇이 남는가? 일부 유대 사상가들은 바 코크바 참사 이후 영지주의를 탐구하기 시작했다. 불트만도 영지주의를 얼마간 탐구했다. 그는 자신의 초기 기독교 해석에 분명한 근거를 제공하기 위해 난데없이 가상의 기독교 이전 영지주의를 고안했다. 그의 영지주의는 1세기의 실제 유대 세계 또는 예수의 부활에 대한 1세기의 실제 기독교적 주장을 제외한 다른 모든 것을 다루고 있는 것처럼 보인다.

물론 불트만의 주장에는 유용한 점이 있다. 예수의 부활과 승천 이후, 성령의 선물인 교회는 신약에 반영되어 있듯이 새로운 유형의 '지금 그러나 아직'의 시대로 진입하게 되었음을 인지했다. 그 '지금'은 예수의 공생애 기간 동안에 강조되었던 것보다 훨씬 더 강조되었다. 무언가가 발생했는데, 그 결과 온 세계가 다른 곳이 되었고 또 그렇게 여겨져야 했다. 바울의 기막힌 신학적 표현처럼 복음은 천하 만민에게 이미 선포되었다(골 1:23). 그러나 바울은 골로새서와 다른 유사한 기념 서신들을 감옥에서 썼다. '아직'은 실제와 같았고, 이와 다른 제안을 하는 어떠한 시도도 현실 안주라는 경고에 직면해야 했다.[48] 놀라운 것은 이 모든 '아직' 표징들—고통, 박해, 분명한 실패, 내적 분열 등등—에도 불구하고 초기 기독교의 지배적 기조는 '소망'이 아니라(비록 소망의 기조가 많지만) '기쁨'이었다. 모든 것을 다르게 만들어 버린 무언가가 발생했다.[49]

'하나님 나라'에 대한 예수의 재정의는 그가 말하는 비유들의 핵심이다. 비록 놀랍게도 그것들이 이런 식으로 이해되지 않지만 말이다. 한 복음서 학자는 예수가 '하나님 나라'가 자신의 세계에서 의미하는 바를 수정하려고 하지 않았다고 제안하기까지 했다.[50] 하나님 나라 비유들은 모두 하나님 나라의 의미를 가정하면서 **하나님 나라가 실제로 오고 있지만 기대와 다른 전복적 방식으로 온다고 설명한다.** 이스라엘의 소망은 이루어지고 있다. 하지만 사람들이 생각했던 방식으로는 아니다. 이는 관련 본문에 퍼져 있는 주제다. 이 모든 것을 후기 기독교의 해석으로 제안하는 것도 물론 가능하다. 다시 말해, 예수가 실제로 당대의 일반적인 '하나님 나라'에 대한 열망을

---

48 이것은 특히, A. C. Thiselton(*First Epistle to the Corinthians*)의 논지다. 고린도전서에 관한 그의 주장 중 상당 부분에는 수정이 필요하지만[예를 들어, R. B. Hays, *The Conversion of the Imagination: Paul as Interpreter of Israel's Scriptures* (Grand Rapids: Eerdmans, 2005)를 보라], 그의 보다 큰 신학적 논점은 여전히 유효하다.
49 (제2성전기 유대인들의 지배적 기조였던) '소망'에서 '기쁨'으로의 전환은, *NTPG*, Part 4를 보라.
50 D. E. Nineham, 슈바이처의 *Quest* 2000년도 개정판 서문, pp. xxiii-xxv. 물론 Nineham은 고대 유대인의 하나님 나라 언어가 세상의 종말에 관한 이야기였고 예수가 이를 바꾸려 하지 않았다고 말할 수 있기를 원했다. 그러나 이 두 설명은 모두 잘못된 것이다.

공유했지만, 초기 교회가 그의 죽음 이후 이와 같은 예수의 열망을 숨기고 다른 의미로 만들어 버렸다는 것이다. 그러나 이러한 주장에는 모순이 있다. 이 이해에 대한 유일한 증거가 복음서 저자들이 우리에게 말하는 것뿐이라면 그들이 이 이해에 변화를 주었다는 것을 어떻게 알 수 있는가? 아니면 다음과 같이 달리 표현해 보자. 만약 (1) 예수의 실제 발언에 대한 증거가 복음서에 담겨 있다면, 그리고 (2) 복음서가 신중히 예수가 말한 의미를 변경했다면, 우리는 비교에서 (1) 조항에 접근할 수 없게 된다. 따라서 주요 증거를 계속 사용하는 편이 낫다.

복음서의 메시아 주제는 예수의 십자가 처형에서 절정에 달한다. 복음서 모두 충격적인 역설을 충분히 인지하면서 십자가 처형을 예수가 왕으로 즉위하는 사건으로 간주한다. 그것이 티툴루스(*titulus*: 유대인의 왕)의 의 요점이고, 모든 것이 이 요점으로 이어지며 이 요점을 감싼다. 마태에게 예수의 십자가 처형은 '인자'가 영광을 받기 위해 당했던 굴욕을 의미한다(아래를 보라). 마가에게 십자가 사건은 권세에 대한 예수의 역설적 재정의의 요약이다(10:35-45). 누가의 관점에서 어둠의 권세는 가장 악한 일을 하지만 예수는 그것을 물리치신다(22:53). 요한의 관점에서 '세상의 임금'이 쫓겨난 것은 예수가 '들림 받아' 모든 사람을 그에게로 이끄시게 하려 함이다(12:31-32). 십자가 사건은 실제 원수에 대한 실제 승리다.[51] 복음서 저자들은 그들이 '아직'의 시대에 살고 있다는 것을 완벽하게 잘 알고 있었다. 그들에게 있어서 십자가—그 의미가 부활, 승천, 그리고 이후에 성령이 주도하는 성경 묵상을 통해 드러나고 분별된—는 그들이 기념하는 '이미'의 범주 안에 들어 있는 중요한 요소 중 하나였다. 바이스, 슈바이처, 그리고 그들의 추종자들은 예수의 메시지를 '영적으로 이해'하려는 시도들을 비판했는데, 이는 옳은 일이

---

51 마 10:28과 눅 12:4-5을 보라.

었다. 왜냐하면 이 시도들이 '종말론적' 또는 '묵시적'인 본래 의미를 경건과 도덕과 사회적 순응에 대한 가르침으로 바꿔 놓으려 했기 때문이다. 그들이 라이마루스를 존경함에도 불구하고 결코 깨닫지 못한 것은 예수가 하나님 나라를 탈정치화하지 않았다는 점이다. 그는 권세와 정치를 재정의하고 있었다.

결국 모든 복음서가 가리키는 것은 예수가 예루살렘에 있는 성전이 하나님의 심판 아래에 있음을 끊임없이 경고하고 있었다는 것이다. 우리는 마가복음 13장과 그것의 평행 본문을 다루면서 곧 이 주제로 돌아올 것이다.

'지금 그러나 아직' 주제는 사도행전에서도 추적 가능한데, 여기서는 지면 관계상 간단히 요약만 하겠다. 사도행전 1장과 2장의 이상한 사건들은 땅과 하늘이 새로운 방식으로 결합되는 것과 관련이 있어 보인다. 다시 말해, 이 이상한 사건들은 예루살렘 성전과 하늘과 땅의 현재 구성이 새로운 종류의 연계—이 연계는 한편으론 예수에 의해 형성되었고 다른 한편으론 성령 충만한 사람들에 의해 형성되었다—로 대체되는 것과 관련이 있어 보인다. 그렇기 때문에 사도행전의 그렇게 많은 중요하고 위험한 내용들이 일반적으로는 신전과 관련이 있고(아테네, 에베소 등등) 특별하게는 예루살렘 성전과 관련이 있다(스데반의 설교와 바울의 재판을 생각해 보라). 이 모든 것이 사도행전 1:6-8의 영향 아래 있는데, 이 구절들은 신약의 '지금 그러나 아직'에 대한 전형적 진술 중 하나다. 제자들은 예수에게 그가 이스라엘 나라를 회복시키는 것이 이때냐고 묻는다. 복음서의 비유들과 정확히 같은 예수의 대답은 다음과 같다. '그렇다. 그러나 너희들이 생각하는 방식으로는 아니다.' 그래서 박해에 직면한 제자들은 시편 2편을 인용하는데, 시편 2편은 예수가—세상의 악한 권세를 대표하는 헤롯과 빌라도의 분노를 샀지만 이들을 물리침으로—**이미** 참된 왕으로 즉위했다는 제자들의 믿음을 대변한다 (행 4:23-31). 누가가 볼 때, 예수는 이미 통치하고 있었다. 그는 이미 자신의 나라를 세운다는 약속을 성취했다.

이제 우리는 마가복음 9:1의 다음과 같은 예수의 핵심 말씀으로 돌아간다. '여기에 서 있는 사람들 가운데 죽음을 겪기 전에 하나님 나라가 권능으로 오는 것을 볼 사람도 있다.' 누가는 9:27에서 이를 '하나님 나라를 볼 [때까지]'로 축소시킨다. 마태는 16:28에서 다음과 같이 말하는 예수를 보여 준다. "여기 서 있는 사람 중 어떤 이들은 죽음을 맛보기 전에 '인자가 자기 나라 가운데 오는 것을' 볼 것이다." 이는 다니엘 7장 일부를 복합적으로 인용한 것이다.[52] 마태는 이 중요한 구절을 어떻게 이해했을까? 그는 이 구절을 '문자적으로 받아들여' 구름 위로 떠다니는 예수에 대한 예언으로 이해해야 한다고 생각했을까? 마태복음 기록 당시 그는 예수의 이 말씀을 아직 성취되지 않은 예언으로 생각했을까?

결코 아니다. 이 대답이 마주하게 될 거센 저항으로 인해 주해 방식, 즉 마태에 대한 우리의 주해와 다니엘에 대한 마태의 주해가 방해를 받아서는 안 된다. 마태의 입장은 명확하다. 그는 예수의 수난 기사 전체(26:2)를 '인자'가 십자가에 못 박힌다는 예언과 엮고 있다. 그리고 모든 것이 끝났을 때, 마태복음의 예수는 다니엘 7장의 예언이 성취되었다고 선포한다.

> 예수께서 그들에게 다가오셔서 말씀하셨다.
> "나는 하늘과 땅에 있는 모든 권세를 받았다! 그러므로 너희는 가서 모든 민족을 제자로 삼아야 한다.…보라, 이 시대의 끝날까지 내가 날마다 너희와 함께할 것이다." (마 28:18-20)

여기에서 마태가 다니엘 7:14을 되풀이한 것은 분명하다.

---

[52] 특히 13-14, 18, 22, 27절.

마태복음:

edothē moi pasa exousia en ouranō kai epi tēs gēs;

다니엘서:

edothē auto exousia, kai panta ta ethnē tēs gēs…auto latreuousa.[53]

이와 같이 마태복음의 예수가 말한 최후 발언[자신의 제자들과 신텔레이아 투 아이오노스(*synteleia tou aiōnos*), 즉 '세상 끝날'까지 함께할 것이라는 발언]은 문제의 엑수시아(*exousia*; 권세―역주)가 아이오니오스(*aiōnios*), 즉 '세상에 대한' 권세임을 강조하는 다니엘에 대한 답변이다(마 28:20; 단 7:14).[54] 마태에 관한 한, '인자'는 이제 그의 '나라'로 높여졌다. 물론 종말의 최종 '실현'은 아직 멀었다. 그러나 종말은 제대로 그리고 진짜로 시작되었다.

이는 대제사장 앞에서 심문받는 예수를 보도하는 마태에 의해 확증된다. 예수는 그가 성전을 무너뜨리고 사흘 안에 다시 세울 수 있다고 말한 혐의를 받고 있다. 대제사장은 예수로 하여금 맹세하게 하여 그가 '하나님의 아들 메시아'인지를 말하게 한다(마 26:63). 예수의 대답은 두 개의 중요한 기독교 문헌을 하나로 모은 것이다. 그것은 다니엘 7:13을 두 부분으로 나누고 그 사이에 시편 110편의 내용을 인용하고 있다.

"당신이 그렇게 말했소. 하지만 내가 이 말은 하겠소. 이제 앞으로 당신은 '인자가 권능자의 오른편에 앉은 것과 하늘의 구름을 타고 오는 것'을 볼 것이오."

(마 26:64)

---

53 마태복음, '하늘과 땅의 모든 권세를 내게 주셨으니'; 다니엘서, '그에게 권세와 영광과 나라를 주고 모든 나라들이 그를 섬기게 하였으니.'
54 참고. 단 7:27.

여기서 핵심 구절은 '이 후에'를 의미하는 아프' 아르티(*ap' arti*)다. 가야바는 오래 기다릴 필요가 없을 것이다. 예수는 무죄를 입증받고, 시편 110편의 참된 제사장이자 왕으로 즉위하고, 다니엘 7장의 '인자', 그리고 참으로 시편 8편의 '인자'로 높임을 받으실 것이다. 왜냐하면 마태가 시편 8편의 '인자' 구절까지 시편 110편 및 성전 멸망 예언과 신중히 엮어 놓았기 때문이다.

누가도 이에 동의한다.[55] 주된 차이는 누가가 마태의 아프' 아르티(*ap' arti*) 대신 아포 투 뉸(*apo tou nyn*)을 사용하고 있다는 점이다. 그러나 이를 제외하고 그 의미는 동일하다. 마태와 누가 모두 **새롭고 영속적인 상황**에 대해 말하는 예수를 제시한다. 이 상황은 확실히 (복잡하지만) 단일 사건인 예수의 죽음, 부활, 승천에 의해 시작되었지만, 마태와 누가의 관련 문장은 이 사건이 아닌 이 사건이 개시할 지속적인 하나님 나라를 이야기한다. 우리는 사도행전에 나오는 베드로의 오순절 설교에서도 같은 요지를 발견한다. 베드로의 설교는 시편 110편이 **이미** 예수에게 **적용되었다**고 선포한다. 시편 110편에서처럼, 여기에서도 여전히 '~까지'가 있는데, 이 경우는 '그가 그의 원수로 그의 발등상이 되게 하기까지'에 해당한다(행 2:32-36).[56] 이것은 사실 새로운 종류의 '지금 그러나 아직'을 의미한다. 누가가 이를 만들었을 리 만무하다. 이것은 바울이 고린도후서 15장에서 말하고 있는 내용과 일치하며, 마태복음 및 시편 110편과도 일치한다.

그렇다면 마가의 경우는 어떤가? 마가복음에 자주 인용되는 핵심 본문들을 기록하면서 그는 예수가 임박한 우주적 재앙을 예언하고 있었다고 생각했을까? 주요 답변은 마가복음 13장에서 발견되지만, 이 답변은 시편 110편 논쟁을 12:35-37에 위치시킨 마가의 의도에 의해 앞서 소개되고

---

55 Wright, 'Son of Man—Lord of the Temple?', in White, Wenham and Evans, eds., *Earliest Perceptions of Jesus in Context*, pp. 77-96를 보라.
56 행 5:31과 비교해 보라.

있다. 이 구절에서 마가는 바울 및 누가와 마찬가지로 예수가 **이미** 시편 110편을 성취했다고 본다. 우리가 마가복음 14:62에서 시편 110편을 볼 때, 우리는 이 시편이 곧 발생할 예수의 왕으로서의 즉위를 가리킨다고 예상할 수 있다.[57]

이것이 우리가 마가복음 13장에서 발견하는 내용이다. 나의 이전 연구들 이후로,[58] 성전 신학에 대한 관심의 급증(5장을 보라)은 첫째, 이 담화가 주로 성전의 멸망에 관한 것이라는 것과, 둘째, 성전이 하늘과 땅이 만나는 **소우주**이므로, 성전의 임박한 멸망은 단순히 한 국가의 희망이 무너진 것 그 이상의 의미를 지닐 수밖에 없었다는 나의 견해를 강화시켰다. 유대적 관점에서 성전의 멸망은 **시공의 질서가 무너짐**을 의미했는데, 이는 말 그대로의 공간, 시간, 물질의 갑작스런 사라짐이 아니라 '하늘과 땅'의 창조 질서가 그것을 하나로 묶어 주는 연결 고리를 잃어버렸다는 것으로 이해되어야 한다. 이러한 사고방식은 예레미야에게로 거슬러 올라가는데, 그에게 성전의 멸망은 창조 세계가 태고의 혼란으로 돌아가는 것을 의미했다.

예레미야와 마찬가지로, 성전의 멸망은 예수가 이 세대가 지나가기 전에 발생한다고 예언한 사건이었다. 나중에서야 예수의 죽음, 부활, 높임, 성전의 멸망, 장차 있을 만물의 완성이 본디오 빌라도가 총독이었고 가야바가 대제사장이었던 당시에는 생각할 수 없었던 별개의 사건으로 보인다. 그러나 마가는 예수와 성전 사이에, 보다 구체적으로 말해, 예수의 하나님 나라 선포와 성전에 대한 경고 사이에 연결점이 확립되었음을 나타낸다. 마가는 비록 방식은 다르지만 요한만큼이나 분명하다. 다시 말해, 요한복음에 나타난 예

---

57 이 구절에 대해서는 최근에 출간된, M. Botner, *Jesus Christ as the Son of David in the Gospel of Mark* (Cambridge: Cambridge University Press, 2019)를 보라. 마가복음의 성전에 대해서는 특히, T. C. Gray, *The Temple in the Gospel of Mark: A Study in Its Narrative Role* (Tübingen: Mohr, 2008)을 보라.
58 나는 *JVG*, pp. 320-367에서 이를 자세히 논했다.

수의 암묵적 주장은 성전을 위한 여지를 남겨 두지 않는다. 뒤늦게 깨달았지만, 요한은 성전이 장차 일어날 사건을 가리키는 역할을 했다는 것을 분명히 밝힌다.[59] 이제 로마군에 의한[60] 성전의 멸망이 무르익었다.

중간에 24-27절이 없었더라면 그 의미는 마가복음 13장의 시작부터 분명했을 것이다. 많은 사람들이 24-27절을 '세상의 종말'에 대한 명백한 언급으로 보아 왔기에 이 절들이 다른 것을 가리킨다고 이해하는 일은 거의 불가능하다.

'해는 밤처럼 어두울 것이고,
달은 빛을 내지 않을 것이고,
별들은 하늘에서 떨어질 것이고,
하늘의 권세들은 흔들릴 것이다.
그때 그들은 "큰 권능과 영광과 함께 인자가 구름을 타고 오는 것"을 볼 것이다.

그때 그는 자신의 사자들을 보내, 그가 택한 사람들을 땅끝에서 하늘 끝까지 사방에서 모을 것이다.' (막 13:24-27)

마가복음의 예수는 이것이 '이 세대가 지나가기 전에' 발생할 사건이라고 말한다(13:30). 다시 말해, 이 사건은 9:1에 언급된 사건으로, 정확한 발생 시간은 오직 하나님 아버지만 알고 있다(13:32).[61] 그러나 우리가 지금까지 바울,

---

59   요 2:18-22. 특히 21절('그러나 예수께서는 자신의 몸인 '성전'을 두고 말씀하신 것이었다')과 22절('죽은 사람들 가운데서 일으켜지신 뒤에, 제자들은 예수의 이 말씀을 기억하고 성경과 예수께서 하신 말씀을 믿었다').
60   이는 예레미야의 말로(렘 7:11) 막 11:17에 인용되어 있다.
61   E. Adams는 *The Stars Will Fall from Heaven: Cosmic Catastrophe in the New Testament and Its World* (London: T&T Clark, 2007), p. 165에서 이 세대가 지나가기 전에 발생할 사건(막 13:30)을 제시하는데, 이 사건들에는 24-27절의 사건들이 포함되지 않고, 5-23절의

마태, 누가에게서 보았던 모든 것을 고려해 볼 때, 우리는 이 표현을 한편으론 예수의 죽음, 부활, 승천의 관점에서 이해해야 하고, 다른 한편으론 성전(하늘과 땅이 만나는 장소인)의 멸망이라는 관점에서 이해해야 한다.[62] 지면 관계상 여기서 자세히 다룰 수는 없지만, 중요한 주장이 이사야 13장과 34장, 다니엘 7장에 대한 암시로부터 제기된다.[63] 이 표현과 이미지는 사회정치적 사건들을 가리키고, 이 사건들에 (소위) '우주적' 중요성을 부여하기 위해 오랜 기간 규칙적으로 사용되어 왔다. 다니엘 7:1-14이 초기 문학적 배경에서 무엇을 의미했든 간에 1세기 독자가 바다에서 떠오르는 괴물들을 문자적으로 받아들였다거나, 13-14절을 해석하는 사람이 15-27절에 주어져 있는 그 자체의 해석을 무시했을 거라는 생각은 터무니없다.[64] 마가는 여기에서 물론 회고적으로 그러나 매우 신중하게 **이 모든 것이 예수의 공생애 사역 내에서 어떻게 나타났는지**에 대한 구성을 제시했다.[65] 마가복음의 예수는 한편으로 자신의 나라를 가져오는 소명의 절정으로 죽고 다시 살아날 것이며, 이러한 사건이 다니엘 7장(시편의 도움으로 해석되는)의 생생한 이미지가 가리키는 실재가 될 것이라고 믿는다. 또 마가복음의 예수는 자신이 성전의 멸망을 선언하도록 부름받았다고 믿는다. 따라서 성전이 파괴될 때, 그의 정당성은 입증될 것이다. 예수와 성전은 함께 간다. 복음서 저자들은 바울의 의견에 동의한다. 예수의 죽음과 부활은 그가 성경을 성취하며 강력하게 왕으

사건들만 포함되어 있다. 그의 이런 제시는 특히 30절의 '이 모든 일'의 관점에서 볼 때 매우 충격적이다. Adams에 대한 나의 반응은, *PFG*, pp. 167-175를 보라.

[62] 막 13장이 다가올 수난 기사에 관한 힌트들로 가득 차 있다는 매력적인 제안은, P. G. Bolt, 'Mark 13: An Apocalyptic Precursor to the Passion Narrative', *RTR* 54 (1995), pp. 10-30 (http:mydigitalseminary.com/wp-content/uploads/2015/11/Bolt-PG-Mark-13-An-Apocalyptic-Precursor-to-the-Passion-Narrative.pdf)를 보라.

[63] 자세한 논의는 *JVG*, ch. 8을 보라.

[64] 단 7장에 대한 해석은, J. E. Goldingay, *Daniel* (Dallas: Word Books, 1989), pp. 137-193; J. J. Collins, *Daniel* (Minneapolis: Fortress, 1993), pp. 274-324를 보라.

[65] 마가복음 전승이 어떻게 초기 교회 상황이 아닌 예수 자신의 상황을 반영하고 있는지는, *NTPG*, pp. 421-422를 보라.

로 세움받는 취임식의 요소였다. 세상은 변했다. 이스라엘도 변했다. 그리고 역사도 변했다. 초기 교부들은 이 견해에 동의했다. '지연의 문제'가 두 번째 및 그 이후 세대들에게 있었다면, 그들은 이 문제를 다루었을 것이다. 그러나 그들은 다루지 않는다.[66]

오늘날 우리가 사용하는 '묵시'에는 아이러니가 존재한다.[67] 우리가 격동의 시대에 살고 있기 때문에 '묵시'라는 표현이 이치에 맞다고 말하는 순간, 당신은 초기 그리스도인들의 말을 이해하지 못하고 있음을 스스로 드러내게 된다. 예수는 일반적인 진리를 가르치지 않았다. 그리고 '파괴적 사건'에 관한 단 하나의 '일반적인 진리'도 가르치지 않았다! 종교개혁가들의 주장처럼, 예수는 무언가를 **단번에**(*ephapax*) 행했다. '묵시'는 **세상에서 일어나는 일에 대한 일반적인 원칙이 아니었다**. 묵시는 창조와 언약 이야기 **내에서 독특하고 파괴적인** 역할에 속하는 일회적이고, 독특한 사건의 의미를 전달하는 성경 용어였다. 앞 문장에 나오는 단어들인 '독특한', '파괴적인', '내에서'는 모두 중요하다. 만약 당신이 '묵시'가 '수평적 연계가 없는 위로부터의 수직적 계시'를 의미해야 한다고 말한다면, 당신이 배제하는 것은 그 용어가 소유하고 있다고 주장하며 역사적으로 의지하는 유대 '묵시' 문헌만이 아니다. 당신은 또한 예수, 바울, 복음서 저자들, 그리고 특히 최후의 '묵시'인 요한계시록이 환기시키는 해석적 틀도 배제하고 있다.

물론 19세기 중반부터 오늘날까지 우리는 엄청난 사회적·문화적·신학적 격동을 겪어 왔다. 만약 이러한 격동이 요구하는 것이 보다 혁명적인 형

---

66 *NTPG*, pp. 462-464를 보라. 보다 넓은 관점은, B. E. Daley, *The Hope of the Early Church: A Handbook of Patristic Eschatology* [Grand Rapids: Baker Academic, 2010 (1991)]를 보라. 주목할 만한 것은 *Barn*. 15.4-5에서 저자가 '종말'을 세계 역사가 6천 년이 지난 후에 당연히 발생하는 것으로 여기고 있으며, 이 종말을 미래로 멀리 뻗어 나가는 것으로 이해하고 있다는 점이다. T. F. Torrance, Space, *Time and Resurrection* (Edinburgh: Handsel Press, 1976), pp. 153-154도 보라.
67 *PRI*, Part. II를 다시 보라.

태의 기독교 제자도라면, 괜찮다. 그러나 혁명적 형태의 기독교 제자도가 예수가 말했던 것이라고는 생각하지 말자. 실제 '묵시적 예수'는 자신의 죽음과 그 이후에 발생한다고 그가 확신했던 부활을 통해 자신이 하나님 나라를 개시하는 임무를 성취할 것이라는 것을 죽기 전에 이미 믿고 있었다. 서신서 및 복음서 저자들을 비롯한 그의 첫 추종자들은 예수가 그 임무를 성취했다고 믿었다. 다음 장들에서 내가 주장하겠지만, 이 믿음은 하나님과 세상에 대한 보다 큰 질문들을 고려함에 있어서 새로운 토대를 우리에게 제공한다.

결론

나는 근대의 '지연 신조'에 심각한 결함이 있다고 주장했다. 예수와 신약 저자들을 비롯한 그의 첫 추종자들은 그의 공생애 사역 기간 동안 또는 바로 그 이후에 세상이 종말을 맞이할 것으로 기대하지 않았다. 초기 그리스도인들은 예수가 언제든지 돌아올 수 있다는 것을 알았다. 그러나 그들의 가장 큰 강조점은 다른 곳에 있었는데, 바로 예수가 이미 세상의 적법한 주로 즉위했다는 주장이다. 한 세대가 지나 예루살렘이 파괴되고 예수는 다시 나타나지 않았지만 그 어떤 확신 상의 위기나 신학적 붕괴도 발생하지 않았다. 근대의 실수는 가상의 역사 스크린에 근대의 관심사를 전형적으로 투영함으로써 나타났는데, 이는 '진보'라는 근대적 관념에 대한 근대적 실망 또는 반감으로부터 비롯된 것이다. 이 실망과 반감은 키르케고르에서 니체까지, 바르트에서 발터 벤야민까지, 그리고 그 외 많은 작가에 의해서도 다양하게 표현되었다. 일부 앵글로색슨 학계는 기독교 기원이 문화적으로 상대적이며 따라서 (역사 연구와 무관한 이유로 요구되는) 주요 수정도 정당화된다는 표지로서의 '지연' 개념을 환영했다.[68]

물론 근본적인 문제는 세계사의 진정한 절정이 18세기 유럽에서 일어났다는 서구 계몽주의의 일반적인 주장에 정면으로 맞서 세계사의 절정으로 간주될 수 있는 일이 1세기에 일어났다고 주장하는 것이다. 이것은 도전이다.

이 모든 것은 세 가지를 가리킨다. 첫째, 예수를 1세기 묵시적 또는 종말론적 예언가로 새롭게 이해하려는 시도는 더 이상 유효하지 않다(그리고 이 시도는 묵시와 종말, 이 두 단어에 대한 훨씬 더 정확하고 신중한 사용을 요구할 것이다). 둘째, 이러한 역사적 과제는 성전 신학을 진지하게 다뤄야 한다. 성전 신학에서 하늘과 땅은 에피쿠로스주의의 주장처럼 거대한 심연에 의해 분리되어 있는 것이 아니라 영화롭고 강력하게 결합되어 있다. 셋째, 이러한 세계관의 관점에서 이루어지는 예수에 대한 탐구—무엇보다 그의 부활에 대한 탐구—는 하나님과 세상, 그리고 예수가 '자연신학'과 관련된 출발점이자 단서가 된다고 더 많이 말할 수 있는 새로운 기회를 열어 주어야 한다. 이것들이 안건을 정한다. 우리는 특히 '역사'와 '종말론'에 관한 우리의 입장을 분명히 밝혔다. 다음 장에서 나는 나의 주된 주장을 구축할 것이다.

---

68 예를 들어, John Hick, ed., *The Myth of God Incarnate* (London: SCM Press, 1977). Keith Ward는 *Christ and the Cosmos: A Reformulation of Trinitarian Doctrine* (Cambridge: Cambridge University Press, 2015), pp. xii, 10에서 20세기 전통을 단순히 반복할 뿐이다. 즉, 초기 그리스도인들에게 '세상의 종말은 언제든지 올 수 있었다.' 그러므로 그들이 틀렸다는 것을 아는 우리는 다르게 생각할 필요가 있다.

3부

유대 세계에서의 예수와 부활절

5장

건축자들이 버린 돌

예수, 성전, 하나님 나라

도입

우리는 이제 논쟁의 전환 지점에 도달했다. 우리는 지난 3세기에 걸친 서구 사상의 문화적·정치적·사회적 맥락이 (다른 많은 것들 중에서) 하나의 특별한 철학적 관점, 즉 고대 에피쿠로스주의의 근대적 변형을 수용했다는 것을 보았다. 이 현상은 '자연신학'을 비롯한 몇몇 중대한 신학적 질문에 해로운 영향을 끼쳤다. 게다가 이 현상은 성서학의 몇몇 중요한 움직임, 그중에서도 초기 기독교 종말론의 문제를 제대로 다루지 못했다. 다시 말하지만, '역사' 개념은 이 현상의 배후에서 동일한 문화적 압력에 의해 형성되어 왔으며, 그 밑에는 잘못 구성되어 있는 지식에 대한 질문이 있다. 따라서 이 순서를 다시 나열해 보면 다음과 같다. 인식론에 '사랑' 개념이 배제되어 왔고, 이로 인해 역사 연구에 그릇된 대립, 즉 한편으로는 합리주의적 확신을, 다른 한편으로는 회의주의를 추구하는 현상이 발생했다. 예수와 그의 첫 추종자들은 다른 특징들을 왜곡시킨 '임박한 세상의 종말' 신앙의 소유자들로 묘사되어 왔으며, '자연신학'의 한 측면인 하나님 및 세상에 대한 질문은 제대로 다루어지지 않고 있다. 이제 이 책의 후반부에서 우리의 과제는 변화된 비전을 확실히 밝히고 변론하는 것이다. 그리고 그 과정에서 부활의 관점으로 예수에 대한 질문과 '자연신학'에 대한 질문을 다시 하나로 통합해 양자 모두에게 이익이 되는 방법이 있다고 제안하는 것이다.

  나는 이 장에서 제2성전기 유대인들의 세계관을 간단히 설명할 텐데, 예수와 그의 첫 추종자들은 바로 이 세계관 사람들이며, 이 세계관 안에서 기도하고 생각하고 가르쳤다. 모든 형태의 에피쿠로스주의, 스토아주의, 플라톤주의와 근본적으로 다른 이 세계관은 '근대' 세계에서 사용 불가한 것으로 치부될 만한 '고대' 세계관이 아니다. 이 세계관은 사물을 이해하는 방식이며, 찰스 테일러의 말을 빌리자면 일종의 '사회적 이미지'(social imaginary)다. 나는 다음 장에서 초기 그리스도인들의 놀라운 핵심 주장, 즉 나사렛 예수가 죽은 자 가운데서 살아났다는 주장이 일반적 유형의 역사적 조사를 요청하고 장려하고 있음을 제안할 것이다. 내가 제안한 바와 같이, '사랑의 인식론'은 이 역사적 조사에서 중요한 역할을 한다. 이 사랑의 인식론은 더 심오하고 다양한 역사적 인식론이자 사랑에 대한 보다 깊은 지식으로, 이런 종류의 지식은 실제 세계의 실제 지식을 상쇄하거나 회피하지 않는다. 오히려 이 지식은 현 창조 세계와 정확히 일치하고 현 창조 세계를 근본적으로 변화시키는 (복음서의 이야기처럼 예수의 육신이 변화되었듯이) 새 창조 세계에 대한 비전을 제시한다. 예수의 부활이 그의 공생애 사역과 끔찍한 죽음에 다시 빛을 비추면서 그의 이전 말과 행동이 흥미진진하고 암시적임에도 불구하고 그 헷갈리는 의미들을 설명했던 것처럼, 7장에서 우리는 새 창조에 대한 부활 모양의 비전(resurrection-shaped vision)을 통해 현 세계에 있는 신적 존재와 힘―'자연신학'의 원재료―의 신호들이 실제 이야기를 말하고, 올바른 질문을 하고, 올바른 방향을 가리키기 위해 최선을 다하고 있음을 보게 될 것이다. 이 지점에서 예수의 이야기는 새로운 종류의 '자연신학'이 가능하다는 것을 제시한다. 비록 예수의 이야기가 문화적으로 형성된 근대의 일반적 질문 제기 방식과는 어울리지 않지만 말이다. 마지막 장에서와 같이, 모든 것은 이제 완성된 새 창조 세계에 대한 종말론적 비전과 현 상황에 희망을 가져오는 교회의 사명이 제공하는 보다 큰 논쟁의 범위에 달려 있다.

지금까지 우리의 연구는 일반적인 토론 용어를 비롯한 '자연신학'에 대한 근대적 논의가 지배적인 에피쿠로스주의의 세계관 내에서 취한 형태로 영원히 고착되어 있다는 가정에 이의를 제기했다. 에피쿠로스주의는 자동 기본 모드도 아니고 근대 과학의 확실한 결과도 아니다. 그것은 특별한 세계관으로 미리 그 탁월성을 가정할 순 없지만, 암묵적인 시장에서 반드시 자신의 길을 열어야 할 세계관이다. 다양한 세계관을 가정하고 있는 여러 배경의 사상가들은 이러한 질문에 대해 숙고했다. 에피쿠로스주의자가 그의 모든 가능한 상대들에게 에피쿠로스주의의 규칙(예를 들어, 하나님에 대한 언급 없이 세상을 연구하고, 세상을 언급하지 않고 하나님에 대해 생각하라는 규칙)을 따르라고 주장해 봤자 소용이 없을 것이다. 왜냐하면 홈팀은 언제나 유리한 바람과 비탈, 그리고 그들을 응원하는 군중의 도움을 받으며 경기하기 때문이다.

이 점을 지적하는 것은, 많은 보수적 근대주의자들이 그랬던 것처럼, '초자연주의'라고 불리는 것을 주장함으로써 '자연주의'라고 불리는 것에 반대한다고 말하는 것과는 매우 다르다. 그렇게 하는 것은 기독교의 모든 결론을 미리 '증명'하는 것처럼 보일 수 있다. 그것은 암묵적으로 에피쿠로스주의의 분리된 세계를 수용하고, 부재중인 신이 그럼에도 불구하고 때때로 이 세상에서 행동을 취한다고 주장할 것이다. 비록 이 주장이 비논리적이지만 말이다. 마찬가지로, 에피쿠로스주의의 틀에 도전한다고 해서 플라톤과 아리스토텔레스 중 하나를 선택해야 한다거나, 여러 기독교적 복원(플라톤과 연결되는 아우구스티누스와 칼뱅; 아리스토텔레스와 연결되는 아퀴나스; 등등)을 선택하도록 궁지에 몰리는 것은 아니다. 우주론, 종말론, 인간의 조건이라는 이 세 가지 주요 관심 분야를 이해하는 상당히 다른 방법이 남아 있다. 이 방법에는 예수와 첫 그리스도인들을 이해하는 데 필수로 간주되는 확실한 논거가 존재한다. 이것은 고대 유대인의 위대한 전통으로, 이 전통은 제2성전기에 행해진 히브리어 성경의 여러 복원을 포함하고 우리가 신약에서 발견하는 급진적 변형을 형성한다. 이 전통은 예수의 비유에 나오는 건축자들이 버린 돌처럼 새로운 문화적·정치적·이념적 그리고 무엇보다도 신학적 구성의 적절한 기초가 된다.

이 책의 부제에서 알 수 있듯이, 이 점은 중요하다. 왜냐하면 나는 내 주장 전반을 통해 다른 각도에서 예수에게 곧장 나아가고 있기 때문이다. 우리가 앞서 보았듯이, 여기에는 명백한 아이러니가 있다. 지난 2, 3세기 동안 일반적인 '자연신학'은 거의 명백히 예수를 고려 대상에서 배제해야 한다고 주장해 왔다. (이 책 첫머리에서 보았듯이) 예수를 끌어들이는 건 마치 부정행위처럼 보인다. 그가 '특별 계시'로 간주되기 때문이다. 그러나 '부정행위'라는 비난은 이 부정행위를 반대하는 자들에게 되돌아갈 것이다. 왜냐하면—라이마루스와 그의 전임자들에서부터 '예수 세미나'와 그들의 동료들에 이르기까지 그들이 강조하고 있는 전제에서—예수는 실제로 사람이었고, 다른 이들과 마찬가지로 '자연' 세계, 즉 그의 장소와 시간, 문화라는 역사적 변수 내에서 이해할 수 있기 때문이다. 만약 예수가 어느 누구 못지않게 '자연' 세계의 일부였다면—에피쿠로스주의적 근대주의가 만들어 낸 그토록 많은 '역사적 예수' 묘사가 열심히 나타내고자 하는 것처럼—그 누구도 예수를 선험적으로 배제할 수 없다. 물론 변증법적 이유로 예수를 그들의 첫 신학 논쟁에서 배제하는 그리스도인들에게도 이와 유사하게 반응할 수 있다(그들은 먼저 '하나님'을 증명하고, 그 후에 예수를 끼워 맞추자고 주장한다). 어떤 이유에서든, '예수'를 한쪽으로 제쳐 놓는다면 이는 이 예수라는 단어가 나사렛 출신의 실제 사람과 상당히 다른 존재 또는 가상의 인물을 가리키고 있음을 은연중 인정하는 것처럼 보일 수 있다.

그러나 우리가 예수에 대해 말하려면, (우선적으로) 우리의 문화적·이념적 정황과 관련지어 말하는 것이 아니라 **예수의** 문화적·이념적 정황과 관련지어 말해야 한다. 다시 말하지만, 훌륭한 근대주의자라면 이러한 점을 주장해야 할 것이다. 비록 우리가 본 것처럼 세상의 종말에 관한 이론이 이 프로젝트를 좌절시켰지만 말이다. 1세기 유대교의 문화적 맥락이 우리의 문화적 맥락과 아무리 다르게 느껴질지라도(우리는 은연중에 하늘과 땅을, 그리고 과거와 현재를 분리한다), 역사적 과제에 필수적인 공감적 상상력이 작용해야 한다(이 공감적 상상력은 자연 과학에 필요한 공감적 상상력과 비슷하면서도 약간 다르다). 예수의 동시대 사람들이 그를 이해했던 것처럼 또는 예수가 자신을 이해했던 것처럼 예수를 이해하는 일은 어려울 것이다. 그러나 예수의 동시대 사람들과 예수가 우리가 다루는 것─엉뚱하거나 잘못된 방식으로─과 같은 문제를 다루고 있다고 가정한다면, 예수에 대한 이해는 어려워질 뿐만 아니라 완전히 불가능해진다. 우리는 '타자'의 다름을 허용하도록 주장하는 사랑의 인식론의 요구에 따라 예수와 그의 추종자들을 바라보고 그들의 목적과 의도를 그들의 세계 안에서 이해하기 위해 참된 역사적 노력을 기울여야 한다.

이러한 도전의 회피는 지난 3백 년간 예수에 대한 많은 저술에서 발견되는 고질적 병폐다. 기독교 사상가들은 이러한 지적을 때때로 묵과하는데, 복음이 새 술이므로 구태여 옛 부대를 연구할 필요가 없다는 것이 그 이유다. 보다 어두운 암시가 이 이면에 존재할 수 있다. 즉, 옛 부대가 **유대 세계**를 의미하고, 은혜와 자유에 관한 복음의 메시지가 유대 세계의 율법과 정반대라는 것을 우리가 선험적으로 안다는 것이다. 그러나 우리가 예수의 공생애 사역에 대해 아는 것이 있다면, 그것은 예수가 당시 유대 세계에 널리 퍼져 있던 관념, 즉 하나님 나라를 선포했다는 것이다. 하나님 나라의 의미를 이해하고, 예수가 이 관념에 부여하는 것으로 보이는 새로운 의미를 이해하려면 유대 세계 안으로 들어가야 한다. 마찬가지로, 보다 광범위하게 말하자면, **초기 기독교의 메시지가 근본적으로 새로운 것이었다고 해서 그 근본적 새로움이 의미하는 바를 의미하게 해 준 배경을 이해할 필요가 없다는 말이 아니다.** 더욱이 이 근본적 새로움은 우리에게 역사를 무시하게 하고, 다른 방법을 통해 예수와 그의 첫 추종자들이 했던 말을 '정확히' 알고 있다고 가정할 수 있게 하는 허술한 면허를 주지 않는다. 따라서 나는 제2성전기 세계관의 핵심 요소를 새롭게 복원해야 한다고 주장하고 싶다. 왜냐하면 우주론, 종말론, 인간의 조건에 대한 초기 그리스도인들의 눈에 띄는 새로운 견해가 이 세계관 안에 반영되어 있기 때문이다.

다시 한번, 명백한 반대를 더 노골적으로 저지하겠다. 물론 누군가는 내게 이렇게 말할 것이다. '설마 우리가 1세기 세계관을 취할 거라고 기대하는가? 우리는 새로운 시대에 살고 있고, 우리에게는 전깃불과 현대 의학이 있다. 우리는 코페르니쿠스와 다윈 이후의 사람들이며, 후기 근대주의 세계의 전형적인 사람들이다.' 우리는 이에 답해야 한다. '아니다.' 우리는 일종의 복원된 (그리고 확실히 변형된) 고대 에피쿠로스주의 형태 안에서 살고 있고, 이로 인해 우리의 사고는 신들이 우리와 아무 상관없고 우리도 신들과 아무 상관없다는 분리된 세계관의 영향을 받는다. 그것이 가진 유일하게 '근대적'인 요소는 그것이 너무 널리 퍼져 있다는 것이다. 그러나 세계관 자체는 사해 문서만큼이나 '근대적'이지 않다. 우리보다 먼저 존재했던 모든 사람들을 인식론적 도둑이요 강도로 가정하는 근대주의 수사학과 연대기적 우월 의식은 잊어버려라. 갈릴레오가 망원경을 보고 발견한 것, 다윈이 갈라파고스에서 발견한 기어다니거나 꽥꽥거리는 것, 이 모든 것은 우리의 논의와 아무런 관련이 없다. 우리는 고대 유대인들과 그리스도인들을 동굴에 살았던 순진한 인간들로 희화화하지 말아야 한다. 위층에는 '초자연적 존재', 아래층에는 '자연적 존재', 지하실에는 무언가 끔찍한 존재가 살고 있는 3층짜리 우주를 믿지 않는다면 말이다. 우주에 대한 이처럼 얕은 이해는 종이 위에 지구상의 모든 것을 담으려다 실패한 초기 지도와도 같다. 아마도 몇몇 사람들은 이 얕은 우주론적 이해를 '문자적으로' 받아들일지도 모르지만, 그것이 요점은 아니다. 요점은 제2성전기 유대인들이 하늘과 땅이 의도적으로 겹쳐 있다고 가정했고 어떤 맥락에서는 실제로 하늘과 땅을 겹쳐 놓았다는 것이다. 우리가 하늘과 땅이 분리된 근대적 가정을 한다고 해서 우리는 우주를 이해하지만 그들은 이해하지 못했다는 말이 아니다. 우리가 시계를 발명했다고 해서 우리는 시간을 이해하지만 고대인들은 이해하지 못했다고 가정하지 말아야 하는 것처럼 말이다. 근대주의 시위자들은 거리를 활보하는 계몽주의 황제의 알몸에서 우리의 시선을 다른 곳으로 돌리려 한다.

다시 한번, 앞으로 나아가는 방법은 **역사**를 통해서 가는 것이다. 이는 고대 증거를 그것의 정황 가운데 살피면서 관련 단어들의 의미가 무엇이고 의도된 행위가 무엇인지 보다 광범위하게 기술하는 것을 의미한다. 우리는 흥미로운 시대에 살고 있다. 새로운 연구들은 우리가 '성전 신학'(Temple-theology)이라 부를 수 있는 것을 강조하며 유대 우주론에 관한 참신한 발상을 생성한다. 그것들은 또한 매주 있는 안식일이 어떻게 특별한 종류의 종말론을 가능케 했는지를 강조한다. 결국 그것들은 **이** 우주 안에서, 그리고 **이러한** 시간관념 안에서 인간에 대해 말하는 것, 즉 **인류학**을 포함하는 모든 것들의 좌표다. 에피쿠로스주의 인류학은 인간을 임의로 형성되고 결국엔 처분 가능한 자율적 우연으로 본다. 유대교의 인류학은 인간을 형상 소지자로 본다. 즉, 하늘과 땅의 위험한 문턱에 서서 현재와 미래의 하나님을 반영하는 존재가 바로 사람이라는 것이다. 초기 그리스도인들은 (대략)

이런 관점으로 예수를 이해했다. 그들은 이러한 비전을 갖고, '이 땅'의 세계가 '하늘'에 관한 진실을 어떻게 이야기하는지, 즉 현 시대가 다가올 시대에 관한 진실을 어떻게 이야기하는지를 예수를 통해 알 수 있는 방법을 제공한다.

그러므로 나는 제2성전기 유대인들과 이들 사이에 존재했던 초기 그리스도인들이 대개 하늘과 땅이 통합된 우주론을 가정했었다고 제안한다. 이 우주론 안에는 폐지와 대체가 아닌 구속적 변화로서의 새 창조 세계에 대한 가능성과 희망이 늘 존재했다. 그들은 이야기, 상징, 관행의 세계 안에서 살았는데, 이것들은 하늘과 땅 사이의 어떤 교환에 대해, 그리고 현 세계 안으로—아무리 위험하고 불안할지라도!—도래할 새 창조 세계에 대해 합리적으로 생각하게 만드는 근거였다. 제2성전기 우주론에 대한 이러한 일반적인 표현을 유대교와 초기 기독교 표현들로 분류할 필요가 있지만, 지금은 이 정도로 충분하다.

이 세계관과 이것에 수반되는 이야기를 연결시키고 설명했던 유대교의 두 가지 핵심 상징은 성전과 안식일이었다. 성전과 안식일 모두 창세기 1장의 창조 이야기와 직접적으로 연관될 수 있으며 몇몇 전통에서는 실제로 연관되어 있었다. 이것들은 '새 창조 세계'의 모든 이야기에 상징적 뿌리를 제공한다. 창세기, 출애굽기, 성전, 안식일의 결합은 고대 근동 문헌과 비슷한 다수의 성경 본문에 등장하는 암시적이고 지배적인 이야기에서 볼 수 있다. 예를 들면, 암흑 세력에 대한 승리, 새로 만들어진 세계나 집을 다스리는 신, 무엇보다 승리와 건물 모두에서 인간 왕이 맡은 역할에 관한 이야기가 있다. 이 이야기는 나와 다른 사람들이 충분히 자주 한 이야기, 즉 이스라엘의 오랜 유배 이야기, 적절하게 재건된 새 성전—야훼가 마침내 가시적인 영광과 승리하는 구원 능력으로 다시 오실—에 대한 열망에 관한 이야기와 연결된다.

이러한 구성 개념처럼 증거의 폭넓은 사용이 가능하고 쉽게 인지되는 1세기 세계관에는 논쟁의 여지가 있다. 일반적으로 인용되는 증거는 모세오경, 특히 'P'자료가 출처다. 여기서 문제는 항상 '얼마나 많은 사람들이 어떤 정황에서 이 증거를 이처럼 읽고 이러한 연결을 시도했을까'다. 그러나 시편은 여러 차원에서 풍부한 다층적 지원을 제공한다. 필론과 요세푸스의 성막 및 성전 해석은 전반적 개요를 최소한 1세기적 관점에서 강력히 지지한다. 다니엘서 이후로 묵시 문학은 동일한 상징 및 이야기에 의존한다. 그리고 랍비 문헌에는 중요한 몇몇 참고 내용이 존재한다. 물론 항상 그렇듯이 랍비 문헌의 증거는 주의 깊게 사용되어야 하지만 말이다.[1] 무엇보다, 초기 기독교 운동은 이러한 상징과 이야기의 조합이 그들의 삶, 믿음, 희망에 기초가 되었다는 많은 증거를 제공한다. 비록 이러한 조합이 아무도 예상하지 못했던 방식으로 재형성되었지만 말이다. 이처럼 증거의 상태가 명백히 혼란스럽기 때문에 어떤 이들은 상당한 과장을 하게 되었고, 다른 이들은 (아마도 이에 대한 반작용으로) 이러한 주제들의 존재를 전적으로 부정하거나 최소 무시하게 되었다.[2]

---

[1] 다음 연구들은 제2성전 관련 자료에 관한 중요한 조사를 제공한다. R. Hayward, *The Jewish Temple: A Non-biblical Sourcebook* (London: Routledge, 1996); 그리고 예를 들어, J. M. Lundquist, *The Temple of Jerusalem: Past, Present, and Future* (Santa Barbara: Praeger, 2008), pp. 94-96를 참고하라.

[2] Margaret Barker가 학자들과 대중들의 관심을 '성전' 기반의 신학적 이해로 이끄는 놀라운 작업을 단행했음에도 불구하고[예를 들어, M. Barker, *The Gate of Heaven: The History and Symbolism of the Temple in Jerusalem* (London: SPCK, 1991)과 *Temple Theology: An Introduction* (London: SPCK, 2014)을 보라], 대부분 사람들은 적어도 초기 이스라엘의 비일신론주의(non-monotheism)에 대한 그녀의 더 큰 가설에 대해서는 신중한 입장을 취할 것이다. 일부는 G. K. Beale이 *The Temple and the Church's Mission* (Downers Grove, Ill.: IVP, 2004)에서 보여 주고 있는 과격한 주해에 관해 이와 비슷하게 신중한 입장을 취한다. 비록 Beale의 주해가 극도로 암시적이긴 하지만 말이다. 마찬가지로, 내가 탐구중인 주제들은 J. Day가 편집한 *Temple and Worship in Biblical Israel* (London: T&T Clark, 2007)에 거의 나오지 않는다. C. Koester의 *The Dwelling of God: The Tabernacle in the Old Testament, Intertestamental Jewish Literature and the New Testament* (Washington, D.C.: Catholic Bible Association, 1989)은 필론 및 요세푸스와 관련해서만 이 주제들을 다

이 모든 것의 요점은 분명해야 한다. 예수와 초기 그리스도인들은 에피쿠로스주의자들이 아니었다. 왜냐하면 그들은 '하늘'과 '땅'이 근본적으로 분리되어 있는 우주를 당연시하지 않았기 때문이다. 그들은 만물에 신성이 존재한다고 보았던 스토아주의자들도 아니었다. 그들은 플라톤주의자들도 확실히 아니었다. 이스라엘의 성경처럼, 그들은 창조 세계의 선함을 칭송했고 그것의 회복을 간구했다. 다시 말해, 그들은 하늘과 땅—비록 매우 다른 둘이지만—이 서로를 위해 창조되었고 특정 상황에서 결합된다는 우주론을 믿었다. 여기서 특정 상황이란 일반적으로 성전 및 율법과 관련이 있다.

예수와 그의 첫 제자들은 제2성전기 유대인들로, 그들 역시 새 창조 세계의 종말론을 믿었다. 이 종말론은 현 세계의 폐지, 그리고 완전히 다른 세계로의 교체와 전혀 관련이 없다. 이 종말론은 또한 천국을 지향하는 플라톤주의자들의 현실 회피적 '종말론'은 말할 것도 없고, 스토아주의자들이 주장하는 안으로부터의 꾸준한 진화도 암시하지 않는다. 예수와 그의 첫 제자들은 현 세계가 새로운 세계로 변하는 **구속적 변혁**(redemptive transformation)을 믿었다. 즉, 그들은 일종의 이야기, 상징, 관행의 세계 속에 살았는데, 이 세계에서는 (a) 하늘과 땅 사이의 교환에 대해 생각하고, (b) 현 세계 안으로—아무리 위험하고 불안할지라도!—도래할 새 창조 세계에 대해 생각하는 것이 합리적이었다. 이렇게 잠재적으로 통합된 우주론과 중첩되는 종말론은 (c) 인간들, 그리고 아마도 특히 하나님의 형상인 인간 예수에 관한 관념에서 수렴되었다. 이 삼중 틀은 이번 장의 핵심 제안을 상황화한다. 다시 말해, 예수 자신에 대한 신약의 관점은 비록 당시 세계에서는 충격적이고 예기치 못한 것이었지만, 그것이 정확히 그 세계—예수와 그의 동시대 사람들이 고대 경전에서 때때로 예상치 못한 의미를 발견하는 것을

루고 있다.

포함해 고대 경전을 새롭게 복구하던 곳—에서 한 일을 의미했다. 예수 자신도 옛 세계 안에서 참신하지만 충격적 의미로 이해될 예기치 못한 새 요소의 이러한 균형을 건축자들이 버린 돌이 모퉁잇돌이 되었다는 말씀으로 정교하게 표현했다. 이 모퉁잇돌은 우리의 전반적 과제에 대한 은유이자 이 은유의 중심 초점을 위한 환유(metonymy) 역할을 한다. 이것은 결국 우리로 하여금 하나님과 창조 세계에 대한 질문을 재구성하도록 강요할 것이다. 그리고 이렇게 재구성된 질문은 한편으론 기독론으로, 다른 한편으론 '자연 신학'으로 흘러가게 된다.

우리가 초기 유대인 예수 추종자들에게 이 세계관이 옳다는 것을 어떻게 알았는지 묻는다면(그들이 이 질문을 이해할 수 있다는 가정하에!), 그들은 그들의 기존 세계관이 메시아를 중심으로 재형성되었다고 말했을 것이다. 우리가 초기 이방인 예수 추종자들에게 같은 질문을 한다면, 그들은 분명히 예수 자신과 그들이 '예수를 아는 것'에서 배운 새로운 세계관에 초점을 둔 대답을 했을 것이다. 그들은 그들이 '사랑'이라고 부르는 것에 이끌려 '지식' (knowledge)이라는 장소로 들어갔다. 우리는 사랑의 인식론이 성전에 기초한 우주론 및 안식일에 기초한 종말론과 관련이 있다고 제안할 수 있다. 그들은 그것이 그들이 새날이 시작되었음을 깨닫고 여명을 분별하는 방법이라고 말할 것이다. 우리는 다음 장에서 이 주제를 더 자세히 살펴볼 것이다. 보고 또 보았지만 보지 못했던 사람들은 예수가 시편 118편에서 인용한 다음과 같은 책망을 초래했다. 건축자들이 버린 돌이 모퉁잇돌이 되었도다.

예수의 이 책망은 두 측면에서 작용한다. 예수를 거부함으로써 그의 동시대 사람들(유대인과 이방인 모두)은 새 창조 세계를 놓치고 있었다. 성전 이미지, 기초석 등을 무시함으로써 우리 시대의 철학과 신학은 예수를 일관성 있게 말하기에 역부족이다. 안식일 개념을 등한시하고, 안식일의 종말론적 잠재력을 보지 못함으로써 성경 해석학자들과 신학자들은 지난 2세기 동안 제시된 '종말론'과 '묵시'에 관한 몇몇 이상한 제안에 대한 분명한 답을 스스로 제거해 버렸다. 해석의 기준이 되는 성전과 안식일을 제자리에 놓음으로써, 그리고 성전과 안식일 내에서 인간의 '형상'에 대한 질문을 탐구함으로써 우리는 많은 것들을 훨씬 더 잘 이해할 수 있는 기회를 갖게 된다. 그중에서도 특히 현실 세계의 실제 증거를 보고 있는 우리가 어떻게 '여명을 분별'하게 되는 방법을 배우게 되는지를 잘 이해할 수 있게 된다.

성전, 안식일, 형상: 우주적 이야기의 요소들

땅과 성전의 충만함: 창조에서 성막까지

먼저 성경의 몇몇 흥미로운 관련 내용으로 시작해 보자. 시편 72편은 이스라엘 왕이 보편적 정의와 자비를 특히 힘없고 연약한 자들에게 행함으로써 하나님의 목적을 이루도록 기도한다. 이 시편은 다음과 같이 끝난다.

> 홀로 기이한 일들을 행하시는 여호와 하나님 곧 이스라엘의 하나님을 찬송하며 그 영화로운 이름을 영원히 찬송할지어다 온 땅에 그의 영광이 충만할지어다 아멘 아멘. (시 72:18-19)

이 주제는 이사야 11장과 하박국 2장에서 되풀이되는데, 이 성경 본문들은 온 땅을 가득 채우는 야웨에 대한 지식 또는 야웨의 **영광에 대한 지식**을 말한다(사 11:9; 합 2:14).[3] 시편에서와 마찬가지로 이사야서에서도, 온 땅의 충만함은 메시아의 현명하고 의로운 통치의 결과다. 비슷한 방식으로,

---

3   약속된 성전의 재건과 연관된 마카베오2서 2:8도 보라. 이 본문은 하나님의 영광이 다시 돌아온다는 이 약속이 제2성전기에 어떻게 보였을지를 제시한다.

'여호와의 영광이 온 세계에 충만할 것'이라는 민수기의 약속과 경고는 정탐꾼들의 보고를 듣고 하나님께 반항해 공황에 빠진 이스라엘 백성들에 대한 응답이다(민 14:1-25).[4] 야웨는 화가 나셨다. 그러나 그는 그들과 함께 가겠다고 약속하신다. 그의 영광이 회막에 나타난다. 그러나 그들은 지금 그들이 보는 이 영광이 전 세계를 채우는 더 큰 영광으로 나아가는 한 단계임을 알아야 한다. 정탐꾼들의 말 이면에는 약속의 땅을 차지할 수 없다는 의미가 담겨 있다. 이에 야웨는 약속의 땅은 훨씬 더 큰 약속으로 나아가는 한 단계에 지나지 않는다고 응답하신다. 우리는 여기서 솔로몬의 다음과 같은 진술을 떠올린다. 가장 높은 하늘도 하나님을 담을 수 없거든, 하물며 이 작은 집이 어찌 하나님을 담을 수 있겠나이까(왕상 8:27).

성막을 채우는 하나님의 영광과 그다음 온 땅을 채우는 하나님의 영광, 이 둘 사이의 연결은 이사야 6장에 나오는 이사야의 비전에 반복해서 나온다. 1절에서 야웨의 옷자락은 성전을 가득 채운다. 3절에서 스랍들은 하나님의 영광이 온 땅을 가득 채운다고 찬양한다. 4절에서 성전은 연기로 가득 찬다. 따라서 성전의 즉각적·현재적 '충만'은 온 땅의 더 큰 '충만'을 가리킨다. 우리는 이를 시편 72편, 이사야 11장, 하박국 2장에서 파악할 수 있는데, 이 본문들에서 우주를 채우는 영광에 대한 약속은 광야 성막, 솔로몬의 성전, 에스겔의 새 성전을 채우는 영광의 개념을 반영한다. 이스라엘의 하나님은 모든 창조 세계 안에서 그리고 모든 창조 세계를 위해 자신이 성막과 성전에서 행했던 것을 동일하게 행하겠다고 약속하신다(이것이 정확히 어떻게 발생할지는 이 생생하지만 순간적인 성경 묘사만으로는 절대 알 수 없지만 말이다). 다시 말하지만, 이것은 차원이 분리된 에피쿠로스주의 우주론에서는 이치에 맞지 않는다. 그리고 신성이 모든 것에 스며 있는 스토아학파에도 호소하지

---

[4] 여기의 초점은 21절에 있다.

않을 것이다. 플라톤주의자도 이를 환영하지 않을 것이다. 왜냐하면 지구가 아무리 좋을지라도 플라톤주의자에게 지구란 결국 실제 현실과 바라는 목적의 덧없는 그림자에 지나지 않기 때문이다.

그러나 찬란한 충만에 대한 고대 이스라엘의 이러한 언급은 빙산의 일각이다. 그것들은 우주와 종교, 창조와 성지 사이의 연관성을 탐구하고 있는 성서학 내의 주목할 만한 새로운 물결을 가리킨다. 이 연구는 한편으로 (적어도 제2성전기에 이해되었던) 창세기 1장과 2장 사이를, 다른 한편으로 성막과 성전을 탐구한다. 여기서 우리는 주의해야 하는데, 한 가지 이유는 우리가 이 본문들이 어떤 순서로 기록되었거나 편집되었는지 알 수 없고, 그것들의 상호영향과 상호의존을 쉽게 추적할 수 없기 때문이다. 또 다른 이유는 전체 흐름을 읽는 방식에서 **이야기**의 가장 중요한 의미를 쉽게 놓쳐 버릴 수 있기 때문이다. 창세기 1, 2장은 한 **프로젝트**의 출발처럼 보인다. 종말 또는 텔로스(목적)는 처음부터 독자의 시야에 있다. 그렇다면 중요한 것은 사색적인 제2성전기 유대인들이 어떻게 관련 본문들을 생각했는가와 초기 그리스도인들의 급격한 새 제안들이 어떻게 이 세계 내에서 공명했는가에 있다.

오늘날 많은 사람들이 탐구한 핵심 제안은 모세오경이 창세기 1장의 창조 이야기와 출애굽기 마지막 장들에 나오는 성막 건설 사이의 이것, 곧 하버드 대학교 존 레벤슨(Jon Levenson) 교수가 '상동관계'(homology)라고 부르는 것을 제공한다는 것이다. 레벤슨에게 이 상동관계는 양방향으로 진행된다. 성소는 '세상'의 축소판, 즉 **소우주**로 묘사된다. 반면 창조 세계는 적어도 성전 제사장들에게는 거대 성전, 곧 하나님의 궁전으로 여겨졌다.[5] 어떤 이들은 한쪽 방향만 봐야 한다고 경고한다. 즉, 성막과 성전은 창조 세계

---

5 J. D. Levenson, *Creation and the Persistence of Evil: The Jewish Drama of Divine Omnipotence* [Princeton: Princeton University Press, 1994 (1988)], p. 86.

의 작은 실용 모형으로 보일 수 있지만, 그렇다고 그것이 창조 세계가 반드시 일종의 성전으로 간주되었다는 의미는 아니라는 것이다.[6] 여기서 우리는 태고(Urzeit)와 말세(Endzeit)라는 문제를 만난다. 거룩한 장소들은 원래의 창조 세계로 돌아가려 하는 걸까 아니면 우주적 목적을 향해 나아가려고 하는 걸까?

제2성전기 관점에서 볼 때, 우리는 두 가지를 강조해야 한다(여기서 창세기가 언제 지금의 형태를 갖게 되었는지 또는 언제 경전의 지위를 얻게 되었는지에 대한 편견은 접어 두자). 첫째, 이 모든 자료는 우리에게 잘 알려져 있는 전진형이자 암시적 이야기 내에서 이해될 수 있다. 다시 말해, 우리는 창세기의 모든 것이 암호 또는 힌트로 존재한다고 가정할 필요 없이 기존 그림에 새로운 요

---

6   R. Middleton은 *The Liberating Image: The Imago Dei in Genesis 1* (Grand Rapids: Brazos, 2005), pp. 84-85에서 당시의 참고 문헌을 보여 주는 간단한 설명을 제공한다. 그가 인용하고 있는 다수의 소논문들은 현재 Morales, *Cult and Cosmos*에서 편리하게 찾아볼 수 있다. 다음의 연구들도 보라. J. H. Walton, *The Lost World of Genesis One: Ancient Cosmology and the Origins Debate* (Downers Grove, Ill.: IVP, 2009)와 *Genesis 1 as Ancient Cosmology* (Winona Lake, Ind.: Eisenbrauns, 2011); Beale, *Temple and the Church's Mission*. P. Renwick은 *Paul, the Temple, and the Presence of God* (Atlanta: Scholars Press, 1991)은 고후 3장과 성전에 관한 유대교 사상과의 연관성을 암시적으로 탐구한다. 유대교 해석가들은 창 1장과 출애굽기의 성막 지침 사이의 유사성을 오래전부터 주목해 오고 있었다. 참고. J. Klawans, *Purity, Sacrifice and the Temple: Symbolism and Supersessionism in the Study of Ancient Judaism* (Oxford: Oxford University Press, 2006), pp. 111-144; M. Fishbane, *Biblical Text and Texture: A Literary Reading of Selected Biblical Texts* [Oxford: Oneworld, 1998 (1979)], p. 12. 여기서 Fishbane은 Martin Buber의 *Die Schrift und ihre Verdeutschung* (Berlin: Schocken, 1936), p. 39 이하를 인용한다; A. Green, 'Sabbath as Temple: Some Thoughts on Space and Time in Judaism', in *Go and Study: Essays and Studies in Honor of Alfred Jospe*, ed. R. Jospe and S. Z. Fishman (Washington, D.C.: B'nai B'rith Hillel Foundation, 1982), pp. 287-305 (pp. 294-296). 그러나 Fishbane이 (Buber의 주장에 찬성하며) 이 유사성과 관련해 제기하는 다음과 같은 주장은 설득력이 없고 제한적이다: 인간은 '하나님의 창조 사역을 이 땅에 확장시키고 완성해야 한다'는 주장(p. 10), 또는 이 유사성들이 성막의 '가치를 정한다'는 주장(p. 11). Fishbane이 p. 136에서 하는 다음과 같은 진술은 더욱 심오하다. '우주 생성론적 패러다임(cosmogonic paradigms) 관점에서 이루어지는 과거와 미래에 대한 역사적 묘사는 모든 역사적 갱신이 근본적으로 일종의 세계 갱신이라는 심오한 성경의 예감을 폭로한다.' 더 광범위한 주제들에 관해서는, B. M. Bokser, 'Approaching Sacred Space', *HTR* 78 (1985), pp. 279-299를 보라.

소들이 추가되는 것으로 이해할 수 있다. 둘째, 이 본문들을 알고 있는 사람들은 원문이 실제로 그렇게 의도된 것인지에 대한 여부와 상관없이 양방향으로 쉽게 추론할 수 있다. 어떤 아이에게서 가족 사이의 닮은꼴을 보고 나면, 당신은 그 아이의 조부모에게서 그 아이뿐만 아니라, 조부모의 자녀까지 떠올릴 수 있다. 당신은 이 조부모에게서 이전에 보지 못했던 것을 볼 수도 있다.

창세기와 출애굽기, 창조 세계와 성막 사이에 존재하는 상세한 반향은 창세기 2장의 생명나무와 창세기 1장의 일곱 천체 모두를 반영하는 성막의 메노라(Menorah)와 같은 명확한 특징을 사용해 다양한 방법으로 제시되어 왔다. 필론, 요세푸스, 희년서와 에녹서의 저자들과 같은 제2성전기 문인들은 (매우 상이한 방식으로) 성막과/또는 성전, 그리고/또는 성전 집기나 제사장 복장을 우주의 표상으로 본다. 이 주제는 랍비 문헌에서도 이어지는데, 제이컵 노이스너(Jacob Neusner)의 말처럼, 랍비 문헌에서 성막은 '우주의 상징'으로 가정된다.

특히 더 광범위한 고대 근동 맥락에서 관련 본문을 면밀히 살펴보면 동일한 점이 발견된다.[7] 창조의 일곱 '날들'은 성막 건축의 일곱 단계, 그리고 솔로몬이 성전을 건축한 일곱 해와 연결되어 있다. 성막 지침은 안식일 계명의 재확인으로 끝나는데, 이는 제사장적 창조 이야기의 끝을 반영한다. 많은 사람들이 지성소(성막의 핵심)와 창조주가 '축복'하고 '거룩하게 한' 안식일(시간의 핵심) 사이의 유사성을 보았다. 안식일과 시간과의 관계는 지성소와 장소와의 관계와 같아 보인다.

이 모든 것은 신전들이 하늘과 땅이 만나는 곳으로 일반적으로 이해되

---

7   각주 6번과 8번에 언급된 연구 문헌들을 보라.

었던 더 넓은 고대 문화권 내에서 이치에 맞는 이야기다.[8] 신전은 종종 상징적인 산으로 간주되었는데, 이는 구름에 휘감긴 산 정상이 신들의 거주지일 거라는 고대 신앙(그리스의 올림퍼스산 또는 시내산)을 반영하는 것일 수 있다. 따라서 야웨의 성전이 있는 시온산은 옆에 있는 언덕들로 가려지는 작은 언덕임에도 불구하고 높은 산으로 통한다.[9] 산이 없다면 피라미드나 지구랏트(ziggurats: 고대 메소포타미아의 신전—편집자주)로 대체할 수 있다. 노아의 방주, 바벨탑, 야곱의 사다리, 이 모든 것은 각기 다른 방식으로 이에 부합한다.[10] 고대 이스라엘의 상징성이 어디까지 더 넓은 고대 문화를 반영했는지 그리고 어느 정도까지 이 넓은 고대 문화에 저항했는지는 현시점에서 중요하지 않다. 중요한 것은 넓은 정황일수록 [모랄레스(Morales)의 유용한 선집 제목처럼] '제의와 우주'(cult and cosmos) 사이에 있는 모든 종류의 유사성이 자연스럽게 여겨진다는 점이다.

예언서와 시편에서 더 광범위한 유사성이 나타나는데, 이는 그것들이 잘

---

8   Levenson, *Creation and the Persistence of Evil*, pp. 74-75, 85-86. 다음도 보라. Eliade, 'Sacred Space and Making the World Sacred', in Morales, ed., *Cult and Cosmos*, pp. 295-316; E. Burrows, 'Some Cosmological Patterns in Babylonian Religion', in Morales, ed., *Cult and Cosmos*, pp. 27-48; M. Hundley, *Gods in Dwellings* (Atlanta: SBL, 2013), pp. 135-136; J. M. Lundquist, 'The Common Temple Ideology of the Ancient Near East', in Morales, ed., *Cult and Cosmos*, pp. 49-68. Lundquist는 p. 49에서 Peter Brown, J. Z. Smith, Jacob Milgrom의 관련 연구 및 결과를 인용하며 다음과 같이 말한다. '대략 후기 헬레니즘 시대에 이르기까지 고대 근동에는 웅장한 신전들을 중심으로 공통의 제의 언어와 관습이 존재했었다.' G. J. Wenham, 'Sanctuary Symbolism in the Garden of Eden Story', in Morales, ed., *Cult and Cosmos*, pp. 161-166도 보라.
9   예를 들어, 사 2:2-5; 미 4:1-5; 시 48:1-2.
10 창 7:1-8:22; 11:1-9; 28:10-22. 예를 들어, 노아에 관한 논의는 다음의 연구들을 보라. S. W. Holloway, 'What Ship Goes There? The Flood Narrative in the Gilgamesh Epic and Genesis Considered in the Light of Ancient Near Eastern Temple Ideology', in Morales, ed., *Cult and Cosmos*, pp. 183-208 (pp. 202-207)를 보라. 여기에서 Holloway는 노아의 방주를 솔로몬의 성전에 비유하며 노아를 제사장 같은 인물로 제시한다; Fishbane, *Biblical Interpretation*, p. 113; 다음의 연구도 보라. M. Fishbane, 'The Sacred Center: The Symbolic Structure of the Bible', in Morales, ed., *Cult and Cosmos*, pp. 289-408 (pp. 394-395). 여기에서 Fishbane은 노아가 아담을 재현하고 다윗을 예견한다(p. 402)고 말한다.

알려진 고대 근동 이야기를 반영하기 때문이다. 창조주는 물의 혼돈의 세력을 통제한다. 이어서 홍수 뒤 솟아난 아라랏산(Mount Ararat)처럼 우주가 출현한다. 성소는 (노아의 방주처럼) 물 위에 건축되거나 아예 대체된다.[11] 이 이야기는 역사서의 성막과 성전 이야기로 들어간다. 하나님은 홍해를 물러나게 하시는데, 이때 출애굽 사건은 원래의 창조 행위의 소우주적 실행으로 간주된다. 양 갈래로 세워진 홍해는 바람에 밀려 다시 합쳐진다. 야웨가 적들을 제압한다. 그 적들 중에는 이사야 52장에 언급된 바다의 신도 포함될 것이다. 출애굽 이야기에서 이 사건은 성막 건축으로 이어진다. 모세와 미리암의 노래에서 이 사건은 시온산 위에 솔로몬이 건축한 성전을 가리킨다.[12]

이 각자의 경우의 맥락은 '쉼'이다. 하나님의 임재는 성막을 가득 채움으로써 '쉼'을 얻는다. 하나님은 다윗에게 그의 원수로부터의 '쉼'을 주셨고, 이 지점에서 다윗은 하나님의 거처를 지어 드리기로 결심한다.[13] 솔로몬도 그의 원수에게서 벗어나 '쉼'을 얻는다.[14] 이로 인해 그는 하나님의 '처소' 건축이라는 거대한 프로젝트를 시행할 수 있게 되는데, 그가 계획한 하나님의 처소 가구 중에는 놋쇠로 만든 '바다'도 있다. 이 놋쇠 바다는 현재 정복된 혼돈의 물을 나타내고, 시편 132편에서와 같이 하나님의 영광은 이 처소에서 '쉼'을 취하게 된다.[15] 시편 2편도 동일한 이야기를 전한다. 즉, 하나님은 성난

---

[11] 이 주제에 관해서는 특히, R. Luyster, 'Wind and Water: Cosmogonic Symbolism in the Old Testament', in Morales, ed., *Cult and Cosmos*, pp. 249-258를 보라. 여기서 Luyster는 특별히 시 89, 93, 18, 29, 104편; 나 1:4; 사 44:27; 11:15; 51:10을 인용하고 있다. 또한 H. G. May, 'Some Cultic Connotations of Mayyim Rabbîm, "Many Waters"', in Morales, ed., *Cult and Cosmos*, pp. 259-272를 보라. 여기서 May는 '물'(waters)이 인간의 실제 적을 신화적으로 나타내는 표현임을 강조하고 이 주제와 단 7장의 명백한 연관성을 가리킨다(이에 관한 내용은 아래를 보라).

[12] 출 15:17.

[13] 삼하 7:1; 참고. 대상 23:25. 여기서 하나님은 그분의 백성에게 '쉼'을 주시고 자신은 예루살렘에 거하실 것이다.

[14] 왕상 5:4. 우리의 예상처럼 이 본문에도 솔로몬이 자신의 통치에 위협이 되는 요소들을 어떻게 다루고 있는지가 포함되어 있다.

[15] 참고. 132:8, 14; 관련 이야기의 다른 요소들이 다윗의 곤경(1절)과 그의 적들(18절)에 관한

민족들을 비웃으시면서 거룩한 언덕 시온에 그의 왕('그의 아들')을 세우시고 민족들에게 충성을 요구하신다. 이 시편은 초기 기독교와 솔로몬의 지혜(Wisdom of Solomon)와 같은 문헌에서 매우 중요하게 작용했다.[16]

이 모든 성전 건축은 야웨의 **즉위**를 제정한다. 일단 물이 정복되면, 야웨의 통치는 영원히 지속될 것이다(출 15:18). 성전과 이 땅의 왕권은 같은 현실의 두 부분으로, 한 하나님의 한 왕국을 반영하고 실제적으로 표현한다. 이는 소우주와 대우주의 연결에 달려 있다. 이러한 연결이 없다면, 특정 신전의 신은 단지 지역에 국한된 신에 불과할 것이다. 이 모든 것을 진술하는 이야기들과 시들은 수 세기에 걸쳐 단편적으로 작성되었고 제2성전기에는 경전으로 작용했다. 우주와 성전은 상호 해석적이다.

다시 언급하지만, 이는 말세가 태고와 정확히 일치한다는 말은 아니다. 성경이 다양하게 그리고 전반적으로 말하고 있는 것처럼 보이는 이야기는 원 모양으로 전개되어 처음 시작한 곳에서 끝나는 그런 이야기가 아니다. 창조 기사는 계획의 성취라는 끝—비록 이 끝이 간단하게 말해서 그 시작부터 포함되어 있었지만—을 목표로 하고 있다. 앞으로 발생할 일은 선한 창조 세계를 본떠서 만들어질 테지만 기존의 창조 세계와는 동일하지 않을 것이다. 더욱이 창세기 3장의 재앙은 이 계획의 성공을 위해 대리자인 인간의 구원을 요구한다. 아브라함으로부터 시작하는 이스라엘의 역사는 이러한 특성을 지닌다. 즉, 하나님의 **언약**을 통해 **창조 세계**는 회복될 것이다. 마치 하나님이 아브라함을 선택하심으로써 아담의 **문제**에 대한 해결과 아담의 **소명**에 대한 재천명을 새로운 방식으로 약속하시는 것처럼 말이다. 이

언급과 함께 드러난다.

[16] 예를 들어, 행 4:25-26과 지혜서 1-6장을 보라. 지혜서 1-6장에는 참 하나님과 그분의 백성들을 향해 분개하는 악한 민족들에 관한 이야기가 등장하는데, 이 이야기에서 하나님은 왕을 세우시고 이방 민족을 소환해 지혜를 배우게 하심으로써 악한 민족들을 놀라게 하신다.

더 큰 언약 이야기 안에서, 예레미야는 첫 번째 성전의 파괴를 혼란으로 되돌아가는 창조 세계로 간주한다. 솔로몬 성전이 새 창조 세계에 대한 약속을 내다보고 있었다면, 이 희망은 이제 사라졌다. 그러나 에스겔은 옛 성전을 그 운명에 내던지고 새로 지은 성전으로 돌아와 새 성전을 가득 채우는 하나님의 영광을 환상 가운데 본다. 이것은 동일한 이야기다. 즉, 바빌론의 혼돈이 극복되고, 성전이 건축된다. 이스라엘 백성들의 죄는 씻겨졌으며, 이제 하나님의 영광은 돌아올 수 있다. 혼돈의 물 대신, 이제 살아 있는 생수가 성소에서 흘러나와 사해에도 생기를 불어넣을 것이다.[17]

그러므로 이 모든 사항은 일종의 시작된 종말론을 제공한다. 그러나 이 종말론은 초기 기독교의 종말론과 동일하지 않다. 그렇다고 이 두 종말론이 서로 그렇게 다른 것도 아니다(다시 한번 말하지만, 이 두 종말론 사이의 차이점은 다음 장에서 더 명확해질 것이다). 현 창조 세계 안에 위치하고, 현 창조 세계를 반영하는 성막과 성전은 강력한 특정 구절을 기록한 성경 저자들에게 하늘과 땅을 새롭게 하고 하늘과 땅을 영광스러운 임재로 가득 채우려는 하나님의 의도를 효과적으로 가리킨다. 너무 많은 일들로 압박을 받고 있던 제2성전기 유대인들이 이러한 성경적 암시를, 그리고 이와 더불어 하나님을 이스라엘뿐만 아니라 온 세계의 창조주로 상기시켜 주는 것을 무시하거나 잊어버리는 일은 쉬웠을 것이다. 바로 이 지점으로 초기 그리스도인들은 열심히 되돌아간다. 힌트는 거기에 있었다. 솔로몬은 그의 성전이 훨씬 더 광대한 현실을 가리키는 작은 모델일 뿐임을 알았다.[18] 그러나 아주 많은 사람들은 이스라엘의 하나님이 황송하게도 그곳에 거주하기로 결심하셨고 또 그곳을 작전 기지, 곧 기도가 결집되고 신성한 힘과 구원의 원천이 되는 새

---

17 겔 40-47장; 특히 47:9-10을 보라.
18 왕상 8:27; 대하 2:6; 6:18.

로운 세계적 중심지로 사용하기로 결심하셨다고 믿었다.

이러한 세계관(세계가 겹치는 특별한 장소의)과 우리 시대에 만연한 에피쿠로스주의의 차이는 명백하다. 하늘과 땅과 그 상호 관계—질문은 어떤 '자연신학'이 하위 범주로 간주되어야 하느냐는 것이다—에 대한 초기 기독교 언어를 이해하기 어려운 것은 당연한 일이다.

하늘과 땅의 위험한 융합은 '현 시대'와 '다가올 시대'가 겹치는 종말론과 일치한다. 이는 우리의 두 번째 주제를 가리킨다. 고대 이스라엘 사람들이 하늘과 땅이 멀리 떨어져 있지 않고 서로 겹치면서 맞물려 있다고 믿었듯이, 그들 중 일부는 다가올 시대가 현 시대에 도래할 수도 있다고 믿었던 것 같다. 성전은 사람들이 하늘에 있는 자신을 발견하는 이 땅의 장소였다. 안식일은 하나님의 새 시대가 미리 도래하는 일상의 순간이었다.

안식일과 다가올 시대

따라서 안식일과 시간과의 관계는 성전과 공간과의 관계와 같다.[19] 안식일

---

19   고전이 된 자신의 *The Sabbath: Its Meaning for Modern Man* [New York: Farrar, Straus and Giroux, 2005 (1951)]에서 Abraham J. Heschel은 창 1장을 근거로 안식일이 성전보다 더 중요하다고 주장하는데, 그 이유는 시간이 공간보다 중요하기 때문이다. 십계명은 성전을 무시하지만 안식일 준수를 핵심으로 삼는다. 성전이 파괴된 지 여러 세기 후인 근대 세계와 관련이 있기를 원하는 열망이 Heschel에게 있다손 치더라도(Green, 'Sabbath as Temple', pp. 292-293도 보라), 이것은 창세기와 출애굽기를 주의 깊게 읽어야 하는 중요한 요점이다. 예를 들어, H. Weiss, *A Day of Gladness: The Sabbath among Jews and Christians in Antiquity* (Columbia: University of South Carolina Press, 2003), 특히 pp. 25-31를 보라. 『희년서』와 『안식일 제사 노래』(*Songs of the Sabbath Sacrifice*)에게 '안식일은 종말론적 사회 질서를 미리 맛보게 해 주'는 것이다(p. 26). L. Doering의 *Schabbat: Sabbathalacha und-praxis im antiken Judentum und Urchristentum* (Tübingen: Mohr Siebeck, 1999)은 안식일의 다른 측면들에 집중하지만, 어느 한 시점에서 예수로 말미암아 태고-말세 (*Urzeit-Endzeit*)라는 계획이 유발될 수 있다는 가능성에 주목하는데, 이 태고-말세의 계획에서 안식일은 다가올 시대를 미리 맛보게 해 준다. pp. 455-456와 p. 456 n. 327를 보라. 대부분의 기독교 학자들과 마찬가지로, Weiss와 Doering은 유대교의 준수 규칙과 초기 기독교의 이러한 유대교 준수 규칙의 회복 또는 재조정에 초점을 맞추고 있다. 성경의 '쉼' 개념과 관련된 역사적·문헌적 문제에 대해서는, G. von Rad, 'There Remains Still a Rest for the People of God', in *The Problem of the Hexateuch and Other Essays*, trans. Rev. E. W.

은 '시간 안에 존재하는 성막'이었다.[20] 성전은 이 '땅' 가운데 현존하는 천국의 삶에 관해 말했고, 안식일은 현재 시간의 리듬 및 순서 안으로 들어오는 다가올 시대에 관해 말했다. 이 모두에게 중요한 것은 하나님의 임재다. 성전 제의와 안식일 준수에 대한 서구 학계의 논의는 오랜 기간에 걸친 개신교의 편견으로 좌절되어 왔는데, (도움 안 되는 계몽주의의 여러 철학적 틀에 갇힌) 이러한 개신교의 편견은 형식적 또는 희생적 예배와 일곱째 날의 신중한 수호에서 오로지 '율법주의' 외에는 아무것도 보지 못했다. 율법주의는 성전과 안식일의 요점이 결코 아니었다. 성전과 안식일은 앞을 내다보는 상징으로 하나의 묶음을 이룬다. 성전과 안식일이 가리키는 새 시대는 새 창조 세계, 즉 창세기 1, 2장에 언급된 **계획**의 **완성**을 의미하는데, 이 계획의 완성은 창세기 3장에 언급된 **재앙**으로부터의 **구원**을 통해 성취된다. 이 두 측면에서 성경적 종말론은 하나님 나라의 도래가 현 세계를 말소해 버린다거나 적어도 현 세계를 한쪽으로 처박아 놓는다는 생각에 저항한다.

성전과 안식일의 긴밀한 연결이 두드러져 보이는 이유는, 고대 근동이 성전-이데올로기에 대한 유사점을 제공하는 반면 안식일 제도는 독특했기 때문이다. 성전과 안식일은 이스라엘의 삶에 함께 작용하면서 하나님 **나라**라는 개념을 구성했다. 성전은 하나님이 왕으로 좌정해 계신 **장소**였고 안식일은 하나님이 왕으로 좌정하시는 **때**였다.[21] 성전은 야웨가 자신의 안식, 곧 '쉼'을 얻는 장소였다. 하나님이 쉬시는 이때는 아무것도 하지 않는 시간

Trueman Dicken [London: SCM Press, 2012 (1965)], pp. 94-102를 보라.

20　W. P. Brown, *The Ethos of the Cosmos: The Genesis of Moral Imagination in the Bible* (Grand Rapids: Eerdmans, 1999), p. 131. Green, 'Sabbath as Temple'을 다시 보라.

21　나는 여기서 Levenson, *Creation and the Persistence of Evil*, p. 108의 내용을 따른다. Doering, *Schabbat*, p. 67(그러나 Doering은 여기서 종말론적 언급을 전면 부인한다)와 A.-M. Schwemer, 'Gott als König und seine Königsherrschaft in den Sabbatliedern aus Qumran', in *Königsherrschaft und himmlischer Kult im Judentum, Urchristentum und in der hellenistischen Welt*, ed. M. Hengel and A.-M. Schwemer, WUNT 55 (Tübingen: Mohr Siebeck 1991), pp. 45-118 (pp. 53-54)를 보라.

이 아니라 이미 시작된 하나님의 통치가 이루어지는 순간이다.[22] 안식일은 복된 날이요 지성소처럼 거룩한 날이었다. 이는 (물론 나중에 기록된) 미슈나(Mishnah)가 물을 이긴 야웨를 찬양하는 시편 93편을 왜 금요일에 읽으라고 지시하고, 하나님의 즉위를 찬양하는 시편 92편을 왜 안식일에 읽으라고 지시하고 있는지를 설명한다.[23] 이것은 랍비 아키바의 다음과 같은 말을 통해 더 자세히 설명된다. 즉, 시편 93편은 하나님이 자신의 모든 일을 어떻게 끝내셨는지 그리고 어떻게 '이 모든 일 위에 왕으로 군림하셨는지'를 노래한다는 것이다.[24] 요점은 이렇다. 초기 기독교의 안식일 언급은 비록 중요하지만 그 횟수가 적다. 그러나 **이스라엘의 하나님이 왕이 되었다거나 현재 왕이 되고 있다는 모든 주장에는 참된 안식일이 이미 도래했고 참된 성전이 세워지고 있다는 암시가 담겨 있다.** 이는 최소한 하나님 나라의 도래가 세상의 종말을 의미한다는 19세기 관념과 현저한 대조를 이룬다.

다른 증거를 보면 매주 돌아오는 안식일은 일부 유대인들에게 장차 임할 '위대한 안식', 곧 다가올 시대의 영원한 '쉼'을 미리 맛보는 시간이자 그것을 가리키는 지표였다.[25] 일부 사람들은 이것을 에스라4서 7:26-44에 묘사된 새로운 세계(7일의 대기 기간 후)에 대한 설명에서 보았는데, 이 새로운 세계는 '수년에 해당하는 일주일'(a week of years) 동안 지속될 새로운 창조며(7:43),

---

22 시 132:8, 14.
23 mTamid 7:4.
24 bRosh Has. 31a; ARN 3; Mek. Exod 31:13; A. T. Lincoln, 'Sabbath, Rest and Eschatology in the New Testament', in *From Sabbath to Lord's Day: A Biblical, Historical and Theological Investigation*, ed. D. A. Carson (Eugene, Ore.: Wipf & Stock, 1982), pp. 198-220. 또 다른 전통에서(Zohar Hadash Gen 2.4.22a) 한 주간 바쁘게 지낸 모든 창조 세계는 '하나님이 보좌에 오르신' 안식일에 마침내 축하의 노래를 발한다(L. Ginzberg, *The Legends of the Jews*, 14th edn. [Philadelphia: Jewish Publication Society of America, 1937 (1909)], 1.83를 보라).
25 T. Friedman, 'The Sabbath: Anticipation of Redemption', *Judaism* 16 (1967), pp. 445-452를 보라. 또한 자세한 논의를 제공하는, Lincoln, 'Sabbath, Rest and Eschatology in the New Testament', in Carson, ed., *From Sabbath to Lord's Day*를 보라.

영원한 안식, 곧 '쉼'이라는 용어로 8:52에 묘사되어 있다.[26] 『아담과 하와의 생애』에서 대천사 미가엘은 셋에게 6일 이상 슬퍼하지 말라고 명하는데, '그 이유는 일곱 번째 날이 부활의 징표, 곧 다가올 시대의 쉼이기 때문이고, 일곱 번째 날에 하나님이 그의 모든 일로부터 쉬셨기 때문이다.'[27] 장차 임할 세계는 일종의 영원한 안식일이 될 것이다. '마지막 때를 특징지을 환희와 기쁨은 안식일을 통해 지금 여기서 가능해진다.'[28] 이후의 몇몇 랍비들은 매주 돌아오는 안식일과 다가올 세상에서의 삶을 최대한 유사한 것으로 만들기 위해 샤마이(Shammai)의 엄격한 안식일 가르침을 소급해 해석했다. 따라서 토세프타 샤밧(Tosefta Shabbat) 16:21을 보면 나방 한 마리도 죽여서는 안 된다. 왜냐하면 장차 올 세계에서 모든 피조물은 조화를 이루며 살 것이기 때문이다.[29] 미슈나 샤밧(Mishnah Shabbat) 3:4에 의하면, 안식일에 무기를 소지해서는 안 된다. 왜냐하면 메시아 시대에는 칼이 보습으로 변할 것이기 때문이다. 이것은 사실 랍비 문학에서 강력하고 만연한 주제로서 (몇몇 랍비 문헌은) 왜 안식일 규례가 이토록 세세한지를 설명한다. '안식일이 다가올 세상에서의 삶에 대한 기대, 느낌, 전형'이라면, 안식일을 제대로 지키는 일은 필수적이다.[30] 안식일과 성전의 관계(우리는 안식일과 성전을 통해 특별한 방식으로 신성한 임재 안으로 들어간다)는 몇몇 초기 안식일 규칙이 성전 기반의 정결 규례를 반영하는 방식을 통해 입증된다. 즉, 성전 관련 율법은 안식일에도 적용되어야 한다.[31] 따라서 안식일은 창조를 **뒤돌아**보고, (말하자면) 성

---

26 예를 들어, 2 *Bar.* 72:2; 73:1; *Test. Dan* 5:11-12도 보라.
27 *LAE* 51:2. 평행 본문인 *Apoc. Mos.* 43:3에서 '부활'은 '의로운 영혼의 땅으로부터의 이동'으로 대체되었다. 새 창조의 장차 올 '제8일'을 언급하는 2 En. 33:1-2은 이 모든 것과 관련이 있다 (어쩌면 기독교가 삽입한 내용일 수 있을까?).
28 Friedman, 'Sabbath', p. 445.
29 PRE 18; ARN 1; Friedman, 'Sabbath', pp. 447-448.
30 Friedman, 'Sabbath', p. 443. Friedman은 랍비들이 회복된 창조 세계에 대한 성경의 약속을 묵상하면서 이 개념을 발전시켰다고 제안한다.
31 예를 들어, *Jub.* 50:8(안식일에는 성교가 허락되지 않는다)을 참고하라. CD 11:4b-5a도

전을 **가로질러 다가올 시대를 바라본다.**

이 증거의 대부분은 기원후 70년 성전 파괴 이후 시점에서 유래한다. 그 이전 자료인 사해 문서는 안식일의 엄격한 준수를 강조하지만 안식일을 다가올 시대와 명백히 관련지어 해석하고 있지는 않다.[32] 그러나 안식일에 초점을 맞춘 이러한 종말론이 70년 이후의 획기적 발명일 가능성은 거의 없어 보인다. 이 종말론은 구약으로부터 상당히 자연스럽게 등장한다. 레빈슨은 안식일이 성전 멸망 전후 시대의 모든 유대인들에게 '우주 생성론적 의의'(cosmogonic significance)를 지녔다고 주장한다. 안식일에 창조는 '완성되고, 완전하게 되며, 모방 차원에서 재연된다.' 따라서 '세상의 연례 갱신'은 출애굽 사건의 재연일 뿐만 아니라 '주간 행사가 되었다.'[33] 따라서 안식일은 '세상의 창조, 비길 데 없는 창조주의 즉위, 그리고 창조 세계를 돌보는 순종하는 청지기로 부름받은 인류의 숭고한 사명을 기념하는 **주간** 행사'다.[34]

안식일에 대한 이러한 비전은 가장 유명한 유월절과 같은 큰 축제들을 포함하도록 확장될 수 있다.[35] 이 축제들 역시 이스라엘 이야기의 기초적 사건들(우리가 보았듯이, 창조와 긴밀히 연결된다)을 되돌아보는 동시에 안식년과 희년이 가리키는 약속된 완성, 즉 궁극의 '쉼'이자 위대한 안식을 바라본

비슷한 주장을 한다; Doering, *Schabbat*, p. 174도 보라. 여기서 Doering은 Bokser의 'Approaching Sacred Space', p. 285도 인용한다.

32   안식일 준수에 관한 CD 10-12장과 ShirShabb [4Q400-407: G. Vermes, ed. and trans., *The Complete Dead Sea Scrolls in English* (Harmondsworth: Penguin, 1997), pp. 139-141; 322-330]를 보라. 여기서 요점은 이 땅의 예전이 하늘의 예전을 정확히 공유하고 있으므로, (4Q405: 14-15) 예배가 참 성전으로의 입장을 구현한다는 것이다. 그러나 Weiss, 'A Day of Gladness'를 보라. Weiss는 쿰란 문서에서도 종말론적 의미를 발견한다.

33   Levenson, *Creation and the Persistence of Evil*, pp. 77, 82: 역사와 우주론은 함께 작용한다.

34   Levenson, *Creation and the Persistence of Evil*, p. 120. 출처 강조.

35   Levenson, *Creation and the Persistence of Evil*, p. 82; S. Bacchiocchi, 'Sabbatical Typologies of Messianic Redemption', *JSJ* 17.2 (1986), pp. 153-176 (166-167)도 보라. Doering은 *Schabbat*, III에서 『희년서』의 364일 달력을 통해 주요 축제들이 일반 안식일에는 절대 열리지 않았을 것이라는 정보를 얻을 수 있다고 말한다.

다.³⁶ 안식일을 종말론적 표식으로 보는 견해에 대한 더 긴 뒷이야기가 가진 표지 중에는 안식일에 의해 형성된 오랜 기간의 역사에 관한 더 큰 제안들이 존재하는데, 이 제안들은 모두 다가올 종말을 가리킨다. 누구나 예상할 수 있듯이 안식일은 희년서에서 명백하게 드러난다. 안식일은 여호와가 모세에게 '내가 내려가 그들과 영원토록 함께 거할 때까지, 영원히 희년을 따라 수년에 걸쳐 장차 일어날 일'에 대해 말씀하시는 모습을 그리고 있다. 이 희년은 모든 숫자가 자세히 기록된 판(tablets)에 새겨져 있는데, 이 숫자의 범주는 '창조의 날부터 하늘과 땅 그리고 모든 피조물이 하늘의 권능과 이 땅의 온전한 본성에 따라 새롭게 되는 새 창조 세계의 날까지, 그리고 하나님의 성소가 시온산 위 예루살렘에 창조될 때까지'를 아우른다.³⁷ 이 희년은 이스라엘이 마침내 죄로부터 깨끗해져서, 깨끗해진 땅에 거할 수 있을 때까지 지속될 것이다.³⁸ 비슷한 생각들이 다른 곳에서도 발견되는데, 이 비슷한 생각들은 창조의 '날들'이 천년을 상징하고, 6천 년의 세계 역사가 흐른 뒤에 위대한 안식이 온다고 추측한다.³⁹

창조 세계의 이러한 6천 년 사상은 안식을 표현하는 한 방법으로, 이 방법은 일부 초기 기독교 문헌에 등장한다.⁴⁰ 이와 유사한 내용을 말하는 또

---

36 Bacchiocchi, 'Sabbatical Typologies of Messianic Redemption', p. 170-171를 보라. 여기서 Bacchiocchi는 이러한 제도들을 과거의 안식일과 연결하고 미래의 메시아적 구속과 연결한다.
37 *Jub.* 1:26, 29.
38 *Jub.* 50:5; 『희년서』는 안식일 준수의 중요성에 관한 엄격하면서도 자세한 경고와 함께 끝난다. 바울은 롬 8장에서 깨끗케 된 땅 개념을 '유업'으로 '번역하는데', 여기서 유업이란 구속된 모든 창조 세계를 의미한다. *PFG*, pp. 366-367, 635, 659, 730를 보라.
39 같은 내용이 변형되어 등장하는 *Jub.* 50:5-11; *2 En.* 33:2(그러나 이 부분은 기독교가 추가한 내용일 수 있다); 그리고 *bSanh.* 97a를 보라. Lincoln 'Sabbath, Rest and Eschatology in the New Testament', in Carson, ed., *From Sabbath to Lord's Day*, p. 200도 보라.
40 예를 들어, 벧후 3:8를 보라. 바나바서(*Letter of Barnabas*)는 15:4-8에서 유대인의 안식일이 이제 부적절하다고 신중하게 설명한다. 그 근거로 창 2:2을 창조 후 6천 년이 될 때 하나님의 심판이 있을 것이며, 그 후 하나님이 '쉬'실 것이라는 예언으로 제시한다. 그러므로 복음으로 거룩해지고 예수의 부활 및 승천으로 '제8일'을 기념하는 자들 역시 쉼을 얻게 된다(15:9). 바

다른 방법은 제2성전기 때 매우 유명했던 것으로 보이는 위대한 희년 사상이다. 이 희년 사상은 레위기 25장의 안식년으로 이어진 단순한 7 곱하기 7이 아니라, 70 곱하기 7을 의미한다.

> 네 백성과 네 거룩한 성을 위하여 일흔 이레를 기한으로 정하였나니 허물이 그치며 죄가 끝나며 죄악이 용서되며 영원한 의가 드러나며 환상과 예언이 응하며 또 지극히 거룩한 이가 기름 부음을 받으리라.[41]

나를 비롯한 다른 사람들은 많은 시간을 할애해 다음과 같이 주장했다. 요세푸스가 기원후 66년에 발생한 유대 반란을 설명하면서 앞의 구절을 '유대인들의 성경에 나오는 신탁', 곧 '그때 유대로부터 세상의 통치자가 일어날 것'이라고 예언한 신탁으로 언급했다고 말이다.[42] 쿰란 문서의 한 구절은 이 본문을 레위기, 신명기, 이사야서의 다른 본문들과 연결시키면서 '안식적' 종말론과 메시아적 예언이 결합된 하나의 복합체를 형성한다.[43] 이것은 종말론적 표지라는 안식일의 보다 넓은 주제를 제2성전 유대 세계에 확고히 심어 놓으면서, 예수가 '때가 찼고 하나님 나라가 가까이 왔으니'라고 선언할 때 특별하고 분명한 초점을 만들어 낸다.

이제 성전과 안식일은 하나의 묶음처럼 같이 간다. 이 둘은 함께 하나님

나바서는 곧바로 다음과 같이 설명한다. 무너진 예루살렘 성전은 하나님이 머무시는 궁극의 장소가 절대로 아니며 회개와 믿음으로 새롭게 된 교회가 하나님의 참된 처소이자 '영적 성전'이다(16:1-10).

[41] 단 9:24. 마지막 구에 대한 대체 번역에는 '가장 거룩하신 이'(a most holy one)가 포함되어 있다. 완전함을 강조하는 '일곱'의 배수가 명확히 등장하는 곳으로는, 창 4:24, 마 18:21-22이 있다.

[42] 특히 *NTPG*, pp. 312-317; *PFG*, pp. 116-167, 130, 142-143, 293, 1065, 그리고 거기에 언급되어 있는 다른 문헌들을 보라.

[43] 11QMelch가 레 25:13; 신 15:2; 사 52:7; 61:1을 어떻게 사용했는지를 보라. Bacchiocchi, 'Sabbatical Typologies of Messianic Redemption', pp. 175-176도 보라. 여기서 Bacchiocchi는 다른 논의들을 언급한다.

이 의도하신 목적을 가리키는 것으로 간주될 수 있다. 이 둘은 하나님의 미래로부터 오는 선물로 비춰질 수 있다. 정탐꾼들이 약속의 땅을 미리 맛보여 주기 위해 가지고 온 열매처럼 말이다.

그렇다고 예수 당시 또는 다른 모든 시대의 '모든 유대인'이 성전과 안식일을 이와 같이 보았다고 제안하는 것은 아니다. 여기서 내 요점은 두 가지다. 첫째, 성전과 안식일을 이렇게 이해하는 방식은 장소와 시간에 대한 계몽주의의 접근이 왜 신약의 의미를 오해하고 잘못 전할 수밖에 없었는지를 설명해 준다. 이는 초기 유대인들과 그리스도인들이 고대 세계에 살았고 우리가 근대 세계에 살고 있어서가 아니라, 고대 및 근대 에피쿠로스주의가 철학적 근거를 토대로 유대교적 관점과 기독교적 관점 모두를 배제하고 있기 때문이다. 둘째, 그러나 에피쿠로스주의는 초기 그리스도인들이 예수의 부활—다음 장의 주제—에 대해 말한 이유와 그것이 한편으로는 '자연'에 대한 새로운 견해와 '자연신학'을 둘러싼 질문에 대한 새로운 이해로 이어질 수 있는 방법을 더 자세히 이해하는 데 도움을 준다.

지금 우리에게 더 시급한 관심사는 **인류학**을 성전-우주론, 안식일-종말론이라는 틀 안에 집어넣는 것이다. 여기서 우리는 다시 현대의 도전에 직면한다. 에피쿠로스주의는 예전과 마찬가지로 인간을 자율적이지만 덧없는 존재로 본다. 그래서 먹고, 마시고, 즐기라고 명한다. 왜냐하면 내일 죽을 수 있기 때문이다. 많은 그리스도인들이 에피쿠로스주의의 곤경을 해소하기 위해 거론하는 플라톤주의는 이렇게 대답한다. '아, 하지만 내겐 영원한 영혼이 있고, 이 영혼은 언젠가 이 세상을 떠나 원래 고향인 하늘로 갈 거야.' 냉소주의나 실존주의 같은 현대의 다른 제안들 역시 에피쿠로스주의와 플라톤주의의 속한다. 그러나 초기 그리스도인들은 '창조주의 형상에 따라 지식이 새롭게 된다'고 말했다. 따라서 인간의 역할—특히 한 인간의 역할—은 기독교 문화를 포함한 우리의 문화가 상상하는 것과 근본적으로 다르다.

형상 소유의 소명

내가 제안하는 방식으로 창세기 1장을 읽으면, 이 본문으로부터 훨씬 더 많은 것을 얻을 수 있다. 특히 창세기 1:26-28에는 '하나님의 형상으로 지음 받은' 인간의 지위가 나온다. 많은 저자들이 강조했듯이, 인간성의 어떤 측면이 하나님과 닮았는지에 대한 천년의 사색에 반해 인간이 하나님의 형상을 지니고 있다는 이 진술은 창세기의 성전 관념 내에서 해석되어야 한다. 하나님의 '형상'은 지성소 안에 위치한 마지막 설비다.[44] 이 점이 너무 강렬한 나머지 고대 근동의 성전 건축과의 유사점 없이도 우리는 '형상'이 있는 하늘/땅 구조에 대한 단순한 개념이 창세기 1장이 일종의 성전에 대한 묘사라는 것을 이미 알려 준 것이라고 추측할 수 있다.

만약 이 추측이 옳다면, 창세기 1장을 그것의 고대 근동 배경에 비추어 이해할 때, 두 가지가 특히 놀라움을 준다. 첫째, '하나님의 형상으로 지음받다'라는 관념은 **기능**이나 **소명**과 관련이 있다. 존재론이 중요하지 않아서가 아니라, '형상' 용어의 강조 및 무게가 인간에게 부여된 과제, 즉 시편 8편이 재강조하고 신약이 환기시키는 일종의 소명 위에 놓여 있기 때문이다. 요점은 형상 소유자들이 창조주의 의도를 실행하기 위해 존재한다는 것이다. 그들은 하나님의 대리인으로서 창조주의 목적을 추진하기 위해 소환되고 준비된 자들이다. 이는 이 특정 피조물을 반영하는 만큼이나 창조주를 반영한다. 여기에는 변덕이나 간헐적 취미가 아닌, 일반 규칙에 따라 **인간을 통해** 일하기로 결심한 창조주의 모습이 제시된다. 그는 '인간을 통해 일하시는' 하나님이다. 그는 인간에게 권위를 즐겨 위임하신다. 그의 세계에 필요한 일들은 인간을 통해 이루어질 것이다. 돌이켜보면(다시 말해, 다음 두 장에서처럼 부활과 십자가를 통해 뒤늦게 알게 되듯이), 이를 최초의 삼위일체 용어로 쉽게

---

[44] 여기서 나는 Middleton, *Liberating Image*를 아주 긴밀하게 따른다.

이해할 수 있다. 만약 성전이 하나님이 '쉼'을 얻는 장소라면(앞 내용을 보라), 하나님의 형상을 소유한 인간은 신성한 안식일을 공유하도록 부름받는다.

둘째, 그리고 이에 따라 내가 지금까지 사용해 온 연구를 제공한 여러 저자들이 있는데, 이들이 지적한 고대 근동의 유사점들은 창세기 1장에 나오는 인간의 역할이 주로 왕에게 주어진 역할임을 암시한다. 우리는 이를 왕권의 민주화 또는 인간의 존귀화, 둘 중 하나로 볼 수 있다. 아니면 둘 모두로 볼 수 있다. 왕과 관련된 이 주제는 시편 8편의 다양한 보완에서 볼 수 있듯이 여전히 유대 전통 내에서 공명할 수 있는데, 시편 8편의 인간에 관한 일반적 내용은 장차 올 왕에게 적용된다. 사람이 창조 세계의 왕족이라면, 이스라엘의 왕족은 인간의 소명을 맡을 수 있다.[45] 이러한 결론은 우리를 다시 한번 시편 72편으로 이끈다. 왕은 하나님의 영광이 온 세계를 채우도록 가난한 자와 억눌리는 자를 위해 공의를 행할 것이다. 왕이 성전을 건축하는 이유는 하나님의 영광이 그 목적의 사전 표징으로 성전 안에 거할 수 있도록 하기 위해서다. 일반적으로 하나님의 목적은 인간에 의해 진전되고 창조 세계 및 인간 사회의 회복은 정의를 행사하는 왕에 의해 진전된다. 하나님의 형상이 제 위치에서 제대로 작동할 때, 하늘/땅을 상징하는 성전은 하나님의 영광으로 가득 채워질 수 있다. 이 지점으로부터 (많은 본문 중) 요한복음이나 바울의 에베소서로 전개되는 사고방식을 어렵지 않게 볼 수 있다.

그러나 왕들만이 우주적 성전을 완성시키는 유일한 사람들은 분명 아니다. 출애굽기 25-40장을 보면, 언약적 구속 이야기가 절정에 달하고 성막이 완성될 때 (황금 송아지라는 죄에도 불구하고!) 하나님의 위험한 존전에서 섬기

---

[45] 나의 소논문, 'Son of Man—Lord of the Temple?' in White, Wenham and Evans, eds., *Earliest Perceptions of Jesus in Context*를 보라.

는 자들은 대제사장 아론과 그의 아들들이다. 속죄의 날 지성소에 들어가는 자는 아론이다. 이와 함께 우리는 다음 범위의 주제로 넘어가는데, 이 주제들은 일반적 이론을 근거로 추측해 볼 때 창세기 1장의 작성자들이나 편집자들에게 중요했을 것이다. 출애굽기 40장의 성막이 (드디어!) 새로운 소우주, 즉 창조주가 첫 인간들의 실패 이후 자신의 창조 세계를 회복시키신다고 선포하는 '작은 세계'라면, 구약에서 출애굽기 바로 다음에 레위기가 등장하는 것은 전혀 놀랄 일이 아니다. 하나님의 임재가 이스라엘 백성과 함께 거하기 위해 왔다면, 백성은 하나님의 위험한 임재에 대처하는 법을 알아야 한다. 이후 세대, 특히 복잡한 의식과 정결 규례에 익숙하지 않은 사람들은 (비록 위생과 '건강 및 안전'에 대한 일반적 규칙의 근대적인 구성이 세속적으로 상응하는 것을 형성할 수 있지만) 레위기의 주제 및 규정 범위에 쉽게 당황한다. 레위기를 설명하는 연구서가 엄청나게 많다. 하지만 우리의 목적에 부합하는 특정 내용들이 그 안에 있다.

인간이 '땅'을 떠나 '천국'에 갈 가능성이 이스라엘의 믿음과 제의에서 중요하지 않다는 것을 깨닫는 일이 레위기의 핵심이다. 천국에 갈 가능성은 꽤 초기부터 대부분의 그리스도인들, 특히 대부분의 서구 그리스도인들의 가정으로 작용하고 있다. 내 생각에 플라톤주의가 그들에게 강한 영향을 미쳤기 때문이다. 플라톤주의의 이러한 영향은 신학의 모든 측면, 특히 제사 개념과 관련된 측면들을 체계적으로 왜곡시켰다. 오히려 요점은 하늘의 영광이 땅 위에 임하고 땅을 가득 채울 수 있도록 창조주 하나님이 자신의 영광이 인간과 함께 거하는 것을 언제나 원하신다는 점이다. 이 요점이 모든 신학 주제에 실제적으로 미치는 영향은 아무리 강조해도 지나치지 않는다. 나는 특별히 이 책 마지막 장에서 이 요점에 대해 더 알아볼 것이다.[46]

---

[46] 이 요점은 Jürgen Moltmann의 입장과 직접 관련이 있으며 H. U. von Balthasar의 입장과는

이 요점이 어떻게 작동했는지를 더 자세히 탐구해 보면 도움이 될 것이다. 바울 시대의 도시들은 황제의 신전을 세우는 특권을 위해 서로 경쟁했고, 이것이 허용될 경우 자신들이 황제의 특별한 호의를 받는 것으로 간주했다. 에베소 사람들은 한 번도 아닌 두 번씩이나 이러한 방식으로 명예를 받은 자신들을 자랑스러워했다.[47] 그래서 고대 이스라엘 사람들, 그리고 이들의 전통을 수집·편집해 포로기 이후의 재건을 형성코자 했던 자들은 창조주이신 참 하나님만 숭배하는 성소를 맡는 것을 그들의 임무로 보았다. 예루살렘은 '위대한 왕의 도시'라는 지위를 즐겼다.[48] 생명을 부여하는 창조주의 완전한 거룩함과 그 창조주가 일반적인 부정이든 실제 죄악이든 간에 사망과 관련된 그 무엇과도 접촉할 수 없다는 사실을 감안해 볼 때, 레위기에 나오는 제의의 상당 부분은 성소 자체(언제나 사람들의 불결함으로 오염될 위험에 처해 있었던)를 신중하고 규칙적으로 정화하고 레위기 제의의 절정이라 할 연례행사인 '속죄의 날'에 사람들을 역시 신중하고 규칙적으로 정화하는 것을 목적으로 삼았다.[49] 동시에 매주, 매년 열리는 절기가 존재하는데, 그 예로 매주 있는 안식일에서부터 유월절 같은 큰 절기들을 들 수 있다. 그리고 또 다른 절정인 안식일의 안식일(Sabbath of Sabbaths)이 있는데, 이는 한 주를 수년으로 계산해 그 수년을 다시 곱한 것으로 '안식년'(sabbatical year)이라고도 부른다. 이 안식년에 희년이 선포되고 자유가 경축된다. 안식년의 상징성은 희년의 의미를 다음과 같이 보여 준다. 즉, 희년이란 새로워진 창조 세계, 정의와 자비가 백성의 삶에 구현된 현실, 자신의 백성과 함께 거주

대립한다. Moltmann, 'The World in God or God in the World?' in Bauckham, ed., *God Will Be All in All*, pp. 35-42를 보라.
47   상세 내용은, *PFG*, pp. 328-329를 보라.
48   시 48:2. 시 48편은 시 2편처럼 (그리고 다르지만 관련이 있는 사 52:13-15처럼) 주변 이방 국가들을 공포에 떨게 만드는 하나님을 비롯해 '우주적 성전' 이야기의 많은 측면을 보여 준다.
49   이 점은 물론 복음서가 묘사하는 예수의 비범한 특성을 강조하는데, 복음서에서 예수는 자주 다양한 종류의 부정과 물리적 접촉을 한다.

하시면서 살아계시고 자유롭게 하시는 하나님을 가리키는 표지다. 이제 이것은 출애굽기와 레위기에서 아론과 그의 후계자들에게 집중된다. 이러한 생각의 흐름을 쫓고 있는 독자는 성막 안에서 섬기는 이들이 원래의 '성전', 즉 창세기 1장에 나오는 창조된 하늘과 땅에서 아담이 담당했던 역할을 수행하고 있다는 것을 알 수 있다.[50]

이 모든 것을 역사적 재구축이 가능한 제2성전기 유대인의 세계관에 대입해 보면, 놀라운 결과를 발견하게 된다. 우선, 이스라엘 **왕이 성전 건축가로서** 보여 주는 보다 광범위한 교차문화적 감각이 유대인의 방식이라는 것으로 드러난다. 다윗은 성전을 계획했고, 솔로몬은 성전을 건축했다. 히스기야와 요시야는 성전을 복원 및 정화했고, 스룹바벨은 무너진 성전을 재건하기로 되어 있었지만 무위에 그쳤다. 유다 마카베오는 시리아가 성전을 모독한 후 성전을 정화했다. 그와 그의 가족은 유다 지파나 다윗 가문 출신이 아닌 제사장 집안이었지만 한 세기 동안 왕으로 군림하기에는 충분했다. 헤롯의 대규모 성전 재건 계획은 자신과 자신의 가족을 진정한 '유대인의 왕들'로 내세우기 위해 기획된 것처럼 보인다. 대반란 당시에 등장한 자칭 메시아들은 성전을 그들의 중심으로 삼았다. 마지막 반란 때 메시아로 갈채받은 바 코크바는 분명한 의도를 갖고 (당시 폐허였던) 성전의 모습을 동전에 새겨 넣었다. 그는 용을 죽이고 우주를 회복시키는 옛 신화를 재현했다. 이는 자신이 로마인을 물리치고 성전을 재건해 마침내 하나님의 영광이 성전에 거하게 하겠다는 다짐의 표현이었다. 그것은 새 창조 세계를 의미했다. 시편 72편이 마침내 실현되는 것처럼 보였다. 왕과 성전은 병행했다.

동시에 그리고 같은 근본적인 이유로, '지혜' 교육의 지속된 전통은 성

---

50 이것은 분파의 구성원들이 '아담의 모든 영광'을 받을 것이라는 두루마리의 반복된 약속과 평행을 이룬다. 예를 들어, 1QS 4:22-23; 4QpPs37 3:1-2; *NTPG*, p. 265-266; *PFG*, pp. 783-795를 보라.

전-우주론 내에서 그것이 의미하는 바를 의미한다. 잠언은 의인화된 '지혜의 여인'을 창조 세계와 연결시키는데, 이는 '지혜'가 인간에게—그들이 하나님의 형상을 가진 자로 제대로 살아가려고 한다면—필요한 것으로 보이게 만들기 위해서다. 그러나 전통이 발전하면서 한 분파에 의해 의인화된 이 '지혜'가 예루살렘에 있는 성전에 거한다는 주장이 제기되고, 결과적으로 '지혜'와 영광스러운 하나님의 임재가 결합하게 된다. 벤 시라(Ben-Sirach)는 율법(Torah)의 형태로 성전에 거하는 '지혜'를 가시화한다. 이 시기의 제사장들은 율법 교사였으므로, 지혜와 율법은 적어도 함께 결합되어 있고, 함께 하나님의 임재와 영광을 상징한다.[51] 이제 이 모든 것의 초점은 이런저런 방식으로 그리고 여러 시편을 거치면서 예루살렘으로 모아진다. 예루살렘은 '우주적 산', 강물이 흘러내리게 될 높은 언덕, 하나님의 집이 세워진 '반석'에 적합한 용어로 칭송받는다.[52] 예루살렘은 새 에덴, 곧 하나님의 동산으로 언급된다.[53]

우리가 앞서 암시했듯이 이 모든 것의 요점은 다음과 같다. 즉, 구약에 내포되어 있는 서술을 볼 때, 살아 계신 하나님은 피조물인 인간과 함께 거하길 원하시고 인간을 통해 세상에서 자신의 목적을 성취하길 원하신다는 것이다. 물론 창세기 3장의 안타까운 이야기와 이후에 발생한 모든 것을 감안해 볼 때, 이러한 인간들은 구원과 구속, 그리고 새롭게 된 소명이 필요하다. 그러나 하나님의 목적—하나님의 형상인 사람을 통해 질서와 지혜를 세

---

[51] Sir 24:1-34.
[52] 예를 들어, Lundquist, 'Common Temple Ideology of the Ancient Near East', in Morales, ed., *Cult and Cosmos*, pp. 54-61를 보라.
[53] 예를 들어, 시 46:5; 48:2-4, 12-14; 사 51:3; 겔 36:35; 47:1-12을 인용하고 있는 Fishbane, *Biblical Interpretation*, p. 370를 보라. 또한 욜 2:3; 4:18-21; 슥 14:8-11을 보라. 그리고 L. E. Stager, 'Jerusalem and the Garden of Eden', in Morales, ed., *Cult and Cosmos*, pp. 99-116 (112)와 비교해 보라. 솔로몬이 세운 성전은 원래 '지상 천국, 낙원, 에덴동산의 신화적 실현'이었다.

상에 가져오시려는 목적, 한편으로는 왕을 통해 성전을 지으시고 다른 한편으로는 정의와 자비를 세상에 가져오시려는 목적, 그래서 하나님의 영광이 성전에 거하게 하시려는 목적, 제사장들을 통해 성전을 정결케 유지하시려는 목적—은 모든 것이 성취될 때까지 보류되지 않는다. 매주 돌아오는 안식일의 경우와 마찬가지로, 우리는 이러한 하나님의 계획에 대한 **사전 기대**를 분별할 수 있을 것이다. 성전과 우주 신학은 종말론적 이야기의 일부다. 안식일은 이 종말론적 이야기에 활기를 불어넣는다. 왕, 제사장, 보통 사람들은 이 종말론적 이야기에서 핵심 역할을 하고 있으며, 이야기는 대부분 암시적으로 남아 있기에 더욱 강력하다.[54]

그 결과로 개시된 종말론은 지속적인 해석 전통 내에서 **소명**, **정치**, **생태**, **미학**을 강조한다. 실제 과학, 즉 창조의 경이를 즐기면서 이를 적절히 사용하기 위한 기술을 개발하는 연구 및 분류라는 지혜로운 행위도 여기에 속한다.

하나님의 형상이라는 주제는 우리가 현재의 창조와 돌봄, 그리고 과학적 노력에서 기대하는 단순한 종말론적 목표가 아니다. 하나님의 형상을 나타내는 인간의 과제—우리가 구별하려고 시도 중인 성전과 안식일의 틀 안에서 본—에는 구성과 더불어 상상도 포함되고, 노동과 더불어 사랑도 포함되어 있다. ('사랑의 해석학'은 단순히 진리의 풍성한 깊이를 분별하는 것이 아니다. 그것은 적절히 대응하는 것이기도 하다.) 일단 성전 안에 있는 이미지와 하나님의 '안식'을 공유하고 있는 인간을 이해하게 되면, **해석**이라는 인간의 소명을 발견하게 된다. 해석이란 깊이 있게 그리고 다층적으로 진리를 말하는 것으로, 상징, 이야기, 노래를 통해 하나님 나라의 과거, 현재, 미래, 그리고 특히 인

54　이러한 이야기들을 감지해 내는 '가추'(abduction)에 대해서, 그리고 가추와 종종 혼동되는 '연역'(deduction)과의 중요한 차이에 대해서는 3장을 보라.

간의 삶이 가진 여러 차원의 중요성을 분명하게 표명함으로써 '의미'를 발견하고 드러낸다. '의미'를 발견하고 드러내는 것은 보다 큰 이야기를 분별하는 것으로, 이보다 큰 이야기에서 사건과 생각, 행동과 인공물(artefacts), 말과 숭배는 그들 그 자체이며, 그들이 의미하는 바를 의미하고, 인간의 지속적인 관여 측면에서 그들이 요구하는 것을 요구한다. 해석은 끝이 없는 과제다. 그것은 끊임없이 주는 선물이자 끊임없이 초청하는 소명이다. 새 창조 세계를 엿보고, 이 엿봄을 토대로 옛 창조 세계에서 후퇴하거나 그것이 파멸하도록 내버려 두지 않고 **옛 창조 세계의 의미를 분별하고 그 의미에 반응하도록** 초대하는 것은 인간됨의 의미가 지닌 핵심 중 하나다. 앞서 설명했듯이, 해석에는 역사라는 과제가 포함된다. 해석은 일종의 지식으로의 부름인데, 이 지식에 해당하는 궁극의 용어는 '사랑'일 것이다. 그것은 세상과 하나님에 관한 질문에 대한 성경적 접근의 토대로, 우리가 여전히 '자연신학'이라고 부를 수 있는 것을 재형성할 수 있게 해 준다.

우리는 이 모든 것을 말하기 위해 창세기 1장에 나오는 성전과 관련된 다양한 본문들을 종합했고, 천지 창조와 성전 건축, 이 둘 사이의 가능한 연결 고리에 대한 매우 압축된 탐구를 시도했는데, 이 시도는 이전에 없던 첫 시도다. 중요한 것은 이 시도가 문헌이든 고고학이든 시간과 공간에 걸쳐 넓게 확장되는 암시적이고 상징적인 내러티브를 결합한 거대한 구성물이라는 것이다. 그렇다고 이러한 연결 지점들로부터 어떤 특정 유대인 사상가가 단번에 이 모든 것을 하나의 일관된 전체로 이해했다고 확실히 추론할 수 있는 것은 아니다. 우리가 제안할 수 있는 것은 이처럼 최소한의 방식으로 제시되었어도 이 연결 지점들을 통해 **하늘과 땅이 함께 속하는 세계관**, 그리고 특정 상황—에피쿠로스주의의 경우처럼—에서는 하늘과 땅이 서로 충돌하는 범주에 속하는 것이 아니라 조화를 이룰 수 있고 실제로 함께 속하는 세계관이 표현될 수 있다는 점이다. 나의 주된 요점은 신학자들과 철학자들에겐 우주론, 종말론, 인류학의 틀이 되는 매우 상이한 경쟁 개념을 제시하는 일보다, 구약의 파편들을 슬쩍 돌아보며, 그 내용들을 근대 에피쿠로스주의나 그 변종의 틀에 맞추는 일이 훨씬 쉬웠다는 것이다. 내가 줄곧 제안하고 있는 것은 '자연신학'에 대한 질문, 즉 인간이 하나님의 창조 세계를 숙고함으로써 하나님에 대해 지혜롭게 생각하는 방법을 배울 수 있는 가능한 방법에 대한 질문이 일반적인 에피쿠로스주의적 틀에 놓이게 됨으로써 심하게 왜곡되어 왔다는 점, 그리고 이 질문에 대한 탐구가 1세기 유대인이나 그리스도인에게 더 적합한 틀에서 이루어져야 한다는 점이다. 이는 오늘날 유대인들과 그리스도인들이 새로운 세대를 위해 이 틀을 재평가하도록 고무할 수 있다.

이러한 틀 안에서, 우주의 '지상' 측면은 플라톤주의의 일부 종류에서처럼 단순한 부차적 현상, 즉 천상 측면의 멀고 왜곡된 반영이 될 수 없다.[55] 히브리서가 땅의 장막이 하늘 장막의 '모형 또는 그림자'라고 말할 때, 이는 땅의 장막이 나쁘다는 말이 아니라 그것이 단지 일시적인 것이고 장차 올 것의 이정표가 된다는 말이다(히 8:5). 창조 세계는 매우 좋았고 지금도 '매우 좋다.' 이정표와 이 이정표가 가리키는 건물을 구별한다고 해서 이정표를 폄하하는 것은 절대로 아니다. 하늘의 삶이 이 땅과 결합된다는 말은 지난 2세기의 일반적인 가정처럼 이 땅을 폐하거나 인간을 이 땅에서 낚아채 간다는 말이 아니라, 이 땅을 하나님의 영광으로 채우거나 적어도 그러한 궁극의 의도를 미리 암시한다는 말이다. 이러한 결합과 미리 제시되는 가득 찬 영광은, 하나님의 형상을 지닌 자들, 특히 제사장들과 왕들의 행위를 통해 발생해야 한다. 이것은 출애굽기 19장에서 이스라엘에게 부여된 역할의

---

55 플라톤은 『티마이오스』에서 현 세상이 아름답다고 생각한다. 최근에 출간된, O'Meara, *Cosmology and Politics in Plato's Later Works*를 보라. 특히 Part 2와 ch. 4을 보라.

조합이며 베드로전서와 요한계시록에 나오는 예수의 추종자들과 관련해 재확인된다.[56]

이 모든 것의 결과는 다음과 같다. 몇몇 세부 사항에 많은 논란이 있더라도, 그리고 제2성전기의 대다수 유대인들이 그들의 세계관에 관한 우리의 요약을 인정했을 거라고 증명하는 일이 불가능하더라도, 결국 같은 내용을 말하는 증거들이 충분히 존재하므로 우리는 하늘과 땅에 대한 견해에 있어서 1세기 유대인들이 에피쿠로스주의자들이 아니었다고 자신 있게 말할 수 있다. 오히려 그들은 에피쿠로스주의자들과 다소 반대되는 성향을 보였다. 그들은 하늘과 땅이 함께 일하고, 연결되고, 협력하고, 결국에 결합하도록 지음받았다고 믿었다. 그들은 장막과 성전이 새 창조 세계의 이정표라고 믿었다. 그들은 매주 돌아오는 안식일이 장차 올 새 시대—어떤 의미에서 현 시대와 연속되는—를 미리 맛보는 것이라고 믿었다. 이 새 시대가 현 시대를 아무리 급진적으로 변화시킨다고 할지라도 말이다. 그리고 그들은 사람들이 혹은 적어도 일부 사람들이, 아무리 악하고 타락했을지라도, 여전히 왕과 제사장의 소명을 이행하도록 부름받았다고 믿었다. 나는 이 모든 것이 **제2성전기의 암묵적 우주론을 형성하고, 이와 더불어 예수와 그의 초기 추종자들의 우주론도 형성한다**고 제안한다.

얼마나 많은 사람들이 이 모든 것을 얼마만큼 알아챘는지 말하기란 불가능하다. 나의 요점은 그러한 세상에 살던 사람들이 이러한 것들을 생각했을 때, 이 모든 것이 이러한 것들의 작용 틀이 되는 매개 변수들의 집합이라는 것이다. 우리는 다음과 같은 교활한 제안을 피해야 한다. 즉, '모든 유대인' 또는 '모든 초기 그리스도인'이 정확히 이렇게 생각했던 것은 아니었기 때문에, 그들이 에피쿠로스주의에서처럼 그리고 어떤 의미에서 플라톤

56　출 19:5-6; 벧전 2:9; 계 1:6; 5:10; 20:6.

주의에서처럼, '하늘'과 '땅'을 두 개의 완전히 다른, 양립불가의 존재 영역으로 보는 근대의 기본 양식을 수용했을 거라는 제안 말이다. 그들은 현실의 이러한 차원들이 공존·협력하도록 지음받았고, 이런 종류의 즐거운 공생이 장막과 성전을 통해 극적으로 상징되었다고 생각했을 정도까지 가정했을 것이다. 그들은 현재와 약속된 미래가 거대한 심연에 의해 분리되어 있거나 한쪽이 다른 쪽에게 자리를 내주기 위해 폐기되어야 한다고 보지 않았을 것이다. 오히려 창조의 완성을 말하는 핵심 지점에서 현재와 약속된 미래가 이상할 정도로 서로 겹쳐 있다고 보았을 것이다. 이런 맥락에서 '자연신학'(다른 신학적 주제들과 더불어)에 대한 질문을 재구성해 본다면, 모든 것이 다르게 보일 것이다.

공간, 시간, 인간: 예수와 초기 교회

이 장의 막바지로 향하는 지금, 그리고 동시에 우리가 6장과 7장에서 주장할 제안들을 내다보기 시작하는 지금, 우리는 머릿속으로 성전, 안식일, 형상과 같은 복잡한 개념들을 생각하며 신약으로 눈을 돌린다. 그런데 이 복잡한 개념들은 창조 세계와 새 창조 세계, 왕좌와 신성한 보좌, 곧 임재할 하나님의 영광과 관련이 있다. 우리가 이처럼 신약으로 눈을 돌릴 때, 신약의 많은 본문과 각 권이 생기를 띠게 된다. 명백한 예는 요한복음과 히브리서다. 바울서신 중, 에베소서와 골로새서는 관련 작업이 새로 필요하다. 그러나 먼저 공관 복음 전승—풍성한 신학 연구에 있어서 여전히 가끔 무시되고 있는—을 살펴보면 놀라운 일을 발견하게 된다.[57] 여기서 우리는 건축

---

[57] A. Green은 'Sabbath as Temple', p. 291에서 예수 자신이 어떻게 성전이 되는지와 관련해 대부분의 기독교 주석가들보다 더 예리하게 관찰했다. '예수 그리스도가 육신을 입은 율법이듯이, 그는 다시 세워진 하나님의 집이다.' N. Perrin, *Jesus the Temple* (London: SPCK,

자들—문제의 건축자들은 광범위한 역사 비평 전승을 의미한다—이 버린 돌이 모퉁잇돌이라는 걸 알게 된다.

다시 한번 예비 차원에서 언급하겠다. 예수가 속해 있는 제2성전기의 세계관을 재구성하는 일은 불가능하다. 예수에 대해 우리가 확실히 알고 있는 한 가지는 당시 유대인들이 예수를 극도로 불편해했다는 것이다. [이러한 점을 다시 언급해야 할 경우에 대비해, 나는 예수를 꾸준한 역사적 '발전' 또는 '진전'의 흔한 정점으로 묘사하지 않는다. 예수와 예수보다 앞서 발생한 것들 사이의 연속성은 리처드 헤이스(Richard Hays)의 주장처럼 '역으로 읽기'(reading backwards)를 통해 분별되어야 한다.] 그러나 다시 말하지만 예수가 당시 문화 속에서 매우 불편한 존재였다고 해서 이것이 역사를 무시하고 예수를 다른 어딘가에—5세기 정통 교리가 되었든 19세기 비정통 교리가 되었든—위치시키는 이유가 될 수는 없다. 예수가 성전에서 한 일과 안식일에 한 일, 그리고 그가 자신의 이러한 행위들을 설명하는 방식, 이 모든 것들은 세상을 깜짝 놀라게 했다. 그러나 이 사건들로 깜짝 놀란 세상은 다름 아닌 1세기 유대 세계였다. 그리고 이러한 충격의 목적은 파괴가 아닌 성취였다.

복음서 주해와 관련된 한두 개의 사고 실험이 요점을 확인하는 데 도움이 될 것이다. 마가를 예로 들어 보자. 그의 관점은 마가복음 11장에 언급된 예수의 성전 내 행위에 지배적인 영향을 받고 있다. 그러나 마가복음은 그 시작부터 이미 고대 근동의 문화 및 창조 이야기를 상기시킨다. 예수가 물에서 나와 하나님의 영/바람으로 기름 부음을 받고, 하나님의 음성이 시편 2편과 이사야 42장을 반복하면서 그에게 말씀한다. 이것이 바로 새 창조요 새 성전으로, 그 중심에는 메시아가 존재한다. 마가는 말라기서 및 이사야서의 말씀을 인용해 이 이야기의 틀을 잡는데, 이 두 인용 말씀은 이스라엘의

2010)을 보라.

하나님이 그분의 백성에게 돌아오시는 오랜 기다림에 관한 구절 가운데 나타난다. 결국 이 모든 것은 죄의 용서, 유배의 종결, 열려진 하늘, 되돌아온 하나님의 영광을 의미할 것이다. 이것은 위대한 통치의 순간이자 위대한 안식의 순간이다. 마가복음의 예수가 때가 찼고 하나님의 나라가 가까이 왔다고 선언할 때, 독자는 '옳거니, 그것이 바로 이 의미구나'라고 생각해야 한다. 1세기 유대교의 추정은 마가복음 서두의 자연스런 맥락이다. 우리가 이러한 추정에 주목할 때, 모든 것들은 우리가 현재 가지고 있는 일반적인 이해와 다르게 보인다. 우리는 예수의 기적에 대한 근대의 모든 토론을 단번에 재구성해야 할 것이다. 예를 들어, 예수의 '기적'에 대해 회의론자들은 신이 그렇게 세상에 침투하는 것이 불가능하다고 말했고, 방어적인 정통파는 그가 그랬을 수도 있다고 말했다. 이런 것들은 토론에 적합한 용어가 아니다.

이와 비슷하게, 율법주의적 유대교와 관련된 복음서의 안식일 논쟁 요점은 당혹스러울 정도로 시대착오적이다. 우리는 오히려 다가올 시대가 새 창조라는 강력한 행위 가운데 임한다는 놀라운 주장을 해야 한다. 마가복음은 거의 그 즉시 예수의 안식일 행위뿐만 아니라 '인자'가 '안식일의 주인'이라는 예수의 주장도 강조함으로써 이야기를 이어 나간다. 물론 우리는 하나님 나라가 이미 도래했으니 이정표는 이제 쓸모가 없다고 생각한다. 우리는 종로 한복판에 서울을 가리키는 이정표를 세워 두지 않는다. 예수**의** 굉장한 새 메시지와 예수**에 관한** 굉장한 새 메시지, 이 모두와 일치하는 적절한 지점은 하늘과 땅 **우주론**에 대한 유대교의 추정, 종말이 현재에 예견되어 있다고 보는 **종말론**에 관한 유대교의 추정, 그리고 인간, 특히 왕이 지혜롭고, 주권적이며, 자기 해석적 행위를 통해 하나님을 세상에 반영한다는 **인류학**에 관한 유대교의 추정이다. 이것은 예수의 비유 못지않게 예수의 수난 기사에도 적용된다.

이러한 종류의 해석—나는 이 해석을 하나의 제안으로 제기할 뿐 확정된 결론으로 제시하지 않는다―에 직면한 당신은 한 번 더 레싱을 떠올리며 이러한 신화적 진리들이 우발적인 역사적 사건들에 매여 있을 필요가 없다고 말하고 싶을 것이다. 그렇다면 이 해석은 전체 논쟁을 위협하는 것처럼 보일 수 있다. 뱀-사다리 게임의 게임판(뱀은 불운, 사다리는 행운을 가리키는 보드게임―편집자주) 끝에서 기다리며 웃고 있는 뱀처럼 말이다. 어쩌면 마가는 사건 없이 해석을 제공하고 있는지도 모른다. 그러나 창조와 새 창조의 이야기는 우리를 목적지로 인도한다. 마가가 전하는 모든 이야기의 요점은 요한이나 바울의 요점과 마찬가지로 창조와 새 창조의 이야기가 현실 세계에서 발생하는 실제 일과 관련이 있다는 것이다. 그 이야기는 이상주의자의 몽상이 아니다. 고대나 근대를 불문―마치 여기에 중립이 존재하는 것처럼―하고 이질적인 철학의 틀 안에서 이러한 이야기들에 접근하는 것은 부주의한 처사다. 예수에 관한 신약의 주장과, 이스라엘의 하나님이 예수 안에서 그리고 예수를 통해 성취하고 계시던 것에 관한 신약의 주장은 그 의미 그대로의 의미다. 그것의 참된 의미는 다른 어떤 틀, 특히 모든 '고대' 세계관을 상대화한 것이 새로 입증된 '근대' 세계관이라도 되는 것처럼 간주하는 에피쿠로스주의의 근대적 '발견'이라는 틀 안에서 발견되지 않는다. 그것의 참된 의미는 예수와 그의 첫 추종자들이 살았던 견고하고 복잡한 그러나 일관된 세상 안에서 발견된다. 예를 들어, 실패한 '세계의 종말'의 희망에 대한 관념을 선택하거나 그것을 신칸트적 이상주의 및 하이데거의 실존주의 혼합 안으로 비신화화함으로써 이것을 피하려는 시도들은 돌고래 한 마리를 들판에 풀어 놓고 그것이 풀을 뜯어먹는지 확인하려는 것과도 같다. 마가는 처음부터 예수를 참된 왕, 참된 인간, 새 창조 프로젝트의 모든 원수를 무찌르고 하늘에서처럼 이 땅에서도 이스라엘 하나님의 거룩한 처소를 세우며 끝없는 위대한 안식일을 개시하신 존재로 보도한다. 모든 '-론들'(-ologies)―기독론, 성령론, 구원론, 종말론 등등―은 이러한 세계관, 이러한 공간과 시간과 왕다운 인간의 소명 안에서 그것이 의미하는 바를 의미한다. 때로 철학자들은 성경에 여러 다양한 우주론이 등장하기 때문에 그것들을 사용할 수 있을 뿐만 아니라 자신들이 발견한 다른 우주론들도 사용할 수 있다고 말하면서 자신들이 비성경적인 형이상학적 틀을 사용하는 것에 대해 정당성을 부여한다. 나는 예수와 관련된 사건들을 통해 밝혀진 우주론이 오늘날 신학에 부적절하거나 불충분하다고 확신한다.

한편, 마가복음에서는 예수를 향한 적대가 고조되는데, 마가(그리고 예수 역시)는 이 적대의 고조를 어두운 세력이라는 관점에서 바라본다. 이 어두운 세력은 스스로를 인간의 대적들로 체화하며 심연의 악한 괴물(다니엘서 그리고 이와 비슷한 문헌들에서처럼)로 식별되어야 한다. 베드로조차 '사탄'이라고 책망받을 수 있다면, 이처럼 갑작스럽고 충격적인 하나님의 궁극적 통치의 현현에 완강히 반대하는 적대자들은 얼마나 더 사탄이라고 책망을 받겠는가![58] 바리새인들, 헤롯당원들, 악을 쓰는 악마들, 갈팡질팡하는 제자들, 그리고 궁극적으로 대제사장들과 본디오 빌라도, 이들 모두가 이 범주에 포함된다. 따라서 다음과 같은 여러 지점에서 수수께끼 같은 '인자' 전승이 연상된다. 다니엘 7장은 시편 2편 또는 시편 110편의 판타지 버전으로, 여기서 어둠의 세력들은 서로 결집해 하나님의 백성의 왕이요 대표자인 존재에게 대항하지만 그 존재의 승리로 말미암아 패배한다.[59] 마가는 십자가 사건

---

[58] 복음서에 나오는 이 주제에 대해서는, *Revolution*을 보라.
[59] H. G. May는 'Some Cosmic Connotations', *JBL* 74.1 (1955), pp. 9-21에서 이 연관성을 본다. 그러나 이 연관성이 'P' 전승의 강력한 일신론 안에서 의미가 있음에도 불구하고 그는 이 연관성이 '묵시'에서 '우주적 이원론'을 양산한다고 주장한다(p. 262). 나는 그의 이 주장에 큰 오해의 소지가 있다고 생각한다. *NTPG*, pp. 252-256와 *PFG*, p. 370-371를 보라. 또한, R. R. Wilson, 'Creation and New Creation: The Role of Creation Imagery in the Book of Daniel', in *God Who Creates: Essays in Honor of W. Sibley Towner*, ed. W. P. Brown and S. D. McBride (Grand Rapids: Eerdmans, 2000), pp. 190-203를 보라. Wilson은 p. 202에서 다니엘의 환상이 창조 세계의 회복에 관한 것이지 또 다른 '천상의 영역' 설립에 관한 것이 아니라고 강조한다.

을 왕좌의 관점에서, 예수가 세례받을 때 미리 실행된 우주적 승리의 성취 관점에서, 그리고 **참된 성전의 건립** 관점에서 이해한다. 전반적인 고대 근동 문화 측면에서, 마가의 내러티브는 십자가가 이제 하늘과 땅이 만나게 될 위험한 지점이 될 것이며, 결과적으로 지구랏트, 노아의 방주, 바벨탑, 야곱의 사다리, 광야의 장막, 예수가 상징적 행위와 묵시적 예언을 통해 멸망을 선언했던 예루살렘 성전을 대체할 것임을 암시하는 것일 수 있다. 십자가 처형을 받은 예수는 (십자가에서 죽은 예수는 그 후 죽은 자 가운데서 살아났지만 마가는 십자가를 강조한다) 이제 하늘과 땅이 조우하는 지점이 되고, 오래 기다려 온 승리가 주어지고 이미 시작된 위대한 안식일이 기념되는 지점이 되며, 하나님의 형상을 지닌 자가 창조주를 참되게 반영하는 지점이 된다. 그는 건축자들이 버린 돌이지만 이제는 모퉁잇돌이 된다. 성전-우주론, 안식일-종말론, 메시아 인류학은 이해 가능한 하나의 전체를 형성했다. 이것들이 예수와 성령을 중심으로 재구성되었을 때, 초기 그리스도인들이 알고 있던 것을 새롭게 이해할 수 있게 되었다.

물론 여기서 이 주제를 신약 전체를 통해 추적하는 일은 불가능하다. 다음 장에서 부활을 통해 시작된 새 창조 세계에 집중할 때, 우리는 중요한 몇몇 요점을 다루게 될 것이다. 그러나 현재 주제의 결론으로 넘어가기 전에, 지금까지 간략히 설명한 세계관 내에서 초기 그리스도인들에게 익숙했던 몇몇 방식을 조금 더 자세히 보여 주는 세 가지 핵심 본문들을 살짝 살펴보겠다.

먼저 마태복음 11장을 생각해 보라. 전환 구절인 1절 이후에, 11장은 세례 요한으로 시작하는데, 그는 자신의 제자들을 예수에게 보내어 그가 실제로 '오실 이'(*ho erchomenos*)가 맞는지 물어본다. 예수는 치유의 증거와 이사야 35장의 말씀을 들어 대답한다. 다시 말해, 예수는 새 창조 세계가 바로 여기서, 볼 수 있는 눈이 있는 자들에게 일어나고 있다고 대답한다.[60] 이어서 예수는 군중에게 요한에 관한 퀴즈를 내고 요한이 말라기 3:1에 기록된 인물, 즉 장차 올 메시아를 예비하는 사자라고 선언한다(예수의 이 선언은 출 23:20을 상기시킨다). 그는 '오리라 한 엘리야'(ho mellōn erchesthai)다. 여기에 함축되어 있는 기독론의 주장은 거대하다. 출애굽기와 말라기서에서 앞선 사자, 곧 천사나 엘리야 같은 인물은 이스라엘의 메시아가 오는 길을 예비하지 않았다. 그 인물은 오래 기다려 온 이스라엘 하나님 자신의 도래를 준비하고 있었다. 따라서 만약 세례 요한이 엘리야라면 예수는 야웨 자신일 수밖에 없다. 어찌되었든 장차 오실 왕과 다시 오실 하나님은 동일한 한 분으로 판명되지만, 이는 예수 이전의 유대 사상에서는 예견되어 있지 않은 것으로 보인다.

마태복음 11장은 다른 방향으로 전개되는 것처럼 보일 수 있다. 왜냐하면 예수가 자신이 그토록 많은 사역을 했음에도 그 어떤 반응이나 회개가 없었던 마을들을 엄숙히 비난하기 때문이다(16-24절). 그러나 우리가 이 구절에 함축된 성전과 안식일을 염두에 두고 왕의 즉위라는 보다 큰 이야기 측면에서 생각해 본다면, 이 구절은 시편 2편, 110편, 다니엘 7장에서처럼 '원수들'에 대한 맹렬한 비난의 일부로 이해될 수 있다. 이러한 이해가 옳건 그르건, 마태복음 11장은 보다 큰 질문인 예수의 정체성 및 사역으로 돌아간다. 예수는 하나님 아버지가 '이것을' 지혜롭고 슬기로운 사람들에게는 '숨기시고' 어린아이들에게 나타내신 것에 대해 감사하며 기도한다. 그리고 그는 자신이 시작하는 새로운 세상 안에 **새로운 유형의 깨달음**이 존재한다고 선언하는데, 이 새로운 세상에서 하나님은 백성들이 '아들을 알 수 있게'

---

60 T. Friedman은 'The Sabbath', pp. 446-447에서 사 35장의 메시아적 치유 예언이 타락 이전의 인간 상태로 회복되는 것과 관련이 있다고 제안한다. 몇몇 랍비들과 사람들은 이 제안처럼 생각했을 가능성이 있다. 마치 처음으로 돌아가야 하는 것이 구원의 요점인 양 타락 이전 상태로 돌아간다는 관념이 신약에 등장하고 있지는 않지만 말이다.

하시고, 아들은 사람들이 하나님 아버지를 알 수 있게 한다. 그렇다면 예수가 세례 요한에게 준 답변은 **여명을 분별**하면서 옛것 가운데 발생하는 새 창조 세계를 인지하는 것에 관한 것이다. 그것은 사람들이 **현 세상, 즉 공간, 시간, 물질의 세상에서 일어나는 사건을 바라보고 그 안에서 여명의 빛을 볼 수 있게 되는** 방법에 관한 것이다.

  (a) 상황을 '알 수 있게 된' 사람들과 (b) 같은 상황을 외부의 도움 없이 '알 수 있는' 사람들을 구별하면서, '자연신학'이라는 근대의 엄격한 문지기가 설정해 놓은 규칙들과 내가 결별한 것처럼 보일지도 모른다. 다음 장에서 논하겠지만, 내 논의는 다른 방향으로 흘러갈 수 있다. 우리는 앞서 지난 2세기 또는 3세기 동안 '자연신학'이 추구되어 온 방식을 변화 불가의 고착된 출발점으로 간주하지 말아야 한다고 경고했다. 자연신학은 그것이 기능적 무신론을 부추기는 근대적 압박에 최선을 다해 저항하고 있던 시점에서도 계몽주의 제안에 의해 형성되었고 왜곡되었다. 그러한 암묵적 에피쿠로스주의 원칙에 따라 작동하면서 '자연신학'은 때로 일종의 선험적 혹은 철학적 직관으로부터 스스로 작동할 수 있다고 가정했을 수 있다. 예수를 하나님을 드러내는 존재로 '볼' 수 있게 해 주는 소급적 계시의 적절하면서도 반드시 필요한 자리를 인정하지 않은 채 말이다. 그러한 인식론은 소급적이라는 점에서 '자연적'이다. 다음 장에서 논하겠지만, 부활의 요점 중 하나는 완전히 새로운 공적 세계와 완전히 새롭고 참된 '본성'이 열리는 것이지 새로운 사적 세계로의 초대가 아니다. 새날의 여명으로 우리는 새로운 빛 안에서 현 세대를 이해할 수 있게 된다. 근대 '자연신학'의 전통은 기껏해야 더 복잡하고, 궁극적으로 더 재미있으며 유익한 일련의 질문을 가리키는 몸짓으로 보아야 한다. 예수 자신으로부터 (먼저 '하나님'에 관한 것을 다룬 후 '예수'라는 인물을 그 그림에 억지로 끼워 넣는 대신) 시작하면 이러한 질문들은 마음의 갈망과 생각의 탐구에 답할 수 있을 것이다. 질문을 답하는 과정에서 마

음과 생각이 변화되고, 질문과 갈망이 소급적으로 입증될 것이다. 그리하여 갈망과 질문이 무의미한 창조―이제는 쓸모없고 폐기되어야 하는―의 일부가 아니라 그 안에 상당히 다른 무언가가 나타난, **지금은 그 자체로 확인된 좋은 창조의 일부**라고 결론지을 수 있을 것이다.

이 동터 오는 날은 새롭고 참된 안식일이다. '내 멍에를 집어 들어 메'라(마 11:29)는 예수의 초대는 '율법의 멍에' 측면에서 일반적으로 해석되어 왔다. 비록 이러한 해석이 중요하지만, 여기서의 근본 요점을 놓쳐서는 안 된다. 그는 '내가 너희를 쉬게 해 주겠다!'고 말한다(11:28). 이 말의 문자적 의미는, '내가 너에게 쉼을 줄 것이다'(*kagō anapausō hymas*)이다. 다시 말해, 예수는 사람들에게 그 이전의 길고 힘든 노동의 날들과 대조되는 참되고 궁극적인 안식일을 주실 것이다. 출애굽기 33:14의 약속된 '쉼'을 가리키는 이 반향은 깊은 의미를 갖고 있다. 다시 말해, 하나님이 모세에게 이 쉼을 약속하시므로, 무슨 일이 있어도 하나님의 거룩한 임재는 이스라엘 백성과 함께하고 그들을 약속의 땅에 정착시킬 것이다.[61] 따라서 예수의 메시아 역할이 드러난다. 즉, 그의 '멍에'는 '쉽다'는 것이다. 여기서 '쉽다'에 해당하는 그리스어는 크레스토스(*chrēstos*)로, 발음상으로는 '기름 부음 받은'을 의미하는 그리스어 크리스토스(*christos*)와 구별이 안 될 수도 있다. 마태는 우리가 이러한 안식일 해석이 과장된 것이라고 생각하지 않도록 다음 장에서 안식일 관련 논쟁을 제시하는데, 이 논쟁의 쟁점은 예수의 정체성이 다윗 계통의 메시아인지에 관한 것이다. 그리고 (마귀들의 왕자와 벌이는) 실제 전투가 그 정

---

61   예를 들어, 다음의 연구들을 보라. W. D. Davies and D. C. Allison, *A Critical and Exegetical Commentary on the Gospel according to Saint Matthew*, vol. 2 (Edinburgh: T&T Clark, 1991), pp. 288-289를 보라. 여기서 이 두 저자는 다양한 1차 및 2차 문헌을 인용한다. Lincoln, 'Sabbath, Rest and Eschatology in the New Testament', in Carson, ed., *From Sabbath to Lord's Day*, p. 202; S. Bacchiocchi, 'Matthew 11:28-30: Jesus' Rest and the Sabbath', *Andrews University Seminary Studies* 22.3 (Autumn 1984), pp. 289-316, 특히 pp. 299-300.

체를 드러낸다. 결국 인자는 안식일의 주인이다(12:8). 이 모든 내용은 우리가 앞서 서술한 우주론 및 종말론 내에서 제대로 이해된다.

성전의 우주론적 의의와 더불어 안식일의 종말론적 의미를 파악하고 나면, 요한복음을 비롯한 다른 곳에서의 유사 논쟁들도 이해가 되기 시작한다.[62] 이것들은 요한이 창조 세계와 새 창조 세계에 대해, 그리고 성전처럼 창조의 한가운데서 창조주의 거룩한 임재를 구현하는 예수에 대해 선언한 내용의 일부다. 예수는 역사적 사건의 불명예스러운 특수성 내에서 실제 공간, 시간, 물질에 성부 아버지를 계시하고, 안식일처럼 옛 창조가 규칙적으로 지속되는 동안에도 새 창조 세계를 현재의 실재로 개시한다. 이것들은 우리가 이 책 첫 번째 장과 두 번째 장에서 연구한 근대주의 세계관과 후기 근대주의 세계관에서 처음부터 배제되어 있는 선택지들이다. 이제 우리는 적어도 일부 고대 유대인들에게 알려져 있던, 그리고 예수와 그의 첫 추종자들에 의해 명확히 복구되었던 우주론 및 종말론의 역사적 재구성에 힘입어 어떤 종류의 주장들이 실제로 제기되고 있는지 확인해 볼 수 있다. 건축자들이 버린 돌이 가장 중요한 모퉁잇돌로 사용될 수 있다.

이 논의와 확실히 연관 지을 수 있는 본문은 한편으로 에베소서와 골로새서가 있고, 다른 한편으로는 히브리서가 있다. 에베소서의 성전 신학은 에베소서 본문에 적시되어 있다. 하나님의 계획은 하늘과 땅의 모든 것들을 메시아 안에서 언제나 통일되게 하시는 것이었다(1:10). 이는 '때가 찬 경륜', 즉 위대한 안식 순간을 위한 신성한 계획이었다. 이 계획은 하나님 보좌 우편에 위치한 예수의 왕좌에서(1:15-23) 전개되어 성령 안에서 유대인과 이방인이 한 가족을 이루는 새 성전의 창조를 가져온다(2:11-22). 따라서 일치

---

62 Lincoln, 'Sabbath, Rest and Eschatology in the New Testament', in Carson, ed., *From Sabbath to Lord's Day*, pp. 202-205.

와 거룩은 필수적이다(4장과 5장). 어둠의 권세는 반격할 것이다. 그러나 우리는 이제 이 어둠의 권세를 이길 수 있다(6:10-20). 골로새서 1:15-20의 위대한 시에서, 창조와 성전이라는 상호 해석적 주제들이 메시아적 핵심 요소로 다시 언급되고 있다. 메시아는 만물이 그 안에서, 그를 통해, 그를 위해 만들어진 존재이며(1:15-18a), 지금은 새로운 창조 세계가 그를 통해 탄생한다. 왜냐하면 그 안에서 하나님의 충만함이 기쁨으로 거하셨기 때문이다(1:18b-20, 특히 19절).[63]

이 주제들을 가장 명확히 표명하는 것은 아마도 히브리서일 것이다. 예수는 시편 8편에 부합하는 참인간이고(2:5-9), '쉼'을 주신다는 하나님의 약속을 성취한 자다. 여기서 쉼이란 미래 시점인 지금까지 남아 있는 위대한 '안식'을 의미한다(2:7-4:13; 핵심 부분은 4:9-10). 그는 또한 왕이면서 동시에 대제사장으로, 시편 2편 다윗의 약속과 시편 110편 '멜기세덱'의 약속 모두를 성취하고 자신의 피를 하늘 장막에 제시함으로써 하늘과 땅의 결합을 가져온다.[64] 그 결과 예레미야가 약속한 '새 언약'이 세워지는데, 이 새 제도 안에서 레위기의 제의들은 시편 40편의 지적처럼 쓸모없는 것이 되어 버린다(8:7-10:18). 결국 예수에게 속해 그를 신실히 따르는 자들은 하늘 성소로 영접받게 된다(12:18-24).

신약의 이 모든 놀라운 증거는 내가 간략히 나열했던 것과 같은 사상들이 제2성전기에 알려져 있었다는 주장의 일부를 구성한다. 다른 큰 주제들과 마찬가지로, 우리는 '모든 유대인'이 이것 또는 저것을 '믿었다'고 주장해서는 안 된다. 그러나 초기 기독교의 증거—비록 유대 세계의 몇몇 부류만이 성전-우주론 및 안식일-종말론을 생각했을지라도—에 따르면, 이러한

---

[63] 골로새서의 기독론에 관해서는, *PFG*, pp. 670-677를 보라.
[64] D. M. Moffitt, *Atonement and the Logic of Resurrection in the Epistle to the Hebrews* (Leiden: Brill, 2013)을 보라.

사상들의 활용과 이해가 가능했으며, 이러한 사상들은 초기 그리스도인들이 예수와 성령을 재고하면서 마음속에 그렸던 새로운 의미가 되었을 것이다. 우리가 보았듯이 급진적 혁신이 일어났지만, 예수 시대의 그 누구도 이런 생각을 하지 않았다고 주장하는 것은 이상하게 들릴 것이다. 그리고 예수의 죽음 및 부활, 곧 하나님 나라를 가져오는 메시아적 사건과 함께 창세기, 출애굽기, 시편, 예언서들의 충분한 울림이 복잡하게 맞물려 있는 성전-창조 신학 전체와 안식일 중심의 종말론 전체가 아무런 선례 없이 갑자기 생겨났다고 주장하는 것도 이상하게 들릴 것이다. 물론, 예수와 그의 첫 추종자들은 성경에서 다른 이들이 찾지 못했던 내용들을 찾았던 것으로 보인다(비록 우리가 갖고 있는 증거가 빈약해 이러한 말을 할 때는 주의를 기울여야 하지만 말이다. 그러나 고고학자의 발견에 의해 이전에 의심하지 않았던 증거들이 더 발견될 가능성이 농후하다). 그러나 모든 징후는 그것들이 견줄 수 없거나 선례가 없는 방식으로 당시에 이미 존재했던 성경 주제와 사상에 주목했다기보다는, 그러한 성경 주제와 사상에 새롭게 집중하고 있었음을 가리킨다.[65]

이런 방식으로 예수에 대한 기독교적 평가에 접근하는 것과 3세기 또는 4세기 교부들에게서 발견하는 내용 사이에는 물론 극명한 차이가 존재한다. 소위 성전-우주론과 안식일-종말론에 내재되어 있는 세계관, 사고 형태, 암묵적 이야기는 이후 교회에 의해 거부된 것이 아니라 단순히 제대로 이해되지 않은 것으로 보인다. 성경의 여러 곡조가 각기 다른 반향실에서 연주되었고 그 결과 다양한 공명이 발생한 것이다.

3-4세기의 상황이 그랬다면, 중세 시대와 소위 역사적 주해라 불리는 방법론이 등장한 18-19세기에는 얼마나 더 그랬겠는가? 한편으로 중세의 아

---

[65] 진정한 혁신을 보여 주는 예에는 마 1:23에 사용된 사 7:14과 롬 1:3-4에 사용된 삼하 7:12이 포함될 수 있다. 우리가 아는 한, 초기 그리스도인들 이전에 사 7:14을 처녀 잉태의 예언으로 본 사람이 없었고, 삼하 7:12을 '다윗 자손'의 부활 예언으로 본 사람도 없었다.

리스토텔레스주의 영향하에서, 다른 한편으로 계몽주의와 함께 등장한 에피쿠로스주의 영향하에서 성전이 하늘과 땅이 조우하게 될 장소라는 개념을 이해하기란 분명 어려웠을 것이다. '이 세대'와 '오는 세대'—안식일에 예견되어 있으며 예수를 통한 새 창조의 시작에서 실현되는—에 대한 개념은 두 배로 믿기 힘들었을 것이다. 첫째, 2장과 4장에서 보았듯이, 이러한 개념들은 '하늘'과 '땅'을 양립불가의 상극으로 보는 에피쿠로스주의적 세계관에서는 말도 안 되는 것이었다. 새 창조 세계는 옛 창조 세계의 완전한 멸절을 의미할 뿐이었다. 둘째, 1장에서 보았듯이, 예수 안에서 새 창조 세계가 단번에 탄생했다는 주장은 세상이 데카르트, 칸트, 루소, 볼테르, 제퍼슨, 헤겔, 쇼펜하우어, 마르크스를 통해 마침내 위대한 국면을 맞이하게 되었다는 계몽주의의 신념과 정면으로 맞서게 되었다. 마지막으로, 인간이 양방향 반사체로서 신의 형상을 창조 세계에 투사하면서 그 신 앞에 창조 세계의 찬양을 집약적으로 나타낸다는 제안은 인간을 단순한 우연의 산물로 보는 엄격한 에피쿠로스주의자들에게, 또는 인간의 상태가 마침내 정점에 도달했다고 가정하는 '진화론자들'에게 말도 안 되는 것이었다.

따라서 나름의 우주론과 종말론을 양산했고, 한편으로 합리주의적 귀납법이라는 경쟁 관계의 인식론에 의존하면서 다른 한편으로 이상주의적 직관에 의존했던 강력한 계몽주의 의제는 초기 기독교의 주장을 거부할 수밖에 없었다. 이 강력한 계몽주의 의제는 기독교 변증가들로 하여금 '자연신학'이라는 게임을 그것에게 유리한 조건과 규칙 그리고 잣대 아래에서 하도록 요청했는데, 이 요청은 절대로 좋게 끝날 리 없다. 그러나 계몽주의의 치명적 약점은 언제나 '역사'에 대한 호소였다. 나는 많은 이들과 달리 이러한 도전을 거부하는 대신, 사랑에 대한 비판적 현실주의 인식론을 역사적 질문들에 적용함으로써 얻은 참된 지식을 통해 이러한 도전이 새롭게 조명받아야 한다고 주장한다. 1세기의 성전-우주론, 안식일-종말론, 형상-인류학은 결국 우리 '근대인들'이 거부해야 하는 '고대' 세계관이 아니다. 그것들은 현재 기승을 부리고 있는 에피쿠로스주의가 최선을 다해 배격하려 하고, 이제는 새롭게 생각해 볼 필요가 있는 비에피쿠로스주의적 세계관이다. 우리는 신학의 주요 질문들을 고려하기 위한 보다 나은 틀을 세우기 위해 그것들에게 기회를 주어야 한다.

물론 이러한 고대 이스라엘, 유대교, 초기 기독교 세계관—하늘과 땅이 겹치는 우주론, 이 세대와 오는 세대가 겹치는 종말론, 형상 소지자로서의 인간에 대한 양방향 인류학에 초점을 맞춘—은 그 자체로 다음과 같은 질문을 제기한다. 우리는 이 세계관들을 어떻게 판단할 수 있는가? 위대한 이야기들을 이러한 방식으로 생각하고 말하는 것은 타당한가? 바로 이 지점에서 초기 기독교의 주장이 역량을 발휘한다. 다시 말해, 성경적 우주론과 종말론은 더 이상 '개별적'으로 존재하지 않는다. 그것들은 인간의 형태를 지닌 존재 안에서 나타났다. 그리고 그것들은 하나님 나라를 선언했고, 성전과 군림하던 대제사장에 맞섰으며, 미래의 왕으로서 사형을 당한 형상 소지자 안에서 나타났다. 하늘과 땅의 조우, 현재와 미래의 연결은 역사적·가시적 형태로 드러났지만, 이러한 조우와 연결의 '가시성'은 하나님 나라를 개시한 예수의 공생애에 관한 전체 이야기와 이 이야기의 예상치 못한 절정을 보고 깨닫는 것에 달려 있다. 첫 그리스도인들은 종말론이 예수라는 존재 안에서 탄생했다고 말한다. 우리도 이 종말론을 알고 있다. 왜냐하면 우리가 예수를 볼 때, 우리는 옛것을 이해하는 방식으로 그리고 그것이 제기한 질문을 이해하는 방식으로 새날의 여명을 분별하기 때문이다. 그들은 새 창조가 예수 안에서 그리고 예수를 통해 이미 개시되었다고 주장한다. 그들이 이 사실을 아는 것은 그들이 예수에 대해 알고 있으며—반대되는 편견에도 불구하고 그들은 우리가 스스로 조사하도록 초대한다—그들이 '새 성전'으로서의 삶을 살면서 이 사실이 참되다는 것을 발견했기 때문이다. 그들은 단순히 특정 우주론, 종말론, 인류학을 가정한 다음 예수를 이것들 사이에 위치시키지 않는다. 그것들이 제시하는 예수는 그가 의미하는 것을 폭발적인 존재로 만드는 예수며, 이 존재는 **그것들이** 회고적인 '의미'를 갖게 한다. 당혹해하며 엠마오로 가고 있는 두 제자에게 예수가 설명했던 것처럼, 구약을 뒤돌아보면 이 모든 것은 잘 들어맞는다. 비록 아무도 전에는 이것을 이처럼 보지 못했지만 말이다. 이스라엘의 우주론, 종말론, 인류학을 뒤돌아볼 때도 마찬가지다. 나는 모든 종류의 인간이 '자연' 세계에서 분별한 질문과 조언을 뒤돌아볼 때도 마찬가지라고 제안한다.

   이 모든 것이 무엇을 의미하는지, 그리고 그 의미가 어떻게 신학의 과제, 특히 '자연신학'의 과제를 재구성하는지가 나머지 세 장의 주제가 될 것이다.

6장

새 창조 세계

부활과 인식론

도입

'사랑은 부활을 믿는다.'[1] 루트비히 비트겐슈타인의 유명한 이 말은 이번 장의 목표와 문제를 동시에 제시한다. 우리는 비트겐슈타인의 청중이 그들의 눈동자를 굴리며 이 말을 심오한 역설의 대가가 던지는 또 다른 명상적 선문답이 아닌지 궁금해하고 또 그의 '사랑', '부활', '믿는다'가 정확히 무엇을 의미하는지 궁금해하는 모습을 상상해 볼 수 있다. 나는 비트겐슈타인이 자신의 이 말을 자세히 설명한 적이 있는지 모른다. 그의 이 말은 그의 저술한 가운데 갑자기 튀어나온 것처럼 보인다. 아버지나 어머니, 그리고 그 어떤 반차에 대한 언급 없이 갑자기 등장하는 멜기세덱처럼 말이다. 앞으로 살펴보겠지만, 그의 이 말은 적절하기도 한데, 이 적절함은 주제를 제대로

---

[1] L. Wittgenstein, *Culture and Value: A Selection from the Posthumous Remains*, ed. G. H. von Wright et al., trans. P. Winch [Oxford: Blackwell, 1998 (1970)], p. 39.

가리킨다. 예수의 부활은 초기 기독교 문헌에 연재물이나 이해 가능한 큰 전체에 속한 이해 가능한 한 부분으로 제시되어 있지 않고, 부활이 가져온 세계 안에서 있는 그대로, 원래 의미 그대로, 알려진 그대로 제시되어 있다. 부활은 부활의 세상을 가져온다. 예수의 부활은 신약에서 보다 구체적으로 그 자체의 존재론과 인식론을 가져오는 사건으로 제시되며, 우리가 앞 장에서 보았던 고대 우주론, 종말론, 인류학을 되살리며 방향을 재설정하는 역할을 한다. 그러나 비트겐슈타인은 '믿음의 확신'과 '추측하는 지성'을, 그리고 '영혼'과 '추상적 이성'을 날카롭게 구별하면서 자신의 주장을 형성한다. 바로 이 지점에서 나는 그의 유명한 말을 인용하지만, 그의 주장에는 동의하지 않는다. 나는 '사랑은 부활을 믿는다'고 주장한다. 왜냐하면 사랑은 특정 역사 지식을 회피하지 않는 가장 완전한 형태의 지식이고, 부활은 가장 완전한 형태의 사건으로서 무작위적 '사실'뿐만 아니라 의미와 힘을 전달하기 때문이다.

'사랑'을 궁극적인 지식의 형태로 말할 때 생기는 문제는 물론 이러한 생각의 흐름이 '자연신학'이 벗어나야 한다고 일반적으로 여겨지는 그 지점으로 되돌아가는 것처럼 보인다는 점이다. 사랑이 특별한 간청 중에서도 최악이자 '사적 지식'에 대한 가장 노골적인 고백 그리고 평범한 현실에서 구할 수 없는 완전한 주관성처럼 들리지 않는가? 좌뇌가 발달한 냉철한 합리주의자에게 '사랑'은 모든 것을 장밋빛으로 물들이며 행복을 느끼게 해 주는 포근하고 낭만적인 것인 동시에 비현실적인 것이다. 그러나 내가 앞서 논했듯이 '사랑'에 대한 이러한 인지는 서구 문화가 지닌 주요 문제를 나타낸다. 서구 문화 내에서 '자연신학'이라는 질문, 그리고 이 질문과 분리되는 것을 거부하는 예수와 역사에 대한 질문들이 지난 200년 동안 형성되어 왔다.

이 문화적 형성은 실제적인 학문과 관계가 없다. 그것은 암묵적 에피쿠로스주의 내에서 제기되는 질문들을 통해 형성되는데, 이 암묵적 에피쿠로스주의는 때로 이상주의의 형태를 띤다. 이 암묵적 에피쿠로스가 자아내는 분위기 속에서 '사랑'은 무시된다. 왜냐하면 에피쿠로스주의 측면에서 사랑은 세상을 향한 매우 합리적인 접근에 방해가 되고, 이상주의 측면에서 사랑은 시공간적인 사건이 발생하는 하위 세계가 아닌 이상이라는 상위 세계에 속하기 때문이다. 사랑은 레싱이 말한 추한 도랑의 잘못된 측면으로 우리를 데려간다. 사랑은 파우스트(Faust)나 바그너의 알베리히처럼 우리의 문화가 과학, 기술, 제국이라는 세계를 지배하기 위해 반드시 거부해야 하는 자질이다.

이러한 예는 어둡고 중요한 이야기를 전달한다. 서구 문화에서 특권을 누리고 있는 '지식' 모델은 분명 좌뇌에 초점을 맞추고 있는데, 이는 뇌 과학자이자 문화 평론가인 이언 맥길크리스트의 획기적인 저서 『주인과 심부름꾼』(*The Master and His Emissary*)에서 훌륭하게 논해진다.[2] 그러나 이 지식 모델은 또한 **지배적** 인식론(controlling epistemology), 곧 힘을 추종하는 '앎'을 얻으려 한다(이에 대한 이유도 동일할 것이다). 니체와 푸코(Foucault)는 진정으로 무언가를 하고 있었다. 비록 그들의 비평이 문화를 지배했던 앎의 모델 안에서 적절한 대상을 하나 찾은 것에 불과하지만 말이다. 힘을 부여하는 특정 종류의 지식에 대한 열망은 장차 올 하나님 나라에서 예수의 오른편과 왼편에 앉기를 원하는 야고보와 요한의 요구(막 10:35-45)와 비슷하다. 예수의 반응은 힘을 사랑하는 그들을 사랑의 능력을 추구하는 자들로 바꾸는 것이다. 예수는 다른 종류의 왕국을 가져왔으며, 여기에 '인자가 온 것은 자기 목숨을 많은 사람을 위한 몸값으로 지불하기 위함'이다.

우리는 유사한 전위를 통해 로마서 8장에 대한 '인식론적' 해석 — 롬

---

[2] McGilchrist, *Master and His Emissary*. 뇌 과학자들은 아직도 좌뇌와 우뇌의 문제에 대해 연구 중에 있지만, McGilchrist의 분석은 내가 알고 있는 학문 분야에서 큰 의미가 있다.

8:5-8의 '육신의 생각'(*phronema tes sarkos*)과 '영의 생각'(*phronema tou pneumatos*)이라는 개념과 일치하는—을 제안할 수 있다. 로마서의 이 구절들을 단순히 윤리적 행위 측면에서 이해하는 것은 매우 쉬울 것이다. 비록 바울이 '육' 또는 '영'을 따르는 '삶'에 대해 말한 후 '몸의 행실을 죽이'는 것에 대해 말하고 있지만 말이다. 그러나 나의 요점은 적어도 유명한 고린도후서 5:16('우리는 그 누구도 한낱 인간의 관점에서 보지 않습니다')의 이해와 일치하는 것으로 바울이 새로운 유형의 앎을 옹호하고 있다는 것이다. 몇몇 사람들은 이것이 일종의 '묵시적' 앎으로 '일반적' 지식 유형을 실제적으로 상쇄하는 새로운 계시를 의미한다고 제안한다. 그러나 이것은 에피쿠로스주의의 이분법에 또 다시 굴복하는 것이다. 예상되는 것은 완전히 새로운 방식의 앎이다. 그러나 창조 질서와 인간의 육체적 **구속**과 관련된 고린도후서 5장의 더 큰 맥락은 이 새로운 계시가 일반적 지식을 배제하지 않고, 오히려 일반적 지식에 새로운 관점을 제공함으로써 일반적 지식을 새로운 의미 차원으로 향상시키고 있음을 가리킨다. 이 전체 본문(고후 2:14-6:13)에서 바울의 주장은 예수의 부활과 그의 백성에게 약속된 부활에 초점을 맞추면서 딱 봐도 혼란스럽고 모호한 사도적 삶을 하나님의 목적이라는 더 큰 비전에 정확히 끼워 맞추는 것이다.[3] 부활은 현재 상황을 무시하면서 완전히 다른 종류의 현실을 제공한다기보다 현재 상황을 **해석**한다.

서구 문화의 이분법적 세계관이 지닌 교활하고 강력한 효과는 내가 지금까지 이 책에서 천천히 측면 전략을 시도한 이유다. 나는 하늘과 땅을 분리하고, 시간을 나누며, 인간을 무작위적이고 무의미한 존재로 보는 에피쿠로스주의의 특징을 통해 우리가 추정하는 에피쿠로스주의를 살펴보고자 애썼다. 나는 다른 방식이 있을 수 있다고 제안했는데, 곧 유대교와 기독교의

---

[3] 특히 고후 4:1-6; 5:1-10; (사 49:8이 인용된) 6:2을 보라.

방식으로 공간, 시간, 인간을 이해하는 것이다. 이러한 종류의 제안에 대해 우리가 기대할 수 있는 것은 그것이 '비판적인 근대 세계에서 용납될 수 없으며' 단순 위장막에 불과하다는 반사적인 반응이다. 에피쿠로스주의에는 그 어떤 '근대적 요소'도 존재하지 않는다. 구식의 초기 유대교 및 기독교 세계관은 미래 세계에 침투하는 새 창조의 메시지를 막기 위한 수사적 위협 전술로 사용될 수 없다. 다시 한번 말하지만, 중요한 것은 역사다. 여기서 말하는 역사란 역사주의나 환원주의가 아닌, 증거에 대한 끈기 있는 관심, 가설에 기반한 추론적 논문, 내러티브 제안을 통한 검증을 의미한다. 그렇다고 우리가 사용할 수 있는 도구에 역사만 있는 것은 아니다. 그러나 내가 3장에서도 논했듯이, 역사는 걸림돌을 제거하고 왜곡을 해체하며 토론의 향방을 바꾸는 데 매우 유용하다. 바로 이 지점이 우리의 논의가 시작해야 할 곳이다.

그래서 우리는 다시 한번 **무비판적 현실주의**(실증주의)와 대비되는 '**비판적 현실주의**'(critical realism)에 대해 이야기하는데, 무비판적 현실주의는 그것이 지닌 편견을 무시하면서 그것이 '사실'과 일종의 '지식'을 가져올 수 있다고 가정한다. 여기서 지식은 야고보와 요한에게로 거슬러 올라가는 자기 확대 프로젝트를 의미한다. 우리는 또한 회의론자들의 비판적 **비**현실주의에도 반대하는데, 그들은 다른 이들의 권력 게임을 경계하며 그 어떤 증거도 거부한다. 3장에 기술된 일반적 '사랑의 인식론'(증거가 그 자체로 존재해야 하며, 자신의 이전 추측이나 공상에 들어맞도록 왜곡되어서는 안 된다는 열망)과 더불어 작동하는 진정한 '비판적 현실주의'는 근본적으로 새로운 것, 토머스 쿤(Thomas Kuhn)의 유명한 작품에서처럼 완전한 '패러다임의 전환'(paradigm shift)을 요구하는 것에 항상 열려 있을 것이다.[4] 이는 모든 종류의 진지한 연

---

4 T. Kuhn, *The Structure of Scientific Revolutions*, 2nd edn. [Chicago: University of

구에서 반복적으로 발생한다. 나는 나의 전문 영역인 바울의 '새 관점'과 예수에 대한 '세 번째 탐구'에서 이러한 전환을 두 번 겪었는데, 이 두 주제 모두 상당히 잘못 이해되고 있지만 여전히 중요하다.[5] 그러나 바로 이 지점에서 새로운 가능성이 열린다. 우리는 이 장 후반부에서 이 새로운 가능성으로 돌아올 것이다. 새 증거가 주도하는 새 패러다임이 사랑의 계시에 관한 것이라면 어떻겠는가? 만약 그렇다면 '사랑의 인식론'은 이중 의미를 갖게 되는데, (적어도 이 책에서) 사랑의 인식론은 '알려진 것이 지닌 뚜렷한 타자성을 기쁨으로 매우 진지하게 받아들이는 앎의 유형'을 간략히 나타내는 표현이다. 일반적인 비판적 현실주의 명령은 다른 유형으로 초월되고, 해석되고, 전환될 것이다. 나는 이러한 현상이 예수의 부활과 더불어 발생한다고 주장한다. 바로 이 점이 내가 부활이 특유의 존재론과 인식론을 가져온다고 말할 때 의미하는 것이다. 부활이 가져오는 존재론과 인식론은 사적 또는 '순전히 주관적인' 관념이나 이해라는 환상의 세계로 빠질 위험이 없다. 예수의 부활이 열어 놓은 세계는 새로운 형태의 **실제** 세계다. 다시 말해, 이 실제 세계는 옛 세계를 재맥락화하고 재해석하는 새로운 창조 세계다.

부활과 그에 따르는 대체 인식론에 관한 이 모든 이야기는 다른 철학적 패러다임, 특히 서구 문화의 지배적인 틀 안에서 불분명하거나 더 나쁘게 보일 수 있다. 바울은 복음이 그리스인들에게는 어리석은 것이요 유대인들에게는 수치스러운 것이라고 선언했다. 우리는 그의 이 선언을 다음과 같이 확장시킬 수 있다. 부활은 에피쿠로스주의자에게는 불가능하고, 플라톤주의자에게는 바람직하지 못하고, 이신론자에게는 불필요하고, 범신론자에

Chicago Press, 1970 (1962)].

5   '새 관점'에 대해서는, *PRI*, chs. 3, 4, 5을 보라. '세 번째 탐구'에 대해서는 *JVG*, ch. 3을 보라. 나는 보다 자전적인 접근법을 내 소논문인, *Jesus, Paul and the People of God: A Theological Dialogue with N. T. Wright*, ed. N. Perrin and R. B. Hays (Downers Grove, Ill.: IVP Academic, 2011)에서 설명했다.

게는 의미가 없으며, 황제에게는 두려운 것이다.[6] 그러나 우리가 앞 장에서 다룬 세계—성전-우주론, 안식일-종말론, 형상-소지 인류학으로 형성된 세계—안에서 십자가에 못 박힌 메시아의 부활은 새롭고 위대한 안식일이 시작되는 새로운 소우주다. 부활은 새로운 세계가 옛 세계 가운데서 탄생했다는 선언이고 **새로운 세계가 다른 그 무엇과 견줄 수 없는 방식으로 옛 세계를 이해한다**는 선언이다. 이와 동시에 부활은 새 창조 세계의 기초와 틀이 되는 사건으로 현 창조 세계 안에서 매우 이상하지만 사실 이치에 맞는 사건이다. 성전, 안식일, '형상이 반영된' 인류학을 통해 우리는 부활이 어떻게 작용하는지 이해하는 데 도움을 받는다. 비록 그 누구도 부활이 어떻게 작용하는지 직접 본 적이 없지만 말이다. 바로 이곳이 부활의 문제가 자연 신학의 문제를 직접적으로 다루고 있는 곳이다. 우리는 이 책 마지막 두 장에서 이에 대해 다룰 것이다.

오늘날의 회의주의자들과 보수주의자들은 모두 부활을 잘못 이해하고 있다. 왜냐하면 그들이 살아가고 있는 근대 에피쿠로스주의가 이 두 진영의 대립을 무디게 만들어 놓았기 때문이다. 오늘날 대부분의 사람들은 부활에 있어서 고대인들과 그 생각이 일치한다. 즉, 부활이 자연 세계에서 발생하지 않으므로 발생 자체가 불가능하다는 것이다.[7] 부활이 실제 발생한 사건이라고 말하는 변론가는 부활을 설명하기 위해 '초자연적인 것'이라 불리는 무언가를 언급하며 레싱의 추한 도랑을 건너뛴다. 그러나 레싱의 도랑은 여전히 거기에 있다. 설상가상으로 이 건너뜀은 부활을 그 자체의 존재론과 인식론을 가져오는 새로운 실제이자 출발점으로 만들지 않고 '초자연적인 것'

---

6 이와 관련된 황제들에 대해서는 Oscar Wilde의 희곡 〈살로메〉(Salome)가 인용되어 있는 *RSG*, p. 684를 보라. 사망은 독재자의 마지막 무기다. 그러나 부활은 (마카베오 가문 순교자들이 이미 알고 있었던 것처럼) 사망이라는 무기가 더 이상 유효하지 않다는 것을 가리킨다.
7 고대 이교도의 일상적인 거부에 대해서는, *RSG*, ch. 2을 보라.

(그것이 무엇이든 간에)의 한 **예**로 만들어 버린다.

비슷한 우려는 부활을 역사적으로 조사할 때도 제기된다. 신학자들은 우리가 '역사'라 불리는 무언가를 기준으로 격상할 때, 그 역사라 불리는 무언가가 궁극의 실재가 되어 '부활'이 이 궁극의 실재에 부합해야 한다거나 '역사'와 흄의 회의주의를 동일시하는 교묘한 속임수에 의해 부활이 배제되어 버릴 가능성에 대해 우려한다. 이 또한 그릇된 접근을 반영한다. 어쩌면 하늘과 땅은 실제로 상호 흡수적일 수 있다. 어쩌면 진행 중인 현재 안으로 미래가 도래하는 것이 어떤 의미에서 가능할 수 있다. 어쩌면 인간은 진정으로 하나님을 반영하는 존재일 수 있다. 다시금 주목하라. '성전, 안식일, 형상'으로 시작해 부활을 추론하는 것은 불가능하다. 만일 이러한 추론이 가능했다면, 엠마오 도상의 두 제자는 그렇게 근심하지 않았을 것이다. 그러나 부활로부터 시작해 뒤를 돌아보면, 우리는 '초자연적'이라고 불리는 것이 아니라, 부활을 새롭고 설득력 있게 만들 수 있는 고전적인 유대 철학적 틀이 있음을 발견할 수 있을 것이다.

다시 말해, '자연 세계로부터 출발해 신약의 하나님으로 거슬러 올라가는 것이 **근대성이라는 지적 조건하에서 가능한가?**'라는 질문을 한다면, 그 대답은 '아니요'가 되어야 한다. 물론 당신은 냉담하고 무심하며 관여하지 않는 에피쿠로스주의의 신을 추론해 낼 수 있을 것이다. 당신은 많은 사람들처럼 '부동의 동자'(Unmoved Mover)나 범신론과 범재신론의 신들을 추론해 낼 수 있을 것이다. 당신은 일종의 플라톤주의가 말하는 신을 생각해 낼 수도 있을 것이다. 비록 이러한 존재가 정말 '하나님'인지 아니면 덜 인격적인 어떤 '신적 존재'인지에 관한 문제는 여전히 미제로 남겠지만 말이다. 그러나 앞 질문에서 강조된 부분은 무엇이 문제인지를 보여 준다. 이 질문은 처음부터 기울어져 있는 공정하지 못한 질문이다. 계몽주의 시대의 에피쿠로스주의는 가장 작은 원자를 보도록 설계된 현미경을 신학자에게 건네주며 그 현미경으로 샛별을 보라고 채근한다. 그러나 현미경으로 샛별이 보일 리 만무하다. 이때 신학자는 망원경을 달라고 해야 한다.

놀랍게도 많은 사람들에게 이 망원경의 구성 요소 중 하나는 역사다.

부활과 역사

나는 다른 곳에서 역사 연구가 어떻게 예수의 육체적 부활을 불신하게 만드는 안일한 제안들에 이의를 제기하는지에 관해 자세히 기록했다.[8] 우리의 현재 주제에서 이것은 역사 연구를 사용해 '걸림돌을 제거하는' 범주에 속하는데, 이 경우에 예수의 부활을 믿는 믿음의 상승에 대한 예상된 설명으로 종종 제시되는 여러 다양한 대안적 제안들은 신빙성이 상당히 떨어지게 된다. 예를 들어, 예수의 추종자들이 '인지 부조화'를 겪었다는 생각은 역사적 신빙성이 없다. 많은 유대 운동이 창시자의 잔혹한 죽음으로 막을 내렸지만, 그 창시자가 죽음에서 부활했다는 주장은 그 어디에서도 찾아볼 수 없다. 예수의 추종자들이 오늘날 우리가 말하는 집단 환각을 겪었다는 주장이나 그들이 최근에 사망한 (실제로 죽은) 사람을 '목격'하는 것과 같은 잘 알려진 현상을 경험했다는 주장은 통하지 않는다. 고대 사람들도 우리와 마찬가지로 이러한 현상들을 알고 있었다. 여인들이 다른 사람의 무덤에 찾아갔다거나, 그들이 예수의 동생 야고보를 어스름한 어두움 가운데 보고서 그를 예수로 오인했다거나, 복음서의 부활 기사들에 나타난 표면상의 불일치가 그것들이 모두 후대에 만들어졌다는 것을 의미한다는 제안은 하찮고 무관한 것들로 거듭 입증되고 있다. 더 심각하게 말하자면, 예수의 부활 사상이 구약에 대한 고찰에서 나왔다는 제안은 복음서의 부활 이야기

---

8   *RSG*, ch. 18을 보라.

에 구약에 대한 언급이 확연할 정도로 누락되어 있는 현상을 설명하지 못한다는 것이다.[9] 이 제안은 다음과 같은 또 다른 흔한 제안과 관련이 있다. 즉, 네 개의 부활 이야기가 (그것들이 포함되어 있는 복음서와 함께) 부활 사건이 발생하고 적어도 한 세기 이후에 기록되었으므로 그것들의 주장처럼 목격자의 증언으로 기능할 수 없다는 것이다. 이 제안은 다음과 같은 중요한 특징을 통해 간단히 무효화된다. 복음서의 부활 이야기에 등장하는 여인들의 충격적인 역할(고전 15:3-8의 '공식' 요약과 대조되는), 신자들의 미래 소망에 대한 언급 부재, 예수에 대한 이상한 묘사가 그것이다.[10] 또 다른 주요 오해가 있는데, 이 오해는 바울이 고린도전서 15:44-46에서 사용하고 있는 소마 프뉴마티콘(sōma pneumatikon) 구절과 관련이 있다. 이 구절은 보통 플라톤주의 관점에서 '영적인 몸'으로 간주되는데, 이러한 간주에는 바울이 '몸'을 '물리적'인 것으로 생각하지 않는다는 점이 암시되어 있다. 그러나 이러한 이해가 심각한 오해라는 것이 계속해서 드러나고 있다. 형용사 프뉴마티코스(pneumatikos)는 몸이 무엇으로 **만들어지고 구성되어 있는지**를 말하는 것이 아니라 몸이 무엇으로 **생기를 얻고 있는지**를 말한다.[11]

이 지점에서 '걸림돌을 제거하는' 과제는 두 번째 역사적 과제, 즉 왜곡을 해체하는 과제와 합쳐진다. 왜곡된 내용 중 가장 중요한 것은 '부활'이라는 단어다. 나는 40년 전 토런스(T. F. Torrance)가 칼 바르트와 나눈 대화를 듣고 충격을 받았는데, 토런스는 이 대화를 『공간, 시간, 부활』(Space, Time and Resurrection)에 실어 놓았다. 토런스는 일부 학자들이 '구체적인 존재론적 실재가 결여된' 가현설적 사고방식으로 부활을 생각했다고 논평했다. 그는 바르트가 어떻게 자신에게 몸을 기울였는지 그리고 얼마나 '강력

---

9   *RSG*, pp. 599-602를 보라.
10 *RSG*, pp. 602-608를 보라.
11 *RSG*, pp. 347-356와 *PFG*, pp. 1398-1403를 보라.

하게 말을 했는지' 설명한다. '나는 그가 말한 "잘 유념하게. 육체의 부활이라네!"(Wohlverstanden, leibliche Auferstehung)를 결코 잊을 수 없을 것이다.'[12] 그 순간은 근대 신학사의 멋진 순간이었다. 그러나 내가 하고 싶은 말은 그의 이 발언이 근대 신학사의 멋진 순간으로 **기억되지 말아야 한다**는 것이다. 여기서 바르트의 발언에 동의하는 이유는 신학적 선험, 즉 가현설에 대한 반대 때문이 아니라,[13] 그것이 역사의 문제이기 때문이다. 1세기에 **비육체**적 '부활' 개념은 일종의 모순이었을 것이다. **부활은 육체를 의미했다.** 이와 달리 생각한다면 당신은 언어학 과목에서 낙제할 것이다. 물론, 부활이라는 말은 비유적으로 사용될 수 있다. 또한 2세기 말부터 영지주의 저자들이 플라톤적 영혼-생존을 의미하기 위해 부활이라는 말을 사용하기 시작한 것도 맞다.[14] 그런 것을 말하고자 하는 유대인들이나 그리스인들에게는 이를 표현할 수 있는 완벽한 용어가 있었다. 그러므로 이 경우에 '부활'이라는 용어를 사용했다면 이는 완전히 잘못된 사용이었을 것이다. '부활'이 비유적으로 사용되고 영지주의적 변이를 보였던 이유는 '부활'이 언제나 일종의 새로운 육체적 생명을 의미했기 때문이다.[15]

또 다른 왜곡은 오랜 기간 지속되고 있는 제안으로, 루돌프 불트만과 연관이 있으며 여전히 폭넓은 지지를 받고 있다. 즉, 초기 그리스도인들이 예

12　Torrance, *Space, Time and Resurrection*, p. xi.
13　본래 가현설적 이단의 주장은 사망 이전의 예수와 관련이 있다. 그들은 예수가 '인간'처럼 보였을' 뿐이고 주장한다. Barth와 Torrance는 여기서 그것을 확장된 의미로 사용하고 있는 것으로 보인다. 즉, 부활한 예수가 단순히 육체적으로 부활한 것'처럼 보였다'는 것이다.
14　*RSG*, pp. 534-551를 보라. *RSG*, pp. 480-534에서 다루고 있는 2세기 다른 저자들과 대조해 보라.
15　이것이, 예를 들어, R. Jenson, *Systematic Theology, vol. 1, The Triune God* (New York: Oxford University Press, 1997), p. 194의 문제다. Jenson은 예수가 이제 '천국'에 있다는 초기 기독교 믿음이 지동설 세계가 아닌 천동설 세계에서 이치에 맞는다고 제안한다(pp. 201-202). 그러나 상황은 그보다 더 복잡하다. (기원후 2세기의) 프톨레마이오스는 지구가 거대한 우주에 비해 작다는 것을 알았다. *The Almagest: Introduction to the Mathematics of the Heavens*, trans. B. M. Perry, ed. W. H. Donahue (Santa Fe, N. Mex.: Green Lion, 2014), p. 32를 보라.

수가 죽은 자 가운데서 살아나셨다고 말했을 때, 그들이 실제로 의미한 것은 그의 죽음이 그들을 용서해 주었다는 것이었다.[16] 이 제안은 근대 에피쿠로스주의적 틀 안에서 볼 때 분명 매력적이다. 이를 주제로 한 영화를 만들어도 그 누구도 피해를 입지 않는다. 그러나 이 제안은 극복할 수 없는 본문상의 문제와 역사적 문제를 야기한다. 우리의 최초 증인인 바울은 부활이 죄 사함을 입증한다고 분명히 밝힌다. 따라서 부활과 죄 사함은 다른 개념이다(고전 15:17). 부활이 십자가 죽음을 넘어서는 그 무엇이라는 믿음 없이는 신약에 퍼져 있는 새 창조에 대한 언급을 설명할 길이 없다.

비슷한 오해와 왜곡이 어떤 의미에서 예수의 부활을 확인코자 하는 신학자들 사이에서 발생한다. 따라서 로버트 젠슨(Robert Jenson)의 조심스러운 제안에 의하면, 무덤은 비어 있어야 했다. 그렇지 않았다면 그 무덤은 성지가 되었을 것이기 때문이다. 반면에 이제 예수는 그의 추종자들에게 '살아 있는'(available) 존재가 되었다.[17] 그러나 이 제안은 사도적 설교에 나타난 예수의 역할을 설명하기에 매우 부적절하다. 사도행전 4장의 사두개인들이 베드로에게 분개했을 거라고 또는 사도행전 17장의 아테네 노인들이 바울을 조롱했을 거라고 추정할 이유가 전혀 없다. 이 두 사도가 예수가 이제 '그들에게 살아 있는 존재'라고 말했을지라도 말이다. 당시 힘 있는 자들이 종교적·철학적·문화적으로뿐만 아니라 소위 '정치적'으로 반대했던 것은, 새 창조 세계가 시작되었고, 성전과 안식일이라는 두 표지가 마침내 이스라엘과 모든 창조 세계를 새로운 실재, 곧 유일하신 하나님이 하늘에서와 같이 땅에서도 그의 왕국을 친히 그 안에 세우신 새로운 형상으로 이끌었다

---

16   예를 들어, 최근에 나온, A. Lindemann, 'The Resurrection of Jesus: Reflections on Historical and Theological Questions', *Ephemerides Theologicae Lovanienses* 93.4 (2017), pp. 557-579를 보라.

17   Jenson, *Systematic Theology*, 1.205.

는 선언이었다.

해체되어야 할 또 다른 왜곡은 고대 세계 사람들이 육체의 부활을 비롯한 온갖 종류의 이상한 것들을 믿을 준비가 되어 있었다는 생각이다. 증거는 이와 정반대를 가리킨다. 1세기 모든 사람은 '부활'이 의미하는 바가 무엇인지를 알고 있었고, 바리새인들 그리고 그들과 비슷하게 생각하는 다른 유대인들을 제외한 모든 사람은 부활이 불가능하다고 굳게 믿었다.[18] 아이스킬로스(Aeschylus)에서 마르쿠스 아우렐리우스(Marcus Aurelius)에 이르기까지 이것은 자명하다. 철학적으로나 정치적으로 우리는 그 이유를 알 수 있다. 부활이 터무니없기 때문이다. 사도행전 26장에서 바울은 로마 총독 보르기오 베스도(Porcius Festus)와 당시 '유대인의 왕'이었던 헤롯 아그립바(Herod Agrippa) 앞에서 자신이 아는 바를 설명하며 예수의 부활이 구약의 약속의 성취라고 강조한다. 설명 말미에서 바울이 핵심을 찌를 때 베스도는 바울을 향해 그가 미쳤다고 소리친다. 하지만 헤롯 아그립바는 바울이 미치지 않았다는 것을 알고 있었을 뿐만 아니라 이스라엘의 오랜 소망(바리새인들이 설명한 대로)이 이런 식으로 성취될 경우, 이로 인해 어떤 사회적·정치적 결과가 초래될지 뻔히 알고 있었다. 그렇게 될 경우, 무엇보다 헤롯이 아닌 나사렛 예수가 진정한 '유대인의 왕'이라는 것이 드러날 것이다.[19] 이러한 이중 반응은 지속된다. 계몽주의 시대의 에피쿠로스주의는 서구 제국주의의 프로젝트 그 이상 그 이하도 아니다. 그것은 어쩌면 아그립바와 같은 이유로 유대교와 기독교의 주장에 대해 베스도가 보였던 것과도 같은 반응을 형성했다.

---

18 관련 설명이 자세히 나와 있는, *RSG*, ch. 2을 보라.
19 누가는 행 4:25-26을 다시 언급하려고 했던 것 같다. 여기에서 예루살렘 교회는 시 2편의 내용, 곧 '이방 나라들이' 하나님의 메시아에게 분노한다는 내용의 기도를 드리고 이 시편의 내용을 본디오 빌라도와 헤롯 안디바에게 적용한다.

이처럼 완전히 일치하는 왜곡은 많은 유대인들, 어쩌면 대다수의 유대인들이 부활을 믿었기 때문에 예수를 따르는 자들이 부활 개념을 쉽게 고수하고 부활이 실제 사건이라고 상상할 수 있었다는 생각을 반영한다. 이러한 생각 역시 쉽게 붕괴될 수 있다. 예수 전후 수 세기 동안 실패에 그친 여러 메시아 운동과 예언 운동이 있었지만, 그중 어느 운동도 죽은 창시자가 다시 살아났다고 주장하지 않았다. 초기 기독교 부활 신앙은 분명 이교도의 틀이 아닌 유대교의 틀에 속해 있었지만 매우 신속히 여러 중대한 변이로 전개되었다. 이 변이 중 어느 하나도 근거 없는 신학적 추측으로 설명할 수 있는 것이 없다. 나는 『마침내 드러난 하나님 나라』에서 이러한 변이들을 열거해 놓았고, 이와 관련된 보다 광범위한 논의도 요약해 놓았다.[20] 우리는 초기 기독교 운동이 지닌 특징의 전례 없는 조합에 대한 또 다른 목록을 쉽게 작성할 수 있는데, 이 특징들은 예수의 첫 추종자들이 (흔한 대안에서처럼) 단순히 새로운 '영적' 혹은 '종교적' 경험을 했기 때문이 아니라, 그들이 실제로 그의 육체의 부활을 믿었다고 가정할 경우에만 설명이 가능하다.[21] 그들은 한 사건이 발생했으며, 이 사건을 통해 창조주이신 이스라엘의 하나님이 마침내 돌아오셨고, 그분이 선택하신 메시아를 통해 실제 원수와의 결정적 전투에서 승리하셨다는 전제를 가슴에 품고 살았고, 말했으며, 글로 썼다. 비록 하나님의 이러한 '귀환'과 '전투'와 '승리'가 더 이른 시기 유대인들의 기대 사항에서 발견하는 것과는 사뭇 달라 보이지만 말이다. 그들은 이 메시아적 성취를 통해 오랜 유배의 삶이 끝나고 위대한 안식일이 동텄으며, '새 성전'이 세워졌다고 믿었으며 창조주 하나님이 메시아 예수를

---

20 Surprised by Hope, pp. 52-59.
21 이 목록의 개별 항목들과 유사한 것들이 여기저기 존재하므로 (예를 들어) 쿰란 문헌은 새로운 성전의 관점에서 공동체에 대해 말하고 있다. 그것의 독특함은 몇몇 특징에 있지만 특히 그것들의 조합에 있다.

통해 세상에 대한 그분의 주권적 통치를 확립하셨다고 확신했다. 비록 이러한 믿음과 확신이 계속되는 박해와 투쟁의 측면에서는 역설적인 것처럼 보였지만 말이다. 초기 기독교 운동은 괄목할 만큼 유대교 성향을 띠었다. 그것은 완전히 예상치 못한 방식으로 일련의 사건을 일으켰다. 지도자인 왕이 나타나 결정적 전투에서 승리했다. 성전은 파괴되었지만 다시 세워졌다. 다니엘서의 오랜 포로 생활이 끝이 났다. 자유와 용서가 현재에 도래했다. 언약이 새롭게 되었고 창조 세계가 회복되었으며 유일하신 하나님이 놀랍도록 새로운 영광 가운데 돌아오셨다. 이러한 내용들은 초기 기독교 신앙의 주요 주제였다. 그러나 우리는 4세기, 6세기, 또는 19세기의 신념 체계를 거꾸로 투사하는 그런 계획에서는 이와 같은 내용을 알 수 없을 것이다. 다시 말하지만, 이것이 바로 **역사**의 실패다. 그것은 자신의 현재 상황에서 과거를 구성하고자 하는 시도를 의미한다. 우리는 이러한 내용들이 제2성전기 유대교의 실질적 종말론에서 주요 요소로 작용했음을 알고 있으며, 신중한 역사적 주해를 통해 그것들이 초기 기독교의 주요 주제였다는 것도 알고 있다. **그러나 그것들은 이제 완전히 다른 모습으로 나타난다.** 유대교의 틀로부터 초기 기독교를 예측하는 일은 불가능했겠지만, 초기 기독교는 유대교에 속해 있었다. 비록 속해 있는 방식이 획기적이긴 했지만 말이다. 제2성전기의 세계 내에서 존재했던 다양한 운동에 대해 우리가 알고 있는 모든 지식은 이러한 현상들이 단순히 해당 운동 창시자의 죽음을 통해 발생한 것은 아니라는 점을 시사한다.

그렇다고 이러한 현상들이 초기 그리스도인들을 단순히 '새로운 종교 운동'—고대 또는 현대의 '종교적' 의미에서—으로 명명하지는 않는다. 그리스도인들은 처음부터 독특한 **집단**이었다.[22] 특히 불트만 이후의 제안은, 그 계

---

[22] 초기 그리스도인들이 어떻게 '종교적' 운동과 관련이 있는지 또는 없는지에 대해서는, *PFG*,

보를 감안할 때 예상할 수 있듯이, 전체 운동의 의미를 소위 '종교'라는 것으로 축소시킨다. 여기서 말하는 종교란 정치적으로 그리고 철학적으로 분리되어 있고, 어떤 이상주의적 또는 플라톤적 의미에서만 통용되는 '구원'이나 '용서'와 관련되어 있다. 그러나 그것은 '하나님 나라' 운동이나 '부활'의 요지가 결코 아니었다. 그리고 실제 초기 기독교의 요지도 절대 아니었다. 초기 그리스도인들은 '죄 사함'에 관심이 있었다. 하지만 이러한 관심은 우리가 이사야서, 다니엘서와 다른 곳에서 발견하고, 신약에서 강력히 소환되고 있는 전체적 의미, 곧 신학적이면서 동시에 사회정치적 의미에서의 관심이었다. 이스라엘은 그들의 지속된 '죄'로 인해 오랜 포로 생활을 겪었다. 그래서 '죄 사함'은 바빌론―1세기 관점에서는 로마―의 멸망과 야웨의 영화로운 귀환을 대비한 성전의 재건을 의미했을 것이다. 사람들로 하여금 이러한 기대가 성취되었고 새로운 형태로 전환되었다고 말하도록 만든 무언가가 발생했음에 틀림없다.

여기서 왜곡의 해체가 역사의 세 번째 과제와 결합해 논의를 이끌어 간다. 초기 기독교의 이러한 특징이 진지한 역사적 설명을 요구하기 때문이다. 다시 말하지만, 이러한 특징은 유대 세계 내에서 의미가 있다. 그러나 그것들은 유대 세계 내에서조차 충격적이고 예상치 못한 의미를 지닌다. 우리는 이 양쪽 주장이 모두 필요하다. 이러한 특징은 5세기나 6세기 신학에서 그다지 의미가 **없기** 때문에 무시되거나 대충 재해석되었다. 우리는 그것들이 예수 시대에 새롭고 충격적이었다는 사실을 핑계 삼아 역사적 맥락을 무시하고 그것을 우리의 시대착오적 맥락으로 대체해서는 안 된다. 이러한 특징은 다음과 같은 자명한 질문을 제기한다. 매우 유대교적이면서 동시에 전례가 없는 한 운동의 갑작스러운 등장을 어떻게 설명할 수 있을까? 초기 그

---

ch. 13을 보라.

리스도인들은 십자가에 못 박힌 자칭 메시아가 죽은 뒤 그 몸이 다시 살아났고 이 메시아 안에서 하나님의 영광을 보았다고 한목소리로 말한다. 역사가는 어떻게 그들이 그토록 빨리 이미 개시된 종말론적 결론들의 풍성한 조합에 도달했는지 물어야 한다. 왜냐하면 이러한 종말론적 결론들은 단순히 새로운 사상의 집합이 아니라, 그들의 일반적이고 개인적인 삶을 지시하고, 우리가 흔히 '선교'라고 부르는 외향적 운동의 개시에 관한 것이기 때문이다. 이 모든 것이 단순히 그들이 내적으로 새로운 종교적 체험을 했기 때문에 발생할 수 있었던 걸까?

이런 이유로 나는 예수의 십자가 죽음 이후 첫 번째 일요일에, 그리고 그 후 얼마 동안 나사렛 예수가 자신의 무덤을 비워 둔 채 육신으로 다시 살아 있는 상태로 발견되었음을 확인해 주는 사례를 이전 저술들에 제시해 놓았다. 비록 예수의 부활 육신이 그의 이전 육신과는 묘하게 다르지만, 그의 부활 육신에 새겨진 못 자국과 창 자국이 이전 육신과의 연속성을 보여 준다. 초기 기록들은 당시 저자들에게, 오늘날 우리에게처럼 여러 수준에서 충격적이었고 당혹스러웠다는 많은 표지를 보여 준다. 나는 샌더스가 한 때 다음과 같이 말했던 것을 기억한다. 우리가 가지고 있는 기록에 따르면, 초기 그리스도인들은 일어난 일을 설명하기 위해 애를 쓰지만, 그것을 제대로 표현할 언어가 없다는 것을 알았던 것처럼 보인다고 말이다. 그의 말은 정곡을 찌르는 것 같다. 그러나 그 결과로 초기 그리스도인들은 예수 안에서 무언가가 발생했고, 이를 통해 성전이 상징했던 우주론과 안식일이 상징했던 종말론이 새로운 종류의 성취를 가져왔다는 것에 근거해 말하고, 가르치고, 살게 되었다. 그들은 이것을 놀라운 주장과 결합시켰는데, 그 놀라운 주장이란 예수가 이 땅에 살면서 새로운 방식으로 이스라엘의 왕―일부 전통에서는 이스라엘의 대제사장―이라는 '기름 부음 받은' 소명을 성취했다는 것이다. 여기서 이 통찰을 살피는 일은 부적절하지만, 나는 이 통찰을 이렇게 간주한다. 즉, 초기 교회의 특징적 행위 중 하나가 **인간 예수의 이야기를 이스라엘 하나님이 예전 약속을 지키기 위해 어떻게 다시 오셨는지에 관한 이야기**로 전하는 것이다.[23] 예수의 추종자들이 그에 대한 이야기를 말하고 글로 기록했을 때, 그리고 그들 중 네 명이 '예수의 이야기'를 총체적으로 기록했을 때, 그들은 단순히 개인적 추억을 취합하는 것이 아니었다. 나아가 그들이 초기 교회의 다양한 상황과 논쟁을 역으로 투사했던 것은 더더욱 아니다. 그들은 이스라엘의 상징 및 이야기가 충격적이고 결정적인 방식으로 이미 성취되었고, 너무도 인간적인 이 이야기를 통해—완전히 들어맞지는 않지만, 전기 장르를 취한다—곧 임할 메시아에 대한 약속뿐 아니라 창조주이신 언약의 하나님이 귀환하신다는 약속이 이미 성취되었다는 것을 철저히 유대교적인 방식을 통해 말하고 있었다. 성전과 안식일은 이렇게 새로운 방식으로 실현되었다. 예수는 하나님의 공간과 인간의 공간, 즉 하늘과 땅을 실제로 결합해 놓았다. 예수 안에서 온 우주에 대한 하나님의 계획된 미래가 현재에 진정으로 예견되었다. 초기 교회가 주장한 것처럼 우리는 예수 안에서 하나님의 참 형상이 계시되는 것을 본다.

어떤 이들에겐 실망스러울지 모르겠지만, 이 중 그 어느 것도 예수의 육체적 부활의 역사성을 입증하기 위한 결정적 논의로 의도된 것은 아니다. 지금까지 우리는 3장에서 '역사'가 할 수 있고 해야 하는 것에 대한 우리의 주장을 요약해 보았다. 우리는 초기 그리스도인들이 말하고 생각한 것을 이해하기 위해 '사랑의 인식론'(이 사랑의 인식론을 통해 우리는 우리와 달리 생각하는 사람들의 마음을 살피기 위해 기꺼이 노력한다)을 사용해야 하며, 우리와 그들 사이의 이러한 '차이'가 통념처럼 '고대의' 과학 이전 세계관과 '근대의' 과학

---

[23] Hays, *Echoes of Scripture in the Gospels*와 'Pictures, Stories, and the Cross: Where Do the Echoes Lead?' *JTI* 11.1 (2017), pp. 53-73에 있는 나의 첫 숙고를 보라.

적 세계관 사이의 차이가 아니라, 가정된 에피쿠로스주의와 공간과 시간에 대한 유대교 또는 기독교의 관점 사이의 차이임을 인지해야 한다. 이 제안은 현 논의를 상당히 명확하게 밝혀 줄 것이다. 여기서부터 우리는 다른 방향으로 나아갈 수 있다.

    누구라도 이 지점에서 당혹스러운 불가지론을 제안할 수 있다. 그러나 명확성이 확보되고 거짓된 '걸림돌들'을 제거하고 나면 선택은 명확해진다. 모든 정황은 예수의 최초 제자들이 그의 육체적 부활을 실제로 믿었다고 가리킨다. 비록 그들이 예수의 부활한 몸이 지닌 특질을 받아들일 준비가 되어 있지는 않았지만 말이다. 그리고 이에 대한 최상의 설명은 그들이 옳았다는 것이다.[24] 그러나 이러한 결론을 받아들이는 것은 세상이 어떻게 돌아가는지에 대한 일부 이론, 즉 호머(Homer)에서 현재에 이르기까지 죽은 사람은 죽은 채로 남는다는 일반적인 가정을 완전히 무너뜨리는 것이기 때문에, 많은 사람이 자연스럽게 주저할 것이다. 일부 사람들은 다른 이론들을 시도할 것이다. 아마도 이 다른 이론들은 예수가 그토록 놀라운 인간이었기 때문에 순전히 그의 인격이 지닌 힘을 통해 지금까지도 독특한 방식으로 죽음에서 살아남았다고 주장할 것이다. (다시 말해, 예수가 어떤 의미에서 실제로 다시 살아났다고 말하는 방법이 있을 수 있는데, 그런 방법은 부활을 하나님의 행위로 간주하지 않을 것이다.) 또 다른 사람들은 자신들이 신적 존재의 비존재 또는 비간섭을 선험적으로 믿고 있으므로(다시 말해, 이러한 믿음은 에피쿠로스주의 또는 이신론의 변형이다), 초기 기독교의 부상을 설명해 주는 다른 무언가가 분명히 있을 것이라고 믿는다. 비록 그 다른 무언가가 무엇인지는 그들도 설명할 수 없지만 말이다.[25]

---

24   이것은 *RSG*, ch. 18의 논의다.
25   나의 전 철학 교수였던 옥스퍼드 엑스터 칼리지(Exeter College)의 Christopher Kirwan이 *RSG*를 읽고 나서 내린 결론이었다.

여기서 역사의 원칙은 더이상 할 수 있는 말이 없다. 역사의 원칙이 흄의 환원주의('과학적 역사는 부활이 불가능하다는 것을 보여 준다')의 도움 없이 소환될 수 없다면, 또 역사의 원칙이 합리주의적 정통 교리의 도움 없이 소환될 수 없다면, 믿기를 거부하는 것은 지적 무능함이나 사악함을 인정하는 일이 될 것이다. 그러나 역사라는 과업이 할 수 있는 일은 모든 관련 증거에 이목을 끌면서 인간이 '현실'에서 일어날 수 있는 것과 일어날 수 없는 것과 관련해 지닌 신념들이 언제나 더 큰 세계관 또는 무언의 철학적 가정으로 작용한다는 점을 가리키는 것이다. 따라서 역사는 인간이 어떻게 그리고 왜 자신이 믿고 있는 것을 믿게 되는지에 관한 이야기를 들려주는데, 이 이야기에서 역사의 역할은 필요하지만 그 자체만으로는 부족하다. 역사는 우리를 물이 있는 곳으로 데려갈 수 있지만 우리에게 물을 먹일 수는 없다.

이 경우 중요한 것은 — 이 지점에서 우리는 이 장과 이 책의 논의를 진전시킨다 — 예수의 부활이 드러내는 바를 이해하는 것이다. 이 이해는 부활에 관한 깊은 연구에 여전히 감추어져 있는데, 그 이유는 근대 학문의 에피쿠로스주의적 맥락과 자칭 정통파의 빈번한 합리주의적 반응이 부활에 관한 대화를 우리가 '기적'이나 '초자연적 현상'을 믿는지 아닌지의 측면에서 시도하고 있기 때문이다. 그것은 두 단계를 지닌 존재론을 암시하는데, 이 존재론은 일종의 합리주의적인 인식론을 요구한다. 이 책 서두에서 언급했듯이, 나사렛 예수의 부활은 새로운 종류의 존재론의 핵심으로서 새로운 종류의 인식론을 야기한다.

그러나 이 '새로움'은 단순한 참신함이 아니다. 적어도 초기 그리스도인들의 인식 내에서 새 창조의 요점은 새 창조가 창조 세계의 구속과 갱신에 관한 것이지, 창조 세계의 종식과 대체에 관한 것이 아니다. 여기서 예수의 육체적 부활에 관한 이야기들은 자료가 될 뿐만 아니라 본보기가 된다. 그리고 이러한 구속 및 갱신과 더불어 원 창조 세계에 대한 재확인이 이루어진다. 예수의 부활은 '하나님이 세상을 이처럼 사랑하사'를 선언한다. 이 선언은 응답하는 사랑에 대한 소환으로 구성된다. 그러므로 창조 세계의 갱신은 갱신된 버전의 '사랑의 인식론'을 포함한 갱신된 버전의 지식을 요구한다. 바로 이런 의미에서 나는 이 장 처음에 언급했던 비트겐슈타인의 발언을 (그의 의도에 반하든 아니든) 재평가하고 싶다. 부활을 믿는 것은 **사랑**이다.

부활 그리고 창조 세계의 정당성

그렇다면 나사렛 예수의 부활은 어떻게 '자연신학'으로 이르는 새로운 길을 열어 줄 수 있을까? 우리가 살펴본 수정주의적 제안에서는 그 답을 찾을 수 없다. 그러나 우리가 바울과 복음서 저자들이 초기 기독교 발흥에 대한 독특한 역사적 설명을 제공하고 있다는 것을 근거로 그들의 증언을 진지하게 받아들인다면, 새로운 사고가 등장한다. 부활은 **처음 창조 세계의 선함과 하나님의 공급하심을 재확인시켜 주는데**, 이 선함과 하나님의 공급하심은 이를테면 피조물의 참 '속성'으로 처음 창조 세계에 존재했던 모든 명백한 이정표와 물음표를 포함한다. 부활은 굶주리고 헐벗은 논쟁에 먹거리와 의복을 제공하는데, 이 굶주리고 헐벗은 논쟁은 있는 그대로의 창조 세계로부터 '자연신학'을 입증하려고 노력해 왔을 것이다. 부활은 창조 세계를 구속적으로 변화시키는 원래 창조 세계의 선함을 재확인시켜 주며, 창조 세계 내 '이정표' 역할을 하는 표지와 신호들을 인지하는 것의 적합성을 역설적 의미에서 재확인시켜 준다. 우리는 다음 장에서 이에 대해 살필 것이다.

우리가 살펴본 유대 세계 내의 새로운 묵시로 이해 가능한 예수의 부활은 스스로를 새 창조로 선언하는데, 이 새 창조는 **버려진 것의 대체가 아닌 옛것의 새로운 회복**을 의미한다. 부활은 창조주의 능력뿐만 아니라 창조주의 **사랑**도 드러낸다. 세상의 가혹한 현실에 비추어 볼 때 헛된 꿈—심지어 잔인한 환상—처럼 보였던 처음 창조 세계에 드러난 아낌없고 관대한 사랑은 열렬한 추종자들이 이스라엘을 구속시킬 것이라고 믿었던 젊은 선지자의 끔찍한 처형으로 요약된다. 구약에서 이스라엘을 향한 하나님의 언약적 사랑에 초점을 맞춘 이 창조적 사랑은 놀랍고 강력하게 재확인된다. 신명기나 이사야서에 나타난 언약 용어와 마찬가지로, 부활은 십자가 사랑이 할 수 있는 최고의 행위였음을 드러내고, 옛 창조 세계에 대한 창조주의 사랑과 그가 오래전부터 옛 창조 세계를 구속하기로 결심해 왔다는 것을 천명한다. 이 사랑을 나타내는 옛 창조 세계의 표지들은 역겨운 장난이 아니었다. 이 표지들은 사실을 말하고 있었다. 물론 우리가 '부활'을 오로지 플라톤적 의미에서 예수의 영혼이 천국에 올라간 것으로 이해한다면, 시간, 공간, 물질로 이루어진 세계는 결과적으로 중요해지지 않을 것이다. 그리고 우리는 부활로부터 하나님의 궁극적 진리에 대해 어떤 것도 추론하려고 해서는 안 된다. 당신은 자연신학을 하는 영지주의자들을 찾지 못할 것이다.[26] 그러나 부활이 **무에서의 창조**가 아닌 **옛것에서의 창조**를 의미하는 **새 창조 세계**의 출발이라면, 따라서 부활이 사랑의 행위, 즉 옛 세상과 하나님의 형상을 지닌 그곳의 거주민들에 대한 하나님의 사랑을 의미한다면, '옛' 창조 세계는 새 창조 세계의 주인으로서 그 효용성을 인정받는다. 창조주에 대한 옛 창조 세계의 조용한 증언(시 19편에서처럼)은 소급적으로 재확인되었다. 내가 자세히 설명하겠지만, 이 궁극적이고 완전한 사랑은 그에 대한 응답으로 **새로운 방식의 앎**, 즉 우리가 더 쉽게 적응할 수 있는 다른 방식의 구속적 갱신을 생성한다. '비판적 현실' 속에 있는 '사랑'이라는 요소는 환상이나 '투영'이 요구하는 형태로 '타자'를 무시하거나 무너뜨리지 않고, 그 자체로

---

[26] 적어도 일반적 의미에서는 찾을 수 없을 것이다. 현재 경험에서 추론하는 영지주의자를 상상해 보자: (a) 어둡고 악한 세계가 데미우르고스의 피조물이고 (b) 편애받는 소수가 소유한 인간 내면의 불꽃은 다른 신의 존재를 알리는 먼 신호다.

타자를 존중하고 존경할 것을 강조하는데, 이 '사랑'은 그 자체로 새로운 방식이 된다.

사랑의 새로운 방식을 논하기 전에, 나의 기본 요점에 부합하는 두 개의 유비를 살펴보자. 첫 번째 유비는 이스라엘의 이야기다. 신약은 예수와 그의 죽음 및 부활을 통해 아브라함과의 언약이 성취되었고, 시내산에서 모세에게 주어진 '옛 언약'이 예레미야가 약속한 '새 언약'으로 변화되었으며, 길고 어둡고 굽이진 이스라엘과 하나님의 이야기(이 이야기는 결코 부드럽고 꾸준히 전개되는 이야기나 '발전'이 아니다!)가 놀랍고 충격적인 목표에 도달했음을 강조한다.[27] 신약의 각 복음서는 각각의 방식에 따라 고대 이스라엘의 이야기를 강하게 환기하며 시작하는데, 이 시작 부분에서 복음서는 예수를 원래 의도의 성취로 제시한다. 요한복음은 창세기 1장으로 되돌아간다. 각 복음서는 다시 각각의 방식으로 전체 이야기를 구약의 성취로 제시한다.[28] 이 모든 것의 가장 좋은 예는, 비록 논란이 불가피하지만, 로마서 9-11장이다. 결과적으로 초기 그리스도인들에게 십자가에서 처형된 예수의 부활은 메시아됨(Messiaship), 이스라엘을 부르심, 구약과 성전 및 율법—특히 안식일—의 상징적 세계가 실수였다는 것과, 완전히 다른 새로운 운동이 등장했으므로 이러한 것들을 이제는 잊어야 한다는 것을 의미하지 않았다. 오히려 그 반대다. 예수의 죽음과 부활은 전에 그곳에 있던 것을 **소급적으로 그리고 변혁적으로 검증**했다. 요한복음의 예수는 이렇게 말한다. '너희 아버지 아브라함은 내 날을 볼 것이라는 사실을 두고 즐거워했다. 그는 그날을 봤고, 기뻐했다'(요 8:56). 부활은 옛 목적들이 선한 것임을 재확인시켜 준다. 창조 세계, 율법, 성전을 보았고, 이상하게 알려졌던 하나님이 참 하나님이시며 언젠가

---

27 나의 소논문, 'Apocalyptic and the Sudden Fulfilment of Divine Promise', in Goodrich, Blackwell and Mastin, eds., *Paul and the Apocalyptic Imagination*, pp. 111-134를 보라.
28 Hays, *Echoes of Scripture in the Gospels*를 보라.

는 그렇게 알려지리라고 믿었던 고대 사람들은 그들의 이전 믿음을 인정받았다. 비록 우리는 이와 동시에 세례 요한과 바울이 여러 곳에서 전하고 있는 경고에 주목해야 하지만 말이다(예. 마 3:9; 롬 2:17-29). 로마서 10장에서 바울은 이스라엘의 '하나님에 대한 열심'(여기서 그는 자신의 이전 모습에 대해서도 언급한다)이 '지식에 따른 것'이 아니라고 천명한다. 왜냐하면 참 '지식'은 이제 메시아 안에서, 그리고 언약의 갱신 안에서 계시되었기 때문이다. 이 참지식은 신명기 30장의 약속을 성취하며 새로운 차원의 믿음으로 사람들을 이끌었고, 같은 믿음을 지닌 이방인을 유대인과 동등하게 하나님의 백성 공동체로 이끌었다(롬 10:1-13). 부활을 통한 창조 세계의 재확인과 이스라엘 이야기의 재확인 사이의 유비는 사실 단순한 유비가 아니다. 요점은 시편 72편과 다른 곳에 기록되어 있는 것처럼, 이스라엘이 언제나 세상과 모든 창조 질서에 대한 하나님의 약속을 지닌 존재였다는 것이다. 이러한 밀접한 관련은 다른 측면에서 초기 바르트의 주장을 지지해 온 자들이 (그들이 '자연신학'에 대해 논한 것이든 아니든) 왜 이스라엘의 이야기와 예수, 곧 이스라엘의 메시아의 극적인 '묵시' 사이의 연속성을 마르키온(Marcion)처럼 반대해 왔는지를 설명해 줄 수 있다.[29]

두 번째 유비는 올리버 오도노반의 유명한 주장에 등장하는 '도덕 질서'(moral order)다.[30] 우리는 현재 상태의 창조 세계로부터 '도덕 질서'를 알지 못하고 알 수도 없다. 자연 재해, 동물 학대, 인간의 도덕적 혼란과 같은 온갖 종류의 현상은 '자연 법칙'을 직접적으로 추론하는 것—버틀러식의 '자연신학'에서 가져올 수 있는 것 이상으로—을 금지한다. 예를 들어, 사람들은 때때로 인간은 단지 '털없는 원숭이'에 불과하기 때문에 지역 관습 외

29　*PRI*, Part II를 보라.
30　*Resurrection and Moral Order*, 2nd edn. [Leicester: IVP, 1994 (1986)]. 『부활과 도덕 질서』(IVP 근간).

에 우리가 일반 변종처럼 행동하지 않아야 할 타당한 이유가 없다고 생각한다. 그러나 인간이 되는 새로운 방식을 드러내는 복음서의 사건들은 창조 세계에 내재된 도덕 구조를 완전히 제거하지는 않는다. 복음서의 사건들은 오히려 창조 세계에 내재된 도덕 구조를 재확인시켜 준다. 예수가 마가복음 10:2-12에서 주장하듯이, **하나님 나라는 창조주의 오랜 의도를 마침내 성취한다**. 비록 이렇게 되기 전까지는 창조주의 오랜 의도의 성취가 어렵거나 불가능해 보였고, 마가복음 10장의 논쟁에서처럼, 율법이 더 낮은 기준을 허용했지만 말이다. 복음서 이야기가 결론에 도달하면서, 우리는 이것이 어떻게 일어나는지 발견하게 된다. 다시 말해, 창조주의 의도는 메시아의 죽음과 부활을 통해 성취된다. 바울은 이것을 예수의 추종자들에게 적용하는데, 이는 그들이 '메시아 안에' 있으며, 그들이 예수와 함께 죽었고 예수와 함께 부활했다는 것을 의미한다고 주장함으로써 이루어진다. 그러나 로마서 6장에 매우 명확하게 드러나 있는 이 주장은 창조 세계—현재 세계와 현재 인간의 삶—가 무관하다는 의미가 아니다. 로마서 8장의 새로운 육체적 순종, 그리고 메시아의 가족이 그와 공유하는 육체적 고난은 로마서 8장의 절정을 이루는 구속받고 변화된 새로운 창조 세계에 대한 계획에 포함된다.

다시 말해, 우리는 단순히 옛 세계를 '새롭게' 하려는 노력으로 '도덕 질서'에 이르지 않는다. 은혜는 단순히 있는 그대로의 '완벽한' 본성일 수 없다. 그것은 모래성 꼭대기에 견고한 집을 지으려는 것과도 같을 것이다. 그렇다고 부활이 창조 질서를 무시하고 백지 한 장으로 새로운 세계와 새로운 삶을 시작할 수 있다는 것을 의미하지도 않는다. 부활은 처음 창조 세계의 선함을 **구속**하고 **회복**하며 **견고히 확립**한다. 새 창조 세계의 시작은 하나님이 부여하신 옛 세계의 질서를 재확인시키는데, 여기에는 역설적이게도 모든 문화와 모든 시대의 인간이 '사물이 돌아가는 방식'에 대해 느껴 온 불쾌감과 이질감이 포함된다. 이는 다음 장의 논의를 앞서 가리킨다.

이 두 유비를 숙고하다 보면, 어떤 것들은 놀랍도록 명확해진다. 우선, 이 스라엘 이야기, 곧 새 복음의 강령은 말도 안 되는 것처럼 보였다. 이 점을 명확히 하기 위해 우리는 갈라디아서를 생각하면 된다. 비유대인을 일반적 인 '율법의 행위' 없이도 동일 조건하에 아브라함 가족 공동체로 환영하는 것은 많은 이들에게 말 그대로 생각할 수 없는 일이었다. 약속의 땅과 그곳 의 거룩한 도시와 성전에 초점을 맞추지 않고서 하나님의 백성을 어떻게 정 의할 수 있을까? 하나님의 백성은 어떻게 다민족 가족으로 살 수 있을까? 특히 그들을 보호하는 모세의 율법 없이 어떻게 바른 길을 찾을 수 있을 까? 바울과 다른 초기 교사들은 구약의 새로운 이해를 분명히 밝혔고 강조 했다. 예수 자신도 이를 엠마오 도상에서 분명히 밝혔다. 왜냐하면 구약의 새로운 이해만이 부활의 이해를 가져왔기 때문이다. 부활이라는 새로운 사 건은 결국 단순히 **새로운 사건**(*novum*)이 아니었다. 그들은 부활이 모세오경 과 선지서 그리고 시편이 항상 고대한 사건이었다고 주장했다. 비록 구약의 이러한 부분에 대한 이해가 급진적으로 변해야만 하지만 말이다. 두 번째인 도덕 질서에서, 지금 요구되는 새로운 창조 행위는 이전에는 불가능하거나 옳지 못한 것이었다. 용서, 겸손, 순결, 인내, 가난한 자들을 돌보는 것에 대 한 절대적인 요구는 거의 불가능해 보였다.[31] 이러한 것들(사람들이 재빨리 알 아차렸듯이)은 원래 세상에서 이치에 맞지 않는 것들이다. 그러나 예수의 추 종자들이 그렇게 살기 시작했을 때, 그들은 스스로를 증명하는 인간이 되 는 방법을 보여 주었다. 비록 그 누구도 이와 같은 생활 방식을 이전에 본적 이 없었지만, 그것은 인간의 참된 생활 방식이었다. 이러한 미덕은, 사람들

---

31 내가 *Virtue Reborn* [London: SPCK, 2010; 미국판 제목은 *After You Believe* (San Francisco: HarperOne, 2010)]에서 논했듯이, 이러한 것들은 고대 비유대 세계에서는 결코 미덕으로 간주되지 않았지만, 예수의 추종자들 사이에서는 신속하게 핵심 미덕으로 자리 잡 았다. 『그리스도인의 미덕』(포이에마).

이 존재한다고는 알았지만 그때까지만 해도 영원히 잠겨 있는 것처럼 보였던 문들을 여는 열쇠를 제공하는 것처럼 보였다.

이 두 경우—갑자기 확장되어 이방인들도 포함하는 이스라엘의 생활 방식과 이전에는 상상하지 못한 도덕적 가능성—에 있어서, 새로운 질서는 한편으로 충격적이고 파괴적이었지만, 다른 한편으로 성취감과 힘을 주었다. 바울은 **메시아의 사랑이 우리를 강권하신다**고 말한다(고후 5:14). 복음에 드러난 창조적 사랑은 교회의 가능성과 도덕적 가능성의 새로운 세계를 출범시켰다. 이전의 간절한 바람과 수수께끼가 결국 비논리적이거나 부적절한 감성이 아니었던 것이다. 그것들은 현 창조 세계에서 더 많은 것이 요구될 뿐만 아니라 약속되었다는 참된 표지였다.

예수의 부활도 마찬가지였다. **부활은 '옛' 세계에서는 충격적인 사건인 동시에 새로운 세계에서는 토대가 되고 전형이 되는 사건이었다**. 유대인과 이방인이 한 가족을 이룬다는 생각 또는 새로운 행동 양식과 마찬가지로, 부활 역시 '옛' 세계에서는 생각할 수 없는 일이었다. 호머와 세네카 그리고 홉스와 흄—에이어나 리처드 도킨스는 말할 것도 없이!—에 이르기까지, 이 모든 사람들은 죽은 자들이 새로운 몸으로 부활하지 않는다는 것을 알고 있었다. 그러나 새로운 가족과 새로운 윤리처럼, 부활은 신속한 이해를 얻게 되었다. 부활은 '나는 불가능한 것을 믿는다'(credo quia impossibile)는 테르툴리아누스(Tertullian)의 숭고한 말에 단순히 부합하는 하나의 사건이 아니었다. 물론 테르툴리아누스 자신도 그 믿음이 새롭고 생생한 의미를 갖게 된 이유를 보여 주기 위해 많은 일을 했지만 말이다. 부활은 해가 뜨면 다른 모든 것도 분명하게 볼 수 있다는 사실을 인식하는 문제였다. 여명을 분별함으로써 다른 많은 것들도 분별할 수 있게 되었다. 그러한 것들이 가져온 일관된 의미는, 비록 지금까지 그 의미를 분명히 볼 수는 없었지만, 그것들이 내내 이치에 맞았음을 보여 준다.

나는 이전 저술에서 이것을 다음과 같은 비유를 들어 설명했다. 어느 대학교가 어느 부유한 기부자로부터 웅장하고 값을 매길 수 없는 그림을 선물로 받는다. 기존 학교 건물에는 이 그림을 적당히 전시할 수 있는 공간이 전혀 없다. 그래서 대학교는 건물을 과감히 변경해 그 그림이 가장 돋보일 수 있게 하기로 결정한다. 공사가 끝날 때, 이전에 눈에 거슬렸거나 이전 건물과 어울리지 않았던 온갖 것들이 마침내 정리가 된다. 예기치 못한 이 새로운 선물이 자리를 잡으면서 이 대학은 새롭게 개선된다.

이와 동일한 현상이 초기 그리스도인들이 예수의 부활을 맞닥뜨렸을 때 발생했다. 그들은 이 사건을 공간, 시간, 인간에 대한 기존 유대교의 틀 측면에서 이해했는데, 우리는 이 틀을 앞 장에서 다루었다. 그러나 이 틀 자체에 변화가 없었던 것은 아니다. 내가 다른 곳에서 자세히 논했듯이,[32] 예수의 첫 추종자들은 매우 급진적으로 이 틀에 몇 가지 중요한 수정을 가했다. 하지만 이러한 수정은 분명 기존 틀 **내에서의** 변화를 의미하며, 이스라엘의 이야기와 신념을 버리고 다른 곳(불트만과 다른 이들이 원했던 것처럼)에서 그런 것들을 빌려 온 새로운 틀을 의미하지 않는다.

일부 세계관은 분명 다른 세계관보다 더 많은 '변화'가 필요했다. 플라톤주의에 직면한 초기 그리스도인들은 육체의 부활과 현재의 창조 질서, 곧 주류 유대교의 견해를 버리는 것이 아니라 그것의 갱신을 주장했다. 에피쿠로스주의를 맞닥뜨렸을 때, 그들은 다시 다음과 같은 일반적인 유대교의 견해에 동의했다. 즉, 창조는 임의적이지 않으며, 초월적 창조주이시면서 동시에 구속이라는 자신의 오랜 약속을 이 세상에서 적극적으로 추구하시는 한 분 하나님만이 존재하신다. 금욕주의에 직면했을 때, 그들은 다시 한번 유대인들의 의견에 동의했다. 즉, 하나님과 세상은 같지 않다. 평범한 이교도

---

[32] RSG와 *Surprised by Hope*.

주의에 직면했을 때, 그들은 세상을 만드신 유일하신 하나님, 곧 아브라함, 이삭, 야곱의 하나님만 존재하실 뿐이라고 주장했다. 각각의 경우에 예수의 부활은 모든 도전자들에 대항해 기본적으로 이스라엘과 유대인의 세계관을 확증하는 것으로 보였다. 부활은 이스라엘과 유대인의 세계관 내에서만 의미가 있었다.

동시에 제2성전기 유대 세계관 내에서 급진적 변화들이 발생했다. 종말론은 이러한 급진적 변화 중 가장 눈에 띄는 현상일 것이다. 이스라엘의 미래에 대한 오랜 소망이 현재 성취되었다. 다만 하나님의 모든 백성이 죽은 자 가운데서 살아나는 것이 아니라 일부 사람들에게는 이미 이스라엘의 메시아로 여겨지는 한 사람이 다른 모든 사람보다 먼저 일으킴을 받으셨다. 이 사건은 완전히 **새로운 것**으로, 바울은 이를 핵심 구절인 고린도전서 15:20-28에서 설명했다.[33] 미래가 현재로 찾아 들어왔는데, 이 표현은 당시 일부 유대인들과 이후 더 많은 유대인들이 안식일과 유월절을 비롯한 위대한 축제들과 관련해 사용했을 표현으로, 예수는 특히 유월절을 주제 삼아 자신의 마지막이자 위대한 소명을 행동으로 옮겼다. 부활은 '새로운 시간'이 현재에 도래했다고 선언했다. 새로운 시간이란 결국 영원한 희년, '일곱 이레'의 성취, 해방의 때, 용서의 때, 영원한 안식의 때를 의미한다. 그렇기 때문에 특정 성일의 준수 여부는 (바울이 롬 14장에서 주장하듯이) 중요한 문제가 아니었다. 다시 말해, 모든 날이 하나님 나라의 날이 되었고, 특히 한 주의 첫 날은 새 창조의 분위기와 주제를 머금게 되었다.[34] 그러나 이 모든 것

---

33 *PFG*, pp. 733-737.
34 새로운 한 주의 '첫 날'이라는 주제는 요한이 제시하는 부활에서 두드러진다. 요 21:1, 19을 보라. 초기 그리스도인들이 일요일을 '새 안식일'로 보았는지에 관한 질문은, S. Bacchiocchi, *From Sabbath to Sunday: A Historical Investigation of the Rise of Sunday Observance in Early Christianity* (Rome: Pontifical Gregorian University Press, 1979)과 D. A. Carson, ed., *From Sabbath to Lord's Day* (Eugene, Ore.: Wipf & Stock, 1982)을 보라. 핵심 본문에는 *Barn.* 15.8-9와 Justin Martyr, *Dial.* 41가 포함된다.

은 약속과 소망에 대한 오랜 유대교 이야기의 초기 의미가 급진적으로 수정되고 있는 와중에도 소급적으로 인정받고 있었다는 것을 의미했다. 예수 시대와 그 시대의 유대 이야기를 말한 대부분의 사람들은 십자가에 못 박히시고 부활하신 메시아에 대한 개념을 그들이 알고 있던 이야기의 성취로 볼 수 없었고 보지도 못했다. 확실히 그 어느 누구도 이 이야기를 '진보' 내러티브, 즉 피에르 테야르 드 샤르댕이 예견했던 것과 같은 줄거리(plot-line)로 이해하지 않았다. 이 이야기의 소급적 검증도 이야기를 그렇게 보이도록 만들지 않았다. 그러나 충격적이고 예상치 못한 사건이 발생했을 때, 그리고 소위 메시아가 죽은 자 가운데서 살아났을 때, 사람들은 뒤를 돌아보며 다음과 같은 내용을 알 수 있었다. 아무리 비틀거렸더라도, 아무리 많은 기회를 놓쳤더라도, 아무리 많은 잘못된 출발이 있었을지라도, 암울하고 뒤틀려 버린 이야기가 그럼에도 불구하고 제대로 된 목적지에 도착했다고 말이다.

이것이 종말론에 관해 사실이라면, 그것은 또한 우주론에 관해서도 사실이다. 성막과 성전, 곧 인간이 실제 장막과 조각목, 실제 돌과 목재를 갖고서 손수 지은 천막과 건물이 현재 세계 안에 존재하면서도 살아 계신 하나님의 영광스러운 임재가 거하는 곳인 것처럼, 초기 그리스도인들은 부활을 통해 예수가 그의 공생애 사역 전반에 걸쳐 암암리에 주장했던 것이 실제로 드러났음을 재빠르게 믿게 되었다. 예수의 몸은 성전과 같다. 바울의 말을 빌리자면 예수의 몸 안에 '신성의 모든 충만이 육체로 거하'셨다. 하늘과 땅은 연합해 함께 거하도록 되어 있었으며, 요한과 바울은 이 점을 새 성전이신 예수의 관점에서 보았다(그리고 성령이 거하는 교회도 새 성전이라는 관점에서 보았다). 성막과 성전이 모든 창조 세계를 결국 자신의 영광으로 채우겠다는 창조주의 의도를 상징하는 '작은 세계'로서 기능했듯이, 이제 예수와 성령도 하나님이 모든 창조 세계를 위해 무엇을 하실지 미리 지시하는 표지와 전조가 되었다. 이것은 동시에 주류 유대교 세계관에 대한 **급진적인 재**

확인이었고 주류 유대교 세계관의 **급진적인 변혁**을 의미했다. 이것이 급진적인 변혁이었던 특별한 이유는 계시적 사건들의 중심에 기름 부음 받은 이스라엘 왕의 충격적이고 상상할 수 없는 운명인 **십자가가 걸림돌**(scandalum crucis)로 서 있었기 때문이다. 로마서 8장은 전 우주에 대한 이스라엘의 소망이 궁극적으로 성취되는 것을 미리 내다본다. 여기서 하나님은 자신이 예수의 부활을 통해 이미 하셨던 일을 전 우주를 위해 행하시는데, 그 이유는 전적으로 자신의 세상과 백성을 향한 창조주의 흔들림 없는 사랑 때문이다. 요한복음 20장의 배경이 동산이고 예수가 동산지기로 오해받은 상황에는 다 이유가 있다. 다시 한번 말하지만, 요점은 다음과 같다. 모든 급진적 변혁과 예기치 못한 모든 충격적인 사건을 통해, 완전히 새로운 사건인 예수의 부활은 에덴동산을 소급적으로 기념하고, 부활을 받아들이는 자들에겐 봄이 온다는 분명한 약속이 한낱 꿈이 아님을 천명한다. 옛 창조 세계는 오랜 기간 의도되어 왔던 성취를 내내 가리키고 있었다.[35] 부활을 믿는 것이 사랑이라면, 그 이유는 부활이 창조 세계에 대한 창조주의 절대적 사랑을 드러내고 창조주가 창조 세계의 구속과 회복을 위해 그리고 창조 세계의 오래된 목적을 성취하기 위해 무엇까지 하실 수 있는지를 보여 주기 때문이다. 우리는 이 모든 것을 통해—사랑이 우리를 완전히 주관적인 사적 세계로 데려간다는 노골적인 비웃음에 맞서면서—이 모든 것이 '영적' 또는 영지주의적 영역과 개인적인 환상의 세계가 아니라 **실제 공적 세계**와 정확히 관련되어 있다는 의미임을 상기한다.

다시 말하지만, 우주론이 그런 것처럼 인류학도 그렇다. 우리가 알고 있

---

35   이것과 구식 기독교 변증론의 '약속 성취' 주제 사이의 차이점을 지적할 필요는 없다. 그것은 명백히 무작위적인 구약의 '초자연적' 약속에 관한 것으로, 이 약속들은 이제 그것들과 간접적으로 연관이 있는 예수-사건을 통해 '성취되었다.' 여기서 우리는 훨씬 더 유기적으로 밀접하게 연관되어 있는 것을 다루고 있다.

는 한 어느 누구도 하늘과 땅이 한 인간 안에서 합쳐질 것이라고는 생각하지 못했다. 이 인간이 그러한 하늘과 땅의 연합을 치욕스런 죽음의 순간에 나타낼 것이라고는 더욱 생각하지 못했다. 하늘과 땅의 인류학적 연합에 가장 가까운 인물들은 아마도 기름 부음 받은 대제사장이나 다윗 계통의 왕일 것이다. 물론 돌이켜보면 초기 그리스도인들이 예수가 어떤 의미에서 이 두 역할을 모두 수행했다는 힌트를 이미 눈치챘다는 것을 알 수 있다. 당신은 시편 8편을 1년간 매일 읽거나 읊으면서도 그 의도를 모를 수 있다. 그러나 의도가 파악될 때, 당신은 뒤를 돌아보며 그 의도가 항상 거기에 있었다는 것을 알 수 있다. 천사들보다 조금 못하게 하시고 영화와 존귀로 관을 씌우셨나이다. 이것이 바로 형상 소지자가 되는 것이 의미하는 바다. 형상 소지자이신 예수 자신이 그 방법을 보여 주었다. 창세기 1-2장 전반에 잠복해 있던 숨겨진 약속이 예수의 부활과 함께 밝혀졌고 영광스럽게 확인되었다. 다시 말하지만, 일단 여명을 분별하면, 우리는 캄캄한 밤도 희망과 갈망으로 가득 차 있었음을 깨닫게 된다.

부활과 사랑의 인식론

따라서 예수의 부활은 전 창조 세계를 향한 창조주의 구속적·변혁적 사랑을 드러내면서 전체론적 지식 양식, 즉 **실제 세계에 대한 역사적 지식을 포함**하는 일종의 지식을 위한 공간과 시간을 열어 주었다. 이러한 개방은 실제 세계를 창조주의 절대적 사랑에 답하는 사랑의 감사 속에 위치시킴으로써 이루어진다. 이것은 '이성'의 반대도 아니고 단순히 주관적인 환상도 아니다. 이것은 이성과 주관성 모두가 적절한 역할을 할 수 있는 더 큰 틀로서의 '사랑'을 이해하게 해 주는 '지식'에 대한 설명에 열려 있다. 여기서 우리는 주의해야 한다. 나는 이미 일반적 의미에서의 지식과 특별한 의미에서의 역사적 지식에 내가 '사랑'이라 부르는 요소가 반드시 포함되어야 한다고 주장했는데, 내가 말하는 사랑이란 알려진 것의 타자성을 기쁨으로 보장해 주는 것이다. 나는 이제 예수의 부활과 더불어 이 '사랑'이 새로운 방식—이전 방식들이 구속되고 취해지며 변화되는—으로 바뀌었다고 제안하고 싶다. 각각의 경우, 첫 단계는 아마도 많은 인식론학자들에 의해 입증될 것이다. 우리를 다른 장소로 데려가는 건 두 번째 단계다. 내 요점은, 더 명확하고 구체적인 것이 있다면, 이 다른 장소가 첫 번째 단계와 관련이 있다는 것이다.

우선 '앎'은 **전인격적 활동**이다. 인간의 모든 앎은 우리가 알고 있듯이 감각과 뇌뿐만 아니라 육체 및 감정과 관련이 있다. 우리가 앎의 행위로부터 인간의 다른 측면을 분리하려 애쓴다면, 우리는 논리적인 실증주의자들처럼 아마도 객관적인 '과학' 지식과 그저 '감정적' 또는 주관적인 '윤리' 지식, 그리고 그냥 말이 안 되는 신학 또는 형이상학을 얻는 데 그치고 말 것이다.[36] 여기가 정확히 근대성의 파우스트 계약이 자신의 요점을 제시하는 곳이다. 그것은 창조주로부터 스스로를 분리하고, 사랑 자체를 거부하면서 부분적 힘과 부분적 쾌락인 '지식'을 붙든다.

우리가 이 원칙을 기억하고 부활에 접근할 때 무슨 일이 벌어질까? 여기서 우리는 좁은 길을 조심스럽게 걷는다. 한편에는 모든 사람이 부활을 받아들이도록 강요하면서 부활을 증명해 보자라는 합리주의적 유혹이 존재한다. 다른 한편에는 낭만적 유혹이 존재하는데, 부활이 우리의 마음을 너무 따뜻하게 만들어 버려 부활이 사실이라고 가장하게 된다는 것이다. ('그가 살아 있는지 내가 어떻게 아냐고요? 그는 내 마음속에 살아 있어요!') 첫 번째 경우는 모든 사람의 목덜미를 잡아 그들을 믿음으로 잡아당기려고 한다. 두

---

36   이것은 A. J. Ayer, *Language, Truth and Logic* [London: Penguin Modern Classics, 2001 (1936)]에서 고전적인 표현으로 인정받았다.

번째 경우는 믿음을 사적 세계이자 동화 속 나라에 남겨 두는데, 그곳에서 현실 도피주의자들은 마음이 그 이유—하지만 이성은 그것을 무시할 것이다—라고 중얼거릴 것이다. 이 두 경우 어느 쪽도 하늘과 땅이 실제로 겹쳐질 때, 다가올 시대(Age to Come)가 실제로 시간에 앞서 현 시대로 침입해 들어올 때, 새로운 형상-소지의 가능성이 일깨워진다는 점에 대해서 충분히 주의를 기울이지 않는다. 새로운 형상-소지의 가능성은 우리가 불가능하다고 생각했던 일종의 전인격적 지식으로, 이 지식은 그것만의 방식을 임의적으로 사용함으로써 형성되는 것이 아니라 지식의 목적에 의해 그리고 지식의 목적에 반응함으로써 형성된다. **이 경우에 '지식의 목적'은 자신의 창조 세계를 향한 창조주의 흔들림 없는 사랑을 드러내는 것이다.**

성전의 모습을 지닌 우주론, 곧 하늘과 땅이 중첩한다는 것의 요점은 천국의 존재를 나타내는 참 표지인 사건이 **이 땅에서 일어난다**는 것이다. 그러므로 이것은 '믿음'이라고 불리는 사적인 영역에서뿐만 아니라 역사적으로도 논의될 수 있다. 안식일의 모습을 지닌 종말론, 곧 온 세대가 중첩한다는 것의 요점은 궁극적 미래에 대한 참 기대를 의미하는 사건들이 **현재에 일어난다**는 것이다. 이중 공간과 이중 시간을 지닌 이 세계에서 우리는 공공 세계에 대해 말하고 있지만, 이 공적 세계는 데카르트의 귀납법이나 칸트의 연역법이 제안하는 공적 세계보다 더 크다. 형상을 소유한 우리의 모든 자아로 이 세상을 안다는 것은 사랑에 응답하면서 창조주의 아낌없고 관대한 사랑의 계시에 대해 열려 있다는 것을 의미한다. 그것은 우리의 보호된 인식론적 '안전 지대'로부터, 거짓되고 가정된 '객관성'이라는 지나치게 밝은 빛으로부터, 그리고 사적인 주관성이라는 위로의 빛으로부터 벗어나 새롭고 다층적 형태의 지식 속으로 들어가는 것을 의미한다. 이 새로운 방식은 마침내 파우스트 계약을 와해시키면서 (엠마오 도상의 두 제자처럼) 부활한 예수에게 '잠시만 머물러 주세요. 당신은 너무 아름답습니다'(Verweile doch, du bist so schön)라고 말한다. 그 순간 메피스토펠레스(Mephistopheles)는 패배했고, 도덕적으로나 인식론적으로나 죄의 사함이 이제 현실이 되었으며, 그 중심에 걸작을 두고 대학교가 재건 중이며, 우리가 그 대학교의 일원이라는 것을 발견한다. 대학교에 대해 다시 한번 더 말하자면, 이 대학교는 특정한 환상을 공유하는 사교 단체가 아닌, 실제 세계, 곧 새 창조 세계이자 **창조 세계 그 자체**로, 구속되고 변화되었지만 여전히 창조주의 의도 그대로 존재하는 참 창조 세계를 의미한다. 이로써 우리는 마침내 자연신학의 새로운 가능성에 문을 열게 된다. 자연신학의 새로운 가능성이란 창조 세계를 기뻐하는 가능성으로, 창조 세계에 대한 기쁨은 또한 창조주시며 구속자이신 하나님에 대한 기쁨이다.

다시 말하지만, 이러한 사랑의 인식론에 직면하면 모든 것이 주관성으로 무너질 것이라는 의혹이 제기될 수 있다. 그러나 무언가 더 깊은 것이 일어나고 있다. 합리주의와 낭만주의는 근대 에피쿠로스주의의 인식론적 쌍둥이로서 인간이 원자의 무작위적 사건으로 전락한 이후의 상황을 이해하려고 애쓰고 있다. 플라톤적 답변도 도움이 되지 않는다. 그러나 신약에서 사랑은 단순한 윤리나 감정이 아니라, 사랑 안에 있는 모든 것들을 포함하는 가장 높은 수준의 앎이다. 바울은 고린도 교회 성도들에게 다음과 같이 말한다. '만일 누구든 무엇을 안다고 생각한다면, 아직 마땅히 알아야 하는 대로 아는 것이 아닙니다. 그러나 누구든 하나님을 사랑하면, **하나님께서 그를 알아주십니다**'(고전 8:2-3). 참된 지식이란 세상이나 하나님에 대한 당신의 지식이 아니라 당신에 대한 하나님의 지식이다. 이 참된 '지식'에 대한 당신의 대답은 무엇보다 사랑이다. 왜냐하면 계시가 사랑 그 자체이기 때문이다. 그렇기 때문에 하나님과 이웃 사랑이 모든 제사와 번제를 압도하는 가장 큰 계명이 된다. 그렇기 때문에 믿음, 소망, 사랑이 가장 위대하며, 그중에서도 사랑이 더 위대한데, 이 사랑은 단순히 덕목이 아니라 앎의 방식을 의미한다. 믿음은 천국을 향한 사랑으로, 이 믿음을 통해 우리는 천국이 이 땅에 내려왔고 이 땅을 바로잡느라 바쁘다는 것을 알게 된다. 소망은 미래를 향한 사랑으로, 이 소망을 통해 우리는 안식일과 같은 내세가 현재에 이미 도래했고 지친 옛 세계에 쉼과 새 힘을 주고 있다는 것을 알게 된다. 이 사랑이 객관적/주관적 구분을 초월하는 것만은 아니지만 그것도 사실이다. 바울은 하나님이 자신을 사랑하는 자들을 위해 모든 것을 합력해 선을 이루게 하신다고 주장하면서 새 성전에 관한 장이요, 부활에 관한 장이며, 새 시대에 관한 장인 로마서 8장을 채운다. 바울은 하나님을 사랑하는 자들은 '자기 아들의 형상을 본받'게 된다고 묘사한다(롬 8:29). 또 골로새서에서는 그들을 '창조주의 형상으로 새로워져…새로운 지식에 이르게' 된 자들로 묘사한다(골 3:10). 이 새로운 종류의 지식은 초신자들에게 비밀스러운 지식(gnosis)이 아니다. 바울의 소명은 '진리에 대한 공개적 진술'을 통해 하나님의 형상을 지닌 메시아의 얼굴에서 빛나고 있는 하나님의 영광, 바로 이 영광을 아는 지식의 빛을 선언하는 것이다.

이 지식은 새롭게 표명되는 가운데 사랑의 인식론의 더 큰 차원, 즉 **모든 앎은 공동 지식**이라는 차원으로 나아간다. 그렇지 않은 척한다면, 당신은 현상주의의 함정인 유아론(唯我論)에 빠져 당신의 감각 정보만 인지하게 된다.[37] 우리 모두는 제대로 알기 위해 일종의 더 큰 공동체에 의존한다. 가추(abduction)는 그 자체가 일반적으로 공동체적 활동이다. 이것이 계몽주의의 새로운 인식론들이 다른 종류의 혁명을 가져온 이유다. 다시 말해, 서로 다른 '지식 공동체'는 서로 정면으로 충돌했으며, (다른 영역에서와 마찬가지로) 사랑은 고려 대상에서 제외되었다. 데카르트는 인식론적 원자를 쪼개 놓았고 마르크스는 그에 따른 폭발을 제공했다.

---

37   *NTPG*, p. 33를 보라.

예수의 부활을 지시하는 증거와 충돌하면 이 원칙에는 무슨 일이 벌어질까? 비록 공유된 지식이 많은 상황에서 확증을 제공하겠지만, 응답하는 사랑인 창조주의 사랑에 대한 공유된 지식은 다른 종류의 공동체, 정확히 말해 사랑의 공동체를 만들어 낸다는 것이 답변의 일부가 될 수 있다. 바울은 골로새의 신생 교회에 편지를 쓰면서 에바브라가 자신에게 말해 준 '성령 안에서 너희 사랑'으로 인해 기뻐한다. 다시 말해, 골로새에는 한 무리의 사람들이 있었는데, 이들은 다른 문화 출신의 다른 사회적 지위를 지닌 사람들임에도 불구하고 서로를 '가족'으로 대하며 서로 사랑한다. 바울이 볼 때 이러한 모습은 그 자체로 복음이 역사하고 있다는 강력한 증거다(골 1:6-8). 이것이 바울이 사랑을 '성령의 열매' 중 첫 번째 특징으로, 그리고 미덕 삼총사 중 으뜸가는 것으로 강조하는 많은 이유 중 하나다. 다시 말해, 사랑은 믿음과 소망을 뛰어넘는다(갈 5:22; 고전 13:13).

보통의 '사랑의 인식론'이 새 창조의 세계와 새롭게 된 인간 삶의 세계로 이렇게 확장되는 현상은 더 넓은 세계로 나아가는 것을 의미한다. 모든 인간의 앎은 공간, 시간, 물질에 대한 견해와 인간이 된다는 것이 의미하는 바와 앎 자체에 참여한다는 것이 의미하는 바를 전제로 한다. 따라서 모든 앎은 **관여와 개입이지 단순한 객관적 관찰이 아니다.** 앎은 **관계적인** 것으로, 앎의 주체와 '객체' 사이의 상호 관계와 관련이 있다. 그 객체가 산이든 쥐든 교향곡의 운동이든 상관없이 말이다. 관계는 언제나 양방향이다. 수동성을 주장하든('나는 사실이 내게 말하도록 내버려 둔다') 정보를 통제하고 있다고 주장하든('내게서 진실을 빼앗아 가 보라. 나는 진실을 알고 있다'), 이와 다른 척하는 것은 순진하거나 교활한 권력 행사에 지나지 않는다. **관여하는 관계적 앎**의 필수 요소인 양방향 속성을 인지한다면, 이는 사랑의 인식론을 인지하는 것이다.

이것 역시 내가 현명한 '비판적 현실주의'라고 간단히 설명했던 내용의 일부다. 세상을 정상적으로 관찰하는 데 수반되는 평범한 '비판적 현실주의'와 예수의 부활이 열어 놓은 새로운 방식의 차이는 지금 우리가 논하고 있는 '관계'가 (현존하는 임재로서 '알려져'야 할 예수와의) 개인적 관계일 뿐만 아니라 예수가 행한 사랑의 직접적인 결과라는 점에 있다. 다시 말해, '메시아의 사랑이 우리를 강권하기 때문입니다'(고후 5:14). 따라서 부활을 믿는 것에는 예수가 자신의 십자가 처형을 통해 악과 사망의 권세를 이겼다는 믿음이 포함된다(그렇다고 불트만과 그의 추종자들의 주장처럼 그것으로 축소될 수는 없다). '메시아께서 일으켜지시지 않았다면, 여러분의 믿음은 무의미하고, 여러분은 아직도 죄 가운데 있을 것입니다'(고전 15:17). 부활은 단순한 소망의 성취도 이기적 주관성의 또 다른 속임수도 아니다. 개인적 지식과 역사적 증거의 결합은 (다시 한번 더 말하지만) 야고보-요한 류의 지식을 원하는 자들이 갈망하는 그런 종류의 '수학적 확실성'을 제공하지 않는다. 야고보-요한 류의 '지식'은 우리를 책임자로 세우고 우리로 하여금 확실성을 권력 삼아 휘두르게 할 것이다. 만약 신학자들이 아직도 그러한 지식을 찾고 있다면, 그들은 자기모순을 자초하면서 그들이 추천코자 하는 바로 그 진리를 훼손할 무언가를 요구하고 있는 것이다. 그렇다면 진리는 '자연신학'의 포기를 의미하는 걸까? 결코 그렇지 않다. 진리는 근대성이라는 분열된 차원의 에피쿠로스주의의 틀 안에서 그러한 것을 이해하려는 시도를 회개하는 것을 의미한다. 진리는 이런 방식으로 드러난 신적 존재가 '신'에 대한 다른 견해와 상당히 다를 수 있다는 가능성에 열려 있음을 의미한다. 실제로 그러한 신적 존재는 십자가에서 죽고 다시 살아난 나사렛 예수와 훨씬 더 비슷할 수 있다.

프랜시스 베이컨의 주장처럼 지식이 힘이 되는 방식을 생각해 볼 때도 마찬가지다.[38] 근대 세계의 특징은 지식에 대한 욕구인데, 이 지식에 대한

---

38   '힘'(또는 권력)에 대해서는 다음 장인 7장을 보라.

욕구는 본질적으로 힘에 대한 욕구다. 그것이 니체와 푸코가 말한 핵심이다. 이것은 파우스트 계약, '스스로 진리를 만든다'고 주장하는 제국들, 그리고 빌라도의 냉소적 질문과 정확히 일치한다. 인간됨에 대한 근대의 불완전한 관점에서 우리의 세계는 기본적으로 경쟁적이자 권력을 위한 제로섬(zero-sum) 게임이다. 지식에 대한 우리의 모든 주장은 결국 상대방, 공간, 시간, 물질을 창조주의 사랑의 선물로 보기보다는 이 모두를 통제하려는 시도로 이해될 수 있다.

이것 역시 부활 자체를 여전히 주저하는 많은 사람들의 동의를 받을 수 있다. 그러나 특별히 부활절 모습을 취하고 있는 '사랑의 인식론'의 이러한 측면은 이 '힘'이 바울이 고린도후서 전반에 걸쳐 분명히 밝히고 있는 바로 그 힘, 곧 약함 가운데 역설적으로 발견되는 힘이라고 말한다. 지배하기 위해 지식—모든 지식, 그러나 특히 부활한 예수에 대한 지식!—을 사용하려는 시도는 즉시 왜곡되고 훼손될 것이다. 이러한 현상은 교회사에서 비극적으로 자주 실현되었다. 예수가 마태복음 28:18에서 선언하는 것처럼 충격과 당혹감에 빠져 있는 예수의 추종자들에게 제시되는 새로운 세상은 실제로 예수의 주권 아래 있다. 그러나 이 주권에 대한 정의는 산상수훈에 나타난다. 이 주권은 야고보와 요한이 갈망한 종류의 지배적인 힘이 아니다. 예수의 부활을 믿는 사랑은 섬김을 받기보다 섬기는 것으로 인자(Son of Man)를 따르고자 하는 사랑이다. 마태복음 25장에서 나오는 '양과 염소'의 이야기에서 알 수 있듯이, 사랑은 또한 일종의 '앎의 유형'이다. 이 이야기에서 예수는 그의 추종자들이 섬길 가난한 자들, 연약한 자들, 죄수들 등을 통해 자신이 '알려질 것'이라고 약속한다.

그러므로 나는 '평범한 지식'에 무엇보다 사랑이라는 요소가 회복되어야 한다고 주장해 왔다. 따라서 우리의 일상적인 인식론은 우리가 마키아벨리에게서 찾아낸 에피쿠로스주의의 본능, 즉 그 본질은 밝혀졌지만 궁극적으로 니체가 권력에 대한 의지와 연결시킨 본능에서 구출될 필요가 있다. 그리스도인이든 아니든 성찰하는 사람들이라면 이 점에 동의할 것이다. 그들이 이 가능성을 숙고할수록, 그들은 자신들이 이끌려 오게 된 그 지점이 예수의 추종자들이 했던 이상한 주장들과 묘하게 일치한다는 것을 더 많이 인지하게 될 것이다. 다시 말해, 평범한 앎에 대한 성찰은 믿음에 대한 비범한 앎을 가리킬 수 있다.

이러한 이유로 나는 부활을 믿는 것이 곧 사랑이라고 생각한다. 규칙적인 세계에 현명한 앎을 조장하는 평범한 사랑은 있는 그대로의 창조 세계를 존중하고 그것에 적절하게 반응한다. (어둡고 깨어진 창조 세계를 향한 적절한 반응에는 탄식, 치유를 위한 기도, 그리고 실제로 제공 가능한 실질적 도움이 포함될 것이다.) 예수의 부활에 대한 믿음으로 나타나는 변화되고 향상된 사랑은 부활절 사건을 통해 하나님의 선언, 즉 현재 창조 세계에서 우리가 느끼는 평안함이 현재 창조 세계를 멸하시는 것이 아니라 구속하시고 다시 만드시는 하나님에 의해 재확인된다는 선언에 응답하고 있다. 이 사랑 안에는 악의 세력이 무너졌다는 놀랍고도 기쁜 발견이 존재한다. 다시 말해, 십자가는 창조주의 사랑이 어둠의 파괴적인 권세에 승리했음을 의미한다. 이 사랑은 바울서신과 요한복음에서 매우 개인적으로 반복해서 나타난다. '나를 사랑하여 나를 위해 자신을 내주신 하나님의 아들'이라는 바울의 말과 예수가 '자기 사람들을 항상 사랑하시되, 이제 끝까지 사랑하셨다'는 요한의 말은 이 사랑을 완전히 요약한다(갈 2:20; 요 13:1). (비트겐슈타인이 주장했던 것과는 반대인!) 사랑에 기초한 이 부활 지식은 평범한 앎과 많은 것을 공유한다. 이 인식론이 제대로 접근할 수 있는 존재론은 하늘과 땅이 중첩하는 곳이지, 하늘이 땅을 떠나 제 일을 하는 은밀한 곳이 아니기 때문이다. 다시 말하자면, 그것은 육체적 부활이 지닌 요점의 일부다.

그렇다면 부활을 믿는다는 것에는 평범한 앎, 특히 평범한 역사적 앎의 요소가 포함된다. 그리고 부활은 이 요소들을 초월하면서 이 요소들을 확증한다. 그러한 믿음은 단순히 확신에 찬 마음뿐만 아니라 완전히 변화된 사람을 필요로 한다. 그러한 믿음은 고립된 많은 개인이 아니라 그 믿음을 제대로 고백할 수 있는 새로운 종류의 공동체가 필요하다. 이런 종류의 앎에서 우리는 십자가에 못 박힌 예수라는 실재와 전적으로 관련되어 있다. 이것은 겸손(모든 앎이 넓고 복잡한 세상과 얽히고설킨 작고 근시안적 피조물인 우리를 포함한다는 것을 인지하는 것)과 감사(부활이 무엇보다도 새 창조 세계의 참된 표본이며, 새 창조 세계가 첫 창조 세계와 같지만 그보다 더욱더 창조주의 자기를 내어 주는 사랑의 열매임을 인지하는 것)를 수반한다. 우리는 이 사랑을 이해하거나 통제하려고 애쓰는 대신, 이 사랑에 감사하고 이 사랑의 감사를 소명, 즉 하나님의 형상을 지니는 소명으로 바꾼다.

이 모든 것은 지난 몇 세기 동안 서구 사회에서 예수의 부활을 믿는 것이 왜 그토록 불가능해 보였는지를 설명해 준다. 그 이유는 단순히 '과학'이 부활의 불가능성을 보여 주었기 때문이 아니다. 그것은 언제나 사소한 반론일 뿐이다. 이는 부분적으로 죽음의 영속성이 우리가 추적할 수 있는 한 멀리까지 거슬러 올라가는 상식이었기 때문이고, 또 부분적으로 '과학'이 반복 가능한 것을 연구하는 반면 기독교는 예수의 죽은 몸에서 일어난 일을 명확히 일회적 사건이라고 주장하기 때문이다. 그러나 육체의 부활은 결국 대규모로 반복될 현상이다. 예수의 부활을 믿지 못했던 전반적인 이유는 예수의 부활이 사실일 경우 이 사건은 역사의 진정한 전환점이 되어 버리기 때문인데, 근대 서구 사회는 역사의 진정한 전환점이 18세기 계몽주의 시대에 발생했다는 전제에 기초하고 있다. 더욱 구체적인 요점은 **근대 서구 문화가 '사랑'을 차단해 버렸거나** 적어도 무관한 감성 또는 낭만적 주관성으로 축소해 버렸다는 것이다. 사랑은 파우스트적 계몽주의에서 신중히 회피되는 특징인데, 이 특징은 다른 모든 앎의 방식들을 다루고, 맥락화하고,

이해시키고 풍요롭게 하면서 니체의 권력의 덫으로부터 그것들을 구조해 낸다. 그러므로 부활을 믿는 사랑은 **하나님의 선교**(missio Dei)에 참여하게 만드는 동기일 뿐만 아니라 현 창조 세계의 선함을 올바로 인지하게 하는 토대다. 바울의 말을 다시 한번 빌리자면, '그리스도의 사랑이 우리를 강권하시는도다.'

따라서 사랑, 곧 예수의 부활에서 여명을 분별해 내는 사랑은 다른 유형의 앎과 별개가 아니다. 이 사랑은 사랑이라는 바로 그 이유로 인해 진정한 역사적 조사에 열려 있다. 새 창조 세계가 불편한 방식으로 그리고 뜻밖으로 옛 창조 세계 한 가운데 도래했다. 새 창조 세계에 비추어, 우리는 옛 창조 세계, 빈 무덤, 엠마오의 탁자 위에 뜯겨져 있는 빵, 갈릴리 바닷가에서의 아침 식사 이후 해변에 생긴 발자국에 관해 매우 좋은 질문들을 던질 수 있다. 일부 신학자들로 하여금 이러한 질문을 하는 것을 부끄러워하게 만드는 거짓 겸손은 그들을 '자연신학'에 대해 불안하게 만든 바로 그 물러섬이다. 그러나 사랑은 기독교적 '앎'의 핵심이며, 새 창조 세계뿐만 아니라 옛 창조 세계의 핵심이다. 다음 장에서 보겠지만 인간 소명의 모든 측면—특히 슬픔의 방식에 있어서—에서 우리를 만나는 것이 바로 그 사랑이다.

따라서 예수의 부활은 창조 세계가 새롭게 되는 출발점이다. 그렇기 때문에 예수의 부활은 뒤를 돌아보며 첫 창조 세계의 선함을 확증하고 그 안에 깃든 창조주의 능력과 솜씨를 가리키는 표지를 소급해 검증한다. 부활은 우리가 현 창조 세계에서 알고 있는 모든 것, 즉 우리가 영광, 지혜, 창조의 선함을 엿보았던 모든 것이 실제로 타락과 부패에서 구조되어 창조주가 항상 의도했던 새로운 방식으로 변화될 것을 보장한다. 물론 사랑의 선물인 부활은 언제나 교만이나 불만으로 인해 거부될 수 있다. 감사와 겸손은 특히 근대 사회에서 쉽게 생기지 않는다. 그러나 예수의 부활을 가리키는 역사적 증거가 부활 사건에서 우리가 창조주의 사랑에 대한 궁극적 확증을 목격하고 있다는 인지와 결합할 때, 그리고 기독교적 깨달음을 갖고 성령의 약속된 역사를 숙고할 때, 계시된 사랑은 응답하는 사랑을 낳는다. 이 사랑은 믿음이면서 동시에 지식이다. 이 지식은 창조 세계를 하나님의 작품으로 아는 지식, 그리고 하나님을 창조 세계의 창조주이자 구속자로 아는 지식이다.

결론: 앎과 사랑

그렇다면 부활은 레싱의 넓고 추한 도랑에 요약되어 있는 에피쿠로스주의의 이분법이 초월되는 곳이다. 부활은 구속적 변혁을 통해 옛 세계를 재확증한다. 이 구속적 변혁은 원 창조 세계를 제쳐 두거나 무관한 척하지 않는다. 출애굽기에서처럼, 노예들은 하나님이 아브라함에게 주신 약속을 잊는 것이 아니라 그것을 성취함으로써 해방된다. 창조와 구속에 드러난 사랑은 하나님과의 간격을 좁힌다. 그리고 인간의 앎의 궁극적 유형인 사랑은 이에 반응해 하나님께로 뻗어 나간다. 예수 안에서는 **이 두 가지가 모두 실현된다.** 다시 말해, 이것은 기독론의 신비이자 이 신비가 제대로 통합되는 단서가 된다. 새 창조 세계에는 '바다도 다시 있지' 않고(계 21:1), '추한 도랑'도 없다. '죽은 자들 가운데서 일으켜지신 메시아께서 결코 다시는 죽지 않으실 것을 우리가 압니다. 죽음은 그분에게 더 이상 어떤 권위도 갖지 못합니다.' 영원과 우연의 구분은 과거, 현재, 미래의 구분과 마찬가지로 이 세상에 사랑(Love)을 가져오는 형상 소유자(Image-bearer)인 예수에 의해 극복되고, 그다음엔 이에 대한 반응으로 지식을 사랑하는 가운데 창조주의 형상에 따라 새롭게 되는 자들에 의해 극복된다. 예수가 말한다. '요한의 아들 시몬아 네가 나를 사랑하느냐?'(요 21:15-19) 베드로의 도덕적·인식론적 실패가 용서되자, 사랑은 믿고 자신의 일을 하게 된다. 그리고 이 일에는 우리가 이미 본 것처럼 갱신된 역사의 과제가 포함된다.

그렇기 때문에 예수의 부활에서 새로운 형태의 '자연신학'으로의 논쟁은 단순한 주관주의로 치부될 수 없다. 보다 자세한 사례는 이 책의 마지막 두 장에서 보게 될 것이다. 중요한 것은 사랑의 인식론으로, 이 사랑은 우리의 파우스트적 문화가 오로지 힘으로만 세상을 지배하기 위해 배제하고자 애쓰고 있는 사랑이다. 여기서 말하는 힘이란 삶의 전 영역에 자신의 적수를 데리고 오는 힘을 의미한다. **역사적 인식론**으로서의 사랑은 1세기 유대인의 사고방식에 열려 있고, 1세기 유대인의 사고방식을 우리 '근대인들'처럼 '고대 세계관'이라고 깎아내리는 것을 거부하며, 어설프게 가정된 에피쿠로스주의 또는 플라톤주의로 대체되는 것을 거부한다. **신학적 인식론**으로서의 사랑은 고대 이스라엘과 제2성전기의 성전-우주론 및 안식일-종말론에 대한 탐구에 이끌린다. 이 사랑은 성전-우주론과 안식일-종말론을 유일한 참 형상 소지자에 초점을 맞추게 하고, 이 둘을 통해 한 세계관을 발견하는데, 이 세계관은 예수의 부활뿐만 아니라 그것을 통해 재확증한 창조의 선함을 지속적으로 감지한다. 따라서 사랑 그 자체, 지식 그 자체가 새롭게 되었다. 그리하여 부활 안에서 계시된 창조주의 사랑에 응답함으로써 새로운 형식의 앎이 탄생해 성전과 안식일이 줄곧 가리켜 왔던 새로운 형식의 현실을 맞이하게 된다. **소명 인식론**으로서의 사랑은 베드로의 경우처럼 양떼를 돌보고 먹이며 예수가 이스라엘을 위했듯이 세상을 위하라는 새로운 소명을 발견한다. '아버지께서 나를 보내셨듯이, 나도 너희를 보낸다'(요 20:21). 사랑의 임무—새로운 창조의 진리를 말하고 원 창조 세계에서 그 진리를 미리 맛보는 것을 축하하는 임무를 포함하는—는 실재의 모든 초기 모습을 소급적으로 조명할 것이다.

이 모든 것은 다음 장에서 탐구될 다음과 같은 가능성을 알려 준다. 즉, 우리가 현 세계에서 발견하는 이상한 이정표들은 한밤중에 아무 데도 가리키지 않는 것 같거나 심지어 바보 같은 장난처럼 보일 수 있다. 하지만 그것들은 비록 망가졌을지라도 결국 하나님과 세계의 궁극적 현실을 가리키는 참 이정표다. 일단 여명을 분별하기 시작하면, 당신은 어둠 속에서 당신이 따라가려고 애썼던 이정표들이 결국 진실을 말하고 있었다는 것을 깨달을 것이다. 비록 이정표들이 망가져서 그것들이 가리키는 곳으로 항상 갈 수는 없었을지라도 말이다.

부활에 비추어 볼 때, 우리의 소급적 사고에 있어서 제일 먼저 재고되어야 할 것은 십자가다. 성 금요일 당시 모든 사람은 십자가를 그것의 본래 의미인 로마 제국의 억압에 대한 추악한 상징, 아름다운 꿈의 잔인한 종결로 보았다. 예수의 생애에 발생한 모든 사건 중에서 그의 죽음은 가장 '자연스럽고' 역사적으로도 입증 가능한 특징이다. 다시 말해, 예수와 '자연신학'을 함께 논해야 한다면, 그의 죽음이 바로 가장 분명한 출발점이 될 것이다. 그러나 그의 죽음 자체가 무슨 특별한 결과를 가져오지는 않을 것이다. 왜냐하면 그의 죽음이 하나님과 관련된 모든 의미를 명백히 부인하기 때문이다. 물론 부활의 측면에서 긍정적인 의미가 등장하므로 우리는 이런 방식으로 이러한 중심 사건들에 접근했다. 부활로 인해 예수의 추종자들은 예수의 십자가 죽음에 새로운 소급적 의미를 부여할 수밖에 없었다. 바울이 로마서 1:3-4에서 암시하는 초기 경구를 통해 우리가 이미 보았듯이, 예수의 첫 추종자들은 부활이 세상을 뒤흔들 진리를 말하고 있다고 보았다. 다시 말해, 예수의 십자가 죽음은 이후 이스라엘 메시아로서의 그의 공적 계시 측면에서 이해되어야 한다. 이는 머지않아 예수가 이스라엘 하나님의 구현이라는 고백으로 이어졌다.

따라서 망가진 인간, 곧 공포, 수치, 세상의 불의가 한데 어우러져 있는 운명을 지닌 인간을 가리키는 이정표는 자연신학의 문제를 요약해 보여 준다. 그러나 부활은 우리로 하여금 그 상징과 문제를 되돌아보고, 다르게 보도록 강권한다. 사랑이 부활을 믿을 때, 즉 사랑의 역사적 해석

(hermeneutic)이 새 창조의 종말론적 진리를 파악할 때, 이 사랑은 그것만의 참 정체성을 발견할 것이다. 이러한 새 창조적 측면은 우리로 하여금 창조 세계를 일반적으로 돌아보게 하고 또한 예수와 특히 그의 십자가 죽음을 돌아보게 하는데, 여기서 십자가는 하나님의 창조적·구속적 사랑이 알려지는 장소로서 참된 지식인 사랑, 또한 참된 사랑인 지식을 우리에게서 불러낸다.

조지 허버트(George Herbert)의 시 "사랑"(Love)을, 조금은 무모하지만, 인식론적인 방식으로 다시 써 보겠다.

사랑은 나를 환영했고, 내 마음은 물러났다
사실과 증거를 갈망하며.
그러나 눈치 빠른 사랑은
사랑의 더 큰 양식이 내게 없는 슬픈 모습을 보고서
내게 더 가까이 다가와, 왜 방황하고 있는지
다정하게 물었다.

그 이름에 걸맞은 지식이 필요하다고, 내가 말하자
그것은 그대의 것이 될 것이라고 사랑은 말했다.
삐딱하고, 냉정한 제가요?
권력을 잡으려 한 자들과 같은 제가요?
사랑은 내 두 눈을 만지고, 웃으면서 내게 답했다.
나 말고 누가 마음을 만들었지?

내 마음은 적대적이고 무거운 짐에 짓눌려 있어요.
나는 이상한 사람이며 비난을 받아야 해요.

사랑이 말했다. 그렇다면 이리로 오라. 길 위의 이상한 사람이여.

그런데 이 말에 왜 내 마음이 불타오르는 걸까?

사랑이 말했다. 그대는 앉아서 내 목소리를 들으라.

지식과 사랑이 기뻐한다.

4부

자연신학의 위험과 가능성

7장

망가진 이정표?

올바른 질문들에 대한 새로운 답변들

도입

엠마오로 향하는 두 제자에게 예수가 말했다. "그대들은 너무 둔합니다! 예언자들이 그대들에게 말한 모든 것을 너무 더디게 믿는군요! 아직도 깨닫지 못합니까? 이 일은 반드시 **일어났어야** 합니다."

이 장면은 모든 성경 구절 중 가장 사랑받는 구절 중 하나의 전환점이다 (눅 24:25).[1] 이 구절은 누가의 신학적 관점뿐만 아니라 내가 다른 곳에서 논했던 것처럼 모든 초기 그리스도인들의 신학적 관점을 요약해 제시한다.[2] 어떤 사람들은 누가가 이 점에 있어서 궁지에 몰렸다고 생각하는데, 그 이유는 소위 '바울' 복음은 모든 '뒷이야기', 특히 이스라엘의 이야기를 부적절한 것으로 거부한다고 여겨지는 반면, 누가는 십자가와 부활을 오랫동안 기다

---

1   이 구절에 대한 해석학적 함의는, Hays, *Echoes of Scripture in the Gospels*를 보라.
2   *NTPG*, Part IV를 보라.

려 온 이스라엘의 모든 성경 이야기의 성취로 보길 원하고 있기 때문이다.[3] 이러한 관점에서 신약 전체와 예수 자신의 생각 및 메시지를 이해하기 위한 강력한 근거가 만들어질 수 있다. 어떤 의미에서 이 책은 단순히 이 구절에 암시되어 있는 내용을 끄집어내어 최근 몇 세기 동안 제기된 큰 이슈, 즉 세계와 하나님, 그리고 우리가 세계와 하나님에 대해 현명하고 정직하게 말할 수 있는 앎의 방식에 관한 이슈에 적용하고 있을 뿐이다. 이 이슈들은 (사실상) 내가 앞 장에서 논한 그것의 한계와 부정적 어감에도 불구하고 우리가 여전히 '자연신학'이라고 부르고 싶어 하는 무언가에 관한 것이다.

현재 논의는 이 책 마지막 장의 논의와 마찬가지로 서문에서 설명한 대로 논의를 다른 방식으로 전환한다. 지금까지 이 논의는 여러 상대와 대화하면서 차근차근 진행되어 왔다. 여기에서 나는 새로운 것을 제안한다. 특정 이슈를 자세히 살피고 싶은 사람들에게 매 지점마다 '자세한 설명'을 제공할 수도 있지만, 내 주장은 다른 사람들의 논의에 의존하지 않으므로 나는 그런 질문 대부분을 한쪽에 남겨 놓을 것이다.

결국 (이전 논의를 요약하자면) '자연신학'이라는 문구에 요약되어 있는 과제는 무엇인가?[4] 전제와 상관없이 모두가 받아들일 수 있는 '중립적' 논의를 제공해 적어도 회의론자들을 원칙적으로 설득하는 방식으로 하나님의 존재, 그리고 어쩌면 더 구체적인 기독교적 주장으로 이끄는 시도인가? 기독교 관점에서 그러한 '중립적' 논의가 어떤 모습일지 묘사하려는 시도인가? 아니면 예수가 길에서 이스라엘의 이야기를 다시 들려준 것처럼 그것은 '뒤집어 읽는' 기독교적 설명으로서 '자연' 세계가 (비록 온전치 못한 방식일지라도) 어떻게 실제로 진리를 가리켜 왔는지 보여 주는 것일까? 그것은 이 모든 것

---

3 누가의 이러한 이해에 대해서는 Conzelmann, *Theology of St. Luke*를 보고, 바울의 이러한 (소위 '묵시적') 이해에 대해서는 *PRI*, Part II에 나와 있는 나의 논의를 보라.
4 이 질문의 여러 답변에 대한 요약은 이 책의 서문 pp. 6-10를 보라.

을 시도하려 할 것이다. 이 중 마지막 과제가 가장 일관성이 있으며, 나는 이번 장에서 그것을 설명할 것이다.

그렇다면 '자연신학'의 **목적**은 무엇인가? 나는 기포드 경이 자신의 이름을 딴 강연을 설립하면서, 특히 과학적 조사를 통해 교회가 가르쳐야 할 오래된 것들을 세계가 발견하는 새로운 것들과 결합시킬 사고방식을 마련하려 했다고 생각한다. 점점 더 회의적으로 변하는 세상을 향해 교회가 자신의 텍스트와 전통에 대해 하나님의 영감을 주장하고, 그것들을 선험적 사실로 내세우는 것은 소용이 없었다. 대중의 눈에 그것은 단지 레싱의 추한 도랑과 같은 곳을 가로지르는 낡은 도개교를 점검하는 것에 불과했다. 그 낡은 도개교가 의미하는 바는 우리에게 영원한 진리가 있으며 그 어떤 것도 그 진리를 건드릴 수 없다는 것이다. 레싱의 '영원한 진리'는 물론 기독교 신학이 간주하는 '진리'와 다르지만, 도랑 개념은 양측에서 모두 작용한다. 기독교가 주장하는 '특별 계시'는 그리스도인과 회의론자 모두에게 '자연' 세계와 확실히 분리된 것으로 간주되었다. 부활한 에피쿠로스주의에는 어떠한 경우에도 이 도랑을 건너고자 하는 욕구가 전혀 없었다. 다시 말해, 세상은 알아서 돌아가고 유일한 진리는 영원한 진리가 없다는 것이다. 기포드 경은 변증적 사례가 가능하다고 희망했던 것 같다. 다시 말해, 기독교 진리에 대한 **변증적** 사례는 아닐지라도, 최소 기독교 **진리**의 가능성은 보여 주기를 바랐던 것 같다. 누군가는 기독교 진리가 적어도 불합리하지 않다는 것을 보여 줄 수도 있을 것이다. 그리스도인들을 대상으로 한 **설명** 사례도 있었는데, 이 설명 사례는 신자들로 하여금 새로운 발견이 전통적인 가르침과 조화롭게 공존하고 심지어 전통 가르침에 설명까지 제공해 준다는 사실을 만족스럽게 알게 해 주었다. 이러한 목적은 그 나름대로 좋은 것들일지도 모른다. 그러나 나는 이것들과 다른, 어쩌면 역설적인 점을 논하고자 한다.

세 가지 방법

지금까지 나는 근대 신학과 주해가 에피쿠로스주의의 하늘/땅 분리, 현재, 미래를 구분하는 후기 르네상스의 연대기적 분리, 그리고 이 둘에 의해 형성된 인간 본성에 대한 이해에 의해 형성되어 왔다고 주장했다. 나는 대안적 관점을 제안했는데, 이 대안적 관점은 이스라엘 전통에 기초한 것으로, 성전을 하늘/땅 세계를 향한 하나님의 근본 목적을 드러내는 **소우주**로 간주하고, 안식일을 미리 맛보는 내세로 간주하며, 인간을 하나님 형상을 전달해야 하는 존재로 간주한다. 그런데 이러한 간주는 예수와 성령을 중심으로 매우 극적으로 그리고 예상치 못한 방식으로 새 형태를 지니게 된다. 이 새로운 형태는 여전히 통합된 우주, 이미 미리 맛본 의도된 새 창조, 그리고 의무를 강조하는 인류학을 전제한다.

페일리(Paley)의 1802년 저술 『자연신학』(*Natural Theology*)에서처럼, 이것들은 가장 광범위하고 가장 일반적인 용어로만 지난 300년간 지속된 '자연신학'에 대한 세 가지 광범위한 접근 방식과 일치한다. 세 가지 광범위한 접근 방식은 우주론, 목적론, 인간의 도덕관념이다.[5] 그러나 (소위) 잘 보이지 않는 유사점들이 있다. 우주론적 논의는 세계의 존재가 하나의 창조주를 가리킨다고 제안한다. 이스라엘의 중심 기관인 성전은 첫 번째 하늘과 땅의 창조를 돌아보고, 성전을 창조주의 거처라고까지 주장하며, 창조주가 영광스럽게 임재하실 하늘과 땅의 창조적 갱신을 가리킨다. 그러나 이스라엘인이든 이방인이든 그 누구도 이러한 창조와 새 창조의 상징으로부터 이스라엘의 하나님의 존재를 **추론**할 것으로 기대되지 않았다. '우주적 논의'가 마

---

[5] M. D. Eddy, 'Nineteenth-Century Natural Theology', *OHNT*, pp. 100-117 (101-102)를 보라.

치 무언가를 암시하는 것처럼 보이기 시작했는데, 그 무언가란 바로 하나님과 세상의 결합으로, 이것은 이스라엘의 관습과는 접근 방식이 매우 다르다. 히브리어 성경에서 '우주론적 논의'에 가장 가까운 것은 시편 19편일 수 있다. 이 책 1장에 언급된 조지프 애디슨의 찬송가에서, 별들은 창조주에 관한 **정보**를 전달하고 독자 또는 찬양하는 자로 하여금 창조주에 관해 추론하도록, 다시 말해, '자연신학'을 하도록 초대하고, 결국 '우리를 만드신 손은 신성하다'라는 고백으로 이끈다. 그러나 처음부터 천체는 하나님을 찬양하고 있었다. 독자 또는 찬양하는 자에게 실제 현상을 알려야 하는 자는 시편 기자다. 모든 것을 꿰뚫는 태양의 열기에서 모든 것을 꿰뚫는 율법의 지혜로 이동하는 시편 19편의 저자는 율법에 관해 자신이 무엇을 말하고 싶은지를 이미 알고 있었고, 태양을 한 예로 사용한다. 나는 시편 기자가 태양의 영향을 전부터 숙고해 왔고 율법이 태양과 비슷하게 기능한다는 것을 추론해 냈다고 생각하지 않는다. 그와 반대다. 이 시편은 '자연신학'의 **변증적** 과제, 곧 '영감'에 의존하지 않고 회의론자들을 납득시키려는 노력이 아니라, 하나님의 진리와 세상의 진리를 결합시키는 방법을 지속 및 유지시키는 **설명적** 과제와 상응한다. 중요한 점은 이스라엘의 하나님이 개인 신이나 부족 신이 아닌 실제 세계의 창조주라는 것과 만물의 창조주가 이스라엘과 언약을 맺으셨다는 것이다. 이스라엘은 자신이 더 큰 세계의 일부임을 정기적으로 상기시켜야 했다.

세상에 내재된 '계획'을 바라보며 그 계획자를 추론해 내는 '목적론적 논의'(teleological argument)는 창조의 목적과 관련이 있다. 다시 말하지만, 이스라엘 전통과 이스라엘 전통의 기독교적 회복에서 이 목적은 미래, 그리고 성전과 안식일 모두가 그 미래를 기대하는 데서 발견된다. 여기에 한 유비가 있다. 즉, 추론은 완성된 일에서 원 창조자의 의도대로 도출된다. 그러나 이 일은 궁극의 텔로스(목적)에 이르기 전까지는 완성되지 않는다. 다시 말하지만, 전통적인 '자연신학'이 중요한 점—계획되었다고 보이는 것에서 계획자를 어렴풋이 감지하는 것—을 지적하는 것처럼 보일 수 있다. 그러나 근대 버전의 '자연신학'은 서구의 근대성 세계관을 제외한 다른 세계관—특히 죽은 예수가 부활하면서 야기된 세계관—의 가능성을 명시적으로 배제한 틀 안에서 그 주장을 '유효하게' 만들고자 노력해 왔다.

그렇다면 인간이 하나님의 형상으로 지음받았다는 생각을 토대로 하는 도덕적 직관에 의한 주장은 어떠한가? 이마누엘 칸트는 『실천이성비판』(Critique of Practical Reason, 1788)에서 '세상에서 최고의 선은 도덕적 기질에 상응하는 인과 관계를 지닌 자연의 숭고한 원인이 가정될 때에만 가능하다'고 논했다.[6] 다시 말해, 우리의 도덕관념에는 최고의 도덕가(Supreme Moralist), 궁극의 입법자(Lawgiver)가 암시되어 있다. 칸트는 또한 목적론적 또는 우주론적 논의를 사용할 수 있었지만, 최근 한 학자의 말처럼, 그는 '인간 정신의 타고난 도덕적 능력[7]은 하나님의 존재에 대한 가장 강력한 증거가 된다'고 믿었다. 존 스튜어트 밀과 같은 회의론자들은 리스본 대지진의 오랜 여파와 같이 세상에 존재하는 악과 고통을 근거로 칸트의 이러한 주장을 거부했고, 칸트의 도덕적 직관주의를 미심쩍어했던 제임스 맥코시(James McCosh) 같은 신학자들도 칸트의 이 주장을 거부했다. 페일리와 마찬가지로 맥코시는 우주론 및 목적론에 기초한 '합리적' 논의를 선호했다. 우리는 이 지점에서 1장과 2장에서 다룬 이야기와 다시 마주치는데, 바로 제1차 세계대전이 밀(Mill)의 회의론을 확증했다는 것과, 슈바이처와 이른 시기 바르트가 리츨과 하르나크의 헤겔적 '진보' 신학을 거절했다는 이야기다. 이는 또한 하나님과 인간의 '접촉점'에 관한 유명한 질문(인간에게 신과 연

---

6 Kant (Eddy, 'Nineteenth-Century Natural Theology', p. 104에서 재인용).
7 Kant (Eddy, 'Nineteenth-Century Natural Theology', p. 104에서 재인용).

결되는 무언가가 있는가?)이 많은 논의에서 전면으로 나타난 지점이다. 비록 접촉점이라는 말에 오해의 소지가 있지만 말이다.

칸트 전통에 대한 나의 전반적 비평과 마찬가지로, 나는 '도덕적' 논의가 초점에서 벗어났다고 생각한다. 나는 다른 저술에서 서구 기독교의 플라톤적 종말론('천국에 가는 영혼')이 도덕적 인류학('나의 문제는 죄다')을 낳았고, 이어서 이교도적 구원론('하나님이 이 세상을 너무 사랑하셔서 예수를 죽이셨다')을 낳았다고 주장한 바 있다. 그렇기 때문에 우리는 십자가에 대한 성경신학을 회복하기 위해 마지막 단계만이 아니라 각각의 단계를 해체해 다시 쌓아 올려야 한다.[8] 문제는 인류학이 **소명**에서 **윤리**로, 즉 부르심에서 행위로 축소될 때 발생한다. 물론 행위는 중요하다. 나는 때때로 죄를 등한시하거나 '죄'를 힘으로 간주하지 않는다는 비난을 받는다. 말도 안 되는 비난이다. 하나님과 이웃을 사랑하는 일차적 소명은 동기, 결정, 행위를 통해 부단히 표현되어야 한다. 그리고 우상 숭배는 우리가 숭배하는 것이 무엇이든 간에 그것에 인간의 힘을 넘겨주어 인간성이 파열되고 오도되어 '과녁을 벗어나게'(즉, '죄') 한다. 그러나 하나님의 형상을 지닌 자가 된다는 것은 올바른 행위 그 이상을 의미한다. 그렇지 않을 경우, 우리는 선과 악에 대한 지식을 하나님에 대한 지식보다 앞세우게 된다. 실제로, 자연신학 논의의 도덕적 버전은 **처음부터** 이러한 위험을 무릅쓰고 있다고 간주될 수 있다. 칸트는 그가 직감한 도덕감(moral sense)으로부터 절대 도덕자인 하나님을 도출해 냈다고 생각했는데, 그의 이 도덕감은 큰 전체의 한 부분일 뿐이다. 일부를 전체로 간주하다 보면 결핍과 더불어 왜곡이 발생한다.

따라서 나는 우리가 상상력 또는 심지어 '도덕감'이라는 측면에서 '형상'에 대한 오랜 해석의 덫을 피할 것을 제안한다.[9] '형상'이 근본적으로 **소명**과

---

8   *Revolution*을 보라.

관련이 있다는 나의 이전 주장으로부터 시작해 보자. (그나저나) 이 주장은 이미 모든 방법론적 행위-의의 가능성을 배제하고 있다. 부름심은 부르시는 자를 전제하기 때문이다. 여기서 나는 인간의 사명에 관한 일곱 가지 측면을 제시한다. 이 일곱 가지 측면이 칸트의 '도덕' 이론을 완전히 대체하지는 않는다. 다만 이것들이 칸트의 이론을 바로잡아 풍부한 가능성―그의 이론에 결여된―을 그의 이론에 부여하기를 제안할 뿐이다.

내가 제시할 전체 논의를 예상하면서 이렇게 요약해 보자. 다시 한번 엠마오 도상으로 돌아가 보자. 첫째, 두 제자는 이스라엘의 구속으로 이어지기를 바랐던 이야기 속에 살고 있었다. 그들은 예수를 자신들이 살고 있다고 믿었던 그 이야기의 선도자로 보았다. 둘째, 그러나 오히려 그 이야기는 벽에 부딪히고 말았다. 메시아들이 해야 할 일은 이스라엘을 이교도들로부터 구해 내는 것이지, 이교도들에 의해 십자가에 못 박히는 것이 아니다. 셋째, 그러나 예수의 부활―길에 있는 두 사람에게는 아직 알려지지 않았지만 누가가 앞선 이야기에서 예수의 부활을 보도했으므로 독자들은 무슨 일이 일어나고 있는지 이미 알고 있다―은 파괴적인 십자가 사건과 그것의 뒷이야기, 곧 이 두 제자가 언급한 성경 이야기에 급진적인 새 빛을 비춘다. 이것이 결국 성경 이야기의 핵심이었지만, 부활절 이전까지는 그렇게 간주될 수 없었다. 누가는 '그들은 눈이 가려 예수를 알아보지 못했다'(눅 24:16)고 말한다. 그들은 그 순간 더 넓은 인식론적 문제를 구현했다. 이 이야기의 결말이 분명히 보여 주듯, 이 문제는 부활한 예수가 제공한 정보에 의해서가 아니라 예수 자신에 의해 해결되었다.

일부 사람들이 감지하는 이스라엘과 예수의 이야기에 대한 누가의 통합

---

9   말(words)에 대한 인간의 능력을 보면 더 많은 유익을 얻을 수 있다. Rowan Williams는 자신의 기포드 강연인 *The Edge of Words: God and the Habit of Language* (London: Bloomsbury Continuum, 2014)에서 이 점을 검토했다.

적 접근 방식과 일부 사람들이 바울에게서 발견하는 '묵시적' 견해—나는 4장과 다른 곳에서 이 묵시적 견해에 대해 논했다[10]—사이의 긴장은 20세기 전반부에 '자연신학'이 직면했던 문제의 징후다. 이 논쟁의 핵심 사건 중 하나는 물론 1934년에 발생한 바르트와 브루너의 충돌이다. 이 충돌에서 바르트가 발한 우렁찬 "아니요!"는 대부분의 우리에겐 당시 상황에서 반드시 필요하고 급박했던 것처럼 보일지 몰라도, 내가 볼 때 그것은 훗날 오해의 소지가 있는 '묵시적' 슬로건 아래에서 회복된 바르트의 초기 주장일 뿐이다. 여기서 '묵시적'이란 메시아 예수 앞이나 옆에 있는 그 어떤 것도 실재에 대한 지표, 즉 하나님이 누구시고 무엇을 하시는지를 발견하기 위한 출발점이 될 수 없다는 견해다. 하나님이 세상에서 하시는 일을 단순히 관찰한 뒤 그 일에 참여해야 한다고 말하는 모든 시도(이러한 시도들은 더 잘 알아야 할 사람들 사이에서도 여전히 널리 퍼져 있다)에 대해, 바르트는 메시아 예수에 대한 믿음 없이—세상에서 시작해 일반적인 관점에서 하나님을 분별하거나 특별한 관점에서 하나님의 행위를 구별하는 일—는 불가능하다고 언명했다. 나는 이 교훈을 반복하는 일이 여전히 가치가 있다고 생각하기 때문에, 특히 이 장에서 그것이 왜 그 자체로 위험한 반쪽 진리가 될 수 있다고 보는지 설명하는 일이 중요하다고 생각한다. 부활한 예수는 제자들에게 이렇게 말하지 않았다. "이 어리석은 자들아! 아브라함부터 마카베오 가문까지 이르는 그 긴 이야기가 모두 교묘한 속임에 불과하다는 것을 모르겠느냐? 하나님이 이제 완전히 다른 일을 행하셨으니 이 모든 것을 잊어도 된다는 것을 모르겠느냐?" 이 같은 발언은 일부 과도한 열망에 사로잡힌 '묵시적' 학파들이 하고 있는 발언이다. 그러나 나와 다른 이들이 다른 곳에서 논했던 것처럼, 신약을 맥락화하는 유대 묵시 문학은 2천 년의 위대한 이야기에 뿌리를 둔

---

10   *PRI*, Part II를 보라.

이스라엘의 희망을 **폐지**하자는 것이 아니다. 유대 묵시 문학은 그 2천 년의 이야기가 실제로 성취된 충격적이고 예기치 못한 방식에 관한 것이다. 유대교 세계와 기독교 세계, 이 두 세계로부터 우리가 확보한 모든 핵심 '묵시' 문헌은 놀라운 대단원에 이르는 위대한 이야기의 의미를 정확하게 강조한다.

바르트와 브루너의 충돌은 여러 각도에서 기록되어 왔다.[11] 브루너의 미묘한 입장을 지지하는 사람들조차 당시 정치적 상황에서 브루너가 그의 입장이 남용될 것을 알았어야 했고, 신학적으로 분리된 그의 입장이 나치를 지지하는 것으로 보였을 가능성을 인정할 수 있을 것이다.[12] 바르트는 자신을 한편으로 로마 가톨릭에 반하는 '개신교' 신학의 옹호자로 내세우고(가톨릭 신학은 항상 존재론적 이원론을 우려하는 가운데 '자연신학'의 다양성을 계속해서 옹호했다), 다른 한편으로 적어도 슐라이어마허에서 하르나크에 이르는 자유신학 전통을 언급하며 자신을 '신개신교도'로 불렀는데, 이런 그의 모습에는 내부 역학이 작동했다.[13] 20세기 전반 20년 동안 바르트가 겪었던 모든 투쟁은 하르나크와 헤르만, 그리고 이 두 사람의 무사안일한 자유주의가 가져온 사회정치적 영향에 대한 저항으로서 바르트가 집필한 거대하지만 주석적으로 문제가 있는 로마서 주석에서 극에 달했다. 그리고 그것은 브루너와의 이 충돌을 대비해 그를 준비시켰다. 그러나 그의 초기 로마서 주석과 마찬가지로 브루너와의 충돌은 주석적으로 보증된 더 큰 신학적 입장이나 이 주제에 대한 바르트의 최종 발언으로 간주되어서는 안 된다. 1950년대에 이르자 많은 것들이 다르게 보였고, 『교회교의학』(*Church Dogmatics*) 제3권과 4권에서 우리는 보다 미묘하고 주석적으로 훨씬 더 민감한 바르트의 입장

---

11 Barth/Brunner 논쟁의 발전 및 결과에 대한 역사적 조사는, Hart, *Karl Barth vs. Emil Brunner*를 참고하라.
12 논란의 여지가 없는 관점에서 저술된, McGrath, *Emil Brunner*를 보라.
13 이 논쟁은 Fraenkel이 번역한 *Natural Theology*에서 쉽게 확인할 수 있다.

을 보게 된다. 하지만 지금 나의 요점은 이러한 상세 내용을 살피는 것이 아니라, 내가 계속 언급해 오고 있듯이, 이 상세 내용을 통해 시대의 압력이 종종 신학적 질문이 다뤄지는 방식과 관련 성경 본문이 이해되는 방식에 매우 예리하게 영향을 미치고 있다는 점을 상기시키는 것이다. 다시 말하지만, 이것이 참된 역사적 주해가 여전히 중요한 이유다. 참된 역사적 주해가 없다면, 본문은 계획된 의도에 맞추어 이리저리 휘둘릴 가능성이 있다.

이 장에서 내가 제안하는 바는 우리가 더 넓은 세계, 다양한 시대와 문화에 걸친 인간의 인식과 염원을 살펴볼 때, 엠마오로 향하고 있는 두 제자의 상황과 비교 가능한 상황을 발견할 수 있다는 것이다. 그들은 그들이 이해하는 한도 내에서 자신들의 역사, 성경, 문화라는 이정표를 따라갔다. 하지만 그들이 이해했던 이야기와 그들이 보았던 이정표는 그들이 메시아라고 생각했던 사람의 십자가 처형으로 인해 명백히 거짓된 희망으로 그들을 이끌었다. 그러나 십자가에 못 박힌 예수의 부활은 그 이야기를 새롭게 들려주었고, 이정표를 새로운 각도로 보게끔 만들었다. 그리고 이 새로운 관점과 새롭게 식별된 여명의 빛 속에서 그 이야기가 완전히 새로운 방식으로 완성되었다는 것이 드러났다. **이정표의 유효성이 입증되었다.** 이스라엘의 이야기가 결국 바른 방향을 가리켰던 것이다. 부활이 십자가에 대한 새로운 이해를 강요했다고 종종 말해지곤 한다. 우리가 지난 장에서 보았듯이 실제로 어떤 이들은 부활을 단순히 새로운 평가로 축소했고 이로 인해 '예수가 죽은 자들로부터 부활했다'는 문장은 '그가 우리의 죄를 대신해 죽었다'를 의미하는 단순한 비유가 되었다. 나는 여기에 근본적인 확장이 필요하다고 제안하는데, 이 확장은 내가 다른 곳에서 논했던 '우리의 죄를 대신한 죽음'의 더 큰 의미와 연결된다.[14] 돌이켜 보면, 이스라엘의 역사는 장차 있을 사

---

14 특히 *Revolution*과 서문 각주 1번에 나열된 연구들을 보라.

건을 가리키는 이정표로 가득 차 있었지만 이 모든 이정표는 경건한 자들로 하여금 십자가가 실패한 것처럼 보인다는 결론에 이르게 했다. 이렇듯 일반적으로 세상은 그리고 구체적으로 인간의 삶은 더 깊은 의미의 무언가를 가리키는 것처럼 보이는 이정표로 가득 차 있지만, 이 모든 것들은 도움을 받지 않는 마음들을 하나님—십자가에 못 박혀 죽었지만 부활한 예수의 아버지—께로 이끌지 않을 것이다. 부활은 이야기와 이정표에 대한 새로운 평가를 강요하면서 무엇보다 살아 계신 하나님이 드러나신 장소가 사실은 희망을 무너뜨리고 이야기를 위조한 것처럼 보이는 그 사건 안에 있다는 충격적인 결론으로 이끈다.

부활은 마침내 자연신학의 진정한 역설을 드러낸다. 이야기와 이정표는 망가진 상태에서도 지속적으로 진리를 가리키고 있었다. 나는 이러한 이유로 예수의 십자가 처형—사건과 사건에 대한 이야기 모두—에 그러한 힘이 수반된다고 제안한다. 이를 설명하기 위해 우리는 이정표를 자세히 살펴야 한다.

소명 이정표

인간의 삶에는 모든 문화와 시대에 걸쳐 발견되는 일곱 가지 특징이 존재한다. 나는 이러한 것들을 '소명 이정표'(vocational signposts)의 줄임말인 '소명'(vocations)이라고 부를 것이다. 이 소명들은 종종 불명확한 열망과 충동으로 발현되지만, 참된 인간이 되기 위한 전반적 소명의 다양한 측면을 반영한다. 우리는 이 특징들을 본능적으로 알고 있다. 이 일곱 개의 특징은 다소 이상한 조합이지만, 내가 소명이라 이름 붙인 이 느슨한 명칭은 현재의 논의에 충분히 기여한다. 이것들은 '자연신학'에 관한 전통적 질문의 핵심으로 우리를 데려가는데, 그 핵심에서 우리는 예상치 못한 것을 발견할 수

도 있다.[15]

이 일곱 개의 소명은 정의, 아름다움, 자유, 진리, 권력, 영성, 관계다. 이것들은 서로 성질이 다른데, 여기서 이것들을 정확히 분류하는 일은 나의 관심사가 아니다. '종교'라는 근대 단어는 이 복잡한 범주의 근처에도 다가가지 못하는데, 이는 오늘날 많은 사람들이 '종교'를 배제해 버리는 이유가 될 수 있다. 노골적으로 말해, 이 일곱 가지 소명에 관한 요점은 우리 모두 이 일곱 가지 소명을 알고 있지만 우리 모두 이와 관련해 문제가 있다는 것이다. 그렇다고 모든 곳의 모든 이가 이 일곱 가지 소명에 대한 생각이 같다고 말하는 것은 아니다. 절대로 그렇지 않다. 내가 제안하는 것은 이 일곱 개의 소명이 모든 인간과 모든 사회가 직면하는 삶의 영역을 광범위하게 명명하며, 각각 우리에게 당혹스런 질문을 제기한다는 점이다. 우리는 이 일곱 가지가 중요하다는 것을 알고 있지만 우리가 느끼는 방식으로 그것들을 완전히 이해할 수는 없다.

나는 이전 연구에서 이 중 네 개의 소명(정의, 영성, 관계, 아름다움)에 대해 논했고, 문제의 현상을 연구할 때마다 우리가 발견하는 것이라곤 당혹스런 메아리뿐이라고 주장했다. 아마도 이 메아리는 보이지 않는 곳에서 우리를 부르고 있는 소리이며 우리가 파악하고 있지만 언제나 우리를 비껴가는 의미에 대해 말해 주는 소리일 것이다.[16] 그다음에 발생하는 일은 불편하면서도 흥미롭다. 다시 말해, 이 소명들을 파악하려 할 때, 우리는 그것들을 쉽게 왜곡하며, 그렇게 함으로써 우리는 인간성 자체의 의미와 그것들이 지속적으로 가리키고 있던 의미, 그리고 우리가 잘못된 방식으로 파악하려는 의미를 왜곡한다. 나는 이제 각각의 경우와 관련해 메아리가 예수의 부

---

15 나는 요한복음에 중점을 둔 곧 출간될 책에서 이 목적들을 좀더 깊이 탐구해 보았다.
16 *Simply Christian* (London and San Francisco: SPCK and HarperOne, 2005), Part I를 보라. 『톰 라이트와 함께하는 기독교 여행』(IVP).

활로 새롭게 알려진 이야기에 비추어 해석될 수 있다고 제안할 것이다. 우리는 이러한 재해석에서 이 메아리가 왜 진짜 메아리인지, 왜 우리가 그것들을 잘못 해석할 수밖에 없었는지, 그리고 그 잘못된 해석의 결과로 어떤 일이 일어날지 알 수 있다. 그러나 근본적인 요점은 엠마오 도상에서 예수가 이스라엘의 이야기를 새롭게 전하신 것이 그 이야기에 대한 **회고적 검증**(retrospective validation)이었고, 그것이 불가피한 오해를 바로잡아 주었던 것처럼, 부활은 인간 문화 속에 줄곧 존재해 온 이정표에 대한 **회고적 검증**을 가리킨다. 그것들은 실제 이정표다. 그것들이 질문을 한다면, 그 질문은 적절한 질문이다. 그것들은 '망가진 이정표'였지만 궁극의 망가진 이정표인 십자가를 역설적이게도 더욱 정확히 가리키고 있었다.

잠시 후에 일곱 개의 소명에 대해 설명하겠지만, 그 전에 추가로 설명할 내용이 두 가지 있다. 첫째, 나는 이 일곱 개의 소명 중 그 어느 것도 소위 '접촉점'이라 불리는 것, 즉 인간의 삶에서 하나님과의 '접촉'이 발생하는 지점을 형성한다고 주장하지 않는다. 내 주장이 맞을 수도 있고 아닐 수도 있지만, 여하간 이러한 접촉점은 도움이 안 된다. 사실 '접촉점' 개념은—내 생각에 이 비유는 낯선 나라를 여행할 때 무엇이 무엇인지 확인하기 위해 최소한 전화번호 하나 정도는 필요한 그런 상황을 말하는 것 같다—그 자체로 오해를 야기하며, 우리가 '자연신학'에서 찾고자 하는 것이 테두리의 한 지점에서 접촉하는 두 원과 같은 접선적 만남임을 암시한다. 나는 이 접촉점 개념이 내가 이 책에서 지금까지 논해 온 분리된 세상에 너무 많은 것을 양보했다고 생각한다. 나는 '교차점'(intersection)이 정답이라고도 생각하지 않는다.[17] 5장에서 내가 간단히 설명한 우주론과 종말론 모델은 더 풍성하고, 더 정교한 통합을 제공한다. 일단 우리가 하나님의 공간과 우리의 공간을 연결해 주는 성전 기반의 모델을 제안하고, 하나님의 미래와 우리의 현재가 안식일을 통해 겹쳐지는 것을 파악하고 나면, 모든 종류의 가능성이 비로소 등장한다.

그러나 우리가 무슨 이미지―접촉점, 교차점, 또는 (내가 선호하는) 정교한 통합―를 사용하든, 우리는 '망가진' 이 모든 '이정표' 속에서 여전히 **인간**의 삶과 사고에 대한 특징을 보고 있다. 나는 진화 생물학이나 현대 물리학이 설명하는 것과 같은 저 위에 있는 별이 빛나는 하늘이나 우리를 둘러싼 우주로부터 시작하지 않는다. 비록 내가 그것들로부터 시작할 수 있더라도, 나는 그것들이 올바른 출발점이라고 생각하지 않는다. 물질적 우주로부터 어떤 관찰을 하고 어떤 결론을 내든, 모든 관찰과 결론은 특정 질문을 갖고서 자신의 시스템 구축 활동을 통해 데이터를 걸러내는 인간의 산물일 수밖에 없다. 나는 이 책 마지막 장에서 과학 세계를 조금 더 다룰 것이다. 자연신학에 관한 책에서 과학 세계를 한마디도 언급하지 않는다면 이상할 수도 있기 때문이다! 그러나 여기서 나는 문제의 핵심으로 보이는 것을 향해 돌진하려고 한다.

나는 5장에서 예수와 초기 그리스도인들의 삶의 정황이 되는 고대 유대 세계가 두 가지 모델을 제공한다고 주장했다. 첫 번째는 우주와 성전 모델로, 여기서 성전은 소우주의 개념이다. 두 번째는 안식일 모델로, 여기서 안식일은 (이른바) 소종말(microeschaton)로 간주된다. 우리가 앞서 보았듯이, 이 그림 한가운데에는 **형상**으로서의 인간이 존재한다. 형상 소지의 소명은 성전으로서의 우주 안에서 그것이 의미하는 바를 의미한다. 인간은 창조 세계의 찬양을 창조주께 집약해 보여드리고, 위임된 권한을 창조 질서 안에서 행사하는 **왕적 제사장직**을 행하도록 부름받았다. 이 소명의 '왕적' 측면

---

17 T. S. Eliot의 세 번째 "네 개의 사중주"[*Four Quartets*, Orlando: Harcourt, 1971 (1943)]인 "드라이 샐베이지스"(*The Dry Salvages*)에 이와 관련된 잊혀지지 않는 이미지가 있음에도 불구하고, 이 시의 200-205행은 '영원과 현재의 교차점'에 대해 말한다. 이는 215행에서 '반쯤 추측된 힌트'와 '반쯤 이해된 선물', 곧 성육신으로 판명된다.

은 내가 제시한 망가진 일곱 이정표 중 다섯 번째 이정표와 직접 관련이 있다. 다시 말해, 인간은 정의를 행하도록, 창조 세계에 내재되어 있는 아름다움을 기념 및 조성하도록, 창조 세계의 아름다움을 공동 창조자로서 더욱 귀히 여기도록, 자유롭게 살면서 자유를 조성하도록, 창조주의 참된 질서를 세상에 전하면서(나는 과학 조사가 이 부분에 속한다고 생각한다) 진리를 말하도록, 그리고 권력을 지혜롭게 사용하도록 부름받았다(그리고 인간은 자신이 이런 부름을 받았다는 것을 알고 있다). 나는 소명의 '제사장적' 측면이 진리를 말하고 힘을 지혜롭게 사용하는 것과 관련이 있다고 생각한다. 인간은 하늘과 땅이 겹치는 곳에서 살도록 부름받았는데, 우리는 일반적으로 이것을 영성이라고 부른다. 무엇보다 우리는 사랑하도록 부름받았는데, 구체적으로 말해 하나님을 사랑하고 서로 사랑하도록 부름받았다.

이 일곱 개의 이정표들을 서로 분리하는 것은 사실 불가능하다. 그것들은 서로를 교정하고 서로의 정황을 파악하는 데 도움을 준다. 내가 말했듯이, 그것들은 정확히 같은 **종류**가 아니다. 특히 사랑은 '제사장적' 소명에 속하면서 동시에 '제사장적' 소명을 형성하는 만큼이나 '왕적' 소명에 속하면서 동시에 '왕적' 소명을 형성한다. 영성―나는 광범위하고 모호한 의미를 지닌 이 단어를 의도적으로 사용하고 있다―이 다른 모든 소명의 정황을 규정한다고 말할 수 있다. 비록 영성을 무시하는 자들도 여전히 다른 소명들을 알고 있지만 말이다. 그러나 나는 이 압축된 제안조차도 이미 다음과 같은 진리를 시사한다고 생각한다. 즉, 이 세상에 이정표들이 존재한다면, 비록 망가진 것이긴 하지만, 우리는 그것들을 인간의 삶, 인간의 인식, (특히) 인간의 당혹감―인간이 실제로 어떤 의미에서 하나님의 형상으로 만들어졌다면!―속에서 찾을 수 있을 것이다.

정의

정의(正義)를 살펴보자. 우리 모두는 어떤 것은 공정하고 어떤 것은 그렇지 않다는 것을 알고 있다. 윤리학을 배우지 않은 아이들도 이것을 알고 있다. 어떤 나라가 조약을 맺은 다음 그 조약을 파기할 때, 우리는 그것이 문제가 된다는 것을 안다. 어떤 범죄자가 터무니없이 가벼운 형을 받아 마땅히 받아야 할 형벌을 모면했다고 사람들이 생각한다면, 정의에 대한 굶주림은 자경주의로 이어질 수 있다. 그러나 우리 모두는 형편에 맞으면 정의를 왜곡하거나 심지어 무시할 준비가 되어 있다. 좋은 변호사는 우리 죄가 무엇이든 우리를 무혐의로 풀어 줄 수 있다. 군사적 또는 산업적으로 강한 힘을 지닌 나라들은 힘이 약한 동맹국들에게 불공정 무역 거래를 강요한다. 사람들은 '정의가 없다'고 말하면서 '제도'에 대한 불만을 토로한다. 당신이 마키아벨리처럼 에피쿠로스주의의 전제를 받아들이고 이것을 단지 게임이라고 생각하면서 이 게임을 하는 방법을 배워야겠다고 생각하지 않는 한 당신은 이러한 불만을 토로할 수밖에 없다. 이는 신학적으로는 말할 것도 없고, 철학적으로도 절망적인 조언이다. 여기에 다음과 같은 역설이 존재한다. 우리 모두가 중요하다고 알고 있는 그것을 얻는 일이 어찌 이리 어려울 수 있단 말인가? 우리는 정의 없이 살 수 없다. 하지만 규모가 작든 크든 정의를 시행하는 일은 우리 생각보다 어렵다.

    정의는 사회가 범죄 행위에 어떻게 대응해야 하는가의 문제도 아니다. 정의는 헌법 곧 사회가 조직되는 방식에 관한 것이고, 그것을 개혁하고자 하는 독립 또는 저항 운동에 관한 것이다. 정의는 누군가 또는 어떤 체제의 대표가 정책을 결정하고, 그 정책을 승인 및 실행하며, 반대 의견에 적절히 대처해야 할 것을 요구한다(여기서 적절한 대처란 개정 협상 등을 의미할 수 있다). 우리 모두는 정의가 중요한 것을 알지만, 정의의 실현이 어렵고, 때로는 불가능한 것처럼 보인다는 것도 알고 있다. 이러한 상황이 역설적이지 않은가?

아름다움

동일한 역설이 아름다움에서도 발생한다. 우리 모두는 아름다움이 자연에서든 예술에서든 삶의 핵심이자 중요한 부분이라는 것을 알고 있다. **호모 사피엔스**(homo sapiens)의 초기 징후 중 일부인 놀라운 동굴 예술 작품들은 세계에 대한 기능적 관심 그 이상의 것을 보여 준다. 가장 오래된 문학 작품 중 일부인 이야기들은 형식과 문체를 통해 단순히 '일어난 사건'에 대한 언급 그 이상을 나타낸다. 그런데 '그 이상'은 무엇을 의미하는가? 아름다움이란 무엇이고 아름다움은 왜 중요한가?

노을이건 교향악이건, 어린아이의 미소이건 한 다발의 봄꽃이건, 아름다움은 우리에게 생기를 준다. 우리는 아름다움이 중요하다는 것을 알고 있다. 만약 당신이 구 동유럽의 개인 감옥이나 공동 감옥과 같은 잔혹한 건물에 수감되어 있는데, 누군가 아름다움을 앗아가 버린다면 이는 비인간적인 처사가 될 것이다. 그러나 정의와 마찬가지로 우리가 아름다움을 귀히 여기고 즐길 때조차, 아름다움은 지속되지 않는다. 일몰은 옅어진다. 미소 짓던 아이는 냉소적인 어른이 된다. 꽃은 시든다. 음악은 멈춘다. 어둠은 가까이 다가와 전에 우리가 기쁨으로 생각했던 것이 단지 우리의 진화하는 역사의 우연한 부산물, 곧 사냥 가능성이나 교미 기회의 흔적으로서의 기억인지 궁금하게 만든다. 그것이 사실이라는 것을 안다면 우리는 여전히 그것이 아름답다고 생각할까? 어쩌면 더 최악은 사르트르(Sartre)가 옳았고 모든 것이 우리에게 해를 입히는 역겨운 농담이라는 것이다. 우리는 자석에 끌리듯 아름다움에 끌리지만, 아름다움은 신기루처럼 사라진다. 왜 그럴까? 이러한 질문은 우리를 괴롭히고 있으며, 이러한 질문에 답하는 것은 어렵다.

'미학'(aesthetics)이라는 용어의 기원은 계몽주의 이후에 등장한 근대성의 기이한 특성에서 유래한다. 이 용어는 19세기 중반 독일에서 만들어졌고, 19세기 영국에서 처음 사용되었다. 그때까지 아름다움은 삶의 다른 측면,

특히 '종교' 또는 '영성'으로 불리는 것과 밀접하게 엮여 있었다. 우리가 다른 곳에서 언급했듯이, '신성한 것'은 '숭고한 것'으로 대체되었다. 이러한 현상이 독일 낭만주의에서 진행되었던 것을 볼 수 있다. 베토벤은 '신성한 것'에 관해 알고 있었다. 이는 그의 "장엄 미사"(Missa Solemnis)에 명백히 드러나 있다. 그러나 그를 정말로 뜨겁게 달군 것은 '숭고한 것'이었다. 그의 "환희의 송가"(Ode to Joy)는 새로운 세속 찬송가다.

성경은 흥미롭게도 아름다움을 상세히 언급하지 않는다. 그 이유는 아름다움이 중요하지 않아서가 아니라 아름다움이 일반적인 개념이었기 때문이다. 특히 장막과 성전을 세우고 사용함에 있어서, 그리고 그것들의 건축, 디자인, 예전 및 음악과 관련해 보편적이었다. 시편과 선지서, 그리고 욥기 및 아가와 같은 놀라운 책들에서 우리는 어떤 문화에서도 결코 잊히지 않을 정도로 아름다운 글을 발견한다. 아름다움에 대한 성전 중심의 비전은 매우 실제적이었고, 우리는 이 비전을 물리적으로 매우 구체적이라고 말할 수 있다. 주변의 광야와 메마른 땅에서 나아오는 이들에게 성전에서 '하나님의 영광을 본다'라는 의미는 다양한 색과 빛, 역동성과 음악으로 가득 차 있는 놀랍도록 아름다운 건축물에 대한 압도적인 경험까지 포함하는 뜻이었다. 시편 기자가 성전 안에서 바깥세상을 바라보며 아침과 밤을 만드시는 하나님을 고백하고 찬양할 때, 나는 당연히 그가 일출과 일몰 주변에 나타나는 독특한 빛의 특성, 다시 말해 풍경을 비롯해 평범한 사물까지도 경이, 신비, 영광을 넘어서는 '그 이상'의 것들로 덧입히는 특성을 언급하고 있다고 생각한다(시 65:8). 그러나 세상의 다른 모든 아름다운 것들과 마찬가지로, 이 성전도 끝이 나고 말았다. 다시 말해, 성전은 파괴되었다. 그래서 밤은 어둡다.

자유

우리가 자유를 고려할 때 역설은 반복된다. 자유가 중요하다는 것을 모르는 사람은 없다. 우리 모두는 우리 자신과 우리에게 소중한 사람들에게 자유가 있기를 원한다. 그러나 자유를 정의하거나 수호하는 일, 얻거나 유지하는 일은 매우 어렵다. 우리 모두는 자유를 원한다. 자유가 무엇인지 또는 자유로 무엇을 해야 할지 모를지라도 말이다. 한 개인의 자유는 종종 다른 이의 자유를 담보로 주어진다. 자유를 얻는 일이 제로섬(zero-sum) 게임이어야 하는가? 자유를 갈망하는 우리의 본능은 한낱 망상에 불과한가? 루소(Rousseau)의 관점에서 창세기 1-3장은 '인간은 자유롭게 태어나지만 모든 곳에서 얽매인 삶을 살아간다'로 요약되는데, 이는 자유에 대한 역설을 잘 드러낸다. 루소 이후 250년이 지난 지금도 우리는 이 역설을 해결하지 못하고 있다.

철학자들은 인간이 정말로 자유 의지를 갖고 있는지, 그렇다면 그것은 우리가 참된 선택을 하고 있다고 스스로를 기만하는 무작위적 입자에 불과한 존재임을 의미하는 건지 여전히 논쟁 중이다. 어쨌든, '자유'는 **무엇으로부터의** 자유를 의미하는가 아니면 **무엇을 위한** 자유를 의미하는가? 제국들은 식민지 사람들에게 자유를 약속하고 툭하면 그 자유를 다시 앗아 간다. 키케로를 로마에서 추방한 후, 로마인들은 폐허가 된 그의 집터에 자유의 신상─맨해튼 항구에서 맞이하게 되는 약간 더 큰 버전만 아는 사람들이 주목하지 않는 것─을 세웠다. 그러나 자유라는 이 슬로건은 로마 제국의 많은 사람들에게 (더 복잡한 미국 제국의 많은 이들에게와 마찬가지로) 한편으로 제국의 권력을 위한 것이고, 다른 한편으로 식민지 사람들을 위한 것이었다. 사회적·정치적 자유는 그 어느 때보다 달성하기 어렵다. 우리가 노예 상태를 제거했다고 생각하는 바로 그때 새로운 유형의 노예가 등장한다. 도덕적 자유는 노예의 한 형태인 권위에 의해 무너진다. 우리 모두는 자유를 믿는다. 정치인들은 자유를 약속한다. 그러나 자유는 우리를 빗겨 간다.

자유는 물론 이스라엘의 오랜 서사에 기록되어 있다. 출애굽은 노예의

해방을 보여 주는 역사적 전형이다. 그러나 선지서들은 이스라엘이 어떻게 이집트로부터의 자유뿐만 아니라 하나님으로**부터의** 자유를 원했는지를 이야기한다. 하나님으로부터의 자유는 일종의 반항으로 이 반항으로 인해 이스라엘 백성은 바빌론, 페르시아, 그리스, 이집트, 시리아, 마지막으로 로마 치하에서 또 다른 긴 노예 상태에 빠지게 된다.[18] 1세기의 모든 선지자 지망생 혹은 메시아는 사람들에게 새로운 출애굽, 즉 최후의 자유를 약속했다. 로마인들의 살육이 심해질 당시 바 코크바가 마지막으로 발행한 동전에 새겨져 있던 슬로건이 바로 이러한 자유의 약속이었다. 그렇다면 자유에 대한 꿈은 한낱 환상이었을까?

진실

아니면 진실을 받아들이라. 계몽주의가 자랑하는 객관성은 진리-주장은 가장한 권력-주장이며 내게 진실처럼 보이는 것이 상대방에게는 그렇지 않을 수 있다는 후기 근대주의 주장에 의해 해체되고 있다. 그러나 독이 든 물을 마시는 사람들처럼 우리는 그 물이 우리에게 해롭다고 의심하지만 여전히 목말라한다. 우리는 여전히 진실을 원한다. 우리는 거짓말쟁이들에게 둘러싸여 있거나 왜곡된 거울로 가득한 방에서 살고 싶어 하지 않는다. 따라서 우리는 (합당한 이유로) 사기를 우려하며 모든 것에 있어서 더 많은 서류 작업을 원한다. 이처럼 많은 서류 작업은 후기 근대주의의 의심을 피하기 위한 더 많은 근대주의의 '진실' 표지다. 안타깝게도 우리는 전쟁을 치르듯 육중한 근대주의의 해결책(탱크와 폭탄; 공식 질문)을 후기 근대주의의 문제(테러; 해체)에 쏟아붓는다. 그리고 상황은 더 악화된다. 진실을 찾는 일이 더욱 어

---

18 스 9:8-9과 느 9:36은 '우리의 땅에서 종'이 된 것을 불평한다. 이에 관한 전체 논의는, *PFG*, pp. 139-163와 J. M. Scott, ed., *Exile: A Conversation with N. T. Wright* (Downers Grove, Ill.: IVP Academic, 2017)를 보라.

려워질 때 우리는 더 많은 진실을 요구한다.[19] 우리에게는 진실이 필요하고 우리는 진실을 말하도록 만들어졌다. 그러나 우리는 거짓에 물든 세상에 살고 있다. 우리는 종종 그 거짓들에 우리 자신을 덧붙인다. 우리는 ('진실을 절약'하며) 거짓말을 하는 것에 대해서도 거짓말을 한다.

단순하고 일상적인 수준에서, 우리 모두는 진실 대응 이론을 지니고 살아간다. 그러나 이 진실 대응 이론의 문제들은 잘 알려져 있다. 통상적 대안, 한편으로는 일종의 일관성 이론이고 다른 한편으로는 다양한 실용주의 이론인 이런 대안들은 나름대로 쓸모가 있겠지만, 그것들은 모두 매우 쉽게 단순한 주관주의로 무너질 수 있다.[20] 그렇다면 '진실' 같은 것이 존재할까? 존재한다면, 진실을 획득하는 일은 왜 이리 어려울까?

권력

이 모든 것은 권력으로 이어진다. 권력은 특히 프랜시스 베이컨(아는 것이 힘이다), 프리드리히 니체(지식에 대한 욕구는 권력에 대한 욕구다), 액튼 경(권력은 부패하기 마련이고 절대 권력은 절대 부패한다) 이래 일부 무리들에게 금기어가 되었다. 그러나 우리는 권력 없이 살 수 없다. 선한 사람들이 아무것도 하지 않을 때 악이 창궐한다는 사실을 깨달은 개혁가들과 선견자들은 권력의 손잡이를 움켜쥐지만 그들은 이 권력의 손잡이가 작동하지 않거나 역으로 작동한다는 것을 알게 된다. 따라서 어떤 사람들은 권력을 명백히 나쁜 것

---

19 이것은 Bernard Williams의 유작, *Truth and Truthfulness: An Essay in Genealogy* (Princeton: Princeton University Press, 2002)의 논지다.
20 '진리'에 관한 다양한 이론은, *The Cambridge Dictionary of Philosophy*, 2nd edn. (Cambridge: Cambridge University Press, 1999), pp. 929-931에 나와 있는 P. Horwich의 유용한 요약 설명과 그의 보다 광범위한 연구인, *Truth* (Oxford: Oxford University Press, 1990)를 보라. R. L. Kirkham, *Theories of Truth: A Critical Introduction* (Cambridge, Mass.: MIT Press, 1992)과 Walsh and Middleton, *Truth Is Stranger than It Used to Be*, 그리고 S. Blackburn, *Truth: A Guide for the Perplexed* [London: Penguin, 2006 (2005)]도 보라.

으로 제안했는데, 이러한 견해는 정치적 무정부 상태를 찬성하는 주장과 쉽게 그 결을 같이한다. 그러나 염세적인 평론가들이 알고 있듯이, 무정부상태는 모든 정치 형태 중 가장 불안정한 형태로 언제나 새로운 형태의 권력을 생성하는데, 이 새로운 형태의 권력은 무정부 주의자들이 교체하고자 하는 권력의 형태보다 더 나쁘다. 누구도 책임지지 않을 경우, 가장 거대한 물리적 힘을 지닌 자들과 가장 비양심적인 불한당들이 승리하게 되고, 우리 모두는 더 비참한 자들이 될 것이다. 따라서 권력을 행사하는 사람이 없을 경우 그 어떤 사회도 생존할 수 없다. 세상은 권력의 현명한 행사와 억제가 필요하다는 것을 오래전부터 알고 있었다. 마그나 카르타(Magna Carta)가 그 예다. 폭력도 답이 될 수 없다. 불과 불이 싸우면, 불이 언제나 이긴다. 하나님의 형상을 지닌 우리 인간은 세상에서 하나님이 위임하신 통치를 행사해야 한다는 것을 알고 있다(불신자들은 이와 다르게 생각할 것이다). 그러나 우리는 대개 상황을 더 악화시킨다.

계몽주의 이후 많은 사람들은 '권력'이 자동으로 부패하고 의심받는 것으로 보았다. 그리고 가능하면 권력에 저항하고 권력을 전복해야 한다고 보았다. 모든 혁명가들은 그들의 사상이 그들이 대체하려는 자들의 사상보다 우월하므로 자신들은 같은 함정에 빠지지 않을 것이라고 가정하며 권력을 원한다. 그렇게 악순환은 계속된다. 근대 정치사는 이러한 미숙함이 어떻게 응당하게 드러났고 그럼에도 어떻게 제재받지 않고 지속되고 있는지에 관한 이야기다. 그런데 비슷한 수수께끼가 '폭력'을 과도하게 정의하려는 사람들에게도 마련되어 있다. 그래서 폭력에는 나의 영역이나 의견을 침범하거나 침해한다고 여겨지는 당신의 행동이나 말이 포함된다. 사람들은 그렇게 살려고 노력하지만 실제로는 그렇게 살 수 없다. 대대로 정치인들은 그들의 세상, 그들의 나라, 그들의 지역을 보다 나은 곳으로 만들기 위해 권력 획득을 희망하며 공직에 뛰어들지만, 이는 언제나 그들의 예상보다 더 어려운 것으로 판명된다. 권력을 이타적으로 사용하고 있다고 생각하는 바로 그 순간이 자신의 이념적 의제를 구현하고 있는 순간일 수 있다. 상황이 악화되어 결정을 해야 할 때가 오면, 결단을 내려야 한다. 머지않아 국가들은 소모적인 힘겨루기에 갇혀 있는 자신들을 발견하게 될 텐데, 이는 그들과 세상에 아무런 유익이 되지 않을 것이다. 인간 사회에서 권력은 반드시 필요한 것으로 보인다. 그러나 권력이 무엇으로 구성되어 있는지 또 그것을 어떻게 규제하고 현명하게 사용할지에 관해서는 합의를 보지 못하고 있다.

나는 처음 다섯 개에 해당하는 정의, 아름다움, 자유, 진리, 권력이 모두 **소명 이정표**라고 제안한다. 그것들은 인간됨의 의미가 무엇인지를 진단하는 기본 장비다. 그것들에는 도덕적 직관이 포함되지만, 그 이상의 것들도 포함된다. 그것들은 단순히 우리의 행동에 관한 것이 아니라 우리가 세상에서 만들어 내야 할 변화와 관련이 있다. 마지막 두 이정표는 우리를 다른 영역으로 안내한다. '영성'과 '관계'는 까다로운 단어들이지만, 각각에 대해 말할 필요가 있다.

영성

나는 세속적 근대주의가 창궐하던 1960년대에 자랐다. 학교가 강요했던 의무적 예배는 영성의 외형을 형성했다. 그러나 이는 학생들뿐만 아니라 교사들에게도 알맹이 없는 사회적 순응 운동에 지나지 않았다. 그런 맥락에서, 어떤 이유에서건 스스로 예수의 메시지에 사로잡혀 있다고 생각했던 사람들은 분열된 차원의 철학과 쉽게 결탁되었다. 그들은 이렇게 말한다. 우리는 우리의 은밀한 비밀을 축하할 테니 세상이 멋대로 돌아가도록 내버려 둡시다. 그러나 이제 상황이 바뀌었다. 세속주의의 메마른 기간을 겪은 후, 사회는 영성의 중요성을 또다시 발견한다. 하지만 이 동일한 사회는 교회나 공식 기독교에서 영성을 찾을 것으로 기대하지 않는데, 이러한 현상은 미국 사회

보다는 유럽 사회에 더 많을 것이다. 사람들은 '영적인 것'과 '종교적인 것'을 구별한다. 그들은 자신이 '**종교적**'이지 않다고 말하는데, 이는 자신들이 교회에 가지 않거나 성경을 읽지 않는다는 뜻이다. 하지만 그들은 자신을 '매우 영적인 사람'이라고 말한다. 서점의 '마음-몸-영혼' 코너에서 볼 수 있듯이, 인간 삶에 있어서 물질과 육체적 필요와 욕구를 넘어서는 측면을 탐구하는 일은 수그러들지 않고 계속되고 있다. 유명한 무신론자들의 비웃음에도 불구하고, 모든 종류의 '영성'은 번성하고 있다. 직설적이고 뻔뻔한 이교도, 이상한 조합의 점성술, 바이오리듬과 같은 반과학적 제안, 고대 철학의 부활 등이 바로 그 예다. 이러한 예들은 (보통 숨겨져 있는) 개인의 참된 '정체성'을 발견하는 것이 주된 목표인 것처럼 보이는 느슨한 형태의 혼합주의와 쉽게 섞인다. 따라서 영지주의의 여러 형태가 만연해진다. 비록 이 형태들이 일반적으로 금욕적인 것과는 관계가 없지만 말이다. 댄 브라운(Dan Brown)의 책이 그토록 많이 팔린 데는 이유가 있는데, 그 이유는 단순히 땀을 쥐게 만드는 결말 때문이 아니다. 이러한 흐름을 따라가는 사람들은 마치 이러한 흐름이 세속적으로 출발한 그들을 기독교와 동일한 지도에 놓이게 한 것처럼 자신들이 일종의 '종교'를 찾았다고 자랑스럽게 선언한다.

사실 후기 근대주의 세계에는 시험관이나 은행 계좌에 넣을 수 있는 것 외에 삶에 넣을 수 있는 다른 차원들이 존재하고, 이러한 다른 차원들이 단순한 부가가치나 주변의 장식품이 아니라 개인과 공동체의 삶 전체에 중요한 기여를 한다는 강한 인식이 있다. 편안한 대화에서 영성이라는 주제가 등장할 때, 많은 사람들은 기이하거나 신비한 현상에 대해 말하고, 명백한 물질세계를 초월하는 삶의 차원들에 대한 경험을 말할 것이다. 그러나 오늘날에는 그러한 것들을 이해하게 해 주는 준거 틀이 거의 없다. 따라서 사람들은 무관심을 표하거나 해결책을 제시하는 이상한 종교 단체의 희생양이 된다. 사람들이 일종의 기독교를 받아들인 곳에서도, 이것은 종종 이신론(신이 인간과 거리를 두고 떨어져 존재하지만 여전히 인간의 도덕 행위에 관심이 있다는 이론)과 플라톤주의(인간의 '영혼'이 저 멀리에 있는 비공간적·비시간적 '천국'으로 간다는 이론)의 혼합으로 간주된다. 그리스도인들은 계속되는 문제에 직면한다. 즉, 우리는 기독교 영성을 어떻게든 하나님이나 천국을 향해 나아가는 인간의 관점에서 생각하고 있는 반면, 유대교와 초기 기독교의 세계관은 **하나님이 오실 것이고, 오셨으며, 다시 오셔서 우리와 함께 거하신다**는 약속에 초점을 맞추고 있다. 그렇기 때문에 새로운 형태의 영성은 우리를 실망시킨다. 우리가 성육신 복음을 받아들인다 해도 모든 것이 공허해지는 영혼의 어두운 밤이 있다. 또 다른 역설이 아닐 수 없다.

그렇다면 '영성'은 무엇이고, 어떻게 영성을 얻거나 유지할 수 있을까? 건강한 영성과 건강하지 않은 영성 사이에는 어떠한 차이가 존재하는가? 존재한다면 그것은 무엇인가? 호전적인 이슬람교의 출현과 온갖 기독교 근본주의에 직면한 일부 사람들은 호전적인 이슬람교와 기독교 근본주의를 빙계 삼아 종교의 위험성과 폭력성을 제안하고 안전한 영성은 미학밖에 없다고 주장한다. 영성이 중요하다는 것을 모르는 사람은 없다. 그러나 영성은 인간 삶에 있어서 파악하기 어렵고 어쩌면 위험한 부분으로 남아 있다. 나는 5장에서 예수와 동시대에 살았던 많은 유대인들에게 이 모든 것이 '하늘'과 '땅'의 중첩이라는 가정하에서 이해되었을 것이라고 주장했는데, 이 중첩은 성전에 초점이 맞추어져 있다. 당시에 시편은 그러한 영성의 보고이자 영성의 정기적 재생을 위한 자료였다. 하늘에 떠 있는 태양과 마음속에 있는 율법을 나란히 위치시키고 있는 시편 19편에서 볼 수 있듯이, 영성은 믿음과 순종이라는 개인적 도전과 더불어 창조 질서 안에 있는 하나님의 임재와 능력에 대한 유쾌한 인식을 쉽게 결합할 수 있었다. 그 전통에는 확고한 현실주의가 포함되어 있었다. 다시 말해, 하나님이 존재하지 않고 무정해 보이는 때가 있는데, 그렇다고 말하는 것이 모든 것이 괜찮은 척하는 것보다 낫다는 것이다. 사유화된 영성의 자아도취적 경향은 훨씬 더 큰 암묵적 서사 안에 담겨 있다. 즉, **당신이** 오늘 어떻게 느끼는가는 하나님이 그분의 창조 세계 전반에 지금 행하시고 앞으로 행하실 일보다 중요하지 않다. 공포 속에서도 상쾌한 미래에 대한 징조가 있을지 모른다. 안식일은 하나님의 시간이 순환적이지 않고 순차적이며, 약속된 '안식'이 오고 있다는 것을 규칙적으로 상기시켜 주었다. 이 약속된 안식은 발터 벤야민이 유대교 신비주의의 한 지류를 통해 알게 되었던 것처럼, 모든 순간이 메시아가 들어올 수 있는 작은 문이 될 수 있다는 의미다.[21] 그러나 이 역시 로마인들이 기원후 70년과 135년에 이스라엘을 침입했을 당시 환상으로 입증된 것으로 보인다. 그것이 적어도 부분적으로는 많은 사람들이 2세기 말에 여러 형태의 영지주의로 전향한 이유였다. 그들이 알았던 '영성'은 그들을 실망시켰다. 오늘날에도 이와 유사한 현상이 많이 존재한다.

관계

마지막은 '관계'다. 다시 말하지만, 관계라는 말의 의미는 적절하게 파악하기 어렵다. 나의 요점은 정확한 분석을 통해 그 기원이 하나님이라고 말할 수 있는 '사랑'이라는 것이 존재한다는 것이 아니라, 우리 모두가 이런저런 관계를 위해 만들어졌음을 알고 있다는 것이다. 우리 모두는 좋든 나쁘든 관계에 의해 형성된다. 그 관계가 용기를 주든지, 폭력적이든지, 건강하든지, 건강하지 못하든지 상관없이 말이다. 우리는 종종 폭력적이거나 건강하지 못한 관계로 마치 중독이라도 된 듯 되돌아간다. 이 지점에 역설이 있다. 판넨베르크의 주장처럼, 인간은 외심적 존재며 지금의 내 모습은 내 외부의 관

---

21   3장의 각주 58번을 보라.

계가 가져온 결과물이다.[22] 그러나 우리는 그러한 관계를 엉망으로 만들고 그러한 관계로 인해 엉망이 된다. 가장 좋은 관계도 죽으면 끝이 난다.

나는 1장에서 근대 서구 사회가 파우스트 신화에 사로잡혀 왔다고 주장했는데, 파우스트 신화에 나오는 사악한 계약에는 다음과 같은 금지가 포함되어 있다. **당신은 절대로 사랑하지 말아야 한다.** 파우스트 신화에서 사랑은 가장 깜깜한 밤에도 여명의 가능성을 감지할 수 있게 해 주는 창문으로 간주된다. 따라서 사랑은 정의, 자유, 권력, 진리, 아름다움, 영성이 각각의 방식으로 행하는 일을 행한다. 다시 말해, 사랑은 질문을 제기하는데, 이 질문들은 질문 그 자체를 초월하며, 이 질문들이 갈망하는 더 큰 의미를 제공해 줄 어떤 이야기의 언급을 요구한다. 더 큰 이야기와 더 큰 의미가 없다고 냉소적으로 답하는 것은 언제나 가능하다. 에피쿠로스와 그의 추종자들은 이와 같은 냉소적 답변을 품위 있고, 심지어 고귀한 입장으로 고수하기 위해 최선을 다했다. 그러나 사랑은 이런저런 모양으로 다시 등장할 것이다. 나는 이전 장에서 특정 견해를 지지했는데, 이 견해는 '사랑'이 어떻게 서로 다른 인식론적 차원에서 작용하는지에 관한 것이다.

관계가 거의 또는 전혀 필요하지 않은 것처럼 보이는 소수의 사람들이 분명 존재한다. 그러나 '타인'은 '지옥'이라는 사르트르의 언급은 우리 대부분에게 너무 냉소적이다. 다른 사람과의 접촉이나 최소 한 마리 이상의 동물과의 접촉이 없다면 우리는 미쳐 버릴 것이다. 우리 대부분에게 사랑의 관계는 삶을 가치 있게 만들어 주는 요소다. 부자지만 사랑받지 못하느니 가난하더라도 사랑받는 편이 낫다. 이에 반대할 경우 대부분의 사람들은 우리를 딱하게 볼 것이다. 사랑, 우정, 교제, 연대, 이러한 것들은 성취감뿐만

---

22 W. Pannenberg, *Anthropology in Theological Perspective*, trans. M. J. O'Connell (Edinburgh: T&T Clark, 1999), 특히 pp. 43-79.

아니라 자아를 찾는 느낌, 다시 말해, 홀로 남겨졌을 때 하는 고통스러운 성찰이나 자기애적 거울 응시를 통해서가 아니라 주위 사람들의 반응과 자극을 통해 진정한 자아를 깨달으면서 지금의 나보다 더 큰 나로 성장해 가는 느낌을 준다. 간단히 말해서, 우리는 우리 자신이 아닌 우리 바깥에 중심을 두도록 설계된 외심적 존재다.

그러나 관계는 매우 어렵다. 그 차원이 개인적이든, 사회적이든, 국제적이든 상관없이 말이다. 우리 중 소수에게만 아무 문제없이 힘을 북돋아 주는 우정, 이웃, 가족, 배우자를 누리는 축복이 주어진다. 우리 중 많은 사람은 이 중 몇몇을 누리기 위해 때로 열심히 노력해야 한다. 그리고 우리 중 어떤 사람들은 이것들 대부분을 누리기 위해 상당한 시간 동안 노력해야 한다. 그렇게 노력할지라도 원하는 결과를 얻지 못할 수 있다. 최고의 우정, 최고의 결혼에는 신비, 놀라움, 충격의 순간이 존재하고, 다른 누군가에게 우리가 원하는 이미지, 그러나 그 사람과는 너무도 다른 이미지를 부여해 우리의 희망과 필요를 잘못된 사람에게 투영했을 수 있다는 사실에 실망하는 순간도 있다.

이러한 현상은 개인적 차원에서뿐만 아니라 세계적 차원에서도 발생한다. 정치 지도자들은 다른 나라의 지도자들이 단지 사용하는 언어와 식습관만 다를 뿐 자신들과 똑같다고 생각한다. 그들의 서로 다른 문화에 깊이 박혀 있는 가정(assumptions)과 감춰진 이야기들이 위험한 충돌로 끝나면서 그들은 오해, 협박, 깨진 관계, 그리고 궁극적으로 적대감을 발견하게 된다. 우리는 세계의 평화 및 번영이 세계의 전쟁 및 폐허보다 낫다고 믿는다. 우리는 전쟁과 파괴를 위해 값비싼 무기를 만들 수 있지만, 평화를 유지하고 지혜로운 공동체를 건설할 값싼 무기조차 발명하지 않았다. 세상은 모든 사람이 먹을 수 있는 충분한 식량을 생산해 낼 수 있지만, 우리는 아직도 이 식량을 적절히 나누는 방법을 모른다. 그 외에도 다른 문제들이 존재한다. 관계는 매우 중요하지만, 모든 단계에서 관계는 심각한 문제로 작용한다.

히브리어 성경은 창조와 언약에 관한 이야기를 보도하는데, 언약의 요점은 사랑이다. 이 사랑에는 목적, 계획, 약속이 포함되어 있다. 이 사랑은 에덴동산에서도 발견되고 아브라함의 부르심에서도 한 번 더 발견된다. 그러나 처음부터 창조주와 그의 피조물 사이의 관계는 분열되었고, 이 분열은 분열의 모든 징후를 나타내는 아담, 노아, 아브라함, 이삭의 아들들로 이어지면서 계속되는데, 특히 요셉이 이집트에 노예로 팔려가면서 끝나는 것처럼 보이는 야곱의 가족에 이르러서는 이 분열이 극도의 역기능을 드러낸다. 그다음에 발생한 요셉과 그의 형제들 사이의 놀라운 화해는 창세기의 암묵적 종말론 속에서 이스라엘을 향한, 그리고 이스라엘을 **통해** 세상으로 이어지는 하나님의 더 큰 언약 계획을 가리킨다.[23] 그러나 이후의 바빌론 유배가 길고 슬픈 이야기의 한 저점에 지나지 않을 만큼 관계는 모든 단계에서 지속적으로 경색된 양상을 보인다. 하지만 사랑이라는 소문은 사라지지 않을 것이다. 선지자들은 언약의 회복을 말한다. 이는 한낱 꿈이자, 신학 버전의 로맨틱 판타지인 것일까?

망가진 이정표는 어디로 이끄는가?

나는 이 일곱 개를 이정표로 본다. 이것들은 망가진 이정표로 서 있으면서 많은 것을 약속하지만 약속을 이루지는 못한다.

물론 우리는 이것들에서부터 일종의 '자연신학'에 이르기까지 논쟁을 시도할 수 있다. 우리는 정의에 대한 열정과 아름다움에 대한 사랑이 하나님

---

[23] Jonathan Sacks, *Not in God's Name: Confronting Religious Violence* (London: Hodder & Stoughton, 2015)를 보라.

이 바로 잡겠다고 약속하신 세상, 즉 하나님이 그분의 영광으로 가득 채우실 그러한 세상과 이치에 맞는다고 말할 수 있다. 자유에 대한 우리의 열망이 성경의 출애굽 주제를 상기시킨다고 말할 수 있다. 우리는 창조주 하나님이 진리의 하나님이요 실재의 하나님으로서 형상 소지자인 인간 피조물을 진리를 말하는 자들로 부르시고, 이로 인해 그분의 지혜로운 질서가 지혜로운 인간의 말을 통해 그분의 세계에 임하게 하려 하는 것이라고 말할 수 있다. 권력에 대한 인간의 수수께끼는 하나님의 권력에 대한 끊임없는 성경 주제를 반영하는 것으로 비춰질 수 있다. 인간의 영성 탐구는 그 형태를 막론하고 하나님이 자신을 위해 인간을 만드셨고 우리의 마음은 그 분 안에 안식할 때까지 불안할 수밖에 없다는 아우구스티누스의 말을 가리킨다.[24] 마지막으로, 다차원적 관계에 대한 우리의 필요는 삼위 하나님 안에서의 다차원적 상호 관계와 하나님 사랑, 이웃 사랑이라는 우리의 궁극적 소명을 보여 주는 일종의 창으로 간주될 수 있다. 칸트의 도덕 논쟁의 새로운 형태로서 이 모든 것을 종합해 볼 때, 우리는 하나님, 어쩌면 메시아 예수의 아버지이신 바로 그 하나님께 나아가는 길을 논하는 희망을 품을 수 있다. 그리고 거기서부터 우리는 우주론적이고 목적론적인 주장을 통합할 수 있기를 희망할 수 있다. 우리의 창조성은 창조주 하나님의 원 창조성을 반영하는 일종의 거울로 간주될 수 있다. 우리의 계획과 사업은 우리가 아는 세상에 내재된 목적의식을 반영할 수 있다.

우리는 이 모든 것에 대해 생각할 수 있지만, 이는 마치 얼음이 깨지지 않을 것이라는 현실적인 증거 없이 호수 빙판 위를 걷는 것과 같다. 우리는 리처드 도킨스가 후기 페일리 자연신학에 대한 그의 일반적인 반응과 더불

---

24 하나님에 대한 욕망은 사라질 것이다. 소설가 Julian Barnes는 그의 책 *Nothing to Be Frightened Of* (London: Random House, 2008) 서두에서 다음과 같이 말한다. '나는 하나님을 믿지 않지만 그가 그립다.'

어 그것을 한낱 예상에 불과한 것으로 치부해 버리는 모습을 상상할 수 있다. 그는 '당신의 하나님은 오히려 당신과 같다. 다만 당신보다 클 뿐이다'라고 말한다. 여기에 프로이트, 마르크스, 니체의 사상을 던져 보라. 얼음에 균열이 생길 것이다. 이러한 '소명 이정표'가 제아무리 깊이 박혀 있을지라도, 그것들은 문화와 시간을 넘어 전달되는 '모방적' 문화 요소에 지나지 않을 것이다. 그뿐 아니다. 우리의 분석은 냉소주의자의 비웃음보다 더 깊다. 다시 말해, 우리는 개인적으로나 집단적으로 다 실패했다. 우리는 정의를 억압으로, 아름다움을 저질 예술로, 자유를 외설로, 진리를 가짜 뉴스로, 권력을 괴롭힘으로 바꿔 놓았다. 우리는 영성을 자아 탐구 또는 자기만족으로 바꿔 놓았다. 우리는 관계로의 부름을 착취의 구실로 삼았다. 기독교적 관점에서 볼 때, 이 모든 것 위에는 '우상 숭배'라는 단어가 매달려 있다.

상황은 더 심각해진다. 우리가 잘못하지 않고, 정의롭게 행하고, 아름다움을 사랑하고, 자유를 얻고 유지하고, 진리를 말하고, 권력을 현명하게 억제하며 행사하고, 온 맘을 다해 참된 하나님을 찾으며, 우리 이웃을 우리 자신처럼 사랑할 때조차 예측 불허의 상황이 발생한다. 이것이 존 스튜어트 밀이 칸트에게 보인 반응이다. 당신이 인간의 도덕 능력을 아무리 부풀려도 (이를 내 말로 표현해 보면, 당신이 모든 인간에게 공통으로 적용되는 소명의 자질을 아무리 강조하더라도), 리스본에서 아우슈비츠에 이르는 세상의 사건들과 우리의 마음과 삶에 존재하는 사건들, 그리고 우리 모두 언젠가 죽게 되고 인생이 잔인한 농담처럼 보인다는 잔혹한 사실은 어떤 형태의 새로운 '도덕적' 논쟁일지라도 '신정론'이라는 시험을 통과하지 못할 것이다. 도덕적 논쟁은, 그것이 내가 제안하는 새로운 형태의 논쟁일지라도, 얼음을 뚫고 물에 빠져 익사할 것이다.

그렇다면 일곱 개의 '소명'은 기껏해야 망가진 이정표들인 셈이다. 그것들은 어딘가를 가리키고 있는 것처럼 보이지만, 실상은 어둠 또는 절벽 너머로 이끌거나, 우리가 출발한 지점을 빙글빙글 맴돌게 한다. 그것들은 단지 망령, 우리 자신의 상상 속 유령들이었을까? 그것들은 진화 패턴이 늦게 발달한 무작위적 충동이었을까? 그것들은 결국 잘못된 질문이었을까? 우리는 차가운 에피쿠로스주의의 냉소주의에 굴복했어야 하는가? 그러니까 그래, 우리는 이것들을 느끼지만 이것들은 실제로 아무런 의미가 없다. 그러니 그런 무의미한 목소리를 묵살하고 지금 여기에서 누릴 수 있는 잔잔한 기쁨을 추구해야 하는 걸까? 아니면 바르트가 초기에 보여 줬던 그런 미소를 지으며, '음, 그렇지. 어떤 선한 것도 이 모든 것으로부터 나오지 않을 거야'라고 말해야 하는 걸까?

이 명백한 교착 상태에서 앞으로 나아갈 방법이 있을까? 나는 있다고 생각하지만, 우리가 이 논쟁을 예상치 못한 방법으로 전개해 나갈 때에만 가능할 것이다.

망가진 이정표, 망가진 이야기

신뢰할 만한 이정표들이 망가져 버렸다는 사실은 이 장의 시작으로 우리를 데려가는데, 이 장의 시작 부분에서 예수는 엠마오로 향하고 있는 두 제자를 짓궂게 꾸짖는다. "그대들은 너무 둔합니다…이 일은 반드시 일어났어야 합니다." 이 장면에서 무슨 일이 벌어진 것일까?

리처드 헤이스는 초기 그리스도인들이 구약을 '역으로' 읽었다고 주장한다.[25] 그들은 구약으로부터 메시아의 몽타주를 파악한 후 나사렛 예수를 발견했던 것이 아니다. 그들은 메시아에 관한 성경 묘사를 많이 알고 있었지

---

25   R. B. Hays, *Reading Backwards* (Waco, Tex.: Baylor University Press, 2015). 더 자세한 내용은 동일 저자의 *Echoes of Scripture in the Gospels*를 보라.

만, 예수는 그 묘사들에 부합하지 않았다. 그러나 우리가 앞서 말했듯이 예수가 **하지 않은 것**에 주목하라. 예수는 이렇게 말하지 않는다. "왜 그런 성경 구절들로 고민하는가? 그 구절들 때문에 너는 곤란에 빠지고 하나님과 구원에 대한 잘못된 견해를 갖게 되었다. 그 구절들을 던져 버리고 완전히 새로운 것을 주는 나를 믿으라!" 예수는 절대로 이렇게 말하지 않는다. 누가에 의하면 예수는 '모세와 모든 예언자부터 시작하여 전체 성경 곳곳에 기록된 자기에 관한 일들을 설명해 주셨다.' 여기에는 진리가 존재하는데, 이 진리는 한편으로 '자연신학'을 시도하고 다른 한편으로 예수와 복음서에 대한 역사 연구를 시도하는 다양한 철학적·신학적 운동을 가로지른다. 십자가에 못 박혀 죽은 자의 부활로부터 이스라엘의 희망과 염원을 돌아볼 때(그리고 이제 내가 주장하는 바와 같이, 앞서 간략하게 언급한 일곱 개의 소명 이정표를 돌아볼 때), 당신의 눈에 들어오는 것은 텅 빈 공허가 아니다. 당신은 망가지고 애처로운 한 이야기가 절뚝거리고, 연약하지만 열심히 뒤쫓아가고, 여기저기 도랑에 걸려 넘어지고, 잘못된 방향으로 나아가며, 거짓 해결책을 붙들고 공허한 희망에 매달려 있는 것을 보게 된다. 그래도 그 이야기는 온다. 예수의 무덤에 있는 여인들처럼 눈물로, 엠마오로 향하는 두 제자처럼 슬픔으로 온다. 이 망가지고 끔찍한 이야기의 이면에서 우리는 **이스라엘의 소명에 관한 이야기**, 즉 아브라함의 부르심과 언약, 모세의 이집트 탈출과 성막, 다윗과 솔로몬의 승리 및 성전, 유배의 재앙과 길고 어두운 기다림의 시간에 대한 이야기를 엿볼 수 있다. 십자가와 부활을 거꾸로 읽으면 우리는 혼란, 실패, 실수를 보게 되지만, 동시에 이스라엘이 부분적으로, 그리고 간헐적으로 계속 돌아오는 하나님의 약속과 소명도 보게 된다. 이제 우리는 이전에는 볼 수 없었던 방식으로 **이것이 올바른 이야기라는 것**과, 우리가 이것들을 조종할 수만 있었다면 이것들이 올바른 신호였다는 것, 그리고 이스라엘의 하나님이 지금까지 행하신 일이 과거에 이미 존재했던 전진 신호들을 **소급해 입증**했다는 것을 알게 되었다. '뒷이야기'에 대한 소위 '묵시적' 거부는 헤겔에 대한 키르케고르와 바르트의 거부를 주해적으로 반영하는 것으로, 찻주전자를 찻잎과 함께 던져 버리는 격이다. 이스라엘의 이야기는 하나님의 신실하심에 관한 이야기다. 바울이 옳게 보았듯이, 이야기의 바로 그 깨어짐이 하나님의 신실하심을 더욱 돋보이게 한다.[26] 이와 달리 말한다면 당신은 마르키온의 품에 안기게 되고, 거기서 고대와 근대의 많은 친구들을 발견하게 될 것이다. 당신은 마르키온의 품 안에서 어떤 종류의 정상적인 '자연신학'도 신경 쓰지 않을 것이다. 마르키온주의자들은 영지주의들과 마찬가지로, 마른 나뭇가지처럼 둘로 갈라진 이스라엘의 이야기가 여전히 올바른 방향을 가리키고 있다는 말을 듣고 싶어 하지 않는다. 우리가 '거꾸로 읽는' 방법을 배우면, 아버지가 헐벗은 아들이 지평선 너머로 절뚝거리는 모습을 보는 것처럼, 모든 것이 잘못되었지만 그럼에도 집으로 돌아온 이야기를 보게 될 것이다. '이는 내 사랑하는 아들이요'라는 하나님 아버지의 환영의 말은 성자 예수의 이전 행위로 인해 지워진 것 같았던 진리를 재확증한다.

우리가 주목한 '망가진 이정표'도 마찬가지다. 그것들은 그 자체로 위에 계신 하나님을 가리키지 않는다. 만약 그런 것처럼 보인다면, 그것들은 새로운 바벨탑을 짓고 있는 것일지도 모른다. 그것들은 해체되거나 다르게 해석될 수 있다. 그러나 아직은 아니다. **이 이정표들이 실패하는 바로 그 순간, 그것들은 궁극의 망가진 이정표를 가리키는데, 이 궁극의 이정표는 실제 삶과 구체적 역사 속에 존재하는 장소로서 살아 계신 하나님이 진정으로 계시되고 알려지며 사랑받는 곳이다.** 각각의 이정표는 동일한 장소로 이어진다.

정의에 대한 외침은 이스라엘의 기도 생활의 핵심이고, 정의에 대한 자랑

---

26 이는 특히 롬 9-11장에서 등장한다. *PFG*, ch. 11을 보라.

은 로마 제국의 핵심이었다. 그러나 예수가 빌라도 앞에 섰을 때 정의는 효과가 없었다. 모든 사람이 예수가 무죄라는 것을 알았다. 빌라도는 그의 두 손을 씻었다. 그의 아내는 '저 옳은 사람'에 관한 악몽을 꾸었다(마 27:19). 아이러니하게도 정의를 가져오는 하나님의 행위는 바울이 예수의 죽음에서 보는 것처럼, 노골적이고 부끄러운 오심(誤審)으로 이뤄졌다. 예수는 그의 예언 말씀을 통해 하나님의 통치를 선포했고 그가 살고 있던 세상의 악함을 비난했다. 그러나 재산권과 관련해 그는 '재판장이나 물건 나누는 자'가 되는 것을 거부했다(눅 12:14). 그는 결국 계략, 음모, 거짓 증언, 잘못된 재판의 무고한 희생자였다. 빌라도는 로마 총독이자 **정의**(Iustitia)와 세상에 정의를 행사하는 것에 자부심을 가졌던 제국의 종으로서 예수의 무고한 희생을 외면했다. 예수는 세상에서 솟아나는 정의에 대한 외침을 조용히 구현하며 죽음을 맞이했다. 정의의 개념이 실제로 현 세상에 영광스럽게 세워진 하나님을 가리키는 이정표여야 한다면, (가볍게 표현해서) 이정표는 마치 누군가에 의해 훼손된 것처럼 보인다. 그 이정표는 망가졌다.

아름다움은 성경에서 이해하기 어려운 개념이다. 우리가 보았듯이, 사물의 아름다움을 언급하기보다 아름다운 사물을 묘사하는 구약처럼, 신약은 아름다움 그 자체에 대해서는 자주 언급하지 않는다. 대신 신약은 희망이 없는 상황에서도 분위기를 환기시키는 힘과 잊히지 않는 신비를 지닌 이야기를 들려준다. 중세와 바로크 시대의 예술과 음악의 가장 흔한 주제가 예수의 십자가 처형이었다는 것은 우연이 아니다. 그렇기 때문에 우리는 충격적인 역설을 잊어서는 안 된다. 인간의 일반적인 관점에서, 예수의 십자가 처형은 추악하고 끔찍한 것이었다.[27] 우리가 '십자가 처형'이라는 표현을 할

---

[27] 예를 들어, M. Hengel, *Crucifixion in the Ancient World and the Folly of the Message of the Cross*, trans. J. Bowden (London: SCM Press, 1976)를 보라.

때, 우리는 물론 예수를 생각한다. 그러나 십자가 처형이 흔했던 로마 세계에서, 십자가에서 죽은 예수는 응당 받아야 할 벌을 받은 또 한 명의 미숙한 천치에 불과했다. 십자가 처형은 특별한 것이 아니었다. 당시 예수의 죽음에는 유일함이라는 위엄도 없었다. 그러나 예수의 십자가 죽음 이후 20년이 채 지나지 않아 사람들은 시를 쓰기 시작했는데, 그 시들에는 예수의 삶에 대한 자세한 묘사와 의미뿐만 아니라 대속, 치유, 회복, 용서를 받은 창조 세계의 아름다움까지도 하나로 묶여 있었다. 도살된 어린양은 보석 같은 무지개, 일곱 개의 불타는 촛대, 수정 같은 유리 바다, 나팔을 부는 천사들로 둘러싸인 왕좌에 앉아 계신 이에게 합류한다. 아름다움을 부정하는 것처럼 보였던 것, 다시 말해, 아름다움의 약속과 매력에 대한 우리의 냉소적인 실망의 본질이 아름다움을 생성하는 근원으로 밝혀졌다. 이를 통해 모든 창조 세계가 새로워지고 찬양으로 약동한다. 초기 그리스도인들은 이런 방식으로 아름다움의 이정표를 되찾았다. 그러나 예수의 십자가에서 그것은 단지 기만하는 신기루처럼 보였다. 예수가 죽을 때, 아름다운 황혼은 없었고 어둠만 있었다. 그다음 날 아침에는 오직 공포뿐이었다.

예수는 반드시 이루어져야 할 일을 행하기 위해 자유를 기념하는 유월절을 택했다. 그리고 로마인들은 그들만의 방식으로 자유를 짓밟았다. 바울은 예수의 죽음과 부활을 회상하며 출애굽 이미지를 통해 최후의 바로로부터 해방되는 최후 승리에 대해 말한다. 예수는 당시 다른 선지자들처럼 자유를 약속했지만, 그의 특정 메시지는 대립과 재정의를 가져왔다. 다시 말해, 예수의 주장에 의하면 진정한 노예는 죄의 노예로서, 죄는 사람을 사로잡아 본연의 인간성을 파괴해 죽음에 이르게 한다. 하지만 여기에도 역설이 존재한다. 바울이 언급한 바로 그 사건, 즉 예수의 십자가 처형 및 매장은 자유를 외치는 유대인들에 대한 로마의 고전적인 탄압을 구현하고 제정했다. 유대인들은 폼페이우스의 침략에서 바 코크바의 함락까지 2세기 동안 자유를 위해 많은 노력을 기울였다. 그러나 가혹한 로마인들은 그들이 늘 해 오던 대로 무력을 행사했으며, 그렇게 하는 것이 유대인들이 이해할 수 있는 유일한 언어라고 서로에게 설명했을 것이다.[28] 예수의 십자가 처형은 이러한 패턴과 정확히 일치했다. 자유에 대한 갈망, 자유의 의미에 대한 깊은 고심, 자유를 거부당하는 고통, 이러한 것들이 예수가 십자가에 달렸을 때 극에 달했다. 자유가 현 세계 내에서 자유 그 이상을 가리키는 이정표라면, 이 자유라는 이정표는 잘못된 길을 가리키고 있는 것으로 보인다. 자유는 약속의 땅을 가리키지만, 우리의 경험에 의하면, 자유가 이끄는 곳은 오로지 이집트, 바빌론, 로마, 그리고 십자가뿐이다.

진리의 문제는 어떤가? 빌라도는 예수에게 그가 왕인지 묻는다. 예수는 자신이 진리를 말하러 왔다고 대답한다(요 18:37-38). 예수의 대답은 주제를 바꾸지 않는다. 하나님 나라는 무질서한 세상에 하나님의 질서를 가져오는 지혜롭고 순종적인 말씀에 의해 부분적으로 작동된다. 그러나 예수가 이 원리를 확장해 진리에 속한 자라면 누구나 그의 목소리를 듣는다고 말할 때, 빌라도는 더 이상 참을 수가 없었다. "진리!" 그가 콧방귀를 뀐다. "그게 뭔데?" 빌라도가 아는 유일한 '진리'는, 푸코가 인정한 것처럼, 적나라하고 폭력적인 권력의 진리다. 각 제국은 자신만의 '진리'를 만든다. 그 결과 예수의 죽음도 최소한 요한복음에서는 두 개의 서로 다른 개념의 직접적인 충돌로 간주된다. 금요일 저녁이 되자 빌라도의 진리가 승리한 듯 보였다. 진리가 세상 한가운데서 우리에게 중요한 무언가를 말해 주는 이정표라면, 최초의 후기 근대주의자인 빌라도가 옳은 것으로 드러난다. 진리는 힘 있는 자들이 만드는 것이다. 전쟁의 첫 번째 희생자인 진리는 아마도 십자가 처형의 핵심적인 아이러니일 것이다.

---

28 자세한 내용은, *NTPG*, pp. 170-181를 보라.

권력도 마찬가지다. 예수가 선언한 복음은 전부 권력에 관한 것이었다. '하나님 나라'는 하나님이 왕이 되신다는 것, 곧 하나님 나라가 임하고 하나님의 뜻이 하늘에서와 같이 땅에서도 이루어짐을 의미했다. 예수를 따르는 자들 중 일부는 이렇게 생각한 것 같다. 즉, 예수가 정당한 왕으로 세워지면 그들이 새 왕의 좌우편에 앉아 일반적인 권력을 행사하게 될 거라고 말이다(막 10:37). 예수가 그러한 개념을 재빨리 바로잡은 것이지, 추종자들이 이 메시지를 이해했던 것은 아니다. 이방의 집권자들은 임의로 주관하고 권세를 부리지만 우리는 그와 정반대로 행한다. 이후 바울은 이 개념을 다루는데, 그는 권력의 재정의를 자신의 신학의 핵심으로 만들었다. 그는 '십자가의 도'를 하나님의 구원의 능력으로 보았다. 비록 이교도들은 이 도를 미친 것으로 여기고, 유대인들은 신성모독이라고 생각했지만 말이다. 바울은 하나님 나라가 말이 아닌 권력에 있다고 말했다. 바울은 인간의 통치권에 비록 제한이 있고 책임이 따르지만, 그것이 하나님이 부여하신 역할이라고 인정(그의 전반적인 창조 유일신론의 일부로서)한다.

예수는 요한복음의 가장 아이러니한 주장 중 하나를 통해 이와 동일한 요점을 말한다. 빌라도는 예수가 자신의 질문에 답하지 않는다고 꾸짖는다. 그는 예수에게, '내게 당신을 풀어 줄 권한도, 십자가에 못 박을 권한도 있는 줄 모르시오?'라고 묻는다. 이에 예수는 이 권한이 '위로부터' 빌라도에게 주어졌다는 충격적인 답변을 하는데, 여기서 '위'란 빌라도의 실제 상관인 디베료 가이사뿐만 아니라, 하나님도 가리킨다. 예수는 자신의 답변이 권한을 남용하는 자에게 책임이 따른다는 것을 의미한다고 지적한다. 따라서 정의 및 자유와 마찬가지로 복음서, 바울서신, 요한계시록 및 다른 곳에서 권력의 아이러니는 예수의 십자가 처형이 제국주의 권력의 전형적인 남용으로, **그리고** 다른 종류의 권력의 은밀한 개시로 제시된다는 것이다. 그러나 성 금요일에 이 비밀은 상상할 수 없는 것이었다. 권력이 반드시 필요하다고 인정할지라도, 십자가는 절대 권력이 또다시 절대적으로 타락했고 예수가 그 타락한 권력에 제대로 강타당했음을 가리킨다. 권력이 혼돈의 세계로부터 나오는 이정표라면, 이 이정표가 유일하게 가리키는 것은 학대하는 폭군이 스스로를 위해 권력을 장악하고 자신을 방해하는 자들을 짓밟아 버리는 현실이다. 이러한 현실과 관련된 유일한 '신'은 빌라도의 재판이 끝날 때 제사장들이 충격적으로 부르고 있던 가이사다. '우리에게는 황제[가이사]외에 왕이 없습니다!'(요 19:15) 예수는 새로운 권력을 선언했지만, 결국 옛 부류의 권력이 승리한 것처럼 보였다.

영성은 또 어떠한가? 고대 유대교 영성의 현실주의는 예수에게서 그 절정에 이르렀던 것으로 보인다. 일부 사람들이 시도했던 것처럼, 예수가 겪은 '종교적 경험'에 대해 말하는 것은 종종 근대주의 범주를 왜곡하는 틀에 박힌 심리적 추측의 영역으로 들어가는 것이다. 그러나 복음서 본문에서 빛나고 있는 것은 사람들이 예수와 함께 있을 때, 그들이 예수에게서 흘러나오는 것처럼 보이는 능력, 기쁨, 용서, 치유를 인식했다는 점이다. 그들은 예수가 그것을 알고 있었다는 것과 그가 그것의 궁극적인 근원과 끊임없이 직접적으로 접촉한다는 것을 알고 있었다. 그는 자신이 마치 하늘과 땅이 교차되는 성전인 것처럼, 그리고 그의 공생애 기간이 영원한 안식일, 곧 성취의 시간으로서 하나님의 약속된 미래가 현재에 이미 도래한 시간인 것처럼 행동했으며, 그렇게 행동한 것으로 인식되었다. 그러나 복음서에서 각기 다른 방식으로 빛을 발하고 있는 이 모든 것의 생생함은 시편의 암울함, 예레미야의 절망, 바빌론에서 통곡한 수년의 세월, 이 모두가 서둘러 모여드는 희망찬 틀로 작용한다. 복음서는 "내게 와라. 내가 너희를 쉬게 해 주겠다!"와 "나의 하나님, 나의 하나님, 왜 나를 버리셨습니까?"(마 11:28; 27:46)를 함께 묶고 있다.²⁹ 몇몇 위대한 성인들이 발견한 것처럼, 참된 영성에 대한 탐구는 일반적으로 십자가 아래에서 끝날 것이다. 영성이 현세에 존재하는 그리고 현세에서 나오는 하나님을 향한 이정표라면, 이 이정표는 말 그대로 막다른 골목으로 이끄는 것처럼 보인다.

그렇다면 관계는? 유다는 예수를 부인하고 베드로도 예수를 배반한다. 나머지 제자들은 도망쳐 버린다. '그가 다른 사람은 구출했으면서 자기 자신은 구출하지 못하는군!'(마 27:42; 막 15:31)[30] 우리는 최후 순간의 역설과 마주한다. 요한복음에는 명시적으로 그리고 다른 세 복음서에는 함축적으로 등장하고 있는 예수의 이야기는 사랑의 이야기다. 요한은 예수가 '세상에 있는 자기 사람들을 항상 사랑하시되, 이제 끝까지 사랑하셨다'고 말한다. 그러나 앞선 구약의 이야기에서처럼 이 이야기는 사랑의 **실패**를 통해 극에 달한다. 예수의 가족들조차 그를 오해하고 그가 미쳤다고 생각한다(막 3:21). 그가 초기에 사역했었던 동네들조차 그의 메시지를 거부한다. 그는 자기 백성에게 왔지만 그의 백성은 그를 영접하지 않는다. 그를 영접했던 자들조차 그를 배신하고, 부인하며, 결국엔 버리고 떠난다. 사랑의 신비―우리는 사랑 없이 살 수 없지만, 사랑은 우리가 생각하는 것보다 훨씬 더 어려운 것 같다―는 십자가의 당혹케 만드는 공포 가운데 드러난다. 다른 모든 경우와 마찬가지로, 예수의 죽음과 함께 인간의 마음에 절절하게 심겨진 사랑이라는 이정표가 수리할 수 없을 정도로 망가진 것처럼 보인다.

우리가 십자가 아래 서 있을 때, 일곱 개의 이정표는 모두 무익할 뿐만 아니라 완전히 기만적인 것처럼 보인다. 우리는 지금까지 속아 왔다. 십자가의 이야기는 냉소주의자의 견해를 확인시켜 준다. 십자가로부터 '하나님께 올라가는' 길은 존재하지 않는다.

그러나 '뒤집어 생각해 볼 때' 우리는 **이것이 결국 참되신 하나님이 계시**

---

29   시 22:1의 '버림받은 자의 울부짖음'에 대해서는, *JVG*, pp. 600-601도 참고하라.
30   참고. 눅 23:35.

되는 **수단임**을 알게 된다. 일곱 개의 인간 소명 이정표들이 하나님께로 향하는 숭고한 길로 이어질 것이라고 생각했다면, 큰 오산이다. 우리는—어쩌면 칸트가 원했던 것처럼—전지전능하며 전권을 지닌 신, 곧 서구가 상상하는 천상의 CEO를 원했던 것일 수 있다. 그 대신 복음서는 궁극의 불의를 겪은 하나님, 우리가 흠모할 만한 아름다움이 전혀 없는 하나님, 자유가 거부된 성육신 하나님, 자신의 진리로 로마 제국의 만들어진 진리에 의해 압도당한 하나님에 대해 알려 준다. 사랑의 힘으로 병든 자를 치유하는 메시아가 사랑의 힘에 짓밟혔다. 풍성한 영성을 통해 하나님 아버지와 친밀한 관계로 묶여 있던 당사자가 바로 그 하나님 아버지께 버림받았다.

그렇다면 요점은 다음과 같다. 초기 그리스도인 모두 하나님의 신성한 계시가 단순히 십자가 처형 **이전**인 예수의 공생애 사역에서 또는 십자가 처형 **이후**인 부활 사건에서 발생한 것이 아니라, 요한이 분명히 밝히고 있듯이, 십자가 처형 그 자체에서 발생했다고 주장한다는 것이다. 예수의 십자가 처형 당시 그들이 '그분의 영광, 곧 아버지의 외아들의 영광과 같은 영광을 보았는데, 은혜와 진리로 가득했다.' 요점은 우리가 우리 문화가 기대하는 바와 일치하는 신을 찾거나, 어떤 철학적 유신론이 기대하는 바와 일치하는 신을 찾으면, 잘못된 신을 찾을 수 있다는 것이다. 이와 같은 하나님은 오직 하나님 한 분밖에 없다. 제1차 세계대전 당시 시인 에드워드 실리토(Edward Shillito)는 그의 가장 유명한 시에서 다음과 같이 말했다.

다른 신들은 강했지만, 당신은 약했습니다.
그들은 왕좌를 향해 말을 타고 진격했지만, 당신은 비틀거리며 나아갔습니다.
그러나 하나님의 상처만이 우리의 상처에게 말할 수 있습니다.
그 어떤 신도 상처를 입지 않습니다. 하나님 당신만 제외하고.[31]

물론 당시에는 이 중 어느 것도 분명하지 않았다. 예수의 죽음 직후 몇 시간이 흐르는 동안 그 누구도 '예수의 죽음은 매우 불쾌했지만, 우리는 적어도 하나님의 영광을 보았다'라고 말하지 않았다. 예수를 따르던 자들은 두려움과 수치와 슬픔 가운데 숨어 버렸다. 그러나 예수의 부활은 그들로 하여금 뒤를 돌아보고 무슨 일이 일어났는지 다시 말할 수밖에 없게끔 만들었고, 이스라엘의 망가진 이야기뿐만 아니라 전 인류 세계의 망가진 이정표들이 결국 그것들의 망가진 상태에서 궁극의 망가진 이정표, 즉 십자가를 가리키는 과정을 그려내게 만들었다.

이정표 거꾸로 읽기

그렇다면 어떤 종류의 '자연신학'—만약 있다면!—이 인간의 목적에 관한 망가진 이정표들을 조사함으로써 나타날 수 있을까? 아마도 첫 번째이자 어떤 면에서 가장 중요한 것은 18세기부터 이어져 온 상당히 많은 '자연신학'과 달리, 우리가 이 탐구에서 삼위일체의 첫 번째 위격이 아니라 두 번째 위격—그리고 복음서가 예수의 짧은 공생애 사역에서 가장 암울한 절정으로 강조하고 있는 바로 그 지점—에 초점을 맞추게 되었다는 것이다. 다시 말해, 이러한 실패는 창조주, 특히 18세기 사상의 이신론적 신성이 아닌 십자가에 못 박힌 예수를 가리킨다. 이것은 자연신학의 일종의 '성 토요일' 버전이라고 할 수 있다. 시편 기자들은 이 순간을 인지할 것이다. 세상의 잘못된 모든 것이 한데 뭉쳐 완전히 암울한 재앙과 공포의 순간이 되는 것 같았던 때 말이다. 그것이 예수의 십자가 처형이 사람들이 그것을 부활의 관점에서 보든 말든 상관없이 인간의 상상력에 이상한 힘을 행사한 이유다. 부

---

31 E. Shillito, *Jesus of the Scars and Other Poems* (London: Hodder and Stoughton, 1919).

활이 동일한 이야기를 거꾸로 볼 수 있게 만들 때, 이 힘은 훼손되는 것이 아니라 더 큰 맥락 안에서 설정된다.

그렇다면 이러한 '소명 이정표'가 일종의 새롭게 된 '자연신학' 내에서 회고적으로 기능하는 방식에 대해서는 뭐라고 말할 수 있을까?

첫째, 초기 그리스도인들은 이러한 이정표를 자신들의 계속 진행되는 삶의 주제로 삼았다. 그들은 새날(그들이 여명을 분별한) 안에서 뒤를 돌아보며 하나님이 그분의 정의를 세상에 이미 확립해 놓으셨고 예수가 재림할 때 이 일을 완수하실 것이라고 선언했다. 그들의 비전과 시, 공통된 삶과 공유된 사랑은 일종의 아름다움을 발산했는데, 이 아름다움은 세계를 변화시키는 예술과 음악, 시와 드라마로 변형되었다. 그들은 새로운 출애굽의 자유를 수용했고 그 자유 안에서 살았다. 그들은 진리에 대해 많은 말을 했고, 그들의 말을 통해 새 창조의 진리가 세상에 퍼져 나갔다. 그들은 치유와 회복의 능력으로 말하고 행했다. 그들은 영혼의 가장 어두운 밤에 대처할 수 있는 영성을 실천하면서, 그들을 자신의 형상으로 재창조하신 하나님에 대한 풍성하고 다층적인 경험에 열려 있었다.[32] 무엇보다, 그들은 풍성한 관계 속에서 사랑에 대한 오랜 소문을 실제적인 정책으로 바꾸어 서로를 돌볼 뿐 아니라 그들의 손이 닿을 수 있는 모든 사람을 돌보았다.

이 모든 것이 초기 그리스도인들의 삶에 나타난 공통된 모습이었다. 계몽주의는 교회사를 문제의 일부로 보기 위해 최선을 다해 교회사를 망쳐 놓았다. 물론 교회는 실패했고, 죄를 범했고, 폭력을 사용했으며, 악과 결탁했다. 그러나 동시에 예수를 따르는 평범한 사람들의 평범한 삶은 여전히 사람들을 믿음으로 이끄는 주된 방법이다. 왜냐하면 이 일곱 개의 이정표가 수리되고 있기 때문이다. 창조와 새 창조의 하나님을 가리키는 참된 이정

---

[32] 롬 8:29; 골 3:10.

표 역할을 하는 현상들이 실제의 '자연스러운' 공적 세계에서 일어나고 있다. 물론 큰 문제들이 남아 있다. 교회는 여전히 심각한 실수를 범하고 있다. 그러나 새로운 삶은 이미 시작되었고 지금 시작되고 있는 중이다. 다시 말해, 부활절과 오순절을 돌이켜보면, 우리는 '자연' 세계에서 제기되는 소명에 관한 질문들이 **올바른 질문이었다는** 것을 뒤늦게 깨닫게 된다. 마키아벨리나 니체의 에피쿠로스주의적 냉소주의가 답변을 얻는다. 이정표는 망가졌을지 모르지만, 그것들은 진실을 말하기 위해 최선을 다했다. 그러나 그것들을 기점으로 하나님의 존재나 성품에 이르는 길을 논할 수는 없다. 그럼에도 이 논의를 시도한다면, 신약이 제시하는 상처 입은 성육신 하나님과는 상당히 다른 하나님을 만나게 될 수도 있다. 그러나 새 창조의 여명을 분별할 때, 비록 진리가 유리를 통해서만 어둡게 보일지라도, 그 이정표들이 참된 무언가를 가리키고 있다는 것을 알 수 있다. **새로운 대답을 얻었기에, 우리는 그러한 것들이 바른 질문이었음을 알게 된다.** 그것들은 단순히 무작위적 욕망에 대한 광적인 헛소리가 아니었다. 이 이정표들은 놀랍게도 우리가 이제 시민으로 환영받는 나라를 의도적으로 가리켰다.

둘째, 우리는 하나님과 세상의 **'접점'**(point of contact)**에 대한 새로운 시각**을 갖게 되었다. 이 표현에는 아쉬움이 있는데, 그 이유는 이 표현이 그 자체로도 부적절하며 돌발적인 또는 오해의 소지가 있는 타협을 암시하기 때문이다. 확실한 것은, 우리가 이 '접점'을 인간이 신의 지식에 도달할 수 있는 지적 또는 인간적 진보 운동, 다시 말해, 일종의 정신적 또는 영적 펠라기우스주의처럼 위로 향하는 신적 계시라고 생각한다면, 그 사다리에 밟고 올라갈 칸이 없다는 것을 발견하게 된다는 점이다. 일곱 개의 이정표를 차례로 보면, 복음서가 우리에게 전하는 이야기, 즉 예수가 십자가에서 최후를 맞이한다는 이야기는 이 문제를 명확하게 강조하고 있다. 예수가 정죄 받을 때 정의가 거부되었다. 자유의 희망이 묵살당했다. 유효한 힘은 폭력

뿐이다. 현실 정치(Realpolitik)가 진리를 삼켜 버렸다. 아름다움이 짓밟혔다. 영성이 유기되었다. 사랑은 배신당하고, 조롱당하며, 죽임당했다. 복음서는 우리에게 역사, 인간, 정치, 권력 게임, 인민 재판이 있는 '자연' 세계, 즉 공적 세계에서 일어나는 한 사건을 보여 준다. 그들은 십자가 처형이 이미 획득한 신앙의 눈으로만 볼 수 있는 신적 '개입'으로 이루어졌다고 주장하지 않는다. 예수는 열두 군단의 천사를 부르는 것을 거부했다. 엘리야는 예수를 살리러 오지 않았다. **인간사와 역사라는 실제 공적 세계에서 명백히 '자연' 사건인 예수의 십자가 사건은 이미 성 토요일에 무의미한 공포의 전형적인 순간이 되어 버렸다.** 부활절 이후로부터 회고적으로 보면, 예수의 십자가는 하나님과 이 땅에서의 하나님의 역사, 그리고 이 세상을 위한 하나님의 목적을 가리키는 궁극의 참된 이정표가 된다. 그리고 예수의 십자가는 하나님이 이 세상에서 악을 다루시는 궁극의 방법을 가리키는 이정표다. 망가진 이정표의 흔적은 십자가에 달린 상한 하나님에게로 이어진다.

십자가는 불트만의 주장처럼 단순한 **그것**(Dass) 즉, 단순한 사실이 아니다.[33] 인간 역사의 견고한 토대와 인간의 삶과 토양인 '자연' 세계에 심겨진 십자가는 모든 인간의 교만과 어리석음에는 '아니요', 모든 소명적 열망에는 '예'라고 동시에 말하는 이정표다. 성전 휘장은 찢어졌다. 그 후에 일어난 일에 비추어 볼 때, 우리는 미래의 치유와 용서가 현재의 한가운데에 임했음을 알 수 있다. 그리고 이 사건은 하나님이 이 땅 한가운데에 묻히신 성 토요일의 고요한 안식일로 끝난다. **하나님은 메시아 안에서 세상을 자기와 화목하게 하셨다.** 바울은 종종 이를 가장 예리하게 말한다(고후 5:19). '아무도 하나님을 본 적이 없다. 아버지와 친밀하게 가까우신 분, 독생하신 하나님

---

[33] R. Bultmann, 'Die Bedeutung des geschichtlichen Jesus für die Theologie des Paulus', in *Glauben und Verstehen*, vol. 1 (Tübingen: Mohr, 1933), pp. 188-213 (205).

께서 그분을 세상에 나타내 보이셨다'(요 1:18). 복음서 모두 3세기나 13세기 신학자들보다 1세기 유대인들에게 더 친숙한 언어를 사용해 십자가에서 하늘과 땅이 완전히 겹쳐졌다고 말한다. 스스로를 '자연신학'이라 칭하는 근대 학문이 십자가에 못 박힌 신이 아닌 다른 신을 찾고 있다면, 이 학문은 아무리 우연일지라도 우상을 찾고 있는 것이다. 또한 이 학문은 하나님에 대한 우리의 지식-이 지식이 참된 지식이 되려면-이 우리에 대한 하나님의 지식의 반영이며 그것이 사랑으로 활기를 띠어야 한다는 것을 상기할 필요가 있다.[34] 예수의 십자가는 '자연' 세계에 전적으로 속하는데, 이 자연 세계란 치열한 경쟁이 벌어지는 곳으로 인간의 본성도 여기에 포함된다. 오웰(Orwell)이 묘사한 인간 얼굴에 영원히 찍혀 있는 장화 자국이라는 끔찍한 이미지가 자연 세계를 집약적으로 보여 준다. 그러나 지금까지 살펴본 각도에서 이 사건을 볼 때, 우리는 살아 계신 하나님이 십자가에서 진정으로 계시되었다고 떨림과 감사로 확신 있게 말할 수 있다. 십자가를 바라보며 거기에서 역사의 실패한 희망과 절망적인 외침을 볼 때, 우리는 만남의 지점이란 하나님이 잠깐 몸을 숙이시고 인간이 까치발로 자기 몸을 높여 서로 만나는 곳을 의미하지 않는다는 가장 심오한 진리를 발견한다. **십자가는 인간의 절망이라는 소용돌이와 창조의 중심인 사랑이 만나는 지점이다.**[35] 바로 이 지점에 가장 소중한 새로움과 심오한 것들이 존재한다.

그렇기 때문에 나는 십자가를 형상화한 그림들과 다른 묘사들에도 설명 불가한 비합리적인 힘이 있다고 믿는다. 이것은 냉소적이고 회의적인 사람

---

[34] 이것의 위험은 Thomas Chalmers가 Newton의 연구 결과를 사용했을 때처럼 하나님에 대한 성경적 이해와 경험적 관찰을 융합하려는 시도에서 예시된다. Eddy, 'Nineteenth Century Natural Theology', p. 102.

[35] J. Moltmann, *God in Creation*, pp. 277-279를 보라. 종말론적 안식일의 약속은 창조 세계의 원래 구조에 내장되어 있다. 비록 부활절 측면에서만 그렇게 식별하는 것이 가능하지만 말이다.

들에게도 전달되는 것들로, 우리의 연구는 이것을 합리적으로 설명할 수 있다. 그렇기 때문에 완고한 무신론자들도 바흐의 위대한 수난곡을 듣거나 부르기까지 한다. 연극연출가인 피터 셀라스(Peter Sellars)가 성 마태 수난곡의 안무와 관련해 설명했듯이, 세상 그 어느 곳에서보다 바로 이 이야기에서 모든 인간은 인간 삶의 완전한 어둠을, 그리고 이 이야기 속에 거주함으로써 길을 찾을 수 있는 가능성을 동시에 직면한다.[36] 셀라스는 믿음에 대한 그 어떤 사전 진술 없이 이렇게 말했다. 그는 은밀한 '초자연적' 해석을 들먹이지 않았다. 그는 예수의 십자가 사건이 먼저 전도자 마태에 의해, 그리고 그다음엔 바흐에 의해, 하나님에 대한 일종의 '자연' 계시로서 살아나는 것을 명백히 보았다. 이는 아마도 유일하게 참된 종류의 계시일 것이다.

이 참된 자연 계시는 내 책 『혁명이 시작된 날』 서두에 언급된 두 가지 사건에 분명히 나타나 있다.[37] 첫째, 국립 미술관은 2000년에 전시회를 개최했는데, 관장은 닐 맥그리거(Neil McGregor)였다. 이 전시회의 명칭은 '구원을 보다'(Seeing Salvation)였고, 예수의 죽음을 묘사하는 오래된 그림들이 전시회 대부분을 차지했다. 신문사와 비평가들은 이 전시회를 다음과 같이 혹평했다. 후기 근대의 밝은 세상에 살고 있는 우리가 왜 고문으로 사망한 누군가를 묘사하는 이 소름끼치는 오래된 그림들을 응시해야 하는 건가? 그러나 일반 대중은 전문가들의 이런 혹평을 무시하고 계속해서 전시회로 몰려들었다. 십자가의 힘은 여전히 문화적 장벽을 초월해 소통한다.

전 파리 대주교 장-마리 루스티거(Jean-Marie Lustiger)의 예를 들어 보

---

[36] Sellars는 2014년 9월 6일 BBC 라디오 3 방송 연설에서 이에 대해 설명했다. 나는 *Revolution*, p. 9에서 이를 자세히 논했다. Chaim Potok의 소설 *My Name Is Asher Lev* (London: Heinemann, 1972)에서도 비슷한 점을 지적할 수 있다. 이 소설에서 젊은 유대인 화가는 오로지 십자가 처형만이―이는 충격적이고 새로운 표현이다―근대 세계에서 유대인으로 존재하는 것에 대한 아픔을 정당화할 수 있음을 발견한다.

[37] *Revolution*, pp. 8, 37.

자.³⁸ 그는 사제를 속이려고 결심한 어느 지방 도시의 세 청년에 대한 이야기를 들려주었다. 그들은 고해실에 들어가 그들이 갓 지어낸 온갖 종류의 죄를 '고백했다.' 첫 두 청년은 웃으며 도망쳤다. 그러나 사제는 세 번째 청년의 '고백'을 듣고 그에게 고행을 명했다. 그는 교회 동쪽 끝자락에 있는 거대한 십자가까지 걸어가서, 십자가에 달린 인물을 바라보며, '당신은 나를 위해 이 모든 것을 했지만, 나는 전혀 관심이 없습니다'라고 세 번 말해야 했다. 그래서 이 청년은 장난삼아 밖으로 나가 십자가를 바라보며 말했다. '당신은 나를 위해 이 모든 것을 했지만, 나는 전혀 관심이 없습니다.' 그리고 한 번 더 말했다. 하지만 마지막 세 번째 때는 그 말을 할 수 없었다. 그는 변화되어 겸손한 모습으로 교회를 떠났다. 그 주교는 이 이야기를 들려주면서 다음의 말을 덧붙였다. '내가 이 이야기를 알고 있는 이유는 그 청년이 바로 나이기 때문입니다.' 십자가 또는 십자가의 묘사 속에 계시되어 있는 바로 그 존재는 가장 무정한 사람과도 소통이 가능하다.

이 두 경우—전시회와 젊은 프랑스 청년—어디에도 '초자연적' 요소를 암시하는 부분은 없다. 물론 그림과 십자가는 교회가 늘 이야기해 온 더 큰 이야기, 즉 어떻게 십자가 처형을 받은 그 남자가 죽은 자 가운데서 살아났는지, 변혁적인 그 남자의 정신이 어떻게 세상과 인간의 마음 및 삶에 스며들었는지에 관한 더 큰 이야기 내에서 맥락화된다. 그러나 국립 미술관 방문객들과 젊은 프랑스 청년은 이 사실을 전혀 알 필요가 없었다. 그들은 (우리에게 다층적 현실을 제시함으로써 예술이 직면할 수 있고 또 직면하는 방식으로) **망가진 이정표와도 같은 우리의 자연 세계에 정확히 속해 있는** 한 사건을 직면했다.

이 모든 것에 대한 한 가지 반응은 내가 '합리적' 사고—또는 적어도 '감

---

38 *Revolution*, pp. 11-12를 보라. *Revolution*을 저술할 당시 나는 그 대주교의 이름을 몰랐지만, 저술이 끝난 후에는 알았다.

정'!―의 흐름을 '낭만적' 사고의 흐름으로 대체하고 있다는 것일 수 있다. **"성 마태 수난곡"**(St Matthew Passion)을 듣고, 위대한 그림들을 보며, 엄숙한 십자가 앞에서 충격을 받은 채 침묵으로 서 있는 자들은 예수 안에 계시된 하나님을 묵상하고 어쩌면 하나님에 대한 믿음으로 나아가게 될 것이다. 그렇다고 이러한 현상이 '자연신학'으로 부를 수 있는 무언가를 구성하는 것은 아니다. 내가 앞서 말했듯이, 나의 제안은 그 방법이나 결과에 있어서 전통 '자연신학'으로 간주되는 것과 일치하지 않는다. 그러나 나의 제안은 이 장의 핵심 주장이 그것에 대한 반응으로 기독교 '자연신학'의 참된 형태를 제공할 수 있는지에 대한 질문을 제기한다. 이 참된 형태의 기독교 '자연신학'은 칸트가 [밀(Mill)의 반대를 피하면서] **'도덕감'**(moral sense)을 통해 하고자 **했던** 것과는 거리가 먼 다른 틀에서 작용하고, 인간의 **소명** 분석에 초점을 맞춘다. 나는 이 주장을 통해 인간의 열망과 충족되지 않은 갈망―나는 이러한 갈망을 '망가진 이정표'라고 부른다―이 존재하는 '자연 세계'에서 예수의 십자가 처형을 가장 강하고 이상한 '이정표'라고 제안하고 있다. 십자가 처형이라는 이 이정표는 다른 이정표들에 대한 이해를 가져오고 그것들을 다음과 같은 질문으로 이끈다. 당신은 이 모든 '소명'이 그것들의 깨어짐과 역설 속에서 서로 조우하고 있는 것을 보지 못하는가? 그리고 우리는 다음과 같은 질문을 던진다. 이 이야기는 무엇에 관한 것인가? 사람들은 왜 그렇게 말했던 걸까? 우리는 이러한 질문들에 대한 답을 고대 유대인의 시각에서 발견한다. 고대 유대인들은 천국이 지상 세계에 존재할 수 있고, 궁극의 미래로부터 오는 빛이 어두운 현재를 관통할 수 있으며, 인간의 목적을 통해 세상의 창조주가 세상에 반영된다고 보았다. '도덕감' 주장에 대한 '소명'의 변이는 십자가로 이어진다. 그러나 부활한 예수의 십자가 처형은 하나님 나라를 생각하게 만든다. 바로 여기서 우리가 앞 장에서 조사했던 사랑의 인식론이 등장한다.

첫째, 초기 그리스도인들은 이 '이정표'를 일상의 주제로 삼았다. 둘째, 이러한 현상은 '접점'에 관한 질문에 새로운 관점을 제시한다. 셋째, 내가 제시한 관점은 **새로운 창조 관점으로 되돌아가는 새로운 길을 제공하는데, 이 새로운 창조 관점에서 전통적인 목적론은 급진적인 왜곡으로 비춰질 수 있다.** 페일리는 시계와 그 시계를 만든 것으로 암시되는 시계공에 관한 유명한 발언을 했다. 고장난 시계가 수리되어 갓 탄생한 새로운 세계가 요구하는 새로운 시간을 말해 주는 것을 보듯이, 우리는 새로운 창조에 대해, '여명을 식별'하는 것에 대해 말하고 싶을 것이다. 여기서 요점의 일부는 회복된 창조 세계가 정확히 회복된 **창조 세계**라는 것이다. 이것은 지나간 모든 것을 삭제하거나 잊어버린 채 단순히 미래로부터 오는 새로운 선물을 받는 그런 차원의 문제가 아니다. 미래의 선물이 도착할 때, 우리는 이전 이정표들을 회고적으로 이해하게 된다. 수리된 시계를 보며 이전에 고장난 상태에 있던 시계를 회고적으로 이해하는 그런 방식으로 말이다. 우리는 **이것**, 곧 참된 시간을 말해 주는 것이 **그것이 애초에 그곳에 존재했던 이유**라고 생각할 수 있다.

이제 이 주장의 힘은 어리둥절한 방관자들의 삶에서 새로운 시간이 얼마나 의미가 있는지에 달려 있다. 이는 이 책의 마지막 장을 가리키는데, 마지막 장에서 나는 '실제, 자연 세계!'에서 교회의 사명이 전체 논쟁의 일부를 형성해야 한다고 주장한다. 다시 한번 말하지만, '자연신학'이 예수의 십자가를 이야기하고 살아가는 자들의 보다 큰 공동체적 삶과 분리된 채 '이성'만으로 작동할 수 있다는 생각은 근대주의적 합리주의의 한 형태에 불과할 뿐이다. 자동차는 휘발유 없이 달릴 수 없다. 논리적인 주장은 더 큰 전체 안에서 필수적이다. 그러나 이성에만 기댄 채 창조와 새 창조의 하나님과 논쟁하려 애쓰는 것은 휘발유 한 통을 산 후, 그 휘발유로 어떻게든 집에 갈 수 있기를 바라는 것과 같다.

넷째, 이 책의 시작 지점으로 다시 가 보면, **십자가에 대한 초점은 신정론을 새로운 방식으로 다루고 있다.** 리스본 대지진 이후, 소위 '악의 문제'는 '속죄' 신학과 분리되었다. 마치 속죄 신학의 핵심이 되는 십자가가 악의 문제와 무관한 것처럼 말이다. 나는 '소명'에 초점을 맞추는 것이 곧 칸트가 '도덕' 논쟁에 관해 생각했던 일을 행하는 것이며, 결국 우리를 예수의 십자가 처형으로 다시 데려간다고 제안했다. 이제 이 두 가지 질문을 다시 합칠 때가 되었다. '자연신학'의 세 가지 기본 질문—세상에서의 하나님의 행위, 세상 안에서의 하나님을 위한 변론, 그리고 악의 문제—은 십자가로 회귀하고 십자가에 의해 재형성된다.[39]

마지막으로 다섯째, **우리는 다시 한번 인식론으로 돌아간다.** 앞 장에서 설명했듯이, 부활을 믿는 것이 사랑이라면, 우리로 하여금 더 큰 그림을 볼 수 있게 해 주는 것 역시 사랑(기독교 표현으로 말하자면, 하나님의 사랑이 우리 마음에 부어졌다)이다. 부활을 믿는 사랑은 옛 창조 안에 있는 창조주의 임재의 표징이 실제로 새 창조를 가리키는 참된 지표임을 발견한다. 사랑은 다른 것들을 초월하면서 동시에 포함하는 앎의 방식이다(합리주의나 낭만주의처럼 그것들이 본질적으로 결함이 있는 경우 그것들을 대체하거나 변형시킨다). 그리고 이것으로 우리는 특별한 반전에 주목하게 된다. 망가진 이야기와 망가진 이정표를 보고 이 모든 것을 이해하기 위해 애쓰며 당황해하는 사람들을 볼 때, 우리는 슬픔 또한 사랑의 한 형태며, 슬픔이 사랑의 인식론적 가능성을 공유한다는 것을 떠올리게 된다. 막달라 마리아는 눈물을 흘리며 천사와 부활한 예수를 보았다. 정의, 아름다움, 자유와 그 나머지를 사랑하고 그것들이 거부당하는 것에 슬퍼하는 사람들은 우리에게 이러한 소명을 주신 참하나님에 대한 참지식을 줄곧 알지 못했다. 애통하는 자는 복이 있다고 예

---

39   *Evil and the Justice of God and Revolution*을 보라.

수는 말했다. 왜냐하면 그들이 위로를 받을 것이기 때문이다. 나는 이 말씀이 인식론에도 적용된다고 생각한다.

결론

나는 '자연신학'을 하려는 몇몇 시도 배후에서 작용하고 있는 다음과 같은 가정, 곧 파우스트적 세계에서는 사람이 이성 하나만으로 고지를 습격해 성채에 도달할 수 있다는 가정을 암암리에 거부했다. 물론 바르트는 이에 반발했는데, 이는 그가 힘과 권력으로 성취된 '자연신학'은 힘과 권력에 기반한 정치 체제를 지탱한다고 생각했기 때문이다. 대신에 나는 고린도후서에서 바울의 연약함의 신학에 상응하는 **연약함**의 '자연신학'을 제안한다. 바르트가 대안으로 내놓은 '위에서 수직으로' 내려오는 계시에는 높은 강단에서 선포되는 강력한 설교를 암시하는 잠재적인 문제가 있었다. 바울의 사도적 설교를 구성하고 있었던 것은 사도적 고난 속에서 복음을 구현하는 사도적 연약함이었다. 십자가와 망가진 이정표를 역으로 이해할 때 드러나는 '자연신학'은 결코 합리주의자에게 승리를 가져다줄 수 없다. 사랑은 '자연신학'을 알며, 자연신학의 **작동 방식**은 반드시 사랑이어야 한다.

그렇기 때문에 예수에 관한 실제 사건에 뿌리를 둔 초기 기독교의 새 창조 종말론은 혈과 육을 입은 **하나님의 선교**를 통해 선포되어야 한다. 이것이 내가 펼치는 주장의 일부다. 이정표들은 새롭게 살아나야 한다. 우리가 정의를 위해 싸우고 억압받는 자들을 위해 일어설 때, 우리는 하나님을 알고, 하나님을 알리며, 정의를 향한 하나님의 열정을 우리의 영으로 입증하게 된다. 우리가 아름다움을 기뻐하고 아름다움을 더 많이 만들어 낼 때, 이로 인해 기뻐하시는 창조주 하나님이 드러나시고 영광을 받으시게 된다. 우리가 자유를 소중히 여기고 나눌 때, 우리가 정직하게 말할 때, 특히 새로운 진리를 명확히 밝힘으로써 새 창조가 존재하도록 말할 때, 창세기와 출애굽기의 하나님은 임재하시고, 찬양받으시며, 알려지신다. 우리가 겸손하고 지혜롭게 권력을 행사할 때, 그리고 그렇게 하지 않는 자들에게 책임을 물을 때, 우리는 십자가의 권능을 공개적으로 실천하게 되고, 하나님의 형상을 지닌 자들이 창조될 때 주어지는 타고난 인간의 소명이 하나님과 이 세상의 현실을 가리키는 참된 이정표였다는 것을 입증하게 된다. 우리가 예배하고 기도할 때, 무엇보다 지혜롭고 헌신적이며 열매 맺는 관계 안으로 들어갈 때, 우리는 창조의 하나님을 알고 하나님께 영광을 돌리며 하나님을 알리게 된다. 이 모든 것에는 슬픔이 있을 것이다. 이 모든 것에는 사랑이 있을 것이다. 따라서 지식이 주어질 것이다. 왜냐하면 우리가 하나님의 형상을 지닌 참된 '자연신학'에 참여하게 될 것이기 때문이다. 여명을 분별하는 자는 세상을 깨워야 한다.

이와 같이 하나님의 형상을 지닌 '선교'는 예수에게 다시 초점이 맞추어진 성전-우주론 및 안식일-종말론에 의해 형성된 것으로, 물이 바다를 덮음같이 이 땅이 주님의 영광을 아는 지식으로 가득할 때, 궁극의 목표를 지향하게 될 것이다. '자연신학'은 때로 음침한 계곡을 거치지 않고 그 목표를 달성하려 했다. 때로는 전통적인 '자연신학'이 우리도 모르는 사이 지나치게 실현된 종말론(부활을 통해서만 알 수 있는 것을 창조 세계를 통해 알 수 있다는 주장)과 덜 실현된 십자가 신학('이정표'가 언제나 온전한 상태였다는 주장)과 함께 작동하는 것처럼 보인다. 그러나 사랑의 인식론이 사랑의 선교학이라는 열매를 맺을 때, 망가진 이정표들조차도 기뻐하며 웃고 노래할 것이다. 이는 우리를 이 책의 마지막 장으로 안내한다.

8장

대기 중인 성배

자연신학과 하나님의 선교

도입

세상은 하나님의 장엄함으로 가득 차 있다.
세상은 활활 타오르리. 흔들리는 금박이 빛나듯.
그것은 모여 거대해진다. 짓눌려 스며 나오는
기름처럼.[1]

제라드 맨리 홉킨스(Gerard Manley Hopkins)의 뛰어난 소네트는 내가 지금 주장하려는 대부분의 내용을 14행으로 요약했다. 이 시는 원 창조와 새 창조의 신학을 명확히 표명할 뿐만 아니라(여기서 새 창조는 원 창조의 황폐함을 이긴다), 새 창조의 승리를 예술로 **구현**해 이 시가 묘사하는 아름다움을 상

---

1 Hopkins, 'God's Grandeur', in *The New Oxford Book of English Verse*, ed. H. Gardner (Oxford: Oxford University Press, 1972), p.786.

징하는 신선한 아름다움을 만들어 낸다. 이 점 역시 내 요점의 일부가 될 것이다.

나의 주장이 어디를 향하고 있는지 보여 주는 조감도를 제공하고자 한다. 나는 '자연신학'에 대한 근대 탐구의 사회적·문화적 맥락을 설명했고, 아울러 예수와 복음서에 대한 근대 연구의 사회적·문화적 맥락도 설명했다. 동시에 나는 이러한 맥락이 이 두 가지 질문을 어떻게 왜곡했는지를 특히 이 두 질문을 서로 분리시킴으로써 보여 주었다. 근대의 신에피쿠로스주의는 하늘과 땅을 갈라놓았고, 마찬가지로 과거, 현재, 미래를 갈라놓았다. 신에피쿠로스주의는 그러한 분열된 세계와 시간 속에서 인간이 된다는 것이 무엇을 의미하는지 이해했으며, 그러한 이해로 인해 '근대' 인간은 이제 이상하고 혼란스러운 고립 가운데 서 있게 되었다. 나는 이 모든 것 대신 유대 세계에서의 예수와 복음서에 대한 새로운 이해를 지지하는 역사적 주장들을 제안했다. 유대 세계에서 성전은 하늘과 땅의 **결합**을 의미했고, 안식일은 **이미 현재에 도래해 있는** 오래전 약속된 미래를 의미했으며, 인간은 **하나님의 형상을 지닌 존재**로서 그리고 하나님을 투영하는 존재로서, 하늘과 땅의 문턱, 과거와 미래의 문턱에 서 있다.

그런 측면에서, 나는 앞 장에서 근대 '자연신학'의 세 가지 주류가 세계, 시간, 인간성에 대한 삼중적 이해의 모호하고 상당히 왜곡된 형태라고 주장했다. 우주론적 논쟁은 세계와 그 안에 함축된 창조주에 관해 말할 것들이 있다는 것을 알지만, 성경신학에서 하늘과 땅이 어떻게 서로를 위해 설계되었는지는 보지 않고 자신의 주장(창조 세계로부터 창조주를 추론함에 있어서)을 정당화하려고만 한다. 목적론적 주장은 '설계'를 인지하고 '설계자'를 돌아보지만, 궁극의 설계가 아직 미래에 있는 세계를 고대하고 있다는 성경적 통찰은 인정하지 않는다. 선과 악에 대한 우리의 직관이 어딘가에서 나오는 것이 틀림없다는 인간의 도덕 감각에 기초한 주장이 더 유망할 수도 있지만, 나는 이 주장이 더 풍성하고 더 다층적인 **소명** 범주로 대체될 때에만 유망한 것이 된다고 주장했다. 다시 말해, 전통적인 세 가지 주장 모두 교착 상태에 빠져 있다. 이어서 나는 정의를 행하고, 아름다움을 사랑하며, 자유를 추구하는 것 등과 같은 우리의 소명 감각이 모두 실패하고 우리를 실망시키는 것처럼 보이지만 바로 그 실패가 십자가에 망가진 채 달려 있는 한 존재(이 존재에 대한 묘사는 부활절에 대해 아무것도 모르는 사람들에게도 여전히 강력하게 호소할 수 있다)를 가리킨다고 제안했다. 부활의 관점에서 이 존재는 복음서의 상처 입은 하나님으로 드러난다. 그런 점에서 그것들은 우리로 하여금 실패한 인간의 열망으로 가득 찬 '자연' 세계로부터 시작해 다른 모든 순간을 이해하게 해 주는 순간인 십자가—예수가 죽임을 당하신 '자연스러운' 방식!—에서 다른 모든 것들이 가리키는 궁극의 이정표를 발견하게 만든다. 물론 계몽주의의 에피쿠로스주의 틀 안에서 그러한 통찰력은 궁극적인 문제들과 무관한 다소 과도한 우연의 일치로만 간주될 수 있다. 그러나 그것은 다음과 같은 문제, 즉 비판적 논의의 대상이 되어야 하는 것이 조사를 위한 절대적이고 '정해진' 틀로 취급되고 있다는 문제를 자초한다.

따라서 이 제안은 방법이나 결과에 있어서 오래된 '자연신학'의 발자취를 따르지 않고 있다. 이 문제가 특히 기포드 경에 의해 제기되었을 때, 시대(이 책 서두에 간단히 설명한)의 정황은 왜곡을 도입했다. 새로운 왜곡을 피할 수 없더라도—하이젠베르크(Heisenberg)의 불확정성 원리는 물리학뿐만 아니라 신학과 철학에서도 작동한다—우리는 눈앞에 있는 왜곡을 해결하기 위해 계속 노력해야 한다. 나는 근대 에피쿠로스주의의 분위기 속에서 우리가 갖고 있는 문제의 일부는 우리를 참 인간으로 만들어 주고 모든 참지식의 근거가 되는 사랑을 우리의 안건에서 제거해 버린 것이라고 계속해서 주장했다. 이를 바로잡으면 실천을 반드시 수반하는 깊고, 풍성한 '자연신학'을 필연적으로 얻게 될 것이다. 우리가 플라톤적 도피주의(에피쿠로스주의의 도전에 대처하기 위한 19세기 선호 전략)를 포기한다면, 우리는 모든 수준에서의 **사명**을 받아들여야 한다.

'자연신학'이 일반적으로 이렇게 행해지지 않았다고 해서 내가 괴로운 것은 아니다. 나는 '자연신학'이라는 용어를 더 넓고, 새로운 창조적 의미로 받아들이는데, 이 더 넓고, 새로운 창조적 의미에는 지난 200년 동안 이 이름으로 행해진 실험뿐만 아니라, 다음과 같이 더 큰 함축적 질문이 지닌 도전도 포함되어 있다. '자연' 세계, 곧 역사와 인간의 삶으로 이루어진 '실제' 세계를 볼 수 있는 방법과, 거기에서 신약이 예수의 아버지로 계시하는 하나님에 대한 믿음의 타당성을 볼 방법이 있을까? 나는 이 질문에 대한 대답이 '그렇다'라는 결론을 향해 줄곧 논의를 해 왔다. 이제 나는 이러한 긍정적 반응을 더욱 새로운 방식으로 이끌어 내기 위해 노력할 것이다.

나의 노력은 특히 앞 장인 7장에서 제시한 그림을 채움으로써 이루어질 텐데, 이 그림에서 '일곱 개의 망가진 이정표'는 모두 십자가를 가리킨다. 비록 이 가리킴은 부활의 관점에서 십자가의 본질을 규명하는 것에만 유용하지만 말이다. 나는 이 논의를 내가 4, 5, 6장에서 묘사한 역사적·종말론적 비전과 통합할 것인데, 이 비전들은 3장의 역사적 방법 규명에 뿌리를 둔 것으로 6장에서 더 자세히 다루었다. 이 통합을 통해 마침내 우리는 비판적 현실 인식론으로 파악된 자연 질서—실제 세계의 실제 역사라는 의미에서—로부터 벗어나 1, 2장에 펼쳐진 수수께끼, 즉 우리가 '자연' 역사의 현실 세계에서 발견하는 수수께끼를 풀 수 있게 될 것이다.

대체로 이러한 일반론들은 항상 조건의 지배를 받지만, 그럼에도 중요하다. 19세기 서방 교회들은 계몽주의 의제와 결탁해 정치, 경제, 제국주의에 관심을 끊었다. 이로 인해 소명이 축소되었는데, 이는 성경적 비전에서 벗어나 플라톤적 종말론 및 영성으로의 지향을 의미했다. 나는 그것이 바로 그때 '자연신학'에 관한 문제가 두드러지게 된 이유 중 하나라고 생각한다. 그리고 이 때문에 기포드 경은 자연신학을 자신이 제공하는 기금의 주제로 결정했을 것이다. 모든 '특별 계시'를 배제하는 새롭고, 완고하며, 대체적으로 에피쿠로스주의의 세계에 직면한 지금, 우리는 뭐라고 말할 수 있을까? '자연신학'의 과제는 교회의 사적 세계 밖에서 하나님에 대해 말하려는 시도로 여겨질 수 있다. 그러나 교회의 세계는 그런 점에서 결코 '사적'이지 말아야 한다. 하나님의 나라는 이 세상**에 속한 것**이 아니라, 이 세상을 **위한 것**이다.[2] 교회가 세상**에 하는 말**은 교회가 세상 **안에서 하는 일**의 한 부분이다. 하나님과 하나님의 세계에 대한 합리적 주장(내가 3장에서 논했던 것들과 같은 것, 즉 책임감을 가지고 연구한 역사는 '걸림돌을 제거'할 수 있다 등등)은 더 큰 전체의 중요한 한 측면이며, 이렇게 중요한 한 측면을 인위적으로 줄인 질문—'자연신학'이 효과적으로 수행한 것—의 강압에 못 이겨 분리해 버린다면, 이는 누구에게도 도움이 되지 않는다. 다시 말해, 성경에 기초한 교회의 사명은 19세기에 종종 예상되었던 것—이성적 논증과 실천적 작업 포함—보다 더 크고 다면적일 수밖에 없다. 이 마지막 장에서 나의 요점 중 일부는 그러한 성경적 토대를 회복하고 다층적 대중 담론을 재정립하는 것이다.

전체 논증, 즉 성경에 기초한 신학적 논증에서 중요한 것은 **새 창조 세계**다. 다시 말해, 회의적인 역사 기록학이나 실존화된 종말론이 아니라 구속되고 새롭게 변형된 새 창조 세계가 중요하다. 여기에서 첫 창조 세계, 즉 '자연' 세계는 (근대적 의미에서!) '초자연적' 난입이나 침입에 의해 사라지지 않고 오히려 구속되고 바른 모습으로 변형된다. 요점은 이 모든 형용사가 암시하는 불연속성뿐만 아니라 실질적이고 생생한 연속성도 존재한다는 사실

---

2   요 18:36은 ('이 세상이 아닌') 저 세상에 임하는 '나라'를 옹호하는 것처럼 보이는 구절로 자주 오해를 받는다. 그러나 그리스어 원문의 의미는 명확하다. 그 나라는 *ek tou kosmou toutou*가 아니다. 다시 말해, 그것은 이 세상으로부터 일어나는 것이 아니며 12:31에 언급된 어둠의 찬탈 세력을 대체하도록 설계되었다.

이다. 창조주가 마지막에 무엇을 하시든, 그것은 사도신경의 (소위) 첫 번째 조항을 말소하지 않을 것이다. 새 창조 세계는 창조주가 예전에도, 지금도, 그리고 앞으로도 '하늘과 땅의 창조자'이심을 온전히 그리고 마침내 드러낼 것이다. 최종 완성에서 확립될 이 연속성과 함께 새로운 종류의 '자연신학'에 대한 가능성과 희망이 온다.[3]

이전에 존재했던 것과의 연속성 및 불연속성 모두에서 나타난 이 새 창조 세계는 예수의 부활에 기초하며, 예수의 부활을 모델로 삼는다. 이것이 모든 종말론적 사고의 패러다임이다. 이 특별한 사건은 고대 이스라엘 및 초기 유대교의 세계관 내에서 파괴적 의미가 포함된 특정 의미를 만들어 낸다. 5장에서 설명했듯이, 이 세계관의 일부 유형에서 우주와 성전은 상호 해석적—하늘과 땅이 겹치고 맞물리는—으로 간주되었다. 마찬가지로 안식일과 종말도 상호 해석적 관계에 있다고 간주되었는데, 이로 인해 미래는 약속된 목적을 살짝 보여 주며 현재로 다가오는 것으로 간주되었다. 왜 우리는 이처럼 이상한 사고를 해야 할까?(라고 누군가는 물을 수 있다) 여기서 다시 한번 말하지만, 소용돌이치는 가설에는 중립적 근거도, 인식론적 요점도 없다. 우리는 이러한 세계관들이 '아주 오래된 것'이기 때문에 우리의 '근대' 세계에서 불필요하다는 비판을 일축해야 한다. 1장에서 보았듯이 그런 의미에서 스스로를 '근대적'이라고 생각하는 것은 기본적으로 잘 알려져 있고 본질적으로 문제가 있는 오래된 옛 세계관에 과학적인 각주를 덧붙이는 셈이다. 에피쿠로스주의는 (많은 사람들이 여러 철학의 다양한 조합을 탐구하던 세계에서) 독자적 영역을 확보했으며, 사랑의 인식론이 가진 풍부하고 통합적인

---

3   종말론적 틀 안에 있는 새로운 종류의 '자연신학'에 대한 유용한 토론은, J. Moltmann, *Experiences in Theology: Ways and Forms of Christian Theology*, trans. M. Kohl (London: SCM Press, 2000), pp. 64-86를 보라. 나의 제안은 Moltmann의 제안과 다르지만, 다음의 내용에 있어서만큼은 일치한다. 즉, 모든 것의 참 '본성'은 그것의 종말론적 존재 방식을 통해 드러나며, 기독교의 '자연신학'은 바로 그러한 새로운 창조적 기초 위에 세워져야 한다.

감각을 좌뇌의 합리주의에 의한 무의미한 귀납이나 우뇌의 낭만주의에 의한 추상적 연역으로 축소시킬 수 있는 위험에 빠뜨린다. 이제 토론이 더 총체적이고 유익한 방식으로 넘어갈 때다.

예수 안에서 이미 시작되어 궁극의 미래를 기다리고 있는 새 창조 세계의 관점에서, 우리는 영의 능력과 영에 대한 새로운 이해를 되돌아보고 반사적 질문을 통해 현 세계의 특정 측면들이 어떻게 그리고 왜 미래를 실제적으로 가리키는지 알 수 있다. 현재와 미래의 관계에 대한 이 대화는 종말론을 제거하고 (또는 지난 2세기 동안 그랬던 것처럼 종말론을 왜곡하거나 비신화화해) 그것을 수직축으로 전환하는 것보다 '자연신학'에 접근함에 있어서 성경에 더 많이 기초하고 (희망하기는) 신학적으로 더 유익한 방법이다. 이 대화가 '자연'과 '은혜' 사이의 '수직적' 논쟁에 갇힐 때마다, 우리는 예수의 부활이—그것이 가져오는 종말론적 존재론 및 인식론과 함께—이러한 논의에서 아무런 역할도 하지 않는다는 가정하에서 작업할 수밖에 없다. 물론 이처럼 종말론적으로 결핍된 틀에서 작업할 수밖에 없을 때, 우리는 하나님의 존재를 증명하기 위해 '자연'에서 '은혜'로 나아가려는 모든 시도가 일종의 인식론적 펠라기우스주의라고 결론 내려야 할 것이다. 그러나 그러는 대신 우리가 이전 장들에서 개괄한 종말론적 틀을 사용한다면, 말 그대로 완전히 새로운 세계가 '자연신학'을 둘러싼 질문을 향해 활짝 열릴 것이다.

예수의 십자가 죽음 이후 믿을 수 없을 정도로 실망한 제자들이 예수의 부활을 '통제'하지 못했던 것처럼 우리도 우리의 미래를 통제하지 못한다. 동정녀 마리아의 태의 '자연' 상태로부터 성육신을 유추할 수 없는 것처럼, 우리는 예수의 죽은 시체의 '자연' 상태로부터 부활을 유추할 수 없다. 성육신과 부활은 은혜의 선물이다. 그러나 다른 은혜의 선물과 마찬가지로, 성육신과 부활은 사랑의 선물로 정확하게 인식되고 수용되어야 하고, 이와 더불어 그전에 있던 것들과의 참된 연속성을 지니고 있는 것으로 인식되어야 한다. 다시 한번 말하지만, '사랑'은 적절한 '앎'의 방식이 된다. 사랑은 합리주의로부터 조롱을 받거나 낭만주의에 의해 전복되어서는 안 된다. 사랑은 침착해야 하고, 자연 세계('비판적 현실주의'의 '사랑' 요소) 내에서 과거의 핵심 사건에 손을 뻗는 역사적 과제와 병행해 소망과 신뢰 가운데 미래를 향해서도 손을 뻗어야 한다.

따라서 자연신학의 문제는 재조정되어 역사와 종말론 사이에 위치하게 된다. 나는 '소명'이 재편, 곧 균형의 일부라고 말해 왔다. 성령이 이끄는 교회의 사명에는 '여러분이 품은 희망을 설명해 달라는 사람에게 언제든 대답할 준비를 해 두'는 일도 포함된다(벧전 3:15). 그러나 이 명령의 더 넓은 맥락은 고립된 합리주의의 맥락이 아니다. 이 명령의 맥락은 언제든 적대적일 수 있는 세상 가운데 존재하는 교회 전체의 삶이다. (바로 앞에서 인용한) 베드로전서는 교회의 삶을 새 성전의 관점에서 보고 있다. '여러분 자신은 살아 있는 돌들처럼 영적인 집으로 지어져'(벧전 2:5). 이는 이 마지막 장의 주요 주제와 관련해 우리로 하여금 5장에서 연구한 우주적 성전 개념으로 되돌아가게 한다.

하나님의 충만한 영광: 우주적 성전의 약속

그렇다면 제2성전기 유대교의 세계관은 우리의 질문을 어떻게 다시 재맥락화할 수 있을까?[4] 요점을 요약해 보면 이렇다. 창조 세계는 그 자체로 하늘과 땅으로 구성된 거대한 성전으로 간주되었는데, 이 거대한 성전 안에 하나님이 거하시고 이 안에서 인간은 하나님의 형상을 반영한다. 출애굽기의

---

[4] 내가 전에 강조했듯이, 나는 특정 시기의 '모든 유대인들'이 내가 기술한 방식과 똑같은 방식으로 생각했다고 제안하지 않는다. 나는 튼실할 역사적 토대를 바탕으로, 많은 유대인들과 예수 및 그의 첫 번째 추종자들이 이러한 유형의 사고방식들을 택했고 그것들을 새로운 방식으로 발전시켰다고 제안한다.

성막과 열왕기상 및 역대하의 성전은 더 큰 하늘과 땅의 우주적 실재를 가리키는 신호로서 세워졌고, 이스라엘의 하나님과 세상을 향한 그분의 목적을 아는 자들은 성막과 성전을 통해 미래에 실현될 하나님의 목적을 미리 맛볼 수 있었다. 성막과 성전은 새 창조 세계를 가리키는 이정표였는데, 이것들이 예수의 부활을 중심으로 재형성되었을 때, 새 창조 세계를 가리키는 이정표로서의 기능이 확인되었다. 바빌로니아 사람들이 성전을 파괴했을 때, 그리고 선지자들이 성전이 재건될 것이라고 선언했을 때, 이 약속은 새 피조 세계에 울려 퍼졌다. 예루살렘에는 하나님의 임재가 돌아올 하나님의 집이 있을 뿐만 아니라, 창조주이신 이스라엘의 하나님이 영원히 거하시고 '안식하시게 될' 완전히 새로운 창조 세계가 있을 것이다. 때때로 이스라엘의 성경에는 창조 세계가 하나님의 임재로 이미 충만하다는 약간의 암시가 있지만(사 6:3; 렘 23:24),[5] 지금 약속된 것은 '물이 바다를 덮음같이' 하나님의 임재와 영광과 지식으로 충만케 된 새로운 종류의 충만함, 완전한 침윤, 또는 완전한 잠김이다(사 11:9; 합 2:14). 어떻게 물이 바다를 덮을 수 있을까? 물이 곧 바다인데 말이다.

이것은 우리가 이미 5장에서 살펴본 민수기 14장의 반역에서와 같이 심각한 상황 한가운데 주어지는 확신이 될 수 있다. 이 이야기에서, 하나님의 임재는 이스라엘 백성과 직접 약속의 땅으로 가지 않을 것처럼 잠깐 비춰진다. 하나님은 모세에게 '아니'라고 하시면서 반역자들에게는 심판이 임할 것이지만, 하나님의 목적은 계속 유효할 것이라고 말씀하신다.

여호와께서 이르시되 내가 네 말대로 사하노라 그러나 진실로 내가 살아 있는 것과 **여호와의 영광이 온 세계에 충만할 것**을 두고 맹세하노니 내 영광[을]…

---

5 참고. 사 66:1; 지혜서 1:7; 12:1.

보고서도 이같이 열 번이나 나를 시험[한]…그 사람들은 [그] 땅을 결단코 보지 못할 것이요. (민 14:20-23)

요점은 현재 광야 성막을 채우고 있는 하나님의 영광스러운 임재가 믿음 없는 자들이 버려 버린 약속의 땅에 거하려는 것처럼 보인다는 점이다. 그러나 하나님의 이 거주는 '약속의 땅'과 더불어 온 땅을 채우려는 창조주의 궁극적 의도를 미리 맛보게 해 줄 것이다. 이스라엘 백성은 결국 하나님이 의도 중 첫 단계에 불과한 것을 외면하고 있다. 하지만 하나님의 의도는 그들의 협조 유무와 별개로 완수될 것이다.

그러나 그 약속은 보다 행복한 상황에서 주어질 수 있다. 왕과 관련된 가장 장엄한 시편 중 하나에서 시편 기자는 왕이 가난한 자에게 하나님의 공의를 행하고, 도움이 가장 필요한 자들에게 하나님의 도움을 베풀도록 기도한다. 다시 말해, 시편 기자는 왕을 하나님의 형상을 지닌 자이자 세상을 향한 하나님의 사랑과 돌봄을 반영하는 존재로 본다.[6] 왕이 시편 기자의 기도대로 행할 경우, 하나님은 찬양을 받으시고, 하나님의 영광은 온 땅에 충만할 것이다.

> 홀로 기이한 일들을 행하시는 여호와 하나님
> 곧 이스라엘의 하나님을 찬송하며
> 그 영화로운 이름을 영원히 찬송할지어다
> 온 땅에 그의 영광이 충만할지어다
> 아멘 아멘. (시 72:18-19)

---

6 '형상'과 왕정에 대해서는 5장을 보라.

솔로몬이 건축한 성전은 하나님의 영광으로 가득 채워진다. 그러나 시편 72편의 장차 올 왕은 가난한 자, 과부, 무력한 자에게 공의와 자비를 베풀 것이며, 이로 인해 하나님의 영광이 **온 땅**에 충만할 것이다. 물론 이것이 의미하는 바가 정확히 무엇인지는 분명하지 않다. 초기 그리스도인들이 모든 창조 세계의 갱신을 예상할 때(예를 들어, 롬 8장에서처럼), 이런 이전 본문들이 예상하는 것과 동일한 생각을 했는지도 분명하지 않다. 그러나 적어도 우리는 그러한 모든 구절이 창조 세계 안에 하나님이 숨겨져 있다는 현재의 신비와, 세상에 존재하는 명백한 고통과 재난과 죽음을 마침내 다룰 것이라고 말해야 한다. 그것이 창세기 1장의 묵시적 약속이 성취되는 방식 같다. 이것은 내가 전에 주장했듯이, 기적인 안식일 개념과 일치하고 특히 큰 절기이자 약속된 최종 상태를 미리 경험하게 해 주는 희년의 여러 안식일 개념과도 일치한다. 우리가 기억하는 바와 같이, 성전이 장소와 관련이 있듯이 안식일은 시간과 관련이 있다. 성전 약속과 안식일 약속은 앞서 보았듯이 '안식' 개념으로 수렴된다. 하나님은 장차 자신의 창조 세계 안에서 안식하시고, 하나님의 형상을 반영하는 그의 백성은 그와 함께 안식할 것이다. 이것이 새 창조의 약속으로, **첫 창조에 내재되어 있는 약속들은 바로 이 새 창조를 통해 실현될 것이다.**[7]

'새 창조'라는 이러한 성경적 비전은 '자연신학'이라는 광범위한 범주가 다루는 다양한 프로젝트에 어떤 의미를 부여할 수 있을까? 새 창조는 먼저 상황을 대대적으로 개편한다. '자연신학'에 대한 몇몇 시도들이 갖고 있는 위험성은 그것들이 세상을 정적인 공간으로 가정하면서 그런 세상 안에 있는 출발점에 너무 쉽게 만족하고, 실제로 이신론은 아닐지라도 이신론 성향을 띠는 신학을 너무 쉽게 지향한다는 것이다. 기계와 같은 세상으로 시작

---

7   Moltmann, *Coming of God*, p. 283를 보라.

하면 천상의 기관장과 같은 하나님으로 끝날 것이다. 여기서 천상의 기관장인 하나님의 존재와 그의 작업은 현 세계의 존재 방식을 통해 추론이 가능하다. 우리는 그러한 프로젝트가 회의론자들을 설득해 그들이 믿음을 통해 '사망 후 천국에 간다'―폐쇄적인 이 세상의 연속성에서 탈출하려는 플라톤적 사고―는 소망을 공유하게 만드는 데 일조할 수 있다고 추측할 수 있다. 이러한 '자연신학'은 현 세계의 진리를 엿보지 못하는 일종의 인식론과 함께 범신론이나 만유재신론으로 다시금 무너져 내릴 수 있다. 당연히 이러한 자연신학은 현 세계가 그것의 망가진 지점에서 가리키는 미래의 더 많은 진실도 엿볼 수 없다(비록 이처럼 앞을 내다보는 일은 부활 측면에서만 입증되고 설명되지만 말이다). '세상은 하나님의 위엄으로 가득 차 있다'는 홉킨스의 말에 당신이 너무 쉽게 동의해 버린다면, 당신은 초월적 하나님을 제거하고도 여전히 하나님의 위엄을 누릴 수 있다는 것을 알게 될 것이다. 그다음에 무슨 일이 발생하는지 눈치채지 못하는 한에서 말이다. 범신론과 만유재신론이 지닌 문제 중 하나는 이것들이 악의 문제를 다루는 것은 고사하고 악의 문제를 실제로 인정하지 못한다는 점이다. 이러한 이론들은 홉킨스의 시 첫 세 연만 받아들이고 아래와 같은 나머지 네 연은 원치 않는다.

> 앞선 세대들은 짓밟고, 짓밟고, 또 짓밟았다.
> 만물은 거래로 시들어지고, 고생스러운 노동으로 진물이 나고 얼룩이 졌다.
> 사람의 때가 묻고, 사람의 냄새를 풍긴다. 대지는
> 지금 헐벗고 신발을 신은 발은 감각이 없다.

세상과 하나님이 동일한 것이라고 또는 적어도 모든 것이 '하나님 안에' 있다고 말하고 싶다면, 그것은 범신론이다. 그리고 앞에 인용된 연은 무시해야 한다. 새 창조에서 성경의 종말론을 제거해 버리면, 남는 것은 실존주의

(불트만)에 의해 현재 활성화될 수 있는 도피주의적 '종말론'이거나, 우리가 이미 우리에게 가능한 최고의 세상에 살고 있다는 우울한 이론(라이프니츠)이거나, 어깨를 으쓱거리는 에피쿠로스주의나, 사르트르의 절망이다.

만약 '자연신학'이 현재 창조 세계 안에서 신론을 위한 기초를 찾으려 한다면, 나는 이러한 시도—내가 개략적으로 설명하고 있는 모델의 관점에서—를 미리 완전한 종말을 취하려는 것으로 간주해야 한다고 생각한다. 이러한 시도는 하나님이 '만물'이 되시는 마지막 순간으로 도약하려 하지만, 신약이 마지막 순간에 도달하기 위해 취하는 십자가의 길은 따르지 않는다. 이 문제와 일치하는 것은, 내가 줄곧 주장한 것처럼, 이성적인 탐구만으로 하나님의 존재와 활동을 분별하려는 '자연신학'의 가능성이다. 이것은 참된 지식의 핵심에 속하는 사랑의 인식론을 다시 한번 차단해 버린다. 따라서 좌뇌에 속한 이성적 지식은 이미 사실인 것을 파악하지 못하거나 앞 장에서 살펴본 '망가진 이정표'의 의의를 알 수 없을 것이다. 이러한 지식은 또한 새 창조 세계에 대한 종말론적 약속도 일별할 수 없을 것이다.

나는 이에 대한 대응으로, 성경의 내용과 종말론이 제대로 반영된 자연신학이 새 창조 세계의 탐구를 통해 그리고 새 창조 세계가 원 창조 세계에 비추는 빛을 통해 진행되어야 한다고 제안한다. 성전이 하나님의 임재로 가득 채워지듯, 창조 세계가 하나님의 임재로 '가득 채워진다'는 약속 때문에 우리는 선하신 하나님이 무슨 이유로 자신과 다른 세상을 만들고자 하시는지에 대한 오래된 질문에 적절한 답변을 상정할 수 있다. 이에 대한 답변은, 하나님이 마치 집에 거하시듯 창조 세계에 거하시면서 창조 세계를 자신의 임재와 영광으로 넘치도록 채우시기로 작심하셨기 때문인 것으로 보인다. 그렇다고 이 답변이 슈바이처와 다른 이들의 생각처럼 원 '자연' 세계에 대한 여지를 남겨 놓지 않을 '초자연적' 장악을 통해 원 창조 세계를 흔적조차 없이 제거해 버린다는 의미는 아닐 것이다. 또한 이 답변은 창조 세계의 피조성과 독특한 정체성 그리고 의미의 축소를 의미하지도 않을 것이다. 오히려 하나님의 의도는 창조 세계를 향상시키고 영화롭게 하시는 것이다. '당신은 당신 자신을 위해 우리를 창조하셨습니다'라고 말할 수 있는 존재는 인간만이 아니다. 이는 하나님의 **사랑**이 지닌 의미의 일부로서, 하나님의 사랑에는 기쁨에 찬 창조 세계와 비록 하나님과 다른 존재이지만 '하나님 자신을 위해' 창조된 창조 세계의 영화가 포함되어 있다. 그리고 '하나님 자신을 위해'라는 말은 자신이 아닌 다른 것과의 기쁘고 소멸되지 않는 연합과 관련이 있다. 따라서 예견되는 이러한 연합 속에서 모든 피조물, 특히 하나님의 형상을 지닌 모든 피조물은 더욱 진실되고, 더욱 특별해지고, 더욱 기쁨에 젖을 것이다. 그리고 창조주는 그렇기 때문에 기뻐하실 것이다. 이 사랑은 응답하는 '사랑'을 불러일으키는데, 이 응답하는 사랑은 '지식'이 핵심 요소인 더 큰 범주의 사랑을 의미한다.

그렇다면 창조주는 어떻게 그의 창조 세계를 자신의 임재로 채우실 것인가? 이에 대한 한 답변은 창세기 1장에 이미 암시되어 있다. 즉, 창조주가 '자신의 바람 또는 자신의 영으로' 그렇게 하신다는 것이다. 이것은 창조주 하나님이 이미 자신의 영을 세상에 보내시는 하나님으로 알려져 있다는 전제와 직결된다. 그리고 이것은 하나님의 형상으로 창조된 인간에 의해 즉시 보완되는데, 이는 창조주 하나님이 **순종하는 인류를 통해** 자신의 세계에서 일하시고자 하는 하나님으로 이미 알려져 있다는 표시다. 우리가 시편 72편에서 이미 보았듯이, 순종하는 인류에게서 바로 새 창조 세계에 대한 약속과 왕의 소명이 합쳐진다. 그리고 그것은 교회가 지닌 선교라는 소명의 토대 중 일부인데, 교회는 현 창조 세계 안에 있는 원래의 창조 명령을 추진하는 '왕 같은 제사장'이다. 비록 현 창조 세계가 새 창조 세계의 새롭고 변형된 명령에 의해 초월되고 변형되지만 말이다.

이를 통해 우리는 위르겐 몰트만(Jürgen Moltmann)의 유명한 제안, 즉 하나님이 자기 자신이 아닌 다른 피조물을 위한 공간이 우주에 있도록 자신 안으로 물러나신다는 랍비의 침춤(*zimsum*) 이론을 대체할 대안을 갖게 된다.[8] 내가 볼 때, 이 제안은 방향이 잘못되었다. 하나님은 '만유의 주재'가 되시기 위해 자신의 차고 넘치는 창조적 사랑으로 자신과 구별된 세상을 창조하셨으며, 창조 세계가 그의 영광스러운 임재로 충만해짐으로써 그것의 정체성을 지키는 가운데 원래 가능한 것보다 더 나은 존재가 되도록 허용되었다고 제안하는 편이 훨씬 나을 것이다. 확실히 몰트만과 나의 관점은 궁극적인 목표라는 측면에서 수렴한다. 공간 생성을 위해 물러나시는 하나님의 겸손에는 매력적인 무언가가 있지만, 창세기부터 시편 103편, 104편을 거쳐 골로새서 1장 및 요한계시록 4장에 이르는 위대한 창조 본문에 있는 기쁨으로 뿜어내는 창조성을 나처럼 표현한다면 그 창조성은 더 선명하게 드러날 수 있을 것이다.

창세기에 근거한 영과 하나님의 형상을 지닌 인간의 주요 역할은 물론 신약의 핵심이다. 예수는 '보이지 않는 분이신 하나님의 형상'이다(골 1:15). 이 영은 '상속'에 대한 아라본(*arrabōn*), 즉 보증금이다. 이 상속은 단순히 미래에 있을 우리의 육체의 부활이 아니라 전체로서의 '상속', 곧 로마서 8장이 전하는 완전히 새롭게 된 우주적 질서를 뜻한다.[9]

일단 우리가 초기 유대교 및 기독교 사상에 있어서 성전과 우주가 서로 연결되어 있다는 개념이 얼마나 중요했는지 인지하게 되면, 몇몇 구절들이 특별 고려 대상으로 부상한다. 이러한 구절들의 목록 중 최상위에는 고린도후서 2-6장, 특히 3-4장이 있는데, 여기서 바울은 사도의 직분을 논한다. 바울은 자신의 사도적 사역 방식에 대한 비판을 반박한다. 이를 위해 그

---

8   Moltmann, *God in Creation*, pp. 152-157.
9   바울의 *arrabōn* 개념에 대해서는 롬 8:23; 고후 1:22; 5:5; 엡 1:14을 보라.

는 새 언약에서 새 창조로 이어지는 흐름을 간략히 제시하고, 자신과 변덕스런 고린도 교회와의 관계를 모세와 장막 이야기에서 찾는다. 바울이 이러한 비교를 통해 스스로 우쭐대려는 것은 아니다. 만약 바울이 모세와 유사하다면, 바울의 청중은 금송아지를 만든 이스라엘 백성과 비견된다. 그럼에도 불구하고, 바울의 주장은 그의 청자와 모세의 청중 사이의 차이에 달려 있다. 모세의 청중들은 마음이 완고했다. 그러나 바울은 그의 청중들이 성령으로 변화를 받았으므로, 모세와 달리, 얼굴에서 수건이 벗겨진 우리 모두—모세와 달리—가 이제 하나님의 영광을 바라볼 수 있다고 주장한다. **따라서 교회는 새 창조 세계를 위한 시범 프로젝트다.** 바울은 후에 자신의 말을 요약하면서, 에이 티스 엔 크리스토 카이네 크티시스(*ei tis en Christō, kainē ktisis*)라고 말한다. 이 말의 문자적 의미는 '메시아 안에 있는 모든 사람은, 곧 새 피조물이다!'(고후 5:17)[10] 성령이 예수를 따르는 자들 안에서 지금 행하고 있는 일은 앞으로 전체 창조 세계에서도 행해질 것이다. 예수의 백성 안에 임재하는 성령은 모든 창조 세계 안에 임재하고 새롭게 하는 동일한 성령의 역사에 대한 표징이자 보증이다. 우리가 제시한 성전/우주에 대한 그림에서와 똑같이, 바울은 고린도후서 4장에서 창세기 1장을 언급하며, 고린도후서 3장이 정확하게 초점을 맞추고 있는 우주적 지도에 관한 요점을 규명한다. '어두운 데에 빛이 비치라'고 말씀하신 그 하나님이 이제 메시아 예수의 얼굴에 있는 하나님의 영광을 아는 빛을 우리 마음에 비추셨다(고후 4:6). 이 핵심 구절은 바울의 사도적 변증의 신비, 즉 자신이 왜 그 일을 하는지, 그리고 성령이 어떻게 그를 통해 역사하시는지에 대한 설명 안에 정확히 위치한다. 바울은 이렇게 말한다. '오히려 우리는 드러내 놓고 진리를 말하고, 하나님의 임재 앞에서 모든 사람의 양심에 우리 자

---

10 *PFG*, pp. 879-885를 보라.

신을 추천합니다'(고후 4:2). 그러므로 불신앙은 변증론자들의 문제가 아니라, 일종의 영적 무지에 따른 결과다. 그러나 복음 선포를 통해 사람들이 새날의 여명을 분간하고 이 여명으로 인해 다른 모든 것들을 깨달을 수 있다는 것이 드러날 때, 이러한 영적 무지는 극복 가능하다. 이 지점에서 단계적 논리와 설명이 등장하는데, 이는 합리주의를 사용해 사람들을 믿음으로 몰아넣는 것이 아니라, 더 큰 그림이 어떻게 서로 맞물리고 이치에 맞는지를 명확히 하고 설명하는 것이다.

우리가 이러한 기대에 가까이 다가갈수록, 바울은 고난을 더욱 강조한다. 어둠의 권세는 비록 십자가에서 패했지만 순순히 포기하지 않을 것이다. 그러나 이것도 요점의 한 부분이다. '사도의 표지'는 십자가 그 자체를 증거하는 십자가 형태의 삶이다.[11] 그런 의미에서 망가진 이정표들은 여전히 진리를 말하고 있다.[12]

대기 중인 성배

여기서 나는 이 장의 반복 주제(Leitmotif)를 소개하고자 한다. 바로 대기 중인 성배다. 당신에게 기독교 전통이나 그것을 특징짓는 상징적 행위에 대한 그 어떤 지식도 없다고 가정해 보자. 당신이 박물관이나 골동품 가게에서, 십자가, 생명나무, 유월절, 최후의 만찬, 천상의 메시아 잔치, 또는 이 중 몇몇에 관한 문양이 정교하게 새겨진 은으로 만든 아름다운 성배를 우연히 발견했다고 가정해 보자. 당신은 이 성배가 중요하다는 것과 그것에 깊은 의미가 담겨 있다는 것을 알 수 있다. 이 성배처럼 신중하게 치장된 아름다

11　고후 12:12을 보라.
12　특히 고후 4:7-18; 6:3-10; 11:21-33; 12:7-10을 보라.

운 작품들은 충동에 사로잡혀 즉흥적으로 만들어지는 것이 아니기 때문이다. 누군가는 이 성배에 관심과 신경을 기울였다. 누군가는 이 성배에 많은 돈을 지불했다. 당신은 이처럼 크고 중요한 용기(vessel)가 여러 사회 내에서 어떤 의식에 사용되거나, 가족 또는 씨족의 결속을 위해 사용된다는 것을 알 정도로 비교 인류학에 대한 지식이 충분할 수 있다. 당신의 생각을 바른 방향으로 이끌어 줄 충분한 단서들이 존재할 것이다.

이런 물건의 존재가 제기하는 질문은 앞 장에서 일곱 개의 '망가진 이정표'(정의, 아름다움 등등)가 제기했던 질문과 다르지 않다. (모든 유비와 마찬가지로 대비가 정확히 일치하진 않지만, 요점은 명확해야 한다.) 일곱 개의 망가진 이정표들은 중요하지만, 그렇다고 이 이정표들이 그것들이 무엇을 가리키는지 또는 왜 그것을 가리키는지를 파악하게 해 줄 질문에 답을 제시하는 것은 아니다. 그것들은 실제로 좌절이나 심지어 절망으로 이어질 수 있다. 그러나 우리가 예수의 십자가 처형에 비추어 그것들을 돌이켜 본다면, 그것들이 '이해'될 수도 있다. 우리가 부활에 비추어 그것들과 예수의 십자가 처형을 돌이켜 보았다면, 완전히 새로운 방식으로 '이해'되었을지도 모른다. 다층의 유사성이 존재하는데, 동일한 대답이 여기에도 적용된다. 즉, 우리가 예수의 십자가에 대한 이야기를 들을 때(특히 예수가 그의 제자들에게 자신의 죽음이 무엇을 의미하는 지에 관한 단서를 줄 때, 예수는 어떤 이론이 아니라 빵과 포도주에 초점이 맞춰진 새로운 종류의 유월절 만찬을 주셨다), 우리는 이러한 사건들을 부활에 비추어 돌이켜 보면서 이 아름다운 성배가 전하는 것들이 독특한 사건과 이 독특한 사건을 상기시키는 독특한 의식을 가리키는 참되고 진정한 지표임을 알게 된다.

예수를 따르는 자에게, 빈 성배는 복잡한 아름다움을 띤다. 빈 성배는 그 자체로 아름답다. 예수를 완전하게 믿지 않는 사람도 이 아름다움을 인지하고 존중할 수 있다. 그러나 예수를 따르는 자에게 이 빈 성배는 몇 배

더 아름다운데, 그 이유는 이 빈 성배가 **무엇으로 가득 채워져야 하는지, 그리고 왜 그래야 하는지를 우리가 알기 때문이다.** 빈 성배를 채우고 예수를 따르는 자들이 함께 나눌 포도주는 예수의 죽음과 이 죽음의 개인적 의미를 예배하는 자들에게 전달할 것이다. 그들은 그 성배를 마시면서 바울과 함께 이렇게 말할 것이다. '하나님의 아들이 나를 사랑하사 나를 위하여 자기 자신을 버리셨다.' (비록 나는 특정 유형의 성찬 신학을 주장하겠지만, 어떤 성찬 신학을 적용하든 이 고백에는 변함이 없다.) 이러한 행위와 의미는 이 성배가 텅 빈 채 제단에 놓여 있든지, 박물관에 전시되어 있든지, 아니면 제의실 금고에 쌓여 있든지와 상관없이 이 성배가 지녔던 아름다움을 어떤 식으로든 훼손하지 않는다. 이 성배가 지닌 궁극의 의도를 아는 사람들은 그것의 아름다움을 더욱 절감할 것이다.

이 모든 것은 비유인 동시에 환유다. 그것은 내가 주장하고 싶은 요점에 대한 유비이자 그 요점 자체의 본질이다. 현재의 창조 세계는 힘과 아름다움을 가지고 있는데, 이는 무엇인가를 환기시키는 신기한 특성이다. '하나님의 위엄으로 가득 차 있는 세상'은 빈 성배와 마찬가지로, 하나님을 믿지 않는 자들로부터 경외와 존경을 불러일으킨다. 그러나 세상에 존재하는 공포와 고통, 그리고 명백한 무익함—앞 장에서 내가 설명한 바 있는 망가진 상태의 이정표들—으로 인해, 어떤 사람들과 슬프게도 일부 그리스도인들은 아름다움과 힘을 단순한 환상이나 오락거리로 생각하게 되었다. '앞선 세대들은 짓밟고, 짓밟고, 또 짓밟았다.' 우리가 사는 세상은 우상으로 가득 차 있다. 우리는 이러한 매혹적인 힘과 아름다움을 배격해야 한다. 우리는 탈출해야 한다. 플라톤은 우리를 도울 준비가 되어 있다. 그는 현재 시공간의 아름다움과 힘이 다른 빛에 의해 드리워진 그림자의 농간이라고 설명하고, 그것들의 근원에 도달하는 방법을 우리에게 보여 줄 준비가 되어 있다. 서구 기독교의 상당 부분이 의심할 여지 없이 이 길을 가고 있다. 그러나 내가 지금까지 설명해 온 새 창조에 관한 성경적 종말론은 이러한 유혹적 선택지에 저항할 것이다. 예수가 십자가에서 쏟은 피는 우상이 패했고, 현재의 고난이 장차 드러날 영광에 비해 하찮으며, 창조 세계가 썩어짐의 종노릇에서 벗어나 하나님의 자녀들이 영화롭게 될 때 주어지는 자유를 누리게 될 것이라는 표징이다. 창조 세계는 하나님의 영광으로 가득 차 있다. 그래서 창조 세계는 아름답고, 강력하며, 이해하기 힘들고, 불완전하다. 어떤 시기— 1930년대의 바르트를 떠올리고 있다—는 성배의 아름다움을 보고 그것을 이교도들처럼 부, 권력, 특권을 얻기 위한 수단으로 사용하고 싶어 하는 자들에 대한 일종의 반작용으로 '자연신학'을 거부했다. 그러나 정답은 그 성배를 버리는 것이 아니라 성만찬을 기념하는 것이다. 포도주는 플라톤의 쉬운 승리를 거부하면서 하늘과 땅을 결합시킨다.

우리는 신약이 그리는 창조 세계의 '채움'에 대해 더 말해야 한다. 내가 언급했던 로마서 8장은 이러한 비전의 핵심이다. 불트만이 바울 사상에 내포되어 있는 전 창조 세계의 지평에 관한 중요성을 과소평가했다는 것(그의 제자 케제만이 올바르게 지적한 것처럼)과, 로마서 8장의 '묵시적'인 본문이 이해하기 어렵다고 한 것은 전혀 놀랍지 않다. 이 로마서 본문에서 바울은 하나님이 부활절에 예수에게 행하셨던 그 일을 마지막 때에 온 우주에게 행하실 것으로 예상한다. 로마서 본문에 함축되어 있는 '성전' 개념은 강력하다. '거하시는' 성령에 대한 바울의 표현은 성전에 거하시는 야웨에 대한 개념을 되풀이하므로, 부활의 약속은 성전의 궁극적 재건에 대한 약속으로 이해되어야 한다. '유업'이라는 주제 역시 성전 개념을 함축하고 있는데, 이는 성전이 약속의 땅, 곧 하나님이 바다 괴물을 멸하신 후에 주신 유업의 중심이었기 때문이다.[13] 이 본문의 핵심 부분에서 바울은 기도, 곧 알 수 없지만

---

13   예를 들어, 출 15:8과 시 75:13-15; 89:9-10의 조합에서도 이러한 내용이 확인된다.

성령의 감동을 받은 기도이자 하나님 아버지께서 이해하시는 기도를 언급한다. 이 기도에는 장자의 고난과 영광을 함께하며 그의 동생으로서 기도하는 자들이 포함되어 있다. 따라서 그들은 '그의 형상을 본받아' 우주적 성전의 중심에서 참 인간이 될 수 있다. 동시에 그들은 시편 8편에 나오는 창조 세계를 관리하는 청지기직을 통해 창조주의 '영광'을 반영하고, 대제사장인 예수가 모든 창조 세계를 위해 행한 제사장적 중보를 집약한다(롬 8:18-30, 34).[14] 우주론, 종말론, 형상-소지 인류학이 있다. 하늘과 땅이 십자가에 달린 메시아의 본을 따라 형성되었다. 고난 가운데 영광이 있다. 로마서 8장이 그토록 강력한 데는 다 이유가 있다. 로마서 8장은 또한 이 책의 논의와도 큰 관련이 있다.

비슷한 결론, 즉 새 성전—새롭게 된 인간들이 새 성전에서 섬긴다—으로서의 새 창조가 요한계시록 21장과 22장에 나온다. 요한계시록 21장과 22장은 창세기 1장과 2장을 명확히 되풀이한다. 새 예루살렘—성막이나 성전의 지성소 구조를 거대한 규모로 반영하는 거대한 입방체 모양의 도시—에 대한 환상을 거대한 성소와 관련해 생각했다는 것이 항상 그렇게 분명하지는 않았다.[15] 따라서 '새 하늘과 새 땅'은 새 성전이 되며, 도시는 성소의 가장 안쪽 부분인 지성소가 된다. 그렇기 때문에 이 도시에는 (새로운 세계에 안식일과 밤이 없는 것과 마찬가지로) 성전이 없다. 모든 창조 세계가 성전이 되고,

---

[14] 이 '영광'을 시 8편과 연관 짓는 아이디어는 H. G. Jacob 박사가 내게 제시한 것이다. 그녀의 연구, *Conformed to the Image of His Son: Reconsidering Paul's Theology of Glory in Romans* (Downers Grove, Ill.: IVP Academic, 2018)를 보라. 내 생각에 그녀는 아직 이 영광을 이 구절에 있는 성전과 관련된 *doxa* 그리고 '신성한' 의미의 *doxa*와 통합하지 못하고 있다. [이는 C. C. Newman의 *Paul's Glory-Christology: Tradition and Rhetoric* (Leiden: Brill, 1992; repr., Waco, Tex.: Baylor University Press, 2017)에 대한 그녀의 다소 이상한 비판과 결을 같이한다.]

[15] 나는 G. K. Beale, *The Book of Revelation: A Commentary on the Greek Text* (Grand Rapids: Eerdmans, 1999)에서 이것을 처음 발견했다. 그는 그것을 *Temple and the Church's Mission*에서 더 발전시키는데, 그의 이 연구는 이 책 5장과 나의 현재 주장에 중요한 역할을 하는 많은 요점을 제기했다.

새 예루살렘은 지성소가 된다. 하나님의 임재('하나님과 어린양')가 그곳에 머문다. 이 새 창조 세계에서는 하나님의 임재가 해와 달의 기능마저 대체하는데, 이는 아마도 '빛' 그 자체가 두 개의 '큰 빛'보다 먼저 창조되었다는 창세기 1장의 기묘한 내용을 반영하고 있을 것이다. 바로 이것이 원 창조 목적의 최종 실현이다. 원 창조에서 잘못되었던 것이 바로잡혔다. 원 창조에서 예비적이고 미래의 무언가를 가리켰던 부분이 이제 그 목적을 달성했다. (무엇이 예비적이고 무엇이 미래의 무언가를 가리키는지를 분별하는 일은 그 자체로 도전이다.) 구속받은 인간들은 이제 그들의 창조 목적에 부합할 수 있게 되는데, 그들이 창조된 목적은 바로 하나님의 형상을 지닌 참된 존재로서, '왕 같은 제사장'이 되는 것이다(계 20:6).[16]

우리는 이와 동일한 장면을 요한복음에서 발견한다. 특히 요한복음 서문에 함축되어 있는 창세기 및 출애굽기의 색채와 성육신의 성전 이미지가 요한복음의 성령론을 통해 발전되는 방식을 볼 때 그렇다. '말씀이 육체와 **장막이 되어**(tabernacled) 우리 가운데 사셨다. 우리가 그분의 영광을 보았다.' 이 이미지는 (대제사장을 비롯한) 모든 사람이 하나님의 영광을 보고 있는 출애굽기 40장에서 유래하는 것으로, 요한복음은 초반부터 창세기 1장의 반향을 적절하게 성취하고 있다.[17] 하늘과 땅이 이야기 전반에 걸쳐 하나가 되는데, 여기서 예수의 몸은 파괴되었다가 다시 세워질 새 성전으로 명확히 지명된다(요 2:21). 도입부의 이 이야기를 우주적 차원으로 맥락화하면 우리에게 제공되는 것이 세상과 동떨어진 사적 영역이라는 모든 암시(불트만의 '영지주의적' 해석과 같은)를 차단할 수 있게 된다. 이것은 모든 창조 세계가 어떻게 구속되는가에 대한 이야기다. 또한 이것은 창조 세계 내의 모든 것이,

---

16 1:6; 5:10; 벧전 2:5, 9도 보라. 배경에 대해서는 출 19:6; 사 61:6을 보라.
17 요 1:1과 창 1:1의 명백한 관련뿐만 아니라, 출 25-40장의 텐트 또는 장막을 의미하는 *skēnē*와 요 1:14의 *eskēnōsen*(장막을 치다-역주)의 연결도 보라.

비록 온전치 못한 방식으로 미래의 것을 가리키고 있지만, 예수의 부활을 중심으로 재구성될 때 어떻게 실제적으로 재확인되었는지에 관한 이야기다. 이것은 요한복음의 부활 이야기가 전하는 요점의 일부다. 이 이야기는 동산으로 제한되어 있지만, 성령에 의한 제자 파송을 통해 생명수가 흘러나오는 것으로 표현된다. 이는 '생수의 강'이 믿는 자의 마음에서 흘러나오리라는 요한복음 7:38의 약속을 되풀이한다.[18] 요한복음 20장에도 등장하는 요한복음 첫 도입부의 반향은 요한복음 전체가 창조와 새 창조에 관한 것임을 강력하게 가리키는데, '이 세상의 통치자'가 쫓겨난 옛 창조 세계는 폐지되지 않고 새 창조와 더불어 성취된다(요 12:31).[19]

이는 '자연신학'과 관련된 몇몇 일반적인 논쟁에서 무엇이 다루어지고 있는지에 대한 단서를 제공한다. 요한의 관점에서 볼 때, 현 세계로부터 하나님에 이르는 논쟁을 하려할 때 발생하는 문제는 현 세계가 여전히 '이 세상의 통치자'의 지배를 받고 있다는 사실을 반영하고 있다는 것이다. [여기에는 당연히 긴장이 존재한다. 요한복음의 예수가 자신의 죽음을 통해 이 땅의 통치자가 쫓겨날 것이라고 주장하는 것처럼 보이기 때문이다. 그러나 요한1서는 우리에게 '온 세상은

---

18 쉼표의 위치를 바꿀 경우(문자적으로, '만일 누군가 목마르거든, 내게 오게 하고, 나를 믿는 자는 마시게 하라. 성경에 기록된 바, 그의 마음에서 생수의 강이 흘러넘치게 될 것이다'), 이 구절은 예수를 믿는 자들이 아닌 예수 자신에게서 생수가 흘러넘치는 것으로 그 의미가 바뀐다. 예를 들어, 다른 논의들을 자세히 언급하고 있는, C. Keener, *The Gospel of John: A Commentary*, 2 vols. (Peabody, Mass.: Hendrickson, 2003), 1.728-729를 보라. 그러나 겔 47장과 슥 14:8을 되풀이하는 계 21:19-24는 더 전통적인 읽기가 정확하다는 제안일 수 있다. 이러한 제안은, B. F. Westcott, *The Gospel according to St John* [London: John Murray, 1903 (1881), p. 123]에서도 발견된다. 이 제안은 교회가 온 창조 세계를 새롭게 하는 새 성전이라고 간주할 것이다. 물론 예수는 요 4:10-15에서처럼 '생수'의 궁극적 근원이다. 내 소논문인, 'The Powerful Breath of New Creation', in *Veni, Sancte Spiritus! Festschrift für Barbara Hallensleben zum 60. Geburtstag*, ed. W. Dürr, J. Negel, G. Vergauwen and A. Steingruber (Münster: Aschendorff Verlag, 2018), pp. 1-15도 보라.

19 나와 J. P. Davies가 공동 저술한, 'John, Jesus, and "The Ruler of This World": Demonic Politics in the Fourth Gospel?' in *Conception, Reception and the Spirit: Essays in Honor of Andrew T. Lincoln*, ed. J. G. McConville and L. K. Pietersen (Eugene, Ore.: Wipf & Stock, 2015), pp. 71-89를 보라.

악한 자의 권세 아래 있습니다'(요일 5:19)라고 단호하게 말한다. 이 내용은 '지금 그러나 아직'에 관한 것으로 보인다.] 세상은 이제 가능한 자원으로 간주되지 않는다. 좋은 것이 세상으로부터 나올 수 없기 때문이다.

> 만물은 거래로 시들어지고, 고생스러운 노동으로 진물이 나고 얼룩이 졌다.
> 사람의 때가 묻고, 사람의 냄새를 풍긴다. 대지는
> 지금 헐벗고 신발을 신은 발은 감각이 없다.

이것은 요한의 마지막 말이 아니다. 마치 홉킨스의 시가 이렇게 마무리되지 않는 것처럼 말이다. 이것은 바울의 마지막 말일 수도 없다. 비록 어떤 사람들은 바울이 미지의 어떤 곳에서 오는 새로운 계시만을 믿으며, 현 세계를 비난하고 그것을 그 상태 그대로 내버려 두길 원할 거라고 생각할 수도 있지만 말이다. 그 안에는 일말의 진실이 있긴 하지만, 대부분은 잘못된 생각이다. 바울이 '묵시' 이미지로 불릴 만한 것을 가장 명확히 드러내며 사용하고 있는 바로 그 말씀에서(고전 15장) 우리는 시편 72편의 비전을 정확히 본다. 예수의 죽음과 부활을 통해 이미 시작된 메시아의 통치는 새 창조를 개시했는데, 이 새 창조에서 예수는 하나님의 형상을 지닌 새 아담으로, 왕과 하나님의 형상에 대해 언급하는 시편 내용을 성취하고, '인자'가 괴물 위로 높임을 받는 다니엘의 환상도 성취한다.[20] 우리가 앞서 본 고린도전서 15:20-28에서 전체 그림의 다른 요소들이 함께 쇄도한다. 우리는 세상의 '묵시적' **폐지** 대신, 세상의 참된 '묵시적' **충만**을 보게 되는데, 이 묵시적 충만은 말 그대로 완벽한 채움으로, 창세기 프로젝트를 완료하고, 다윗의 목적을 기리며, 이사야의 소망을 되풀이한다.

---

20 자세한 내용은 4장을 보라.

메시아께서 첫 열매로 살아나시고, 그 후 메시아께 속한 사람들이 그분이 왕으로 오실 때 살아날 것입니다. 그런 다음 최종 목적 곧 마지막이 오는데, 곧 그분이 아버지 하나님께 왕의 통치권을 넘기시는 때, 그분이 모든 통치권과 모든 권위와 권력을 폐하시는 때입니다. 알다시피, "그분이 모든 원수를 자기 발 아래 두실 때"까지, 그분이 계속 다스리셔야 합니다. 죽음은 멸망당할 맨 마지막 원수입니다. "그분이 모든 것을 자기 발아래 두셨기" 때문입니다. 하지만 모든 것이 그분에게 굴복되었다고 말할 때, 모든 것을 그분에게 굴복시키신 분은 포함되지 않는 것이 명백합니다. 그렇습니다. 모든 것이 그분에게 굴복할 그때에, 아들은 친히 모든 것을 자기에게 굴복시키신 분에게 마땅히 굴복하실 것입니다. **그리하여 하나님께서 모든 것 가운데 모든 것이 되실 것입니다.**

(고전 15:23-28)

마지막 두 문장은 종종 주석가들의 관심을 마지막 절(강조된 부분)에서 멀어지게 만들었는데, 그 이유는 이후의 기독론 논의가 성자 예수의 종속과 그의 통치 규모에 대한 문제를 많이 다루었기 때문이다. 그러나 이것은 신약의 애매한 표현을 깔끔하게 정리하고자 하는 나중의 독단적인 난문(難問)에 대한 염려—이러한 염려는 처음이 아니다—가 신학자들로 하여금 관련 구절의 실제 요지를 파악하지 못하게 만들었다는 것을 의미한다.[21] 실제 요지는 유일하신 하나님이 '만유 안에' 거하시게 된다는 것으로, 하나님은 창세기 1장에서 우리가 기대하는 바대로 가난한 자와 궁핍한 자를 도우러 오시는 하나님의 형상을 지닌 자이자 참 아담이신 만왕의 왕의 행위를 통해 그

---

21 창세기에 등장하는 뱀이 실제로 말을 했었는지를 묻는 누군가에게 Karl Barth가 **했던** 전설적인 대답이 있다. Barth는 뱀이 말을 했는지가 중요한 것이 아니라 **뱀이 무엇을 말했는지**가 중요하다고 대답했다[R. E. Burnett, *Karl Barth's Theological Exegesis: The Hermeneutical Principles of the Römerbrief Period* (Tübingen: Mohr Siebeck, 2001), p. 262를 보라].

목적을 이루실 것이다. 하늘과 땅은 하나가 되고 고대하던 미래가 마침내 도래할 것이다. 이미 보좌에 앉으신 참 사람은 그의 과업을 완수하실 것이다.

사실 바울이 우리에게 제공하는 것은 일종의 비전으로, 이 비전을 가리키는 명칭이 없어 보이지만, 이 비전은 명칭을 받기에 합당하다. 만유재신론(panentheism), 즉 만물이 '하나님 안'에 있다는 관념 대신, 우리는 하나님이 '만유 안'에 계신다는 견해(the-en-panism, 신재만유론)를 제안할 수 있다. 만유재신론은 그것의 오랜 사촌 같은 범신론과 마찬가지로 진실을 보았지만, 그것을 잘못 보고 유일한 정도가 아닌 지름길을 통해 그 진리에 도달하려고 했다. 다양한 형태의 이원론이 지닌 위험성을 본 만유재신론은 하나님과 세상을 하나로 묶어야 한다고 주장하는데, 여기서 '하나님'은 만물을 수용하는 일종의 수납 용기로 여겨지고 있다. 더욱이 만유재신론은 그것의 주장이 현재에도 이미 사실임을 확언한다. 그러나 바울의 비전은 이보다 훨씬 미묘하다. 바울의 비전은 삼위일체 신학(이후의 교리들이 개념적 분석을 제공하는 신학적 이해)을 절대적으로 요구하는데, 그 이유는 다양한 성경 본문을 볼 때(물론 앞의 본문은 아니지만) 하나님과 세상의 연합 방식은 우주 안에 거하고, 우주에 생명을 주입하며, 우주의 생명을 유지하는 성령에 의한 연합 방식이 될 것이기 때문이다. 그리고 바울의 비전은 종말론적 관점을 요구한다. 이 '충만'은 아직 실재가 아니지만, 악한 권세에 대한 메시아의 승리와 이 승리가 효력을 발하는 절대적 통치에 의해 보장된다. 결과적으로 우리는 **종말론적** 신재만유론(the-en-panism), 곧 하나님이 만유 안에 주재하시는 최종 순간과 그것의 지속적 실재에 대해 말한다. 우리의 주제적 관점에서, 이는 잘 숙성된 포도주와 같은 하나님의 사랑으로 성배를 가득 채우는 것과 같을 것이다. 하나님의 이러한 사랑은 강력한 메시아적 사랑으로 이미 시작된 하나님의 통치를 가져왔고 사망을 비롯한 모든 대적이 하나님의 발아래에 놓일 때까지 사랑과 통치의 행위를 지속할 것이다. 범신론과 만유재신론은 기독교 관점에서 볼 때 지나칠 정도로 과하게 실현된 종말론이다. 이 종말론은 창조주의 궁극적 의도를 부분적으로만 반영할 뿐이다. 이런 이유로 범신론과 만유재신론은 여러 유형의 기독교적 이원론에서 탈출하려는 사람들에게 종종 인기를 끈다. 그러나 그것들은 지속적인 악의 실재를 인정하는 의미 있는 방법을 제공할 수 없는데, 그 이유는 아마도 그것들이 의식적이든 아니든 십자가라는 문제를 풀기 위한 과감한 해결책을 피하고 싶어 하기 때문일 것이다. 십자가만이 약속된 영광의 목적에 도달하는 유일한 길이다. 흥미롭게도, 범신론과 만유재신론은 우리를 향한 하나님의 사랑이든 하나님을 향한 우리의 사랑이든 사랑을 강조하지 않는 경향이 있다.[22]

이 모든 것을 한 번에 다 말하는 일은 어렵다. 다시 말해, 로마서 8장의 새롭게 된 창조 세계에 대한 비전, 요한계시록 21장의 새 성(city), 요한복음 20장의 부활 동산 및 성령 강림, 고린도전서 15장의 최후 승리 및 궁극의 '채움'을 한 문장이나 한 문단에 다 표현하는 일은 어렵다. 그러나 초기 그리스도인들이 이러한 방식을 통해 의식적으로 예수와 성령의 관점에서 내가 앞서 언급한 우주 및 성전에 대한 성경신학을 되찾았다는 점은 의심의 여지가 없다. (그들은 안식일과 종말에 대한 주제도 되찾았다. 이를 가장 명확히 확인할 수 있는 곳은 요한복음이며, 신약의 다른 부분에서도 발견된다.) 그들의 이러한 행위는 예수가 참 사람 및 참 형상이라는 의식적이고 성경적인 비전과 결부되어 있다. 또한 그들의 이러한 행위는 성령의 내주 장소인 예수의 추종자들이 '창조하신 이의 형상을 따라 지식에까지 새롭게 하심을 입은' 자들이라는 의식적이고 성경적인 비전과도 결부되는데, 사랑은 여기서 말하는 새롭게 하심을 윤리와 인식론으로 특징짓는다(골 3:10). 초기 기독교 신학의 중심

---

22 에픽테토스(Epictetus)와 같은 철학자가 이 내용에 어느 정도까지 예외가 되는 인물이었는지를 논할 수 있다. 예를 들어, *Discourses* 2.22과 *PFG*, pp. 223-227의 논의를 보라.

에는 하늘과 땅의 우주론적 중첩과 현재와 미래의 종말론적 중첩이 존재하는데, 이 두 중첩 모두 예수와 성령에 초점이 맞추어져 있고, 세상과 하나님에 대한 비전 및 이 둘의 관계를 제공하고 있다. 이로 인해 우리는 '자연신학'에 대한 근대적 질문에 완전히 새로운 방식으로 접근할 수 있게 되었다.

그러나 이 그림은 그리 완벽하지 않다. 나는 앞에서 훌륭한 선물을 받아 그 선물을 전시하기 위해 새 공간을 건축해야 했던 한 대학교에 대해 언급했다. 이 경우와 마찬가지로, '대기 중인 성배' 이미지에는 매우 중요한 무언가가 빠져 있다. 지금까지의 설명처럼, 성배 자체는 줄곧 변함없이 그대로다. 그러나 이는 약속된 실재와는 분명한 괴리가 있다. 현재의 창조 세계는 부패와 사망의 영향을 받아 말 그대로 부패하기 십상이다. 이 약속의 내용은 종국에는 '새 하늘과 새 땅'에서 사망이 제거된다는 것으로, 사망의 제거는 부패하기 쉬운 물질성에서 완전한 비물질성의 세계로 도피하는 플라톤주의자의 그럴싸한 방식이 아니라(이럴 경우, 사망은 창조 세계의 공간, 시간, 물질에 대한 승리를 거두게 된다), 물질이 영원히 부패하지 않을 재창조를 통해 이루어진다. 로마서 8장은 이를 명확히 밝히고 있다(예. 8:21: 썩어짐의 종노릇에서 해방되어). 요한계시록 21:1의 이미 지나가 버린 '옛것'은 부패성 자체로 받아들이는 것이 가장 좋다. 새로운 세상은 무로부터의 새 창조가 아니라, 현재 세상으로부터 만들어진 구속되고 변화된 새 창조일 것이다. 다시 말하지만, 예수의 부활은 매우 중요한 원형이다. 부활한 예수의 몸은 이전 몸의 재료를 '소진'하는 새로워진 불멸의 몸이다.

이 모든 것을 감안할 때, 성배에 대한 그림은 더 복잡해질 필요가 있다. 과한 상상이나 꾸밈없이 우리는 원래의 성배에 심각한 결함이 있었고, 이 심각한 결함이 거기에 부어지는 포도주로 인해 바로잡히게 되었다고 말할 수 있다. 원래의 성배는 아마도 단순히 사용 '대기 중' 상태에만 있지 않았을 것이다. 그것은 훼손되었지만, 포도주의 내적 특성이 그 훼손을 복구했을 것이다. 또는 다른 특징을 고안해 낼 수 있다. 반투명한 성배의 측면에서 볼 수 있는 포도주의 광채로 인해 이전에 볼 수 없었던 흥미로운 세부 장식이 드러났을 것이라고 말이다. 아니면 수리, 변화, 격상된 아름다움이 영향을 받을 수 있는 다른 방법이 존재했을지도 모른다. 무엇이 되었든, 요점은 '창조 세계가 썩어짐의 종노릇에서 놓임을 받게 된다'는 것으로, 어떤 이미지를 통해서든 우리는 그 약속과 소망을 엿볼 수 있다. 나의 전반적인 주장은 성배, 곧 현재의 모든 창조 세계에 대한 이미지가 창조 세계의 목적인 궁극의 '충만'을 진정으로 가리키고, 그 결과 이를 의도하신 창조주도 진정으로 가리킨다는 것이다. 쉽게 발견될 이러한 이미지는 그 '유효성'을 위해 삼위일체 신학과 초기 기독교의 전형적인 종말론을 필요로 한다. 발견된 성배가 그것을 발견하고 어리둥절해하는 이에게 제기하는 질문은 자신의 영으로 그 성배를 채우시고, 변화시키시고, 고치시며, 격상시키시는 창조주의 관점에서만 제대로 된 답을 얻을 수 있다. 이것은 나의 요점에 힘을 실어 준다.

자연신학과 하나님의 선교

마침내 우리는 이 논의와 프로젝트를 개진해야 한다는 몇몇 자세한 제안을 마주하게 된다. 우리가 도달한 유리한 지점에서 탐구할 수 있는 많은 전망이 존재할 것이다. 그러나 나는 다섯 개의 구체적 영역을 간단히 제안하려고 하는데, 이 다섯 영역 안에서 우리의 논의와 프로젝트는 더 진전될 것이다.

첫 번째 영역은 하나님의 선교(*missio Dei*)에 관한 전반적인 개념이다. 성령은 창조주의 목적을 겨냥한 선교로 교회를 부르고 준비시킨다. 여기서 창조주의 목적이란 그분의 세상을 그분의 영광으로 충만케 하고, 그분의 합당한 집에서 쉼을 누리며 통치하는 것이다. 이러한 원래의 목적은 인간의 우상 숭배 및 죄 때문에 좌절되진 않았지만 경로를 이탈하게 되었다. 그러나 이 원래의 목적은 하나님이 창조하신 인간 피조물을 구원하기 위한 아브라함적 선교(Abrahamic mission)로 방향이 재조정되었는데, 이는 인간 피조물을 통한 창조 목적을 성취하기 위해서다. [이렇게 말하는 것만으로도 대부분의 근대 서구 구원론과 종말론이 얼마나 왜곡되었는지를 알 수 있다. 구원받은 영혼이 이 땅을 떠나 하늘 집에서 하나님과 함께 거하는 것을 목적으로 삼는 (플라톤적) 선교 대신에, 성경은 반역적인 우상 숭배자들을 회복된 형상을 지닌 자들로 변화시키는 것을 목적으로 삼는 선교를 제공한다. 이 선교를 통해 하나님은 '새 하늘과 새 땅'에서 인간 가운데 영원히 거하실 것이다.[23]]

이는 하나님의 선교가 그 자체로 '자연신학'이 지닌 전반적 과제의 일부임을 의미한다. 예수에 초점을 맞춘 새로운 버전의 '자연신학'이 교회 선교의 일부가 될 수 있는 것처럼 말이다. '자연신학'을 합리주의적 명제로 환원해 버린다면, 이는 이전의 은유를 반복하는 일이며, 차 없이 석유 한 통으로 목적지에 도착할 것이라고 가정하는 일과 같다. 세상에 치유 및 정의를 가져다주는 새 창조의 과제(이 과제에는 세상의 권세에 책임을 묻는 일까지 포함된다)는, 교회가 지금까지 종종 그래 왔듯이 현 창조 세계는 중요하지 않으므로 뒤로 물러나 현 창조 세계를 바로잡는 일을 다른 사람들에게 맡기겠다고 말하는 것이 아닌 **현 창조 세계가 중요하므로 현 창조 세계를 바로잡을 가치가 있다**고 말하는 교회의 강력한 방법 중 하나다.[24] 이것은 복음서에 나오는 예수의 치유가 지닌 중요성의 일부로, 그중에는 안식일에 발생한 치유도 있다. 이러한 행동이 말하는 바는 이것이다. 위대한 안식이 도래하면 궁

---

23   이 지점에서 우리는 계 21:3을 '하나님의 집이 사람들 사이에 있다'(the home of God is among mortals)로 번역한 NRSV의 놀라운 실수에 주목해야 한다. 이것은 물론 특정 성(gender)을 지닌 용어를 회피하는 한 방법이지만, '사람들'이라는 용어는 잘못된 번역이다. 왜냐하면 이 사람들이 새로운 불멸의 생명으로 부활했기 때문이다(눅 20:36과 비교해 보라).
24   세상의 권세에게 책임을 묻는다는 것에 관해서는, 나의 *Creation, Power and Truth* (London: SPCK, 2013)를 보라.

극의 희년, 곧 갇힌 자의 놓임과 모든 빚의 탕감이 발생할 것이다. 모든 치유는 현재 병들어 있는 몸의 선함을 **재확인**해 준다. 부활이 원 창조 세계의 선함을 재확인해 주는 것처럼 말이다. 정의나 해방의 새로운 작업, 진리에 대한 새로운 이야기, 권력의 지혜로운 행사, 아름다움에 대한 새로운 발견, 영성의 경험이나 사랑의 포용이 있을 때마다, 그리고 망가진 이정표들이 결국 진리를 말하고 있었음이 부활을 통해 드러날 때마다, 자연신학에 대한 탐구는 확증된다. 성배가 신성한 포도주로 새롭게 채워질 때, 우리는 이 성배가 왜 그토록 아름답게 제조되었는지를 또 한 번 알게 된다. 우리는 이전에 그것이 왜 기억에 남는지, 그리고 왜 그것이 불완전했는지(그리고 우리가 인위적인 만들어 낸 그림에서 왜 훼손되었는지)를 알게 된다. 다시 말하지만, 우리가 가진 것이 성배밖에 없다면, 우리는 이 성배로부터 성찬식을 추론해 낼 수 없을 것이다(그와 비슷한 무언가를 짐작할 수는 있겠지만 말이다). 성찬식을 알고 나면, 이 성배가 줄곧 올바른 방향을 가리키고 있었다는 것을 알게 된다.

두 번째 영역은, 예술가의 소명이 치유와 정의라는 과제와 밀접히 연관되어 있다는 것이다. 앞서 보았듯이, (그 자체로 새로운 발명인) 미학은 계몽주의의 주류 신학 문화에서 완전히 분리되었다. 그 이후로 기독교 예술가들은 그들의 삶과 작품이 왜 중요한지를 알지 못하는 많은 동료 신자들로 인한 좌절 가운데 고투해 왔다. 서구의 많은 교육 시스템처럼 교회에서 예술과 음악은 종말론적 정보가 담긴 '자연신학'—망가진 이정표와 대기 중인 성배가 밝히는 것처럼 창조주의 진정한 의도를 밝힐 수 있는 '있는 그대로의 세계'에 응답하는 방식—의 일부로 간주되기보다는 단순한 장식품으로 바뀌었다. (다른 곳에서처럼 여기서도 나는 '예술가'가 우주에서 일종의 특권적 지위를 갖고 있어서, 이정표와 십자가의 파손을 어떻게든 우회해 진리에 직접적으로 접근할 수 있다는 그 어떤 암시도 하고 있지 않다.)

물론 여기에는 많은 측면이 존재한다. 시각 예술은 음악과 다르며, 드라마나 무용과도 다르다. 그러나 그것들에게는 공통점이 있다. 예술가들의 작품은 세상의 아름다움과 부서짐을 있는 그대로 보고, 동시에 그것들의 조합에 우리의 관심을 기울이게 하면서 새로운 것, 특유의 아름다움과 신랄함을 지닌 무언가를 만들어 내면서 다음과 같은 메시지를 전한다. 비록 이 땅이 지금은 헐벗은 상태이지만 세상은 참으로 하나님의 위대함으로 가득 차 있다고 말이다. 예술을 통해 궁극적인 소망에 관한 완전한 진리를 전달하고, 현재의 아름다움과 힘이 단순히 망가진 이정표임을 보여 주는 새로운 종류의 아름다움과 힘을 제공하는 일은 어렵다. "할렐루야 합창"은 18세기 예술에 대해 상당히 많은 것을 알려 준다. 그래서 사람들이 내세를 제대로 엿보기 위해 많은 가사 중에서도 "내 주는 살아 계시고"(I know that my redeemer liveth)처럼 머릿속에 계속 맴도는 가사를 선택하는 것일 수도 있다. (이것이 D 장조와 E 장조의 차이와 관련 있는지 여부는 이론가들의 몫으로 남겨 두겠다.) 그러나 나의 요점은 이것이다. 즉, 일반적인 산문에서는 거의 불가능한 방식이지만 여러 가지를 동시에 말할 수 있는 예술을 통해 우리는 홉킨스의 시가 전하는 진리를 말할 수 있을 뿐만 아니라 표현하고 구현할 수 있다. 홉킨스의 시가 전하는 진리에는 갑작스레 타오르는 영광과 인간의 자국 및 냄새로 망가진 창조 세계의 비극적 실망, 그리고 저 너머에 존재하는 해결책이 동시에 담겨 있다. 창조 세계를 기념하는 예술은 우상 숭배라는 지속적 유혹도 주지만 이 모든 것을 할 수 있는 기회를 제공한다.

나는 이와 유사한 내용들을 나의 세 번째 예인 과학과 관련해 말할 수 있다고 믿는다. 이 지점에서 나는 대부분의 기포드 강연 연설자들과 달리 내게 아무런 전문 지식이 없는 척할 것이다. 예술처럼 과학도 우상 숭배와 창조 세계를 기념하는 것—기독교의 종말론적 관점에서 다뤄질 수 있는—에 관한 풍성한 전망을 제공한다.

앞서 나는 '과학과 종교'라는 제목하에 자주 등장하는 일반적 가정들이 서로 맞물려 있는 여러 실수에 근거한 이유에 대해 설명했다. 우리가 이러한 현상을 일반적 수준에서 보게 되는 경우는 누군가가 뉴스 기사에서 하나님을 언급한 후 온라인에서 사람들에 의해 공격당했을 때다. 이런 사람들은 마치 자신들이 치명적인 모욕을 당한 것처럼 반응하는데, 그들은 근대 과학이 하나님의 존재를 부정했고 영원한 세속적 세계관을 확립해 놓았다고 주장한다. 이러한 주장은 여전히 널리 퍼져 있는 서구 사회의 인식으로, 방어가 불가능한 입장을 옹호하며 최후의 도랑에서 죽어야 한다고 주장하는 일부 신자들의 어리석은 생각에 의해 촉발된다.[25] 그러나 구경꾼이자 이따금 토론에 참여하는 파트너로서의 나의 생각은 이렇다. 18세기 이후 일부 과학자들의 에피쿠로스주의 가정을 보류하면, 우리는 대부분의 초기 과학자들이 기꺼이 인정한 친숙한 소명, 곧 하나님을 따라 하나님의 생각을 생각하는 소명을 회복할 수 있다.[26] 이것은 실제로 무게를 달 수 있거나 측정할 수 있는 것으로부터 하나님에 관해 무엇인가를 추론할 수 있다는 의미가 아니다. 이것은 오히려 홉킨스가 말한 장엄함을 느끼기 위한 것이다. 즉, 흔들리는 금박이 빛나듯 세상은 활활 타오르는 것과 기름이 짓눌려 스며 나오는 것을 감탄하고, 그것들이 그것들 너머의 무언가를 가리킨다고 보는 것이다.

다른 곳에서 내가 논했던 것처럼, 특히 예수가 창조 세계의 이미지를 사용해 가르치는 모습—가장 명확히 드러나는 곳은 예수의 비유지만, 다른 여러 곳에서도 발견된다—은 고통스럽고 종종 잘못 인식되고 있는 몇몇 논쟁에 돌파구를 제시할 수 있다. 예수의 주장처럼 하나님 나라가 씨 뿌리는

---

25 물론 우리는 근본주의적 '창조론자들'과 '신(new) 무신론자들' 사이의 지속적인 불화를 생각하는데, 이에 대해서는 1장 각주 10번에 언급되어 있는 John Gray의 발언을 보라.
26 과학의 '뒷이야기'에 대해서는, R. Wagner and A. Briggs, *The Penultimate Curiosity: How Science Swims in the Slipstream of Ultimate Questions* (Oxford: Oxford University Press, 2016)의 놀라운 연구를 보라.

자가 씨를 뿌리는 것처럼—어떤 씨는 버려지고, 어떤 씨는 새가 낚아채 가고, 어떤 씨는 밭에 밟히지만 어떤 씨는 옥토 밭에 떨어져 큰 결실을 맺는 것처럼—온다고 하신 것이 옳다면, 우주의 기원에 대한 작금의 일반적 견해가 생명 잠재력이라는 씨앗의 거대하고 폭넓은 파종에 관한 견해이고, 이 씨앗의 상당 부분이 버려지는 듯 보이지만 그중 몇몇 씨앗이 우리가 아는 것처럼 뿌리를 내리고 생명을 생산해 낸다는 것에 놀라야 하지 않는가?[27] 이러한 측면에서 문제에 접근함으로써 우리는 다른 많은 통찰을 얻게 된다. 그중에서도 특별히 꼽을 수 있는 통찰은, 이러한 비유들의 형태 및 주제를 고려해 볼 때, 예수가 자연 세계를 하나님의 진리와 하나님 나라를 가리키는 인자로 충만한 곳으로 보고 있다는 확실한 깨달음이다. 비록 이 특별한 통찰의 도출을 위해 동일한 요지를 만들어 내는 강력한 치유 이적뿐만 아니라 각 비유의 기교 역시 필요하지만 말이다.[28]

이러한 관점에서(그리고 이제까지 내 주장이 개진된 방식을 생각해 볼 때), 나는 성경과 자연을 '두 권의 분리된 책'으로 간주하는 일반적 관념에 의문을 제기하고자 한다.[29] 광범위한 기독교적 접근으로서, 이러한 의문은 정면충돌을 가정하는 그 어떤 견해보다 훨씬 더 나은 방식으로 이 주제의 문을 열어젖힐 것이다. 그런데 성경과 자연은 어떤 의미에서 '책'인가? 이 용어를 사용할 때 우리에게 따르는 위험은 성경과 자연 이 둘 모두가 우리에게 매우 유

---

27 나의 소논문인, 'Christ and the Cosmos: Kingdom and Creation in Gospel Perspective', in *Christ and the Created Order: Perspectives from Theology, Philosophy and Science*, ed. A. B. Torrance and T. H. McCall (Grand Rapids: Zondervan, 2018), pp. 97-109를 보라.
28 Bultmann이 '씨 뿌리는 자'의 원래 의미를 돌이킬 수 없다고 생각했다는 점은 아마도 중요할 것이다. *The History of the Synoptic Tradition*, trans. J. Marsh [Oxford: Blackwell, 1968 (1921)], pp. 199-200를 보라.
29 이것은 적어도 '자연의 책'에 담긴 아우구스티누스의 개념으로 거슬러 올라가며, 나폴레옹 전쟁 이후에 다시 채택되기 이전인 중세 시대에서 다양하게 발전했다. 예를 들어, Raymonde of Sabunde(d. 1436)를 언급하고 있는, A. W. Hall, 'Natural Theology in the Middle Ages', *OHNT*, pp. 57-74 (69-70)와 M. D. Eddy, 'Nineteenth-Century Natural Theology', p. 105를 보라.

사한 정보를 제공하리라는 기대를 한다는 점이다. 그러나 이러한 견해는 너무 축소된 견해다. 이는 '자연'과 '초자연'으로 이미 구분되어 있는 세계로부터 출현하며 이 책의 전체 논거가 핵심적으로 도전하고 있는 견해다. 이러한 견해는 그에 따른 문제를 유사 합리주의적 작업 틀 내에서 다룬다. 내가 주장한 것처럼, 역사 연구는 신약에 제시된 예수의 역사를 포함해 그 자체로 '자연 세계' 연구의 일부다. 어쨌든, 창조 세계는 정리되지 않은 정보가 거대하게 쌓여 있는 더미가 아니다. 그러한 생각을 체계적으로 검열하지 않는 한, 창조 세계는 대기 중인 성배처럼 아름답고 강력한 존재지만 잊히지 않을 만큼 불완전하고 심지어 훼손된 존재로 그 자신을 우리에게 제시할 것이다. 창조 세계는 아무 곳으로도 이끌지 않거나, 적어도 우리가 도움 없이 갈 수 없는 곳을 가리키는 이정표를 세워 놓으면서 질문을 던진다. 따라서, 창조 세계가 일종의 '책'일지라도, 사전이나 열차 시간표와는 다르다. 창조 세계는 위대한 연극이나 시 또는 음악과도 같다. 창조 세계는 시벨리우스(Sibelius)의 교향곡 7번처럼, 정교하지만 완성과 미완성된 느낌, 그리고 어둠을 하염없이 가리키는 이정표와 같은 느낌을 동시에 준다. 그것은 말로도 악기로도 심지어 노래로도 표현할 수 없는 진리가 어둠 속에 있을 것이라고 우리에게 말한다. 아니면 창조 세계는 일곱 번째 요점에서 잊히지 않는 안식일의 순간에 대해 말하는 비트겐슈타인의 『논리-철학 논고』와 같을지도 모른다. '말할 수 없는 것에 대해서는 침묵해야 한다'(Wovon man nicht sprechen kann, daruber muss man schweigen).[30] 창조 세계는 아마도 이런 책일 것이다. 창조 세계는 단순히 '무언가를 찾아보는' 그런 종류의 책이 아니다.[31] 성경과 '자연'을 서로 유사한 '두 책'으로 간주하는 데 따르는 실제적

30　L. Wittgenstein, *Tractatus Logico-Philosophicus* [London: Routledge, 1974 (1921)], 7.1. 『논리-철학 논고』(책세상).
31　이 마지막 단락의 모든 이미지는 물론 그것들 자체 너머의 것을 가리키도록 고안되었다. 나는

위험은 이러한 간주로 인해 성경을 진지하게 읽는 것과 관련된 역사적 과제의 회피 경향이 커질 수 있다는 것이다. 다른 분야에서 이런 경향은 이미 강세를 띠고 있다.

성경에 대해 생각해 보자. 만약 성경이 '책'이라면, 또는 여러 책의 모음집이라면, 일부 합리주의 사상가들의 지속된 바람과 달리 성경 역시 단순히 '무언가를 찾아보기 위한' 책으로 간주되어서는 안 된다. 그런 수준에서는 발견할 수 있는 것들이 많이 있으며, 그것이 지금 필요하다면 찾아볼 수 있는 것들도 많다. 하지만 성경을 이런 식으로만 사용한다면 이는 라디오(클래식 FM)를 들으며 클래식 음악을 이해하려는 것과 같다.[32] 우리는 더 큰 그림을 보아야 한다. 왜냐하면 종말론적 존재론과 인식론으로 가득 찬, 더 큰 공공의 세계가 부활절에 열렸기 때문이다. 히브리어 성경은 소망, 창조 세계, 언약, 안식일, 성전, 약속, 유배, 새롭게 된 소망의 이야기를 들려준다. 히브리어 성경의 이러한 이야기와 이어지는 기독교 성경은 열린 결말을 가진 이야기로서, 그 내용은 갱신된 언약, 회복된 창조 세계, 재림, 새 성전, 놀랍고 기쁜 유배의 역전, 그리고 최종 완성에 대한 계속된 소망이다. 참고 서적이라는 개념은 사랑의 인식론에서의 일보 후퇴를 의미한다. 사랑은 이 모든 것을 멀리서 바라보라고 하지 않는다. 그것은 이 이야기를 우리의 이야기로 삼고, 그 속에서 살며, 우리의 위치를 고린도전서 15:20의 '그러나 이제'와 15:28의 '그러나 아직' 사이에서 찾으라고 초청한다.

사실 우리가 이것을 자세히 설명하고 나서도, 우리는 이 '두 책'이 더 높은 차원에서 만나는 것을 본다. 원자 과학자에서 추상 예술가에 이르기까지 수백만의 사람들이 발견한 것처럼, 창조 세계는 다음과 같은 질문 겸 도

그 이미지 중 어느 것도 이 책의 주장을 완전히 구현하거나 예증할 수 없다는 것을 잘 알고 있다.

[32] 이 영국 라디오 방송은 보통 곡 전체보다 곡 일부를 재생한다.

전을 제기한다. **당신**은 이 이야기에서 어디에 속하는가? 이 세상에서 발견되는 영광과 비극이라는 이 이상한 조합에 **당신**은 어떻게 반응할 것인가? 따라서 ('자연'과 '어떤 오래된 역사 문헌'으로서가 아닌) 창조 세계와 성경은 다른 종류지만 서로 병행하는 '책'으로 기능한다. 다시 말해, 창조 세계와 성경은 당신이 세상과 그 안에서 당신의 역할에 대해 다르게 생각하도록 강요하는 책들이다. 이 둘은 각각 암묵적인 도전과 소명의 가능성을 제시한다. 이 둘은 하나로 수렴될 수 있다. 그렇게 된다면 그리고 그렇게 될 때, 우리는 한편으로는 망가진 이정표로, 다른 한편으로는 대기 중인 성배로 돌아온다. 나는 여기에 우리에게 진전을 가져다줄 수 있는 과학과 종교 사이의 현재 논의를 살펴보는 방법이 있다고 생각한다.

여기에서 할당할 수 있는 것보다 훨씬 더 큰 관심을 기울일 가치가 있는 나의 네 번째 요점은 정치와 관련이 있다. 자연신학에 관한 논쟁과 예수와 복음서에 관한 논쟁은, 프랑스와 미국 혁명에서부터 격동의 독일 역사에 이르기까지 두 번의 세계대전과 더 잔혹한 대량학살 및 테러 행위를 거치면서, 철학, 문화, 정치의 상당한 혼합을 통해 급격하게 형성되었다. 이러한 논쟁들이 우리로 하여금 훌륭한 질문에 대해 새롭게 생각하도록 강요하지는 않았지만, 결과적으로는 그렇게 되었다. 양방향 도로처럼, 사람들의 생각은 그들이 품거나 내치는 이데올로기, 신학, 철학에 의해 정치적 의지 및 야망을 띠게 된다. 내가 이 모든 것에 대해 다른 곳에서도 썼듯이,[33] 여기서도 나는 정의와 자비를 행하는 참된 왕에 대한 비전이 담긴 시편 72편의 계속된 중요성을 강조한다. 물론 이러한 그림은 과거 영국을 비롯한 다른 곳에서도 원용되었는데, 이로 인해 어설픈 성경 주해와 설교가 당대의 사회적·문화적·정치적 격동과 직접적으로 연결되었다. 이에 대한 반작용으로 계몽주

---

33 특히 나의 저서, *God in Public* (London: SPCK, 2016)을 보라. 『광장에 선 하나님』(IVP).

의는 앞으로의 대안 방안들을 모색했고, 여전히 하나님에 대해 말하길 원했던 계몽주의 시대 사람들은 오늘날 우리가 여전히 접하고 있는 '자연신학'으로의 미묘하게 새로운 접근법을 제공하며 그들의 시선을 성경에서 자연 세계로 옮겼다. 우리의 현재 문제는 종종 우리가 인식하는 것보다 이전 시대에 이미 인지된 문제를 더 많이 반영한다. 성경적 정치 신학을 회복하기 위해 우리는 반드시 과거로부터 교훈을 배워야 한다.

그러한 신학을 회복한다고 할 때, 반드시 교회의 핵심이 되는 성령 주도의 소명을 회복하는 것이 포함되어야 한다. 요한복음 16장은 이 소명을 '죄에 대하여, 의에 대하여, 심판에 대하여 세상을 책망'하는 것이라고 말한다. **자연신학의 일부는 하나님이 세상에 주신 선한 구조를 확증하는 것으로, 이 확증은 결탁 없는 지지와 이중성 없는 비평을 통해 이루어져야 한다.**[34] 우리 모두는 '권력'이 모든 것을 올바르게 처리하고 있거나 모든 것을 잘못 처리하고 있다는 안이한 가정을 너무나도 쉽게 드러낸다. 1914년의 하르나크와 1918년의 바르트를 생각해 보라. 삶은 그보다 더 복잡하다. 세상의 어둔 세력이 다시 한번 악한 짓을 할 때, 교회는 망가진 이정표들이 어디로 이끌어야 하는지 명확히 진술하기 위해, 그리고 권력에게 새로운 진리를 말하기 위해 지혜와 분별력을 간구해야 한다. 특히 권력이 그 새로운 진리를 듣고 싶어 하지 않을 때는 더욱 그렇게 해야 한다.

나의 다섯 번째이자 마지막 요점은 대기 중인 성배의 이미지를 은유에서 환유로 해석하는 것이다. 나의 말이 이치에 맞다면, 새로워진 기독교 성례전 신학은 (이론뿐만 아니라 실천을 성찰할 때도!) 더 큰 그림에 속해야 하고, 이 더

---

34 '하나님이 부여하신' 인간 권위의 본질에 대해 의문이 가는 사람은 요 19:10-11을 공부해야 한다. 권위 역시 일종의 '망가진 이정표'다. 그 이유는 요 19:10-11에서와 마찬가지로 권위가 끔찍하게 남용될 수 있고 종종 남용되고 있기 때문이다. 내가 일반적 용어로 '세계의 구조'에 대해 말할 때, 나는 이러한 용어를 사용하고 있는 모든 이론을 긍정하지는 않는다.

큰 그림은 성례전과 관련해 새롭게 이해되어야 한다. 나는 이것이 성례전이 그토록 자주 기독교 내부 분쟁의 발화점이 된 이유 중 하나라고 생각한다. 많은 것이 성례전에 달려 있다. 더 큰 이슈들이 이것들에 대한 우리의 이해 여부와 상관없이 성례전에 집중되어 있다. 하지만 우리는 특별히 내가 지금까지 설명한 성전과 안식일의 우주론 및 종말론 측면에서 성례전에 접근해야 한다. 성례전은 지혜롭고, 성경에 기초하며, 기독론이 적용된 자연신학을 구현해야 한다. 성경에서 하늘과 땅은 서로 겹치고 맞물린다. 하나님의 미래는 지금 우리에게 임한다. 인간은 하나님의 형상을 지닌 왕 같은 제사장으로 이러한 이중 겹침을 공유하고, 실제로 그것을 거듭해서 탄생시키는 인간의 소명을 수행한다. 이것은 부분적으로 곡식을 빵으로, 포도를 포도주로 만드는 바로 그 행위, 또는 물을 붓는 바로 그 행위에 있다. 이러한 행위는 하나님의 백성이 지닌 신비로운 왕 같은 제사장직에 초점이 맞추어져 있다. 이 직분은 이러한 사건들과 이러한 요소들에 새로운 의미를 부여—또 등장하는 단어—하는 일종의 드라마에서 그들을 대표하는 자들에 의해 제정된다.

성례전 신학에 관한 다양한 연구는 이러한 방향에 서 있다. 비록 여기서 제기된 다른 주제들과 마찬가지로 이에 대해 자세히 설명할 수 있는 공간이 없지만 말이다. 알렉산더 슈메만(Alexander Schmemann)의 『성례전으로서의 세계』(*World as Sacrament*)는 이러한 방향을 제시하고 있다. 비록 훨씬 더 많은 작업이 이루어질 수 있지만 말이다.[35] 종말론을 강조하는 로버트 젠슨의 『가시적 말씀』(*Visible Words*)도 유익할 수 있다. 비록 육체적 부활에 관한 젠슨의 모호함이 몇몇 의구심을 자아내지만 말이다.[36] 내가 앞서 설명했

---

35 A. Schmemann, *World as Sacrament* (London: Darton, Longman and Todd, 1974).
36 R. Jenson, *Visible Words: The Interpretation and Practice of Christian Sacraments* (Minneapolis: Fortress, 2010). 부활에 대한 Jenson의 견해에 대해서는 이 책 6장을 간단히 살펴보라.

던 공간, 시간, 형상의 결합은 우리가 놓쳐 버린 또 다른 차원, 즉 '물질'이라는 차원을 야기할 수 있다. 다시 말해, 하나님의 물질과 우리의 물질이 겹칠 수 있는가? 그리고 같은 장소를 공유할 수 있는가? 이는 물론 성육신이 확증하는 것으로 (내 생각에) 적어도 세례와 성만찬, 그리고 어쩌면 다른 사건들도 시간과 공간, 그리고 물질까지도 서로 합치하는 순간이라는 견해를 정당화한다. 세상은 실로 하나님의 장엄함으로 가득 차 있고, 엄숙한 소명으로 가득 차 있으며, 배터리처럼 충전되어 있다. 세상이 활활 타오르거나 거대해질 순간이 실제로 존재한다.

지금 이에 관해 자세히 논할 시간이나 공간이 없지만, 나는 여기서 다시 한번 이 논쟁을 양방향으로 이해한다. 내가 지금 지지하고 있는 성경적으로 새롭고, 종말론의 영향을 받은 자연신학은 성례전에 대한 새로운 견해를 불러올 수 있다. 성례전은 마치 음악처럼 모든 신학이 짜인 음표에 불과한 고유의 언어를 형성하는데, 이것은 하나님과 창조 세계 사이의 접점과 추론을 새롭게 탐구하는 데 도움이 될 수 있다. 또한 성례전은 이미 하나님의 위엄으로 충만한 세상에서 예수의 십자가와 부활로 성취된 것을 새로운 방식으로 가리킬 수 있다. 이 동일한 창조주 하나님은 이제 얼룩과 냄새, 그리고 헐벗은 대지를 다루고 계신다.

결론: 새로운 명령

이러한 요점으로 귀결하는 다면적 논쟁은 다음과 같다. 즉, 이스라엘의 모든 이야기를 돌아보는 엠마오 도상의 제자들처럼, 우리가 창조 세계 전체를 돌아볼 때, 예수의 부활이 과거 역사의 재평가뿐만 아니라 세상에 대한 지난 모든 관찰의 재평가도 강요하고 있음을 발견하게 된다는 것이다. 이 논쟁이 타당한 이유는 망가진 이정표들이 그토록 중요했던 이유와 이 이정표들이 무슨 이유로 어떻게 망가졌는지를—특히 그것들이 실제로 가리키는 실재가 어떻게 새로운 방식으로 작동하게 되었는지를—설명하고 있기 때문이다. 이 의문의 실재는 '완벽한 존재'로서의 하나님도 아니고, 시동자(prime mover)도 아니며, 궁극의 설계자도 아닌 십자가 위에서 계신된 하나님, 바로 자신을 내어 주시는 하나님이다.

이는 즉시 두 가지를 설명해 준다. 첫째, 이 중 어느 것도 사랑을 걸러내는 파우스트의 인식론으로는 식별될 수 없을 것이다. 다시 말해, 우리는 합리주의적 '변증'이 스스로 그 유효성을 유지하는 중립적 '자연신학'이라는 희망 사항을 왜 성취할 수 없는지를 설명했다. 우리는 스스로를 넘어선 채로 지상의 고정된 지점에서 하늘의 진리를 옭아매려 하거나 요단강을 건너지 않고 종말론적 약속의 땅을 얻고자 하는—십자가를 거치지 않고 새 창조를 얻고자 하는—모든 종류의 '자연신학'을 배제한다. 둘째, 더 풍부하고 더 유연한 사랑의 인식론은 회고적으로 자연신학을 설명할 수 있을 뿐만 아니라('망가졌다고 하더라도 암시와 수수께끼는 참된 이정표였다') 주관적인 함정을 피하는 방식으로 그렇게 할 수 있다('그것은 우리에게 사실이다. 그러나 마술 사협회인 매직 서클에 가입하지 않는 한 우리는 절대로 그것을 볼 수 없을 것이다'). 사랑의 **인식론**이 사랑의 **존재론**을 파악하듯이(다시 말해, 사랑의 인식론은 삼위일체적 창조의 궁극적 진리와 쏟아 부어진 하나님이 사랑이 마침내 모든 창조 세계를 가득 채울 것이라는 약속을 인지하고 기념한다), 사랑의 존재론은 사랑의 **선교론**을 생성한다. 사랑의 선교론은 마음과 생각을 열어 우상 숭배로 가려진 눈으로는 이전에 볼 수 없었던 진리를 보게 하면서, 이 땅에 새 창조 세계를 나타내는 참되고 강력한 표지를 성령의 능력으로 만들어 낸다. 합리주의('여기 논박 불가의 주장이 있다') 또한 낭만주의('여기 우리의 마음을 이상하게 따듯하게 만드는 방법이 있다')는 그렇게 하지 못할 것이다. 비록 명료한 주장과 따뜻한 마음 모두 중요하지만 말이다. 중요한 것은 새 창조 세계가, 마치 시간 한가운데서 우리를 만나러 다가오는 안식일처럼, 어떤 형태로든 탄생하고 있다는 사실이다.

특히 **치유** 사역과 메시지는 어떤 수준에서든 여전히 핵심 표지로 존재한다. 우리는 최소 18세기로 거슬러 올라가는 그릇된 이분법과 결별해야 한다. 그리고 기적 사건들을 부정하고, '자연주의'를 주장하며, 결과적으로 교리를 부정하기 위해 흄과 다른 이들을 인용하면서 '기적'을 '초자연주의'와 독단적 진리 및 불신자의 증거로 간주하는 그리스도인들과도 결별해야 한다. 그것은 해야 할 진정한 토론의 모방이었을 뿐이었다. 특히 우리는 '자연주의'와 '초자연주의'를 마치 이것들이 당시 최상의 연구 범주였던 것인 양 논하는 덫과, '초자연적'인 것의 존재를 증명하는 것이 예수의 부활에 대한 문은 열어 놓는 것인 양, 그래서 부활을 더욱 큰 진리의 특별한 한 예로 만들어 놓은 양 논하는 덫을 피해야 한다. 부활은 그런 것이 아니다. 예수의 부활은 완전히 새로운 사건이었고 부활이 하는 설교는 새로운 종류의 주장으로, '초자연적'인 것에 대한 근대적인 호소가 아닌, 성전과 안식일로 대표되는 유대 세계 내에서—그런 다음 유대 세계 안으로부터 터져 나오는—맥락화되어야 하는 것이다.

그러한 오래된 논쟁들이 지닌 문제 중 일부는 부활 교리를 부정하는 회의론자와 부활 교리를 인정하는 신자 양측 모두가 십자가를 외면하면서 자신들의 주장을 펼치고자 애썼다는 것이다. '속죄'의 문제는 '악의 문제'로 알려진 더 큰 문제로부터 떨어져 나갔고, 십자가는 오로지 '속죄'만을 다루면서 복음이 새 창조 세계에 관한 것이 아니라 옛 창조 세계를 벗어나는 것에 관한 것이라는 사고와 결부되었다. 악, 죄, 죽음의 문제들을 다시 통합해 볼 때, 우리는 십자가를 비롯한 예수의 이야기—우리가 뒤늦게 알게 된 하나님이 어떻게 왕이 되셨는가에 대한 이야기—가 언제나 복합적인 '악의 문제'에 대한 진정한 대답으로 고안되었음을 알게 된다. 여기서 복합적인 악의 문제란 우상 숭배와 우상 숭배가 촉발하는 어둠의 권세에 관한 문제로, 지속된 죄와 사망으로 귀결된다. 7장의 요지였던 십자가는, '우리가 지금 있는 곳에서' 십자가가 시작될 수 있고, 우리 각자의 십자가를 통해 하나님께 이를 수 있다고 생각하는 모든 종류의 인식론적 펠라기우스주의(여기서 이 용어는 일반적 의미로 사용된다)를 단호하게 배격한다. 그러나 십자가가 동시에 하나님의 개인적 사랑의 궁극적 표출―요한복음에서 십자가는 하나님의 영광이 최고로 계시되는 장소다―이라는 사실이 나타내는 것은, 인간의 '하나님 탐구'가 막다른 골목에 다다랐을 때, **하나님이 곧 십자가에서 죽으신 분임을 발견할 수 있다는 것이다.** 하나님은 자기 자신을 바로 막다른 골목인 십자가에서 계시하셨고 이와 동시에 자신의 참 성품을 드러내셨으며 하나님의 참 성품을 십자가가 아닌 다른 수단을 통해 발견하고자 하는 모든 시도를 책망하셨다.

역사는 과거에 대한 전면적 조사와 현재에 대한 전면적 헌신이 결합된 것으로, 현 세계의 '자연' 토양에 견고히 심겨진 하나님의 모습을 보여 준다. 하나님을 '객관화'하면 안 된다(그렇게 하려는 모든 시도는 분명 실패할 것이다)는 불트만의 말은 옳았지만, 이것이 이상주의적 실존주의의 사적이고, 탈 역사적이며, 탈 유대적인 세계로의 도피를 강제했다는 그의 생각은 틀렸다. 우리는 하나님이 예수 안에서 그리고 예수로서 '자신을 객관화'하신다고 말할 수 있고, 그다음은 성령을 통해서, 그리고 (다른 이야기이기는 하지만) 예수의 추종자들 안에서 '자신을 객관화'하신다고 말할 수 있다. 예수와 그의 첫 추종자들의 묵시적 종말론에 대한 새로운 역사적 탐구로 열려진 창조와 새 창조에 관한 조망은 일종의 믿음을 야기한다('여기 당신의 신이 있다!'라고 말하는 사 40장이나 52장처럼). 그렇다고 이러한 믿음의 야기를 위해 창조와 새 창조에 대한 조망이 '객관적' 또는 '확정적' 설명을 제공하려고 애쓰는 것은 아니다. 그렇게 애쓰다 보면, 사소하고 부서지기 쉬운 합리주의로 더 쉽게 빠질 수 있기 때문이다. 역사에 기인한 예수의 이야기를 **하나님의 이야기로** 말하는 것은—복음서 저자들이 부활의 관점에서 기술할 때 그러듯이—복음주의를 비롯한 정의 및 아름다움에 대한 교회 과업의 초점이 된다. 이것은 계속해서 전해지고 살아 있는 이야기를 생성하며 본질적으로 새로운 참여자들을 초청한다. 만약 이 이야기가 진실하다면, 이 이야기는 결코 개별적으로 '특별 계시'를 받은 자들만의 '대화'로 축소될 수 없다.

이 중 어느 것도 역사가 하나님의 직접적인 말씀을 생산해 낼 수 있다고 암시하지 않는다.[37] 나는 여기에 많은 오해를 받고 있는 빌립보서 2:6-8의 참 의미에 해당하는 일종의 케노시스가 있다고 제안한다. 예수가 하나님과 동등됨을 취할 것으로 여기지 않고 자기를 비워 십자가에 못 박히기까지 한 것같이, 역사가는 믿음의 입장(faith-stance)이 실제로 예수에 대한 가현적 설명이 될 수 있다고 허가하거나 권장한다고 가정할 수 없으며 가정해서도 안 된다. 왜냐하면 예수에 대한 가현적 설명에는 답변들이 전제되어 있고, 십자가에서 고통받으시는 하나님의 참상이 회피되고 있기 때문이다. 빌립보서 2:6-11의 요점은 예수가 인간의 더러운 얼룩을 입고 인간의 냄새를 풍기다가, 결국 흙이 희박한 갈보리 바위 위에서, 그의 발이 느낄 수 있는 것이라고는 못밖에 없는 그곳에서 숨을 거두었다는 것이다. 오히려 예수와 그의 첫 추종자들에 대한 완전한 역사적 설명은 십자가의 요점—빌립보서 2:6-11과 신학에서 참 하나님이 진정으로 계시되는 지점—에 도달할 수 있고 또 도달해야 한다. 그렇게 함으로써 그것은 새로운 창조가 참으로 예견되는 성령의 능력 안에서 말만이 아니라 실제적인 힘(정의와 아름다움의 직무와 복음의 선포)으로 이루어진 일차 하나님 이야기에 필요한 조건을 발견해야 한다. 우리가 6장에서 논했던 것처럼, 바로 그곳에 부활이 역사에 요구되는

---

37 나는 Alan Torrance 교수와 이 주제를 놓고 많은 대화를 나누었고 이에 대해 감사한다.

'비판적 현실주의'를 초월한다고 믿는 더 온전한 '사랑의 인식론'이 있다. 이 사랑은 부활절에 밝혀진 주권적 사랑에 응답하는 사랑이다.

따라서 예수의 추종자들이 더 광범위한 하나님의 선교 안에서 그들의 부르심에 순종할 때, 그들이 말하고, 구현하고, 예술로 생산해 내고, 세상을 위한 캠페인을 벌이는 것 등은 실제 역사(사건)에 남게 되는 공동생활을 생성한다. 실제 역사는 하나님이 참으로 임재하신다고 약속하신 곳이자 인간이 그분을 온전한 인격체로 알 수 있는 곳이다. 그렇게 형성된 공동체는 성령이 가져온 부활한 예수의 '몸'으로서, 그리고 넘치는 하나님의 사랑으로 움직이는 부활한 예수의 '몸'으로서, 새 창조 세계와 여명을 분별할 수 있는 장소가 된다. 역사(과제)는 그 사명을 위한 근원이자 자원으로서 중요한 역할을 하는데, 특히 시간이 지나면서 발전해 온 다양한 철학적·신학적 틀을 역사(의미)의 핵심 사건이 발생했던 1세기 유대 세상에 대한 신약의 비전으로까지 소급 적용한다. 이것은 하나님의 사랑이 온전히 드러날 새로운 창조 세계, 곧 장차 올 종말에 대한 기념으로 계속해서 이어질 것이다. 믿음, 성례전적 삶, 지혜로운 성경 읽기, 선교를 통해 현재를 기념하는 것은 그러한 하나님의 사랑, 곧 가장 높은 앎의 방식이자 세상에서 그리고 세상을 위해 자기를 내어 주는 사랑의 역사(outworking)를 구성할 것이다. 이것은 세상의 궁극적인 실재가 예수 안에서 계시된 자기희생적 하나님이라는 것을 스스로 인증하는 방식(그러나 이 방식은 고린도후서에서와 같이 계속된 단절을 의미하는 '아직 아닌'이라는 틀 안에 설정되어 있다)으로 나타낼 것이다. 그것은 부활절에 개방된 더 큰 공공의 세계로 우리를 초대할 것이다. 그것은 깊은 사랑의 지식을 갖고 우리로 하여금 하나님을 한 번 더 알 수 있게 해 줄 것이다.

그렇게 역사와 종말론은 마침내 결합된다. 그렇게 예수에 대한 진정한 이야기는 참되고, 급진적으로 재정의된, '자연신학'의 가능성을 싹틔운다. 그렇게 새 창조 세계—새 창조 세계와 더불어, 원 창조 세계에 대한 새로운 입증―의 여명이 분별된다.

이 모든 것에도 불구하고 자연은 절대 소진되지 않는다.
사물 깊숙한 곳에는 가장 소중한 신선함이 살아 있다.
최후의 빛이 어두운 서쪽으로 사라진다 해도
오, 아침이 동쪽 저 갈색 끝에서 솟아오른다 ―
왜냐하면, 성령께서 구부러진 세상을
따스한 가슴과 아! 빛나는 날개로 품고 있으니.

참고 도서

Adams, E. *The Stars Will Fall from Heaven: Cosmic Catastrophe in the New Testament and Its World*. London: T&T Clark, 2007.

Adams, S. V. *The Reality of God and Historical Method*. Downers Grove, Ill.: IVP Academic, 2015.

Albury, W. R. 'Halley's Ode on the *Principia* of Newton and the Epicurean Revival in England'. *Journal of the History of Ideas* 39 (1978), 24–43.

Aletti, J.-N. *The Birth of the Gospels as Biographies*. Rome: G & BP, 2017.

Allen, M. *Grounded in Heaven: Recentering Christian Hope and Life on God*. Grand Rapids: Eerdmans, 2018.

Allison, D. C. *Constructing Jesus: Memory, Imagination, and History*. Grand Rapids: Baker, 2010.

———. *The Historical Christ and the Theological Jesus*. Grand Rapids: Eerdmans, 2009.

Annas, Jula and Jonathan Barnes. *Sextus Empiricus: Outlines of Scepticism*. Cambridge: Cambridge University Press, 2000.

Ayer, A. J. *Language, Truth and Logic*. London: Penguin Modern Classics, 2001 (1936).

Bacchiocchi, S. 'Matthew 11:28–30: Jesus' Rest and the Sabbath'. *Andrews University Seminary Studies* 22.3 (Autumn 1984), 289–316.

———. *From Sabbath to Sunday: A Historical Investigation of the Rise of Sunday Observance in Early Christianity*. Rome: Pontifical Gregorian University Press, 1979.

———. 'Sabbatical Typologies of Messianic Redemption'. *JSJ* 17.2 (1986), 153–176.

Baird, W. *History of New Testament Research*. 3 vols. Minneapolis: Fortress, 1992–2013.

Barker, M. *The Gate of Heaven: The History and Symbolism of the Temple in Jerusalem*. London: SPCK, 1991.
_____. *Temple Theology: An Introduction*. London: SPCK, 2014.
Barnes, Julian. *Nothing to Be Frightened Of*. London: Random House, 2008.
Barrett, C. K. 'J. B. Lightfoot as Biblical Commentator'. Appendix F in J. B. Lightfoot, *The Epistles of 2 Corinthians and 1 Pete*r, edited by B. W. Witherington and T. D. Still. Downers Grove, Ill.: IVP, 2016.
Barth, K. *Church Dogmatics*. Vol. 1, *The Doctrine of the Word of God*. Part 2. Translated by G. T. Thomson and Harold Knight. Edinburgh: T&T Clark, 1956 (1938). 『교회 교의학 I/2』(대한기독교서회).
_____. *Church Dogmatics*. Vol. 4, *The Doctrine of Reconciliation*. Part 2. Translated by G. W. Bromiley. Edinburgh: T&T Clark, 1956 (1953). 『교회 교의학 IV/2』(대한기독교 서회).
_____. *Dogmatics in Outline*. Translated by G. T. Thompson. London: SCM Press, 1966 (1949).
_____. *The Epistle to the Romans*. 2nd edn. Translated by Edwyn C. Hoskins. Oxford: Oxford University Press, 1933 (1922).
_____. *The Humanity of God*. Translated by Thomas Wieser and John Newton Thomas. Philadelphia: Westminster John Knox, 1998 (1960). 『하나님의 인간성』(새 물결플러스).
_____. *The Knowledge of God and the Service of God according to the Teaching of the Reformation*. Translated by J. L. M. Haire and Ian Henderson. London: Hodder and Stoughton, 1938.
_____. *Nein! Antwort an Emil Brunner*. Zurich: Theologischer Verlag, 1934.
Barth, K. and E. Thurneysen. *Revolutionary Theology in the Making: Barth-Thurneysen Correspondence, 1914–1925*. London: Epworth, 1964.
Bauckham, R. J. 'The Delay of the Parousia'. *TynBul* 31 (1980), 3–36.
_____. 'Dualism and Soteriology in Johannine Theology'. In *Beyond Bultmann: Reckoning a New Testament Theology*, edited by B. W. Longenecker and M. C. Parsons, 133–153. Waco, Tex.: Baylor University Press, 2014.
_____. *Jesus and the Eyewitnesses: The Gospels as Eyewitness Testimony*. 2nd edn. Grand Rapids: Eerdmans, 2017 (2008). 『예수와 그 목격자들』(새물결플러스).
_____. *Jesus and the God of Israel*. Grand Rapids: Eerdmans, 2009. 『예수와 이스라엘의 하나님』(새물결플러스).
_____. *Jude, 2 Peter*. Waco, Tex.: Word, 1983.
Beale, G. K. *The Book of Revelation: A Commentary on the Greek Text*. Grand Rapids: Eerdmans, 1999. 『NIGTC 요한계시록』(새물결플러스).

_____. *The Temple and the Church's Mission*. Downers Grove, Ill.: IVP, 2004. 『성전 신학』 (새물결플러스).

Behler, E. 'Nietzsche in the Twentieth Century'. In *The Cambridge Companion to Nietzsche*, edited by B. Magnus and K. M. Higgins. Cambridge: Cambridge University Press, 1996.

Benjamin, W. *Illuminations*. Edited by Hannah Arendt. Translated by Harry Zohn. New York:Schocken Books, 1968 (1958).

Bennett, Alan. *Keeping On Keeping On*. London: Faber, 2016.

Bentley, M. *Modern Historiography: An Introduction*. London: Routledge, 1999.

Berlin, I. *Three Critics of the Enlightenment: Vico, Hamann, Herder*. 2nd edn. London: Pimlico, 2013 (2000).

Berne, P. 'Albert Schweitzer und Richard Wagner'. In *Die Geistigen Leitsterne Albert Schweitzers*, Jahrbuch 2016 für die Freunde von Albert Schweitzer (= Albert-Schweitzer-Rundbrief 108). Edited by E. Weber (2016), 55-76. Available online at https://albert-schweitzer-heute.de/wp-content/uploads/2017/12/DHV-Rundbrief-2016.pdf.

Blackburn, S. *Truth: A Guide for the Perplexed*. London: Penguin, 2006 (2005).

Blake, William. *Selected Poems*. Oxford: Oxford University Press, 1996.

Bloom, H. *The American Religion: The Emergence of the Post-Christian Nation*. New York: Simon and Schuster, 1992.

Boersma, H. *Heavenly Participation: The Weaving of a Sacramental Tapestry*. Grand Rapids: Eerdmans, 2011. 『천상에 참여하다』(IVP).

Bokser, B. M. 'Approaching Sacred Space'. *HTR* 78 (1985), 279-299.

Bolt, P. G. 'Mark 13: An Apocalyptic Precursor to the Passion Narrative'. *RTR* 54 (1995), 10-30.

Botner, M. *Jesus Christ as the Son of David in the Gospel of Mark*. Cambridge: Cambridge University Press, 2019.

Bradbury, M. *To the Hermitage*. London: Picador, 2012 (2000).

Brewer, Christopher R. 'Beginning All Over Again: A Metaxological Natural Theology of the Arts'. PhD thesis, University of St Andrews, 2015.

_____. *Understanding Natural Theology*. Grand Rapids: Zondervan Academic, 근간.

Briggs, A. *Secret Days: Code-Breaking in Bletchley Park*. London: Frontline Books, 2011.

Brown, W. P. *The Ethos of the Cosmos: The Genesis of Moral Imagination in the Bible*. Grand Rapids: Eerdmans, 1999.

Browning, R. 'Caliban upon Setebos; or, Natural Theology in the Island'. In *The Poems of Robert Browning*, 650-655. Oxford: Oxford University Press, 1905.

Buber, Martin. *Die Schrift und ihre Verdeutschung*. Berlin: Schocken, 1936.

Buckley, M. J. *At the Origins of Modern Atheism*. New Haven, Conn.: Yale University Press, 1987.

Bultmann, R. 'Die Bedeutung des geschichtlichen Jesus für die Theologie des Paulus'. In *Glauben und Verstehen*, vol. 1, 188–213. Tübingen: Mohr, 1933.

_____. *The Gospel of John: A Commentary*. Translated by G. R. Beasley-Murray, R. W. N. Hoare, and J. K. Riches. Philadelphia: Westminster, 1971 (1941).

_____. *History and Eschatology: The Presence of Eternity*. New edn. Waco, Tex.: Baylor University Press, 2019 (1955).

_____. *The History of the Synoptic Tradition*. Translated by J. Marsh. Oxford: Blackwell, 1968 (1921).

_____. *Jesus Christ and Mythology*. New York: Scribner, 1958.

_____. *The New Testament and Mythology and Other Basic Writings*. Edited and translated by Schubert M. Ogden. Philadelphia: Fortress, 1984 (1941).

_____. *Primitive Christianity in Its Contemporary Setting*. Translated by R. H. Fuller. London: Collins, 1956.

_____. *Theology of the New Testament*. Translated by Kendrick Grobel. 2 vols. London: SCM Press, 1951–1955. Repr., Waco, Tex.: Baylor University Press, 2007.

Bultmann, R. et al. *Kerygma and Myth: A Theological Debate*. Translated by Reginald H. Fuller. London: SPCK, 1953 (1941).

Burke, P. *What Is History Really About?* Brighton: EER Publishers, 2018.

Burkitt, F. C. 'The Eschatological Idea in the Gospel'. In *Essays on Some Biblical Questions of the Day by Members of the University of Cambridge*, edited by H. B. Swete, 193–214. London: Macmillan, 1909.

Burnett, R. E. *Karl Barth's Theological Exegesis: The Hermeneutical Principles of the Römerbrief Period*. Tübingen: Mohr Siebeck, 2001.

Burridge, R. *What Are the Gospels? A Companion with Graeco-Roman Biography*. SNTSMS 70. Cambridge: Cambridge University Press, 1992. 2nd edn., Grand Rapids: Eerdmans, 2004. 25th anniv. edn., Waco, Tex.: Baylor University Press, 2018.

Burrow, J. *A History of Histories*. London: Penguin, 2007.

Bury, J. B. *The Idea of Progress: An Enquiry into Its Origin and Growth*. London: Macmillan, 1920.

Caird, G. B. *The Language and Imagery of the Bible*. London: Duckworth, 1980.

Carr, E. H. *What Is History?* Cambridge: Cambridge University Press, 1961. 『역사란 무엇인가』(까치).

Carson, D. A., ed. *From Sabbath to Lord's Day*. Eugene, Ore.: Wipf & Stock, 1982.

Chadwick, H. 'The Chalcedonian Definition'. In *Selected Writings*, edited by William G.

Rusch, 101–114. Grand Rapids: Eerdmans, 2017 (1983).

Chambers, E. *Cyclopedia, or a Universal Dictionary of Arts and Sciences*. London: Knapton, Darby and Midwinter, 1728.

Chapman, M. D. *The Coming Crisis: The Impact of Eschatology on Theology in Edwardian England*. Sheffield: Sheffield Academic Press, 2001.

Collingwood, R. G. *The Idea of History*. 2nd edn. Edited by J. van der Dussen. New York: Oxford University Press, 1994 (1946).

Collins, J. J. *The Apocalyptic Imagination*. New York: Crossroad, 1987.

_____. *Daniel*. Minneapolis: Fortress, 1993.

Collins, R. *The Sociology of Philosophies: A Global Theory of Intellectual Change*. Cambridge, Mass.: Belknap Press of Harvard University Press, 1998.

Congdon, D. 'The Spirit of Freedom: Eberhard Jüngel's Theology of the Third Article', in Congdon, D. *Indicative of Grace–Imperative of Freedom: Essays in Honour of Eberhard Jüngel in His 80th Year*, edited by D. R. Nelson, 13–27. London: Bloomsbury/T&T Clark, 2014.

Congdon, D. W. *The God Who Saves: A Dogmatic Sketch*. Eugene, Ore.: Cascade, 2016.

_____. *The Mission of Demythologizing: Rudolf Bultmann's Dialectical Theology*. Minneapolis: Fortress, 2015.

_____. *Rudolf Bultmann: A Companion to His Theology*. Eugene, Ore.: Cascade, 2015.

Conzelmann, H. *The Theology of St. Luke*. Translated by Geoffrey Buswell. New York: Harper and Row, 1961 (1953).

Cook, H. *The Young Descartes: Nobility, Rumor and War*. Chicago: University of Chicago Press, 2018.

Cooke, D. *I Saw the World End: A Study of Wagner's Ring*. Oxford: Oxford University Press, 1979.

Craig, William Lane and J. P. Moreland. *The Blackwell Companion to Natural Theology*. Malden, Mass.: Wiley-Blackwell, 2012.

Daley, B. E. *The Hope of the Early Church: A Handbook of Patristic Eschatology*. Grand Rapids: Baker Academic, 2010 (1991).

Davies, J. P. *Paul among the Apocalypses? An Evaluation of the Apocalyptic Paul in the Context of Jewish and Christian Apocalyptic Literature*. London: T&T Clark, 2018.

Davies, W. D. and D. C. Allison. *A Critical and Exegetical Commentary on the Gospel according to Saint Matthew*. Vol. 2. Edinburgh: T&T Clark, 1991.

Davis, J. B. and D. Harink. *Apocalyptic and the Future of Theology: With and beyond J. Louis Martyn*. Eugene, Ore.: Cascade, 2012.

Day, J., ed. *Temple and Worship in Biblical Israel*. London: T&T Clark, 2007.

de Chardin, P. Teilhard. *The Phenomenon of Man*. Translated by Bernard Wall. London: Collins Fontana, 1965 (1955).

de Lang, M. H. 'Literary and Historical Criticism as Apologetics: Biblical Scholarship at the End of the Eighteenth Century'. *Nederlands archief voor kerkgeschiedenis/ Dutch Review of Church History* 72.2 (1992), 149–165.

Deines, R. *Acts of God in History*. Tübingen: Mohr Siebeck, 2013.

Dodd, C. H. *Parables of the Kingdom*. Rev. edn. London: Nisbet, 1961 (1935).

Doering, L. *Schabbat: Sabbathalacha und–praxis im antiken Judentum und Urchristentum*. Tübingen: Mohr Siebeck, 1999.

Eco, U. 'Horns, Hooves, Insteps: Some Hypotheses on Three Types of Abduction'. In *Dupin, Holmes, Peirce: The Sign of Three*, edited by U. Eco and T. A. Sebeok, 198–220. Bloomington: Indiana University Press, 1983.

Edelstein, D. *The Enlightenment: A Genealogy*. Chicago: University of Chicago Press, 2010.

Ehring, C. *Die Rückkehr JHWHs: Traditions-und religionsgeschichtliche Untersuchungen zu Jesaja 40,1–11, Jesaja 52,7–10 und verdandten Texten*. Neukirchen: Neukirchener Verlag, 2007.

Eliot, T. S. *Four Quartets*. Orlando: Harcourt, 1971 (1943).

Elliott, M. W. *Providence Perceived: Divine Action from a Human Point of View*. Berlin: de Gruyter, 2015.

Elton, G. R. *The Practice of History*. 2nd edn. Oxford: Blackwell, 2002 (1967).

Evans, C. Stephens. 'Methodological Naturalism in Historical Biblical Scholarship'. In *Jesus and the Restoration of Israel: A Critical Assessment of N. T. Wright's Jesus and the Victory of God*, edited by C. Newman, 2nd edn., 180–205. Waco, Tex.: Baylor University Press, 2018 (1999).

Fergusson, D. *The Providence of God: A Polyphonic Approach*. Cambridge: Cambridge University Press, 2018.

———. *Rudolf Bultmann*. 2nd edn. New York: Continuum, 2000 (1992).

Fishbane, M. *Biblical Text and Texture: A Literary Reading of Selected Biblical Texts*. Oxford: Oneworld, 1998 (1979).

Fraenkel, Peter, trans. *Natural Theology: Comprising 'Nature and Grace' by Professor Dr. Emil Brunner and the Reply 'No!' by Dr. Karl Barth*. Eugene, Ore.: Wipf & Stock, 2002 (1946).

Friedman, T. 'The Sabbath: Anticipation of Redemption'. *Judaism* 16 (1967), 445–452.

Gadamer, H.-G. *Truth and Method*. 2nd rev. edn. London: Sheed and Ward, 1989 (1960).

Gale, M. R. *Oxford Readings in Classical Studies: Lucretius*. Oxford: Oxford University Press, 2007.

Gammie, J. G. 'Spatial and Ethical Dualism in Jewish Wisdom and Apocalyptic Literature'. *JBL* 93 (1974), 356–385.

Gardiner, P. L. 'Historicism'. In *The Oxford Companion to Philosophy*, edited by T. Honderich, 357. Oxford: Oxford University Press, 1995.

Gardner, H., ed. *The Oxford Book of English Verse*. Oxford: Oxford University Press, 1972.

Gay, Peter. *The Enlightenment: The Rise of Modern Paganism*. 2 vols. New York: Knopf, 1966.

Gibbon, E. *The Decline and Fall of the Roman Empire*. Vol. 1. London: Frederick Warne, n.d.

Ginzberg, L. *The Legends of the Jews*. 14th edn. Philadelphia: Jewish Publication Society of America, 1937 (1909).

Ginzburg, C. *Clues, Myths and the Historical Method*. Translated by John and Anne C. Tedeschi. New edn. Baltimore: Johns Hopkins University Press, 2013 (1986).

Goethe, J. W. *Faust: Eine Tragödie. Erster Theil*. Edited by E. Gaier. Stuttgart: Reclam, 2011.

Goldingay, J. E. *Daniel*. Dallas: Word Books, 1989.

Gordon, D. R. and D. B. Suits. *Epicurus: His Continuing Influence and Contemporary Relevance*. Rochester, N.Y.: RIT Cary Graphic Arts Press, 2003.

Gray, John. *Seven Types of Atheism*. London: Allen Lane, 2018.

Green, A. 'Sabbath as Temple: Some Thoughts on Space and Time in Judaism'. In *Go and Study: Essays and Studies in Honor of Alfred Jospe*, edited by R. Jospe and S. Z. Fishman, 287–305. Washington, D.C.: B'nai B'rith Hillel Foundation, 1982.

Green, Joel. 'History, Historiography'. In *New Interpreters Dictionary of the Bible*, vol. 2, D–H, edited by K. D. Sakenfeld, 830. Nashville: Abingdon, 2007.

Greenblatt, S. *The Swerve: How the Renaissance Began*. London: Bodley Head, 2011.

Grottanelli, C. 'Nietzsche and Myth'. *History of Religions* 37.1 (1997), 3–20.

Harris, J. A. *Hume: An Intellectual Biography*. Cambridge: Cambridge University Press, 2018.

Hart, J. W. *Karl Barth vs. Emil Brunner: The Formation and Dissolution of a Theological Alliance, 1916–1936*. New York: Peter Lang, 2001.

Hatton, B. *Queen of the Sea: A History of Lisbon*. London: C. Hurst, 2018.

Hawes, J. *The Shortest History of Germany*. Yowlestone House, Devon: Old Street Publishing, 2017.

Hays, C. M., ed. *When the Son of Man Didn't Come: A Constructive Proposal on the Delay of the Parousia*. Minneapolis: Fortress, 2016.

Hays, R. B. *The Conversion of the Imagination: Paul as Interpreter of Israel's Scriptures*.

Grand Rapids: Eerdmans, 2005.

⎯⎯⎯. *Echoes of Scripture in the Gospels*. Waco, Tex.: Baylor University Press, 2016. 『복음서에 나타난 구약의 반향』(감은사).

⎯⎯⎯. *Reading Backwards*. Waco, Tex.: Baylor University Press, 2015.

Hays, R. B. and B. Gaventa, eds. *Seeking the Identity of Jesus: A Pilgrimage*. Grand Rapids: Eerdmans, 2008.

Hayward, R. *The Jewish Temple: A Non-biblical Sourcebook*. London: Routledge, 1996.

Heilig, C., J. T. Hewitt and M. F. Bird, eds. *God and the Faithfulness of Paul*. Grand Rapids: Eerdmans, 2017.

Heisenberg, W. 'Über den anschaulichen Inhalt der quantentheoretischen Kinematik und Mechanik'. *Zeitschrift für Physik* 43.3-4 (1927), 172-198.

Hengel, M. *Acts and the History of Earliest Christianity*. Translated by John Bowden. London: SCM Press, 1979.

⎯⎯⎯. *Between Jesus and Paul: Studies in the Earliest History of Christianity*. Translated by John Bowden. London: SCM Press, 1983. Repr., Waco, Tex.: Baylor University Press, 2013.

⎯⎯⎯. *Crucifixion in the Ancient World and the Folly of the Message of the Cross*. Translated by John Bowden. London: SCM Press, 1976.

Heschel, Abraham J. *The Sabbath: Its Meaning for Modern Man*. New York: Farrar, Straus and Giroux, 2005 (1951).

Hewitt, J. T. In *Messiah: Messiah Discourse in Ancient Judaism and 'In Christ' Language in Paul*. Tübingen: Mohr, 2019.

Hick, John, ed. *The Myth of God Incarnate*. London: SCM Press, 1977.

Hölscher, Lucien. 'Mysteries of Historical Order: Ruptures, Simultaneity and the Relationship of the Past, the Present and the Future'. In *Breaking Up Time: Negotiating the Borders between Present, Past and Future*, edited by C. Lorenz and B. Bevernage, 134-151. Göttingen: Vandenhoeck & Ruprecht, 2013.

⎯⎯⎯. *Weltgericht oder Revolution: Protestantische und sozialistische Zukunftsvorstellungen im deutschen Kaiserreich*. Stuttgart: Klett-Cotta, 1989.

Honderich, T., ed. *The Oxford Companion to Philosophy*. Oxford: Oxford University Press, 1995.

Horbury, W. *Jewish War under Trajan and Hadrian*. Cambridge: Cambridge University Press, 2014.

Horwich, P. *Truth*. Oxford: Oxford University Press, 1990.

⎯⎯⎯. 'Truth'. In *The Cambridge Dictionary of Philosophy*, 2nd edn., 929-931. Cambridge: Cambridge University Press, 1999.

Hundley, M. *Gods in Dwellings*. Atlanta: SBL, 2013.

Hurtado, L. W. *How on Earth Did Jesus Become a God?* Grand Rapids: Eerdmans, 2005.

_____. *Lord Jesus Christ: Devotion to Jesus in Earliest Christianity.* Grand Rapids: Eerdmans, 2003.

Israel, Jonathan. 'The Philosophical Context of Hermann Samuel Reimarus' Radical Bible Criticism'. In *Between Philology and Radical Enlightenment: Hermann Samuel Reimarus (1694–1768)*, edited by M. Mulsow, 183–200. Leiden: Brill, 2011.

Jacob, H. G. *Conformed to the Image of His Son: Reconsidering Paul's Theology of Glory in Romans.* Downers Grove, Ill.: IVP Academic, 2018.

Jacobi, E. R. *Albert Schweitzer und Richard Wagner: Eine Dokumentation.* Tribschen: Schweizerische Richard-Wagner-Gesellschaft, 1977.

Janick, A. S. and S. E. Toulmin. *Wittgenstein's Vienna.* Minneapolis: Ivan R. Dee, 1996.

Jardine, L. *On a Grander Scale: The Outstanding Career of Sir Christopher Wren.* London: HarperCollins, 2002.

Jenson, R. *Systematic Theology.* Vol. 1, *The Triune God.* New York: Oxford University Press, 1997.

_____. *Visible Words: The Interpretation and Practice of Christian Sacraments.* Minneapolis: Fortress, 2010.

Johnson, L. T. *The Real Jesus: The Misguided Quest for the Historical Jesus and the Truth of the Traditional Gospels.* New York: HarperCollins, 1997.

Johnson, W. R. *Lucretius and the Modern World.* London: Duckworth, 2000.

Jones, G. S. *Karl Marx: Greatness and Illusion.* London: Penguin, 2017.

Jones, H. *The Epicurean Tradition.* London: Routledge, 1989.

Joy, C. R., ed. *Music in the Life of Albert Schweitzer.* New York: Harper, 1951.

Kähler, Martin. *Der sogenannte historische Jesus und der geschichtliche, biblische Christus.* Leipzig: Deichert, 1892.

Kant, Immanuel. 'Beantwortung der Frage: Was ist Aufklärung?' *Berlinische Monatsschrift* 12 (1784), 481–494.

Käsemann, E. *Perspectives on Paul.* Translated by M. Kohl. London: SCM Press, 1971 (1969).

Keener, C. *The Gospel of John: A Commentary.* 2 vols. Peabody, Mass.: Hendrickson, 2003.

Kenny, A. J. P. *A New History of Western Philosophy.* Oxford: Clarendon, 2010.

King-Hele, D. *Erasmus Darwin: A Life of Unequalled Achievement.* London: Giles de la Mare, 1999.

Kirkham, R. L. *Theories of Truth: A Critical Introduction.* Cambridge, Mass.: MIT Press, 1992.

Kitcher, P. and R. Schacht, *Finding an Ending: Reflections on Wagner's Ring.* Oxford:

Oxford University Press, 2004.

Klawans, J. *Purity, Sacrifice and the Temple: Symbolism and Supersessionism in the Study of Ancient Judaism*. Oxford: Oxford University Press, 2006.

Knight, D. A. 'The Pentateuch'. In *The Hebrew Bible and Its Modern Interpreters*, edited by D. A. Knight and G. M. Tucker, 263-296. Chico, Calif.: Scholars Press, 1985.

Koch, K. *The Rediscovery of Apocalyptic: A Polemical Work on a Neglected Area of Biblical Studies and Its Damaging Effects on Theology and Philosophy*. London: SCM Press, 1972.

Koester, C. *The Dwelling of God: The Tabernacle in the Old Testament, Intertestamental Jewish Literature and the New Testament*. Washington, D.C.: Catholic Bible Association, 1989.

Koselleck, R. *Futures Past: On the Semantics of Historical Time*. Boston: MIT Press, 1985.

Kotkin, Stephen. 'When Stalin Faced Hitler'. *Foreign Affairs* 96.6 (2017), 54.

Kuhn, T. *The Structure of Scientific Revolutions*. 2nd edn. Chicago: University of Chicago Press, 1970 (1962).

Küng, Hans. *The Church*. London: Burns and Oates, 1968. 『교회』(한들).

Larsen, Ø. 'Kierkegaard's Critique of Hegel: Existentialist Ethics versus Hegel's Sittlichkeit in the Institutions of Civil Society of the State'. *Nordicum Mediterraneum* 11.2(2016). https://nome.unak.is/wordpress/08-3/c69-conference-paper/kierkegaard-s-critique-of-hegel-existentialist-ethics-versus-hegel-s-sittlichkeit-in-the-institutions-of-civil-society-of-the-state/.

Lasch, C. *The True and Only Heaven: Progress and Its Critics*. New York: Norton, 1991.

Leddy, N. and A. S. Lifschitz, eds. *Epicurus in the Enlightenment*. Oxford: Voltaire Foundation, 2009.

Lee, P. J. *Against the Protestant Gnostics*. 2nd edn. New York: Oxford University Press, 1993 (1987).

Leibniz, Gottfried Wilhelm. *Die Philosophischen Schriften von Gottfried Wilhelm Leibniz*. Edited by C. I. Gerhardt. 7 vols. Berlin: 1875-1890. Repr., Hildesheim: Olms, 1965.

Lessing, G. E. 'On the Proof of the Spirit and of Power'. In *Lessing's Theological Writings*, translated and edited by H. Chadwick. Stanford: Stanford University Press, 1956.

Lessl, T. M. *Rhetorical Darwinism: Religion, Evolution and the Scientific Identity*. Waco, Tex.: Baylor University Press, 2012.

Levenson, J. D. *Creation and the Persistence of Evil: The Jewish Drama of Divine Omnipotence*. Princeton: Princeton University Press, 1994 (1988).

Lewis, C. S. *Christian Reflections*. London: Geoffrey Bles, 1967. 『기독교적 숙고』(홍성사).

_____. *The Discarded Image*. Cambridge: Cambridge University Press, 1964. 『폐기된 이

미지』(비아토르).

_____. *A Preface to Paradise Lost*. Oxford: Oxford University Press, 1942. 『실낙원 서문』(홍성사).

_____. *The Screwtape Letters*. London: Geoffrey Bles, 1942. 『스크루테이프의 편지』(홍성사).

Lincoln, A. T. 'Sabbath, Rest and Eschatology in the New Testament'. In *From Sabbath to Lord's Day: A Biblical, Historical and Theological Investigation*, ed. D. A. Carson, 198–220. Eugene, Ore.: Wipf & Stock, 1982.

Lindemann, A. 'The Resurrection of Jesus: Reflections on Historical and Theological Questions'. *Ephemerides Theologicae Lovanienses* 93.4 (2017), 557–579.

Lloyd, G. *Providence Lost*. Cambridge, Mass.: Harvard University Press, 2008.

Lonergan, Bernard. *Method in Theology*. London: Darton, Longman and Todd, 1972.

Long, A. A. and D. N. Sedley. *The Hellenistic Philosophers*. Vol. 1, *Translations of the Principal Sources with Philosophical Commentary*. Cambridge: Cambridge University Press, 1987.

Longenecker, B. W. and M. C. Parsons, eds. *Beyond Bultmann: Reckoning a New Testament Theology*. Waco, Tex.: Baylor University Press, 2014.

Lundquist, J. M. *The Temple of Jerusalem: Past, Present, and Future*. Santa Barbara: Praeger, 2008.

MacMillan, M. *The War That Ended Peace*. London: Profile Books, 2014.

Magee, B. *Wagner and Philosophy*. London: Penguin, 2001. 『트리스탄 코드』(심산).

Mann, Thomas. *Doctor Faustus: The Life of the German Composer Adrian Leverkuhn as Told by a Friend*. Translated by H. T. Lowe-Porter. London: Vintage Books, 2015 (1947).

Martyn, J. L. *Galatians*. AB. New York: Doubleday, 1997.

Mason, S. *Orientation to the History of Roman Judaea*. Eugene, Ore.: Cascade, 2016.

May, H. G. 'Some Cosmic Connotations'. *JBL* 74.1 (1955), 9–21.

May, S. *Love: A New Understanding of an Ancient Emotion*. New York: Oxford University Press, 2019.

Mayo, T. *Epicurus in England (1650–1725)*. Dallas: Southwest Press, 1934.

McGilchrist, I. *The Master and His Emissary: The Divided Brain and the Making of the Western World*. New Haven, Conn.: Yale University Press, 2009. 『주인과 심부름꾼』(뮤진트리).

McGrath, A. E. *Emil Brunner: A Reappraisal*. Chichester: Wiley Blackwell, 2014.

_____. *Re-imagining Nature: The Promise of a Christian Natural Theology*. Chichester: Wiley-Blackwell, 2017.

McPhee, P. *Robespierre: A Revolutionary Life*. New Haven, Conn.: Yale University Press,

2012.

Meeks, E. L. *Loving to Know: Covenant Epistemology*. Eugene, Ore.: Cascade, 2011.

Meyer, B. F. *The Aims of Jesus*. London: SCM Press, 1979.

———. *Critical Realism and the New Testament*. Allison Park, Pa.: Pickwick, 1989.

Middleton, J. R. *The Liberating Image: The Imago Dei in Genesis 1*. Grand Rapids: Brazos, 2005.

Middleton, J. R. and B. J. Walsh. *Truth Is Stranger than It Used to Be: Biblical Faith in a Postmodern Age*. Downers Grove, Ill.: IVP, 1995.

Moffitt, D. M. *Atonement and the Logic of Resurrection in the Epistle to the Hebrews*. Leiden: Brill, 2013.

Moltmann, J. *The Coming of God*. Translated by Margaret Kohl. Minneapolis: Fortress, 1996 (1995).

———. *Experiences in Theology: Ways and Forms of Christian Theology*. Translated by M. Kohl. London: SCM Press, 2000.

———. *God in Creation: An Ecological Doctrine of Creation*. Translated by M. Kohl. London: SCM Press, 1985.

———. 'The Liberation of the Future from the Power of History'. In *God Will Be All in All: The Eschatology of Jürgen Moltmann*, edited by R. Bauckham, 265–289. London: T&T Clark, 1999.

———. *Theology of Hope: On the Ground and the Implications of a Christian Eschatology*. Translated by James W. Leitch. London: SCM Press, 1967 (1965). 『희망의 신학』(대한기독교서회).

———. 'The World in God or God in the World?' In *God Will Be All in All: The Eschatology of Jürgen Moltmann*, edited by R. Bauckham, 35–42. London: T&T Clark, 1999.

Morales, L. M., ed. *Cult and Cosmos: Tilting Towards a Temple-Centered Theology*. Leuven: Peeters, 2014.

Morgan, R. 'Albert Schweitzer's Challenge and the Response from New Testament Theology'. In *Albert Schweitzer in Thought and Action*, edited by J. C. Paget and M. J. Thate, 71–104. Syracuse: Syracuse University Press, 2016.

Motyer, S. *Come, Lord Jesus! A Biblical Theology of the Second Coming of Christ*. London: Apollos, 2016.

Moule, C. F. D. *The Birth of the New Testament*. 3rd edn. London: A&C Black, 1982 (1962).

Murphy, F. A. 'Everything Is Outside the Text'. *First Things*. November 2, 2017.

Murray, Iain. *The Puritan Hope: Revival and the Interpretation of Prophecy*. Edinburgh: Banner of Truth, 1971.

Naiman, S. *Evil in Modern Thought: An Alternative History of Philosophy*. Princeton:

Princeton University Press, 2002. Repr. with new preface and afterword, 2015.

The New English Hymnal. London: Oxford University Press, 1986.

Newman, C. C. *Paul's Glory-Christology: Tradition and Rhetoric.* Leiden: Brill, 1992. Repr., Waco, Tex.: Baylor University Press, 2017.

Nisbet, R. *History of the Idea of Progress.* New York: Basic Books, 1980.

Nixey, C. *The Darkening Age: The Christian Destruction of the Classical World.* London: Macmillan, 2017.

Norman, J. *Adam Smith: What He Thought and Why It Matters.* London: Allen Lane, 2018.

O'Meara, D. J. *Cosmology and Politics in Plato's Later Works.* Cambridge: Cambridge University Press, 2017.

Oermann, N. O. *Albert Schweitzer: A Biography.* Oxford: Oxford University Press, 2017.

Paice, E. *Wrath of God: The Great Lisbon Earthquake of 1755.* London: Quercus, 2009.

Pannenberg, W. *Anthropology in Theological Perspective.* Translated by M. J. O'Connell. Edinburgh: T&T Clark, 1999 (1985).

_____. *Basic Questions in Theology.* Translated by G. H. Kelm. 3 vols. London: SPCK, 1970-1973 (1967).

_____. *Christianity in a Secularised World.* London: SCM, 1989.

Perrin, N. *Jesus the Temple.* London: SPCK, 2010.

Perrin, N. and R. B. Hays, eds. *Jesus, Paul and the People of God: A Theological Dialogue with N. T. Wright.* Downers Grove, Ill.: IVP Academic, 2011.

Pinker, S. *The Better Angels of Our Nature.* London: Penguin, 2012. 『우리 본성의 선한 천사』(사이언스북스).

_____. *Enlightenment Now: The Case for Reason, Science, Humanism, and Progress.* London: Penguin, 2018. 『지금 다시 계몽』(사이언스북스).

Pope, Alexander. 'Intended for Sir Isaac Newton'. In *The Poetical Works of Alexander Pope,* 371. London: Frederick Warne, n.d.

Popper, K. *The Open Society and Its Enemies.* London: Routledge and Kegan Paul, 1952.

_____. *The Poverty of Historicism.* London: Routledge, 2002 (1957).

Porter, S. E. and A. W. Pitts. 'Critical Realism in Context: N. T. Wright's Historical Method and Analytic Epistemology'. *Journal for the Study of the Historical Jesus* 13 (2015), 276-306.

Portier-Young, A. *Apocalypse against Empire: Theologies of Resistance in Early Judaism.* Grand Rapids: Eerdmans, 2011.

Potok, Chaim. *My Name Is Asher Lev.* London: Heinemann, 1972.

Priestley, J. B. *An Inspector Calls: A Play in Three Acts.* London: Heinemann, 1947.

Ptolemy. *The Almagest: Introduction to the Mathematics of the Heavens.* Translated by B. M.

Perry. Edited by W. H. Donahue. Santa Fe, N.Mex.: Green Lion, 2014.

Qu, T. X. "'In the Drawing Power of Goethe's Sun'": A Preliminary Investigation into Albert Schweitzer's Reception of Goethe'. In *Albert Schweitzer in Thought and Action*, edited by J. C. Paget and M. J. Thate, 216–233. Syracuse, N.Y.: Syracuse University Press, 2016.

Radner, E. 'Exile and Figural History'. In *Exile: A Conversation with N. T. Wright*, edited by J. M. Scott, 273–301. Downers Grove, Ill.: IVP Academic, 2017.

―――. *Time and the Word: Figural Reading of the Christian Scriptures*. Grand Rapids: Eerdmans, 2016.

Rae, Murray. *History and Hermeneutics*. London: T&T Clark, 2005.

Re Manning, Russell, ed. *The Oxford Handbook of Natural Theology*. Oxford: Oxford University Press, 2013.

Renwick, P. *Paul, the Temple, and the Presence of God*. Atlanta: Scholars Press, 1991.

Reventlow, H. G. *The Authority of the Bible and the Rise of the Modern World*. London: SCM, 1984 (1980).

Reynolds, B. E. and L. T. Stuckenbruck, eds. *The Jewish Apocalyptic Tradition and the Shaping of New Testament Thought*. Minneapolis: Fortress, 2017.

Robertson, J. *The Enlightenment: A Very Short Introduction*. Oxford: Oxford University Press, 2015.

Rowland, C. C. *The Open Heaven: A Study of Apocalyptic in Judaism and Early Christianity*. New York: Crossroad, 1982.

Sanders, E. P. *Comparing Judaism and Christianity: Common Judaism, Paul, and the Inner and the Outer in Ancient Religion*. Minneapolis: Fortress, 2016.

―――. *Jesus and Judaism*. London: SCM Press, 1985.

―――. *Judaism: Practice and Belief, 63 BCE–66 CE*. London: SCM Press, 1992.

―――. *Paul and Palestinian Judaism*. London: SCM Press, 1977. 『바울과 팔레스타인 유대교』(알맹e).

Schäfer, P. *The Bar Kokhba War Reconsidered: New Perspectives on the Second Jewish Revolt against Rome*. Tübingen: Mohr Siebeck, 2003.

Schmemann, A. *World as Sacrament*. London: Darton, Longman and Todd, 1974.

Scholtz, G. 'The Notion of Historicism and 19th Century Theology'. In *Biblical Studies and the Shifting of Paradigms, 1850–1914*, edited by H. Graf Reventlow and W. R. Farmer, 149–167. London: Bloomsbury, 1995.

Schützeichel, Harald. *Die Konzerttätigkeit Albert Schweitzers*. Bern: Haupt, 1991.

Schweitzer, A. *J. S. Bach*. Translated by Ernest Newman. 2 vols. London: A&C Black, 1923 (1908).

―――. *The Mystery of the Kingdom of God: The Secret of Jesus' Messiahship and*

Passion. Translated by Walter Lowrie. New York: Dodd, Mead and Company, 1914 (1901).

_____. *The Mysticism of the Apostle Paul*. Translated by William Montgomery. London: A&C Black, 1931 (1911).

_____. *The Quest of the Historical Jesus: First Complete Edition*. Edited by J. Bowden. London: SCM Press, 2000 (1906).

Schwemer, A.-M. 'Gott als König und seine Königsherrschaft in den Sabbatliedern aus Qumran'. In *Königsherrschaft und himmlischer Kult im Judentum, Urchristentum und in der hellenistischen Welt*, edited by M. Hengel and A.-M. Schwemer, 45–118. WUNT 55. Tübingen: Mohr Siebeck, 1991.

Scott, J. M., ed. *Exile: A Conversation with N. T. Wright*. Downers Grove, Ill.: IVP Academic, 2017.

Scruton, R. *The Ring of Truth: The Wisdom of Wagner's Ring of the Nibelung*. London: Penguin, 2017.

Simonutti, Luisa. 'Deism, Biblical Hermeneutics, and Philology'. In *Atheism and Deism Revalued: Heterodox Religious Identities in Britain, 1650–1800*, edited by Wayne Hudson, Lucci Diego and Jeffrey R. Wigelsworth, 45–62. Farnham: Ashgate, 2014.

Smith, C. and M. L. Denton. *Soul Searching: The Religious and Spiritual Lives of American Teenagers*. New York: Oxford University Press, 2005.

Standhartinger, A. 'Bultmann's *Theology of the New Testament* in Context'. In *Beyond Bultmann: Reckoning a New Testament Theology*, edited by B. W. Longenecker and M. C. Parsons, 233–255. Waco, Tex.: Baylor University Press, 2014.

Stark, R. *The Rise of Christianity*. Princeton: Princeton University Press, 1996. 『기독교의 발흥』(좋은 씨앗).

Stern, F., ed. *The Varieties of History from Voltaire to the Present*. 2nd edn. New York: Vintage, 1973 (1956).

Strauss, D. F. *Die christliche Glaubenslehre in ihrer geschichtlichen Entwicklung und im Kampfe mit der modernen Wissenschaft*. 2 vols. Tübingen: C. F. Osiander, 1840.

Syfret, R. H. 'Some Early Reactions to the Royal Society'. *Notes and Records of the Royal Society* 7 (1950).

Tallett, F. 'Dechristianizing France: The Year II and the Revolutionary Experience'. In F. Tallett and N. Atkin, *Religion, Society and Politics in France Since 1789*, 1–28. London: Bloomsbury Academic, 1991.

Tarrant, J. 'Aspects of Virgil's Reception in Antiquity'. In *The Cambridge Companion to Virgil*, edited by C. Martindale, 56–72. Cambridge: Cambridge University Press, 1997.

Taylor, C. *A Secular Age*. Cambridge, Mass.: Belknap Press of Harvard University Press, 2007.

_____. 'The Poverty of the Poverty of Historicism'. *Universities and Left Review* 4 (Summer 1958), 77–78.

Tennyson, Alfred Lord. *The Complete Works of Alfred Lord Tennyson*. London: Macmillan, 1898.

Thiselton, A. C. *The First Epistle to the Corinthians: A Commentary on the Greek Text*. Grand Rapids: Eerdmans, 2000.

_____. *Hermeneutics of Doctrine*. Grand Rapids: Eerdmans, 2007.『기독교 교리와 해석학』(새물결플러스).

_____. *The Two Horizons: New Testament Hermeneutics and Philosophical Description with Special Reference to Heidegger, Bultmann, Gadamer and Wittgenstein*. Grand Rapids: Eerdmans, 1984.『두 지평: 성경 해석과 철학적 해석학』(IVP).

Torrance, T. F. *Space, Time and Resurrection*. Edinburgh: Handsel Press, 1976.

Tournier, M. "Le Grand Soir": Un Mythe de Fin de Siècle'. *Mots: Les Langages du Politique* 19 (1989), 79–94.

Turner, F. M. *European Intellectual History from Rousseau to Nietzsche*. New Haven, Conn.: Yale University Press, 2014.

Uglow, J. *The Lunar Men: The Friends Who Made the Future, 1730–1810*. London: Faber, 2002.

_____. *Nature's Engraver: A Life of Thomas Bewick*. London: Faber, 2006.

Van Kley, D. K. *The Religious Origins of the French Revolution: From Calvin to the Civil Constitution, 1560–1791*. New Haven, Conn.: Yale University Press, 1996.

Vermes, Geza. *Jesus the Jew*. London: Collins, 1973.

_____. *Providential Accidents*. London: SCM, 2011 (1998).

Voltaire. *Toleration and Other Essays by Voltaire*. Edited with an introduction by J. McCabe. New York: Putnam's, 1912.『관용론』(한길사).

von Goethe, Johann Wolfgang. *Doctor Faustus*. Translated by T. Mann. London: Penguin, 1968 (1947).

von Rad, G. *The Problem of the Hexateuch and Other Essays*. Translated by Rev. E. W. Trueman Dicken. London: SCM Press, 2012 (1965).

von Ranke, L. *Sämtliche Werke*. Vol. 33/34. 2nd edn. Leipzig, 1874 (1824).

Vovelle, M. *The Revolution against the Church: From Reason to the Supreme Being*. Columbus: Ohio State University Press, 1991 (1988).

Wagner, R. and A. Briggs. *The Penultimate Curiosity: How Science Swims in the Slipstream of Ultimate Questions*. Oxford: Oxford University Press, 2016.

Walls, J. L., ed. *The Oxford Handbook of Eschatology*. Oxford: Oxford University Press,

2008.

Walsh, B. and R. Middleton. *Truth Is Stranger than It Used to Be: Biblical Faith in a Postmodern Age*. Downers Grove, Ill.: IVP, 1995.

Walton, J. H. *Genesis 1 as Ancient Cosmology*. Winona Lake, Ind.: Eisenbrauns, 2011.

_____. *The Lost World of Genesis One: Ancient Cosmology and the Origins Debate*. Downers Grove, Ill.: IVP, 2009.

Ward, Keith. *Christ and the Cosmos: A Reformulation of Trinitarian Doctrine*. Cambridge: Cambridge University Press, 2015.

Webb, Beatrice and Sidney. *Soviet Communism: A New Civilisation?* London: Longmans, Green, 1933.

_____. *The Truth about the Soviet Union*. London: Longmans, Green, 1944.

Weiss, H. *A Day of Gladness: The Sabbath among Jews and Christians in Antiquity*. Columbia: University of South Carolina Press, 2003.

Westcott, B. F. *The Gospel according to St John*. London: John Murray, 1903 (1881).

Wigelsworth, J. R. *Deism in Enlightenment England: Theology, Politics and Newtonian Public Science*. Manchester: Manchester University Press, 2013.

Wilde, O. *The Works of Oscar Wilde*. Leicester: Galley Press, 1987.

Williams, R. *The Edge of Words: God and the Habit of Language*. London: Bloomsbury Continuum, 2014.

Wilson, A. N. *God's Funeral*. London: John Murray, 1999.

Wilson, C. *Epicureanism at the Origins of Modernity*. Oxford: Clarendon, 2008.

Wilson, R. R. 'Creation and New Creation: The Role of Creation Imagery in the Book of Daniel'. In *God Who Creates: Essays in Honor of W. Sibley Towner*, edited by W. P. Brown and S. D. McBride, 190–203. Grand Rapids: Eerdmans, 2000.

Winter, B. *After Paul Left Corinth: The Influence of Secular Ethics and Social Change*. Grand Rapids: Eerdmans, 2001.

Witherington, B. W. *Letters and Homilies for Hellenized Christians*. Vol. 2, *A Socio-rhetorical Commentary on 1–2 Peter*. Downers Grove, Ill.: IVP Academic, 2007.

Wittgenstein, L. *Culture and Value: A Selection from the Posthumous Remains*. Edited by G. H. von Wright et al. Translated by P. Winch. Oxford: Blackwell, 1998 (1970).

_____. *Tractatus Logico-Philosophicus*. London: Routledge, 1974 (1921). 『논리-철학 논고』 (책세상).

Wrede, W. *Paul*. Translated by Edward Lumis. London: Philip Green, 1907 (1904).

Wright, Julian. *Socialism and the Experience of Time*. Oxford: Oxford University Press, 2017.

Wright, N. T. 'Apocalyptic and the Sudden Fulfilment of Divine Promise'. In *Paul and the Apocalyptic Imagination*, edited by J. K. Goodrich, B. Blackwell and J. Mastin,

111–134. Philadelphia: Fortress, 2016.

_____. 'Christ and the Cosmos: Kingdom and Creation in Gospel Perspective'. In *Christ and the Created Order: Perspectives from Theology, Philosophy and Science*, edited by A. B. Torrance and T. H. McCall, 97–109. Grand Rapids: Zondervan, 2018.

_____. *Creation, Power and Truth*. London: SPCK, 2013.

_____. *The Day the Revolution Began*. London: SPCK, 2017. 『혁명이 시작된 날』(비아토르).

_____. *Evil and the Justice of God*. London: SPCK, 2006. 『악의 문제와 하나님의 정의』(IVP).

_____. 'Get the Story Right and the Models Will Fit: Victory through Substitution in "Atonement Theology"'. In *Atonement: Sin, Salvation and Sacrifice in Jewish and Christian Antiquity* (papers from the St Andrews Symposium for Biblical Studies, 2018), edited by M. Botner, J. Duff and S. Dürr. Grand Rapids: Eerdmans, 2019.

_____. *God in Public*. London: SPCK, 2016. 『광장에 선 하나님』(IVP).

_____. 'Hope Deferred? Against the Dogma of Delay'. *Early Christianity* 9.1 (2018), 37–82.

_____. 'Imagining the Kingdom: Mission and Theology in Early Christianity'. *SJT* 65.4 (2012), 379–401.

_____. *Jesus and the Victory of God*. Christian Origins and the Question of God 2. London: SPCK, 1996. 『예수와 하나님의 승리』(CH북스).

_____. *Judas and the Gospel of Jesus*. London: SPCK, 2006.

_____. 'The Meanings of History: Event and Interpretation in the Bible and Theology'. *Journal of Analytic Theology* 6 (2018), 1–28.

_____. *The New Testament and the People of God*. Christian Origins and the Question of God 1. London: SPCK, 1992. 『신약성서와 하나님의 백성』(CH북스).

_____. *Paul: A Biography*. San Francisco and London: HarperOne and SPCK, 2017. 『바울 평전』(비아토르).

_____. *The Paul Debate*. Waco, Tex.: Baylor University Press, 2016. 『바울 논쟁』(에클레시아북스).

_____. *Paul and the Faithfulness of God*. Christian Origins and the Question of God 4. London: SPCK, 2013. 『바울과 하나님의 신실하심』(CH북스).

_____. *Paul and His Recent Interpreters*. London: SPCK, 2015. 『바울과 그의 최근 해석자들』(IVP 근간).

_____. *Pauline Perspectives*. London: SPCK, 2013.

_____. 'Pictures, Stories, and the Cross: Where Do the Echoes Lead?' *JTI* 11.1 (2017), 53–73.

_____. 'The Powerful Breath of New Creation'. In *Veni, Sancte Spiritus! Festschrift für Barbara Hallensleben zum 60. Geburtstag*, edited by W. Dürr, J. Negel, G. Vergauwen and A. Steingruber, 1-15. Muünster: Aschendorff Verlag, 2018.

_____. 'Responding to Exile'. In *Exile: A Conversation with N. T. Wright*, edited by J. M. Scott, 328-332. Downers Grove, Ill.: IVP Academic, 2017.

_____. *Resurrection and Moral Order*. Leicester: IVP, 1994 (1986). 『부활과 도덕 질서』(IVP 근간).

_____. *The Resurrection of the Son of God*. Christian Origins and the Question of God 3. London: SPCK, 2003. 『하나님의 아들의 부활』(CH북스).

_____. *Scripture and the Authority of God*. London: SPCK, 2005. 『성경과 하나님의 권위』(새물결플러스).

_____. *Simply Christian*. London and San Francisco: SPCK and HarperOne, 2005. 『톰 라이트와 함께하는 기독교 여행』(IVP).

_____. 'Son of God and Christian Origins'. In *Son of God: Divine Sonship in Jewish and Christian Antiquity*, edited by G. V. Allen et al., 120-136. University Park, Pa.: Eisenbrauns, 2019.

_____. 'Son of Man-Lord of the Temple? Gospel Echoes of Ps 8 and the Ongoing Christological Challenge'. In *The Earliest Perceptions of Jesus in Context: Essays in Honour of John Nolland on His 70th Birthday*, edited by A. W. White, D. Wenham and C. A. Evans, 77-96. London: Bloomsbury/T&T Clark, 2016.

_____. *Spiritual and Religious*. London: SPCK, 2017.

_____. *Surprised by Hope*. London: SPCK, 2007. 『마침내 드러난 하나님 나라』(IVP).

Wright, N. T. and J. P. Davies. 'John, Jesus, and "The Ruler of This World": Demonic Politics in the Fourth Gospel?' In *Conception, Reception and the Spirit: Essays in Honor of Andrew T. Lincoln*, edited by J. G. McConville and L. K. Pietersen, 71-89. Eugene, Ore.: Wipf & Stock, 2015.

Yarbrough, R. W. *The Salvation Historical Fallacy? Reassessing the History of New Testament Theology*. Leiden: Deo Publishing, 2004.

Ziegler, P. G. *Militant Grace: The Apocalyptic Turn and the Future of Christian Theology*. Grand Rapids: Baker Academic, 2018.

저자 찾아보기

가드너(P. L. Gardiner) 226n91

가샌디, 피에르(Pierre Gassendi) 46, 59n55

게이, 피터(Peter Gay) 45n16, 46n19, 47n22, 54n40, 54n43, 56n46, 65n67, 70n78, 71n79, 73n81, 77n88

그레이, 존(John Gray) 42n10, 88n104, 499n25

그린(A. Green) 323n6, 329n19, 330n20, 347n57

기번, 에드워드(Edward Gibbon) 18, 71, 78, 80, 90, 106n135, 115, 186, 217, 241

나인햄, 데니스(Dennis E. Nineham) 114n11, 120n23, 155, 259n50

뉴비긴, 레슬리(Lesslie Newbigin) 220

니체, 프리드리히(Friedrich Nietzsche) 53, 83-84, 125, 127-128, 133-134, 138, 140, 233, 305, 365, 401-402, 404, 434, 444, 457

다윈, 이래즈머스(Erasmus Darwin) 68, 69n75

데이비, 그레이스(Grace Davie) 111

데이비, 도널드(Donald Davie) 111

데카르트, 르네(René Descartes) 44, 73, 106n135, 189, 207, 216, 359, 397, 399

도드(C. H. Dodd) 267

두어링(L. Doering) 329n19, 330n21, 333n31

디드로, 드니(Denis Diderot) 46, 173

라이마루스, 헤르만 자무엘(Hermann Samuel Reimarus) 18, 71-72, 88-91, 108-109, 112-115, 121, 125-126, 130-131, 147, 156, 165, 245, 255, 259, 294, 312

라이트풋(J. B. Lightfoot) 37, 191

라이프니츠, 고트프리트 빌헬름(Gottfried Wilhelm Leibniz) 47, 236n115, 479

런드퀴스트(J. M. Lundquist) 317n1, 325n8, 342n52

래드너(E. Radner) 96n115, 231n102

레벤슨, 존(Jon Levenson) 322, 325n8, 330n21, 333

레싱, 고트홀트 에프라임(Gotthold Ephraim Lessing) 25, 72-73, 75, 80, 90-92, 103, 108-109, 114, 124, 126, 138, 157, 168, 199, 214-215, 221, 255, 258, 350, 365, 369, 405, 415

레이, 머레이(Murray Rae) 192n37, 197n48, 199, 243n135

로베스피에르, 막시밀리앙(Maximilien Robespierre) 65-66

로빈슨, 존(John Robinson) 155

로크, 존(John Locke) 46n19, 59, 68n72

루소, 장 자크(Jean-Jacques Rousseau) 59n56, 77n87, 83, 359, 432

루이스(C. S. Lewis) 43n12, 101n121, 103n125, 175n16, 181n23, 219, 219n81, 229-230, 232, 237n124, 239n127, 244

루터, 마르틴(Martin Luther) 93, 116, 144, 146-148, 183-184, 198n50, 258, 267

르낭, 에르네스트(Ernest Renan) 118

리츨, 알브레히트(Albrecht Ritschl) 80, 118, 127, 133, 239, 275, 418

마르크스, 칼(Karl Marx) 48, 53, 80, 84, 86n102, 118, 127, 141, 149, 153, 185, 187, 222, 228-230, 234, 359, 399, 444

마이네케, 프리드리히(Friedrich Meinecke) 234

마이어, 벤(Ben Meyer) 90, 202

마틴, 루이스(J. Louis Martyn) 137n54, 223n85, 270-271

만, 토마스(Thomas Mann) 104

맥그래스, 알리스터(Alister McGrath) 14n3, 15, 16n6, 422n12

맥길크리스트, 이언(Iain McGilchrist) 105n132, 118, 365

맥코쉬, 제임스(James McCosh) 418

머피, 프란체스카 아란(Francesca Aran Murphy) 246n142

메이(H. G. May) 326n11, 351n59

메이슨, 스티브(Steve Mason) 171n8, 182n25, 225n89, 229n98, 231, 232-233

모어랜드(J. P. Moreland) 15n4

몰트만, 위르겐(Jürgen Moltmann) 76n86, 133n49, 178n20, 186n30, 267n6, 269n11, 287n37, 339n46, 459n35, 472n3, 477n7, 480-481

밀, 존 스튜어트(John Stuart Mill) 77, 418, 462

바르트, 칼(Karl Barth) 14, 42, 83-84, 110, 118, 136, 141, 146, 149, 151, 153, 158, 222-223, 270-271, 305, 372-373, 386, 418, 421-423, 445, 447, 465, 486, 504

바버, 존(John Barbour) 180

바우어(F. C. Baur) 147

바이스(H. Weiss) 329n19, 333n32

바이스, 요하네스(Johannes Weiss) 120, 128, 130, 133-134, 136-137, 271, 274, 276,

292, 294, 296
배럿(C. K. Barrett) 191
버리(J. B. Bury) 79n94, 179n21, 235, 126n115
버미스, 게자(Geza Vermes) 89n105, 163-164, 243, 333n32
버킷(F. C. Burkitt) 125n32, 135n52
버틀러, 조지프(Joseph Butler) 37-40, 41n7, 43, 45, 53, 74, 165, 387
벌린, 아이제이아(Isaiah Berlin) 64, 206-207, 237-238
베그, 제임스(James Begg) 43
베넷, 앨런(Alan Bennett) 172
베르너, 마르틴(Martin Werner) 148
베이컨, 프랜시스(Francis Bacon) 59, 79n94, 401
벤야민, 발터(Walter Benjamin) 83, 149, 201, 223, 305, 439
벤틀리, 마이클(Michael Bentley) 47n26, 180n22, 233n107, 234, 235n113
벨, 피에르(Pierre Bayle) 44, 45n16
볼테르(Voltaire) 42, 45, 54, 186, 210, 359
불트만, 루돌프(Rudolf Bultmann) 16, 23, 31, 114, 115, 124, 141-148, 150-158, 178, 189, 193-202, 215, 217, 242, 247, 265, 267, 270, 272-275, 279, 294, 373, 377, 390, 400, 458, 479, 486, 488, 509
브래드버리, 맬컴(Malcolm Bradbury) 172, 173n13
브레데, 빌리암(William Wrede) 113, 115, 120n24, 130-131

브루너, 에밀(Emil Brunner) 136, 141, 151, 421-422
블랙번, 사이먼(Simon Blackburn) 88n104, 434n20
블레이크, 윌리엄(William Blake) 59
비어드, 찰스(Charles A. Beard) 179n21, 234n111, 235
비코, 잠바티스타(Giambattista Vico) 59n55, 106n135, 206, 208-210, 237
비트겐슈타인, 루트비히(Ludwig Wittgenstein) 153, 181, 363-364, 383, 402, 501

사우스, 로버트(Robert South) 46
사임, 로널드(Ronald Syme) 217
샌더스(E. P. Sanders) 68n72, 93n109, 139n59, 208n67, 243, 248n146, 279n29, 379
셀라스, 피터(Peter Sellars) 460
숄렘, 게르숌(Gershom Scholem) 149, 201
수어드, 토머스(Thomas Seward) 69
슈메만, 알렉산더(Alexander Schmemann) 505
슈바이처, 알베르트(Albert Schweitzer) 60, 72, 105, 108, 113-115, 118, 120, 125, 127-143, 145, 148, 150, 152-153, 155-156, 252, 256, 266-267, 270-271, 274-275, 292, 294-296, 418, 479
슈트라우스, 다비트 프리드리히(David Friedrich Strauss) 118, 121-125, 169, 194
슐레겔, 프리드리히 폰(Friedrich von Schlegel) 48

스미스, 시오도어 클라크(Theodore Clark Smith) 235

스미스, 애덤(Adam Smith) 69-71, 73n82, 77-78, 80

스테이저(L. E. Stager) 342n53

실리토, 에드워드(Edward Shillito) 454, 455n31

아도르노, 시오도어(Theodor Adorno) 83

애덤스(E. Adams) 302n61

애덤스(S. V. Adams) 196n46, 199, 209n70, 223n85

애디슨, 조지프(Joseph Addison) 40

오도노반, 올리버(Oliver O'Donovan) 30, 386

오캄의 윌리엄(William of Occam) 47

와일드, 오스카(Oscar Wilde) 104, 135, 369n6

웨슬리, 존(John Wesley) 60

웰스(H. G. Wells) 135

윌슨(A. N. Wilson) 60n57, 77n87, 82

윌슨(R. R. Wilson) 351n59

윌슨, 캐서린(Catherine Wilson) 46n18, 47, 49, 54

이즈리얼, 조너선(Jonathan Israel) 64, 72n80

제이컵(H. G. Jacob) 489n14

제퍼슨, 토머스(Thomas Jefferson) 48, 65, 68n72, 80, 185n28, 240n129

젠슨, 로버트(Robert Jenson) 373n15, 374, 505

채드윅, 헨리(Henry Chadwick) 163, 164n2, 221n83, 253

칸트, 이마누엘(Immanuel Kant) 58-60, 113, 124, 131, 145, 147-148, 190, 195, 247, 350, 359, 418-420, 443, 454, 462, 464

칼라일, 토머스(Thomas Carlyle) 230

캐번디시, 마거릿(Margaret Cavendish) 47n26

케어드, 조지(George Caird) 266, 267n7, 276n23

케제만, 에른스트(Ernst Käsemann) 114, 121, 148-150, 152, 228, 271-272, 275, 486

코흐, 클라우스(Klaus Koch) 121, 149n69

콘첼만, 한스(Hans Conzelmann) 148-150, 414n3

콜링우드(R. G. Collingwood) 175n15, 194, 238n126

콩도르세, 니콜라 드(Nicolas de Condorcet) 77

쾨펜, 칼(Karl Köppen) 48

쿡, 데릭(Deryck Cooke) 129, 130n44

쿤, 토머스(Thomas Kuhn) 367

크레이그(W. L. Craig) 15n4

크로체, 베네데토(Benedetto Croce) 194

키르케고르, 쇠렌(Søren Kierkegaard) 80, 127, 305, 447

터너(F. M. Turner) 77n89, 230, 232n106

테일러, 찰스(Charles Taylor) 31, 101, 310

토런스(T. F. Torrance) 109n6, 304n66, 372

톨런드, 존(John Toland) 107, 108n2, 109n2, 115

트뢸치, 에른스트(Ernst Troeltsch) 143, 189-190, 192, 197n48, 202, 205, 230-231, 238, 255

트리벨리언(G. M. Trevelyan) 204, 211n77, 236-237

틴달, 매튜(Matthew Tindal) 107

판넨베르크(W. Pannenberg) 102n122, 175n15, 178n20, 210, 287n37, 440

퍼거슨(D. Fergusson) 30, 42n9, 43n11, 142n60, 186n26

퍼스(C. S. Peirce) 211

페린, 노먼(Norman Perrin) 155, 347n57, 368n5

포퍼, 칼(Karl Popper) 193, 213, 227-233, 237

포프, 알렉산더(Alexander Pope) 42n9, 52n37, 61

폰 랑케, 레오폴트(Leopold von Ranke) 154, 172n12, 179-180, 183, 193, 233-235

프라이, 외르크(Jörg Frey) 270

프랑크, 에리히(Erich Frank) 198

프리드먼(T. Friedman) 331n25, 332n28, 353n60

피시베인(M. Fishbane) 323n6, 325n10, 342n53

하만(J. G. Hamann) 59n55, 207

하르나크, 아돌프 폰(Adolf von Harnack) 136, 141, 201, 255, 418, 422

하스(J. Hawes) 226n90

핼리, 에드먼드(Edmund Halley) 46

허버트, 조지(George Herbert) 408

헤겔, 게오르크 빌헬름 프리드리히(Georg Wilhelm Friedrich Hegel) 78-80, 84-85, 94, 101, 113, 118, 122, 127, 133-134, 138, 147-149, 153, 180, 185-187, 190, 196, 199-200, 222-223, 228-230, 232-234, 236-240, 258, 266, 359, 418, 447

헤르더(J. G. Herder) 207

헤셸, 아브라함(Abraham J. Heschel) 329n19

헤이스, 리처드(Richard Hays) 188n33, 244n138, 291n43, 295n48, 348, 368n5, 380n23, 385n28, 413n1, 445

헨리, 윌리엄 어니스트(William Ernest Henley) 62, 63n62

홉스, 토머스(Thomas Hobbes) 47, 59n55

흄, 데이비드(David Hume) 18, 52-53, 55, 59, 71, 73, 89-90, 103, 108, 142-143, 146, 166, 186, 216, 246, 251, 255, 370, 382, 389, 508

힉, 존(John Hick) 122, 306n68

성경 찾아보기

구약

창세기
1-3장 423
1장 286, 316, 323n6, 322, 324, 329n19, 330, 337-339, 341, 344, 385, 394, 477, 480, 482, 487-488
1:1 488n17
1:26-28 337
2장 286, 322, 324, 330, 394, 487
2:2 335n40
3장 327, 330, 342
4:24 335n41
49:1 137n55

출애굽기
15:8 486n13
15:17 326n12
15:18 327
19장 346
19:5-6 346n56
19:6 488n16
23:20 291, 353
25-40장 339, 488n17
40장 339, 491

레위기
25장 335
25:13 335n43

민수기
14장 475
14:1-25 321
14:20-23 478
14:21 321n4
24:14 137n55

신명기
4:30 137n55
15:2 335n43
30장 386
31:29 137n55

사무엘상
16:7 100

사무엘하
7장 283
7:1 326n13
7:12 358n65

열왕기상
8:27 321, 328n18
18:19-46 261

역대기상
23:25 326n13

역대기하
2:6 328n18
6:18 328n18

에스라
9:8-9 433n18

느헤미야
9:36 433n18

에스더
6:1 188

시편
2편 283, 297, 327, 340n48,
     348, 351, 353, 357,
     375n19
2:8 283
8편 285-289, 300, 338,
     357, 394, 487
8:2 288
8:7b 285-286
8:10 288

19편 40, 384, 417, 438
22:1 453n29
40편 357
46:5 342n53
48:2 340n48
48:2-4 342n53
48:12-14 342n53
65:8 431
72편 270, 320-321, 338,
      342, 386, 477, 480,
      490, 503
72:18-19 320, 476
75:13-15 486n13
89:9-10 486n13
92편 331
93편 331, 326n11
103편 481
104편 326n11, 481
110편 285, 299-301, 351,
       353, 357
119:96 136
132편 326
132:1 326n15
132:8 326n15, 331n22
132:14 326n15, 331n22
132:18 326n15

이사야
2:2 137n55
6장 321

6:1 321
6:3 321, 475
6:4 321
7:14 358n65
11장 320-321
11:1 284
11:4 281
11:9 321, 475
11:10 284
13장 303
13:10 275n22
24:23 275n22
34장 303
35장 353
40장 291, 512
42장 348
49:8 366n3
51:3 342n53
52장 326, 512
52:7 335n43
52:13-15 340n48
61:1 335:43
61:6 488n16
65:17 241n131
66:1 475n5
66:22 241n131

예레미야
7:11 302n60
23:20 137n55

23:24 475
30:24 137n55

에스겔
32:7-8 275n22
36:35 342n53
40-47장 328n17
47장 489n18
47:1-12 342n53
47:9-10 328n17

다니엘
2장 144
7장 144, 351, 353
7:1-14 303
7:13-14 298n52
7:13 299
7:14 298
7:18 298n52
7:22 298n52
7:27 298n52
9:24 335
12:3 289n39

호세아
3:5 137n55

요엘
2:3 342n53
2:10 275n22

2:30-31 275n22
3:15 275n22
4:18-21 342n53

아모스
8:9 275n22

미가
4:1 137n55

하박국
2장 320-321
2:14 321, 475

스가랴
14:5 290
14:8-11 342n53
14:8 489n18

말라기
3:1 353

신약

마태복음
1:23 358n65
3:9 386
10:28 296n51
11장 291, 352-353
11:1 352

11:16-24 353
11:28 355, 453
12:28 269
16:28 298
18:21-22 355n41
25장 103n126, 402
26:2 298
26:63 299
26:64 299
27:19 448
27:42 453
27:46 126n34, 452
28:18-20 298
28:18 401
28:20 277, 299

마가복음
3:21 453
8:31-33 170n7
9:1 277-279, 281, 283, 287,
     297, 302
9:2-8 283n33
10장 387
10:2-12 387
10:35-45 296, 365
10:37 451
11장 348
11:17 302n60
12:35-37 300
13장 273-274, 297, 300-

302, 303n62

13:5-23 302n61

13:14-23 241n131

13:24-27 302

13:30 302

13:32-37 241n131

13:32 302

14:47 170n7

14:62 277, 301

14:66-72 170n7

15:31 453

누가복음

1:1-4 247n143

1:68 259n152

3:1-2 247n143

7장 291

9:27 298

11:20 269n12

12:4-5 296n51

12:14 448

12:39-40 241n131

19:44 259n152

22:53 296

23:35 453

24:16 420

24:21 259

24:25 413

요한복음

1:1 488n17

1:14 488n17

1:18 257, 459

2:18-22 302n59

2:21 302n59, 488

2:22 302n59

4:10-15 489n18

7:38 489

8:56 386

12:31-32 296

12:31 471n2, 489

13:1 403

16장 504

18:10-11 170n7

18:36 471n2

18:37-38 450

19:10-11 504n34

19:15 452

20장 393, 489, 493

20:21 407

21장 151, 279

21:15-17 170

21:15-19 406

사도행전

1장 297

1:6-8 297

2장 297

2:32-36 300

4장 374

4:23-31 297

4:25-26 327n16, 375n19

5:31 300n56

17장 374

26장 375

26:26 220n82

로마서

1:3-4 358n65, 408

1:3-5 282

2장 283

2:17-29 386

5장 287

5:12-21 283

6장 283

7장 283

8장 283

8:5-8 366

8:18-25 279

8:18-30 241n131, 487

8:21 279, 494

8:23 481n9

8:29 398, 456n32

8:34 487

9-11장 385, 447

10장 386

10:1-13 386

13장 283

13:11 279n27, 283

14장 392
15:7-13 284
15:8-9 284

고린도전서
1:8 278n25
4:19-21 287
6:2-3 287
7장 145-146
7:26 278
7:29 278
8:2-3 398
13:13 399
15장 241, 269, 280, 284-286, 490, 493
15:3-8 198, 372
15:17 374, 400
15:20-28 241n131, 285-286, 391, 490
15:20 505
15:23-28 289, 491
15:24 277, 286
15:28 502
15:44-46 372
15:48-49 285
15:51-52 278

고린도후서
1:8-10 278
1:14 278n25
1:22 481n9
2:14-6:13 366
2-6장 481
3장 481
4장 481
4:1-6 366n3
4:2 483
4:6 482
4:18 100n120
5장 366
5:1-5 278
5:1-10 280, 366n3
5:5 481n9
5:14 389, 400
5:16 366
5:17 374, 400, 482
5:19 459
6:2 366n3
12:9 289
12:12 483

갈라디아서
1:4 271
2:20 403
5:22 399

에베소서
1:10 356
1:14 481n9
1:15-23 357
2:11-22 357
4장 357
5장 357
6:10-20 357

빌립보서
1:6 278n25
1:10 278n25
1:20-26 278
2장 257, 289n39
2:6-8 510
2:6-11 287, 510
2:7 257n151
2:9-11 288
2:10 283
3:20-21 280, 289n39

골로새서
1장 481
1:6-8 399
1:15 481
1:15-20 357
1:15-18a 357
1:18b-20 357
1:19 357
1:23 295
3:10 398, 456n32, 493

데살로니가전서
3:13 290

4-5장 280

4:15 277

5:2 278n25

5:6 241n131

데살로니가후서

1:3-10 290

2장 280-281

2:2 281

2:8 281

빌레몬서

15절 258

히브리서

2:5-9 285n34, 357

2:7-4:13 357

4:9-10 357

8:5 345

8:7-10:18 357

12:18-24 357

베드로전서

2:5 474, 488n16

2:9 488n16

3:15 474

베드로후서

3:4-10 279

3:8 335n40

3:10 151n73

3:13 241n131

요한1서

4:2 24n11

5:19 490

요한계시록

1:6 346n56

4장 96n114, 481

5장 96n114

5:10 346n56

13장 272

20:6 346n56

21장 269, 280, 487, 493

21:1 405, 494

21:1-2 241

21:3 496n23

21:19-24 489n18

22장 269, 487

외경

지혜서(Wisdom)

1-6장 327n16

1:7 475n5

2장 103n127

12:1 475n5

시라(Sirach)

24:1-34 342n51

마카베오1서(1 Maccabees)

2:66 293

마카베오2서(2 Maccabees)

2:8 320n3

위경

모세 묵시록
(Apocalypse of Moses)

43:3 322n27

바룩2서(2 Baruch)

72:2 332n26

73:1 332n26

에녹2서(2 Enoch)

33:1-2 332n27

33:2 334n39

에스라4서(4 Ezra)

7:26-44 331

7:43 332

8:52 332

12장 276

희년서(Jubilees)

1:26 334n37

1:29 334n37

50:5 334n38

50:5-11 334n39

50:8 333n31

바나바서
(Letter of Barnabas)

15:4-8 335n40

15:9 335n40

16:1-10 335n40

아담과 하와의 생애
(Life of Adam and Eve)

51:2 332n27

단의 유언
(Testament of Dan)

5:11-12 332n26

유대교 문헌

미슈나(Mishnah)

Abot

3:5 245n140

Sanhedrin

10:2 103n127

Shabbat

3:4 332

Tamid

7:4 331n23

바빌로니아 탈무드

Rosh Hashanah

31a 331n24

Sanhedrin

97a 334n39

메킬타(Mekilta)

Exodus

31:13 331n24

토세프타(Tosefta)

Shabbat

16:21 332

Zohar Hadash

Genesis

2.4.22a 331n24

쿰란(QUMRAN)

Damascus Document

10-12 333n32

11:4b-5a 333n31

1QS

4:22-23 341n50

4QpPs37

3:1-2 341n50

4QShirShabb

400-407 333n32

405:14-15 333n32

그리스/로마 작가들

에피쿠로스

Letter to Menoeceus

125 57n49

루크레티우스

De rerum natura

1.1-43 79n96

1.577 79n96

2.165-183 56n48

5.195-234 56n48

세네카

Letters

8.8 54n39

투키디데스

『펠로폰네소스 전쟁사』

1.1.1 177n19

옮긴이 송일은 한국외국어대학교 영어과(B.A.)와 장로회신학대학교 신학대학원(M.Div.)을 졸업했고 미국 클레어몬트 대학원대학교에서 종교학 석사(M.A.) 및 신약학 박사학위(Ph.D.)를 받았다. 미주장로회신학대학교에서 신약학 교수를 역임했고, 베데스다 대학교에서 학생과장/교양학과장을 거쳐 현재는 사우스로스앤젤레스 대학교, 헤이븐 대학교 등에서 가르치고 있으며, 캘리포니아주 오렌지카운티에 있는 애나하임 한인장로교회 담임목사로 시무하고 있다. 저서로는 *The Pivotal Role of the Fig-Tree Story in the Gospel of Mark 11* (Peter Lang, 2018)이 있고 역서로는 『바울과 선물』『환대와 구원』『현대 신약성서 연구』『일주일 내내 교회로 살아가기』『오직 충성으로 받는 구원』『성령 해석학』(이상 새물결플러스) 등이 있다.

역사와 종말론

초판 발행_ 2022년 10월 17일

지은이_ 톰 라이트
옮긴이_ 송일
펴낸이_ 정모세

펴낸곳_ 한국기독학생회출판부
등록번호_ 제2001-000198호(1978.6.1)
주소_ 04031 서울시 마포구 동교로 156-10
대표 전화_ (02)337-2257 팩스_ (02)337-2258
영업 전화_ (02)338-2282 팩스_ 080-915-1515
홈페이지_ http://www.ivp.co.kr 이메일_ ivp@ivp.co.kr
ISBN 978-89-328-1965-5 93230

ⓒ 한국기독학생회출판부 2022

책값은 뒤표지에 있습니다.
무단 전재와 복제를 금합니다.